普通高等教育"十一五"国家级规划教材

本书获广州市发展与教育心理学重点研究基地资助

ABNORMAL Psychology

（第二版）

变态心理学

刘 毅 路 红 /编著

暨南大学出版社
JINAN UNIVERSITY PRESS
中国·广州

图书在版编目（CIP）数据

变态心理学/刘毅，路红编著．—2版．—广州：暨南大学出版社，2010.7（2020.9重印）
ISBN 978-7-81135-690-8

Ⅰ.①变… Ⅱ.①刘… ②路… Ⅲ.①变态心理学 Ⅳ.①B846

中国版本图书馆CIP数据核字(2010)第221837号

变态心理学（第二版）
BIANTAI XINLIXUE（DIERBAN）
编著者：刘 毅 路 红

出 版 人：张晋升
责任编辑：黄圣英 侯丽庆
责任校对：何 力
责任印制：汤慧君 周一丹

出版发行：暨南大学出版社（510630）
电　　话：总编室（8620）85221601
营销部（8620）85225284 85228291 85228292 85226712
传　　真：（8620）85221583（办公室） 85223774（营销部）
网　　址：http://www.jnupress.com
排　　版：暨南大学出版社照排中心
印　　刷：佛山市浩文彩色印刷有限公司
开　　本：787mm×1092mm 1/16
印　　张：30.125
字　　数：733千
版　　次：2005年7月第1版 2010年7月第2版
印　　次：2020年9月第6次
印　　数：12501—13500册
定　　价：68.00元

第二版前言

本教材自2005年出版以来，变态心理学这一直接关注并探讨人类心理健康问题的学科在中国取得了长足发展。随着中国社会经济水平的发展，人们对身心健康给予了更大关注，进而表现出对包括变态心理学等研究领域所提出的理论与知识的渴求，变态心理学在中国已经不再是一门令人陌生的学科。六年来，变态心理学的研究领域不断拓展，研究不断深入，新理论不断涌现，新知识不断增长，关注的问题也越来越广泛。心理学系的高等院校在国内开办加强变态心理学课程建设的同时，也在变态心理学的教材建设上提出了更新更高的要求。为了顺应六年来的新变化、新要求，我们决意修订本教材，给在校学生与广大读者提供一部能够反映变态心理学这一学科发展的最新趋势，且具有前瞻性的新教材。

在本书第一版出版后的使用过程中，包括心理学专业在内的本科生、研究生及其他读者就本教材编写的体例、涉及的内容等给予了我们许多赞许与肯定，对其中存在的一些明显的缺点与疏漏提出了中肯的批评；当他们中的一些人得知我们正在对该教材进行修订时，又给我们提出了许多富有建设性的意见或建议。

我们的目标十分明确，那就是通过这部新教材给读者一把开启变态心理学这一重要学科领域的大门的钥匙，将他们引入变态心理学知识与理论的殿堂；给读者铺就一条理性、科学、探索的坦途，将他们的兴趣、聪明与才智引入对人类心理健康的关注及探索中；给读者提供一种宣示，借以传达我们对那些面临心理障碍困扰的人的关切。

虽然第二版仍旧依循了第一版的基本体例，但它更为强调变态心理学研究的广泛性与前沿性。为此，我们尽可能地搜集并力图在本教材中反映该领域的最新研究成果、最新研究方法与技术。同时，本书也大幅地增加了一些新内容，如临床案例、图表，特别增加了相关链接这一新内容，以便反映当前变态心理学研究中更为广泛的领域，拓展读者的视野。本书也力图整合各家学说，以使读者能够更多地从整体上了解心理病理学，并使本书更具有可读性。一部好的变态心理学教科书具有启迪作用，能使读者对所关注、所思考、所研究的问题有深入的了解，并产生独到的见解。为此，我们期待本书不论在大学的课堂上，还是在大学的课堂外，都能成为读者的好老师，既能用大众的语言及贴近生活的方式将变态心理学的理论与知识展现在读者面前，又能鼓励或启发读者不断地反思他们所学到的知识，重新考虑来自生活的常识与假设。这也许就是本书最大的特色。

路红博士于第一版中就加入本书的编写工作，在新版修订过程中，她承担了更多的工作，并成为重要的合作者。本书的编写人员是：刘毅（第1、2、3、4、7、9、11、12章），刘毅、秦林（第 5 章），路红、吴伟炯（第 6 章），路红、陈慧（第 8 章），路红（第 10 章），路红、付慧敏（第 13 章），路红、韦官玲（第 14 章）。

本书修订得以顺利完成并出版，有赖于广州大学的大力支持，同时也得到广州市发展与教育心理学重点研究基地的重点资助。暨南大学出版社的领导与编辑也给予了我们极大的支持与帮助，我们特向他们表示感谢。在本书新版修订过程中，我们继续参考和引用了许多国内外变态心理学及相关学科的文献资料，在此我们向他们表示深深的谢意。

刘毅　路红

2010 年 7 月于广州大学城

前　言

自从有了人类社会，就有了人类对自身健康的关心，包括对心理异常的研究与思考。从公元前4世纪希波克拉底关于歇斯底里的“体液说”，到20世纪末有关心理障碍的认知理论，从远古被称为最早的脑外科手术的“环锯术”，到现代社会的行为治疗，从20世纪中叶抗精神病药物的应用，到今天生物、医学治疗与心理治疗的结合，人类对自身心理健康的认识不断丰富，对心理障碍的了解不断深入，治疗方法不断多样化，而变态心理学这一学科也随之获得了长足发展。

20世纪80年代后，心理障碍以及由此引起的行为异常与心身健康问题在我国越来越受到重视。心理障碍既看不见又摸不着，但给患者及其亲友带来了深深的痛苦。此外，随着社会的发展，人们工作、学习及生活的节奏不断加快，紧张程度越来越高，人群中的心理社会问题、心理障碍也日趋增多。据有关方面估计，目前心理障碍患病人数众多，有数据显示，精神病性障碍的患病率约为1%，其中主要为精神分裂症；心境障碍为6.5%～9%，其中主要为抑郁障碍；焦虑障碍为15%～18%，其中主要为恐怖障碍、广泛性焦虑障碍和强迫症。以躯体形式的症状为主要表现而又不属于躯体疾病的躯体形式障碍也不少见，与睡眠、进食和性有关的心理障碍更为常见。人格障碍的患病率达14%～16%，其中不少与刑事犯罪有关，而与青少年儿童心理发育有关的障碍高达30%～50%。尽管医学科学的发展已经能够为心理障碍患者提供更多的治疗，但一个不能否认的事实是，这种治疗的有效性还有待进一步提高。这至少是基于这样三种原因：其一，我国的心理卫生防治体系尚不健全，特别是在广大农村或贫困地区，缺医少药，患者不能得到及时有效的医治。其二，即使在医疗体系比较健全的城市，许多患者也可能未必获得医学的有效帮助。这种情况在中国特别具有典型性，即患者及其家属对心理障碍缺乏科学认识，并不将之视为疾病，因而不知道也不愿意去医院接受治疗。其三，在治疗方法上，尤其是在我国大多数医院里仍然采用单一的医学模式，忽略或者由于某些原因而未能将心理学的理论与方法应用于临床治疗中，而这恰恰是当前我国心理障碍治疗中的一大缺憾。被称为“医学之父”的古希腊医生希波克拉底早就强调了环境对健康的影响，强调了心理因素对疾病的作用。他指出，医生有两种治病的手段，一种是药物，另一种是语言。这里所说的“语言”指的就是用谈话的方法来治疗疾病，也就是我们所说的心理治疗。出于关心并从事这方面教学与研究的心理学工作者的职业责任感，我们感到心理学应该以该学科领域的最新理论与方法来解除心理障碍患者的痛苦，进而为提高人们的心理健康水平，增进人类生活的福祉做出应有的贡献，而这也成为促使我们提笔写作的最主要动因。

各种各样的变态行为，实际反映的是异常复杂的病态心理现象。对于它们出现的原因，目前普遍的看法是，它们涉及生物、心理及社会文化等诸多因素。因此当代变态心理学在对心理障碍的生物学因素进行深入了解的同时，也对心理社会因素以及不良生活方式对健康的影响和对疾病所起的作用进行了多方位、多层面的探讨，并由此建立了许多富有见地的理论模型，创用了许多卓有成效的治疗方法，取得了一系列具有启迪意义的研究成果。因而，本书格外强调变态心理学的科学研究定向，最新研究结果与数据贯穿于全书，其中许多研究成果反映了该领域的新发现、新的研究取向以及新的研究方法。

由于心理障碍的临床表现、症状结构错综复杂，因此对其做出准确、有效的诊断与评估，对制订正确的治疗方案，抓住最佳治疗机会，提供及时准确的辅导与治疗尤为重要。为此，本书力求做到在对各种心理障碍进行讨论时，尽可能提供一些较为典型的个案，以帮助读者对特定的心理障碍有更好的理解。此外，本书采用了当代美国有关心理障碍的分类方法，与此同时，也考虑到中国的国情，对一些特殊问题，如神经衰弱、同性恋问题做了适当讨论。就诊断标准而言，主要参考了2000年颁布的DSM-Ⅳ-TR。

当代变态心理学研究中的一个突出倾向是注重心理障碍的社会文化因素，以及由此而出现的对多元文化的探讨。这种研究倾向不仅表现在对导致变态行为的社会文化因素的追寻上，也反映在对心理障碍的诊断与评估上。在本书的写作过程中，我们力求反映这一研究倾向，尽可能地对人类变态行为的文化变量做深入讨论。

本书可以作为大学心理学专业或医学专业的学生、研究生的心理学教材，可以作为临床心理学工作者及精神病学临床医师的参考读物，也可以成为普通大众了解心理障碍、获得有关自身及周围亲友、同事、同学心理健康知识的窗口。本书的目的在于：①向读者展现变态心理学学科的基本知识体系与理论架构，使读者从中获取关于变态心理与行为的一般性知识。普通读者还可以从本书所提供的知识与理论中对自己或周围人的心理状况做出判断，知道什么是正常的，什么是异常的，知道当心理出现异常时应该怎么办。②向正在或将要从事心理健康咨询与辅导工作的人士提供专业性理论与方法，使他们能够掌握诊断、评估与治疗心理障碍的知识与方法，并卓有成效地运用于临床实践中。③当代变态心理学的研究从理论到方法不断更新、变化，研究的重点也在不断发生转移。我们力图体现这种变化，尽量涵盖该学科最新的研究和最近的理论发展，以使专业读者能够敏锐地捕捉到当前变态心理学新的研究动态，能够把握本学科最新的发展脉络，进而使他们不仅成为一个临床工作者，还能成为一个科学研究工作者。

在为本书画上最后一个句号时，我必须要说的是，尽管几个月来，在写作过程中感受到了极大的紧张与疲惫，但同时感受到了来自各方面的关心与支持。本书的写作与出版得到了广州大学教材出版基金的资助，得到了广州大学教育学院院长蔡笑岳教授的关心与帮助，得到了暨南大学出版社的鼎力支持。没有这些关心与支持，这项工作难以圆满完成，为此我真诚地向他们表示谢意。

本书是集体智慧与劳动的结果，尽管全书由我本人编写提纲并负责统稿，但我的许多同事也为本书提供了大量的真知灼见，一些同志承担了部分章节的撰写工作。他们分别是：王圣玉（第五章），李琨（第六章），路红（第十章），应湘、李琨、龚田波（第十三章），龚田波（第十四章），其余各章均由我本人撰写。

为力求反映变态心理学的研究新进展，介绍该领域的新成果，以使本书的知识体系更为全面，观点更为多样化，本书在写作过程中引用了大量的国内外文献与研究资料，对此我向有关方面深表谢意，不周之处敬请原谅。

最后，由于作者能力有限，书中难免出现疏漏或观点不当之处，恳请同行专家及广大读者提出批评与建议。

编者　刘毅

2005 年 5 月于广州市桂花岗

目　录

第一章　变态心理学概论

第一节　变态行为与变态心理学

一、什么是变态心理学

变态心理学（abnormal psychology）亦称心理病理学（psychopathology），是运用心理学的理论与方法研究人类变态行为与心理障碍的科学。它研究变态行为与心理障碍的表现形式、发生原因和机制及其发展规律，探讨鉴别评定的方法及矫治与预防的措施。

变态心理学是心理学的一门分支学科。心理学研究人的心理现象发生和发展的规律，其中许多分支学科如普通心理学、发展心理学、人格心理学和社会心理学等主要探讨的是人的正常心理与行为，而对心理障碍与异常行为的探讨则主要是变态心理学的任务。研究人的正常心理与行为不仅可以掌握人的心理现象发生、发展和变化的规律，而且可以为科学地理解人的异常心理与行为提供理论基础与研究手段；而弄清异常心理的病理机制不仅可以为遭受心理疾患痛苦的人提供有效的矫治方法与途径，更重要的是可以为更多心理健康的人提供科学的预防措施与咨询服务。可见，变态心理学不仅有重要的理论价值，而且有重要的应用价值。它在心理学学科群中有着重要的地位和作用。

二、什么是变态行为

长久以来，人类一直关注着对变态行为的研究与治疗。早在17世纪，莎士比亚在其戏剧中就创造了一些令人难忘的人物，这些人物的某些行为就类似于我们今天所见到的一些心理障碍。诸如，马克白斯夫人所表现出来的强迫——冲动型人格；李耳王所表现出来的偏执型人格；奥菲利娅所表现出来的抑郁症；奥赛罗所表现出来的强迫妄想性嫉妒。19世纪，在欧洲歌剧家们编写的歌剧中，就有女主角为表达她们的心愿而表现出的“疯狂的场面”。在现代社会里，电影和电视节目经常描写诸如多重人格、妄想狂及抑郁之类的心理障碍。众所周知，今天的变态行为如此普通而常见，以至于心理学的专门用语也流行于社会。“虐待狂”、“神经过敏”、“自恋人格”、“偏执人格”、“冲动人格”、“恐惧症”等专业术语对于许多人来说不仅耳熟能详，而且常被用来指称某些行为怪异的人或被认为是行为不正常的人。那么到底什么是变态行为？

关于变态行为的定义很多，目前得到广泛承认的定义是美国《心理障碍诊断与统计手册》第四版修订版（*Diagnostic and Statistical Manual of Mental Disorders*，Fourth Edition，

Text Revision；DSM-Ⅳ-TR）关于变态行为的表述：

在所属文化环境中未预期的、与个人痛苦或严重功能损害相关的行为、感情或认知方面的功能失调。例如，阿尔茨海默病（Alzheimer's disease，AD）有典型的认知（特别是记忆）方面的损害；抑郁症有明显病态的抑郁体验；而儿童注意缺陷障碍的主要特征是多动。这些认知、情绪、行为改变使得患者感到痛苦，功能受到损害，或增加了患者的残疾、死亡等的危险性。

三、如何判别变态行为

许多人认为当他们遇到变态行为的时候，他们完全可以认识它。真是这样吗？事实上，这并不是一件容易的事情。请对以下几个例子加以判断：

（1）一个因车祸而失去丈夫的妇女，情绪变得十分沮丧，难以入睡并丧失食欲。

（2）一个小伙子不论去哪里旅行，都坚持不坐飞机，只坐汽车或火车。

（3）一个处在青春期正在节食的少女偶然会饱餐一顿，而后立即强行让自己呕吐出来。

（4）一个中年妇女尽管非常适合其他颜色的衣服，但她只穿蓝色的。

（5）在非洲，一个十几岁的女孩为了形成具有装饰性的伤疤，用刀把自己的手臂和脸划破。她是否是病理性的自残，或只是在履行传统文化对女孩的要求？

在第一个例子中，那位妇女所表现出来的是心理障碍，或只是一种正常的悲伤呢？在第二个例子中，那个小伙子的行为显然是不同寻常的，并涉及个人的困难，我们因此就要称之为变态吗？在第三个例子中，那个处于青春期的女孩是患上心理失调，或只是顺应了社会对女性体象不合理的看法呢？而那位只穿蓝衣服的女士，是变态，或只是她的一种特质呢？或者她非常喜欢蓝色？她需要辅导吗？显而易见，上述问题都是围绕变态行为的范畴提出来的。

由此看来，人的心理活动无论正常还是异常，都是非常复杂的，并不像躯体生理活动如体温、脉搏、肝功能等那样简单。要判别人的行为正常与否是相当困难的。行为的正常与异常之间的差别是相对的，很难找到一条截然的分界线。变态行为的表现受许多因素的影响，包括客观环境条件、主观经验、当时的心理状态及不同的社会文化背景等。因此，很难找出一个统一的、被人们公认的判别标准。当然，心理异常并非根本无法认识和把握，找出一些确定心理异常的原则和方法是完全可以做到的。

通常人们总是使用各种各样的标准去判断行为（我们自己的以及他人的）是否正常，是否健康，是否病态；许多学者也从不同的角度来探索心理（行为）正常与异常的指标。

（一）偏离社会规范与标准

变态的心理功能是异常的（deviance），但是这种异常是相对的，即与什么比较它才是异常的呢？人类的每一个社会群体都具有一整套行为的规范或准则，这些规范或准则告诉我们怎样做是“对”的，怎样做是“错”的；某一行为在什么时间，什么地点，和谁一起可以做，和谁不能一起做。这些规范或准则规定了我们在社会生活中行为的界限，并且对我们的行为方式与活动内容，包括我们做出一个长远的决定到我们最普通的日常事务都给予了一定的限制。当行为、思想及情感违反社会有关适当功能的想法时，它们就被认为是异常的。

人的行为或心理是否健康、正常，在不同的社会文化群体中有不同的规范与标准。例如，同性恋在有的社会文化中被看做是一种病态的性行为，而在另一种社会文化中则可能被视为正常。可见，每个个体所生活的社会文化背景，对其心理、行为、社会角色都有约定俗成的要求。如学生要能够学习，工人要能够做工，在家庭生活中男主外、女主内，平时应注意梳洗打扮，见人要有礼貌，等等。如果一个人能够很好地扮演他的社会角色，社会适应能力比较强，且社会化程度比较高，达到了该社会文化对他的要求，他就会被认为是心理健康的，否则就会被看做有心理障碍。此外，即使是有心理障碍的人的亲属、同事或朋友也会使用这种标准，并以此建议患者到医院就诊。

这种判定方法的优点是比较容易理解和掌握，能够发现精神障碍中的大部分患者。但是，它主要是根据人的外部表现进行判定，对于社会功能相对保持较好，但对内心极度痛苦的神经症患者来说，可能会被误认为没有心理障碍而延误诊断和治疗。同时，由于规范或标准是可变的，因此以它们作为心理健康评估的基础，看来不够坚实。

（二）统计学的指标

正常、健康的心理与行为一般和一个社会中大多数人的心理与行为是一致的。所以，判别一个人的心理是否正常，最普通的办法是把他的心理活动与群体中大多数人的心理活动进行比较与对照，以考查其是否与众不同。如果不一致，则可能是心理异常。这样，我们就可以用统计学上的常态分布曲线来判断常态与变态。从统计学的观点来看，变态是任何实质上对来自统计学的平均数的偏离，这种辨别方法的基本假设是，多数人的心理是健康的，他们在常态分布曲线上的位置居中，即接近平均数；只有少数人偏向于两个极端。次数分配居中者（即接近平均数）为常态，居于两端者为变态。

统计学方法使得对变态行为的界定成了一件简单的工作。只需测量个人的表现并与平均表现进行比较就足够了。如果测量的结果落到了平均范围以外，它就是异常的。统计学方法的主要弱点在于它没有价值取向；缺乏任何一种系统来区分令人满意的和不受欢迎的行为。这种倾向有时可能是非常危险的，因为它无视那些即使是有价值的偏离。举例来说，不仅仅是有智力缺陷的人，还有某些天才——特别是那些有新思想、新观念的天才，很可能被看做是心理辅导与治疗的候选人。

（三）个人的经验与感受

每个人都能自觉地意识到自身的心理活动，同时也能体察到别人的心理活动。因此，对于人的心理究竟什么是正常的，又怎样才算是异常的，在每个人的心目中实际上都有一个主观标准。人们把自己对正常心理的体验和经验作为出发点或参照物来判别种种心理活动是属于正常还是异常，这都是以个人经验为标准的方法。

个人经验实际包括两个方面。一方面是患者自己的经验与感受，他感觉自己不舒适，心理不正常，因而寻求医生的帮助。如果人们对他们的生活感到满足，那么他们的生活便与心理健康的确定没有多大的关系。另一方面，如果他们在生活中，因为自己的思想和行为而感到困惑或痛苦，那么他们就存在心理健康问题。

与我们刚刚讨论的两个方式相比，这是一种较自由的方式。它让人们对自己的心理与行为做出判断，而不是受到了他人的判断或心理医生诊断的影响。当然，这或许是在心理障碍不太严重的情况下被最广泛地使用的一种方式。大部分人并非因为他们认为自身行为失常，而是因为他们在自己生活的某些方面感到不快乐才去接受心理治疗的。然而，"个人的经验与感受"这一标准也有一个明显的缺点，即它缺少一个评估行为本身的标准。在行为引起严重伤害的情况下，或者在出现社会性破坏行为的情况下，会因缺乏客观标准而出现更多的疑问。是否仅仅因为青少年们对其药物成瘾感到不愉快，就将青少年的药物成瘾归类为变态呢？此外，即使一个行为模式并非必然有害，但该行为模式仍然值得给予心理学方面的关注。那些相信他们的大脑正在接收来自外太空信息的人，他们可能并没有给其他人造成痛苦，但多数人都会认为这些人需要接受心理治疗。

（四）适应不良行为

一个人是否能运用他的方式来适应他的生活——工作中应付自如，与家人、朋友和睦相处，认同并内化所在社会文化的价值标准、准时交纳各种费用等。如果某人内心世界所具有的价值观念体系、伦理道德标准及行为表现与社会环境的客观需要和要求格格不人，甚至相互抵触，那就不可能协调一致；如果一个人不能很好地和他人进行沟通和交往，不能为别人所理解，自己也不能理解别人，不能为群体和他人所接纳，成为群体中一个不被信任、不受欢迎的多余者，不能正确认识和处理各种人际关系，就应该考虑其心理（行为）是否异常。

事实上，这一标准与对社会规范的偏离有某些重叠。毕竟，许多规范都是让我们的行为符合自己和社会所要求的标准或准则。例如，工作时间喝酒不符合行为标准。同时，也要看到，当用"不良适应"标准来衡量日常生活与工作中的实际问题时，该标准也就具有独到之处了。如果一个人害怕乘飞机，而他所从事的工作却要求他经常出差，那么，这将会非常麻烦，而且他的行为可能会被认为是不适当的。

不过，人对社会适应及其评价往往受到不同社会文化背景和社会历史条件的影响，因而这样的判别标准也不是绝对的。例如，一百年以前，中国妇女的裹脚被称为三寸金莲，被认为是美的表现，如果今天还有妇女裹脚，那就是地地道道的变态行为了。此外，"适应不良"标准因其具有一定弹性而受到专业人士的偏爱。因为它把焦点集中在与生活环境有关联的行为上，它能适合许多不同的生活方式。与"个人的经验与感受"标准一样，它也是一种较自由的评定方式。然而，这种自由是以价值为代价换来的。难道就不存在一些人们不应该适应的情境吗？举例来说，如果一个经常在晚上被父母独自留在家中的孩子因睡眠问题而被带去看治疗师，那么，治疗师可能直接治疗的是其父母而不是孩子。然而"适应不良"标准就像"偏离社会规范"标准一样，在对"适宜"的偏爱中，确实提高了偏见的可能性。

（五）应当注意的问题

我们使用上述不同的标准去判断我们自己或他人的行为是正常还是异常，是健康还是病态。例如，在压力、灾难或疾病的情况下，我们可能会产生忧虑，以至于我们的行为也

会变得不同寻常或异常，进而我们需要的不仅仅是简单的来自自我的关注，或是来自朋友简单的安慰，而是专业的咨询与辅导。或许，我们从一个朋友或一个家庭成员的行为当中观察到了令人不安的变化，如自杀的感受、酗酒或某些其他问题。我们往往不知道是否应该催促他们去获得帮助。

这些判断常常是复杂难懂的，因为在我们这样一个复杂的社会中，人们用于判断行为恰当或适当与否的标准通常从一个次级群体到另一个次级群体有着极大的不同，甚至这些标准因时代、气候，或地理位置的不同而有着更广泛的变化。例如，今天我们会把曾经动辄强加给儿童的体罚视为对儿童的虐待。同样，几代人以前，离婚被当做极不正当的越轨行为。由此可见，我们发现把某人的行为称为变态是如此的困难就不足为奇了。

那么是否具有一些确定某一行为为变态行为的严格准则或标准呢？例如，假如某一行为仅仅是罕见的或是不同寻常的，我们能够依据统计学标准将该行为认定为变态行为吗？由于这种方法使用了数量分析，并且有研究证据的支持，因此用它来解释变态行为就具有一定的吸引力。它较少受偏见的影响，因而具有客观性。但是，行为并非轻易地就可以变为数量——某些变态行为（包括某些由流行病学的调查所显示的行为）常常既具有一般性，又具有差异性——例如，抑郁和焦虑就是如此。

此外，在确定某一行为是正常或异常之前，我们应当首先去理解该行为的环境因素或社会文化背景吗？应该说，这种观点是非常有价值的。在一些社会中被认为是完全正常的行为在另一些社会中则被明确地看做变态行为。例如，在我们的社会中追求成功被认为不仅是正常的，而且是一种有价值的品质，但在另一些社会中，这种品质则被看做是卑鄙的标志，同时也是情绪障碍的一种象征；而另一些行为，包括躁狂症、抑郁症，不管它们发生在什么时候、什么地方，都会被视为变态行为。

由于任务的复杂性，大多数现代社会依靠心理健康专业人员从反常性、文化异常或生活方式的变化去区分变态行为或心理病理学现象。依据其临床判断确定某人是否应该接受心理学或精神病学的治疗，确定该变态行为发生在哪里，它由哪些因素组成。

另外，由这些关于变态行为的不同标准所引起的诸多问题可以被概括为：我们的标准应该是事实吗？如在统计学上的罕见行为，或一个明显的功能失效行为（如进食障碍）。或者说，我们的标准应该以价值判断为准吗？如是否坚持某个适应标准或坚持某种规范。许多专业人士感到这个问题不能从一个方面来确定，对心理障碍的解释必须既要依据事实，也要依据价值判断。

举例来说，被诊断为精神分裂症的人，经常不能思考或有条理地说话。用韦克菲尔德（Jerome Wakefield）的话来说，他们的内部机制无法执行“他们天生的职责”。这些缺陷依次侵害着由“社会价值所定义的健康”——侵害着拥有一份工作的能力或抚养孩子的能力。正如我们看到的那样，目前，各国的心理障碍诊断也都依据把事实和社会价值或规范结合起来的标准。

尽管许多专业人士围绕变态行为的定义在争论着，但是应谨记，在对心理障碍的辨别上，大部分社会都能确认一些相同类型的行为，并把它们看做是心理障碍的象征。W. B. Maher（1985）指出，大多数人社会共同确认的基本变态行为类型有四种：

（1）伤害自身的行为或做出伤害别人而又不符合自己利益的行为。

（2）缺乏现实接触。例如，大多数人不具有的信念或大多数都没有觉察到的对事物的感知觉。

（3）对人与情境的情绪反应不适当。

（4）古怪而反复无常的行为——行为不断变化，无法预知。

那些不属于这些类型的行为就要依靠社会来确定什么是正常与适当的，但是那些与大多数人相偏离的行为类型，在全世界任何国家、任何地区都可能被视为是心理障碍的标志。

第二节　变态心理学的应用

一、研究变态行为的意义

至此，我们已经讨论了变态心理学家们所指称的变态心理学。但是无论你是否打算从事这个职业，你可能都会问：变态心理学对我有何用处？我为何要学变态心理学？我怎样才能运用它？它对我有何价值？

随着社会经济迅速发展，人们的工作、学习及生活节奏不断加快，紧张程度越来越高，人群中的心理障碍、行为异常日益增多。国内外心理疾病流行病学的资料显示，心理障碍的总患病率有不断上升的趋势。在美国，每十个人中就有一个人将会住进精神病院，约1/3～1/4的人群将因为心理健康问题而需寻求专业人员的帮助。据统计，心理障碍占整个疾病负担（burden of disease）的15%以上，超过各种癌症的疾病负担。根据世界卫生组织（WHO）的统计，非传染性疾病占全球疾病负担的比重日益增加，其中，心理障碍占全球疾病总负担的10.5%（中低收入国家）和23.5%（高收入国家）。表1－1表明了主要心理障碍占全球疾病负担的排位。

表1－1　主要心理障碍占全球疾病负担的排位

病　种	全　球	高收入国家	低收入国家
单相重症抑郁症	4	2	4
酒依赖	17	4	20
双相心境障碍	18	14	19
精神分裂症及相关障碍	22	12	24
强迫症	28	18	27
痴呆症	33	9	41
药物依赖	41	17	45
惊恐障碍	44	29	48

（资料来源：*The World Health Report* 1999：*Making a Difference*，WHO，Geneva.）

注：疾病负担用残疾调整生命年（Disability Adjusted Life Years，DALYs）表示，DALYs指因死亡或残疾而丧失的健康生命年数。通过加权来表示不同疾病所致残疾的严重性。例如，重症抑郁所致的疾病负担与失明或截瘫所致的疾病负担相当，而重性精神病（如精神分裂症）发病期所导致的疾病负担等于全瘫所致的疾病负担。

在中国疾病总负担中，预测 2020 年心理障碍与自杀所占总疾病的负担将列第一位（20.2%），而恶性肿瘤、心脑血管疾病和呼吸疾病分列第三至第五位（16.3% ~ 18.7%）。表 1 - 2 比较了 1990 年和预测 2020 年的中国心理障碍疾病负担，结果提示单相抑郁、自杀/自伤是心理障碍中导致疾病负担损失最大的问题。

表 1 - 2　中国心理障碍疾病负担（DAL,%）

病　种	1990 年	1998 年	2020 年
所有心理障碍	14.2	15.1	15.5
单相抑郁症	6.2	6.9	7.3
双相心境障碍	1.8	1.9	1.9
精神分裂症	1.3	1.3	1.2
强迫症	1.1	1.3	1.2
痴呆症	0.7	0.8	1.3
酒依赖	0.7	0.8	0.7

（资料来源：季建林. 精神医学. 上海：复旦大学出版社，2003）

上述资料表明，对日益增多的心理障碍或异常行为的认识、诊断和治疗已经成为增进人类健康的一个重要方面。变态心理学的基本任务就是揭示心理异常现象发生、发展和变化的原因及规律，提供划分心理异常的标准和有效方法，并为各种临床方法提供理论依据。但是，更重要的是，在每一个普通人的生活中有许多方面会用到变态心理学。了解变态心理学对各行各业的人都是有价值的，即使对那些不打算直接使用变态心理学的人也是这样。变态心理学的研究为我们提供了解决心理困扰、环境适应、改善自我的特殊方法，不管这些问题是个人生活中的问题、工作中的问题，还是处理人际关系中的问题。变态心理学的知识与方法还能帮助我们对自己和他人的心理状态与行为做出正确的判断，并能及时给予正确的帮助。

二、变态行为的治疗

无论对变态行为做出怎样的解释，大多数社会都会认为，必须对这种行为给予某些干预或治疗。那么人类是如何对待他们当中的行为异常者的呢？目前的治疗方法或途径有哪些呢？

早期的医学方法认为“精神失常（insanity）纯粹是一种大脑疾患，内科医生肩负着监护精神病患者的责任，并且必须永远如此”。显然，如果继续运用医学模式，异常行为将会被臆断为器质上的症状，然后借助医学上的药物、住院治疗，甚至外科手术来治疗。如果依照心理学的理论来解释异常行为，则会用心理疗法来治疗。就以上治疗手段来说，今天的很多心理学专家感到，不管导致心理障碍的原因是什么，如果能够找到致病的包括生理心理因素的根本原因，那么治疗就相对容易很多。相应地，在最近的几十年里，多种理论与治疗方法相结合的趋势不断增强，因而目前在治疗方法上，主张躯体治疗和心理治疗相结合。

（一）变态行为的躯体治疗

变态行为的躯体治疗主要包括药物治疗和电抽搐治疗。

心理障碍的药物治疗是指通过应用精神药物来改变病态行为、思维或心境的一种治疗手段。由于对大脑及其障碍的了解有限，心理障碍的药物治疗可以说仍然是对症性的、经验性的。20 世纪 50 年代初，第一个治疗心理障碍的合成药物氯丙嗪的出现，开创了现代心理障碍药物治疗的新纪元。近十多年来，心理障碍的药物治疗学是临床医学领域内发展最迅速的学科之一，品种繁多、结构各异的各类新精神药物正在被不断开发并加以使用。

电抽搐治疗（ECT）又称电休克治疗，是以一定量的电流通过大脑，引起意识丧失和痉挛发作，从而达到治疗目的的一种方法。目前，有条件的地方已推广采用无抽搐电休克治疗。该方法是通电前给予麻醉剂和肌肉松弛剂，使得通电后不发生抽搐。这种方法更安全，也易被患者和家属接受。

（二）心理治疗

心理治疗是一种以助人为目的的专业性人际互动的过程，治疗师通过言语的方式影响患者或其他求助者，引起心理、行为和躯体功能的积极变化，达到治疗疾病、促进康复的目的。

治疗师通过言语、表情、举止行为及特意安排的情境来使患者或来自普通人群的“咨询顾客”（client）在认知、情感、意志行为等方面发生变化，以帮助他们解决学习、工作、生活、健康等方面的问题，从而更好地适应内外环境的变化，保持心理和生理的健康。

心理治疗与心理咨询，尤其是与治疗性咨询（therapeutic counseling）在很大程度上互相重叠，助人的目的、机制大同小异，可以放在一起讨论。一般而言，两者的区别主要在于对象各有侧重——心理治疗主要针对临床患者，而心理咨询主要针对普通咨客。

三、当代西方的心理健康职业

在当代西方，变态心理学的应用突出表现在心理健康职业方面。目前，已被允许提供心理健康服务的职业类型有临床心理学家、精神病学家、分析心理学家、精神病社会工作者及精神病护士等，他们都是心理健康队伍的核心成员。在教育、训练及经验方面的不同保证了上述每一种职业者都能够对理解和治疗心理障碍做出独特的贡献。

（一）临床心理学

临床心理学家通常要获得哲学博士或心理学博士学位（Ph. D. 或 Psy D.）。临床心理学博士研究生课程的特点在于要求学习心理学基本领域中的理论与研究，同时需要学习临床评估、诊断及治疗等课程。此外，还需要安排广泛的实验与实习课程。通过这些课程的学习，学生除了在医院中，还要在门诊部及其他机构中获得临床心理学工作的经验。这是培养和训练临床心理学家的一个规则，也是基本组成部分。

在临床心理学方面，大多数哲学博士课程既提供了研究，也提供了实验环节。这类课程一般要求学习者在研究院的学习中完成一些研究项目，他们还要在资深教师的指导下完成学位论文。哲学博士也要学习各种各样的临床课程，并且要利用广泛的实践训练的课程进行调查研究。临床心理学的心理学博士培养计划强调临床训练，其目的在于培养具有竞争力的临床专业人员。

临床心理学的学生在修完学校课程后，还要做为期至少一年的专职实习医生。在这个职位上，他们要在高级专业人员的指导与管理下行使职责，治疗患者，以提高、完善其临床技能。实习期之后，他们才会被授予哲学博士学位或心理学博士学位，同时可以作为临床心理学家而开始工作。如果一个新的临床心理学家希望建立一项私人业务，作为一个心理学家，他必须符合政府的要求才能取得许可证。在美国大多数州，这些要求包括得到认可的哲学或心理学博士训练方案、专业实习，以及令人满意的书面与口头测验成绩。

在美国，临床心理学是一项新型职业。尽管心理学家在临床背景下，在20世纪的头二三十年里，在智力与人格评定方面做了大量工作，但是直到第二次世界大战大量精神病伤病员的出现，才导致临床心理学的诞生。随后，临床心理学家的数量一直在增加，从1945年到1989年，超过了5万人。各州现在都有合法的临床心理学诊所。

临床心理学家为其在认知功能与人格的评定方面所接受的广泛训练而自豪。历史上，评价与研究是临床心理学家为心理健康事业做出的两个独特贡献。在心理治疗和行为治疗方面，与其他心理健康专家相比，临床心理学家一直受到更为广泛的训练。因此，在许多临床情景下，临床心理学家是“谈话治疗”方面的权威。

（二）精神病学

精神病学是医学的一个分支。那些决心要成为精神病学家的人，也就是在心理问题诊断和治疗方面从事专门研究的人，必须拥有医学博士学位，并要接受被称为住院医师的毕业后训练。即毕业于医学院的精神病医生还需经过一年的具有医学背景的专业实习，然后还要具有担任三年或三年以上的精神病住院医师职务的经历。其间，他们必须学会如何诊断精神障碍，如何区分可能表现为相同症状的精神障碍与躯体疾病，如何运用心理治疗与躯体治疗的方法，包括如何运用药物治疗。住院医师的临床工作受到高级精神病医师的监督与指导，而这也构成了住院医师培养与训练的一个重要部分。

精神病学家在诊治心理障碍患者的临床工作中的独特作用来自于他们作为解除人们精神痛苦的医生所受的教育与训练，这种教育与训练给予他们一种关于身体健康与身体疾病对行为与心理所产生影响的特殊鉴别能力。因为某些身体的失调会伪装成行为或精神的失调，而某种行为或精神的障碍则又往往酷似躯体疾病。所以，精神病学家的临床工作是非常有意义的。

进而，作为精神病医生，在他们还是住院医师期间，学习精神药物学是其接受训练的一部分，即学习运用药物来治疗心理障碍。在过去的四十年间，药物治疗被越来越多地使用于对较为严重的精神障碍者的治疗中。具有对症下药的能力及相应的处方权，是精神病医生的重要角色之一。

（三）精神病社会工作者

精神病社会工作者通常应具备社会工作硕士学位（M. S. W.）。在其社会工作专业学习期间，学生们要学习群体、社会过程与发展、公共政策；学习社会组织理论及涉及对社会组织进行研究的方法论问题；学习国家及地方政府制定的为那些不能自助的人提供帮助的方案。他们也要学习心理学、社会学及其他社会科学原理。此外，对精神病方面的工作有特殊兴趣的社会工作专业的学生要学习心理病理学、评价及治疗等。他们必须付出大量的时间在医院或诊所接受实验与实习课程的训练。在医院或诊所，他们在高级医师或高级精神病社会工作者的监督和指导下对个体或家庭展开辅导工作。

精神病社会工作者将独特的辅导技能带入群体工作，通过对问题的评定及干预影响家庭、夫妻及组织等社会群体。他们具有关于社区及对他人的支持结构的详尽知识，且能将这些知识用于心理健康辅导工作，即这些知识能够使精神病社会工作者帮助患者接受来自其社区的经济或社会的支持。精神病社会工作者也常常是环境因素方面的专家，这些环境因素可以促进或妨碍患者独立生活的能力。

许多精神病社会工作者在个体和群体心理治疗方面受到了广泛的训练，而且其职业生涯的大部分时间都用在了提供心理治疗服务上。

（四）精神病护理

精神病护士一般具有理学学士学位。在美国，他们必须修完由大学提供的护理方面的四年制课程。在获得毕业证书后，他们才能得到认可并成为注册护士。

精神病护理专业的学生可再进入大学学习两年，从而获得精神病护理专业硕士学位。在这两年中，他们要学习心理病理学、诊断及治疗。特别要强调的是，他们还必须接受精神药物学的学习，因为护士们要把药品分发给精神病患者，他们要对此负责。

在学习硕士学位课程期间，护理专业的学生要接受广泛的实践课程训练，以保证他们获得治疗技能。家庭治疗是治疗途径之一，其中精神病护士的工作发挥了重要的作用。精神病护士的另一个贡献是“治疗环境”，也叫做治疗社区。所谓治疗社区是指出于治疗目的而建立的社会文化环境，在该环境中居住着需要治疗的人。此术语并非仅指便于精神病的治疗，建立治疗社区是基于这样的认识，即如果对整个的社会环境进行适当的控制，那么它对治疗就会产生有利的影响。一个治疗社区依靠护理人员的帮助和支持，为精神病患者建立并执行一些规则来控制他们的小组，调节他们相互之间的互动。许多专家相信，运用这种方法，即使严重失调的患者也能够开始对他们自己的行为再次负起责任，并和他人重新建立社会关系。

第三节　变态行为研究简史

变态心理学正式成为一门学科的历史十分短暂，但是人类对心理异常的关心、认识与理解则和人类生活的历史一样长。自从有人类社会以来，人们就一直在关心着他们的身体健康、社会关系，以及他们在环境中的位置。他们提出了许多与此有关的问题，并且发展或形成了关于这些问题的种种思想观点与理论。

许多人可能看到现代方法与技术毫无疑问要比早期曾经使用的方法与技术更为有效和进步，于是，他们可能会问：为什么我们不去关心这些新方法与技术，而总是要追述过去的东西呢？出现这种看法的原因在于他们没有看到过去与现在之间的重要联系。许多看似属于今天的东西实则为历史发展的结果，而非对历史的否定或拒绝。因此，对变态心理学历史的回顾可以为我们提供一个更好地理解现代科学及其发展的背景。为了真正理解人，我们就必须了解在他们的生活中所发生过的事情；为了真正地理解当代变态心理学的理论、思想与实践，我们就必须了解它的历史与起源。

一、史前时期：异常与神鬼学

在史前时期，关于心理异常现象没有文字记载。因而，我们对异常行为在史前古代社会的处理方式了解甚少，我们知道的只是，就像对大多数其他不能理解的事物一样，我们早期的祖先把异常行为看做是由遥远的事物或超自然的力量控制与影响的结果，诸如神的报复、遥远的星体或恶魔的控制。那种关于邪恶的事物，如魔鬼进入人体，并控制了其思想与躯体的学说叫做魔鬼学（demonology）。

公认的治疗魔鬼附体的方法是把邪恶的魔鬼从受害者身体里哄骗或逼迫出来，这种方法叫做驱邪（exorcism）。驱邪有很多种技巧和方法，从温和的到粗暴残忍的都有。在一些个案中，治疗限于祈祷、噪音和服用某种麻醉药物。一些着魔比较严重的人可能会被淹入水中，或被鞭笞，或者用饥饿以使身体成为让魔鬼感到难受的居所而被逐出。有些患者被强迫吃喝经过调制的充满恶臭、令人作呕的食物或饮料，其中含有血、酒及羊粪等。有些则被处死，因为他们被视为累赘，或者会对他人造成威胁。这个过程往往由一个被部族认为拥有魔力的人执行，他可能是一名巫师、僧侣，也可能是一名医生。在某些个案中，患者只是简单地被部族赶走，流浪于野外，或者受到人们的嘲弄，得不到人们的帮助。

然而在史前时期，并不是所有的异常者都被认为是被恶魔缠身，也并不是所有的异常者都必须经过精心的驱邪。在缺乏可靠证据的情况下，我们可以合理地假设，甚至在极为迷信的人中，变态行为常常以一种比较温和的方式得到处理。例如，简单地把患者送回家休息，并且在社区的祈祷中为患者祷告等。这种矫治方法即使在今天一些小的、传统的社会里仍然经常被使用，这可能和古代社会使用的方法相似。

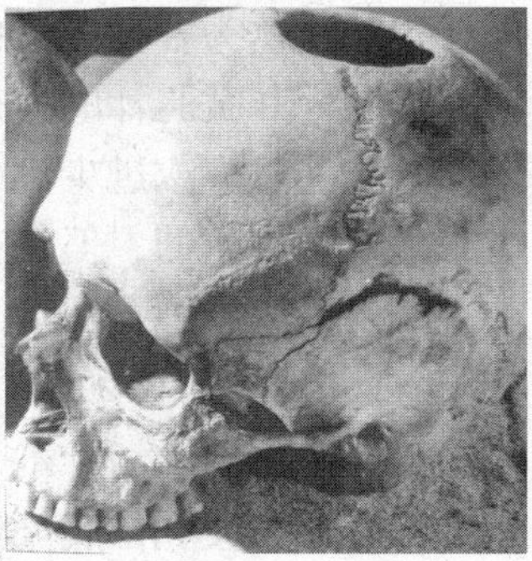

据说环锯术是用于驱邪的一种治疗方法。

一些属于公元前8000年以前石器时代的令人惊异的考古学证据表明，在南部非洲等地出土的一些头盖骨上留有被钻的孔。人类学家认为这可能就是那种被称为环锯术（trephining）的外科手术，而这种手术是用以治疗心理障碍的方法之一。人类学家们推断，史前人相信恶魔陷入了人的头内，导致异常行为，必须通过外科手术才能使恶魔离开并使人恢复正常。一些人就是死于这种驱邪的治疗方法上。令人吃惊的是，出于各种各样从巫术到医学的目的，环锯术并没有随着石器时代的结束而消失，而是从古代一直延续到18世纪的世界各国。环锯术的证据在许多国家与文化中被发现，包括远东与中东、英国的凯尔特部落、古代或今日的印度，以及南美和北美的不同民族，包括马亚、阿兹台克及巴西印第安人。在非洲的某些部落中至今仍在使用这种方法，以免除由于头部损伤而造成的痛苦。

二、古代社会：自然主义与生源论

在古代中国、埃及、希腊和希伯来人的文献记载中仍然可以发现远古时期的魔鬼观，并且这种观念持续了数千年。《圣经》中曾提到，恶魔无处不在；在《新约全书》中，据说耶稣可把恶魔从着魔者身上驱赶出来。

尽管如此，在古希腊和中国，我们也可以看到有关变态行为的自然主义观点的出现与发展。文献记载，古希腊医生希波克拉底（Hippocrates，460B. C. —360B. C.）就是最早具有这种研究倾向的人。希波克拉底被认为是科学的医学奠基人，也被称为精神病学之父。他反对当时盛行的超自然理论，他认为所有的疾病包括精神疾病都是由于自然因素引起的。在关于癫痫的论文中，他对癫痫症作了简短的评述：“如果你切开头部，你会发现大脑是湿的，满是汗水和难闻的气味。用这种方法，你就可以知道伤害身体的并不是神，而是疾病本身。”

希波克拉底的成就主要有三个方面：

第一，希波克拉底倡导对心理障碍的个案进行观察，并尽可能以客观的方法记录其观察到的情况。在他的著作中，我们可以看到在西方科学文献中第一次对恐惧症、癫痫症及产后精神疾病（分娩后出现的严重抑郁）做出了经验的描述。

第二，希波克拉底提出了有关变态行为的最初的生源论（biogenic theories）。尽管他意识到外部的压力可能有一种破坏性的心理影响，但是他认为心理障碍首先是由人的内在过程导致的。就现代科学而言，他的理论是相当原始的、粗糙的。例如，他把歇斯底里归因于子宫的游走（在那时候，子宫被认为在女性身体里是不固定的并且可以自由游走）。同样，他还认为各种各样的人格障碍是由于身体中的四种性质不同的液体——黏液、血液、黑胆汁和黄胆汁的失衡造成的。他认为四种体液如果正常地混合起来则健康，如果其中某种体液过多或过少，或它们之间的相互关系失常，人就会生病。尽管这些理论在今天看来是非常原始的，但是很多学者把它看做是变态心理学领域中生理学和生物化学研究的前兆。可以说，他的学说对医学的发展有很大的影响。后来罗马时代的著名医生盖伦（Galen，130A. D. —200A. D.）继承了希波克拉底的观点。他对抑郁症的不同类型进行了描述，主张用静脉切开术，放出过多的黑胆汁进行治疗。

第三，希波克拉底显然是第一个试图把异常精神状态进行统一分类的西方科学家。他把精神障碍分为三类：躁狂症（异常兴奋）、忧郁症（异常消沉）和精神错乱（大脑发热）。

希波克拉底的贡献主要在理论和方法论领域，在心理障碍的治疗方面，他并没有取得重要的进展。尽管如此，他的治疗方法与那些驱邪的传统相比，明显更加具有人性化，而这种治疗方法本身就是一种进步。例如，他对忧郁症的治疗包括让患者休息、锻炼、少吃刺激性的食物，以及节制性欲和戒酒。这种摄生法（regimen）（如用指定的食物或休养等）在医生的指导下是最容易实行的；他还经常把患者带回家里，以便更好地观察他们。

希波克拉底这种更为倾向于人性化、更为尊重患者的治疗方法得到了哲学家柏拉图（Plato，423B. C. —342 B. C.）的支持。尽管他对精神障碍治疗的看法还带有超自然的思想成分，但是柏拉图坚持认为对心理障碍患者的照料应该是家庭的责任，而且患者不应该因为其过激行为而承担任何责任或受到任何惩罚。他的这种观点影响了后来的希腊社会，使该社会形成了一种对心理疾病采取避让的态度。例如，亚历山大（Alexandria）曾经用来供奉农神（Saturn）的神庙，也被辟用做避难所，让有心理疾病的患者在这里通过休息、锻炼，甚至用音乐等其他治疗方法，使患者尽快康复。

相关链接 1－1　中国早期关于心理异常的观点

在中国古代医学中对心理疾病也有大量论述。战国时代的医学典籍《黄帝内经》就把人的精神活动归之于“心神”，“心神”，不仅控制着人的精神活动，而且统管五脏六腑。在《素问·阴阳应象大论》中也谈到：“人有五脏化五气，以生喜怒悲忧恐。”《黄帝内经》还论述到，在剧烈的情绪变化下能引起精神异常，且影响体内正常功能。同样，躯体内脏变化也会累及情感。中国古代医学家以其深刻的洞察力和朴素的唯物主义观点提出了“百病皆生于气”，“大怒伤肝，大喜伤心，思虑伤脾，悲忧伤肺，惊恐伤肾”的七情内伤论，对躯体和精神功能的关系做了精辟的论述。治疗方面则采用清热泻火法和针灸治疗。这一学说至今尚未失去其指导意义。

中国古代，医学对疾病成因的信念建立在对自然而非超自然信念的基础之上。例如，在“阴与阳”的概念中，人体就像是宇宙被划分为“正与负”两种力量一样，两者交互影响，或相互补充，或相互排斥。假如两种力量处于均衡状态，其结果是身体与心理的健康；假如两种力量失衡，则出现身心疾病。因此，古代中国的治疗方法侧重于重新恢复阴阳的均衡。当时的医生认为，面对患者的激动状况，治疗应该从饮食控制开始，因为食物被认为是阳气的来源，而患者被认为需要让体内的阳气减退下来。

在公元 2 世纪时，中国医学发展达到了一个较高水平。张仲景这位被称为中国的希波克拉底的医生，于公元 200 年左右撰写了两部流传后世的医学名著。和希波克拉底一样，他关于身体及心理疾病的观点也是建立在临床观察的基础之上的。他认为，器官病变是造成疾病的主因。此外，他也相信应激性的心理状况可能会导致器官的病变。他运用两种方法对患者进行治疗：一种是药物，另一种则是让病人通过适宜的活动来恢复情绪的平衡。

医圣张仲景

如同西方一样，古代中国关于心理疾病的看法也同样存在超自然的观点。例如，心理疾病是由于鬼魂或妖邪的作用所致。当然，与西方不同的是，中国古代社会中心理疾病的神鬼观从来没有西方社会那么严重，持续的时间也没有西方那么长久。

三、中世纪和文艺复兴时期：自然与超自然之争

随着希腊文明的衰落和罗马帝国的兴起，希波克拉底关于心理障碍的观点继续流行了几个世纪之后才衰落。公元前 1 世纪，Asclepiads 这位正在罗马行医的希腊医生背离了希波克拉底关于心理障碍是由于体液不平衡而产生的信念，他认为情绪方面的障碍可能是由心理问题引起的，这种观点类似于许多当代有关异常行为的解释。Asclepiads 也是第一个对慢性和急性心理疾病做了区分的人（慢性精神疾病的症状是相对长期、变化不大；在急性精神疾病中，症状是突发的、戏剧性的）。他还对幻觉、错觉、妄想等异常心理现象

的特征做了描述，并对如何使这些特征作为诊断的征兆而加以使用做了说明。作为一个治疗家，他还提出了一些令人吃惊的现代概念，例如音乐疗法。

两百年后，即到了公元 2 世纪，正在罗马行医的希腊医生盖伦（Claudius Galen，130A. D. —200A. D.）综合前辈的观点提出了器官论（organic theories），在解剖学研究方面取得了重大进展。例如，他最先认为存在于动脉中的是血液而不是通常人们认为的空气。这个发现导致心理障碍治疗中放血疗法的使用，以期恢复人体体液的适当平衡。放血作为对情感与身体障碍的一种治疗方法持续存在一直到 19 世纪。然而在盖伦去世后，他的这种研究方法发展缓慢。最终，在公元 5 世纪随着北欧外族的侵人，罗马失陷，和对大多数其他科学研究一样，对心理疾病的研究也衰退了，即中世纪心理疾病的研究受到魔鬼学、占星术、巫术的控制，出现了严重的倒退。

（一）中世纪的理论与治疗

中世纪是一个充满着强烈宗教狂热的时期，像其他事物一样，精神错乱被认为是受到超自然力量的控制，很多精神病患者因此得到相应的处置。一些人被带到了教堂，向上帝祈祷，并用圣水清洁心灵。一些人则遭到鞭打、挨饿，以处罚内心的魔鬼。也许在我们今天看来非常野蛮、残暴的方式，在中世纪乃至进入文艺复兴时期后，却被当时的大多数人看做是相当恰当的处理方法。事实上，我们不可能知道有多少人是由于心理障碍而受到了这种对待。显然，有些人真正有心理障碍，但有些人很可能只是行为古怪，或者只是属于在社会上不受欢迎的那种类型。

在这幅 15 世纪后期的油画中，意大利西恩那圣·凯瑟林大教堂正在举行将魔鬼从一名妇女身体中驱赶出去的仪式。一只小魔鬼正在从她的口中飞走。

在中世纪，通常由修道士负责照料并护理患者，尽管一些修道士可能没有运用古希腊医学著作中的医学知识，但是他们仍然拥有一些经典的希腊医学典籍。当修道士们照料心理疾病患者时，他们会为患者祷告并让患者触摸圣徒的遗物，或在下弦月期间调制迷幻药让患者服下。患者的家人也可能带患者到教堂祈祷。许多心理障碍者流浪在乡间，衣着越来越邋遢，心理机能的丧失越来越多。

尽管如此，当时也有人从自然主义的观点出发，认为许多心理障碍是由躯体疾病或情感困惑引起的。从 13 世纪开始，在英国出现了通过审查去确定一个人的心智是否健全的制度。审查在王国政府的法权下进行，以对心智不健全者予以保护，同时对不健全心智者的裁决允许王国政府成为精神病患者财产的监护人。在审查中被告的定向、记忆、智力、日常生活及行为习惯都存在争议。对怪异行为的解释典型地将其与躯体疾病联系起来，或者与伤害，或者与某种情感的打击联系在一起。在 Neugebauer（1978）所检视的全部案例中，仅有一例涉及神鬼学的解释。例如，一项对英国的司法记录的研究表明，当中世纪的官员对一个被说成是精神错乱的人进行审查时，他们常常要给该精神病病因提供自然的、常识性的解释。1291 年，一位接受审查的男子据说是由于“头部受到打击”后陷入精神错乱的。1366 年，另一位受审的男子据传是“由于对父亲的恐惧而产生”无法控制的暴力行为的。而这些在今天也可能会被引用作为心理障碍的种种原因。同样，由一位英国修道士在13世纪早期编写的《巴斯奥罗米思百科全书》（*Encyclopedia of Batholomaes*），在其后的三百年间被欧洲大学广泛使用，该书对心理障碍的身体与情感方面的来源做了探索。这些早期的诊断学家大多数或许深信心理疾病的原因最终是超自然的，但是，他们认为意外事件、直接原因却来自自然因素。

进而，精神错乱是否被归因于自然或超自然的力量，要有证据加以说明，同时精神错乱也被看做是一种疾病形式。中世纪教堂窗户上的彩图表明，圣徒们正在给跛脚者和盲人旁边的精神病患者进行治疗。从13世纪起，随着欧洲城市的逐渐扩大，医院开始受到世俗的影响与控制。权力不断增加的市政当局倾向于补充或接管某些本应由教会所做的事情，其中之一就是对疾病患者的照料。14世纪中叶起，在英国的索尔兹伯里市创办了圣三一医院（Holy Trinity Hospital），创办该医院的目的之一就是“保证疯子的安全直至其恢复理智”。这期间英国的法律允许危险的精神病患者与低能者和其他患者一样进入同一家医院。

（二）对女巫的迫害

在13世纪乃至后来的几个世纪中，民众饱受社会动乱及一次又一次的饥荒与瘟疫的痛苦，因而以神鬼观去解释这些灾难。当时的欧洲人产生了对魔鬼的痴迷，认为疾病或灾难是撒旦施行的魔法或者巫术所致，这在当时被视为异端邪说，或对上帝的否认。如同今天一样，当人们面临一些不甚明白或恐惧的事件时，倾向于利用任何能够利用的解释。于是对那些被看做是女巫的人大加指责，这些不幸的人受到了疯狂的迫害。

1484年，罗马天主教教皇英诺森八世（Pope Innocent Ⅷ）鼓励欧洲的教士们千方百计地搜寻女巫。他派一些旦米尼克教派修道士们赴德国北部进行调查。两年后，他们出版了一部包罗万象、直言不讳的手册，名为《女巫的杵锤》（*The witch's hammer*），以指导对女巫的迫害。这部法律与神学文件后来作为一部关于巫术的教科书而被天主教徒与基督教徒奉为圣明，并在对待精神异常者方面起了极坏的作用。书中认为情欲是邪恶，女人是败坏男人的女巫。书中还阐述了大量性问题、女巫勾引和施行邪恶的手段、用以揭露巫术的办法，以及适用的救治措施。该书的流行造成了一场反女性、反性欲的热潮。如果那些所谓的女巫拒绝认罪，那么那些对巫术的指控便成为对这些人的折磨。那些被证明有罪且忏悔者将被终身监禁，而拒绝忏悔者则被处以死刑。这本手册详细说明了一个人的理性突然丧失是恶魔占据心灵的一种征兆，而一种通常的方法则是用火烧将恶魔驱赶出来。心理异常的人被认为是与魔鬼有契约，这很容易造成对他们的迫害和摧残。在中世纪有成千上万的妇女、男人甚至儿童因“危害社会，在空中飞行，以及巫术”等罪名而受尽迫害与刑讯折磨，或者被套绑在火刑柱上烧死。

如果这位妇女在女巫检测中未被淹死，那么可以断定她是魔鬼的同谋。

这种对心理异常者的狂热迫害具有深刻的社会文化背景。当时，由于瘟疫流行、饥饿成灾、生活没有着落，因此幻想出一种“女巫”做牺牲品的方法。人们仅有的希望是有一个仁慈而又万能的上帝，使他们免受魔鬼的摧残，并让他们在死后能升入天堂。在当时，不承认存在女巫和魔鬼会被当做是不正常的。在这种文化背景下，那些心理异常的人被看做是与魔鬼为伍的堕落者；他们是虚弱、死亡、疾病、残害婴儿的罪魁；他们是不道德和恐怖的原因。因此，这些人对一个充满恐惧和不稳定的社会是高度危险的。

（三）文艺复兴时期的理论与治疗

就女巫的迫害很少与心理疾病的历史记载相联系而言，一直存在争议，大多数被指控为女巫的人可能并没有心理障碍。在大型社会里，女巫受迫害明显很少是因为其行为怪异，而更多的是因为政治与经济利益，即刑讯迫害通常被用于排斥政治对手、没收财产、镇压异己。例如，在1429年帮助领导法国军队驱逐了英国入侵者的让·雅克受到巫术的指控并被烧死在火刑柱上。其主要罪状在于声称受到了上帝的直接启示，而非通过教会的传递，因而在教会眼中属于异端。然而，在小型社会中，被指控者常常是穷人、老人或处于社会边缘状态的妇女，或者只是简单地因为社会名声不好——通奸者、渎神者、窃贼、不合时宜的人等。无疑，某些心理疾病患者也属于这类群体。

心理疾病患者受女巫迫害之苦这一事实也从那些反对这种狂热的人的作品中得到了证实。这些作家一致反对宗教法庭的裁判，其主要论点在于，宗教裁判的受害者根本不是魔鬼的同伙，只不过是精神错乱而已。例如，1563年，第一个医疗开业者，德国人 Johann Weyer 对心理疾病产生了特殊兴趣。他发表论文断言，那些被作为女巫而饱受折磨或火刑的人实际上是心理失衡或者对自己的行为不能负责的人。很快，Weyer 为一名叫斯科特（Reginald Scot）的英国人所追随，斯科特于1584年出版了《巫术的发现》一书，该著作指出，在受女巫追捕者迫害的那些人中，除了其他因素以外，还有心理疾病的证据。

另外，似乎很有可能，在文艺复兴时期的某些“女巫”是心理疾病患者。同时，有证据指出，在中世纪，大多数精神病患者会引起女巫搜捕者的极大注意，但在文艺复兴时期他们被看做患者，他们的问题往往得到自然概念的解释，并得到社会的照料。一些人被禁闭在救济院里，另一些人则在普通医院中。例如，建于1247年的伦敦伯利恒医院（Bethlem Hospital）到15世纪时几乎全部是精神病患者。在文艺复兴时期，至少在英格兰，最主要的努力在于使社会管理活动制度化，即实行社会内部对心理疾病的监管。

四、18和19世纪：科学至上与人道主义

（一）精神病院的改革

1. 精神病医院的产生

直到15世纪十字军东征的末期，尽管欧洲已有许多麻风病院，但此时精神病医院仍寥寥无几。在12世纪，仅有150万人口的英格兰和苏格兰就开设了220家麻风病院。自十字军东征之后，或许由于战争的结束切断了来自东方的传染源，麻风病逐渐在欧洲消失。由于麻风病不再为社会所关注，因而许多医院被转而用于精神病患者。

对精神病患者的禁闭最早开始于十五六世纪。麻风病院被改造为精神病院，用以禁闭和照料精神病患者。其中有许多医院将精神病患者与乞丐混在一起。当时乞丐被认为是最大的社会问题，16世纪的巴黎人口不足10万，但乞丐就有3万人之多（Foucault,

1965)。这些精神病院除了让住院者劳动外，没有其他特殊的安排，但对精神病患者却给予了更为特殊的禁闭。

伦敦伯利恒医院建于1247年，到1403年仅住有六个精神病患者，1547年，亨利八世将该医院移交于伦敦市，此后专门用于禁闭精神病患者。伯利恒医院的条件极差，许多年间，疯人院这个词成为该医院的俗称。到18世纪时，伯利恒医院实际上成为能和威斯敏斯特大教堂、伦敦塔相匹敌，并吸引大量伦敦游客的一个观光景点。即使到了19世纪晚期，参观狂躁、凶暴的患者及其古怪、滑稽的行为仍被当做一种消遣与娱乐，伯利恒的门票往往一售而空。同样，1784年建于维也纳的疯人塔，患者被禁闭于内部是四方形的空间与外部为一堵墙之间的狭小空间里，游人可从那里看到精神病患者。

维也纳疯人塔景观

除受到除上述恶劣的条件与非人性化的对待之外，当时的医疗方法也很原始。被认为是美国精神病学之父的本杰明·鲁什（Benjamin Rush，1745—1813），认为心理障碍是由大脑中血液过量引起的，因而他所热衷的治疗方法是从患者身上抽取大量的血液。他的另一个假设是，许多精神病患者可以通过恐吓而治愈。

2. *帕森的改革*

在大医院里改进治疗的最初努力开始于18世纪后期。当时改革运动的倡导者是刚从医学院毕业，年仅26岁的Vincenzo Chiarugi（1759—1820）。他受命管理一家新建于佛罗伦萨、名为Ospitdale di Bonifacio的精神病医院。一年之内，在他的领导下，建立了一整套管理与治疗精神病患者的改革标准，包括制定的规章强调，患者需要人道对待，他要求给患者提供工作和娱乐活动，除了在隔离的情况下，禁止使用诸如铁链之类的禁闭工具。

大致与Chiarugi同时代，最为著名的改革发生在巴黎的La Bicêtre这家医院里。这一改革的努力在很大程度上归功于帕森（Jean-Baptiste Pussin）。在他发布的告示中制定了新的规则，其中之一就是禁止职员殴打患者。据帕森后来的回忆，这次改革几乎引起一次员工的造反："护理人员们试图反抗我，他们说，他们没有安全保障……但是，尽管他们吵吵闹闹，我仍然坚持我的决心，一定要达到目的。他们中大多数因违反规定几乎依次被我解雇。"帕森还要求打开患者身上的铁链，这些患者一直被称做"狂暴者"，并且用镣铐绑缚在床上多年，有的甚至长达二十年。解除了他们身上的铁链，他们可以在地上散步，可以呼吸新鲜空气，可以感受到人的自由。正如帕森所期望的那样，这些患者中有许多逐渐被驯服并更听从管理了。

3. *皮奈尔的改革*

菲利浦·皮奈尔（Philippe Pinel，1745—1826）被视为精神病院中对精神病患者采用人道主义治疗运动的最重要人物，1793年他成为巴黎La Bicêtre医院精神病房的主管，进一步扩展了帕森的改革。皮奈尔认为，精神病患者只不过是由于严重的个人问题而丧失理智的普通人，像动物一样对待他们不仅是野蛮的，也会妨碍其康复。皮奈尔将患者重新安置在了通风透光的病房里，摒弃了诸如放血、灌肠、拔火罐（用烧热的小杯使皮肤上起水泡）等野蛮的治疗方法。许多完全无法管理的患者变得安详并更容易管理了；那些曾

在 La Bicêtre，皮奈尔打开了精神病患者身上的铁链。

被认为是危险的人现在散步于医院与庭院之中，并未表现出任何滋扰与伤害他人的倾向；一些被监禁了多年的患者得到明显恢复，最终被允许离开医院。他花费了大量时间与患者交谈，倾听他们的问题，给予他们安慰与建议。他还将谈话的内容记录下来，为每一个患者建立起病例。由皮奈尔倡导的这一方法是一种极其重要的改革，因为它允许医生描述不同患者在发病进程中的特殊类型。对这些类型的了解成为对心理障碍分类、对其病因进行深入研究及有效治疗的基础。

皮奈尔退休之后，他的学生及继任者 Jean Esquirol 继续了这一改革运动，在法国各地按照帕森和皮奈尔提出的人道主义治疗思想建立了十所新型的精神病医院。

4. 道德治疗

与此同时，在英国，一位名叫威廉·塔克（William Tuke）的公谊会教徒为约克精神病院的恶劣条件所震惊，他试图在英国北部进行同样的改革，并向公谊会提出建立自己的治疗机构。他相信，对于精神病患者而言，最重要的治疗环境应该是提供一个安静且有支持作用的宗教背景。1796 年，他将一批患者迁至一个被称为约克休养所的乡村庄园里。在这里，患者可以和护理人员讨论其内心的困扰，在花园里工作，可以祈祷、休息以及在乡间散步。在约克休养所，塔克严禁给患者戴上铁链，让患者在花园里自由散步，因为这样更有可能“降低患者的感觉”。因此，约克休养所患者的恢复率较高。

尽管这些改革受到皮奈尔和塔克同时代的一些人顽固的抵制，但是这些新方法最终还是在“道德治疗”的名义下得到了广泛传播。在美国，公谊会的精神病院在 1817 年建于宾夕法尼亚州。模仿英国的约克休养所，美国人于 1824 年在康涅狄格州建立了哈佛休养所。其他一些美国的医院也都受到皮奈尔和塔克所提倡的同情与关心的影响。这种对待精神病患者的态度与处理方法后来以所谓的“道德疗法”（moral therapy）而知名。根据道德治疗的概念，心理障碍患者不过是一些有着特殊问题的普通人而已，道德治疗倡导像普通人一样对待患者，并以依靠提供一些良好的环境来恢复患者的“道德信念”为目的，在这种环境中患者平静地生活，并能与医护人员紧密接触；医护人员与他们交谈，讨论他们的困难，为他们阅读，并鼓励他们从事一些有目的的活动，引导他们过正常的生活。显然，这种做法取得了极大的成功。有关资料显示，在 19 世纪初的欧美，道德疗法是当时的精神病医院所提供的唯一的治疗方法。在那些住院治疗的患者中，至少有 70% 的人的病情或者得到了改善，或者完全康复。

（二）美国的改革运动

在美国，在心理健康机构的形成与发展方面最重要的人物是本杰明·鲁什，他与皮奈尔同年出生，并以“美国精神病学之父”而知名。1812 年他出版了《对心理疾病的调查与观察》一书，这是美国第一本有关精神病学的教科书，也因此使其成为美国第一个促进对心理健康原因研究的人，他还第一个组织了精神病学方面的医学课程。

当然，鲁什的某些观点和做法是不科学的。他相信心理疾病是由于过度兴奋而导致脑血管中血液过剩的结果。这种观点使得其在治疗方法上更为不科学：依靠大量放血来减轻血管的压力。他还突然把患者丢进冰冷的浴缸里，或者使其陷于某一称做镇定器（tranquailizer）的装置中。他认为上述两种情境都可以减少大脑中血液的流量。尽管如此，仍然可以肯定，这种治疗程序并不是有意折磨患者，而是为了治疗。此外，鲁什的治疗还伴有一些人道主义的做法：鲁什建议医生们定期给患者发一些诸如水果或饼干之类的小礼物；在宾夕法尼亚医院，他坚持雇用那些和气友善并有一定文化水平的人做护理，这些人可以帮助患者阅读，和患者交谈，并能与患者共同活动。简言之，鲁什对美国的精神病学做出了巨大的贡献，他把精神病治疗引向了人道主义之路。

在鲁什之后，迪克丝（Dorothea Dix，1802—1887）将这一改革进一步扩展。迪克丝是波士顿的一名学校教师，40 岁时她参与了一所监狱的主日学校的教学工作。在那里，她第一次接触到精神病患者所遭遇的恶劣条件。后来她到了国外，在参观了约克休养所等精神病治疗机构后，她坚信必须对心理治疗方法与机构进行改革。很快，她走遍了美国，访问了很多监禁精神病患者的肮脏监狱和贫民窟，给很多州议员作演讲，以便让他们关注这些患者。

迪克丝要求把那些精神病患者搬迁到独立的房子中居住，配备适合他们特殊需要的人道设施。她将这一改革运动推向全国，并且最终推向加拿大和苏格兰。她还直接负责了三十二所精神病院的创建和基金筹备工作。

（三）住院治疗与道德疗法的衰落

迪克丝等人的改革产生了一个他们也意想不到的不幸结果：他们为道德治疗的衰落做出了贡献（Foucault，1965）。一间又一间的医院相继开业，却根本没有足够的道德治疗的拥护者参与到这一工作中。事实上，各种工作人员都很缺乏，因为尽管各州政府都愿意建立精神病院，但他们仍然不认为精神健康与身体健康同等重要。这就意味着精神病院获得的经费更少，而经费少就意味着雇员也更少。同时，这些医院的就诊人数逐年增加，很快出现医患比率不协调的状况，导致医院失去了平静、祥和的气氛，而这恰恰是道德治疗必不可少的东西。一些新的精神病院被高墙阻隔在阴沉的环境中或荒野乡村，结果导致大众忘却了以前由皮奈尔和塔克曾经努力倡导的思想：精神病患者不过是一些普通人而已。在公众心目中，这些高墙内似乎隐藏着黑暗与恐怖，精神病患者再一次被看做反常的、危险的群体。

导致道德治疗衰落的原因还有以下三点（Bockoven，1963）：第一，道德治疗的第一代倡导者如帕森、皮奈尔、塔克，他们没有成功是因为其事业后继无人。作为一项崭新的运动，道德治疗需要强而有力的领导者，然而在先驱者去世之后却后无来者。第二，到 19 世纪末为止，许多住在精神病院的贫穷患者都是爱尔兰天主教移民，人们对他们存有极大的偏见。新教徒愿意为这些患者支付住院治疗的费用只是为了将其禁闭于医院中，而不是为了给道德治疗提供舒适的环境。第三，在同一时期，国家精神病医院体系的发展是以医学模式出现的。医学模式在早期的成功使精神病学专业人士确信，他们的努力方向应该指向生物学研究，而非指向建立一种典型的道德治疗的全面治疗环境。医学模式也令他们坚信，患者在“痊愈”之前不应该被释放。随着时间的流逝，越来越多的病床被那些患了长期、慢性病的患者所占据，而其病情永远不会好转，也永不可能离开那里。

在 19 世纪下半叶，道德治疗日益为监管式护理所取代。这一时期，社会逐渐不把精神病患者仅仅视为社会偏离者，因而对他们的宽容表现出的支持越来越少（A. S. Luchins，1993）。一些患者无家可归，一些患者像以前一样，被关进了监狱和救济院，或被送进大型而冷漠的公立医院，康复率大跌（Bockoven，1963，Dain，1964）。至此，由迪克丝等人所推动的以人文关怀为目的的住院治疗运动以无视人性而告终。

五、现代变态心理学的建立

就在迪克丝忙于她的改革运动之际，当时的一些精神病医院的管理者们也试图采用一些更好的方法来管理患者。1844 年，由十三家精神病医院的管理者发起成立了医学管理协会下属的美国精神病管理协会。该组织的名称最终被命名美国精神病协会（APA）。该组织的建立又导致了心理障碍医学模式的产生，该模式认为，异常行为是由身体的问题引起的，因此也只能用医学的方法加以治疗。

当新式的精神病院在美国各地开设之时，变态心理学的研究在欧美迅速发展起来。新的理论不断出现并得到实践的检验，而且向原有理论提出了挑战。同时，理论家们也在探寻新的分类方法并展开对变态行为的研究。

（一）变态行为的实验研究

1879 年德国莱比锡大学教授威廉·冯特建立了第一个心理学实验室，运用科学的实验方法，通过精确测量与控制方法去研究人类的思想和行为。冯特实验室的建立被看做是现代心理学开始的标志。这也是变态心理学发展中关键的一步，因为冯特的研究方法很快就被应用于变态行为的研究之中。

在冯特的众多学生中，来自德国的克雷佩林（Emil Kraepelin，1856—1926）在变态行为研究中做出了突出贡献。他曾经建立了自己的心理学实验室，其主要贡献在于对心理病理学或者说变态心理学的研究。在那里，克雷佩林和他的学生们调查研究了心理病理学与运动、疲劳、情绪、言语和记忆之间的关系；他们也研究了药物对各种心理变态的影响。

克雷佩林的研究为欧美各国所追随。1904 年，美国第一所用于对心理障碍患者做临床实验研究的实验室在马萨诸塞州麦克林医院（McLean Hospital）建成，而后其他医院很快也效法麦克林医院的做法。1906 年，美国医生莫顿·普林斯（Morton Prince）创办了美国第一份实验心理病理学的专业期刊——《变态心理学杂志》（*Journal of Abnormal Psychology*）（目前该期刊仍然是该学科最重要的刊物）。总之，在 20 世纪头 20 年，实验变态心理学取得了长足进展。然而在那之后，其发展缓慢并落后了，结果心理动力学的理论渐渐兴起并得到普及，但在心理动力学发展的早期，没有依靠实验性的研究。到了 20 世纪 50 年代，变态心理学的实验研究又再一次兴起，对变态心理学产生了重要影响。即使至今，它仍然为该领域的最新发现提供着许多重要实验证据。

（二）克雷佩林与生源论

虽然“生源论”（biogenic theory）源自古代社会，但关于心理障碍的第一个生源学系统描述是由德国精神病学家威尔海姆·格里森格（Wilhelm Griesinger）在 19 世纪中期提出的；而第一个将以生源论为基础的医学模式应用于欧洲精神病学理论前沿的人则是实验

克雷佩林

变态心理学的创建者克雷佩林。在其《精神病学教程》(1883/1923) 中，克雷佩林不仅认为大脑病理学在心理障碍中具有中心作用，同时他还根据生源论观点，为精神病学提供了第一个综合分类系统。他声称，像身体疾病一样，精神疾病也被划分为各自独立的病理学分类，其中每一种类别都有不同的器质性原因，都可以通过性质不同的一组症状被识别，这样一组症状被称为症候群或综合征（syndrome）。19世纪初，大多数医生认为，周期性极度情绪高涨、没有真正躯体病损的肢体瘫痪、言语错乱等都是精神疾病的征象。但是对这些症状的含义，以及各症状间的相互关系却存在着激烈的争论。后来，从躯体医学中得到启发，医生们发现结合在一起的综合症状往往表示一种特殊的疾病。每一综合征表明有一基本病因，从而提示一种合乎逻辑的治疗方法。因此，医生治疗肺结核时不是仅仅去减轻咳嗽或发热之类的症状，而是努力去控制结核杆菌。同样，在心理疾病方面，一旦某人表现出某种综合征，就可以根据分类系统做出心理障碍诊断。而诊断一经做出，也就可以根据在其他相同疾病中所见类似病例对该障碍做出病程与后果的预期。

在克雷佩林的分类中，他把心理异常分为三类：伴有精神症状的躯体疾病；内因性精神病，即没有明显病理解剖改变的心理异常，包括早发性痴呆（精神分裂症）和躁狂抑郁症；人格偏离和反应状态。他确信精神异常具有器质性原因，因而他十分重视遗传和代谢因素的重要作用。克雷佩林的生源论及其分类系统得到广泛的传播，他的《精神病学教程》发行到第九版，他本人也成为公认的现代精神病学的奠基人。

与此同时，格里森格的另一位追随者，理查德·冯·克拉夫特—艾宾（Richard von Krafft-Ebing，1840—1902）撰文提出应予以神经病学和遗传因素足够的重视。在克拉夫特—艾宾的《精神病学教程》(1879/1900) 及其具有开创性的性心理障碍全书《性心理变态》(1886/1965) 中都十分强调器官因素和遗传的作用。正是由于这些早期理论家的努力，才有了心理障碍现代医学模式的进展。

（三）麦斯麦术与心源论

直到20世纪，生源论在变态心理学研究中仍占据着主导地位。无疑，这部分是由于对一般性轻瘫（麻痹性痴呆，paresis）取得了令人惊喜的发现。但在18世纪末，乃至整个19世纪，另有一些研究者认为精神疾病具有完全不同的起因。因为，尽管许多有严重精神病症状的患者也常常表现为大脑损伤，但是对大多数精神病患者，尤其是神经官能症、抑郁症、性行为异常患者的神经系统进行了直接仔细的检查，却并未发现任何损伤，而大脑和其他器官损伤只能解释很少一部分心理障碍。于是把心理障碍归因于心理机能失常的各种心源论观点在法国和奥地利流行起来。

这段现代心因性理论的历史是伴随着一位富有魅力且具争议的人物开始的，他就是奥地利人麦斯麦（Franz Anton Mesmer，1733—1815）。18世纪末，一些令人兴奋的发现被应用到磁学和电学方面。麦斯麦是一名奥地利医生，他曾经尝试将这种新知识应用到心理状态的研究中。他认为，行星的运动控制着宇宙磁性液体的分配，而且这种磁液的变化影响着心理与身体的健康或疾病。因为每个人都充满着磁性液体，磁液平衡就是健康，失去平衡就会有心理或躯体的疾病。因此，他用通磁的办法使机体磁液恢复平衡，以治疗疾病。这种技术叫麦斯麦术或通磁术，它是催眠术的前身，即催眠是从动物磁性感应演化而来的。麦斯麦的观点在维也纳并不流行，于是他到欧洲游历。18 世纪末，他终于在巴黎开设了一间诊所，他采用称为“动物磁性”的技术来治疗一般疾病和神经系统疾病。麦斯麦的治疗方法刺激了当时的医生们，不少专业团体研究他的观点和疗法。由于麦斯麦术有点儿类似于魔术，因此遭到医生和科学家的反对。各种各样的学术委员会，其中包括从美国来的发明家富兰克林几乎毫无例外地谴责动物磁性为骗术。在麦斯麦去世几十年后，人们才以催眠术来解释这一现象。尽管麦斯麦把患者引入精神恍惚状态，但他不知道他做了什么，实际上他应用了促使催眠的强大动力——暗示，命令患者绝对合作。一些调查者甚至在其报告中认为，暗示对心理障碍有治疗作用，而这个发现正是麦斯麦对变态心理学的重大贡献。现在麦斯麦被视为催眠的第一位从业者，在人工梦境里，研究对象变得极容易受到暗示的影响。

尽管当时麦斯麦曾被看做江湖骗子，但其后对催眠的研究使他逐渐受到应有的尊重。1843 年，英国外科医生布雷德（James Braid，1795—1860）提出以精神催眠说代替麦斯麦术，他认为催眠不是什么磁性作用，而是一种心理作用，自此正式确立了“催眠术”的概念。由于布雷德在使用催眠术时很谨慎，并未夸大催眠的作用，因而赢得了科学声誉。

（四）南锡学派

布雷德的催眠术通过法国乡村医生李厄保（Ambrose-Auguste Lièbeault，1823—1904）为另一位法国医生伯恩海姆（Hippolyte-Marie Bernheim，1840—1919）所继承，后者最终创立了催眠术的南锡学派，对立于以沙可（Jean Martin Charcot）为代表的巴黎学派。两位医生发现，歇斯底里不仅可以通过催眠得到治愈，也可以通过催眠被诱发。一些正常的人也可以在被催眠的状态下被引发歇斯底里症状，即医生可以使正常人体验到由催眠的暗示而导致的耳聋、麻痹、失明，以及身体麻木，同时他们也可以通过同样的方法消除这种症状。他们认为，一种心理过程——催眠的暗示可能会引发或消除生理的功能失常。例如，告诉一个被催眠者，他/她的手没有了感觉，就像手套型感觉丧失症的病例一样，属于歇斯底里的一种形式。然后用一根针刺被催眠者的手，他/她居然没有产生任何反应。在这些发现的基础上，李厄保和伯恩海姆认为，歇斯底里实际上是自我催眠的一种形式，其他的心理障碍也可能完全是由于心理因素引起的。这个观点赢得了很多追随者，并形成了著名的“南锡学派”。

19 世纪，神经学家沙可在巴黎 La Salpêtrière 医院从事催眠术与歇斯底里症的临床讲学。

李厄保和伯恩海姆因其在运用催眠术治疗神经症及其他心理障碍方面取得了进展而引起国际上的关注。与此同时，神经学家沙可正在巴黎的萨尔拍屈里哀医院尝试同样的技术。沙可是巴黎学派的领导人，1860 年他在这家医院建立了精神病诊疗所。沙可也对歇斯底里状态，包括感觉缺失、瘫痪、失明、失聪、惊厥、记忆断裂做了研究。起初，沙可信奉一种躯体源的观点，即歇斯底里状态是由于器质性因素造成的，是大脑某些区域退化的结果。可催眠性实际上是某种神经障碍的症状，只有那些患有这种神经疾病的人，才能通过催眠得以治疗。巴黎学派和南锡学派之间因此展开了现代心理学历史上最早的学术争论。这一争论所产生的影响远远超过了歇斯底里这一特定问题，因为它使人进一步认识到心理障碍可能归因于情绪状态，而非器官因素。

（五）布洛伊尔与弗洛伊德：精神分析的开始

沙可有两个非常著名的学生，一个是让内（P. Janet），一个是弗洛伊德（S. Freud）。1885 年，在恩师布鲁克（E. Brücke）的推荐下，弗洛伊德赴法国随沙可学习催眠术，并逐渐由神经学转向心理病理学。1889 年弗洛伊德又到法国南锡向伯恩海姆学习暗示法并观摩了他的治疗过程。从法国南锡回来后，他开设了精神病诊疗所，以各种方法尝试治疗歇斯底里患者。弗洛伊德发现，催眠术并不处处顶用，暗示法常使病症愈后复发，这使他想起 1882 年维也纳的内科医生布洛伊尔（Josef Breuer，1842—1925）曾用催眠法治愈了一个歇斯底里患者，于是他找布洛伊尔合作，共同从事癔病的治疗和研究工作。他们发现在催眠期间，如果患者记起并说出某些过去发生的情况，发泄了情绪，症状就消失了，病也就好了。这种治疗方法要求诊病医生多次和患者进行较长时间的谈话。因此，这种方法就叫做“谈疗法”或“宣泄法”（cathartic method）。布洛伊尔和弗洛伊德一起就上述治疗方法做了广泛实验。不久他们确信，歇斯底里和其他障碍是由“无意识的”冲突引起的，这种冲突可以在催眠状况下引出，而且一旦被引出，冲突就会失去维持症状的力量。1895 年，弗洛伊德和布洛伊尔出版了《歇斯底里之研究》一书，报告了他们的研究结果。他们在这本书中提出的无意识理论成为心理学历史上的一个里程碑，也标志着精神分析学派的开始。

西格蒙特·弗洛伊德

后来，弗洛伊德把沙可的方法和布洛伊尔的方法结合起来应用，但是在治疗中也遇到了一些困难。首先是催眠的疗效不稳定，往往是这一症候消失了，又发生了其他症候，不能得到根本性的治疗。其次是许多神经症患者不能接受催眠——大约只有三分之一的患者能够接受。

弗洛伊德抛弃了催眠疗法，独自展开研究工作。他认为，首先不是每个人都可以被催眠。进而弗洛伊德发现依靠他称之为自由联想（free association）的技术，可使患者放松抑制，并取得相同的效果。他要求患者躺在睡椅上，自我放松，无论想到什么就说出来。弗洛伊德还鼓励患者说出他们的梦境及童年经历。然后弗洛伊德就依据他当时还在逐步构建的有关无意识本质的理论给患者解释这些材料。这种让患者通过对无意识冲突的逐渐理解而得以治愈其心理障碍的治疗形式，弗洛伊德称之为精神分析（psychoanalysis）。

布洛伊尔

弗洛伊德的无意识概念在其精神分析理论及其对精神病的治疗中占有十分重要的地位。这些理论在当时那个时代是相当激进的，因而为当时的许多人所怀疑并备受指责，直到20世纪20年代才在心理健康领域中产生了影响力。从那时起，这些理论成为心理动力学发展的基础，并且对20世纪人类各种思想产生了深刻的影响。

六、20世纪：进步与变革

当最初遇到各种历史上有关对心理障碍的理解与治疗的观点与方法时，我们可能会想，人们怎么可能会产生诸如魔鬼占据人的心灵这种极端的观念？人们又是如何提出诸如道德治疗这种朴素的方法？人们又为何设计并使用了诸如鲁什那样的机械装置来治疗患者？但是你环顾一下大众媒介，甚至当你走进书店，你就能轻易地发现许多宗教的、神秘的疾病观与治病的例子，或者许多“新时代”有关身心疾病的治疗方法的例子。在极大程度上，当代主流社会采用了更为科学的对心理障碍的理解与治疗方法。这些科学观点与方法根植于古代希腊的哲学家和医生，而系统地得到应用则开始于19世纪中期。

（一）住院治疗与去机构化运动

在20世纪50年代，科学家们采用药物疗法来控制某些严重的心理障碍的症状。鉴于许多临床研究报告说有些药物戏剧性地减轻了患者的症状，因而这些药物迅速地被纳入精神病院的治疗体系。人们认为，药物治疗轻易地解决了千百年来人们一直试图解决的难题，即如何控制那些心理障碍患者所具有的伤害性或怪异行为，甚至有可能治愈这些心理疾病。对这些奇迹般的药物的最初期望是天真而简单的。当时没有人意识到这些药物对身体具有伤害性的副作用，某些药物甚至会导致不可逆的神经损害。受这种早期热情的影响，心理健康专业人员常常会轻易而不加区别或不加选择地使用大剂量的强效药。对医学模式的过分强调也产生了意想不到的结果，即忽视了患者其他的心理健康需要。

到了20世纪70年代，尽管有关异常行为原因的生物学知识在不断增长，但是在心理障碍患者的日常管理中所起作用的实际做法有时却类似于中世纪的做法。即使心理障碍不怎么严重的患者也常常被禁闭起来，这被认为是一种极大的倒退，这种治疗机构也被看做无视人格的管理机构，患者在这里得不到充分或恰当的治疗。尽管患者没有被铁链拴在病房的墙上，但是他们常常受到大剂量镇静药物和约束衣（straitjackets）的控制，外套的袖子长得足以包裹整个身体。更为过分的是不加区别地使用行为改变的脑外科手术，或者运用电休克来试图控制那些被认为难以控制的患者。

精神病院虐待患者，滥用不恰当治疗手段的做法引起了当时公众的不满，并导致整个社会达成了共识：患者也需要提供心理健康服务。在美国，联邦政府采取了一些有力措施，于1963年通过了具有开创性的法律——心理迟滞促进和社区心理健康中心建构法。该法案的实施导致了一系列的变革，进而影响了后来二十年的心理健康服务。立法者们开始推动立法以使患者离开医院，进入限制性治疗程序较少的社区，诸如职业更新机构、日间医院及精神病门诊。社区心理健康中心提供各种服务，其中之一就是为不住院的患者提供心理咨询。在1955年到1975年之间，美国不住院患者心理咨询的比例增加了12倍。日间医院的患者只是在早上九点到下午五点待在医院中，晚上回到家中；也有晚上住院的患者，他们白天工作，晚上回到医院接受治疗。一些社区心理健康中心还提供急救服务，例如，处于危机中的个人可以在24小时的任何时候去那里谈话（也可以拿到一份镇静

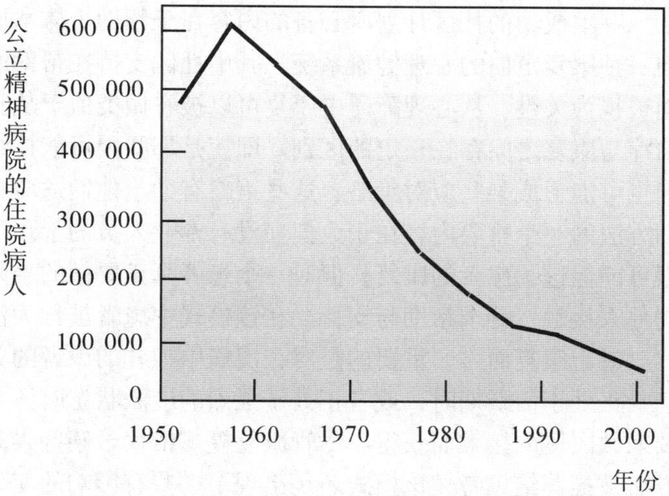

图1－1　2000年美国在公立精神病院住院的病人只是1955年的一小部分

（资料来源：Wiley & Sons，Inc.，*Abnormal Psychology*，2009）

剂)，同时健康中心也为不住院患者提供咨询约定。在社区心理健康中心外备有过渡房屋，以便那些不需要住院但又需要调整自己以适应生活的人居住。在这些房子里，人们可以生活在一起，讨论问题、重新学习社会技能。1955年，美国每天约有60万人住在公立精神病院，到90年代末，全美住院患者大约只有7万人，见图1－1。

（二）社区服务与门诊治疗

遗憾的是，就像所有其他被认为在对心理障碍患者的治疗方面出现的突破或进展一样，这种去机构化运动（deinstitutionalization movement）促使心理障碍患者走出医院进入社区接受治疗，但它并不能完全实现最初倡导者的梦想。去机构化的结果是，非人道的治疗没有消失，却引发了另一种不幸。由于计划不恰当及缺少资金，许多被誉为去机构化替代方式的承诺与计划最终都未能实现。许多患者常常在社区与精神病院之间来回奔波。他们衣着褴褛，住在破旧的房舍中，或流落街头，得不到尊重。一些社会批评家对这种不加选择地把所有患者从精神病院释放出来的做法提出了质疑。尽管将患者从精神病院释放出来的目的是让那些被剥夺了基本人权的患者重获自由，但结果却是事与愿违。许多有严重心理障碍的人无家可归，一些则被关进监狱，他们遭到了社会的遗弃。

就在许多报告指出去机构化具有消极作用的同时，一些研究者则坚持认为，只要资源得到合理配置，去机构化的做法是有益的。罗伯特·奥克金（Robert Okin，1995）对1978—1993间马萨诸塞州离开公立医院的患者做了调查。他比较了正在康复中的患者，发现那些对社区比对医院有更大依赖性的人对广泛的社区服务使用得更多。他发现，总费用的平均数大致上是一样的。

团体治疗为患者提供了一种分享他人经验与感受的氛围，患者可以从他人处理相似问题的方式中获得支持与引导。

在强调社区服务的重要性的同时，奥克金及其同事在对53名慢性心理疾病患者的纵向研究中发现了一些引人注目的结果，这些患者离开医院进入具有家庭氛围的结构化群体，半年以后，57%的患者继续留存这里，而超过四分之一的人离开这里独立生活。尽管至少一半的人在其一生的某一段时间可能会再次住院，但是在医院里度过的时间已经相对很短了。最重要的是，所有患者都明确表达了不愿意选择住院。这些证据从多方面显示了改革所产生的作用。

一项成功的社区计划所必备的内容在于帮助个体掌握实现自助的方法。该领域推进朝向一种康复定向的心理健康系统，其中社区支持在帮助严重心理障碍患者应对心理障碍方面被视为关键。从心理障碍中康复可以被看做类似于从身体疾病中的康复。这两种情况在治疗与康复之间存在一定的区别。即使是那些因可能持续存在的症状而遭受痛苦的人，他们也可能形成某些应对策略，这些策略有助于他们适应自己的生活并采取相应的行动。自助方法的一个重要内容在于人们在没有专业人员的干预下也可以康复。心理健康专业人员很可能促进了患者的康复，但对一个患者真正要做的事则是采取行动实现康复，通常依靠同他人接触，寻求帮助与支持。在该模式中患者被称为消费者。

对于康复而言，重要的是对在疾病中挣扎的患者的关心与支持的人的有效性，特别是症状正处于活跃期时，或者正处于强烈的应激状态时。自助可以通过与亲属、朋友、群体及宗教团体的接触而获得。尽管康复模式依赖于某些崇高的理念，但近年来，随着一些新方法被推荐给患者，该模式还是出现了一些有影响的变化。

在美国，1950 年以前几乎所有门诊对患者的治疗都采取私人心理治疗的方式，这种方式由个人直接付费给提供咨询服务的心理治疗师，这是一种昂贵的治疗方式。近年来，保险业在心理健康与治疗事业中发挥了重要作用。大部分健康保险都已经包括私人心理治疗的费用，所以现在一些中等收入的人也能享有这种治疗。此外，门诊治疗现在也在一些地方提供比较便宜的服务，诸如社区心理健康中心、危机介入中心、家庭服务中心，以及其他的社会服务机构。由于这些新设施的出现，使得因心理问题而寻求门诊治疗的患者人数出现戏剧性的增加。

在美国的调查发现，在 1 600 万到 2 200 万成年人中，每八个人中就有一个人在一年中会因心理问题而接受治疗；儿童因为心理问题而接受治疗的情况也越来越普遍。

门诊治疗，现在也为其他问题提供了治疗机会。当弗洛伊德与其同事刚开始从事心理治疗时，大部分患者有焦虑症或抑郁症。今天，这类问题依然在咨询与治疗领域成为主要问题：几乎半数以上的患者有同样的障碍。但是，至少 25% 寻求治疗的人，是因为生活上有一些轻微的问题，诸如婚姻、家庭、工作、同伴、学校，或邻里关系等。

今天，心理治疗的主导理论是什么？今天人们对心理异常及其功能的了解和治疗最重要的发展是涌现出众多的理论观点，这些观点各异的理论在临床领域同时存在。20 世纪 50 年代以前，精神分析的观点强调潜意识的心理问题是异常行为的主要原因，也是当时异常行为理论的主流。其后，由于有效的治疗精神病药物的发现，激发了新的生源论观点或生物医学观点的发展。此外，50 年代以后，其他有影响力的理论观点纷纷出笼，包括行为理论、认知理论、人本—存在主义理论，以及社会文化理论等等。实际上，目前并没有那一种理论像半个世纪以前的精神分析主宰了心理治疗那样，主宰着临床领域。正如我们所看到的那样，目前在心理治疗的临床领域呈现出学派林立、观点各异的情境。很多观点似乎彼此之间相互冲突，并形成竞争。但我们也可以观察到，在很多情况下，这些理论观点又可以相互补充与结合，为临床实践提供了更为完整的理论解释与治疗途径。

第二章　变态心理学的研究方法

变态心理学在理论和实践上的任务要通过有关的研究才能完成。变态心理学研究的目的与其任务有着对应关系，在具体的研究方法上也体现了这一领域的特色。在这一章，我们将着重讨论从事科学研究的一般原理。首先讨论科学方法的一般特征；然后我们将了解科学家已经发现和使用的对变态行为研究最有用的研究设计问题。

第一节　科学方法的特征与目的

一、科学研究的质疑态度

敢于怀疑，这对科学家而言，比任何东西都重要。这不仅体现在他们要在相信一个事物之前先了解它，也体现在他们在已经做出自己的选择的情况下还要反复思考它。科学家之所以持质疑的态度，是因为他们认识到两个重要的事实。

第一，行为是复杂的，在任何心理现象的背后都有许多影响因素，而且他们知道，通常也很难识别这些因素，常常是在没有充分考虑到所有因素的情况下，过早地对某种心理活动做出解释和说明。当一个小孩的哮喘病发作时，人们往往会认为是由情绪激动所引起的，也有可能是由动物的毛或花粉引起的，甚至是因为这个儿童本身呼吸道感染而导致的。因此，人们喜欢去解释单一影响因素的问题，但这对行为研究却是不够准确全面的。

第二，科学是人类对未知事物的探索过程。它需要人们有质疑的态度。人会犯错，推理也并不总是正确。因此，科学家就有必要对其他人的新发现或特别的见解提出疑问，除非这些发现或见解是在可控的情况下被反复论证过的。

二、变态心理学研究的两个特点

（一）大多数研究都是相关研究

大多数的变态心理学研究都是相关研究，而不是实验研究。因为心理异常本身及其病因学因素无法进行随机分派和测量，这主要是出于伦理学上的考虑。由于缺乏直接的实验操作，因此，变态心理学研究往往难以明确区分互相并存的假设的正误，也难以得出因果性的结论。通常情况下，变态心理学研究只能停留在对各种特点之间的关系进行描述的水平上。

然而，尽管在人类被试身上不太适用实验室研究策略，但可以在动物实验中采用，作为变态心理学研究的辅助手段。只是心理异常大多数包括被试的主观体验（如幻觉）、言语障碍，以及社会交往方面的障碍等，因此，将动物实验的结果与人类被试进行比较时应特别小心。无论如何，有关心理异常的动物模型业已被研究者们所注意，并且最终将被证明是有效的。

由于伦理方面的原因，对心理异常的原因无法进行随机分派，但对心理异常的治疗方法却可以随机分派，而这种治疗程序的效果也可以为心理异常的病理学提供线索和信息。目前，变态心理学采用这种方法已经提出了有关精神分裂症的生物学基础的有价值的假设。因此，了解心理异常的治疗方法也会对其病理学基础有所了解。

（二）用于鉴别有着不同的病理学或病因学基础的群体

变态心理学研究的第二个特点是，它所采用的研究方法经常用于鉴别有着不同病理学或病因学基础的群体。最常用的研究策略就是变量之间的相关，其中一个变量是对心理异常的诊断。这种设计在通常情况下被认为是对“因变量”作用的研究，同时也能对诊断的有效性提供有用的证据。从这个意义上来讲，相关研究中没有“自变量”，所有的变量都是因变量。例如，研究发现精神分裂症患者的病程往往比躁狂—抑郁症患者的病程严重，这不仅表明精神分裂症的病程比较长，同时也预示了精神分裂症这一诊断中包含的是一组或多或少有着内部一致性的群体。大多数研究者认为，精神分裂症的诊断标准包括较长的病程、有家族史，以及对治疗的不良反应等。

同时，也可以研究在某一诊断群体内彼此间的相互关系，这种相互关系有可能反映了这样的特点，即所有这些变量都反映了某一共同的病理性因素的作用。

三、变态心理学研究的目的

运用科学方法进行科学研究必须达到四个目的，即描述、预测、控制和理解，见图2－1。

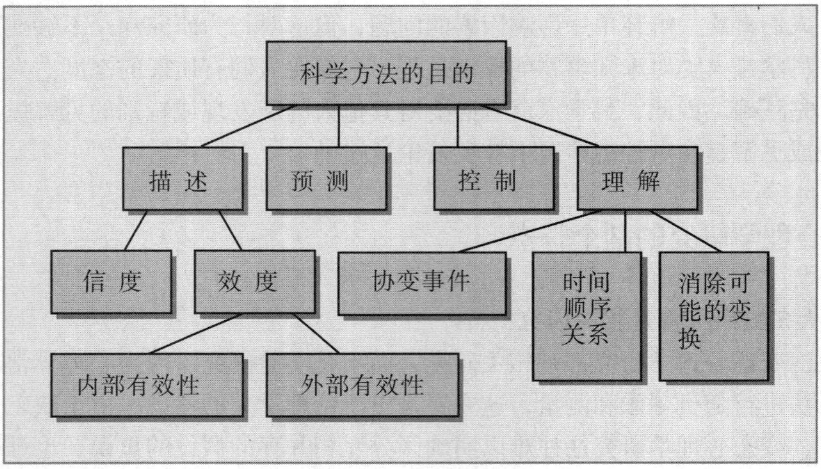

图2－1　科学方法的四个目的及对它们的特殊要求

（一）描述和测量

心理学研究最起码的一项工作是在质和量上确定心理生活的具体事实，也就是要解决

"是什么"的问题，就是对事件本身及事件与事件之间的关系进行解释和分类。每一种心理事实，无论其正常或异常都具有质和量上的特点。例如，在研究中学生的成就动机时，就要确定成就动机具有哪些质和量的特点。学生的成就动机包含回避失败倾向、趋向成功倾向、克服困难倾向和社会竞争倾向，这四种倾向的组合就表现为成就动机质的特点；而表示每种倾向强弱的分数则表现为成就动机量的特点。这意味着，心理学的大量工作是描述和测量心理现象和行为。如果心理学要研究什么行为，就必须告诉人们这是一种什么行为，如何加以测量。一种现象若不能加以描述和测量，就不能加以理解和控制。

因此，心理学的一个主要目的是给一个概念下操作性定义，并且发展测量和测验技术。每一种测量工具必须考虑两个方面：信度和效度。

1. 信度

信度（reliability）是指一个测量工具的可靠程度。有价值的描述必须具有信度，即它必须自始至终，而且在不同的测验条件下都是稳定的。例如，一个人进行一项智力测验，他的智力测验分数很高，但两天后他接受同样的智力测验，结果其得分很低。由于人的智商不可能在两天内发生改变，因此，我们可以认为这项智力测验是不可靠的。

2. 效度

有价值的描述和测量工具仅有可靠性还不够，还必须有效，这就是效度（validity）问题。效度指一个测量工具测量到了所需要测量的东西。如果一个智力测验实际上测量的不是智力而是社交技能，这个测量技术就和智力无多大关系，所以这个智力测验就是无效的。描述和测量信度和效度问题，心理学家不仅在编制纸笔测验时要加以考虑，在发展所有的行为鉴定技术时也要考虑。

（二）预测

变态心理学研究的第二个方面就是能够预测行为。心理学家对事件本身及事件之间关系的描述经常是预测的基础；同时，心理学家们往往通过描述和测量一个人现在或过去的行为作为预测他将做什么的主要依据。如果一项有关精神分裂症的描述表明，双亲患有精神分裂症的孩子比双亲不患精神分裂症的孩子患精神分裂症的几率高出十倍，那么据此可以合理地预测在这两个因素之间存在某种因果关系。

但是，成功的预测不是总依靠那种确认因果关系的能力。在精神分裂症的案例中，例如，患精神分裂症父母的孩子具有患精神分裂症的风险这一事实并未告诉我们这种关系是归于基因，还是归于非遗传的生物性机能障碍，或者归于家庭动力学的原因。不过，知道这些孩子具有患精神分裂症的危险也是很有价值的。因为这些认识可以为进一步的研究提供基础，即有助于确定精神分裂症的原因，也可给我们形成预防性测量和采取一定治疗方法提供某种基础。

（三）控制

行为的预测必然伴随着行为的控制和改变。在变态心理学中，控制的基本形式就是治疗技术和预防策略的形成与发展。当科学家能控制行为的时候，他们就能使行为向更好的方面转变。例如，心理学家可以尝试通过让患有精神分裂症的父母学会更好的沟通技巧来努力尝试防止精神分裂症在他们的孩子身上形成。因此，变态心理学家还需要根据一定的行为矫正理论干预和改变这个人的行为，以防止某种心理障碍的发生。

（四）理解

如果我们最终找出到底有多少原因能够被归因于那些被认为是导致精神分裂症的每一个因素，那么，我们就能够实现科学研究的第四个目的——理解，即对原因的识别或对某种现象的原因的认识。当然，在因果关系能够得到说明之前，必须满足以下三个条件：

（1）事件的协变（covariation of events）。如果一个事件是另一个事件的起因，那么这两个事件一定会一起发生变化。也就是说，当一个事件改变了，另一个也必须改变。

（2）时间—顺序关系（time-order relationship）。假定的原因必定发生在假定的结果之前。

（3）可能的选择原因的消除（elimination of plausible alternative causes）。设想中的因果关系只有在其他似乎可能的原因被排除之后才能被确定。

（五）内部效度和外部效度

1. 内部效度

内部效度（interal validity）是指研究结果反映所要测量的心理差异的程度。在尝试排除似乎可能的被选择的解释方面，科学家常常会遇到混淆的问题。混淆发生在当两个或更多的具有因果关系的因素同时对某一事件起作用的时候，这样就会干扰到对其中任何一个因果关系作用的精确测量。例如，设想一组研究者试图理解具有精神分裂症特征的心理紊乱。他们可能会对住院精神分裂症患者的字词联想与从普通人群中选择出来的人的字词联想加以比较，以期把这两种群体之间的语言类型与精神分裂症的所有重要差异联系起来。然而，在这项研究中的患者人群与非患者人群除了心理条件，在许多方面肯定会存在差异。例如，这些患者可能正在接受药物治疗。这两组被研究者之间在药物上的差异，很可能混淆患者—非患者之间的差别。即患者与非患者之间在字词联想方面的任何差异，都有可能由心理障碍、药物或某些此类因素的结合引起，甚至由两类群体之间某些其他不同因素引起。当各种因素被混淆时，往往不能确定造成不同行为差异的某个因素。只有各种因素不被混淆时，我们才能说某项研究具有内部效度。

2. 外部效度

外部效度（external validity）是指研究结果的概括程度，即研究结果的普遍性和可用性。概括程度高则外部效度高。概括化是指一种发现研究结果被应用于不同的人群、背景及条件的能力。概括化依赖于获得研究证据的样本的代表性。当样本具备相似于总体的特点时，就认为获得了“代表性样本”。通常，我们只能把研究结果的普遍意义限于所取样的那个总体，并且在一定意义上把结果推广到具有相似特征的其他总体，这是在从事变态心理学研究时应充分注意的问题。例如，一个具有内部效度的研究可能说明在某一医院治疗的精神分裂症患者对某种药物的治疗反应比另一种药物更好。但是，如果那所医院的精神分裂症患者并不代表一般的精神分裂症患者，或者说如果与其他医院的患者相比，他们的病情并不是很严重，那么这样的研究结果就不具有普遍性。

样本的代表性依赖于如何慎重选择研究对象、环境和条件。使样本具有代表性的最佳方式是使用随机抽样。根据取样的代表性原则，确定样本的成分和范围，而每一类成分中应当抽取哪些个体，则要全凭机会，不能有所选择，这样保证总体中的每一个个体都有真正同等的中选机会。科学的取样是建立在随机原则的基础之上的，这样抽取的样本才能代表全体。非随机的样本，往往会出现偏差。

第二节　相关研究

我们已经知道，在变态心理学研究中一般难以对变量进行直接的控制，即难以进行实验研究。大部分的变态心理学研究只是对所感兴趣的变量进行测量并收集数据，以确定变量之间是否存在协变关系，即进行相关研究。相关关系的确定之所以重要，是因为两个变量之间如果存在因果关系，那么它们之间必然存在相关关系。相反，如果两个变量之间没有相关关系，它们之间也就不可能存在因果关系。因此，相关研究可以缩小寻找因果关系的变量数目。

一、相关研究的概念

变态心理学大量的研究依赖于相关法，这是一种确定在两个或多个变量中是否存在某种关系的研究方法。在流行病学研究及其他采用小样本的研究中经常使用的就是相关法。

在变态心理学中，道德和可行性考虑都影响着我们对研究方法的选择。例如，如果我们对一个诸如身体暴力之类的创伤事件是否可以引起抑郁感兴趣，我们就不能随便挑选一组人，并把他们与其他人相比较。同样，如果我们对离婚和心境障碍之间的关系感兴趣，我们也不能随意地安排某些人去离婚。

对这个研究困境的一般解决方法是对“被自然对待”（treated naturally）的群体进行检验。即将已经被暴力侵犯过的人与那些没有遭受过暴力侵犯的人进行比较；离过婚的人与那些仍然保持婚姻的人进行比较。由于这些研究中的被试都是从现存的、自然的组群里挑选的，因而这种设计也被叫做自然组设计（natural group designs）。这种研究的目的是了解在各自然群体之间是否还会出现其他差别。例如，研究表明，分居或离婚的人比那些在婚的人更可能变得抑郁。因此，这种设计包括寻求被试的特征与其行为表现之间的相关或关系，它们也被称为相关研究设计（correlational research designs）。

为了说明两个变量之间的差异，我们可以以相关法或实验设计去研究应激对高血压的影响。在相关法中，我们或许以询问的方式去了解一群患者最近的应激经验，以衡量应激的程度，从而衡量同一群人应激与血压之间的相互关系。相对而言，在实验研究中，实验者可能会在实验过程中创设应激条件。例如，要求部分被试上台谈谈自己外表最不吸引人的部分（见图2－2）。相关法与实验法之间的主要差别在于是否操纵变量。若在考虑道德伦理的条件下不操纵变量，临床工作者则需要依赖相关法。

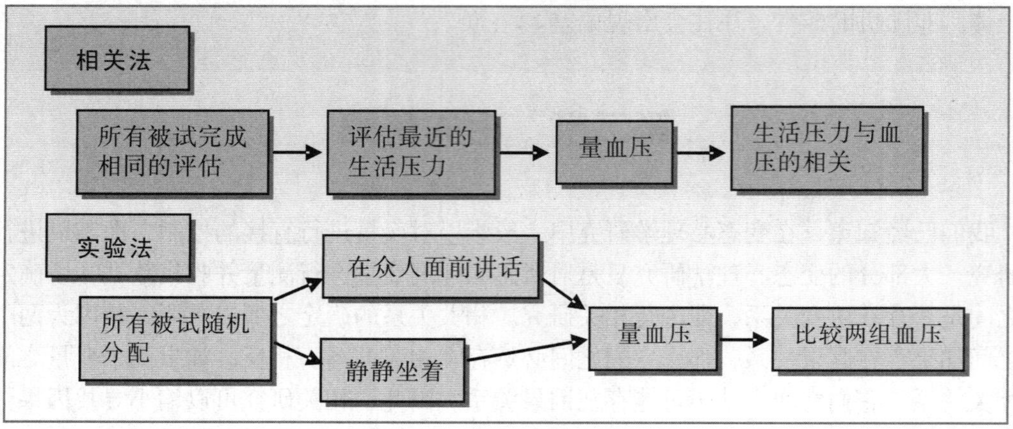

图 2－2　相关法与实验法的比较

二、相关描述

如果用相关法去从事抑郁症的研究，研究者就要收集十个被试的生活压力分数及抑郁分数，把这两种分数绘成图表，见图 2－3。从该图可见，被试 B 最近的生活压力分数是 7，表示过去三个月中，他遭遇过七次有威胁的事件；他的抑郁分数是 25。因而被试 B 被放在生活压力分数与抑郁分数相交之点。图 2－3 也表明，研究者所考察的变量是同时增加或减少的。即一个人生活压力的分数越高，其抑郁的分数也越高。当这些变量朝着同样方向改变时，它们之间呈正相关。多数有关近期生活压力与抑郁症的研究都证明，这两个变量之间的确存在着正相关的关系。

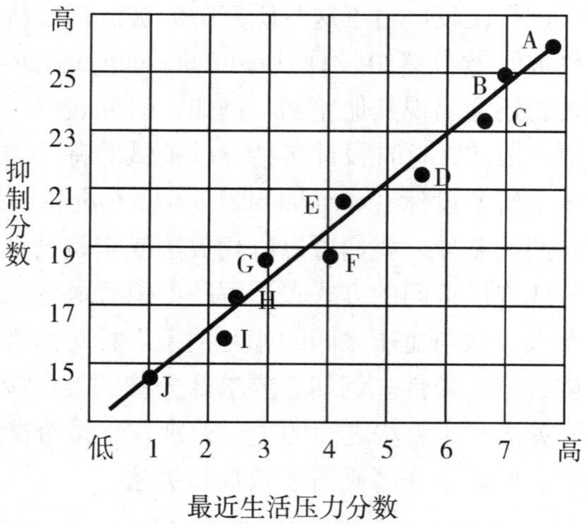

图 2－3　最近生活压力分数（过去三个月中威胁性事件的总数）

最近压力的数量与抑郁感之间的关系。图中假设的 10 个被试样本显示近乎完全“正相关”。

在相关研究中一个变量的值增加，另外一个变量的值则减少，这是所谓的负相关。例如，研究人员发现抑郁与个体的活动程度存在负相关，一个人的抑郁越深，其活动量越少。如果将此分数用图来表示，则见图2-4：

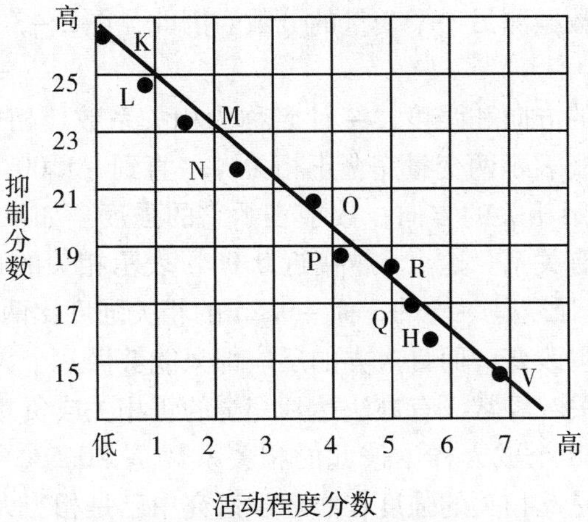

图2-4 活动程度分数（过去三个月中活动的数量）

活动的数量与抑郁感受之间的关系。图中假设的样本显示出近乎完全的“负相关”。

除了正负相关之外，研究者还需了解相关的幅度或强度，即我们要了解两个变量之间彼此一致的程度有多密切，一个变量总是跟其他变量一起改变吗，或者它们的关系并没有那么确切。当两个变量一起改变时，而且改变得非常紧密，亦即一个被试和其他被试都有相同的现象时，我们才可以说这种相关度很高或很强。

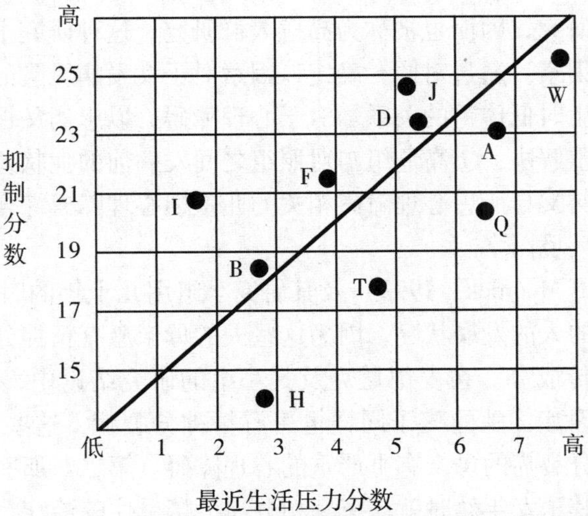

图2-5 最近生活压力分数（过去三个月中威胁性事件的数量）

最近压力的数量与抑郁感之间的关系。图中假设的样本显示“中度的正相关”。

我们看到在图2-3中，抑郁和生活压力之间呈正相关，资料中的点都集中落在最适合的线上，研究者如果知道一个人在某个变量上的分数，就可有充分的信心来预测这个人在另一个变量上的分数。如果抑郁和生活的压力之间的关系如图2－5所示那样，资料中的点分散在最适合的线上，而非紧紧集中靠在线上，在这种情况下，研究者就无法很正确地以被试某个变量的分数预测另一个变量的分数。因此，图2－3比图2－5具有更高幅度的相关性。

以数值来表示相关的方向和强度，统计名称为相关系数。相关系数用字母r来表示。相关系数可以从+1.00（表示两变量完全正相关）一直到－1.00（表示完全负相关）。系数的符号（+或－）表示相关的方向；数字表示它的强度。如果r为0.00，表示零相关中在两个变量间彼此没有关系。这个r越接近0.00，表示相关的强度越弱或越低。因此，+0.75与－0.75的相关强度是一样的，而+0.25的相关强度比两者都低。

每个人的行为都可以改变，而且人类的反应都只能够做一个大体的测量。因此，在心理学研究中所得到的相关，经常没有办法达到完全的正相关或负相关。一项关于生活压力与抑郁的相关研究中，68个成人样本彼此的相关系数是+0.53。从该相关系数来看，虽然未达到完全相关，但是此相关的强度在心理学研究中已是相当大了。

三、纵向研究与高风险设计

相关研究设计的类型之一是纵向研究（longitudinal studies），就是在比较长的时间内，对人的心理发展进行有系统的定期研究，也叫预期研究（prospective studies）。纵向研究要求在所研究的心理发展时期内反复观察和测量同一组个体，因此，它能够系统、详尽地了解心理发展的连续过程和量变、质变的规律。

纵向研究的最重要形式之一是高风险设计（high-risk designs），它涉及对那些具有高度患病可能性的人的研究，因而也被称为高危人群研究。这种研究主要用于在疾病发展中有未知或假定作用的因素。通过对照，确定该因素对子女发病风险的影响，如用来分析孕期母亲饮酒与婴儿出生时低体重的关系。对于心理障碍，以患病父母作为研究对象，进行心理障碍评估，并着重解决：①高危组与对照组之间发病前的症状差异；②最终发病儿童的早期症状表现；③与父母所患心理障碍相关的儿童期心理障碍综合征；④具有遗传危险的个体与发病有关的环境因素。

麦德尼克（Sarnoff Mednick，1993）及其研究小组用几十年的时间一直在研究那些对精神分裂症有高风险的人的发展状况，因为这些人的母亲患有精神分裂症，而且这种心理障碍似乎有较强的遗传成分。在麦德尼克及其小组的研究结论中，有两点值得注意：第一，母亲患有精神分裂症，她的孩子同样也患有精神分裂症，这些母亲比患有精神分裂症，而孩子未患精神分裂症的母亲有更严重的心理障碍。第二，那些具有患精神分裂症高风险子女的母亲，在其子女年幼时就与家庭相分离，接受住院治疗。

麦德尼克的纵向研究是遗传高风险设计的一个例子：被试之所以被选为研究对象，是由于他们被认为在遗传上具有易患这种障碍的倾向。近二十年来，在心理病理学研究中越来越多地被运用的另一种高风险设计是行为高风险设计（behavioral high-risk designs）。在这里，被选择做纵向研究的被试不是因为易受遗传的影响，而是因为他们显示出了某些行为或心理的特点，这些特点使他们易患某种障碍。这种设计的一个例子是劳瑞恩和查波曼及其同事（Loren & Jean Chapman et al.，1987）的研究。查波曼以被试在一项测验中所表现出的不寻常的思维过程为鉴别根据，挑选出一组被认为具有精神病倾向的年轻人。在仅仅追踪两年后，高风险组里的60个人比起低风险组的被试有更多的人患了精神病，或表现出类似于精神病的症状。三个高风险被试实际上完全罹患精神病障碍，而低风险被试中则无一人患上精神病障碍。

四、病例控制抽样

在变态心理学研究中常被运用的一种相关设计是病例—控制设计（case-control designs）。在这种设计中，被诊断为患有某种心理障碍的人与控制组，或和那些没有被诊断为患有心理障碍的人相比较。我们已经看到了这样的例子：精神分裂症患者同从一般人群中所选择出来的人的字词联想相比较的假设研究。如果患病个案与控制组在其字词联想上存在差异，那么只要两个群体的其他特征相同，这个个案就可以归因于精神分裂症了。

这是最常用的抽样方法，即根据一组患者（如精神分裂症）的某些特点去选择适当的控制组（如住院的抑郁症患者）。这种方法又称为“事后因素设计”（expost facto）方法。如果病例组中的被试有某一特点，如较严重的社会退缩，那么，这一特点就被认为与精神分裂症有关。

值得注意的是，这种设计中的病例组并非是随机选择的，而是从已有的患者中选取的，因此在选择病例组时要使它尽量有代表性。这样，可以增加研究结果的普遍性，增加与其他研究结果的可比性，以及改进对病例组地区分布特点的评估等。因此，在病例组的选择中应尽量保证其代表性，考虑的因素包括是否接受过治疗，住院患者所住医院的特点（如医疗条件、医疗水平等），接受治疗的次数和时间，以及患者是否完成了所有的测查等。在病例组中，以上情况都有所反映。

在选择对照组时也包括几种可能的选择。控制组可以是没有任何问题的正常人，可以提供一种一般性的基础水平；也可以是在同一治疗过程中有着其他诊断（如抑郁症）的患者，这样的控制组可以控制住院因素的影响，检验所研究问题的特殊特点。而控制组被试的选择则既可以反映控制组群体的代表性，也可以仅仅与病例组的患者相匹配。

第三节　其他研究方法

一、流行病学研究

流行病学研究（epidenmiological studies）是在特定人群中对变态行为患病率（frequency）和分布（distribution）情况的研究。高于人群的平均疾病率称做流行病，流行病学研究分析的基本构成单元是群体。通过流行病学研究来对人群中变态行为的分布和原因等相关因素进行定量研究。其中，定量统计方法是指评定人群中疾病频率的差异。其目的在于调查变态行为在人群中的分布及分布频率，探讨变态行为的病因、流行规律，制定预防、控制，甚至消除变态行为的具体措施，检查防治效果等。变态行为流行病学是用流行病学的基本方法研究心理疾病，具有“现场观点”和“人群观点”两大特点，并且包括以下三个基本概念：

（1）流行病学的关键概念是发生率（incidence）、流行率（prevalence）及持续时间（duration）。所谓发生率是指在一个特定时期内，诸如一年中，心理障碍新病例的数量。所谓流行率是指在特定时期内出现的心理障碍在总体中所占的百分数；持续时间是某种心理障碍单纯在时间上的长短。一个简单的公式是：

流行率=发生率×持续时间

急性抑郁症是一种发生率高但持续时间短暂的心理障碍，而精神分裂症则是一种发生率低但持续时间长的心理障碍，两者都有相当高的流行率，但原因不同。

（2）流行病的资料表明，第一，心理障碍的发生是非常普遍的事情。第二，这些研究资料使研究者们看到了心理障碍与其他变量，诸如年龄、性别之间的重要关系。如国内十二个地区精神疾病流行病学调查指出，女性精神分裂症的患病率为7.07‰，较男性患病率4.33‰为高。第三，这些研究证据能够使我们了解其中的因果关系。例如，流行病学研究发现，患有抑郁症的人的消极生活事件的比率高于没有抑郁症的人。这种情况导致了目前广泛持有的假设：生活压力引发了较脆弱的人的抑郁性问题。

（3）全同胞与半同胞分析。有共同双亲的同胞称为全同胞（full sibs），同父异母或同母异父的同胞称为半同胞（half sibs）。全同胞和半同胞的兄弟姐妹之间应该分别有50%和25%的基因相同，但心理障碍的遗传学研究表明，精神分裂症患者的同胞患病率为9.7%；当父母中的一方患精神分裂症时，患病先证者（家庭中疾病最先证实者）的同胞患病率为17.2%（Sater，1968）。半同胞分析，当共同亲代患精神分裂症时，半同胞精神分裂症的患病率为2.4%，当共同亲代精神健康时，半同胞的患病率仅为1.7%。

如同其他研究设计一样，流行病学的调查倾向于某种不明显疾病，最重要的事情是依靠样本的代表性，由某一样本对总体做出描述。随机抽样通常是可用以保证代表性样本的最好技术，但只有当所有被选择的代表性样本都参加了调查，随机抽样才具有代表性。例如，在一项研究中，研究者调查了加拿大妇女的一个随机样本，以便获得恐惧与恐惧症在妇女中流行率的信息（Costello，1982）。但是正如研究报告所指出的那样，16%的受选妇女拒绝参加调查。我们无法了解这些妇女是否比那些同意参加调查的妇女更有可能或更没有可能产生恐惧或恐惧症。或许未参加调查的妇女通常有更多的恐惧，因而她们不愿意和一个陌生人交谈；或许由于她们通常少有恐惧，因此能够断然地拒绝被提问。当反应率降到100%以下时，尽管某项调查的代表性样本被打了折扣，但事实是，有价值的反应率大约在50%～60%，而且尽管达不到理想水平，但是在心理学的研究中一般被认为是可接受的。

相关链接2－1　中国心境障碍的流行病学研究

1982 年，中国十二个地区开展了精神疾病的流行病学调查，发现我国人群心理障碍终生患病率为 0.76‰（29/38 136），时点患病率为 0.37‰（14/38 136）。1992 年又对参与十年前调查的部分地区（全国七地区）进行了复查，发现心境障碍的终生患病率（lifetime prevalence）为 0.83‰（16/19 223），时点患病率为 0.52‰（10/19 223），较十年前有所增长。值得一提的是，在 1982 年的同一次流行病学调查中发现抑郁性神经症的患病率为 3.11‰，而且农村（4.12‰）高于城市（2.09‰）。Chen（1999）在对中国老年抑郁症患者的 23 项横切面的流行病学调查资料的综合分析中显示，抑郁症的患病率为 3.86%，农村的抑郁症发病危险率为 5.07%，高于城市的 2.61%。台湾、香港等地华人抑郁症患病率也较低，如最近在包括我国台湾省在内的十个国家和地区进行的调查中发现，在台湾人群中抑郁症终生患病率为 1.5%。而采用美国标准在日本调查发现，心境障碍终生患病率约在 20%左右（Kitamura T.，1998），与西方国家接近。

（资料来源：王祖承．精神病学．北京：人民卫生出版社，2002）

二、个案研究

个案研究（case study）是对以个人或由个人组成的群体（一个家庭或一个社区）为研究对象的一种方法。在变态心理学中，个案研究是研究者或临床医生用以了解患者心理障碍病情及其生活史的一种方法，即针对某个具体患者收集和分析其资料。由于从事个案研究时，多半需要追溯个案的背景资料，了解其生活经历，故而也称个案历史法（case history）。对于严重的心理异常，患者没有自知力，因此不能直接从患者那里收集个案材料，而是通过患者的家属、朋友、同事或同学，以及邻里等了解患者情况的人来收集。

与其他研究方法相比，个案研究除了强调“个案”之外，还有两个特征：

（1）广泛收集个案资料。个案研究必须依赖足够的个案资料，否则研究无从做起，也难以解决个案问题。例如，要研究某中学生精神分裂症及其发展过程，在资料收集上就必须做到如下几点：①个人基本资料，包括姓名、性别、年龄、住址、出生日期、出生地点等。②家庭背景，包括经济收入、家族病史、直系亲属心理状况、兄弟姐妹人数及排行、家庭居住环境、父母教养方式及亲子关系等。③学校生活，包括在校成绩、课外活动、学科兴趣、师生关系、同学关系、学习有无困难等。④社会生活，包括社区环境、邻里关系、交友情况等。⑤身体特征，包括体型特征、健康状况、生理成熟程度、有无生理缺陷、曾患过何种疾病等。⑥心理特征，包括情绪的稳定性、性格的内外倾向、社会适应能力、态度倾向、自我观念以及能力、思维的特点、社交能力等。

（2）兼用多种方法。从上述所需资料看，所谓个案研究，仅仅是以某个个案为对象的研究方法。事实上，在从事个案研究时，必须兼用多种方法才能收集到了解个案所需的资料。例如，有关家庭背景或家族病史的资料就需要访谈法或调查法；有关智力与性格方面的信息需通过心理测验法；而有关身体状况的资料则需医学检查。

在实际应用中，这种研究方法有着较大的局限性，即收集来的资料不易区分哪些是心理异常发生之前就有的特点，哪些是心理异常过程中的表现。对材料的分析也比较困难，因为个案研究的材料缺乏统一性和条理性，难以数量化。最后，也是最重要的，这种方法的主观性色彩比较浓厚，因为主要采用回顾性研究的方法，影响患者（或其他人）自我报告的因素很多，难以有客观的指标。

三、实验研究

（一）实验研究及其设计的基本特征

实验研究包括对行为的观察与评定。在实验研究中，变量（variables）可以被操纵。这种控制的程度在许多真实生活中是不可能的。因为实验者可以在实验室里控制变量，他们可以轻易地分离并记录他们所观察到的行为的因果关系。在心理病理学领域，实验研究常被用来对治疗效果做出评价。

人们普遍认为，实验研究是确定事件之间因果关系的最有效的方法。在实验中研究者所操纵的变量是自变量（independent variables），而被观察到的由于受变量的操纵而在行为方面发生改变的是因变量（dependent variables）。心理学的实验就是要经过设计去发现环境条件与行为之间的关系。图 2－6 说明的是一个普通的实验设计。

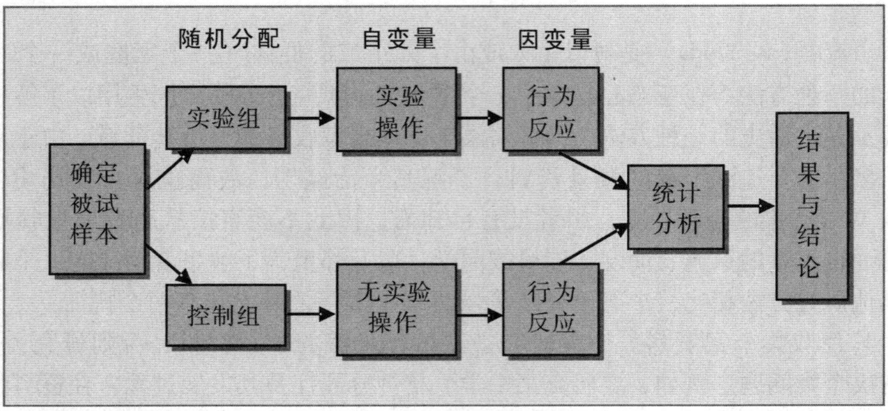

图 2－6　实验设计

例如，通过一项实验去发现房间的温度和人们在一项测验中成绩之间的关系。在这项实验中自变量应该是温度。实验者将对每一个实验组使用不同的温度。因变量就是测验的得分。如果几个实验组测验得分的平均数明显不同，那么实验者将得出结论：这个结果与各实验组工作房间的不同温度相关。

作为对实验研究的基本成分的介绍，我们来了解一下由 Pennebaker 等人（1988）所做的对在经过与健康有关的创伤性事件后，如何表达情绪的研究设计与研究结果。在这项实验中，50 名大学生参加了历时六周的研究。被试的一部分被要求完成连续四天的实验。在每一天中，一半学生被要求写一篇有关经历过的创伤事件的短文。他们得到如下指导：

在四个写作日的每一天，我要求你们写出一篇在你的整个生活中最具创伤性并最令你感到痛苦、难忘、沮丧的经验。每天你可以写不同的问题，或者四天都可以写相同的问题。最重要的是你要写关于你最深刻的思想与感受。无论你写什么，都应该是有关你没有与他人详细谈过的事件或经验。

其余的学生也每天参加实验，但是所写文章描写的只是有关他们日常活动的事情、最近发生的社会事件、他们穿过的鞋及关于休息日的计划等。

研究者还收集了在研究开始之前15周，以及研究开始后的6周里，关于参加实验的大学生们常常如何使用大学健康中心的信息。这些资料从图2－7中可见。实验前两个实验小组的成员去健康中心的情况是相同的，但撰写短文后，那些写了创伤性事件的学生去健康中心的数量下降了，而其他学生去健康中心的次数则增加了。从这些资料出发，研究者得出结论：情绪的表达对健康会产生有益的影响。

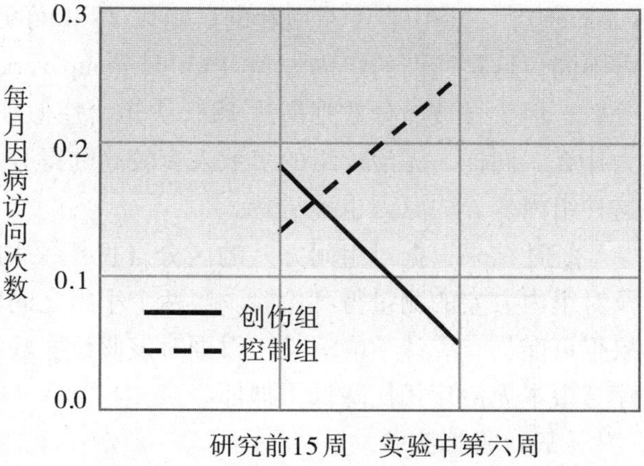

图2－7　实验前后两组去健康中心的次数

（二）实验设计的基本特征

从上述讨论可见实验设计的基本特征：①研究者从一个实验的假设开始，即实验者需假定当操纵一个特殊变量时将会发生什么。Pennebaker及其同事假设，对一个创伤性事件的情绪表达可能会改善健康。②研究者选择一个可被操纵的自变量，即某些因素将在实验者的控制之下。在Pennebaker的研究案例中，一些学生撰写以往的创伤性事件，另一部分学生则撰写生活中快乐的事情。③实验参加者根据随机分配原则被安排到两种实验条件中，每一个实验参加者都有处于任何一种条件的均等机会。④研究者要对依赖自变量或随着对自变量的操纵而发生变化的因变量进行测量。Pennebaker研究中的因变量就是两组被试访问健康中心的数量。⑤当两组之间出现差异时，研究者会说该实验产生了实验效应。

为了对一项实验效应的重要性做出评价，研究需确定统计意义。以一项对20名（小样本）抑郁症患者降低抑郁的认知疗法效果的假设研究为例。自变量是接受认知治疗与没有接受治疗；10名患者被随机地分配到接受认知治疗组，另10名患者被随机地分配到无治疗的控制组。因变量是对抑郁严重性标准化测量的分数，12周后对治疗组与无治疗组所做的评价：分数越高，表明抑郁越严重。两个组中每个患者的资料见表2－1。注意两个小组的平均分数有显著差异（8.3为认知治疗组，而

表2－1　对抑郁症的认知疗法与无治疗假设研究结果的比较

被　试	认知治疗	被　试	无治疗
1	8	11	22
2	6	12	14
3	12	13	26
4	4	14	48
5	3	15	19
6	6	16	17
7	18	17	6
8	14	18	32
9	7	19	21
10	5	20	23
组平均数	8.3		21.7

注：表中系治疗后每个被试的得分，低分表明随着治疗抑郁有所降低。

21.7 为无治疗组）。两组间的这种差异就是实验效应，也叫做组间方差（between-group variance），它是由自变量引起的。由表 2－1 可见，两组内每一个个体被试的分数也有显著不同，这是所谓的组内方差（within-group variance）。在认知治疗组内，多数被试为低分数，但 7 号被试分数则高达 18。认知治疗似乎对该个体没有多少帮助，而我们不知道为什么。同样，无治疗组的多数人有较高的得分，然而 17 号被试则分数很低，只有 6 分。这种组内变异的原因也不清楚。

统计结果根据对组间方差的区分（两组平均分数之间的差异，如 21.7－8.3＝13.4）及对组内方差的测量得到检验。当两个小组之间的平均差异与组内方差高度相关时，该结果很可能具有统计学的意义。根据对该假设实验结果的统计，我们可以得出结论：认知治疗与根本无治疗相比降低了抑郁。

（三）模拟实验

经常用于心理病理学研究的实验方法之一是模拟实验。在这种研究途径中，研究者设计某种模拟“真实生活”的实验情境，以作为研究心理障碍如何形成及如何减轻其痛苦的模式。华生和雷纳（Watson & Rayner，1920）对小阿尔伯特所做的恐惧症的条件制约研究实际上就是一项模拟实验研究，这是第一次在实验条件下在人类被试身上诱发心理病理现象的尝试。通过对与白鼠配对出现的刺耳的噪音导致了白鼠产生恐惧这一现象说明，华生和雷纳提供了自然发生的恐惧症可能会通过应答性条件作用而获得。

模拟实验的主要优点是它们允许鉴别因果关系所必要的各种控制条件，并因此具有高度的内部效度。例如，Hisroto 和 Seligman 向一组大学生提供可解答的认知问题，向另一组提供不可解答的问题，然后他们测量了所有学生在完成一些无关任务时的心境与成绩。那些不可解答问题组的学生的心境变得很糟糕，而且在其后的任务方面也不如可解答组学生完成得好。相似的心境与绩效的缺乏在具有抑郁症症状的人中也可以观察到。因此，模拟实验的研究证据可以被视为对抑郁是“习得性无助”的一种形式的理论支持。

模拟实验的另一个重要优点是在“人工”模拟的背景中，实验者可以测量那些不能被控制的变量。如刚才所介绍的实验中所做的那样，在伦理学允许的条件下，可以让普通大学生产生短暂性抑郁，但绝不允许让已患有抑郁症的人更加抑郁。另外，在一项实验中，在伦理学上可以引发的心理问题的种类可能并不是对心理障碍的模拟。一般而言，在变态心理学中的模拟实验越符合伦理学原则，对引发心理障碍的模拟就越少。为更准确地说明问题，不能完成一套无法解决的实验问题可能并不类似于真实的抑郁症的先兆，诸如一个亲密朋友的亡故，但是研究者不能杀死某人的朋友，以形成一个更好的模拟。这个问题可以依靠心理病理学的动物模式得到部分解决。例如，威斯（J. M. Weiss，1982）指出，以不可控制的电击作为对引起溃疡与抑郁的应激类型的一种模拟被用于动物被试。目前这种技术已被用于猴子的实验中。

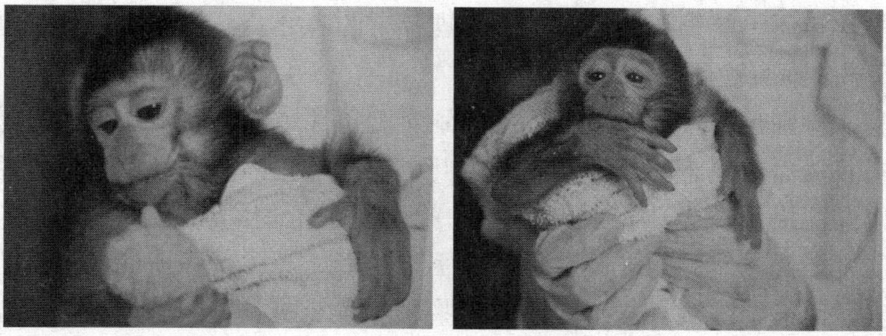

左边幼年猕猴表现出好奇，而右边患有酒精综合征的幼年猕猴则无精打采、反应迟钝。这种通过动物来模拟人类的实验有利于我们理解人类不同的疾病。尽管动物实验也存在道德问题，但是，它仍然是研究心理障碍原因的重要方法。

所谓动物模式就是以正常的动物为被试，采用人工的实验方法制造出心理异常的模型，以便于客观地研究心理异常的病因和病理学机制。这类研究在精神病学中被称为实验性精神病模型。由于任何人都不得以任何理由忽视道德问题，因而解决这一困境的方法就是通过建立动物模型来获得对所研究问题的认识。例如，紧张性体验被认为会引起溃疡和抑郁，作为紧张体验的一个模拟实验，不可控制的电击已被用于动物研究，请见相关链接 2－2。

相关链接 2－2　控制能力与压力——一项动物模拟实验研究

1958 年，由 Brady 所做的一项研究成为动物实验的经典。该研究的目的在于检验因控制能力所产生的压力会不会使动物更容易患上癌症。在研究中，每 20 秒给四对被捆绑而失去自由与控制能力的猴子施以电击。然而，在每对猴子中有一只被叫做“执行猴”（executive monkey）。如果它能在间隔 20 秒内按压身边的杠杆，那么它就能避免电击。换言之，它具有控制能力。而另一只猴子叫做“受束缚猴”（yoked monkey），即它没有控制能力，只能接受与执行猴相同的电击。实验结果非常具有戏剧性，所有执行猴都患上癌症而死去，而那四只没有控制能力的猴子则没有患上癌症。结论清楚地表明，控制能力是一种压力，它对健康具有危害性。

（资料来源：Lauren B.　Alloy et al.，*Abnormal Psychology*，2005）

动物模型有几个优点。首先，研究人员不仅能更接近地模拟自然发生事件的严重程度，他们几乎还能够通过控制研究对象的饮食、居住条件，甚至控制其养育过程和遗传基因而完全控制研究对象的成长过程，许多重要的变量能够保持恒定，从而有效地防止这些变量对实验结果的干扰。进而，许多不能用于人类被试的实验可以在动物身上进行，如脑神经递质及脑脊液的取样。此外，由于实验室动物比人成长快且生命周期较短，因而研究人员能够很快地评估出长期发病的后果及治疗效果。目前，动物实验已用于吸毒、焦虑症、抑郁症及其他形式的精神病研究。然而，动物模型研究在目前还只有理论上的意义，因为动物的“精神症状”还不能简单地等同于人类的精神病。即使以人类作为被试，人工制造的外源性精神病与尚待探讨的内源性精神病之间还有着本质的区别。因而从模拟实验中所获得的材料还不能直接用于对实际心理异常的解释。

（四）单一个案实验研究

多组实验，特别是那些被试被随机分配到实验条件中的实验常常被认为是确定因果关系的最好方式。然而对变态心理学而言，它们也存在某些不利。例如，当研究者不给被试提供治疗，以保证提供一个“控制组”时，就出现了伦理学问题。然而，有时召集足够符合要求的、用于群体实验的被试也是一件困难的事。最后，一个被试群体的平均反应可能并不能代表任何一个被试。这些问题使某些研究者转向了单一个案实验（the single-case study）。在这种实验中，研究者以一个单一的被试为研究对象，在操纵自变量之前和之后接受观察。

在这种实验中，研究者从一开始就要收集基准线资料（baseline data）。所谓基准线资料是指被试的行为在没有任何操纵之前所呈现的信息，由这些资料建立一个标准，以后行为的改变可以和这个标准作比较。研究人员接着要引进自变量，再观察被试的行为。任何行为上的改变都可以归因于自变量的效果。最常使用的单一被试实验设计是 ABAB 设计和多重基准线设计（multiple-baseline design）。

1．ABAB 设计

ABAB 设计是指跟随没有任何治疗尝试的对基准线的观察阶段，在问题行为持续性地受到观察的同时，治疗阶段 B 随之被采用。在适宜的指导下行为通常将出现变化，在此之后治疗中断并转向基准线程序 A，接着再跟随一个治疗阶段 B。由于在第二个 A 阶段治疗被取消，因此行为方面的任何改变都可能出现倒转，即回复到基准线，因此这种设计也被叫做逆向设计（the reversal design）。如果在第一个治疗阶段行为得到改善之后，当治疗被取消时，行为又回复到基准线，而经第二个治疗阶段 B 后，行为再次出现改善，那么就可以推测，是治疗导致了行为的改变。另外，如果仅仅使用了一个基准线和一个治疗阶段（一个 AB 设计），那么任何在 B 阶段的改善可能会被合理地视为一种巧合，这反映出或许在采取治疗的同时发生了自然的改变。

Kelly 和 Drabman（1977）曾运用 ABAB 设计试图改变一个心智迟滞的名叫苏珊的三岁女孩不符合社会需要的行为。在苏珊的大部分生活中，她有一个反复吐舌头的习惯。临床医生十分担心，如果不予治疗，这种行为将变得越来越顽固，而苏珊则难以被周围的人接受。

基准线的观察是苏珊在日常的十分钟时间内吐舌头的频率。然后给予治疗：一个中等程度的厌恶刺激，即无论她何时伸出舌头，就将柠檬汁喷在她的舌头上，治疗持续十分钟。治疗达十六个时间段后被取消，最后，第二个治疗阶段开始，也是十六个时间段。在这一 ABAB 治疗结束后，接着观察六个月。研究表明，在消除吐舌头方面，喷射柠檬汁是成功的，随后的六个月中没有复发的表现。

2．多重基准线设计

多重基准线设计不依赖 ABAB 设计中的逆向设计，或者说，一项不依赖于取消治疗或恢复积极影响的实验设计就是所谓的多重基准线设计。在这种设计程序中相同的治疗成功地针对几个目标靶——通常是几个被试，或者是一个被试的几个行为，或者是对一种行为的几个情境的变化。例如，当设计用于所有被试时，最初为每一个被试确立一个基准线，然后初次向每一个被试提供干预，等等。如果干预导致了行为的改变，那么可以推测某种结果将在随后的治疗中立刻在每个被试中被观察到。

Dyer，Christian 及 Luce（1982）运用多重基准线设计去了解患有自闭症的儿童是否可能被教会在从事一项任务前“深思熟虑而后行”。自闭症儿童的老师经常观察到许多这类儿童似乎在开始一项任务时缺乏对任务所必需的注意。这种倾向可以通过运用一种反应延迟（response-delay）程序得到纠正，这种程序要求儿童在做出反应之前，要等待一段预先定好的时间。该程序在三个自闭症儿童身上做了尝试。具体来说，就是在向儿童呈现辨别问题后，握住儿童的手几秒钟。

多重基准线为三名儿童确定了辨别学习任务的成绩。首先给第一个儿童使用干预措施，然后是第二个儿童，接着是第三个儿童。对行为记录的检查表明，每个儿童的辨别学习随反应延迟治疗立即得到了改善。

第三章　心理异常的理论模式

一个理论模式就是一整套关于变态行为的基本理论假说，一种具有普遍意义的理论观点。这种假设或理论观点要对如何研究一个患者及其变态行为做出说明，要对如何收集并解释相关资料做出说明，甚至要对如何思考一个特殊的患者做出说明，还要为相关研究提出指导方针。可以说，理论观点影响着临床工作者与研究者对行为的理解与观察的方式。

第一节　生物学模式

变态行为的生物学模式是19世纪前生源论的延续。这种理论观点认为，个体在情绪、行为及认知加工过程方面出现的心理障碍是由异常的生物学过程引起的。神经系统及内分泌系统在决定变态行为方面起着重要作用，正如遗传基因的组织对一个人所起的作用那样。这种模式也常被称为医学模式或疾病模式。

一、脑与心理活动

现代神经科学证明，人类所有的精神活动均由大脑调控。我们对孩提时代经历的清晰回忆来自于我们的大脑，我们的喜怒哀乐、一言一行皆为大脑的功能。正常的大脑功能产生正常的精神活动，异常的大脑功能与结构可能导致精神活动的异常。因而大脑与心理不可分割，如果没有大脑的完整性，就不可能有完整的心理活动；如果没有环境的刺激、个人的经历及反映的对象，大脑的完整性也就毫无意义。

（一）大脑结构与心理障碍

众所周知，大脑包含1 000亿个神经细胞和更多的神经胶质细胞，神经细胞种类繁多，如位于视网膜上的间质细胞（无长突神经细胞）就有23种。

脑是中枢神经系统中最重要的结构。人脑结构大体分为三个相互联系的层次，最深层称为脑干的结构主要与自主过程，如心跳、呼吸、吞咽和消化等功能有关。外包在这个中央结构的是边缘系统，它与动机、情感和记忆过程有关。包在这两层及结构之外的是大脑，人类的全部心理活动都发生在这里。大脑及其表层即大脑皮层整合感觉信息，协调人的运动，促成抽象思维和推理。

更为复杂的是神经细胞的联系和细胞内的信号传导。据研究，平均每个神经元与其他神经元能形成1 000多个突触联系，而Purkinje氏细胞能与其他细胞形成10万至20万个突触联系，这样算起来，我们人类大脑内就大约有几万亿至10万亿个突触联系。这些联系使我们的大脑形成了各式各样、大大小小的环路，构成我们的行为和心理活动的结构基础。脑解剖学的复杂性还表现为单个的神经元可能是多个环路的一部分。大脑就是通过不同环路以并行方式处理信息的。例如，从视网膜接受的信息通过初级处理后，在几个环路上分别同时处理不同的内容，如一个环路分析是何种物体，另一个环路分析物体所在的位置，还有的环路分析物体的颜色、形状等。最后，大脑对不同环路所处理的信息进行整合，并结合与之有关的触觉、听觉体验，既往的经历、记忆等形成一个完整的知觉体验。如果脑结构完整性受破坏，势必影响正常的心理功能。

额叶大约占人脑的1/3，它具有执行功能，调节许多复杂过程，包括言语、运动调节和行为计划。如果大脑出现执行功能丧失，会造成很多后果，包括降低焦虑和对未来的担心，易冲动，缺乏主动性和自主性，近期记忆削弱，丧失抽象思维能力，以及不能计划并执行一系列行动或无法考虑行为的后果。例如，一侧额叶切除后的妇女不能组织和计划她每日的活动，尽管她仍保持良好的烹调个别菜肴的能力，却不能准备家庭的一日三餐。

相关链接3－1　大脑与精神分裂症

一百多年来，精神病学家在反复研究精神分裂症与大脑之间关系的本质。因为缺乏充分的资料，所以各种争论都毫无结果；终因结构成像技术的推动，这方面的工作才取得了长足的进展。结果分析表明，精神分裂症与脑室扩大和脑体积缩小有关，内侧颞叶特别易受影响。

根据这些资料，人们就不再提出，诸如精神分裂症是不是一种大脑疾病这类问题了，但它属于哪种疾病？与临床病理学的关系是什么？在诊断上如何来区别？这些问题的提出促使人们进行有、无精神分裂症家族史成员的大脑成像研究，家系研究能减少遗传和环境对大脑结构的随机影响，其结果可以纠正有关精神分裂症报道中变异较大的资料，对与精神分裂症患者有不同遗传距离亲属的研究能够区别遗传易感性、大脑结构和临床表现型之间的关系，例如，在精神分裂症单合子孪生相异现象中，患者总比非患者有较大的脑室和较小的颞叶，提示精神分裂症的临床表现型与这种病理特点有关，但双方的基因完全相同。同样，精神分裂症患者比其非患病的兄弟姐妹有较大的脑室，但后者比无精神分裂症家庭史的健康人的脑室大。而且在患者的亲属中，未患病但有精神分裂症相关性神经病理学特点的人的大脑的异常也比较大。

在这些研究中，未患病的亲属有发病的可能，只不过大多数幸免错过了好发的年龄。另一个家系研究方案是给有家族史的高危年轻人作大脑造影，在以前唯一一例类似的报道中发现，一位女性精神分裂症患者的十几岁孩子的脑室扩大。现在Lawrie及其同事已使用核磁共振成像技术，比较了16～25岁的高危人群及首次精神分裂症发作的亲属及健康人的大脑结构。结果表明，高危个体左侧海马扁桃体的体积比正常人的小，但比患者亲属的大，大脑右半球也有同样的趋势。令人惊奇的是，侧脑室的体积在这些组中无差异，可能是因为其变异度比较大。Lawrie的研究全部完成大约需要10年，到那时大约1/10的高危个体将成精神分裂症，眼下令人感兴趣的是大脑结构的变化能否预测发病？如果是，其临床价值有多大？现有的资料已使两个结论初见迹象，首先，支持了精神分裂症的神经发育模式，即结构的异常先于临床症状；其次，进一步证明，在精神分裂症的好发家族中，幸免的亲属与患者的大脑结构变化不同，虽然性质相似，但变化程度小。

［资料来源：［英］Harrison P. J. //Lance 引自：国外医学社会医学（分册）．1999，16（1）］

颞叶也有明确的功能中枢。语言中枢主要在右半球，而视觉—空间加工在左半球；颞叶负责整合视觉经验，从而产生有意义的整体。颞叶损伤会产生错觉或幻觉，而错觉或幻觉可能伴随着强烈的情感，特别是恐惧。颞叶在记忆中起重要作用，破坏一个颞叶会导致轻度的记忆困难，破坏两个颞叶则会导致严重的记忆缺损。

丘脑接受信息并传至大脑其他区域。酒精中毒导致维生素 B 族缺乏，使内侧丘脑和乳头体损伤，导致患者近期记忆受损，并出现定向障碍。近年来因丘脑在信息处理过程中的特殊地位，使其在精神分裂症的研究中备受关注。研究发现，丘脑通过感觉获取信息，然后进行过滤并传送到大脑内的区域。核磁共振成像（MRI）扫描发现，早期精神分裂症患者的丘脑小于正常人，这或许可以解释为何精神分裂症患者在发病期间会出现幻觉等精神症状。

（二）神经元、神经递质与心理障碍

1. 神经元

大脑中有成千上万个相互联结的神经，每个神经称为一个神经元。大脑神经系统的激活是微电流通过许多不同的神经元进行传导的结果。每个神经元的末端都有叫做轴突的大量细枝。在轴突的尾端是被称为突触前端的一个区域，依次与另一个神经元轴突中的突触后终端十分接近。在它们之间被围起来的区域称为突触间隙，神经递质化学物质储存在轴突中的突触小泡中，神经电刺激导致突触小泡中的物质向突触间隙释放。神经递质一旦释放到突触间隙中，就会穿过两个轴突间的缝隙，并被突触后膜中叫做受体分子的特异细胞所吸收。一旦到达接受神经元，叫做第二信使的化学物质就会被释放并触发神经元放电，激活神经系统的活动就会继续。如果并非所有递质都被突触后受体所吸收，进一步的激活就会受到抑制——未被用过的分子或被重新吸收到初始神经元中的突触小泡中，或被其他的化学物质降解。

2. 神经递质

如上所述，神经元的电信号在突触处转化为化学信号，然后又转化为电信号。在这些转化中，神经递质起着关键作用。神经递质包括胆碱类（乙酰胆碱）、单胺类（五羟色胺、多巴胺、去甲肾上腺素）、组织胺、氨基酸类、肽类等。实事上，直到 20 世纪 20 年代，科学家们才认识到神经递质的存在，而关于神经递质与心理障碍的研究历史则始于 20 世纪 50 年代，至今已成为变态心理学有关神经科学研究中最令人振奋的领域之一。然而究竟有多少种神经递质存在于人的机体中，这仍然是一个谜，有人估计可能有 50 多种。目前，被认为在心理病理学中有重要作用的一些神经递质如下：

（1）乙酰胆碱（acetylcholine，ACh）。它是最早被发现的神经递质。乙酰胆碱参与向全身骨骼肌传递神经冲动；在中枢神经系统，它也参与了注意过程，且与睡眠障碍，以及阿尔茨海默氏疾病有关。

（2）多巴胺（dopamine，DA）。该物质对调节运动行为和与奖赏相关的行为非常重要。某些经常滥用的药物，如兴奋剂，就是作用于多巴胺系统。人们认为多巴胺活性的改变与帕金森氏病和精神分裂症有关。

（3）脑啡肽（enkephalins，End）。该物质似乎能够与脑中阿片受体相作用（即受阿片或阿片相关药物影响的部分）。同样，它们可能是机体的“天然药物”。

相关链接3-2　神经递质是如何工作的?

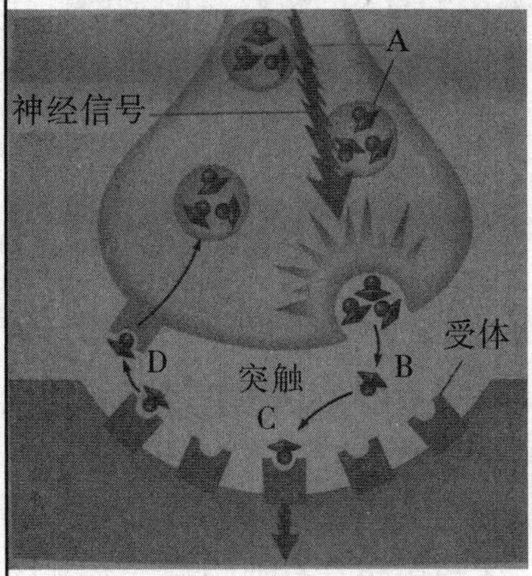

神经递质储存在神经末梢的微小囊泡中A。电冲动使囊泡与细胞外壁结合，从而将神经递质释放至突触中B。这些分子释放至突触中，弥散于突触间隙中，并与相连的神经元的受体——特殊的蛋白质相结合C。当受体接受足够的神经递质后，就会将这些神经递质释放，释放后的神经递质将被分解，或被第一个神经元吸收、储存，以留待下次使用D。

至少有15个不同的5-羟色胺受体，每一种受体有其不同功能。

(4) γ-氨基丁酸（γ-aminobutyric acid，GABA）。该物质是一种几乎只在大脑中发挥作用的神经递质，可以抑制神经元发生冲动。一些抑制焦虑的药物就是通过提高GABA的活性而发挥作用的。

(5) 去甲肾上腺素（norepinephrine，NE）。该物质在植物性神经系统中参与了产生"对抗或逃走"反应，如增高心率和血压。在中枢神经系统，NE活化对危险的警觉性可能与惊恐障碍、抑郁症有关。

(6) 5-羟色胺（5-hydroxytrptamine，5-HT）。该神经递质具有重要的抑制作用。它和去甲肾上腺素的不平衡可能导致严重的抑郁，以及一些其他疾病，包括焦虑障碍、强迫症、进食障碍、攻击性、自杀、精神分裂症及酗酒。

二、遗传学

大脑结构与神经递质的异常与心理障碍有直接的关系，但这类异常又往往是遗传基因所导致的结果。生物的一切特性都是遗传与环境相互作用的产物，其中遗传起着主导作用，而遗传的物质基础，从细胞水平来讲是染色体，从分子水平来看是脱氧核糖核酸（DNA），DNA链上特定的核苷酸序列就是基因。染色体是遗传物质的载体，而各种遗传信息是通过染色体所携带的基因传递的，它决定着生物世界中各种生物的性状。人们早就知道基因遗传不仅对身体的性状，诸如眼睛、肤色有影响，而且对人的行为也有影响。遗传可能预先使一个人增加了患精神分裂症的风险。

(一) 分子遗传学

分子遗传学研究主要是希望能够找出遗传而来的特定基因及其功能。人类有46条染色体，每一条染色体都是由成千的基因组成的。同一个基因的不同形态叫做对偶基因。对偶基因就是在染色体配对的相对应位置上的这个基因。基因的多型性是指在一个大的族群中DNA顺序的差异性。

研究人员研究动物并操纵特定基因，观察它们对行为的影响。这是分子遗传学中重要的领域之一。特定的基因可以从老鼠的 DNA 中取得，这类研究被称为“击昏研究”(knockout studies)。例如，某个主要负责血清素的神经递质 5 - HT_{1A} 的接收器的基因，在老鼠出生时就已经被击昏（关闭起来）。当老鼠长大后，我们就可以看到所谓焦虑型的表现型老鼠。有趣的是，某一个研究采取各种新技术，只是暂时性击昏这些基因，进而发现如果尽早恢复基因的打开状态，就可以避免老鼠长大后出现焦虑行为（Gross et al.，2002)。研究者通过对这些动物研究的发现，试图进一步对人类进行研究，这也是该领域最具挑战性的工作。

（二）行为遗传学

其实人们早就认识到基因是影响人类和动物正常与异常行为的主要因素之一。研究者们对所谓“功能性心理障碍”（如精神分裂症、情感障碍、儿童孤独症、神经性厌食症、儿童多动症、惊恐障碍等）进行了家庭聚集性研究，包括从了解这些障碍的遗传方式、遗传度（heritability）到基因扫描等，得出的共同结论是：这些疾病具有遗传性，是基因将疾病的易感性一代传给一代。研究者们也认为，遗传和环境的共同作用决定了某一个体是否患病，其中，遗传因素所产生的影响程度称为遗传度。一旦证明某种疾病有家族聚集现象，下一步的工作就是找出遗传度，然后是遗传方式，最后是找到基因所在的位置。行为遗传学的研究依赖三种基本的方法。

1. 家族法

家族研究法（family method）建立在我们对涉及不同程度的遗传相似性的不同类型家族关系的了解基础之上。所有儿童的基因一半来自双亲一方，一半来自另一方。这样，双亲与子女在遗传上的相似性约为 50%，这属于第一级亲属。平均而言，任何两个兄弟或姐妹约 50% 的遗传基因是相同的；姑母、叔父与侄子、外甥在遗传上的相似性约为 25%，这属于第二级亲属；而堂表兄弟、姐妹在遗传上的相似性约为 12.5%，这属于第三级亲属。如果一个心理上属于异常的先天特性可能被遗传，那么家族研究可能就会揭示具有共同基因的成员之间的关系，以及亲属中心理障碍的流行率。

家族研究的起点在于将接受诊断并有争议的个体样本收集起来，这些人被称为指标个案（index cases or probands）。然后研究者对每个家族中的其他成员进行研究，以确定对指标个案的相同诊断可能被用于家族成员的频率。如果正在被研究的某种异常遗传特性出现，那么指标个案的一级亲属所拥有的心理障碍比在一般人群中所发现的要有更高的比率。以精神分裂症为例，患有精神分裂症的指标个案的一级亲属中有 10% 的人被诊断为患有这种障碍，而一般人群中此类障碍的患病率仅为 1%。

2. 双生子法

了解遗传度最有效的办法是双生子法（twins method），包括同卵双生子（monozygotic twins，MZ）与异卵双生子（dizygotic twins，DZ)）的比较。MZ 在遗传上是相同的，而 DZ 在遗传上平均仅有 50% 的相似性；MZ 双生子一般都是同性别，而 DZ 双生子既可以是同性别的，也可以是异性别的。如果疾病与遗传有关，那么 MZ 双生子的同病率（concordance rate）应高于 DZ 双子。通过比较 MZ 双生子和 DZ 双生子的同病率即可计算出遗传度。如果研究者发现 MZ 双生子的同病率高于 DZ 双生子，那么，可以为心理障碍的先天特性可通过遗传来传递的假设提供实质性的证据。事实上在精神分裂症个案中已发现的证据表明，MZ 双生子同病率要高于 DZ 双生子 3～5 倍。表 3－1 为有关双生子的研究结果，该结果证明遗传因素在精神分裂症的病因中所起的重要作用。

表 3－1　一些国家的双生子精神分裂症发病率

国　家	对	MZ 双生子发生率(%)	对	DZ 双生子发生率(%)
芬兰（1963，1971）	17	35	20	13
挪威（1967）	55	45	90	15
丹麦（1973）	21	56	41	27
英国（1968，1987）	22	58	33	15
挪威（1991）	31	48	28	4
美国（1969，1983）	164	31	268	6

（资料来源：Tsuang M.，2000）

3．寄养子法

寄养子法（adoptees method）研究那些被寄养并完全与其生物学父母相分离的儿童。尽管这种情况比较少见，但这种情境具有消除因受患病父母养育而带来消极影响的好处。如果在与其父母分开养育的儿童当中发现具有恐空旷症的高发生率，而在他们的父母当中也有该障碍发生，那么我们有理由支持遗传特性在心理障碍方面所起作用的理论。

需要强调的是，即使有较高的遗传度，环境因素（社会心理、营养、健康保健等）在疾病的发生、发展、严重程度、表现特点、病程及预后等方面仍起着非常重要的作用。

目前，人类基因组计划给我们展示了一个光明的前景，通过各种高科技手段和多年的努力，人们将最终找到心理障碍的致病基因。其意义在于，找到了基因，就有可能知道问题的症结所在。例如，如果找到了增加精神分裂症发生的危险性基因，人们就可以了解在脑发育过程中，这种基因何时会被激活，哪些脑内细胞或通路出了问题，也就可以为人们的干预提供有利时机；另外，遗传学研究也可以为人们研究环境因素的致病作用提供帮助。

三、治疗方法

根据生物学模式，心理障碍是由损伤、生物化学缺陷或其他躯体原因所引起的，因此心理障碍患者是患了一种生物性疾病，需要住院、服药或采用像治疗躯体疾病一样有效的治疗技术。这种治疗技术的真正应用是从 20 世纪 30 年代开始的。其中一种被称为“革命性”的治疗技术就是电休克治疗（ECT）。ECT 就是将电流通过大脑使患者产生暂时的休克。这种治疗通常能使病人的机能迅速恢复正常。对这种疗法的研究目前已取得了一些进展，但电休克治疗是如何奏效的，尚未被人们完全理解。

从 50 年代起，化学药物的使用开始进入心理卫生领域，并且不断有新的药物投入使用；特别是对严重心理异常的治疗更离不开化学药物。与ECT不同，人们对药物机制有着更清楚的认识，这也促进了对何种药物对治疗心理异常更有效的研究。另外，还有外科手术、维生素、二氧化碳吸入、卧床休息及人工发热等疗法，其中许多方法是有害而无益的。目前生物学模式提供的主要治疗方法就是化学药物治疗，几十种药物都能有效地帮助减轻精神分裂症、抑郁症和其他精神症状。尽管药物不能完全治愈心理障碍，但对于其康复过程却有很大帮助。

第二节 精神分析学模式

精神分析学观点的出现和发展对西方心理学包括变态心理学有着不可估量的影响。精神分析学的理论观点体系庞大，涉及面较广，而且不同的精神分析学理论家又有不同的心理动力观。当然，值得说明的是，几乎所有的精神分析理论家都同意以下三个基本原则：第一，心理决定论，即我们的许多行为并非是自由选择的结果，而是为自然和内在的心理力量所决定。第二，这种力量是在无意识中发挥作用的。换言之，在很大程度上，我们并不清楚我们行为的真正动机。第三，这种力量的构成形式深深地受到童年期经验和家庭内部关系的影响。

一、古典精神分析理论

古典精神分析理论是指弗洛伊德的精神分析理论。他的理论包括心灵的结构与人格的发展及动力两个方面。

（一）心理的三个层次

弗洛伊德认为，如果从层次上划分，人的心灵可以划分为三个层次，即意识、前意识和潜意识。前意识和潜意识共同构成了人的无意识。

心灵的第一个层次为意识，指可觉察到的心理活动。在弗洛伊德的理论中，意识的作用微乎其微，其在人类心理领域中仅占极小的部分。

心灵的第二个层次为前意识。前意识是指通过集中注意或回忆、联想而能浮现于意识领域的心理事件、过程和内容，是无意识中可召回的部分。在弗洛伊德的原意中，前意识是指那些能轻易进入意识系统的心理事件，至于潜意识中的内容，只有在克服压抑作用后才能进入前意识。在稍后的理论中，弗洛伊德认为，意识、前意识和潜意识皆可互通，但潜意识中的内容只有经过前意识的检查才能达到意识。由此可以看出，前意识的功能主要是对潜意识中的本能欲望起压抑和监督作用，以保证各种不能见诸社会的欲望和冲动不至于大量涌入意识领域。

心灵的第三个层次为潜意识，指的是意识层面以外的所有心理活动。潜意识包括了不存在于意识层面的所有心理事件。从动态的观点来看，潜意识包括了个人无法接受的原始冲动、本能欲望。它们具有动力的性质，可以成为行为的推动力量，虽然人们往往意识不到这种动力的存在。潜意识中的欲望和冲动与个体所处的社会风俗习惯、道德、法律是相互冲突的，为社会所不容，因而被排斥到意识的阈限以下。因此，虽然我们意识不到这些事件和内容，但是它们确实存在。潜意识就像一个大仓库，其中储存着本能的能量和被压抑的欲望，而这些能量和欲望往往带有“性”的色彩，与性欲望的满足有着紧密联系。上述三个层次见图3－1。

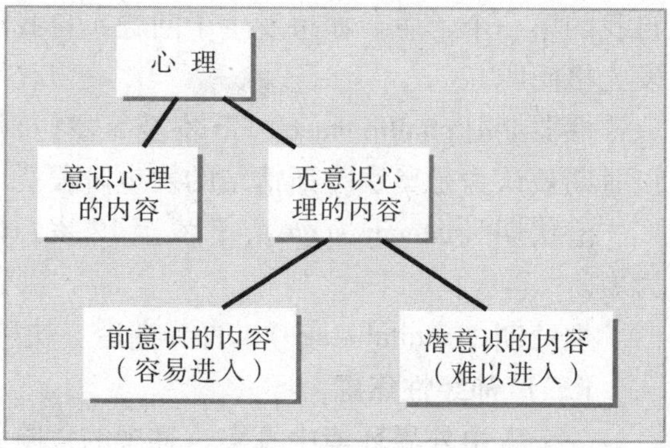

图3－1　心灵的三个层次及其结构

（二）人格理论

弗洛伊德的人格理论包括人格结构与人格发展的理论。首先他把人格结构分为本我、自我和超我三个部分。

（1）本我（id）：处在潜意识中，其内容主要是通过遗传而获得的。它的作用是迫使心灵指向本能欲望的满足。

根据弗洛伊德的观点，儿童能自由地使用暴力来得到想要的东西，是因为本我还没有受自我的约束。

（2）超我（ego）：超我的作用恰与本我相反，它代表人类心理功能中的道德分支。超我的作用是指导和控制行为，以使行为符合社会准则。超我给好的行为提供奖赏（如感到骄傲、自爱等）；对坏的行为给予惩罚（如内疚、惭愧、自卑等）。

（3）自我（superego）：人格结构中的第三个成分是自我。本我追求快乐，超我追求完美，而自我则追求现实。

本我同外部世界不能直接接触，本能欲望的满足必须通过一个中介环节，这个在个体的内部需要和外在环境之间起中介作用的就是自我。自我是本能欲望的执行者，具有自我保护作用。它对内可以控制本能的释放，可依据现实原则决定生理和心理需求是否应获得立即的满足。就外在事件来讲，它可以感受刺激，也可以逃避过度刺激。总之，自我有两种功能：一是必须成为本我与外在世界的中间人；二是必须保卫本我不受外在世界的伤害。为了避免危险、焦虑和不快乐，自我必须采取各种方法来达到目的。这些方法称为自我防御机制。

在谈到人格发展时，弗洛伊德将每一个人格发展阶段以儿童在各阶段影响最大的身体部位或性感带来命名。譬如，他把人一生中最初的18个月称为口腔期（oral stage）。在这个阶段，儿童害怕喂养他或给他舒适感的母亲不见了，有些儿童因为母亲常常未能满足他们口腔的需要，其人格就有可能固滞在口腔期，而且在其成人人格中表现为“口腔人格”。这种人一生会极端地依赖或不信任他人；有些则特别容易发展为忧郁倾向。弗洛伊德把这种“固滞”和其他几个发展阶段联系在一起，认为还有以下四个发展时期：

肛门期（anal stage），18个月至3岁。肛门提供了快乐的主要刺激来源，这通常是父母对儿童进行排泄训练的时期，过严或过松的训练都会导致肛门期的固滞。传统上，弗洛伊德学派的理论家将排泄训练视为一个残酷的事件，因为它是孩子们与想要他们控制冲动的外部要求之间的第一次冲突。突然，他们的快乐受到控制。因此，排泄训练是对发展中自我的第一个矛盾。如果发生了问题，自我可能会体验到相当大的焦虑，这样的焦虑会引发人格问题。

性器期（phallic stage），3 岁至 5 岁。对生殖器的自我刺激提供了主要的快乐感觉。该时期被认为是奥底普斯情结的发生阶段。

潜伏期（latency stage），5 岁至 12 岁。性动机明显消退，儿童主要以发展知识和技能为主。

生殖期（genital stage），青春期后。快感的最深层次感觉来自与异性的关系。

（三）神经性焦虑

一个人由外界环境中真实、客观的危险引起的情绪体验叫做现实性焦虑。例如，闻到焦臭气味后害怕失火。其危险来源于外部世界，多见于正常人。而那些人格未得到充分发展的人，或因其人格固滞于某一阶段的人，则可能体验到神经性焦虑，即指个体由于惧怕自己的本能冲动会导致他受到惩罚时所产生的情绪体验。

弗洛伊德最初把神经性焦虑视为本能冲动被压抑、扭曲、拦阻的结果——被转移的力比多。这意味着无论是通过压抑还是其他阻止本能满足的方式，当个体追求本能冲动的活动被禁止后，就会产生焦虑。当然，这种焦虑反过来可以结束或防止随后焦虑的出现。

后来，弗洛伊德颠倒了焦虑与压抑两者的关系，认为是焦虑的体验导致了压抑。焦虑变成了来自自我的信号，当自我觉知到真实或潜在的危险时，这种知觉就引起焦虑，焦虑又反过来调动包括压抑在内的心理防御机制，从而帮助有机体脱离危险。男孩子对封闭空间的恐惧实际上是自己对性欲压抑的恐惧，而这种欲望或许在其童年期就曾遭受过挫折；具有强迫性整洁的女孩子实际上害怕的是其在童年期对排泄物的迷恋，或许，这是一种由于童年期父母过分严厉的排泄训练而导致的结果。

（四）防御机制：对焦虑的应付

为了缓解和防止焦虑或愧疚的精神压力，弗洛伊德早在 19 世纪末就曾提出防卫机制的问题。后来，他还明确提出防卫机制是通过自我而实现的，故它又被称为自我防卫机制。它是自我应付本我的驱动、超我的压力和外在现实的要求三个对手的心理举措和防卫手段，目的是减轻和解除心理紧张，保持人格结构的平衡。实质上，自我防卫机制是一种自我保护方法。防卫方式有多种，其中最主要的有以下几种（见表 3－2）：

表 3－2　防御机制及其表现

防御机制	表　现
退行：退回到儿童早期水平，出现不成熟的行为并不负责任。	一个自尊心破碎的男人因退行而表现出儿时的行为，并向女孩展示其生殖器。
否认：不相信、不承认对自己不利的、带来痛苦的现实。	听到亲人的死讯时大呼："哦！不！"
投射：自我把不能接受的或不好的欲望、冲动和意念归咎于别人。	一个早已不爱自己妻子的男子会对妻子说："你并不爱我。"
转移：将敌意强烈的情感从最初唤起情绪的对象转向另一危险较少的对象。	驾驶者因违章被警察罚款后，与同事发生争吵，以发泄心中愤怒。

（续上表）

防御机制	表　现
合理化：个人对自己的行为做出合理、公正的解释，以掩盖自己行为的真实动机或理由。	母亲因愤怒与无耐心而严厉责罚孩子，她却说她这样做是要磨炼孩子的性格。
反向作用：做出相反的行为表现，以阻止不能接受的冲动和欲念。	一个有同性恋欲望的男人，却持一种坚决反对同性恋的主张。
升华：本能的欲望冲动（如性欲）转化到被社会所容许或赞许的目标和对象方面去。	成为外科医生、屠夫或拳击手，或多或少是攻击冲动升华的表现。

（五）临床的精神分析

精神分析既是理论观点又是临床技术。作为一种临床技术它需花费时日，因而一个常见的情况是，患者和分析家两者都要做出一种承诺，即对治疗过程所花费的时间不能做出肯定的回答。弗洛伊德认为许多不愉快和低效率是由发生于很久以前且已被忘记了的冲突引起的。大部分精神分析者也认为毕生的困难不可能在几个月内就可以弄明白。

现在的大多数心理分析家都是在心理治疗领域中受过专门训练或更为专业化的临床医师。尽管一些人，包括心理学家没有接受过药物学的训练，但也具有做精神分析的资格。所有精神分析家都相信任何适应不良行为的根源都可以在童年期的经验及持续影响人一生的婴儿期的思维和情感当中被发现。他们相信对童年期成长过程的洞察有助于个体采用更成熟和有效的方式，使生活更开心，使成年后的生活更具活力。

弗洛伊德的许多想法产生于他对梦、幻想及对其患者记忆的研究。他发展了一种自由联想技术，就是在做精神分析的时候让患者尽可能地表达其思想和感情。由于运用这种方法时对潜意识的稽查减弱，弗洛伊德希望由此获得关于基本适应不良行为更为清晰的冲突的情景。就在其工作继续进行的过程中，他突然意识到梦可能会提供有关无意识冲动起作用的证据。临床精神分析非常重视对梦的解释及其他类型的幻想及其与思维、行为的关系（见图3－2）。

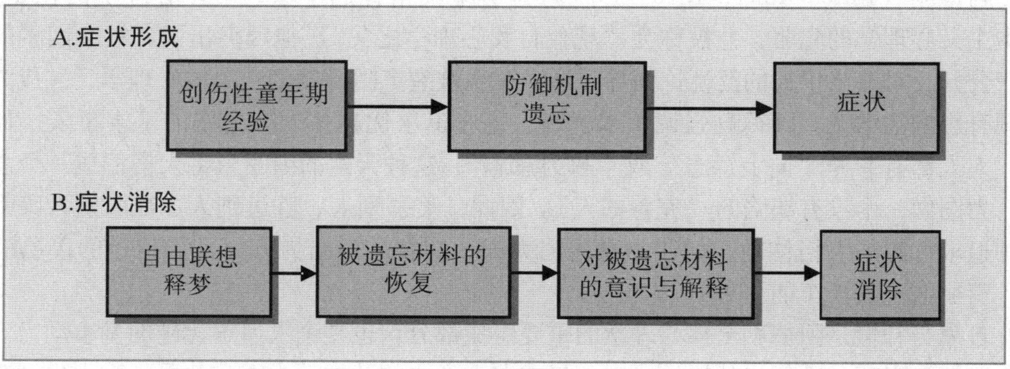

图3－2

弗洛伊德认为，症状（如变态行为、焦虑、不快乐）产生于受到抵御或遗忘的创伤性童年期经验，这些经验持续不断地在无意识层面发挥着影响，以至于人们不断地歪曲行为，曲解思想与情感。在一个可接受的、具有融洽氛围的精神分析会谈的过程中，根据线索使被遗忘的材料涌现出来，并得到解释。对童年期遗忘材料特点的了解可使个体症状得以消除。

二、新精神分析理论

弗洛伊德理论的意义及其临床工作为其同时代的人所广泛认同。他们当中的一些人，包括荣格和阿德勒定期与弗洛伊德会面讨论精神分析的理论与治疗。然而他们在许多一般性的问题上产生了意见分歧，诸如本我与自我、生物学的本能驱力与社会文化决定作用的相对重要性；与成年经验相比，早期生活的重要性；性驱力是否为一切动机与行为的核心；无意识过程与意识过程的相对重要性；类似于反射的本我冲动与主要受有意识的自我控制的有目的行为的相对重要性等。这些分歧使得荣格与阿德勒相继背离了弗洛伊德而自立门户。

（一）荣格与分析心理学

荣格（Carl Gustav Jung，1875—1961）是瑞士精神病学家，分析心理学（analytical psychology）的创始人，苏黎世学派的领导者。荣格认为除了弗洛伊德所强调的个人的无意识之外，还有来自人类社会历史中所包含的集体无意识。集体无意识是人们许多世纪以来所拥有的全部经验的保存，而且与弗洛伊德的无意识不同，集体无意识含有积极的、创造性的力量，而非仅是性与攻击。此外，荣格宣称，我们每个人都有男性与女性的特点，这些特点可以被融合在一起，人们的精神与宗教的需要和其欲力需求一样都是基本的需要。荣格还对人格类型做了不同区分，或许其中最为重要的是外倾（指向外部世界）与内倾（指向内部、主观世界）。这种人格维度一直为世人所重视。

荣格还对宗教的象征性及生命的意义做了详细讨论，并最终为神秘主义者、小说家、诗人所接受。最后，有鉴于弗洛伊德把当前与未来的行为视为主要由过去的事件与经验所决定，荣格却关注于目的性、做出决定及目标确定。根据荣格的看法，要对人做出理解，就必须了解他们的梦想与志向，而不仅仅是他们过去经验的结果。

（二）阿德勒与个体心理学

阿德勒（Alfred Adler，1870—1937）是奥地利精神病学家，个体心理学的创始人，人本主义心理学的先驱，并被称为“现代自我心理学之父”。他因突出强调社会因素的作用，公开反对弗洛伊德的泛性论而导致两人关系破裂。阿德勒创立个体心理学，并成为一个颇有影响的学派。阿德勒强调追求优越，主张追求优越是人生命中的基本事实。他认为，人人都有一种“向上意志”或“权力意志”，这种天生的内驱力将人格汇成一个总目标，力图做一个没有缺陷的“完善的人”。因此，羡慕别人、胜过别人、征服别人等都是这种追求优越的人格体现。如儿童总想当大人，妇女总想当男人，又如步行的羡慕骑驴的，骑驴的羡慕坐车的。

自卑与补偿是阿德勒个体心理学的重要组成部分，也是个人追求优越的基本动力。阿德勒坚持自卑感是人行为的原始决定力量或向上意志的基本动力。在他看来，人生下来并不是完整无缺的，有缺陷（包括身体缺陷）就会产生自卑，自卑有可能摧毁一个人，或使人发生精神疾病，但也可能使人发愤图强、振作精神、迎头赶上，这样就由补偿作用来解决原始缺陷和追求优越之间的矛盾。最后，阿德勒关注于成长与心理问题的预防，以及社会影响的改善、儿童指导中心与家长教育的发展。

（三）艾里克森

艾里克森（Erik Erikson，1902—1994）倡导心理社会理论，强调借用胎儿发展的概念，把人的发展看做一个进化的过程。他认为人的一生是一个生命周期，可以划分为八个阶段，每个阶段都由一对冲突或两极对立所组成，并形成一种危机（见表3－3）。

表3－3　艾里克森关于发展的八个阶段

阶　段	1	2	3	4	5	6	7	8
婴儿期	信任对不信任							
幼儿期		自主对羞怯与怀疑						
学前期			主动对内疚					
学龄期				勤奋对自卑				
青春期					同一性对角色混乱			
青年期						亲密对孤独		
成年期							繁殖对停滞	
老年期								自我整合对失望

所谓危机不是指一种灾难性的威胁，而是指发展中的一个重要转折点。危机的积极解决，就会增强自我的力量，人格就会得到健全发展，有利于个人对环境的适应；危机的消极解决，就会削弱自我的力量，会使人格发展不健全，阻碍个人对环境的适应。危机解决具有一种累加效应（cumulative effect）——特定阶段危机的积极解决方式增加了下一阶段解决危机的可能性，而消极解决方式减少了这种可能性，给下一阶段的发展造成障碍。未能解决的早期心理社会问题对今后的发展具有特别严重的不良影响。

三、精神分析的治疗方法

由弗洛伊德开创的传统精神分析的治疗建立在弗洛伊德第二个神经性焦虑理论的基础之上，也就是说神经性焦虑是当先前受到惩罚及被压抑的本我冲动迫切要求表现时对自我产生的反应。自我依靠减轻内心紧张的方法来保持人格的平衡，而这种紧张是在遭遇知觉到来自童年期某种被压抑的冲突的情景时引起的，这种被压抑的冲突则肯定与性或攻击的冲动相联系。精神分析的治疗是一种领悟疗法，它企图消除早期的压抑，帮助患者面对童年期的冲突，获得对该冲突的洞察，并且按照成人的现实来解决这些冲突。

这一目的的实现在很大程度上要依靠两种治疗方法：一是自由联想法，二是梦的分析。自由联想法是让患者在治疗中自由地报告头脑中随时出现的各种想法，不论是多么荒诞不经、有伤大雅，甚至有悖于伦理道德、法律标准，都不应该隐瞒。在实施自由联想过程的同时，精神分析者把患者所报告的材料加以分析和解释，直到分析者和患者双方都认为找到了发病的最初原因为止。这种方法的目标是指导患者将压抑在潜意识中的、引起变态行为的原因揭示出来。这样，分析家就可使患者清醒地意识到那些东西，以便正视它们，消除它们的不良后果，恢复心理健康。

梦的分析是另一种分析技术。弗洛伊德认为，梦并不是偶然形成的联想，而是被压抑的愿望伪装的满足。因潜意识中的原始冲动或性欲难以直接见人，加上意识对潜意识具有稽查和控制作用，所以必须通过伪装的方式才能满足自己的愿望。因此，必须进行梦的解析（dream interpretation），以揭示梦的隐匿意义。借助对梦的分析和解释，就像通过一个瞭望窗，可以深入人的心理内部。弗洛伊德认为，通过释梦可以发现精神病患者被压抑的欲望，可以成为治疗它的一种有效方法。通过梦的分析，可使患者清楚焦虑情绪的根源，寻求解决问题的办法。

弗洛伊德在对他的病人作分析

精神分析治疗的关键部分是对移情（transference）的分析，而移情常被视为治疗的一个要素。移情是指患者把早期对他人（如父母）的感情转移到治疗者身上，而再次体验到冲突关系。移情分为正移情和负移情，前者转移的是积极的情感，如爱、倾慕等；后者则是消极的感情，如厌恶、憎恨等。移情既可成为一种治疗因素，也会成为治疗的障碍。治疗者要反复向患者指出，他对治疗者的感情、态度、防御机制，以及在治疗关系上出现的幻想，都可能是患者投射于过去某一重要人物的感情。例如，患者在治疗中有时表现出信任治疗者，有时却抱有不信任感或敌意，并在治疗中迟到或缺席。这很可能是患者将幼儿时期对不喜欢自己的母亲产生的敌意与迫害感投射向治疗者。治疗者应当通过解释让患者有所领悟，以消除其治疗的阻碍。

有时治疗者也要利用移情让自己成为患者心目中的替代者，为了解患者对其亲人或他人的情绪反应，引导他讲出痛苦的经历，使压抑在内心的情绪得以宣泄，从而消除患者心中的症结与矛盾。

四、对精神分析理论的评价

（一）精神分析理论的局限

或许还没有一个人类行为的研究者像弗洛伊德那样既获得了那么多的荣耀，又受到了大量的批评。对弗洛伊德的主要批评之一也适用于其他精神分析理论：由于在治疗性会谈中证据的收集建立在主观的臆想和纯粹的逻辑演绎之上，甚至简单地运用神话传说来证实和提出自己的观点，因而这些理论缺乏事实根据，也无从加以客观的验证。与在生物学模式及认知模式内工作的理论家不同，弗洛伊德对变态行为的原因与治疗没有进行正式的研究，他相信从治疗性会谈中获取的信息足以证实他的理论，以及说明治疗的效果。

弗洛伊德在方法论上的另一个局限是，其研究局限于十分有限的样本，把特殊的变态心理与一般的常态心理相等同。他的患者大多数是有钱人，是受过教育的中上层维也纳妇女，年龄也限于20~44岁。因而，他企图用变态心理的规律去说明常态心理的发展，结果把正常人和心理障碍患者混为一谈，把自己治疗精神病患者的经验绝对化，把变态心理普遍化。建立在这样一种仅限于有心理障碍的个体基础之上的心理结构与人格发展的理论难以得到广泛的应用。

由弗洛伊德及其同事所使用的个案报告由于没有做仔细的记录，因而弗洛伊德在这些治疗性会谈中的知觉过程的可信度，以及他对这些治疗性会谈精确回忆的能力也受到质疑。此外，弗洛伊德本人对某些问题感兴趣，诸如患者可能的早期性经验，可能会对他们的叙述产生影响，引起他们把焦点集中在特定经验上而忽略了其他经验。

（二）精神分析理论的贡献

尽管存在着许多批评，但精神分析理论的确对变态行为的研究做出了巨大贡献。首先，它开辟了一条重视心理治疗的新途径。弗洛伊德提出了心理创伤是引起神经症的主要原因，主张用精神分析方法来挖掘患者被压抑到潜意识内的心理矛盾以治好患者，这就突破了过去那种单靠药物、手术与物理方法治疗的束缚，开辟了一条重视心理治疗的新途径。弗洛伊德指出，他所说的“日常生活的心理病理学”——不合理、无意识的冲动以梦境、笑话、口误的方式，以忘记我们想要忘记的事情的方式表现在人们的日常生活中。他以此表明并非只有心理障碍是非理性的。精神分析理论中的这一观点有助于把心理健康的概念确立为一个从适应到适应不良的连续范畴，而非“健康”与“患病”两个极端。

其次，弗洛伊德在精神分析的治疗技术方面对心理问题的治疗做出了贡献，这些技术有助于患者正视和理解其无意识的冲动，并能由此更好地控制自己的行为。实际上，弗洛伊德对现代心理治疗的主要贡献在于精神分析广泛和多样的治疗方法。即使是那些拒绝弗洛伊德理论的治疗师，也都毫不例外地在咨询室里表现出受到了弗洛伊德的影响。目前一对一的患者—治疗师关系就是以增强患者的自我认识为目的治疗技术，而这种治疗技术实质上创始于弗洛伊德。

尽管现代思想家仍然对弗洛伊德的观点提出反驳，但没有人能否定他对变态行为的概念化、评定和治疗的影响。弗洛伊德的理论认为变态行为根源于个体过去的事件，这些事件导致了无意识的和不可控制的冲动。根据心理学的评估，在流行的“投射”测验中（如墨迹测验），要求个人对各种不明确的图画或符号做出反应，就是按照弗洛伊德行为具有象征性的思想来加以解释的，一个人对一幅图或一个事件的解读，实际上就是对自己心灵的解释。

第三节　人本主义与存在主义模式

人本主义理论的核心在于这样一个信念，即人类动机建立在力求自我实现生命的意义这一固有倾向的基础之上。它强调精神病态是人们受到不良社会环境的影响而偏离自我实现方向所致，同时人们又有着充分的自我导引和自由选择的能力。因而，治疗者应当关心人的主观体验，帮助当事者探索和了解阻碍其自我实现的各种障碍，通过创设一种充满温暖、友好与支持气氛的人际关系与宽松环境，提供无条件的尊重及设身处地的理解与真诚，才能使来访者恢复自我指导的能力，从而使其发生转变。

人本主义理论家在很大程度上受到存在主义心理学的影响。存在主义心理学理论强调生活的意义对人存在的重要性，主张把心理障碍理解为人实现自身存在能力的一种破坏。生活的意义存在于每个人生活的各个情境之中，任务和命运对每个人来说都是独特的，每个人都能够而且必须找到不同情境来适合自己的生活意义。人们越是追求快乐，越是倾向于错过它。将生活的目标定向为追求快乐，只有通过实现生活中的意义才能获得快乐，达到自我实现。

一、罗杰斯的个人中心理论

（一）人格的自我理论

罗杰斯（1902—1987）认为，有机体有一种先天的“自我实现”或“自我提高”的动机，表现为最大限度地实现各种潜能、发挥自己潜力的趋向。他认为，个体是完整的有机体的存在，是一切体验的发源地，且在自我实现的驱使下成长与发展，其结果就是“自我”、“自我概念”的发展、扩充及实现。罗杰斯用“无条件积极关注”（unconditional positive regard）来解释自我发展的机制。所谓“无条件积极关注”是一种没有价值条件的积极关注体验，即使自我行为不够理想，他觉得自己仍受到父母或他人真正的尊重、理解和关怀。罗杰斯认为，在自我发展的过程中，最基本的必需品是在婴幼儿时期得到无条件积极关注。当母亲给予婴幼儿以慈爱和热爱而较少注意他们如何行为时，这种满足也就实现了。后来，罗杰斯把这一原理应用于心理治疗，提出治疗者对来访者的态度也应该是无条件积极关注，这样才利于来访者克服障碍，解决存在的问题。

根据罗杰斯看法，当父母不断地向孩子表达只有做“好孩子”才能得到爱时，孩子们会变得缺乏安全感并产生焦虑。

罗杰斯特别重视对“自我实现”者的研究。在其人格理论中，罗杰斯提出了“机能健全的人”（fully functioning person）的概念，意指那些获得无条件积极关注的人。这种人具有如下特点：①经验的开放性。对一切经验采取开放态度，个体毫无拘束地体验所有的情感和经验，他们不封闭自我。②存在主义的生活方式。对生活有着清新感，生活于存在的每一瞬间。③信任自己的机体。健康的人格犹如一切资料都程序化了的计算机，并不徒劳地思虑所面临的每一件事情。但是他们考虑问题是全面的，并且能对行动的过程迅速做出决定。④富有自由感。机能健全的人是“意志自由”的人，他们的决定都是出自个

人的意愿，而不是受外部的强制或内部的压抑。他们能享受到生活的个人权力感，相信未来由自己决定。⑤高度创造力。健康的人富有创造和创新能力，而非遵循或消极地适应社会和文化传统。

（二）罗杰斯的心理治疗理论

在将个人中心理论应用于心理治疗方面，罗杰斯使用了“受辅者中心”这一概念，1974 年又把它改为以人为中心的疗法。其基本假设是，最大限度地去进行自我理解，改变他们对自我和对他人的看法，产生自我指导行为，并最终达到心理健康。

按照罗杰斯的观点，治疗者放弃自己的权威性，相信来访者具备自我矫正的能力。同时，治疗者也要相信来访者对于达到一个什么样的目标有一个基本的了解。当然，来访者既需要来自别人的，也需要来自自己的尊重。治疗者的任务在于营造一种温暖、友谊、令人可以接受的气氛，以使来访者享受到被尊重的体验。正是来访者，而非治疗者决定了治疗和咨询过程的进行。在治疗的过程中，治疗者应该对来访者有“无条件积极关注”，即对来访者的信任、接纳、倾听、期望和支持。在治疗者的引导下，随着时间的延续，来访者对自己的心理状况就会有更多的了解，并发展出解决问题的方式。所以，整个过程都着眼于“此时此地”，而不是像精神分析者那样关注来访者“过去”的经验。这样，来访者就可不理会过去的失败，从而奔向好的目标，实现潜能。所以，罗杰斯把他的治疗观视为一种人生哲学，而不是对“变态的治疗”，这种哲学使得来访者学会如何自我解决问题。

“以人为中心”的治疗和咨询需要一个良好的医患关系。罗杰斯坚持认为，治疗的关键不是技术，而是治疗者的态度，以及气氛的营造和治疗关系的建立。治疗者并非专家，并不比来访者更了解他们自己的问题。这种治疗过程分为十二个步骤，分别为：①来访者主动求助。这是一个重要的前提，主动求助才能说明来访者有改变自我的需要和愿望。②治疗者向来访者说明情况，介绍治疗要点，告诉来访者治疗者所能发挥的作用只是帮助他解决问题。③鼓励来访者自由表达情感，不要受任何外在环境条件或内在心理因素的抑制。④治疗者要能够接受、认识、澄清来访者的消极情感，并做出反应，深入当事人的内心世界。治疗者不需要任何的解释，只需要表现出无条件积极关注。⑤促进来访者的成长。通过来访者无拘束的情感表达，促进来访者人格的成长。⑥积极接受来访者的情感，对来访者的各种情感都表现出关注和接受，但是不做任何评价。⑦来访者开始了解和接受真实的自我。这是来访者自我接纳的过程。在治疗者的帮助下，来访者了解了自我，进而接受真实的自我。⑧帮助来访者学会自我选择和做出自我决定。治疗者不是代替来访者做出决定，而是帮助来访者澄清各种可能的选择。⑨疗效的产生。此时来访者发现和领悟了自己存在的问题，并开始采取行动。⑩进一步扩大疗效。⑪来访者达到全面成长。此时来访者不再惧怕选择，而是积极行动，主动提出计划和方案。⑫治疗结束。

二、存在主义理论与治疗

正如我们所知，存在主义心理学是欧洲存在主义哲学的一种衍生物。存在主义者认为人类在迫不及待地获取着现代技术所提供的物质享受的同时，也抛弃了他们的价值观，丧失了他们个人的责任感。存在主义者将这种情况称为异化（alienation），他们认为这是一种精神的死亡，即个人为一种毫无意义的生活及对那些根本不存在的、会带来死亡的事物的恐惧所纠缠。在20世纪六七十年代，存在主义心理学提供了一系列帮助人们解决这种精神痛苦的方法，并引起世人的极大关注。其中最为著名的理论家为美国的罗洛·梅（Rollo May）、欧洲的维克多·弗兰克（Viktor Frankl）和莱因（R. D. Laing）。

（一）罗洛·梅：存在分析论

人的存在是一个基础性概念，存在心理学的所有理论均建立在这一概念的基础之上。梅认为，人的存在只有自己才能体验到，而且个人的存在都是自己选择的结果，因此必须承担选择的后果，任何逃避的行为都有损于自我的存在。梅认为心理治疗的目的，是使患者重新体验他的存在是真实的，使他更充实地体会到他自己存在的意义……反之，精神病患者的症状乃是由于他对自己的存在开始感到暧昧，故易于受外界的影响，对自己的行为逐渐失去控制。因此，心理治疗专家的任务是增强患者的自我存在意识。

像弗洛伊德那样，梅相信焦虑标志着我们内心的冲突。但他并不认为焦虑与性本能的压抑有内在联系。在他看来，焦虑乃是人对威胁他的存在、他的价值的基本反映。梅把焦虑分为正常与病态两种。正常的焦虑是与威胁相均衡的一种反应，而且不产生压抑和内部心理冲突；病态的焦虑乃是指个人以变态的行为方式对付焦虑，往往有压抑和心理冲突的表现。

梅力图站在精神分析和存在主义的结合点上寻找解决心理治疗困境的出路，并提出以下几点：①创造性紧张是人格健康的必要条件。梅认为人格问题的根源是人格内部的紧张适应不良。只有对人格内部的紧张进行重新调整，使之能在外部世界获得创造性的、富有成效的表现，即产生适当的创造性紧张，才能从根本上解除心理疾病。②创造性的人格调整是解除心理困境的出路。梅把造成人格困境的内部心理冲突同外部的症状表现联系起来，指出在人格内部产生心理冲突的人，若不能对人格进行正确的调整，就会表现出各种形式的外部症状。③同焦虑作斗争，找回失落的自我。梅认为，现代人应对焦虑的主要方式有两种：一种是神经症患者的变态方式。他们往往使用压抑和禁忌的方式来摆脱焦虑，如放弃自己的自由和责任。另一种是健康积极的主动方式。个体在焦虑面前既不逃避，也不墨守成规，而是以建设性的态度面对焦虑，把焦虑作为一种习得的经验或测量人潜能的一种手段去正视现实。④生活在剧烈变动的时代，人格要健康发展，个体要进行自由的选择并负责任地生活，都需要勇气。在梅看来，现代社会中勇气的主要特点是和人的存在密切联系着。勇气发源于人的内部存在，它能使人积极地参与到社会生活中去；相反，一个缺乏勇气的人，会感到自己仿佛处在真空之中，人际关系紧张，时常感到极度空虚和孤独。⑤梅对人性持既善又恶的观点，但他认为人性是人力量的反映，而力量则是使人进行生命的选择，确定人格善恶的基础。

（二）弗兰克：意义治疗学

维克多·弗兰克是精神病学家，曾为弗洛伊德的学生，1905年生于奥地利。1942—1945年，弗兰克及其全家被关入纳粹集中营，其间他的兄弟、妻子均遭杀害。这段痛苦经历为弗兰克形成其理论奠定了基础。在集中营里，他观察到那些能够坚持下来不丧失信心的人也正是那些能够在其正在经受的痛苦中发现某些精神意义的人。这种观察使得弗兰克得出结论：传统心理学只涉及人的生物与心理层面，而忽略了十分重要的第三个层面——精神生活。

弗兰克存在理论的中心内容是对精神意义的强调。弗兰克认为人类行为的首要动机并非精神分析心理学所强调的享乐意愿或权力意志，而是获得意义的愿望，即人类竭力地为其充满困惑的、复杂及有限的存在寻找理由。

弗兰克在心理学上的贡献主要在于他靠亲身体验所创立的意义治疗。所谓意义治疗是指协助患者从生活中领悟自己生命的意义，借以改变人生观，进而面对现实，积极乐观地生活，努力追求生命的意义。意义治疗的主要观点包括：①生活的目的是为了满足精神需要。②心理治疗旨在助人领悟生命的意义。③精神需要与价值感。弗兰克强调，人生的意义不在于现实生活需要的满足，而在于超现实精神生活需要的满足，这种需求的满足得自于三种价值感：创造性价值、经验性价值和态度性价值。意义治疗的目的就是要帮助患者从调整自己的生活中获得以上三种价值感。意义治疗法特别强调两点：其一是自由，让患者领悟人生意义后自由抉择自己的生活方式；其二是责任，让患者了解到对自己的抉择应该负起实践的责任。

意义治疗的基本技术如下：①矛盾意向法。当患者被某一顽固的想法困扰时，他所要做的不是与该症状或想法作斗争，而是相反，即让患者努力去做他平常因害怕而不敢做的事情。②非反省。这种方法“使我们能够‘忘记’自己指向一种治疗的注意中心，意即使注意力从问题转向他人或自己思想中的积极方面”。③态度改变法。由于许多患者对自己的生活前景持消极悲观的态度，心理治疗的任务就应该首先考虑改变患者思考生活的方式，使其以积极乐观的生活态度取代消极悲观的生活态度。

三、完形治疗法

（一）理论观点

完形治疗法（gestalt therapy）是又一种人本主义的治疗方法，由珀尔斯（Fritz Perls）于1950年创用。完形疗法最基本的观点是：任何事物都倾向于整体性和完满，而人类最大的问题就是将自己分割得支离破碎，即生活中某些创伤与刺激留给人们许多“未完成情结”，严重损害了人们的身心健康。心理治疗的目的是帮助来访者分析他们身心中那些彼此分离的东西之间的联系，把过去失落的部分重新组合成一个整体。完形疗法强调来访者“此时此地”的感受和作用，不重视过去的经验与历史。完形治疗师与当事人中心治疗师一样，都要指导患者竭力做到自我认识和自我接纳。但是与当事人中心治疗师的不同之处在于，他们经常要以挑战，甚至使患者遭受挫折的方式来达到治疗的目标；完形治疗技术也试图缩短治疗过程。

（二）方法与技术

完形治疗法旨在充分挖掘来访者的个人潜能，使来访者从一开始就不依赖治疗者，对自己的治疗负责任。治疗者在开始时主要起引导作用，具体体现在以下几个方面：

（1）对来访者的行为、经历，尤其是他们意识不到的领域加以澄清，对来访者的行为、语言给予反馈。

（2）建议来访者集中于此时此地的感受，让他们说出正在感觉到什么，是如何表现的，这种感觉和体验本身就能起到治疗作用，使来访者从自我防御中解脱出来。

（3）提供各种方法、规则和策略，帮助来访者完成存在于其头脑中的“未完成情结”，或塑造新的、更有效的行为模式，或集中于此时此地的感受。

完形治疗法中有许多规则，这些规则包括：①现在的规则。即使用现在时，不去追忆过去或预期未来，只关注此时此地的感受。将来访者的注意力转移到他们此时此地的行为与情感体验上去，而不过多关注“为什么”。②使用“我”的语言规则。来访者在陈述个人感受时，常用“人们”、“他们”、“你”等代名词，以减少冲击或逃避、否认不愉快和痛苦的感受。治疗者要使来访者与此时此地的事物保持接触，增加自我责任感，以纠正来访者将矛盾、问题的根源转移扩大，从而推卸自己应负责任的倾向。③不说别人坏话的原则。为来访者制定规则，不许当着治疗者的面说其他人的坏话，在做任何评论时只对事不对人。

完形治疗法以其对技术的强调而著称，常用的技术有：

1. 空椅子

类似于角色扮演技术，既适于个别治疗，也适于团体情境中对个别成员开展工作。治疗者让来访者坐在一把“热椅”上，对面放上一把空椅，代替来访者头脑中想象的对象。在治疗过程中，治疗者要帮助来访者尽情释放心中压抑的情绪，从而使其对痛苦的往事有一个终结。

在空椅子技术中，来访者把一把椅子想象为一个人、一个对象或一种情境，并与其对话。

空椅子的一种变化形式是双椅子技术（two-chair technique），即来访者改变他一直与之交谈的椅子的位置，让来访者轮流扮演“优势力量”与“劣势力量”，帮助来访者了解自己人格中的分裂。这种技术可以增强来访者的力量，使之在扮演角色中体会到内在的冲突，从而发掘自身的潜力。此外，这种空椅子技术还可以让来访者亲自站在对方的立场上去看待所发生的事情，从而更能体谅对方的感受与难处，有利于缓解对他人的消极情感，重建心理平衡。

2. 感情投射

有时从事团体辅导的完形治疗者会把来访者分为一对一对，让他们闭上眼睛想象一个让他们有着强烈感情依附的人的面孔。治疗者鼓励他们把注意力集中在他们对该人所产生的感受上，然后全体睁开眼睛看着他们的同伴。片刻之后，要求他们再次闭上眼睛并思考一些诸如数学之类的中性问题。最后要求他们回答在两种情景中，他们在对同伴的感受方面是否有重要的区别。这个练习被设计去夸大假定在我们所有的社会互动中不可避免的事情，这有可能使人变得非常紧张，因为个人被要求充分表达他们的情绪。在一些情景中很多人会大哭、大叫甚至拳打脚踢。经过这一经历后，他们就能接纳或拥有以前他们自己觉得很不舒服的感觉。

3. 对非言语线索的注意

所有完形治疗者都要注意来访者表现出来的非言语和副语言（paralinquistic）线索。非言语线索乃身体动作、面部表情、手势等；副语言线索乃说话时的音调、语速，以及其他听得见的超出说话内容的语言成分。人们可能会用他们的手或眼去否定他们用喉咙所说的事情。珀尔斯对非语言信号给予了特别强调，认为密切观察这些信号可以确定来访者真正的感受是什么。

完形治疗法适用于一些轻度心理障碍，如恐惧症、抑郁症，对那些过度社会化、过分理智、追求完美主义及过于压抑自身的人格倾向也能起到良好作用。此外，完形原则除了应用于心理治疗方面外，也广泛地应用于教育、视力问题及其他躯体疾病的治疗中。

四、对人本主义与存在主义模式的评价

人本主义与存在主义模式吸引了许多临床领域以外的人，在了解人类存在的特殊挑战这一问题时，人本主义和存在主义理论家对其他理论模式所忽略的心理生活层面给予了极大关注。同时，他们认为一些有效的心理功能——自我接纳、个人价值、个人的意义及个人选择等因素的确是许多有心理障碍的人所缺乏的。

令人关注的另一点是，人本—存在主义模式倡导一种乐观气氛。信奉这一原理的理论家们认为，尽管现代社会给人们以极大的压力，但是我们仍然能够做出自己的选择，决定自己的命运，而且取得很多成就。此外，该模式特别强调健康。与其他模式不同，人本—存在主义临床工作者不把个人看成是有心理疾病的患者，而只是把他们看做特殊潜能尚未发挥或表现的人。而且，他们认为，一个人的行为可以受他自己内在优点与潜力及责任感的影响，而不是由任何个人过去的经验、事件所决定的。

尽管如此，我们还是要提出以下疑问：治疗者如何能够了解他是否真正理解了患者的内心世界呢？由治疗者所做出的关于患者的现象学推论的有效性是一个重要且尚未解决的问题。人本—存在主义者都专注于人类自我实现的抽象研究，排斥实证研究的方法，并辩称其理论观点的优势在于使用了逻辑的、内省的及个案史的方法，因而这一理论模式很少得到实证研究的检验与支持。

人本—存在主义治疗者把人视为先天就是健全的，如果没有错误学习的影响，就会做出自我实现的选择，这也是一个令人质疑的假设。

完形治疗者也传递了这样一种信息，即人们不是他过去经历的囚徒，具有改变的可能性。然而，如果个人不知道在不同的时间、地点如何不同地表现自己的行为举止，他就有可能受到极大的伤害。例如，假如一个具有社交抑制的人没有学会充满自信地与他人交谈，他就会对这种低自信缺少更多的意识，当然更难以激励其产生更大的自信心。因此，缺少必要技能的人失败的可能性也更大。

第四节 学习模式

学习模式或行为模式认为，变态行为是由错误经验的学习引起的。20 世纪初，华生的行为主义彻底清除了心灵主义的东西，把心理学的对象由自我封闭的主体意识变为可观察、证明的客观行为；把研究方法由主观内省法变为客观观察法；把心理学的研究焦点从思维转向了学习。这里我们将考察行为主义心理学的三种学习模式。

一、经典条件反射学习模式

经典条件反射（classical conditioning）是由俄国生理学家巴甫洛夫（1849—1936）提出的。众所周知，如果给狗食物（无条件刺激）就会引起狗分泌唾液。这种不需要训练，是先天具有的反射，巴甫洛夫称之为无条件反射（unconditioned stimulus，UCS）。如果给狗以铃声，狗不会分泌唾液；但如果在每次给狗食物前均给予铃声，多次结合后，单独给以铃声，便可引起狗分泌唾液。此时铃声已成为食物的信号，这便是经典条件反射。形成条件反射的基本条件是无关刺激（铃声）同无条件刺激在时间上相继呈现，这个过程称做强化。经典条件反射建立的过程见图 3 - 3：

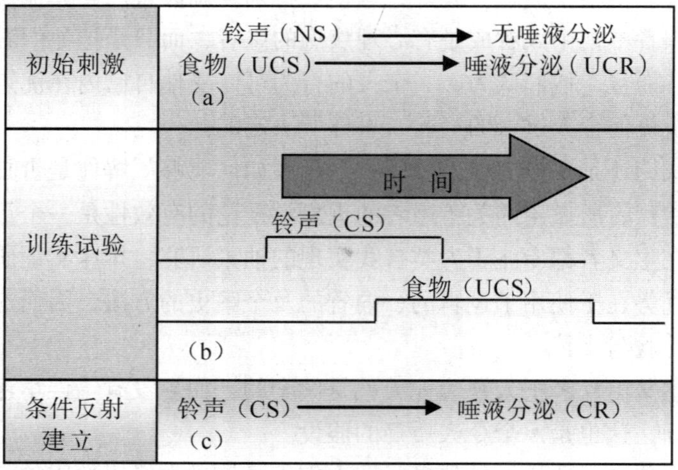

图 3 - 3　经典条件反射的建立过程

有人发现，经典条件反射能够逐渐形成病态恐惧。华生与雷纳（Rosalie Rayner，1920）做过一项从伦理学角度讲颇有争议的著名实验。他们给了一个名叫小阿尔伯特的十一个月大的男孩一只白鼠，这个男孩做出不怕这个小动物的反应，并且还表现出想和小动物玩耍。每当男孩伸手去拿白鼠时，实验者就在男孩的后面敲击一根金属棒，使之发出噪音（UCS），以引起男孩巨大的恐惧（UCR）。反复五次之后，即使在未敲击金属棒时，小阿尔伯特只要见到白鼠就表现得非常恐惧（CR）。最初由噪音引起的恐惧变成了由先前的中性刺激白鼠（现在是条件刺激）所引起。这项研究指出，经典条件反射与特定的情绪障碍的形成之间可能具有一定的关系。

临床上所见的某些心理障碍可能就是条件反射的建立所致。例如，一个儿童第一次接触白鼠，不慎被咬了一口，以后见了白鼠便害怕，并通过泛化对所有白色动物——白鼠、白猫等表现出恐惧。通过条件反射的建立，人可产生对许多事物的恐惧反应；对某些食物的厌食，也同初次吃该食物时身体、胃肠不适和语言不当所形成的条件反射有关，通过泛化，还可扩展到相似的食品。实验证明，各种生理机能、内脏活动都可建立条件反射。所以，条件刺激可引起各种生理变化。如临床上常见的条件反射性喘息发作、条件反射性失眠、条件反射性偏头痛和身体各部位不舒服等。

二、操作性条件反射学习模式

20 世纪 30 年代后期，斯金纳通过所谓的斯金纳箱（Skinner box）来观察白鼠如何自行学到操作杠杆以取得食物的过程。斯金纳所设计的实验方法与程序被叫做操作性条件学习。在操作性学习中，个体之所以从一个偶然性反应变为一个固定反应，是由于个体反应的后果产生了后效作用；因而当同样的情境再次出现时，原先偶然性反应的几率随之升高。对这种个体反应后果转而强化以后同样反应的理论被叫做后效强化作用。

斯金纳重视强化的作用，并提出强化原理和程式。斯金纳认为，塑造行为的过程就是学习的过程，并把学习的公式概括为："如果一个操作发生后，接着给予一个强化刺激，那么其强度就增加。"但这里所说的强度的增加并不是某一特定的反应，而是使这些反应发生的一般倾向。斯金纳还认为，使条件作用的速率增加，练习固然是重要的，但关键的变量却是强化。练习不会使反应速率上升，只能为进一步强化的发生提供机会而已。不过，斯金纳对强化的理解和巴甫洛夫的不同，它不是指条件刺激之后（或同时）呈现非条件刺激的过程，而是指在个体操作性反应出现之后，随即呈现强化刺激或酬赏的过程。

斯金纳研究强化模式的目的是为了提出一套行为控制计划，以便为预测和控制行为服务。他通过实验研究期望按照可观察的反应与强化对行为进行分析，就能够确定某种行为将会在什么时候、什么条件下发生。这种信息的收集将有助于人们了解行为的获得、维持、改变与消除的信息。

在现实生活中，学习甚至也会在没有强化的情况下发生。于是心理学家把个人仅仅通过对他人的观察并模仿他人的过程叫做模仿学习（modeling）。有关实验研究表明，目击某人从事某些特定活动，可以增强或减弱不同类型的行为，诸如分享、侵犯、恐惧等。例如，班杜拉等人（1968）曾使用了模仿疗法去减缓儿童对狗的恐惧。

三、中介学习模式

在学习模式中，模仿学习的存在说明在学习与行为方面中介变量发挥着重要作用。在典型的模仿学习实验中，个体观察他人并表现出行为上的迅速改变，学习的发生没有明显的外部反应，观察者也不必受到强化，学习在个体做出任何可观察的反应之前就发生了。20 世纪三四十年代，一些学习理论家认为在刺激和反应之间存在着一系列不能被直接观察到的，但是可以根据行为的先行条件和后继结果来进行推断的“中介变量”。这些中介变量是影响行为的重要因素，必须注意动机和认识机制的研究。这就是所谓的中介学习模式（mediational learning paradigms）。

莫里（O. Hobart Mowrer）与米勒（Neal Miller）曾用中介学习对焦虑的形成做了分析。在一项实验中，老鼠在具有一个中性刺激（蜂鸣器发出的声音）的条件下受到电击。电击（UCS）引起痛苦、恐惧与逃跑（UCR），在电击与中性刺激配对出现几次之后，即使不再给予电击，先前的中性刺激（CS）仍会使老鼠继续表现出极度恐惧的反应。此外，实验还表明，老鼠可以学到一些新的反应以逃避 CS（米勒，1948）。莫里等人（1947）指出，在典型的回避条件反射（avoidance conditioning）实验中，会发生两种学习：①根据经典条件反射原理，动物学到了对 CS 的恐惧；②根据操作性条件反射原理，动物学到了一种明显的逃避 CS 以减少恐惧反应的行为，见图 3－4。这就是后来所谓的二因素理论（two-factor theory）。

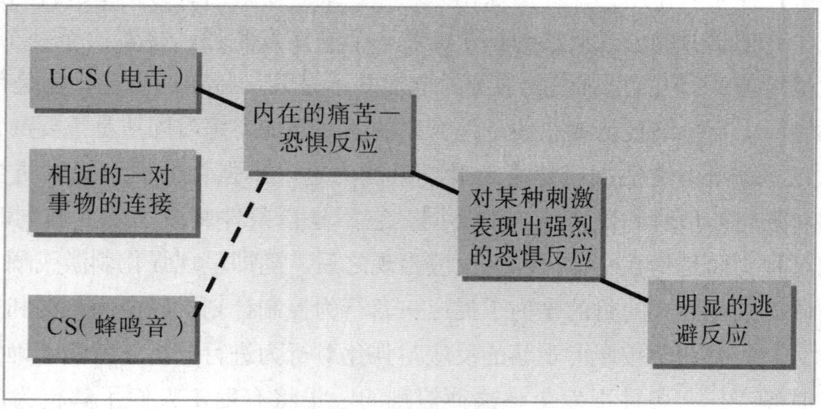

图 3－4　莫里关于逃避学习的图式

注：虚线表示被试正在学会对蜂鸣音的恐惧，实线则表示被试正在学会逃避电击。

该理论的本质特征在于恐惧或焦虑既可以作为一种内部反应，也可以作为一种内部驱力被知觉。这种内部反应可以像学习可观察的反应那样被学会；而这种内部驱力可以促发逃避行为。然后在对可观察到的行为的研究中，使用同样的实验分析，焦虑就可以逐渐得到检验了。例如，如果我们已知一个明显的反应的重复因没有强化而消退，那么，我们可以预言，当抑制了预期的痛苦或惩罚时，对一个恐惧反应的重复唤起将会使恐惧减少。这是一个有重要价值的预言，即建立在这一推论基础之上的治疗方法有助于减少许多不合理的恐惧。

四、行为治疗

行为治疗是以行为主义学习理论为指导，按照一定的治疗程序来消除或纠正人们的适应不良行为与疾病症状的一大类心理治疗的总称。行为治疗的基本原则是，帮助患者学习新的技能或行为；帮助患者通过学习减除适应不良行为或疾病症状；通过学会一种新的行为来对抗适应不良行为或症状。

一般而言，行为治疗者所要关心的是减少或消除患者的问题行为和症状，认为症状和适应不良行为消除了，也就等于治好了患者的疾病。因此，各类行为疗法主要注意患者当前的问题，而非追溯患者的既往经历；重视患者的外显行为和症状，而非作为其基础的内在病理变化和基本疾病。此外，行为治疗者也重视行为协议的使用，强调尽可能地采用心理学实验研究中派生出来的方法。重视治疗效果的科学评定与研究也是行为治疗的一个显著特点，行为治疗要求治疗的实施者于治疗开始前、治疗期间和治疗结束后不断地对患者的靶行为做出客观评定，以便使人信服地证实所采用方法的效度。因此，与其他心理治疗相比，行为治疗有大量的治疗效果研究报告。我们从三个方面对行为治疗的方法与技术予以简要说明。

（一）对抗条件作用

对抗条件作用（counterconditioning）建立在经典条件反射理论基础之上。由于学习模式认为行为是学习的结果，因而治疗也就涉及对新的、更适当反应的重新学习。对抗条件作用就是通过对由一个特殊刺激所引起的新的反应而实现的新的学习。对某特定刺激（S）的反应（R_1）可以通过在那个刺激面前引起一个新的反应（R_2）而被消除，如图3－5所示。例如，在由华生的学生琼斯（M. C. Jones，1924）所做一个著名实验中，通过在兔子面前让一个小男孩进食而成功治愈了那个小男孩的兔子恐惧症。最初，兔子与男孩保持一定距离，逐渐让它慢慢靠近男孩，最后将白兔放在男孩身边。以这种方式，由兔子引发的恐惧（R_1）为由进食（R_2）所引发的更为强烈的积极情感所取代。

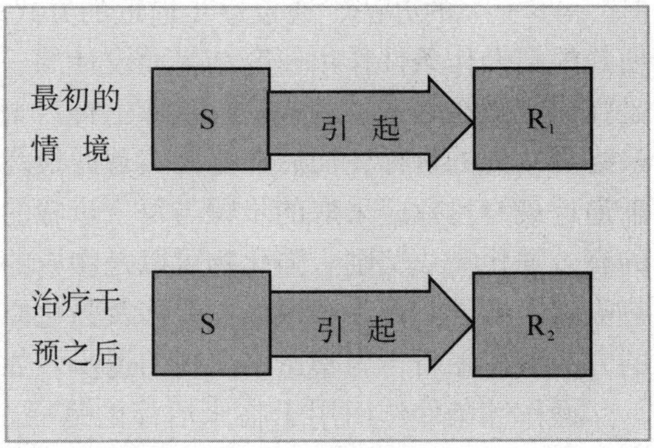

图3－5 对抗条件作用图解

注：对某一特定刺激（S）的最初反应（R_1）由一个对同样刺激引发的新反应（R_2）所取代。

对抗条件作用成为由沃尔浦（Joseph Wolpe，1958）所发展的系统脱敏法的理论基础。沃尔浦假设，以对抗条件作用为理论基础的系统脱敏的效用在于：一步一步逐渐地消除神经症性的反应。当患者面对一种较弱的引起焦虑的刺激时，就让患者产生一种在生理上抑制焦虑的放松状态。当较弱的刺激能够忍受以后，再逐渐增加刺激的强度，到最强的刺激也不能引发焦虑为止。系统脱敏法可以治疗人际关系以外的神经症，如恐惧症，或没有他人在场时引发的恐惧等。

另一种类型的对抗条件作用就是厌恶条件作用，亦称厌恶疗法。厌恶疗法是指通过提供适当的刺激（通常是令人厌恶的刺激）来消除不良行为的方法。可用来戒除烟酒、毒品、药物等的依赖，以及各种性变态，有时也可用来治疗恐惧症和强迫症。例如，应用化学药物（如能引起恶心或呕吐的阿扑吗啡、戒酒硫或具有强烈恶臭的氨水等）作为无条件刺激物，注入或吸入后产生恶心、呕吐等痛苦、厌恶性的无条件反应；酗酒、吸烟、性变态行为是已经习得的不良条件反应，用厌恶刺激物与条件刺激物（烟、酒）及有关的时间、场所、条件等相结合，经多次强化后，单独给予条件刺激物便可引起痛苦、厌恶性反应。建立了厌恶条件反射，就可以消除吸烟、酗酒、性变态等不良行为。

（二）操作性条件作用

因为人类的大多数随意行为属于操作行为，所以许多有损健康的行为可通过操作条件作用而获得，如吸烟、酗酒。在行为治疗者看来，行为矫正主要涉及三种情况：①塑造一个新行为；②增加一个适应性行为的发生率；③减少或消除一个不适应行为。按上述三种情况，操作条件学习方法可分为以下三个子类：①塑造新行为的方法；②增加行为发生率的方法；③减少行为的方法。属于第一类的技术有行为塑造、刺激辨别训练、行为链技术。这些技术在训练弱智儿童和有某种特定行为缺失的人时特别有效。属于第二类的技术有正强化与负强化法、代币管制等。第三类技术包括各种消退程序和惩罚程序，以及用于减少行为的强化程序，如低反应率区别强化、无反应区别强化和不能共存反应区别强化。

在许多情况下，我们希望增强的行为不会一下子便在患者身上出现。我们不得不采用“走小步子”的办法，通过逐步逼近的方式来培养，这就是所谓的行为塑造。行为塑造法便是根据操作条件作用研究结果而设计的一项用来培育和养成新行为形式的行为技术，也是强化原则在临床上的应用。临床上行为塑造法的采用，要求治疗者与患者首先一起确定最终要达到的目标，而后选好为实现此最终目标需要塑造的靶行为，选好塑造的起点和逐渐逼近最终目标应采取的步骤与每一步骤的子目标。此外，还需要确定达到每一个子目标的有效强化物或奖励。强化物可以是物质的奖励，也可以是社会性奖励，只要它们对患者有吸引力即可。行为塑造法主要涉及强化原则的应用。有时治疗者可能希望同时采用惩罚的方法处理在新行为塑造中出现的退步。如果用得恰当，也未尝不可。

操作性条件作用用于临床治疗的另一个例子就是代币管制（the token economy）。代币管制是基于条件强化物这一概念而发展起来的。一种原来无强化作用的刺激物经过与真正的强化物建立联系，就获得了强化的力量。这种刺激物就是条件强化物。我们日常使用的钞票是一种最普遍的条件强化物。代币也是一种“钞票”，只不过它只在治疗者和患者之间“流通”。在代币管制中，治疗者和患者约定代币的形态（常用扑克牌、小红星等）、币值（一定量的代币能兑换多少支持强化物）、支持强化物（如食品、文具等）、取得代币的行为标准及兑换支持强化物的方式等事项，然后以代币为强化物来改变对象的行为。实践证明，代币管制常常被用于医院、学校、监狱等机构中，也用于个别行为的矫正中。许多研究表明，代币管制可以增强医患双方实现治疗目标的动机和信心，对于改变精神病患者、多动症或智力发育迟滞儿童、酒精中毒和药物依赖者及罪犯的行为都有较好的效果。

（三）示范法

示范法的理论基础源于班杜拉的观察学习理论。示范实际上包括两个方面，一方面是榜样示范，另一方面是模仿练习。榜样示范是治疗者向患者清楚地演示新的适应行为。这种演示可以有多种方式，如治疗者、小组、同伴或他人的实际行为示范，影片、录像和录音等。模仿练习则是患者依照样板行为进行实际演练。在有些情况下，只有榜样示范这一方面，患者未被明确要求进行实际演练，这称为被动模仿学习；既要观察榜样示范又要进行模仿练习的叫主动模仿学习。实际上，只有榜样示范的模仿在治疗与咨询中大量存在，例如，治疗者的某些正确反应，治疗者要求患者对周围人的行为进行观察等，都具有模仿学习的成分。

示范法可应用于多种行为障碍的治疗。例如，在一例对恐惧症的治疗中，治疗者运用模仿技术并结合其他技术成分，成功地治愈了一位妇女怕脏的反应。该患者极端怕脏，每日花大量时间洗手，洗家什器物，拖地板。治疗者在治疗中自己用手触摸墙壁、地板，甚至鞋底，又用这只脏手拿杯子喝水，还故意把杯口弄脏，再喝杯里的水。然后，治疗者吩咐患者照做（以上为模仿技术），做完后两小时内不准洗手。

与示范法相类似的方式是，一些行为治疗者在咨询室中使用角色扮演的技术。他们向患者说明某些行为方式可能比他们通常从事的行为方式要更为有效，并要求患者对这些行为进行练习。拉扎鲁斯（Lazarus，1971）在其行为复述程序中向患者说明了处理某一情境的典型方式，然后鼓励患者在治疗性会晤期间模仿这些行为。例如，一个不知道怎样向教师提出延期提交学期论文请求的学生，要求他观察治疗者扮演如何有效地提出请求的方式。然后，治疗者帮助该学生在一个角色扮演情境中练习这个新技能。相似的程序也有助于精神分裂症患者获得使他们更为有效地处理社会情境的技能。

五、对学习模式的评价

行为治疗有很多吸引人的东西：明快简洁的风格、以实证研究为根基的原理、可观察可验证的疗效，以及应用范围的广泛性等，都使人感到它是咨询和治疗领域的一次革命。自1950年以来，行为临床工作者的数量在逐渐增加，而且学习模式在临床上也越来越具有影响力。今天，大约有5%的治疗师报告说，他们的治疗方法主要采用的是学习模式。可以说，学习模式最具吸引力的地方是治疗效果通常可以在实验室中被检验，而心理动力学理论却做不到这一点。学习理论家的基本概念——刺激、反应及奖赏等，都可以在实验室中被观察与测量。更重要的是，研究结果对学习模式提供了相当大的支持。实验者成功地运用学习原则，使实验室的被试产生临床症状，从而说明心理疾患也可以用同样的方法引发。此外，研究也发现，行为治疗对某些特殊恐惧、社会技能缺乏、智能障碍及其他问题都有相当大的帮助。事实上，由于行为治疗的周期短、费用低，因而它给人以更深刻的印象。但是行为疗法也有一些方面遭到诟病和指责。

行为疗法常常遇到道德方面的责难。批评者指责它对人进行操纵和控制，损害了人的基本权利。的确，行为主义心理学家是发现了控制人类行为的钥匙。应用行为方法可以“随心所欲”地操纵他人做什么和不做什么。对此，行为治疗者的回答是：行为治疗是对人的行为的操纵与控制。但是，又有哪一种心理治疗不是对行为进行控制的呢？只要是以社会性为特征的生物，相互之间的控制是不可避免的。问题不在于治疗是否对患者有所控制，而在于这种控制是否有益于患者和社会。

另外，变态行为的学习模式在许多方面与生物学模式有共同之处。正如许多生物学机能障碍及其原因仍是未知的那样，变态行为的产生就特殊的学习经验而言，也鲜有令人信服的研究证据。

尽管采用学习模式对变态行为加以解释明显地导致了许多治疗方法的创新，然而事实上，基于某种学习原理的治疗方法在改变行为的效果方面并未显示出行为本身是以某种相似的方式习得的。例如，如果心境抑郁的人依靠给他们提供奖励来增强活力，那么这不能被视为抑郁症与情感淡漠最初是由奖励的缺乏而引起的证据。

第五节　认知模式

从 20 世纪 60 年代初期起，在学院派心理学中，学习理论和行为主义的地位开始被认知心理学所取代，后者强调个体的内部心理状态对行为有决定作用。其目光集中在人脑的内部活动——信息加工过程，心理学研究者和临床学家开始考虑用认知方面的概念来说明心理障碍。在 20 世纪 70 年代，认知模式为变态心理学家所重视，这是因为：第一，很多心理障碍伴有严重的认知失调。第二，人们相信某些认知类型可能是他们联想障碍的真正原因，而非症状表现，这一可能性在最近的几十年中极大地推动了认知研究的发展。

一、认知疗法的心理学基础

认知理论家认为，当知觉由于某种原因得不到充分的信息，或由于某种原因对感觉做出错误的评价与解释时，就会对知觉的准确性或范围产生影响，使知觉受到限制或歪曲，从而导致适应不良的情绪和行为。因此，要想改变不良的情绪和行为，就必须首先对原来的认知过程，以及这一过程中产生的错误的认知观念加以改变。这是认知治疗的核心。

目前，认知理论家已经掌握了信息自动化加工和控制加工的区别。信息自动化加工指不需要注意参与，在一定的时间内做出快速纯熟的反应；而信息控制加工则指在大脑同化新知识并设计反应之时需要进行逻辑的深思熟虑。例如，一个孩子膝盖擦破了皮，哭着跑到父母面前，父母采用的将是自动加工：未经思考，迅速、连续地做出反应——安慰的话语、洗伤口、绷带包扎。但当这个孩子 14 岁时开始做鬼脸，放学迟归，大部分时间将自己锁在房间里时，父母对这些新问题缺乏经验，就必须采用控制加工。大部分变态行为的类型，如恐惧和焦虑反应，可以看做是不适当的、自动加工的结果。

在认知心理学的范畴里，图式（schema）是一种关于某一特殊生活领域的信息的组织结构，是人们选择和加工新信息的结构。变态心理学独特的兴趣在于和我们的自我概念与认同有关的“自我图式”。多数人具有积极的自我图式，他们认为自己是成功的、有才能的、惹人喜爱的，这样的自我图式是适应的，它激励人们去追求目标的达成；它同样在心理层面上保护他们，促使他们关注自己的成功，并将失败归因于诸如运气不济等外界因素而保持积极心态。同理，消极的自我图式是适应不良的表现，它侵蚀人们的动机，促使他们关注自己的失败。例如，根据贝克（Aaron Beck）的理论，抑郁症最初是由于自我图式被无价值感、内疚、丧失之类的观念所支配。贝克相信，焦虑也是由不正常的自我图式引起的，威胁和不确定性在其中发挥了重要作用。

二、认知行为疗法

行为治疗很少关注患者的思维与推理过程，而认知行为治疗（cognitive behavior therapy，CBT）将认知过程的理论与研究结合了起来。尽管在这里我们将认知行为疗法视为认知模式的一部分，但是事实上，它已经成为认知与学习模式的合成。认知行为治疗关注思维、知觉、判断、自我报告、自我强化及归因等个人事件，而且在试图理解与改变外显与内隐的异常行为方面研究并控制这些过程。认知重组是一个改变某种思维类型的一般概念，而且它被假定为是引起情绪与行为障碍的原因。这种重组也在几个方面为认知行为治疗家提供了方法。

（一）贝克的认知治疗法

贝克是认知治疗法的重要代表之一，他从事的工作主要是对抑郁症的治疗和研究。通过总结大量的临床治疗案例及深入的理论研究，他在1970年出版了《认知治疗和情绪困扰》一书，书中明确提出了其认知治疗的理论观点：心理问题不一定都是由神秘的、不可抗拒的力量所引发的，相反，它主要是在错误的前提下对现实误解的结果；这种错误可以从平常的事件中产生，如错误的学习，依据片面的或不正确的信息做出错误的推论，或者不能适当地区分现实与想象之间的差别，等等。

根据贝克的观点，许多心理障碍的一个普遍特征是共同感受和自动化思维的存在。所谓共同感受是指人们用以解决日常生活问题的工具。它常常以问题解决的形式出现，包括从外界获取信息，结合已有的经验，提出问题和假设，进行推理，得出结论并加以验证等一系列过程。这一过程实际上就是知觉和思维的过程。如果人们不能正确使用这一工具，对外界信息不能做出适当的解释与评价，就会使上述过程产生局限，造成认知歪曲，从而导致错误观念并最终引起不适应行为。

但是，当人们使用共同感受这一工具时，常常因不加注意而忽略了上述认知过程。因此，许多判断、推理和思维显得模糊、跳跃，很像一些自动化反应，这就是贝克理论中的“自动化思维”的含义。这样，思维过程中的一些错误观念也因个体不加注意而忽略了，并形成了固定的思维习惯而保存下来，使个体自身对这些错误的认知观念不能加以反省和批判。这就需要治疗者运用细致的分析技术，帮助患者分辨并改正这种错误的、习惯化的认知过程。

（二）艾利斯的理性—情绪疗法

同贝克一样，艾利斯也认为心理障碍是由错误观念导致的。情绪问题不是外部环境事件导致的，个体对事件的理解和解释才是最重要的。艾利斯的模型可以分为三个阶段，即A－B－C模型。环境中发生的事件（A）会导致情绪性结果（C），但这个结果的性质却是由个体的价值观念系统（B）决定的（见图3－6）。

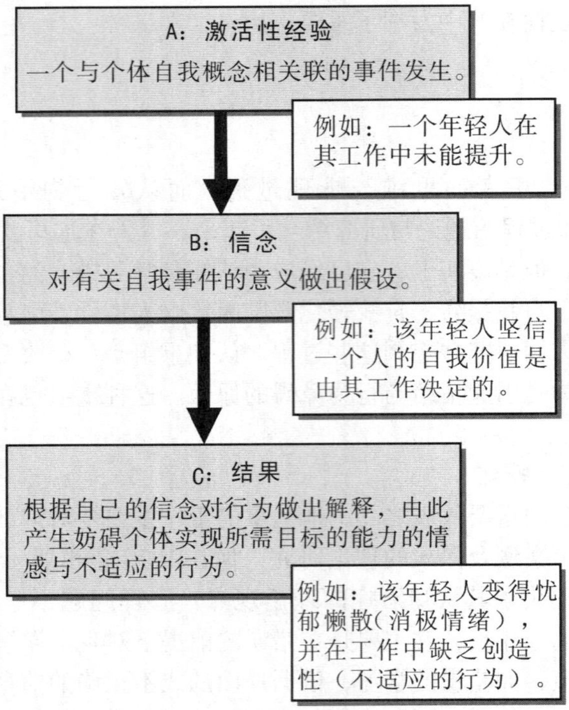

图 3－6　理性—情绪疗法中 A－B－C 模型

从这个意义上讲，如果个体的价值观念中包含有不合理的假设和标准，那么，他们就有可能产生情绪障碍，尤其是类似“必须”、“应当”、“一定要”等强迫性观念。艾利斯（1997）称之为“必须性的意识形态”。因此，治疗者旨在使患者明晰这样的信念，并运用不同的技巧对其进行质疑。

当人们面对不合理信念时，大多数人都能够意识到它们的不合理，然而他们对很多事情的反应就像是这些事情都是完全真实、合理的。例如，有些人可能为了一些细小的失败（不合理的信念类型 1）和一点点的怠慢而生气（不合理的信念类型 2），进而变得心烦意乱和抑郁。艾利斯的治疗包括对抗和中断不合理的信念（B），使得情感和行为结果（C）得到相应的改变。

三、对认知模式的评价

认知模式及其治疗有助于我们理解个体对过去经验的思维方式决定着其情绪反应。在它的影响下，还出现了一些旨在改变思维过程的实用治疗方法和技术。今天的治疗师中约有 5% 的人认为他们使用的是认知治疗法。还有人指出，在全部的心理治疗师和咨询工作者中，大概有 10% 的人主要使用认知疗法，而精神科医生中只有 1%，社会工作者中为 4%（Prochaska & Norcross，1994）。可见，不管在哪个专业，不管使用该疗法的人数有多少，使用该疗法的领域在扩大，人数也在不断增加。认知模式逐渐为专业工作者广泛使用的原因在于：第一，认知模式关注人类的独特性，即人类的思维过程。我们的特殊认知能力为人类认识世界、改造世界提供了重要的心智保证，但也成为产生各种心理障碍的重要来源。因此，许多背景不同的理论家、治疗家都采用了这一模式，认为思维是正常或异常行为的主要原因。第二，认知理论家本身也从事着各种不同的研究。研究人员发现，很多有心理障碍的人所做出的认知与思维的错误的确与理论家们的假设有相当大的一致性。而且，依据认知理论，对诸如抑郁症、恐惧症、性功能障碍等一些心理障碍的治疗取得了良好的效果。

当然，对认知模式也有一些批评。首先是它的一些诸如图式之类的基本概念在某种程度上令人难以捉摸，且缺乏恰如其分的定义。进而，对心理病理学的认知解释往往也不是十分充分。一个抑郁的人具有消极的图式，说明这个人的思想中有许多悲观、消极的观念，然而这种思维类型实际上也可能是抑郁症症状的表现。认知模式的特色在于思想观念被视为导致其他心理障碍的原因，然而，一个未被回答的问题是，最初的消极图式来自哪里。此外，还有人批评说，心理病理学的认知解释倾向于更加重视某一心理障碍的当前决定因素，而更少关注其历史与过去经验的影响。

第六节 社会文化模式

根据社会文化模式，理解变态行为的最佳视角是影响个人的社会与文化力量。换言之，我们必须理解什么是社会规范？一个人在社会环境中所扮演的角色是什么？个人生活在一个什么样的家庭结构中，并处于何种地位？

一、家庭系统理论

根据家庭系统理论（family systems theory），家庭是一个家庭成员互动的系统，即家庭中的每一个成员都要以一致的方式与他人互动，并遵循每个家庭独特的规则。家庭的每个成员以能使系统本身维持和生存的方式来互动的——一种所谓的平衡状态。该理论还认为，有些家庭的结构与沟通方式会对家庭的某个成员形成某种压力，迫使其产生从外界看似是异常的行为方式。如果家庭成员表现出外界认为是正常的行为，反而会严重破坏该家庭的平衡状态，以及该家庭多数成员习惯化的动作方式，从而增加自己或家庭的混乱。在这种情况下，作为家庭其他成员的自然反应，就是抵制这种“正常”行为。

家庭系统理论主张，某些家庭系统具有特别容易使成员产生异常行为的功能。例如，所谓的纠结家庭（enmeshed family）就是如此。这是家庭组织的一种极端形式，家庭成员彼此关系紧密，纠葛不清，功能无法独立。家庭成员过分涉入彼此之间的活动、思想及感受。在这种家庭中成长的孩子，可能在他们自己的生活中难以独立。有些家庭则显示出较强的疏离感，在这种情况下，成员之间有非常严格的界限。在这种家庭中长大的孩子可能难以融入一个小团体，既不能给予他人以支持，也难以取得他人的支持。

将家庭作为一个系统意味着，任何两个家庭成员之间的交往都会受到第三个家庭成员的态度和行为的影响，这种现象被称为间接效应或第三方效应（indirect or third-party effect）。

家庭因素对心理障碍的影响作用不容忽视。例如，有研究显示，精神分裂症患者的父母与正常儿童的父母相比，有更多心理异常的倾向。目前，人们已开始关注家庭中“交流偏差”及“情感”表达的作用。交流偏差指家庭成员之间片段、散漫的交流方式，包括在交谈中不能保持中心主题，这种交流偏差可能导致易感性的子女形成信息处理困难及思维障碍。有关情感表达的研究多集中在情感表达对预测复发的作用上。有研究指出，亲属高情感表达的患者其心理疾病复发率为50%，而低情感表达为21%。情感表达的预测作用无男女之别，通过心理生理机制促使疾病复发，更详细的研究见第十一章。

根据家庭系统理论，心理障碍产生于不良的家庭关系。

二、社会文化理论

（一）社会环境与影响

与行为理论一样，社会文化理论同样以环境为背景研究变态行为。但是，行为理论局限于即刻的环境，而社会文化理论认为行为是广泛的社会因素的产物。它强调文化、性别、社会经济地位、种族及身份等对行为的影响。由于行为是由上述各种社会力量塑造的，因此社会文化理论家认为，要了解变态行为，就必须详细了解个人的社会文化环境。

社会文化理论的一个起点是行为的社会环境决定因素，或他人和社会环境如何影响了我们的行为。研究发现环境能产生一种强大的力量，驱使普通人以极端的方式行动（如与社会角色相符的社会压力），而其他人可能会为这些行为方式贴上“不道德”、“心理疾病”、“变态”的标签。例如，在法律权威的命令下，大部分正常人会因诱导而做出令人难以置信的伤害性行为，甚至到犯人请求他们停止的地步。

1971年，津巴尔多（Philip Zimbardo，2004）和他的学生在斯坦福大学的心理学系地下室进行了一项监狱模拟实验。通过抛硬币来决定哪些被试扮作囚犯，哪些被试扮作狱卒。所有的参与者都是年轻人，并通过心理稳定性测试筛选。六天后，津巴尔多提前终止了他的实验，因为被试开始越来越像扮演的角色，行为变得逐步让人害怕。正如津巴尔多所说：“在不到一周的时间里，囚犯实验的经历就消除了终身学习到的东西；人类价值开始动摇，自我概念受到挑战，最糟糕的是，人类本质中的病理性状态浮现出来，它让我们感到恐怖。”

这些发现，连同人们在伊拉克所看到的美国士兵侮辱战俘的情景正好说明了环境的力量。环境的强大力量能制造强大的社会灾难和压力，继而对心理产生巨大的影响。

此外，研究人员还发现，心理障碍，特别是严重的心理障碍，在低社会阶层比高社会阶层更常见。这也许是由于低社会阶层的生活往往承受更多特殊的压力——低阶层可能有更高的犯罪率、失业率、过于拥挤的居住条件、无家可归、较差的医疗照顾及有限的教育机会。

（二）人际交往与社会关系

大量研究证明，社交关系越多，接触的次数越频繁，一个人可能活得越久。相反，个人的社交指数得分越低（社交指数用来测试社交生活的丰富程度），那么他的生命就可能越短。社交关系似乎还可以使个人抵御许多身体与心理上的障碍，如高血压、抑郁、酒精中毒、关节炎、艾滋病的进程及新生儿出生时的低体重等。

甚至我们会不会感冒也都在很大程度上受到社交网络质量和程度的影响。柯罕等人（Cohen et al.，1997）使用鼻滴剂来让276个健康的志愿者接触两种不同的鼻病毒（感冒病毒）之一，然后将这些人隔离一个星期。研究者测量这些人对12种不同的社会关系（如配偶、父母、朋友、同事）的参与程度，同时也测量其他一些因素，如吸烟、低睡眠质量——这些都很可能增加患感冒的可能性。令人吃惊的是，社会关系的程度越高，染上感冒的概率就越小，甚至所有其他因素都被考虑进去（加以约束）以后，结果还是那样。社会联系比较少的人比那些联系最多的人感冒的可能性要高出四倍。这是否能够说明社会和人际关系的因素影响了心理上的神经生物学上的可变部分，如免疫系统，有时候这种影响还达到相当强的程度。

（三）社会支持——获取他人帮助

社会支持是他人提供的一种资源，告知某人他是被爱、被关心、被尊重的，他生活在一个彼此联系且相互帮助的社会网络中。除了这些社会情感支持的形式外，他人还可以提供有形的社会支持（财物、交通、住房等）和信息支持（建议、个人反馈、资讯）。任何一个与你有明显社会关系的人，如家庭成员、朋友、同事及邻居——都可以成为你在需要时的社会支持网络的一部分。

许多研究都指出了社会支持在缓解压力带来的伤害方面的作用。当人们有他人可以依靠时，他们可以更好地处理工作压力、失业、婚姻困扰、严重疾病和其他各种灾难，以及他们在日常生活中所遇到的各种问题。社会支持的积极效果不仅表现在有助于调节压力事件所造成的心理疾病，还可以促进个体从已确诊的疾病中康复并减少患者死亡的危险（Kulik & Mahler，1989）。一项研究调查了严重的肾病患者的死亡率。1个百分点的家庭支持的上升，可以带来13个百分点死亡可能性的下降（Christensen et al.，1994）。

控制性研究表明，社会支持可能在抗击癌症的过程中起作用。在一项研究中，患有乳腺癌的妇女被随机分配到有社会支持情境组或控制组。在有社会支持情境组的被试每周都与医生和其他患者讨论她们的问题和恐惧，而控制组中的被试则没有获得这些社会支持。这些社会支持不仅能改善情绪、减少恐惧，也能延长寿命平均达18个月（Cunninghan，Phillips et al.，2000）。图3－7对比了那些被确定最有帮助的社会支持对癌症患者和其他非致命疾病（如慢性头痛和急性肠炎）患者的作用（Martin et al.，1994）。数据再一次显示，对不同的压力，有效的社会支持的类型是不一样的。

所谓社会支持，即个人需求获得他人回应和接纳的感觉，并且对应对压力有相当大的帮助。例如，在地震摧毁了数以万计的房屋，带走了无数人的生命后，研究者发现，应对压力时表现最好的是那些感觉自己获得最多社会支持的人，比如有他人来和自己聊天并帮助解决困难。一般来说，有依靠的人能够更好地应对生活中遇到的问题，也能增进健康。一项针对生活在1967—1969年的美国男性和女性进行的研究表明，具有低水平社会支持的男性在接下来的12年中死亡的概率是具有高水平社会支持的男性的2～3倍；具有低水平社会支持的女性在接下来的12年中死亡的概率是具有高水平社会支持的女性的1.5～2倍（Berkman & Syme，1979；Stroebe & Strobe，1996）。

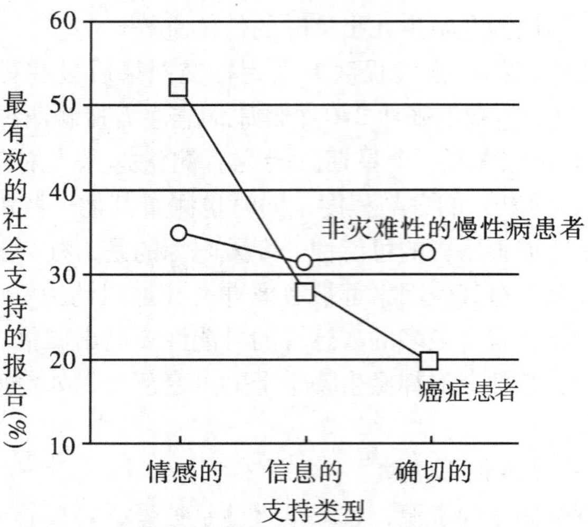

图 3－7 社会支持的价值：将社会支持视为诊断功能

（资料来源：Martin et al.，1994；the data for cancer patients are taken from Dakof & Taylor，1990）

然而，这是否意味着一个人必须经常从别人那里获得安慰和建议？事实并非完全如此。有人曾提出一个“缓冲假设”的理论，该理论认为，我们仅在处于压力下才需要社会支持，因为它能使我们免受压力的破坏性效应。当问题很严重时，例如，亲人患上重病，此时社会支持可以通过两个途径帮助你：首先，它可以帮助你把困难估计得不那么严重；其次，即使你认为这件事给你带来了很大压力，社会支持同样可帮助你应付。

相关链接 3－3 经济危机中失业者易受精神创伤

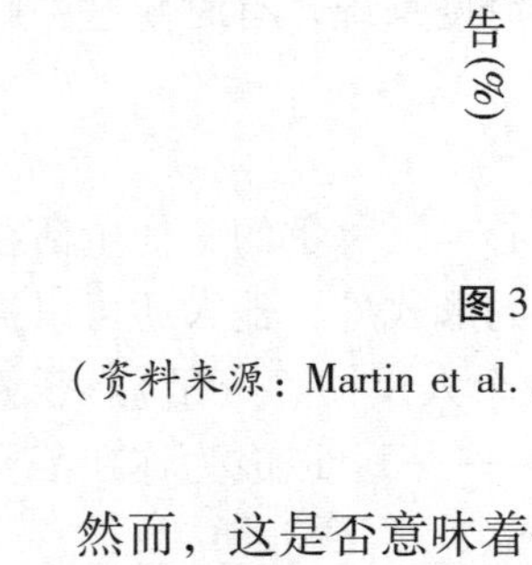

经济危机造成失业率攀升，找工作困难，这不仅仅体现在荷包缩水和无法应付账单的实际困难，而且对人们的心理也产生了无形的压力。最近，罗格斯大学的一项研究发现，失业或找不到工作的人在精神上的压力和抑郁远高于其他人。也许金钱上的损失还能弥补，但失业者精神上的创伤究竟会产生怎样的影响呢？

克里夫·祖肯教授是罗格斯大学的心理学专家，也是该项研究的负责人之一，他对经济危机下人们的心理问题进行了深入的研究。

他说：“我认为这种心理影响将是长期的，人们在经济危机下失业了，他们因为开销问题而倍感压力。我们的研究发现大约有三分之二的人感到抑郁，四分之三的人感到了精神紧张和压力。”

研究还发现，那些由于工作上无着落的人在产生精神压力后，反过来在其他与工作相关的领域更会无所作为，如进行投资或金融借贷等。祖肯教授说：“心理问题对于个人来说有时确实很难短期内得到解决：我们在报告中发现的主要问题是，那些失业的人需要关怀和帮助，可是我们的政府却不一定能够帮到他们。如果政府的帮助不到位的话，他们往往去寻求家人和朋友的关心。”

祖肯教授分析说，导致精神压力的原因有很多，找不到工作也许只是一个方面，由此引起的向亲友或银行借贷而造成的负债，或者积欠下来的账单和房租都有可能形成长期的、挥之不去的心理阴影，久而久之便形成了消沉或抑郁。他说："总之，我认为这种心理的压力是持续的，不仅仅是经济环境或压力造成的，也将是一种在心理上持续的健康问题。"

罗格斯大学的研究认为，经济不景气下，人的心理压力非常有可能因为长期的积压而演变成对精神健康的威胁。暴怒或抑郁时有发生，而这样的心理问题到后来都有可能演变成消极厌世甚至自杀的倾向。

（资料来源：www. voanews. com/chinese/news/，2009）

三、心理异常的跨文化研究

心理障碍跨文化研究的主要内容是，观察和比较以不同的文化为背景的心理病理学状况和内容，研究文化的作用如何影响心理障碍的发病原因、症状、病程进展及治疗方法等。

1904 年，克雷佩林就在其一份报告中指出，在印度尼西亚的各民族中，精神异常的表现和次数具有文化差异，他把这些归结为饮食与气候。这之后，有关像北极的歇斯底里、拉塔病，西伯利亚的痉跳病、杀人狂等具有文化特征的异常行为的报告越来越多。他对此做了观察和研究，并命名为"比较精神病学"。此后，不同的作者对这一课题的研究给予了不同的名称，如社会精神病学、民族精神病学、比较精神病学、文化精神病学。有些作者在"文化精神病学"前加一个定语或字首"cross"或"trans"，意为"在不同的文化背景之上"，国内有人将其译为"跨文化精神病学"。

许多研究对在大多数文化中显示出来的许多心理障碍——无论成年还是儿童——具有文化上的普遍性予以了支持。例如，尽管流行率与症状在某种程度上有所不同，但是精神分裂症所具有的思维与行为障碍的基本类型，从最原始的文化到最现代化的工业社会，几乎可以在所有文化中被发现。最近的研究表明，如为明尼苏达多相人格测验所检验的那样，特定的心理症状一直在许多国家具有相似诊断的临床群体中被发现。例如，Butcher（1996）发现，来自意大利、瑞士、智利、印度、希腊及美国的妄想型精神分裂症的精神病患者会在 MMPI 上显示出相同的一般人格类型。

心理障碍在文化上的特殊性主要表现在与文化相关的综合征上，即出现于特定文化环境中，难以按西方精神病分类归类的特殊综合征。对云南昆明市郊安登村白族所做的人类学与精神病学的考察发现，这里的白族农民存在两个突出的精神疾病问题：慢性酒精中毒和精神发育不全，而这被认为与该民族酗酒成风有关（万文鹏，1987）。湖南省湘西土家族相信万物有灵等原始宗教，"鬼神"、"无常"等民间传闻及迷信流传甚广且在人们心中根深蒂固。因此，该民族的精神异常者中就出现了与上述迷信有联系的症状。有的患者总认为自己寿命已尽，"无常"迟早会来索命；有的患者说看见了"无常"，出现了幻觉；有的自称是"无常"，在阳间同常人一样，在阴间充当"无常"，这些人在当"无常"时有一个发作过程，意识丧失倒地、灵魂泄出，其后灵魂回体复苏（石如平，1992）。表 3－4表明了某些文化中独特的、与文化相联系的变态行为及其症状。

表 3-4 与文化相关的症状

障碍名称	文 化	表 现
杀人狂（Amok）	马来西亚	先呈现抑郁，后表现出吵闹、狂暴、冲动、毁物与杀人行为。
缩阳症（Koro）	东南亚	恐惧阴茎缩入腹内而致死，以及严重、持续的焦虑状态。
拉塔症（Latah）	东南亚	高度受暗示性，思维和行为紊乱；极度地自动服从与秽语症状。
温第高（Windigo）	加拿大印第安人	恐惧被食人巨神温第高附体或吞食的精神障碍。
狐狸附体（Ktisunetsukl）	日本	患者相信自己被狐狸附体，并指示他们做类似狐狸的表情。这种患者及其家属往往被社区所诅咒，并被赶出社区。见于日本的边远地区中比较迷信和受教育较少的人。
Taijin kyofusho（TKS）	日本	一种在日本相对常见的精神障碍，患者因处于尴尬社会情境或由于想象中的身体上的缺陷而形成了对冒犯或伤害他人的恐惧。过分关心在社会情境中如何表现自己。
Zar	北非及中东	相信自己已被某种神灵占据的人可体验到某种分离状态，在此期间可能会出现大叫、大笑、唱歌或哭泣的症状。患者也可能表现出冷漠、退缩及拒绝进食与工作的症状。

心理障碍在文化上的特殊性还可以通过对原始宗教和心理障碍之间关系的研究加以说明。原始民族中的“咒术”、“妖术”和“巫术”等，可以看做是原始宗教，其特点是“巫师”之类的特定人物表现出能支配别人的灵魂，和死者交谈，呈现出恍惚状态，甚至人格转换。有些施巫术者表现出能支配自己身体的植物神经功能，影响内脏的活动。

日本提出的“祈祷性精神病”看似是与原始宗教和文化有关的一种精神病，它实际上是在原始宗教活动中产生的一种感应性精神病。由于许多人在一起进行祈祷、迷信活动，很多人出现了鬼神附体的症状。有些人以救世主和先知先觉自居，有宗教内容的夸大妄想，有些则受感应而表现出看到了“神”的姿态，听到了“神”的声音。如果患者无独立主见，暗示性强，症状就比较顽固，不易消失。与具有影响的“巫师”脱离后，这类症状或迟或早会有所缓解。在城市居民中，这类精神病已极少见到。

相关链接 3-4 缩阳症——与中国传统文化相关的心理障碍

缩阳症（Koro）亦称缩阴症，Koro 是马来语对此症称呼的音译，通用于西方文献。缩阳症见于中国南方和东南亚各地。患者主要是华人，也有马来人、印度人、越南人、泰国人等。缩阳症明显是中华文化的产物。最早记录见于《黄帝内经》：“阳缩入腹内，不治。”又见于《灵枢经》：“当人阴缩而挛筋，两肋骨不举，毛悴色夭，死于秋。”缩阳症就是“阳缩入腹内，不治”这一错误信念的病态表现。患者突然觉得自己的阴茎收缩，即将缩入下腹中去，他相信如果阴茎缩入下腹，人就会死。于是惊恐万分，往往由其亲属紧握其阴茎，甚至用绳索或铁丝吊住龟头，以防其缩入。女性亦可患此症，表现为感觉乳头在缩入，但较男性少见。

缩阳症是错误信念的产物。当公众共同具有错误信念时，缩阳症可以流行。1967 年，新加坡暴发猪霍乱，有一例缩阳症者怀疑是吃瘟猪肉引起的。随之谣言四起，说吃过瘟猪肉，以及吃过打了预防针的猪肉的人都会得缩阳症。顿时病例骤增，每日医院有上百例缩阳症就诊。95% 为男性华人，其余为马来男人、印度男人。

1984—1985 年、1987 年中国海南省及广东雷州半岛缩阳症流行，患者多达三千余人。流行循交通线传播，先由迷信谣言开路，说是狐狸精来了，邻村已经缩阳，就要进我们村了。于是纷纷发病。接着全村放鞭炮、敲脸盆、拜菩萨、作法赶鬼。青年们集中睡觉，安排人值班巡逻。对发病者拉住阴茎或乳头，以辣椒姜水内服外搽，于是病人陆续恢复。此村闹罢，下村又起。但只是汉族村寨和杂居村寨发病，黎族村寨不发病，因为他们没有这种文化信念。

（资料来源：姜佐宁．现代精神病学．北京：科学出版社，2001）

四、素质—应激模式——对各派理论的整合

心理病理学的范围十分广泛，单以上述各派理论中的其中之一难以做出充分、全面、准确的说明或论述。对于某种心理障碍而言，我们不可能仅依据某一理论模型做出快速而准确的判定。实际上，当我们对一个患者的有关资料进行收集整理后，通常都会假设其心理病理有多重的因果关系。大部分的疾病都必须考虑到神经生理的缺陷及其与环境因素的相互作用。

近年来，心理学家们提出了所谓素质—应激（diathesis-stress）模型，这是一个整合模型，将神经生理学、心理及环境因素联系在了一起。素质—应激模型并不局限于认知行为、基因学说或精神分析等某一特定学派理论。它的概念主要来自 20 世纪 70 年代，最初用于解释精神分裂症的多种病因。迄今，许多疾病都用这个概念加以解释。例如，基因和环境互动模式，就是一种对先天素质对于疾病的影响——疾病素质及其与环境、生活、障碍及应激之间关系的解释。疾病素质（diathesis）主要是个人身体的特质，会造成此人比其他人更有患某种疾病的可能与机会。

在神经生理学与心理学的研究领域中，人们发现，有许多疾病都具有基因遗传疾病素质。虽然由基因遗传的素质至今仍无法确切了解，但是，我们已知，其对于许多疾病来说，是一个重要的因素。其他神经生理的素质包括营养不良、母亲受到病毒感染、怀孕期间抽烟等。所有的状况都有可能导致个体出现心理病理素质的大脑改变。此外，从心理学的角度看，一个易受暗示、易被催眠的人，具有分离性身份障碍的易感性；而一个长期表现消沉与绝望，或长期拥有消极自我图式的人，则具有抑郁症的易感性。可见，所谓素质—应激模式认为，个体会以多基因的方式遗传并获得某种特性或行为的倾向，然后在某种应激条件下被激活。每一种遗传倾向就是一种素质，顾名思义，就是意味着产生某种障碍的易感性。亦即，当合适的生活事件，如某种应激源发生时，就会产生某些障碍。这种倾向就叫做素质或称为易感性（vulnerability）。如果没有某种环境事件的发生，这种素质就不会充分表现出来。

这种素质可能来源于许多不同的原因。例如，可催眠性，这既是一种人格特质，同时

部分也是由基因决定的。其他如绝望或消极的自我图式，可能来自严厉的父母亲和童年期的经验。儿童期的性虐待和身体虐待也可能造成心理上的改变和大脑的变化，让这些个体特别容易发生不同类型的疾病。社会文化的影响也具有重要的影响。例如，对于“美丽”的文化标准，也可能让某些人特别害怕肥胖，更容易出现饮食障碍。素质—应激模式整合了许多理论与研究资料，对于素质的归因也是多元的。它让我们能够从许多不同的理论与研究来源去获得重要的概念。

尽管具有疾病素质会让一个人更容易患某种疾病，但是这并不意味着某种疾病一定会发生在这个人身上。换言之，具备某种特定易感性并不意味着你一定会得某种相关的疾病。易感的程度越小，产生障碍所需要的生活压力因素就越强；相反，易感性越强，生活压力的因素就不需要很强。在素质—应激模式中，应激部分主要的影响是将素质转化为真实的疾病。在应激背景中，通常许多有害、不愉快的环境刺激将心理病理激活。心理应激包括重要的创伤事件，如失业、离婚、配偶死亡等；许多日常生活中遭遇的事件，如我们都会经历到的塞车，等等。

素质—应激模式的关键点在于：一个疾病的形成，需要同时具备导致疾病的素质和应激状态。例如，某些人通过遗传具备了某种疾病素质，因而使得他们具有了精神分裂症的易感性。如果在他们后来的生活中，有某种或某些应激事件发生，那么他们就具有较大的产生精神分裂症的风险；同样，如果易感性基因比较少，个体即便生活、工作于各种环境中，也很少有可能发展成为精神分裂症。

素质—应激模式的另一个重要概念是，心理病理学问题不太容易在任何一种单一因素的影响下被诱发。根据基因—环境互动的模式，基因传递了某些疾病素质，但是，只有在与其他因素相互作用的条件下，才有可能促使该疾病发生。这些因素可能包括其他类型的人格特质、童年期的经验所塑造的人格，以及由此形成的某些行为能力与应对策略、成年期所遭遇的应激事件、文化的影响及其他因素。

第四章　心理障碍的分类、诊断与评估

诊断是变态心理学领域的一个重要方面。对于一个专业人员来说，基本的要求在于能够与另外一位专业人员就他们正在治疗或研究的病案及其类型进行精确的沟通，进而发现该心理障碍的形成原因或最好的治疗方法。为此，首先要有精确的分类。近二十年来，心理障碍分类与诊断标准的制定，极大地促进了学派间的相互沟通，改善了诊断不一致的问题。作为一种诊断工具，诊断标准不仅用于有关的科研，也广泛用于临床实践，在探讨各种心理障碍的病理生理、病理心理机制和心理因素对各种躯体疾病的影响，以及新药研制、临床评估和合理用药等方面发挥了重要作用。

第一节　心理障碍的分类与诊断

一、心理障碍的分类

分类就是按某种规则将事物纳入一种类目系统的方法。科学的分类就是将研究对象进行排列，根据关键特征来分类，将相似程度高的归为一类。例如，天文学家根据颜色、大小和温度对天体进行分类。疾病分类学的目的是把种类繁多的不同疾病按各自的特点和从属关系划分为病类、病种和病型，并归成系统。疾病的合理分类是防治和研究的基础。医生对疾病按病因、病理改变进行分类，心理健康人员则根据行为、思想和情绪模式来划分心理障碍。心理障碍的分类是将纷繁复杂的心理现象，根据已拟定的标准加以分门别类的过程。

对心理障碍进行分类，并形成一套分类诊断系统对于心理健康工作具有以下意义：

首先，分类可以提供通用而简略的术语。为了促进心理健康领域中的临床工作者及研究者之间能够迅速地沟通与相互理解，从业者需要有一套共同的术语来表达公认的含义。一个诊断名称，如抑郁，就概括了大量复杂的信息，包括特征性的症状及障碍的典型病程。换言之，以分类学为基础，对各种疾病才能有统一的命名与认识，才能使所有心理健康工作者对各种心理障碍的病因、发病的机理、流行病学、临床表现、防治、预后等方面的问题和研究进行相互探讨与交流，最终有利于掌握各种心理障碍及其发生、发展与变化的规律。

其次，分类对临床心理工作具有指导作用。按病类、病种和病型进行分类是临床诊断和鉴别诊断的基础，进而有利于临床工作者对患者进行合理的治疗与预防。

二、心理障碍的诊断

由于大部分心理障碍无确切的客观指标作为诊断依据，不同的医师对不同的疾病有着不同的理解和认识。所以，有了统一的分类并不等于彼此间诊断能一致。诊断一致性不高一直是限制功能性心理障碍研究的重要因素，如在20世纪70年代以前，有的医生按照E. Bleuler提出的4A症状，即联想障碍、情感淡漠、矛盾意向、孤独为精神分裂症的诊断依据，显然，依此标准诊断精神分裂症表明了对阴性症状的重视。但是，在对这四个症状中究竟要出现几个才可以确诊为精神分裂症这一点上，却没有达成一致的认识。另有一些医生很少考虑阴性症状的诊断价值，只强调Schneider阳性症状对诊断精神分裂症的重要意义。Ash曾组织三名医生对五种疾病、60个亚型的35名患者同时进行检查，各自进行询问并独立做出诊断。这三名医生对五种疾病的诊断一致性为45.7%，亚型的诊断一致性为20%。造成诊断不一致的原因可以归纳为五个方面：患者自身的差异（由于患者在不同时间出现不同的病情）、机会差异（患者在不同时间处于同一疾病的不同阶段）、信息差异（医生搜集患者资料的方式和侧重点不一样）、观察差异（医生对存在的某一现象观察与判断不一致），最后是标准差异。Ward的研究发现，因标准差异所致的诊断不一致性占60%。

1978年美国精神病学家R. Spitzer在前人工作的基础上，研究制定了用于心理障碍研究的诊断标准（RDC），在此基础上产生了心理障碍的诊断与统计手册第三版（*Diagnostic and Statistical Manual of Mental Disorders*，third edition，DSM-Ⅲ），使各种心理障碍有了诊断标准，极大地提高了诊断的一致性。

诊断标准是将不同疾病的症状表现按照不同的组合形式，以条理化形式列出的一种标准化的条目。诊断标准包括内涵标准和排除标准两个主要部分。内涵标准又包括症状学指标、病情严重程度指标、功能损害指标、病期指标、特定亚型指标、病因学指标等，其中，症状学指标为最基本的，它又有必备症状和伴随症状之分。以中国目前的精神分裂症的诊断标准为例，说明各种标准的意义，见表4－1。

表4－1 中国精神分裂症的诊断标准

1. 症状标准

至少有下列两项，并非继发于意识障碍、智能障碍、情感高涨或低落，单纯型分裂症另有规定：

（1）反复出现的言语性幻听；

（2）明显的思维松弛、思维破裂、言语不连贯或思维贫乏；

（3）思想被插入、被撤走、被播撒、思维中断或强制性思维；

（4）被动、被控制或被洞悉体验；

（5）原发性妄想（包括妄想知觉、妄想心境）或其他荒谬的妄想；

（6）思维逻辑倒错、病理性象征性思维或语词新作；

（7）情感倒错或明显的情感淡漠；

（8）紧张综合征、怪异行为或愚蠢行为；

（续上表）

（9）明显的意志减退或缺乏。

2. 严重程度标准

自知力障碍，社会功能严重受损，或无法进行有效的交谈。

3. 病程标准

（1）符合症状标准和严重程度标准至少已持续一个月，单纯型另有规定；

（2）若同时符合精神分裂症和心境障碍的症状标准，当情感症状减轻到不能满足心境障碍的症状标准时，分裂症症状需继续满足精神分裂的症状标准至少两周以上，方可诊断为精神分裂症。

4. 排除标准

排除器质性心理障碍及精神活性物质和非成瘾物质所致心理障碍。尚未缓解的精神分裂症患者，若又罹患本项中前两类疾病，应并列诊断。

根据上述标准，某个特定的患者必须满足具有两项或两项以上在其诊断标准中列出的症状，同时满足严重程度标准、病程标准和排除标准，才可诊断为精神分裂症。如果某项标准未达到，尽管其他各项均已满足，仍不能做出精神分裂症的诊断。

三、心理障碍分类的历史与现状

中世纪时的放血疗法（blood-letting）几乎被用来治疗所有的躯体问题，然而到 19 世纪末，医学取得了巨大进步，人们才逐渐认识到不同疾病需要用不同方法来治疗。这一时期，人们改进了诊断程序，对疾病做了分类，并且采用了恰当的治疗方法。另外，受医疗领域中一些新的诊断程序所取得的成功所鼓舞，变态行为的研究者们也开始寻求发展精神疾病分类系统。

（一）心理障碍分类的早期努力

1. 古代中国医学对心理障碍的分类

古代中国，医学家们就对心理障碍有所描述，其中也涉及心理障碍的分类问题。据记载，公元前 3 ~ 2 世纪的《内经》中就有癫、狂、痫的划分，所谓“重阳者狂、重阴者癫”就是按精神症状的表现对心理障碍的最早划分。明代《医学正传》一书提出“狂为痰火实盛、癫痫心血不足”，更是对这两者做了发病机理的阐述。明代王肯堂在《证治准绳》一书中将心理障碍分为癫狂痫、烦躁和惊悸三大类。在烦躁下则有虚烦、躁、谵妄、循衣摸床、嬉笑不止、怒、善太息、悲。在惊悸下列惊、悸（怔忡）、恐、健忘、不得卧诸类，由大类划分成小类。清代陈士铎在《石宝秘录》一书中将心理障碍划分为狂病、癫病、花癫和呆病四类。这些都是我国早期医学界以朴素的唯物主义对心理障碍分类的一些尝试，但由于受当时历史条件的限制，科学性有限，显得粗略笼统，与现代心理障碍分类学相去甚远，因而参考价值不大。

2. 西方国家早期对心理障碍的分类

古希腊的希波克拉底将心理障碍分为伴有发热的急性心理障碍（躁狂症），不伴有发热的急性心理障碍（忧郁症）、癔病和 Scythian（类似于异性装扮癖）。19 世纪，皮奈尔曾描述过四种心理障碍：将智力障碍称为忧郁症，将谵妄或剧烈躁动称为躁狂症，将思维障碍称为痴呆，而将智能和情感缺失称为白痴，即忧郁（melancholia）、狂症（mania）、呆痴（dementia）和白痴（idiotism）。克雷佩林把早发性痴呆（相当于以后的精神分裂症）与躁狂症、妄想狂区别开来，成为精神病分类的一个重要里程碑。他把以往几位精神病学家所命名的几种疾病都归入他所称的“早发性痴呆”之中，为日后精神病学的发展奠定了基础。

19 世纪乃至 20 世纪初，在对变态行为的分类方面存在着很大分歧。19 世纪末，人们意识到这种分类的多样化是一个严重问题，即该问题妨碍了该领域中研究者之间的沟通。于是，一些人试图制定一个能为人们广泛采用的分类。例如，1882 年英国皇家医学—心理协会的统计学会（the Statistical Committee of the Royal Medico-Psychological Association）曾提出一个分类方案。虽然该方案被修订多次，但是从未被其成员所采用。1889 年在巴黎，心理科学学会（the Congress of Mental Science）采用了一个分类系统，但是它也未被广泛采用。1886 年，美国精神病学会的前身——美国医学管理协会精神病学协会采用做了某些修订的英国分类系统。然而到 1913 年，该协会又接受了一个新分类，该分类吸收了克雷佩林的某些观点。结果又一次出现了不一致，例如，纽约州精神病学协会坚持保留自己的分类系统。

（二）WHO 分类系统的形成

很多发达国家半个世纪以来，对心理障碍的分类与诊断标准的研制工作十分重视，设立了专门的工作机构，进行经常性的研究，每隔一定时期，对已订的分类方案与诊断标准要作全面的修订并再版。心理健康的发展，要求有对心理障碍更完善的分类和诊断标准，而更加完善的分类与诊断方案也促进了心理健康事业的发展，其中最主要、影响最大的是世界卫生组织制定的国际疾病分类（International Classification of Diseases，ICD）和美国精神病学会制定的“精神障碍诊断和统计手册”（Diagnostic and statistical Manual of Mental Disorders，DSM）。

最早的 ICD，并非国际疾病分类，而是国际死因分类目录（the International List of Causes of Death，ICD），其前身是法国的医学统计学家 Bertillon（1853）所报告的疾病死亡原因统计分类法，该分类法受到有关方面的重视和应用。几经修订，于 1893 年由巴黎国际统计研究所公布，即为 ICD-1。后于 1900 年、1920 年、1929 年分别修订、再版了从 ICD-2 到 ICD-4 三个版本。1939 年，世界卫生组织将心理障碍增添进国际死因分类目录。1948 年该目录被扩展为“国际疾病、外伤与死亡原因统计分类”（the International Statistical Classification of Diseases，Injuries，and Causes of Death），即 ICD-6。这是一个包含内容广泛，将所有疾病列入目录的分类系统，包括对变态行为的分类，其第五章“精神病、神经症和人格障碍”的内容就涉及十种精神病、九种神经症和七种人格、行为与智能障碍，虽然很简单粗略，却成为现代精神疾病分类的开端。

1957 年公布出版的 ICD-7 仅做了细小改动，为英国、芬兰、新西兰、秘鲁和泰国等国官方所使用。其后在 1966 年公布的 ICD-8 有了很大改进，为英、法、德和北欧国家所接受和使用，美国的 DSM-Ⅱ也参照了其主要内容。ICD-9 于 1975 年公布，为中国所引进，至今仍为我国卫生行政部门指定的疾病索引编码依据。ICD-10 较 ICD-9 又有了飞跃性的进展，其中精神与行为障碍的分类部分，由世界卫生组织汇集了包括中国在内的52个国家的919位精神病学家，经过长时间的准备和修订，具有国际性、权威性和实用性。《国际疾病分类手册》第10版（ICD-10）共21章，其中第5章（F00～F99）为“心理障碍与行为障碍”。

（三）DSM分类系统的形成

尽管WHO有了这一分类系统，但有关心理障碍分类部分却仍未被广泛接受。即使在WHO的努力中扮演了积极作用的美国精神病学家亦是如此，美国精神病学会于1952年公布了它自己的诊断与统计手册（Diagnostic and Statistical Manual，DSM）。美国精神病学会参照ICD－8对DSM做了修订，并于1968年出版了DSM-Ⅱ。

从DSM-Ⅱ到DSM-Ⅲ，是美国对精神障碍分类和诊断标准制定工作中的一次飞跃。在修订工作中，美国精神病学会为此成立了专门机构。于1974年由精神障碍命名和统计工作组开始着手进行，并由550名临床医师对12 667例患者做了临床现场测试，认为有较高的可靠性（信度）和有效性（效度），于1980年正式出版。该标准在内容上有很多重要的变动和革新，不仅在美国作为法定的分类和诊断标准来应用，而且在国际上引起了广泛的影响。

自1983年起，DSM-Ⅲ得到了修订，并于1987年出版了修订本，即为DSM-Ⅲ-R。

DSM-Ⅲ的出版，是为制定DSM-Ⅳ作准备。1988年美国精神病学会开始着手进行编写DSM-Ⅳ的工作，许多心理学家的工作组分为13个起草小组，分别进行文献调查、分析先前收集的资料，并搜集所需要的新资料。DSM-Ⅳ编写过程中一个不同于以往的重要变化是采取一种慎重的方式来做出诊断标准方面的变化。例如，必须清楚地说明诊断标准改变的理由，并且要有材料上的明确支持。在以往的DSM版本中，诊断标准的变化理由从未被明确过。另外，撰写的草案交送50～100位全世界各国专家征求意见，同时征询了60多个学会的意见，并与ICD-10制定小组交流看法，在专科杂志上开辟专栏进行讨论，然后进行12次现场测试，计有70余个单位参加，涉及6 000多个病例。1991年DSM-Ⅳ征求意见本更广泛地向全世界征求意见，1993年发行草稿本（DSM-Ⅳ）。1994年，DSM-Ⅳ正式出版，2000年6月，DSM-Ⅳ-TR出版。

（四）中国精神疾病分类与诊断的产生与发展

中国心理障碍的分类始于1958年6月在南京召开的第一次全国精神病防治工作会议。这次会议首次提出了我国心理障碍分类草案，这一草案将心理障碍分为14大类。从那时起，国内对这一分类草案几经修订，于1989年正式公布了《中国精神疾病分类方案与诊断标准（第二版）》（CCMD-2）。

CCMD-2自公布以后，在全国范围内广泛应用，它是我国首次制定的全面而系统的精神疾病诊断标准，为广大精神科医务人员所承认和接受。

1992年，在天津召开的第四届中华神经精神科学术年会上，根据CCMD-2存在的问题及与会者的意见，决定组织人力对CCMD-2进行修订，1993年CCMD-2-R草案经五易其稿终获通过。但是，由于在CCMD-2-R修订过程中存在着一些争议及与国际接轨的需要，因此在1995年成立了中国精神障碍分类与诊断标准第三版工作组（CCMD-3工作组），在卫生部科学研究基金的资助下，从1996年到2000年，对总共1 538例主要为17

种成人精神障碍及773例主要为童年和少年精神障碍的分类与诊断标准开展前瞻性的现场测试与随访观察。全国有41个单位的114位研究人员分为成人精神障碍测试组（67人）和儿童精神障碍测试组（47人），他们完成了承担的各项工作。在上述科研工作的基础上，完成了《CCMD-3》和《CCMD-3相关障碍的治疗和护理》的编写工作。其中，《CCMD-3》正文经中华精神科学会常委会讨论通过，作为学会的分类和诊断标准发表。

第二节　心理障碍分类诊断系统简介

一、ICD-10简介

如前所述，ICD-10较ICD-9有了飞跃性的进展，其中心理与行为障碍部分由世界卫生组织汇集了几十个国家近千名精神病学家经过长时间的准备而问世，因而具有国际性、权威性和实用性。

（一）ICD-10心理与行为障碍部分的特点

与以往的版本相比，ICD-10心理与行为障碍部分具有以下特点：

1. 类别增多

ICD-9仅在编码290～319的30位数字中存在，ICD-10中与心理障碍有关者可能存在于A00～Z99的所有编码中，共有2 600类。心理与行为障碍以F为开端，理论上可有F00～F99的100类，实际上尚未完全启用，计有F08、F26～F27、F35～F37、F46～F47、F49、F56～F58、F67、F74～F77、F85～F87、F96～F97和F99等23类未启用，现用77类，估计将使用15年左右，一般诊断名称用四个字符，特殊情况可用五个字符。

2. 更为详细

ICD-10对各类别、病种和亚型都有详细的描述，不仅阐述了症状和诊断，还描写了病因、预后等问题。诊断要点包括诊断和鉴别诊断，对不同名称间的关系，明确规定哪些是“包含”的，哪些是“不包含”的。如F34.1恶劣心境（dysthymia）就规定包含抑郁性神经症、抑郁性人格障碍、神经症性抑郁（持续两年以上）和持续性焦虑抑郁等心身障碍，而不包含焦虑抑郁（轻度或持续性）（F41.2）、居丧反应、持续不足两年（F43.21延长的抑郁性反应）、残留型精神分裂症（F20.5）等心理障碍。

3. 按多轴诊断原则诊断疾病

ICD-10引言指出：“概括临床表现时需要多少诊断就记录多少诊断。当记录一个以上的诊断时，最好将一个诊断放在其他诊断之前以表明其为主要诊断，同时注明其他任何辅助诊断或附加诊断。与诊断数目的关系最密切者优先；在临床工作中它常是导致咨询或与健康机构进行联系的障碍。”也就是说，对患者常需有多个诊断，以说明患者的全部临床相，按主次排列，当诊断器质性，包括症状性心理障碍时，就必须同时诊断其原发病；诊断痴呆时就得同时写明神经科的诊断；诊断神经症时，若兼有人格障碍，就要同时做出诊断，这样可避免片面地看问题。因此，一个患者常有多个诊断，如：

F20.0　偏执型精神分裂症

RP4.0　脑电图广泛轻度异常

Y49.3　吩噻嗪类抗精神病药副反应

Z61.0　童年丧失爱的关系

Z81.1　酒精滥用家族史

4. 术语的运用力求精确

如“精神病性症状”，是指妄想、幻觉、严重的精神运动性兴奋和紧张症性行为，而不包括抑郁、焦虑和恐惧等情绪的社会性退缩。即使如此，其含义仍不够明确，因此，ICD-10 中尽量少用，而对所使用的术语如“障碍”、“损害”、“功能缺陷和残疾”、“前驱期”等都有明确的解释。

此外，整个 ICD-10 可称为“多个分类组成的家庭”，共有九个部分组成及制定相应的定式与半定式检查等特点。

（二）ICD-10 关于心理障碍的分类

在精神医学相关文献中，ICD-10 通常是该分类方案的第五章的简称。其分类如下：

F00 ~ F09　器质性（包括症状性）心理障碍

F10 ~ F19　使用精神活性物质所致的精神及行为障碍

F20 ~ F29　精神分裂症、分裂型及妄想性障碍

F30 ~ F39　心境（情感性）障碍

F40 ~ F49　神经症性、应激性及躯体形式障碍

F50 ~ F59　伴有生理障碍及躯体因素的行为综合征

F60 ~ F69　成人的人格及行为障碍

F70 ~ F79　精神发育迟滞

F80 ~ F89　心理发育障碍

F90 ~ F98　通常发生于儿童及少年期的行为及心理障碍

F99　待分类的心理障碍

二、DSM-Ⅳ-TR 简介

（一）DSM-Ⅳ的基本特点

DSM-Ⅳ共列出 400 余种精神疾病，每一项都描述了疾患诊断的标准及必然出现的主要临床特征。它也描述经常发现，但不一定会呈现的有关特征，以及年龄、文化或性别方面的趋势。最后，它还对疾病的流行率、病程、病因、复杂性、易患病倾向因素，以及家庭形态等问题做了讨论。在 2000 年出版的 DSM-Ⅳ-TR 中，几乎保留了所有在 1994 年建立的诊断标准，只是明显地修正了其流行率、家庭形态及其他背景资料。

DSM-Ⅳ-TR 要求临床工作者在作诊断时，根据五个独立的主轴，或信息维度来评估患者的症状（见表 4 - 2）。

表 4－2　DSM-Ⅳ-TR 多轴分类系统

轴Ⅰ	通常是在婴儿、儿童期及青春期第一次诊断出来的障碍 谵妄、痴呆、遗忘障碍及其他认知障碍 与物质相关障碍 精神分裂症及其他精神病性障碍 心境障碍 焦虑障碍 躯体形式障碍 虚构障碍 解离性障碍 性与性别认同障碍 进食障碍 睡眠障碍 冲动控制障碍 适应障碍
轴Ⅱ	心理发育迟滞 人格障碍
轴Ⅲ	一般医学状况
轴Ⅳ 心理社会与环境问题	与基本支持群体相关的问题 与社会环境相关的问题 教育问题 职业问题 住房问题 经济问题 与健康和保健相关的问题 与法律/犯罪相关的问题 其他心理社会及环境问题
轴Ⅴ 整体功能方面的评估	整体功能评估量表（有一个 GAF 量表，以百分制评分，最好为 100 分）

轴Ⅰ包括除了人格障碍与心理发育迟滞之外的所有诊断分类，而人格障碍与心理发育迟滞则组成了轴Ⅱ。这样，轴Ⅰ、轴Ⅱ就构成了对变态行为的分类。轴Ⅰ、轴Ⅱ的分设保证了那些如同在人格障碍与心理发育迟滞方面的长期性心理障碍不被忽略。一般情况下，多数人会就轴Ⅰ的状况向心理健康专业人员咨询，诸如抑郁与焦虑等。有时，他们存在的是轴Ⅱ的状况，如依赖型人格，但优先考虑的是轴Ⅰ的状况。轴Ⅰ、轴Ⅱ的分设意味着鼓励临床工作者关注这种可能性。轴Ⅱ中的障碍与轴Ⅰ中的障碍同时存在，一般意味着该患者的问题将更难以处理。

包含在轴Ⅲ、轴Ⅳ和轴Ⅴ中的信息表明，在对心理障碍的评估中，还应当考虑各种影响因素而非仅仅个人的症状，以使个人的总的生活情境能够得到更好的理解。在轴Ⅲ上，诊治者要指出任何相信与心理障碍相关联的可疑的一般医学状况。例如，一个被诊断为抑郁症同时存在心脏方面问题的人，就可能具有治疗学方面的意义，某些抗抑郁药物可能会使其心脏的状况变得更糟。至于个人一直经验着的，并可能对心理障碍起作用的心理社会与环境问题则被编入轴Ⅳ。这些问题包括职业、经济、家庭成员、人际困难及在其他生活领域中的各种问题，这些问题可能影响个体的心理机能。最后，在轴Ⅴ上，诊断者要使用整体功能评价量表（the Global Assessment of Functioning scale，GAF）表明个人当前的适应功能，应被考虑的生活领域是社会关系、职业功能及对闲暇时间的使用。这些对当前功能的评定意味着要提供一个患者需要多少治疗的评估。总之，多轴系统要求诊断医生（diagnostician）必须广泛地考虑各种信息。

（二）DSM 的进步

自 DSM-Ⅲ问世至今，该诊断系统努力的方向是建立一个具有更高可信度及更为有效的诊断类别。经过不断努力，它主要的进步包括以下几个方面：

（1）诊断标准更为详尽，即对于某个诊断的所有症状都予以了准确详细的说明，词汇表中也对临床症状做了清楚的定义，使得 DSM-Ⅳ-TR 更为翔实。

（2）在轴Ⅰ、轴Ⅱ中的每个诊断特征都比 DSM-Ⅱ更加广泛。对每一种障碍都有一个关键特征的描述，然后是相关特征，诸如实验室的检验结果（例如，精神分裂症患者脑室的扩大）及身体检查的结果（例如，有饮食障碍的人会出现电解质不平衡的情况）。同时，对研究文献的摘要总结提供了关于初次发作的年龄、病程、流行率和男女比例、家族形态及鉴别诊断（亦即如何区别其他类似的诊断）等各方面的信息。

（3）DSM 每一次改版，诊断类别的数量就会增加，尽可能涵盖多数人的症状（见表 4－3），如 DSM-Ⅲ增加了孤独症。虽然诊断类别的数量多年来一直在增加，但有些却被删除，因为不再有研究支持它们的存在，如同性恋。

（4）在 DSM-Ⅳ中特别提到，需要有更多的研究来确定，某些诊断与主轴是否应当成为诊断系统的一部分。

表 4－3　各 DSM 版本的诊断类别数量

DSM 版本	类别数量
DSM-Ⅰ	106
DSM-Ⅱ	182
DSM-Ⅲ	265
DSM-Ⅲ-R	292
DSM-Ⅳ-TR	297

（资料来源：Ann. M. Kring et. al.，2009）

（三）DSM-Ⅳ-TR 对种族与文化问题的重视

心理障碍是全球性的，没有哪种文化下不存在心理障碍。心理障碍的风险因素（如社会凝聚力、贫穷、药物滥用及压力）、体验到的症状、求助的意愿及可提供的治疗等，都会受到文化因素的影响。有时，这些跨文化的差异非常明显。心理健康护理在欧美等发达国家相当普及，但生活在非洲和亚洲许多国家的人，却很少有这方面的服务。例如，撒哈拉沙漠以南的非洲地区，大约 200 万人口中才仅有一名精神科医师（WHO，2001）。

文化差异并不总是以人们预期的那种方式出现，如一项重要研究发现，即便是使用美

国的医疗照护法，精神分裂症在一些第三世界国家，如哥伦比亚预，后要比工业化国家（包括美国）更好（Sartorius et al.，1986）。在美国的墨西哥移民，刚移居到美国时，符合心理障碍诊断标准的人的比率，大约为在美国出生的人的一半，但随着时间的推移，这些移民及其子女出现某种障碍的情况开始增加，如物质滥用，使得他们患病的风险与在美国出生的人趋于接近（Vega et al.，1998）。

过去的 DSM 因为没有注意到文化和种族在心理病理学上的变异性而受到人们的批评。DSM-Ⅳ-TR 试图从三个方面来增强对文化的敏感性：①提供一个整体架构来评估文化与种族所扮演的角色；②在每一种障碍上，描述文化因素与种族特点；③在附录中列出与文化相关的综合征（culture-bound syndromes）。DSM-Ⅳ-TR 的附录部分列出了 25 种与文化相关的综合征，这些与文化相关的综合征是一些在特殊地区才能比较容易看到的诊断。

三、CCMD-3 简介

如前所述，中华精神科学会根据修订 CCMD-2-R 过程中存在的一些争议及与国际接轨的需要，在 1995 年成立了中国精神障碍分类与诊断标准第三版工作组（CCMD-3 工作组），并于 2000 年完成了这一工作。

（一）CCMD-3 的分类原则

目前，我国心理障碍的分类原则为：兼顾症状学分类和病因、病理学分类，分类与诊断应继续向病因病理诊断和方向努力，有条件按病因病理分类者应按此分类。例如，器质性心理障碍、精神活性物质和非成瘾物质所致心理障碍、应激相关障碍中的某些精神障碍应尽量按病因病理学分类。其他病类目前主要用症状学分类。

（二）CCMD-3 主要分类类别

（1）器质性心理障碍。

（2）心理活性物质与非成瘾物质所致心理障碍。

（3）精神分裂症和其他精神病性障碍。

（4）心境障碍（情感性心理障碍）。

（5）癔症、严重应激障碍和适应障碍、神经症。

（6）心理因素相关的生理障碍。

（7）人格障碍、习惯和冲动控制障碍、性心理障碍。

（8）心理发育迟滞与童年和少年期心理发育障碍。

（9）童年和少年期多动障碍、品行障碍、情绪障碍。

（10）其他心理障碍及心理卫生状况。

（三）CCMD-3 的特点

CCMD-3 具有以下特点：

（1）以前瞻性现场测试为依据。CCMD-3 的制定主要以前瞻性现场测试结果为依据，同时也参考了以前的 CCMD 版本和 ICD-10、DSM-Ⅳ。例如，通过对 51 例同性恋完成的现场测试和至少一年的随访观察，发现本组同性恋者在个体成长过程中，均存在不和谐同性恋阶段，部分同性恋者需要医学帮助。ICD-10 将非和谐同性恋归属于性指向障碍，

CCMD-3也做了相似处理。

（2）分类更进一步向 ICD-10 靠拢。

（3）保留了某些心理障碍或亚型，如神经症、反复发作躁狂症、同性恋等。

（4）根据我国社会文化特点和传统，对某些心理障碍暂不纳入 CCMD-3，如 ICD-10 的 F52. 7 性欲亢进、F64. 2 童年性身份障碍、F66 与性发育和性取向有关的心理及行为障碍的某些亚型、F68. 0 出于心理原因渲染躯体症状、F93. 3 同胞竞争障碍等。

（5）编写 CCMD-3 时，注意了文字表达和写作格式的规范，要求条目分明与规范，增强了可操作性。

第三节　心理障碍的心理学评估

当你初次遇到一个人时，你通常会“对其做出估量”。你可能会估计他的聪明与细心程度，或者他的成熟程度。在某些情境中，你可能还会试图弄明白一些使你感到困惑的问题，诸如一个保险推销员是真的关心你的利益呢，还是只想利用你的天真与单纯。有时你可能会犹豫，是否接受一位昔日老同学的邀请，去参加一个保险公司的自助餐晚宴。你可能会根据你对这位老同学的动机与人格的评定而做出决定。如果你教授的建议班里的同学组成对进行合作学习，你肯定会对本班其他同学包括智力与个性在内的许多方面进行评估，以寻找最好的学习伙伴。上述种种情境都涉及评估。所谓评估（assessment），就是通过收集相关信息而得出结论的过程。那么，什么是变态心理学中的临床评估？临床评估（clinical assessment）是指一个临床工作者根据对个人的心理功能最有影响的心理、生理及社会因素对一个人做出评价的过程。临床工作者通过临床评估来确定一个人的心理与行为状况，确定一个人产生心理障碍的原因，确定帮助该患者的方法与途径。在临床评估中收集到的信息也可以使临床工作者确定对心理障碍患者的诊断，确定一个人的心智能力，预测一个人的职业发展；在临床上，可以在对患者进行短期治疗后，对患者病情做出评定，并决定是否需要改变治疗方法。在变态心理学中，常用的评估方法有心理学评估与生物学评估。

临床评估的主要目的在于搜集心理障碍诊断所需的资料。当然，它也有一些其他用途，例如，评估方法常常被用于对目标的识别和分类，进而做出治疗学的干预。此外，在对治疗效果的监控方面，心理评估也是非常有用的。

一、临床访谈

在日常生活中，几乎所有人都接受过一次或多次访谈，尽管这些访谈有时不正规，以至于我们并不把它当做一次访谈。对非专业人士而言，访谈一词意味着一次正式的、高度结构化的谈话，但是我们认为把“访谈”这一概念当做一次个人间的会面或某种类型的谈话则更有意义。在这种面谈中，访谈者运用语言作为了解另一个人——受访者的主要方式。在这种情况下，访谈者可以听其言、观其行，进而对这个人形成一个初步的看法。临床访谈（clinical interview）就是在一种面对面相遇的情况下，对一个患者及其当前问题的性质、病史及未来的发展形成一种理解的评估方法。要求一个患者回答其最近住院情况的临床心理学家就是在从事一项访谈。绝大多数临床工作者都把访谈当做临床评估过程的重要手段。

访谈通常是患者和临床工作者首次接触。临床工作者运用这种方法了解患者个人的问题与感受、生活方式、与别人的关系，以及个人史等详细信息。他们也可能要求患者谈谈对治疗的期望及寻求治疗的动机等。临床访谈不同于一次因果关系的谈话，也不同于一次民意测验。因为在临床访谈中，访谈者更注重的是受访者如何回答问题。访谈者在访谈中不仅要听其言，还要察其色。如在一次访谈中，一个人谈到他母亲最近去世，他应该为此非常悲伤，但他的表情却是愉快的，那么临床心理学家可能会怀疑，这个人的丧母之痛事实上存在着某种冲突情绪。同样，如果患者正在详细地叙述其婚姻冲突，这时临床工作者一般要注意伴随着这种陈述而出现的任何情绪表现。如果一个患者并未对面临的困境表现出焦虑不安，而另一个患者则在陈述这种冲突时痛哭流涕或焦虑不安，那么，临床工作者就会对两者做出不同的理解。

临床工作者运用临床访谈收集信息并与患者建立融洽的关系。

此外，在访谈过程中临床工作者也会依据自己的理论背景，特别注意任何他们认为是最重要的主题。那些受过精神分析训练的临床工作者期望获得受访者童年期的经历，他们很可能对口头报告持怀疑态度，因为分析模式认为一个患者成长过程中最重要的东西往往被压抑到了无意识之中；如何理解所搜集到的信息也受理论模式的影响。基于同样的理由，行为主义倾向的临床工作者可能会关注与个人行为变化有关的当前的环境条件，例如，使个人产生焦虑的情境。人本主义临床工作者会询问患者的自我评价及自我观念；而生物模式的临床工作者则要寻找生物化学或神经功能失常的征兆；社会文化模式的访谈者则关心个人的家庭、社会以及文化环境。

（一）无结构访谈

无结构访谈（unstructured interview）是由临床工作者提出一系列开放式问题（open-ended questions），目的在于确定患者存在于治疗、症状、健康状况、家庭背景及生活史方面的问题。其特点在于访谈者事先不制定统一的问卷、表格和访问程序，而是由访问者与被访问者自由交谈。受访者可以随便提出自己的意见，无须顾及访谈者的需要；访谈者可以调节问题的内容与顺序，而非按照事先拟定的内容与顺序提出问题。在这种访谈中，被访者提供的许多情况与想法往往是访谈者未曾料到的，因而常给访谈者以很大的启发，深化了他对问题的了解，有助于找到解决问题的关键。临床工作者根据患者对先前问题的语言反应，系统地提出问题。

临床工作者运用这种访谈的方式往往依赖于他正在获取何种信息。例如，如果临床工作者试图得出一个诊断，那么访谈的问题就应该涉及患者的症状与行为的明确性质，诸如心境障碍，在进食与睡眠方面的变化，或者焦虑水平等。

无结构访谈的一个重要部分是病史采集（history taking），即临床工作者要求患者提供家族情况及个人以往生活事件年表。病史采集的主要目的是对患者的生活与家族获得明确了解。病史采集可提供大量信息，从而使临床工作者能够就患者生活方面的重要转折点、目前主要症状或涉及与该事件相应的后果等撰写出一个概要。

病史主要来源于患者和知情者。但患者自述的病史往往不够全面，或者是因为患者缺乏对病症的认识而隐瞒事实，或者是因为患者紧张拘束，遗漏了对诊断而言十分重要的事件，或者是患者根本就不合作、缄默不语。因此，向知情者（包括与患者共同生活的亲属，如配偶、父母、子女；与之共同学习或工作的同学、同事、领导；与之关系密切的朋友、邻里，也包括既往曾为患者诊疗过的医务人员）了解情况常常是必要的。

在多数病例中，病史采集包括患者的个人史与家族史。

1. 个人史

个人史（personal history）指从母亲妊娠到发病前的整个生活经历，根据患者的发病年龄或病种进行重点询问。如对儿童及青少年应详问母亲怀孕时的健康状况及分娩史、患者身体、精神发育史、有无神经系统病史、学习及家庭教育情况以及与双亲的关系等；受教育的状况，学业成绩或工作情况、工作表现、工作或学习能力改变与否；生活中有无特殊遭遇、是否受过重大精神刺激；还应了解婚姻状况、配偶的个性、夫妻生活情况（必要时应询问性生活状况）。女性的月经、分娩、绝经期是心理障碍的多发时期，应明确其与精神症状有无关系。患者的性格特点、兴趣爱好、交友范围、宗教信仰可具体全面描述，以便与病后的情况进行比较，判断是否有心理异常。患者的居住环境（居住条件、共同居住者）、患者本人及家庭的经济状况也要了解，以便能对患者的社会背景和生活方式有具体的印象。还应了解患者既往有无犯罪记录。总之，个人史应反映患者的生活经历、健康状况及人格特点和目前的社会地位等。

对青少年患者，应重点询问其儿童期的情况，如饮食、睡眠习惯的形成；有无挑食、厌食、梦呓、梦游、磨牙等现象；与他人的一般接触和行为特点；情绪是否稳定，青春期发育过程亦应了解。对于成年和老年患者，则应该了解其职业状况、工作史、恋爱婚姻生育史、家庭氛围特点等。有关性生活内容，如性发育史、对性的态度和感受，对精神障碍的发生发展有影响，不应忽视。对于女性患者应详细询问月经史及月经周期的心理生理变化以及生育史。

2. 家族史

家族史（family history）包括双亲的年龄、职业、人格特点，如果双亲中有亡故者，应了解其死因和死亡年龄；家庭结构、经济状况、社会地位、家庭成员之间的关系，特别是双亲相互关系、亲子关系及家庭中发生过的特殊事件等。上述情况对患者的人格形成及疾病发生、发展均有重要影响。此外，要特别注意精神病家族史，包括家族中精神病性障碍者、人格障碍者、癫痫病患者、酒精或药物依赖者、精神发育迟滞者、自杀者及有无近亲婚配者。精神病家族史呈阳性，提示患者疾病的原因可能具有遗传性质。

（二）结构性访谈

在结构性访谈（structured interview）中，临床工作者提出事先准备好的问题，或者使用一种已经设计好的、其中含有一组标准化问题的面谈表。许多结构性访谈，包括精神状况检查（mental status examination），是一组问题和观察项目，能够系统地评估患者的察觉、时间与地点定向感、注意广度、记忆、判断力和洞察力、思考的内容与过程、情绪，以及外貌。结构性访谈可使临床工作者在所有的访谈中，都能包含同样重要的问题，而且能对不同个体的反应做出比较。

在美国，常常依据 DSM 进行结构性访谈并依此做出诊断性判断，诸如适于 DSM-Ⅳ的结构性临床访谈（the structured clinical interview，SCID），SCID 帮助研究者或临床工作者做出诊断。在这种访谈中，患者对某一问题的反应决定了下一个问题的提出；而且这种访谈包含对访谈者进行详细的指导，其中涉及在什么时候，以什么方式进行详细询问，以及在什么时候继续就另一个诊断提出问题。SCID 的制定者系统地提出了适于 DSM-Ⅳ轴Ⅰ之障碍诊断的 SCID-Ⅰ，而SCID-Ⅱ则被用于对 DSM-Ⅳ轴Ⅱ之障碍的诊断。

近年来，美国酒精、药物与心理健康管理局（ADAMHA）及世界卫生组织的研究者、临床工作者（1997）提出了可用于跨文化（cross-culturally）背景的评估工具。已被翻译为 18 国语言的《合成国际诊断访谈》（*The Composite International Diagnostic Interview*，CIDI）就是有助于全世界精神病流行病学研究的一个全面而标准化的对心理障碍进行评估的工具。

二、精神状况检查

所谓精神状况检查就是对一个行为的系统性考察。实际上，在临床工作中运用访谈的同时，精神状况检查就已经开始了。患者的病史是不变的，但其精神状况却始终处于变化之中。精神状况检查的主要方法是在与患者会面及交谈的过程中对患者进行考察。精神状况检查大致涉及以下五项内容：

（一）一般性描述

1．外表

观察患者的体形、姿势、衣着、修饰、个人卫生等。通过观察患者的外表，临床工作者可以对患者有一个初步的整体印象。如果患者表现非常古怪，医生就应让患者加以解释。

2．行为和精神运动性活动

观察患者运动行为的量和质方面的内容，包括作态、抽搐、手势、刻板动作、模仿动作、活动过多、激越、好斗、强直、步态、敏捷性。还要考察躁动、搓手、步调及其他躯体表现。精神运动性迟滞、一些无目的行为也应该被记录下来。

3．对检查的态度

患者对检查者的态度应该被考察并得到描述，例如，是否合作、友好、坦率，是否表现出轻蔑、困惑、淡漠、防卫、敌意；是否有嘲弄、严肃、讨好或回避、自我保护等表现。

（二）感知障碍

感知障碍包括错觉、幻觉及感知综合障碍。要注意错觉、幻觉、感知综合障碍和种类、性质、强度、广度、出现时间、持续时间、频度、对社会功能的影响及与其他精神症状的关系等。错觉常与意识障碍有关，常由行为表现出来。如果患者能主动叙述某些错觉，并了解这是错觉，则说明病情不严重。意识清晰时出现幻觉属于异常症状，因此在检查时必须提出适当的问题。例如，对幻听的询问：“你听到别人在背后议论你的声音了吗？”如果患者说有，那就进一步问清是什么声音（男声或女声），何时、何处出现，以及什么内容等。

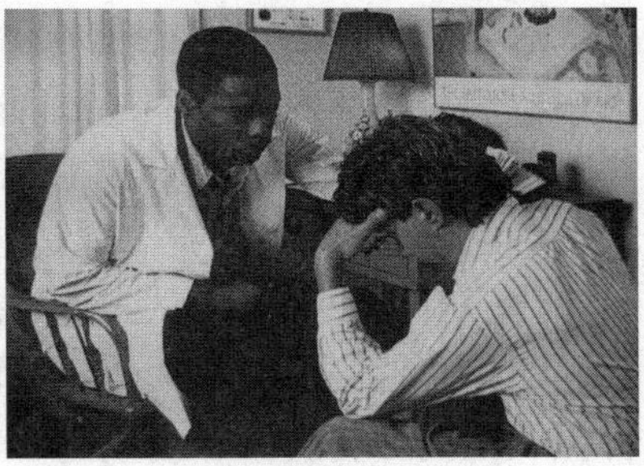

一位临床治疗师正在进行一次精神状况检查。

（三）言语和思维

言语是表达思维的工具，患者的思维障碍基本上可以通过言语表达反映出来。因此，思维的检查主要是通过观察患者的言语表达是否清楚、对答是否切题、交谈时注意力是否集中、言语速度的快慢、语调的高低、有无怪异腔调（例如，在用本地话交谈的过程中突然改用生硬的普通话等来叙述），以及有无创新词汇等来判断。根据患者的言语表达，判断是否存在思维过程的障碍（如联想散漫、思维贫乏、联想迅速、音联意联等）、思维内容的障碍（如各种妄想）和逻辑推理障碍（如病理性象征思维），见表4－4。

表4－4 思维障碍的样例

思维障碍的类型	描 述
不连贯（incoherence）	言语难以理解。由于词语之间或句子之间缺乏有意义的联系而导致的言语不连贯，使他人难以理解。
联想松弛（loosening of associations）	思维含糊、不集中、无逻辑。对于有关有何感受的询问，一位男性患者的回答是：“我今天感觉相当好。尽管我觉得活在世上并不是很好，但我认为我还是应该订购地理学杂志。”
思维混乱（illogical thinking）	思维以矛盾和错误为特征，并表现在整个认知活动中。例如，一位喜欢牛奶的患者认为她肯定是猫的一部分，因为猫喜欢牛奶。
语词新作（neologisms）	用一些别人不懂的新名词或创新词，有时某些名词虽不是创新词，但患者一定要用这种方式表达，而不用大家听得懂的方式表达，这也属于异常。
言语内容贫乏（poverty of content of speech）	言语所承载的信息极少，因为说话者语言含糊、过于抽象或者啰唆。当问一个患者感觉如何时，他回答：“我挺好。哦，我是说我不太好。但我想最好说我喜欢爬在生锈的铁片上的松鼠。”
思维阻隔（blocking）	一种人在说话间似乎丢失了思想的体验，导致说话中出现从几秒钟到几分钟不等的停顿。这与通常一个人偶然思路中断不同，思维阻隔涉及经常侵入某些严重干扰个人思考与沟通的念头。
病理性赘述（circumstantiality）	因许多不相干及单调的细节而不能直接、迅速地用语言表达思想。当问及一个患者的工作类型时，该患者啰啰唆唆地讲述了他二十年的工作史，不厌其烦地诉说着这期间他与所有领导的关系。尽管他的讲述离题遥远，但仍然充满着不必要及不断变化的细节。

患者如有妄想，病史中则会提供一些线索，精神状况检查常是进一步核实和挖掘妄想的内容。有时患者对某些一般问题的回答也可以暴露出他的妄想，例如，医生问：“你身体好吗?”患者答：“你自己心里明白。”问：“为什么?”答：“我这病还不是由于你们把我的脑电波收去引起的!”通过这样的对答暴露了患者可能存在被害妄想。

许多有妄想的患者认为他们想的问题与医生无关，医生也解决不了问题。因此，不愿意与医生多谈。此时，医生应采取某些策略把问题引出来。例如，在患者身边与别人谈一件报纸上的社会新闻，而该内容与患者的妄想有些相似，这时患者便可能主动附和上来谈出自己的事情。也可以让患者解释一句成语，把他的妄想引出来。例如，问：“请你解释一句成语，落井下石是什么意思?”患者可能回答：“哼，他正是这样狠毒，把我推下井，还要扔下石头。”这也说明患者可能有被迫害妄想，医生必须进一步追问下去。

（四）心境与情感

确定心境与情感是精神状况检查的重要部分。“心境”是一个人主导的感觉状态，而“情感”则是在某一特定时间内的感觉。如一个人的情绪是低落还是持续高涨?这个人说话的方式是否表现出抑郁或无助?这样的心境有多普遍?是否有时这种抑郁情绪会消失?

如果发现患者心情不好，或情绪抑郁，需进一步询问他是否想哭，是否觉得悲观，是否觉得前途无望，是否觉得过去做过对不起他人的事。

临床工作者有时怕问自杀的问题，怕给患者暗示或触犯患者。实际上对某些患者来说，这是非问不可的问题，通常可以以逐步深入的方式询问。例如，问：“你是否有时觉得做人没有意思?”如果患者答非所问，再问：“有没有想过不要做人?”“有没有想过死掉算了?”“有没有想过怎样去死?”

如果发现患者情绪高涨，可以根据躁狂症的症状提一些问题，例如，“你是否觉得情绪很好，特别高兴?”“最近是否觉得一切都很顺利?”“有没有觉得近来脑子特别好使，身体特别健康?”“你对自己的前途有何估计?”

在对心境与情感进行检查时，还要观察患者情感波动的情况。如果患者在交谈中一时很对立，一时又很合作，甚至合作到阿谀奉承的地步，即情绪波动很大。这就是情绪不稳。如果某人无论讲述开心还是悲伤的事都没有任何情感，这种情况称为情感淡漠。

最后，要观察患者情绪变化与环境的协调性。通常我们的情感都是“恰当”的。说到趣事时我们大笑，说到不幸的事情时我们面露悲伤。如果一个朋友笑着告诉你他母亲去世了，或者痛哭流涕地说他中彩票了，这个人的情感就是不协调的。

（五）智力和常识

这项检查包括一般常识、专业知识、计算能力、理解力、分析综合及抽象概括的能力等。通过询问病史和进行精神检查，对患者的智能和常识已有一个大概的了解，也可以结合检查注意和记忆来提问，或者拿一张报纸，请他评论一下某些新闻的内容，根据他的评论来判断智能和常识方面的状况。

三、心理测验

心理测验是运用具有一定信度和效度的标准化量表或问卷对人的心理特征进行测量和

评定的方法。心理测验包括广泛的测量技术，通过测验将人们的反应收集起来并加以分析，从而提供关于其心理功能的准确信息。

为得到有价值的测验结果，临床工作者在使用某种心理测验工具时，无论是测验的实施还是计分方面都必须遵循标准化的程序。例如，每年一度的全国高考，就是在严格的标准化条件下进行的。考场必须安静、明亮，坐椅必须舒适，监考者必须对所有考生实施监控，从而使每一考生公平竞争，还要给予所有考生同样的指导语等。一项标准化的心理测验就是要遵循相同的要求与准则。特别重要的是要求每一个受测者都要接受相同的指示。有时，如果患有某种心理障碍的患者无法集中注意力于测验项目，或不能接受指导，那么施测者就可能要为其提供额外的帮助或者鼓励，以使其完成测验。但是施测者绝不能向受测者暗示如何回答问题，或者对受测者的行为有任何形式的偏见，此外，施测者不能随意延长测验时间。

通常，信度和效度是确定一项测验的心理测量学质量的两个基本特征（见表4-5）。

表4-5　一项好的心理测验的标准

信度：测验分数的一致性。		
信度的种类	定　义	举　例
测验—重测信度（Test-retest）	某时对某人测验所得分数（测验）与另一时间对该人的测验所得分数（重测）所具一致性的程度。	星期三与星期五对同一人所做的智力测验应该产生相似的得分，因为智力被认为是一种稳定的品质。
评判间信度（interjudge reliability）	如果不同的独立评判者在评分及如何解释分数方面表现出一致性，那么该测验工具就显示出较高的评判间信度。	在思维障碍的5分量表上，两个评判者应该对一个精神病患者的反应给予相似的评分。
内部一致性（internal consistency）	测验题目或来自测验分量表的题目互相之间及与测验总分或分量表之间的相关程度。	在一项焦虑测验中，人们对评定个人紧张感的测验条目的相似回答。
效度：测验能测量到所要测量的东西的程度。		
效度的种类	定　义	举　例
内容效度（content）	测验所选的项目（测题）符合所欲测验内容的程度。	教授的变态心理学试题涉及变态心理学的知识，而非对“文革”期间革命歌曲的掌握。
效标效度（criterion）	测验预测个体在某种情境下行为表现的有效性程度。	见下列更为具体的解释。
同时效度（concurrent）	实施测验是为了诊断已存在的状态，或者效标数据已经是有效的。	一项对抑郁的测验在那些了解抑郁症症状的人中应该产生高分。
预测效度（predictive）	当测验用于预测将来的表现的时候。	那些在高考入学考试中得到高分的人，被期待在大学学习中取得好成绩。
构想效度（construct）	测验能够测量到理论上的构想或特质的程度。	一项对抑郁的测验应该与对抑郁的认知的特点相关，如低自尊、内疚及忧伤感等。

目前，在临床工作中经常使用的评估测验有人格测验、投射测验、智力测验。

（一）人格测验

人格与诊断性测验是理解一个人的思维、行为及情感的重要方式。这些测验有时被单独使用，有时则是临床或研究性访谈的一种补充。例如，某临床心理工作者对一位精神病患者做了一次访谈，提出了两个似乎都有道理的可能诊断。患者说她自己“身无分文，没有希望赚到一分钱”。这位临床工作者认为该患者具有妄想，同时推测这种贫穷妄想是否反映了某些压抑，抑或是一种人格严重失调的症状，于是让患者做了人格测验。患者在测验中的反应帮助临床工作者对患者的症状做了区别，并得出结论：患者为强迫性人格障碍。

人格测验的主要形式是自陈量表。其中，自陈临床量表含有受测者独立完成的、具有固定反应范畴的标准化问题，它要求受测者回答他的行为、信念及感受等。在典型的人格量表中，受测者对每一个陈述的问题要表示是否可以适用于自身。然后，临床工作者从这些反应中对该受测者的人格与心理功能做出结论。

或许最为人们熟知的，并最为广泛使用的就是明尼苏达多相人格测验（Minnesota Multiphasic Personality Inventory，MMPI）。该测验是20世纪40年代由Hathaway和McKinley建立的，并在1989年被修订（MMPI-2，Butcher et al.，1989）。目前这两个版本都为临床工作者所选用，同时还有一个专门用来对青少年进行测验的特殊版本，称为MMPI-A，也在临床中被广泛使用。MMPI是一种简便易行的心理病理学检测工具，它之所以被称为“多相”，是因为它被设计用于检测若干心理病理学问题。许多年来，MMPI一直被广泛用于甄别大量在临床访谈中行不通的个体。

传统的MMPI包含550个自陈式题目。受测者要对这些题目回答“是”、“否”、“不能说”。这些题目描述了对身体的关心、情绪、士气，对宗教、性、社会活动的态度，以及心理症状，如恐惧或幻觉。该量表是根据标准记分法建构的，作者询问了724位“正常人”（医院咨询者），以及800位住院心理患者。只有那些住院患者与正常受测者之间有显著差异的题目，才被纳入量表之中。MMPI共有566个自我报告形式的题目，其中16个为重复题目，故实际上只有550个题目。然而，该量表也存在一些缺点：心理测量学的局限性、标准化样本过小，不能反映美国当代人口总体多样性等，例如，缺少少数族裔样本，诸如非洲裔美国人、土著居民等。针对这些缺陷，1982年，明尼苏达大学出版社开始制订修订方案，并且委任一组研究者负责制订MMPI-2。

修订后的MMPI-2在效度与可接受性上有几个值得注意的变化。第一，一部分资料收集来自全美国2 600人的样本，这些人来自不同地区、种族、职业及教育背景，代表正常总体。另一部分资料来自不同医学群体，包括精神病医院，以及其他治疗机构。第二，一些含有性偏好、肠与膀胱功能、极端宗教等方面的内容被删除，因为这些内容往往是不需要涉及且令人不愉快的。第三，性别歧视等措辞随过时的语言习惯用法一起被删除，大约有14%的项目用更现代化的语言做了改写。第四，增添了一些涉及物质滥用、A型行为、人际关系及治疗依从性等新项目。

MMPI和MMPI-2提供了有关10个“临床”量表和四个“效度”量表的分数。临床量表中每个量表的分数从0分到120分。如果一个人在某量表中得分超过70分，就表明

他在那个量表的功能是异常的，当各个分数在图上连接起来，就会形成一幅剖析图，它能反映出此人的一般人格及潜在的情绪需求。

表 4-6　对 MMPI-2 临床量表内容条目的典型解释

量　表	条目样例	解　释
1. Hs（疑病症）	我很少意识到我身体的刺痛感。（否）	个人对可能像是躯体疾病迹象的身体感觉过分敏感或关心。
2. D（抑郁症）	通常感到生活对我是有价值的。（否）	个人充满沮丧、悲观失望、悲伤、自我否定、感觉不适当。
3. Hy（歇斯底里）	我的肌肉因不明原因而经常抽搐。（是）	个人所具有的躯体疾病不可能被归因于身体问题，而倾向于某种需求或表演。
4. Pd（精神病态）	我不在意人们如何看我。（是）	个人表现出对社会习俗极少关心，不承担责任，仅有肤浅的关系。
5. Mf（男性—女性特征）	我喜欢侍弄植物与花草。（是，女性）	个人显示缺乏传统的性别特征，如男性倾向于在艺术与敏感方面得高分，女性倾向于在反抗、武断方面得高分。
6. Pa（妄想狂）	如果不是担心被识破，大多数人可能会撒谎和欺骗。（是）	个人倾向于曲解他人的动机，怀疑、嫉妒、有报复心、沮丧。
7. Pt（精神衰弱）	我并不像多数人所知道的那样胜任。（是）	个人过度焦虑，充满自我怀疑、道德说教及广泛的强迫—冲动。
8. Sc（精神分裂症）	有时我会嗅到其他人嗅不到的气味。（是）	个人具有异乎寻常的观念体验与信念，并出现社会退缩。
9. Ma（轻躁狂）	有时我有一种强烈的让他人感到震惊的做某事的冲动。（是）	个人具有过高的雄心抱负，并且活动过度、急躁、易激惹。
10. Si（社交内向性）	我宁愿与他人在一起，而非独自度过时光。（否）	个人非常谦恭、害羞、偏爱单独活动。

效度量表给临床工作者提供了有关个体在测验中是否可能是粗心的、混乱的或是有意撒谎等重要信息。即在 MMPI 测验中，被试应对每个测题做出直接而诚实的回答，结果的解释才能有效。但由于种种原因，有些被试往往会偏离测验的要求，为此，特设计了四个效度量表（validity scale），以发现被试受检态度的偏离。

表4－7　对 MMPI－2 效度量表内容条目的典型解释

量　表	条目样例	解　释
？（不能说）	这仅仅是几个留下来未答的条目，或者标明既对又错。	高分表示回避、阅读困难，或其他可能使测验结果无效的问题。而极高得分则可能表明严重抑郁或强迫倾向。
L（说谎）	我对我所遇到的所有人都满意。（是）	个人努力显示和善，把自己表现为具有某种理想人格的人。
F（很少发生）	所有东西尝起来都是甜的。（是）	个人努力显示异常，或许为保证获得医生的特别关注。
K（矫正）	对我来讲，事情不可能越来越好。（是）	个人在接受测验时充满戒备与防卫，希望避免显得不胜任或不适当。

MMPI-2 中有 567 个题目，其中有许多与原来版本相同。在原来的量表之外，MMPI-2 增加了几个新量表，包含的问题有诸如饮食问题、滥用药物的趋势，以及工作的不良表现等。目前多数临床工作者都接受 MMPI-2，认为原版本需要改进和更新。

（二）投射测验

投射技术（projective technique）也是人格测量中一种常见的方法。该名词由劳伦斯·富兰克（L. Frank，1939）首先明确提出，不过在此之前，已经产生了利用投射技术原理编制的投射测验。投射一词在心理学上是指个人把自己的思想、态度、愿望、情绪、性格等人格特征不自觉地反应于外界事物或他人的一种心理作用，亦即个人的人格结构对感知、组织及解释环境的方式发生影响的过程。

1. 投射测验的特点与种类

投射测验是一种测验工具，这种测验工具对内隐的行为或潜意识过程特别敏感，能引起广泛而多向度的主观反应，并使被试在不太觉察到测验目的的情况下，引发他丰富的反应资料。富兰克认为，投射测验能唤醒被试的内心世界或人格过程的不同表现形式，从而在反应中“投射”出这种内在需要和状态。

投射测验有很多特点，其一，使用非结构任务作为刺激材料，这种任务允许被试有各种各样不受限制的反应。为了促使被试想象，投射测验一般只有简短的指示语，刺激材料也很含糊，模棱两可。在这种情况下，被试对材料的知觉和解释就可以反映他的思维特点、内在需要、焦虑、冲突等心理状态与人格特点。可以这样说，刺激材料越不具有结构化，反应就越能代表被试人格的真正面貌。其二，测量目标隐蔽，被试一般不可能知道他的反应将作何种心理学解释，从而减少了伪装的可能性。其三，解释的整体性，它关注人格的总体评估，而非单个特质的测量。

就投射测验的种类而言，不同学者采用不同的分类方法。心理学家林达塞（G. Lindzey，1961）认为可根据测验情境所涉及的实际心理过程来分类。依次可分为五类：①联想法。通常要求被试说出某种刺激（如单字、墨迹）所引起的联想，一般指首先引起的联想。②构造法。要求被试编造或创造一些东西如故事、图画等。③完成法。要求被试完成某种材料，如语句完成法。④选择或排列法。要求被试依据某种原则对刺激材料进行选择或予以排列。⑤表露法。要求被试利用某种媒介自由地表露他的心理状态。

2. 罗夏克墨迹测验

罗夏克墨迹测验（Rorschach psychodynamic inklot test）是由瑞士精神病学家罗夏克（Hermann Rorschach）创立的。罗夏克先在一张纸的中央滴一摊墨水，然后将纸对折并用力压下，使墨水四下流开，形成沿线两边对称但形状不定的图形，并以此为测验的刺激材料。然后将这些刺激材料用于对医院中患者的测验。经过多次的尝试错误之后，凡是能引起不同的心理障碍者有不同反应的墨迹图形便予以保留，其他则舍弃。罗夏克曾经试验过数千种墨迹，最后固定继续采用其中10种。他同时发展了一套计分方法，连同他对整个测验编制过程的介绍，于1921年发表在题为《心理诊断》的论文中。当时他所选的10种刺激图形沿用至今，每个墨迹图印在一张卡片上，共计10张卡片。计分方法在罗夏克的论文发表之后又有所修正，但是他当初的方法在目前所用的许多计分系统中仍然很重要。罗夏克在其墨迹图出版后八个月去世，那时他才三十七岁。其后，他的工作由他人继续发展，在20世纪，罗夏克墨迹测验成为最广泛使用的投射测验。

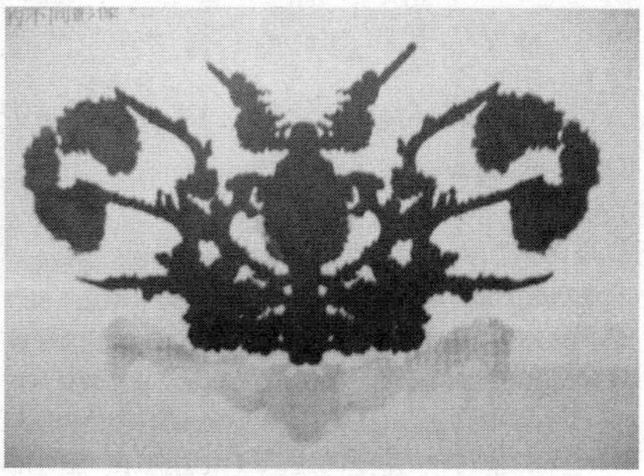

类似于罗夏墨迹测验所用的墨迹

临床工作者在实施罗夏克墨迹测验时，每次会呈现一张墨迹卡片，并要求被试回答看到了什么，或想起了什么。以下对话是一位抱怨自己、具有无价值感及缺乏自信的32岁的紧张的女性对一张罗夏克墨迹卡片的反应：

被试： 亲爱的！我的天啊！好。这上面的部分是只小虫子，看起来就像一只蚂蚁。这只蚂蚁是社会群体中的一个工人，它想去拖某个东西。我想是一种吃的东西，要送给其他的蚂蚁。它是一只蜜蜂，因为它有翅膀。一只工蜂带来一些可以吃的东西，给其他蜜蜂吃……这里是蜜蜂的嘴巴和翅膀。我认为蜜蜂不吃叶子，但是看起来是一片叶子或一片莴苣。

临床工作者： 哪个地方看起来像一片莴苣？

被试： 它的形状，而且它在中间还有血管。它肯定是一只蜜蜂。

（资料来源：Klopfer & Davidson，1962）

在最初的几年中，罗夏克测验者特别注意被试的想法，以及墨迹所引发的影像，并将之称为主题内容（thematic content）。现在的临床工作者除了仍然重视主题内容外，还十分重视反应的形态，例如，被试是把图形看做一个整体呢，抑或是注意特殊的细节？他们是把注意力集中在墨迹上呢，抑或是墨迹之间的空白部分？他们是注意还是忽略某些卡片的明暗和颜色？他们在图形中看到的是人的动作，抑或是动物的动作？以下是一位临床工作者对上述女性的反应所作的解释。

这只蜜蜂可能反映出她把自己看成是一个努力工作的人的形象（这一点已由其领导证实），此外，她提到“这只蜜蜂为其他蜜蜂带来一些可吃的东西”，则表明她对别人有很大的责任感。

这种卡片经常引发男性与女性的性联想，这种联想也许是直接的，或是象征性的。很显然，这个女人不能以公开或社会化的方式恰当地处理这些经验，所以两种性的象征都是由提供食物的口腔象征来替代的。

（资料来源：Klopfer & Davidson，1962）

3. 主题统觉测验

主题统觉测验（thematic apperception test，TAT）是与罗夏克墨迹测验齐名的另一种投射测验，由默里（H. A. Murray）及其同事于1935编制而成。现在所用的TAT为默里编制的第三套图片，由30张黑白图片组成。被试按年龄和性别分成成年男性、成年女性、男孩和女孩四种，每组专用的图片各一张，前后两组共用的图片各一张，男、女共用的各7张，各组通用的共10张，实施时各组20张（包括一张空白片），依照规定顺序呈现。TAT图片样例见左图。

主题统觉测验

通常在主题统觉测验实施过程中，要求被试根据19张适合其年龄和性别的图片和一张空白片讲述故事，每个故事约需要15分钟。指示语为：“请看一些图片，根据每一张图片讲一个故事，说明图片中表现的是什么事情，为什么会造成这种情况，以后会产生什么结果。你可以随意讲，故事越生动越好。”在临床上，TAT采取个别实施，主试记录其答案，也可观察被试在完成测验时的行为。由于时间关系，很多人不使用整套图片，而是依被试问题的性质选择若干张。

一个有经验的主试通常能从被试的故事中了解被试的最主要的需要、情绪、感情、冲突及被试感受到的外界压力。TAT对于了解被试与其父母的关系及障碍尤为有用。与其他投射测验一样，在解释时假定被试将自己的需要、欲望和情绪冲突投射到所讲述的故事中。这种解释是相当主观的印象过程。例如，一位名叫本的男大学生对TAT图片的感觉就表达在了他所讲述的故事中（见上图及说明）。

这个妇女对其记忆中对母亲的怀恨困扰着她。她对待母亲的方式使自己感到很难过，她对母亲的记忆使她感到非常苦恼。当她年龄越来越大时，这些感觉更为强烈，而且她看到自己的儿子对待她的方式，跟她以前对待她母亲的方式一模一样。

（资料来源：Aiken，1985）

有些心理学家认为，TAT 的反应可以作为各种心理障碍的指标，如缓慢或拖延的反应可作为抑郁的指标；男性讲述的故事中对女性多有贬义解说，而对男性多有赞美之词，这意味着同性恋倾向；对细节过于谨慎和关注则提示强迫—冲动障碍等。

（三）智力测验

智力测验的目的在于测量智力的高低。它是指由经过专门训练的研究人员采用标准化的测验量表对人的智力水平进行科学测量的一个过程。智力测验的要点有二：其一，实施智力测验必须有标准化量表或测验工具；其二，智力测验是在一定条件下使用量表对被试测试的过程，亦即测验过程。1905 年法国心理学家比奈（Alfred Binet）及其助手西蒙（Theodore Simon）编制了一套智力测验工具，它包含需要人们使用语言及非语言技能的一系列作业。从该测验中得到的分数称为智力商数（intelligence quotient，IQ）。

目前可以使用的智力测验已经超过一百种，包括广泛使用的韦氏成人智力测验（Wechsler intelligence scale）、韦氏儿童智力测验（Wechsler intelligence scale for children）、斯坦福—比奈量表（Standford-Binet intelligence scale）。这些智力测验在智力障碍的诊断方面起到了重要作用。此外，它们也可以协助临床工作者确认诸如神经性障碍等其他问题。

智力测验是所有临床测验中最精心建构的测验。多年来，通过对大量被试的测验，临床工作者已将其标准化，因而临床工作者对某一个体的分数，可以与其总体的结果作比较，而且能得到相当准确的信息。这些测验也显示出相当高的信度：接受智力测验的人，在几年后重复同样的测验，都可以得到大致相同的分数。另外，重要的智力测验也有相当高的效度，例如，儿童的智商分数往往与其在学校的成就有密切的相关性。

然而，智力测验也有某些明显的缺点。有些与智力无关的因素，例如，低动机水平与高焦虑都会极大地影响一个人的工作或成就表现。此外，智力测验可能在其语言与操作上含有一定的文化偏见，从而使某一具有特殊文化背景的人比其他社会文化背景的人占优势。同样，某些少数民族成员可能缺乏这种测验的经验，或他们也可能对其他民族的测验人员感到不安。不管是哪一种情况，他们的表现都有可能受到影响。

（四）反应量表

如同人格量表一样，反应量表（response inventories）要求被试提供有关他们自己的详细信息，不过这些量表集中在心理功能的某一特殊方面。例如，某一量表可能只是测量情绪，而另一量表则测量社交技能，或只测量认知过程。临床工作者应用这些工具来确定这些因素在个人心理障碍中所起的作用。例如，情感量表（affective inventories）是用来测量某些情绪，如焦虑、抑郁，以及愤怒的严重性。其中最为广泛使用的情感量表就是贝克抑郁量表（Beek depression inventories），见表 4－8。

表4-8 贝克抑郁量表的题目样例

题 目	量 表	
自杀念头	0	我从来没有想过要自杀。
	1	我想过自杀，但我不会真正去做。
	2	我想要自杀。
	3	我有机会就会自杀。
工作的抑制	0	我可以像以前那样工作。
	1	我做任何一件事都不得不费一番精神才能开始。
	2	我做任何一件事都必须费力地驱策自己。
	3	我什么事都无法做。
丧失性欲	0	最近我在性方面的兴趣并没有改变。
	1	我在性方面的兴趣已经比以前减少。
	2	我现在对性方面的兴趣已大为减少。
	3	我在性方面已完全失去兴趣。

（资料来源：Ronald J. Comer，*Abnormal Psychology*，4th ed.，2001）

由于反应量表是直接从患者那里获取资料，因而它们有很高的表面效度，所以这种量表的数目及使用它们的临床工作者在过去的二十多年中稳定增加。然而，这些量表也有较大的局限性，例如，它不像人格量表那样包含一些指出人们是否粗心大意，或描述错误的题目。同时，除了贝克抑郁量表和其他少数几个量表之外，较为严格地遵循标准化、信度及效度程序的量表也不多。它们经常是在有某种需要时临时编制的，因而缺乏对其正确性、一致性的检验。

四、行为观察

临床工作者对心理障碍的评估必须以收集所要研究现象的信息为基础。而信息收集的主要方法之一是行为观察（behavioral observation）。一般而言，对行为的观察包括自然观察、结构性观察与自我监控。

（一）自然观察与结构性观察

自然观察（naturalistic observation）是临床工作者在患者的日常生活环境中观察其行为的方法。自然的临床观察通常发生在家庭、学校或其他组织机构中，如医院、监狱或社区。自然观察的对象大部分是亲子之间、兄弟姐妹之间、同学及师生之间的互动，包括情绪的表达、攻击性言行等。一般而言，这种观察是由患者环境中的主要人物或参与观察者做记录，然后把观察结果向临床工作人员报告。

使用单向玻璃装置，临床工作者可以观察孩子们在教室中的行为。

如果自然观察存在某些困难而难以实施，那么，可以设计一种结构性环境去观察患者的行为，这种方法叫结构性观察（structured observation），如在配有摄像机或单向观察玻璃的办公室、实验室里观察孩子如何与其父母互动、夫妻如何尝试解决意见分歧，或者具有恐怖症的人在接近他们所害怕的事物时的行为表现。

尽管通过对实际行为的观察可以得到许多信息，但是行为观察也有许多局限性。首先，通过观察得到的结果经常是不可靠的。有时不同的临床工作者在对同一个体观察时，由于对行为观察的角度、内容不同，或对行为评估的方式不同，往往会得出不同的结论。为此，对观察者进行严格、周密的训练，以及使用规范的观测记录表，能起到减少上述问题的作用。

（二）自我观察

在对行为的评估当中，行为治疗家一直要求个体观察自己的行为，并且记录下各种类型的行为反应，这种方法叫做自我观察（self-observation），也叫做自我监控（self-monitoring）。自我监控一直被用于收集临床工作者和研究人员都感兴趣的资料，包括心境、应激状态下的体验、应付行为及思维等。例如，一个吸毒者，他想吸毒的时间间隔有多长；一个经常头痛的人，多长时间会头痛一次，何种情境下产生何种感受。

自我观察通常导致符合需要的行为增加，不符合需要的行为减少。此人正对吸烟行为进行监控，并将观察信息输入掌中电脑。

自我监控有何优点？其一，自我监控对一些发生频率较低，用其他观察方法不可能达到评估目的的行为特别有用。其二，对一些经常发生，且用其他方法不可能详细观察的行为也很有效。例如，抽烟、喝酒或使用毒品。其三，自我监控也是观察和测量个人思维和知觉的重要方法。Turner 等人（1977）的一项研究发现，有听幻觉的女性患者，其所听到的说话声音，并未在她周围真正发生，她要自我监控幻觉，而且要向临床工作者报告。每当她出现这种体验时，就要举起一个手指，如果这种体验一再出现，她就要一直高举手指。

然而，就像其他临床评估程序一样，自我监控也有它的缺陷，首先是存在着效度问题。因为在这种形式的观察中，患者不一定能够得到适当的指导，他们缺乏对自己行为的经常性与正确性的记录。同时，当人们自我监控时，他们可能会有意识地改变自己的行为。例如，Kilmann（1977）等人的研究指出，吸烟者在对自己进行监控时，抽烟的数量很可能会比平常少；吸毒者使用毒品的次数往往也会减少，而教师们则会给学生较多正面的鼓励，减少负面的批评。

第四节 心理障碍的生理学评估

多年来，研究人员及临床工作者在他们了解与探索正常与异常心理功能的过程中都试图对大脑及神经系统的其他部分进行直接观察或者做出某种推论。在一些情境中，对某些特定的心理问题有必要进行医学检查与评估，以确定生理异常是否就是导致该特定心理问题的直接原因。医学评估包括一般的生理学检查与特殊检查两个方面，目的在于对大脑的结构与功能的完善性做出评估，前者属于解剖学检查，后者则属于生理学检查。

一、脑成像技术

心理活动是脑的功能。作为人类机体最重要的器官，大脑也会受到各种外在因素包括药物作用的影响。心理方面的症状既可以由原发性心理疾病引起，也可以是代谢感染和结构异常导致脑功能出现变化。对心理症状的早期表现需要进行全面的神经学检查，这些检查通常使用脑影像学技术。

（一）脑结构影像

最早被用于脑结构影像学检查的是发展于20世纪50年代的X光技术。X光对脑进行多角度成像，也就是说，使X光直接通过头部，X光射线在骨骼处被阻挡或衰减较多，而在脑组织处被阻挡或衰减则较少。衰减的幅度在头部的另一侧面被检测。电脑将重建脑各个切面的图像。这一过程需要大约15分钟，被称为计算机化X射线轴分层造影（computerized axial tomography，CAT）。简称CAT或CT扫描。这种方法入侵性相对较小，并被证明在确认及定位脑结构异常时非常有用。在定位脑肿瘤、损伤及其他结构性及解剖异常上，这种方法格外有效。然而，一个难题是，这些扫描像X射线一样，需要反复的X射线辐射，有损伤脑细胞的风险。

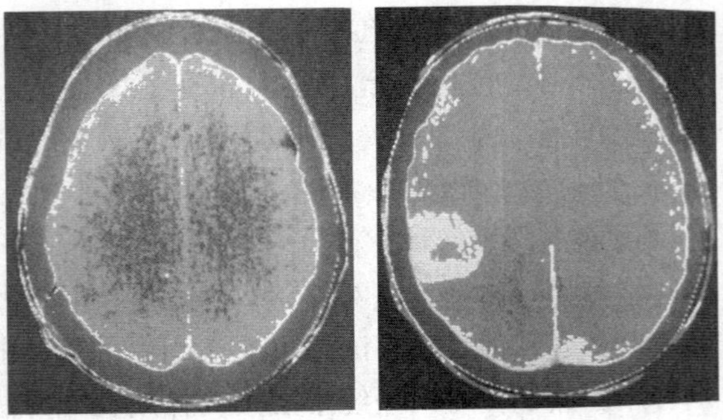

这两幅CT扫描显示了整个大脑的一张平面图。图中可见，左侧这幅图表明大脑是正常的，而右侧这幅图则表明在该大脑的左边有一个肿瘤。

最近开发出的一种方法较CT的分辨率（分辨能力与准确性）更高，且没有X射线固有的风险。这种扫描技术叫做核磁共振成像（magnetic resonance imaging，MRI）。患者的头部被置于强磁场中，其中传送了收音机频率的电磁信号。这些信号激活脑组织，影响氢原子中的质子。这种变化被测量，同时测量了质子“缓和”或恢复正常的时间。在有损伤的地方，信号会更弱或更强。现在的技术可以做到使计算机分层观察大脑，并可以对脑结构做非常准确的检查。MRI比CT花费更昂贵，且最初耗时达45分钟，由于技术的不断进步，新的MRI方法只需10分钟。总体上讲，由于该方法仍存在局限性，加之心理障碍病因的复杂性，这两种技术未能取得令人满意的临床应用效果。

（二）脑功能影像

脑影像学技术的进步使正常心理活动过程和心理病理性异常的特殊化学活动和电活动的定位与分析得以进行。近年来的文献大量报道了功能影像技术，如正电子发射断层造影技术（positron emission tomography，PET）和单光子发射计算机断层扫描（single photon emission computed tomography，SPECT)，这两种技术对心理障碍患者脑血流和脑代谢方面的研究工作引起了人们的关注。

三维脑功能影像技术始于四十年前，随着时间的推移，PET和SPECT逐渐得到发展。这两种技术均可以通过应用计算机影像来描绘大脑局部的功能，研究代谢和化学改变。两种方法相比，PET的分辨率明显高于SPECT，为当前核医学影像技术的最高水平。近年来，由于先进的放射性药物的发展和设备的改进，SPECT影像的质量和分辨率已接近于PET。这两种技术与CT和MRI相比，后者只能提供静态的大脑结构的解剖影像，而PET和SPECT则可以对脑血流和神经化学活动做出动态的观察。脑影像学技术最激动人心的进步是更为高速的MRI的引入。利用先进的计算机技术，MRI的工作时间仅为毫秒量级。因此，通过记录脑从现在到下一步的变化，MRI可以记录得到脑在工作时的图像。由于这种方法能测量脑的功能，因此被称为功能性MRI或fMRI。在领先的脑成像机构中，fMRI已经大量取代了PET，原因在于fMRI可以使研究人员看到脑对事件瞬间的反应，如看到一张陌生的面孔，此反应称做事件相关fMRI。

相关链接4－1　PET的工作原理及应用

同位素有不稳定的特性，在放出正电子后即可以达到稳定状态。被放出的一个正电子穿行数毫米后与一个电子相撞，发出两个γ射线光子，沿相反方向飞行，它们在探测器被吸收后产生光波，同时测出γ射线光子产生的部位及数量。目前PET的研究多使用放射性同位素标记的葡萄糖。该物质与普通葡萄糖的化学性质相类似，可在大脑中产生有标记的代谢产物，当同位素放出正电子后即被测定出来，其他用于PET研究的不稳定化学物质可以用来评价受体的部位、密度、活动水平和大脑血流的速率。用PET进行研究，发现精神分裂症患者脑血流从前向后发生梯形改变，最严重的损害发生在额叶，且左侧大脑半球的改变重于右侧。用分辨率为6mm的PET扫描发现，阿尔茨海默氏病患者代谢异常不像以前想象的那样只存在于局部，而是分布较为广泛。主要涉及颞叶、顶叶和额叶，另外枕叶、感觉运动区皮质区也有损害，与同年龄的对照组相比，患者的整个大脑代谢低下，但是代谢低下程度不是均匀一致的，有些区域重些，有些区域轻些（Kumar，1991）。

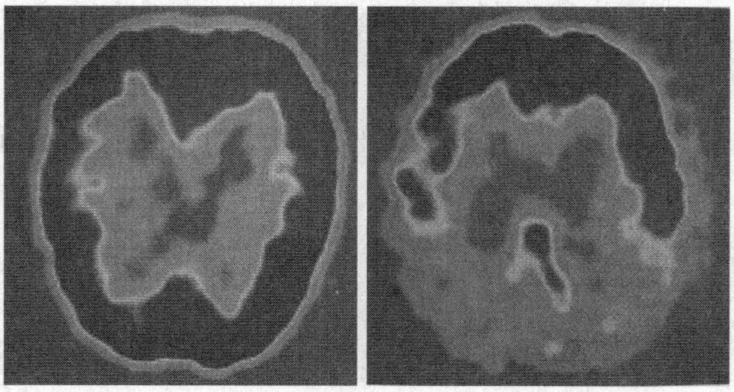

左侧这幅PET扫描显示一幅正常的大脑影像，而右侧这幅则显示出一位患有阿尔茨海默氏病的患者的大脑影像。

（资料来源：Halgin & Whitbourne，*Abnormal Psychology*，2000）

二、心理生理学评估

心理生理学是关于伴随心理事件而发生身体变化，或与个人心理特点相联系的身体变化的学科。研究者通过对诸如心率、肌肉紧张、身体各部分的血流以及脑电波的测量去研究当人们感到恐惧、抑郁的时候，或当人们在睡眠、想象、解决问题等时生理所发生的变化。就像运用脑成像技术一样，我们在这里所说的评估并不完全用于对疾病的诊断，但是它们能够提供重要的信息。例如，运用暴露疗法去治疗焦虑障碍患者，对于了解当患者经受治疗焦虑的刺激时所显示出的生理唤起的程度是十分有用的。那些显示出较高生理唤起水平的患者可能体验到了更高水平的恐惧，而这种情况预示患者将从这种治疗中获益更多。

自主神经系统的活动常常通过对电与化学的测量得到评估，以此尝试对情绪的特点做出理解。其中一种重要的测量手段是心率。每次心搏在电位方面发生的变化都可以通过一个心电图描记器（electrocardiograph）记录下来，或转化为心电图（electrocardiogram，EKG）。

自主神经系统活动的第二种测量方法是电极反应（electrodermal responding），或皮肤电传导（skin conductance）。焦虑、恐惧、愤怒，以及其他情绪影响交感神经系统活动，并促进汗腺活动。被增强的汗腺活动又增加了皮肤电传导。电传导可根据确定流经皮肤的电流而得到测量，在汗腺被激活后电流表现为明显增强。由于汗腺受交感神经系统的激活，因此，增强了的汗腺活动表明交感自主神经系统的兴奋，而且被用于对情绪唤起的测量。

技术的进步允许研究者去探索人们在从事其正常活动时生理过程方面的变化，诸如血压。参与实验者戴上一件便携式、可自动记录一天中不同时间血压的仪器。把这些由参与实验者自我报告记录下的测量数据综合起来，研究者就能够对人们不断变化的心境怎样对血压产生影响进行研究。

大脑的活动可通过脑电图（electroencephalogram，EEG）进行测量。研究者们将电极置于头部记录下大脑内部电流的活动，并将脑电波传送到示波器上。当大脑出现异常脑电波模式，或出现节律（dysrhythmia）障碍时，可能表明存在脑损伤、脑肿瘤、癫痫或其他脑部异常。此时，临床工作者要使用更精确及更精湛的技术来确定问题的性质与范围。

三、神经心理学评估

这里必须指出，虽然神经学家与神经心理学家都关心中枢神经系统的研究，但这两种专业人员仍存在区别。神经学家是专门研究对神经系统有影响的疾病的医生，诸如肌肉萎缩症、脑性瘫痪、阿尔茨海默氏病等；神经心理学家是研究脑功能障碍对人们的思维、情感及行为产生影响的心理学家，他们接受心理学的训练，关心的是思维、情感与行为。两种类型的专业人员在其不同工作领域相互借鉴、取长补短、共同协作，了解神经系统的功能，以及脑部疾病或损伤所引起的改变问题。

目前，脑影像与神经化学技术提供了令人惊异的图像，并且可使我们洞察到人体内部器官，也使得我们收集到大量包括大脑在内的生物组织的信息。许多学科中的临床工作者与研究者们运用这些技术发现了以前难以发现的肿瘤及其他脑部问题，同时也深入调查了思维、情感及行为的神经与化学基础，因而它是一个富有生气且令人兴奋的研究与应用领域。的确，有人也许会认为，神经学家和医生借助于 PET、CT 和 MRI 扫描等技术手段，或多或少可直接观察到大脑及其功能，进而对大脑异常做出评估。然而，这些技术在被用来对病理心理学问题做出评估时，效果并非十分理想。进而，许多大脑的病变与损伤涉及在结构上如此精细或细微的变化，以至于临床工作者有时并不进行直接的身体检查。

临摹简单对象的能力被用于对脑功能的评估。

为此，神经心理学家建立了一些神经心理测验（neuropsychological tests），以此对因大脑功能障碍而引起的行为异常做出评估。这些测验恰好常常连同大脑扫描技术一起使用并相互印证。证据表明，这些测验在探测大脑损害与大脑受损特定区域的定位两方面都具有一定效度。神经心理测验的理论根据是不同的心理功能（例如，运动速度、记忆、语言）定位于大脑的不同区域。因此，如果在一项特殊测验中发现了一个薄弱点，就意味着提供了有关大脑的某个区域可能存在某种损伤的线索。

神经心理学测验有以下功能：对语言的理解与表达、注意与集中精力、记忆、运动技能、理解能力、学习及抽象能力。测验进行的方式使得临床工作者可以推测患者的行为表现及可能存在的脑损伤。换言之，这种评估脑功能障碍的测试方法，是通过观察脑功能障碍对患者完成一些任务能力的影响，即尽管你不能真的看到损伤，但可以看到操作的后果。目前，常用的神经心理测验有班达视觉—动作完形测验、Halstea-Reitan 神经心理成套测验、鲁利亚—列别斯克成套测验。

（一）班达视觉—动作完形测验

班达视觉—动作完形测验（Bender visual-motor gestalt test）是使用最广泛的一种神经心理测验，它包含九张卡片，每张卡片显示一张简单的图案。受测者每次看一张图案，并在一张纸上临摹，然后根据记忆画出这些图案。到 12 岁时，大部分人能够记得，并能够很正确地将图案重新画出。如果出现明显错误，受测者被认为存在器质性的脑部损伤。

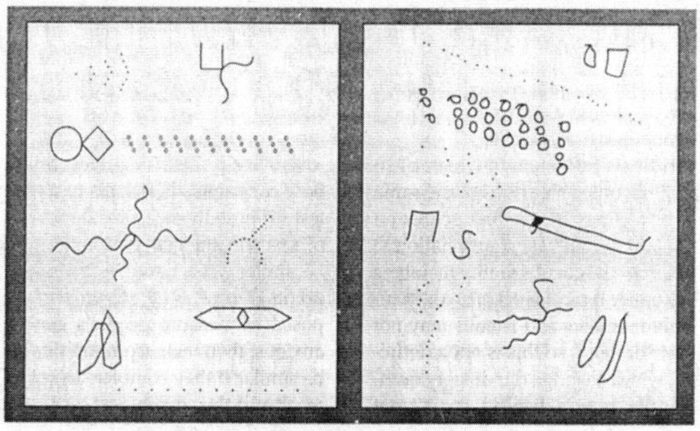

班达视觉—动作完形测验

班达视觉—动作完形测验可测出约75%的一般器质性损伤案例，这表明，该测验具有相当高的效度。但是，Lacks与Goldstein（1999，1990）的研究分别表明，这种测验中的任何一个单一测验都不能一致地由其他脑损伤中区分出某种特殊的脑损伤。这是所有这类测验最主要的缺点。因而许多研究者认为，这种测验最多是用来探查神经问题的一个较粗糙或一般性的工具。如果要达到测验的精确性或提高准确度，则要用一种范围广泛的测验系列或称成套（battery）的神经心理测验。

（二）Halstea－Reitan神经心理成套测验

为了达到更高的精确性与准确度，就必须使用一个范围更为广泛的测验系列，或称成套的神经心理测验（battery of tests）。其中每一种测验都以特殊技能领域作为目标（Baver，2000）。心理学家Reitan对由Halstea建立的成套测验或群体测验进行了修订，并形成了一套神经心理测验。运用这套测验的概念在于，每项测验代表一种不同功能，只对某人作业类型进行研究，就可以使调查者正确地判断该受测者是否存在脑损伤，并对损伤区域做出定位。以下是包括在成套测验中的四项测验：

（1）触觉作业测验——时间（tactile performance test—time）。患者被蒙上双眼，同时被要求尝试将不同形状的木板装入某一形式的空间，先使用便利手，然后使用另一只手，最后使用两只手作业。

（2）触觉作业测验——记忆（tactile performance—memory）。在完成了时间测验之后，受测者被要求依据记忆画出木板形状，指出该木板的正确位置。

（3）语言声音知觉测验（speech sounds perception test）。受测者听一系列无意义的单词，每一个单词都在其间包含一个长音e。受测者要从不断变化的背景中选择该词。该测验测量左半球功能，特别是颞叶与顶叶区域。

广泛的研究证明这套测验对检测由各种不同因素造成的脑损伤是有效的，诸如肿瘤、中风、头部损伤等。进而，这套测验在做出有一定难度的诊断方面可发挥重要作用，例如，将由抑郁引起的痴呆与由退行性大脑病变引起的痴呆区别开来（Reed & Reed，1997）。

（三）鲁利亚—列别斯克成套测验

该成套测验建立在俄国心理学家鲁利亚（Aleksandr Luria，1902—1977）的工作基础之上，并得到了广泛的运用。269个条目的成套测验组成了11个部分，以探查基本与复杂的运动技能、节奏感曲调能力、触觉与动觉技能、言语与空间技能、感受语言的能力、表达语言的能力、书写、阅读、算术能力、记忆及智力加工能力。这11个部分的分数模型具有较高的区分度，有助于揭示对额区、颞叶、感觉运动区、左右两半球顶枕区的损害。

鲁利亚—列别斯克成套测验可在两个小时或一个半小时内完成。研究表明，该测验所得分数具有高可信度。其效标效度是根据在研究中使用神经症患者样本组与控制组时，该测验的准确区分率达86%以上得到的。鲁利亚也认为，该测验具有可探测到那些由神经学检查或影像评估不能检测到的脑损伤的效果。鲁利亚—列别斯克成套测验的一个独特优点在于研究者可对教育水平加以控制，以使受教育水平较低者不至于由于教育经验的限制而只得到低分。最后，研究者们发现，1981年完成的8～12岁年龄组儿童测验的修订版在诊断脑损伤及在对教育程度、儿童弱智的评价方面也具有积极意义。

第五节　心理障碍评估中存在的问题

一、临床评估中的文化偏向

对心理病理学及其评估的文化影响的研究不断增加。在我们考查这类研究时，一个重要的问题在于，必须看到在文化群体内部比文化群体之间可能存在着更为典型的差异，而认识到这一重要问题将会有助于我们避免将某一文化群体的成员刻板化的危险。

同时，我们也应该看到，不同形式的心理学评估的信度与效度因其内容与记分程序只反映了欧美白人的文化，因此人们一直在质疑它能否正确地对不同文化的成员做出评估。

评估中存在的文化偏向不是一个简单问题，因为这种偏向明显导致评估工具失效。关于在测验中偏向问题的研究指出，一些主流的测评程序，诸如韦克斯勒儿童智力量表（修订版）对少数民族及非少数民族儿童具有相当的预测效度；智力测验对这两个群体学业成就的预测同样有效。产生于对罗夏克测验进行计分的爱克斯纳系统（Exner systerm）指数在非洲裔美国人和白人中非常相似。MMPI 剖析图对于非洲裔美国人和白种人也同样非常相似，并且在非洲裔美国人和白种人中所做的临床评估显示出同样令人满意的结果。但是在亚洲人当中，特别是在那些尚未被美国文化完全同化的群体中，在 MMPI 量表上的得分明显表现出高于白种人的现象。研究者认为，这不可能是由于在亚洲人中有更高水平的情绪障碍所致。

此外，文化偏向可能以不同的方式产生影响。它可能导致临床工作者高估或低估来自其他文化群体的成员的心理问题。非洲裔美国儿童在特殊教育课程中作为例子被过多地引用，这可能就是测验中存在着某种程度的文化偏向的结果。再以那些在情感上严重退缩的亚洲裔美国男子为例。与欧美文化相比，亚洲文化中男性具有较低水平的情感表达，临床工作者是否应该考虑以更为积极的态度来看待这种现象呢？一个可能的情况是，一位过于急切地把行为归因于文化背景差异而非心理障碍的临床工作者，会将此归于情绪障碍；如果患者是白人男性，就很有可能会对这位白人男子不做出情绪问题诊断。这就是文化偏向导致的结果。

偏向是如何产生的呢？文化差异是多种多样的，能从不同方面影响着临床评估。语言的不同、竞争的文化价值观、不同的宗教信仰，面临由欧美文化的临床工作者进行评估时，少数民族文化成员的疏离、怯懦，所有这些因素都发挥了作用。讲汉语的人接受讲英语的临床工作者的评估时，可能会受到水平低劣的翻译者的影响，也可能会受到对语义理解的影响。有些临床医师遇到声称为神鬼所包围的患者时，可能会把这种信念看做是精神分裂症的征兆。但在许多文化中，如在波多黎各人的文化中这种信念很普遍，因此对于波多黎各人而言，一个相信被神鬼所包围的人可能不会被诊断为精神分裂症。文化差异也可能导致某种能力倾向测验或智力测验产生不同的结果。Triands 认为文化有个人主义与集体主义之分，即个人主义者将个人目标置于集体目标之上，而集体主义者或者在个人利益与集体利益之间不加区别，或者使其个人目标服从于他们所属的集体目标。Markus 和 Kitayama 则假定，来自欧美文化中的人强调独立性、自主性，而生活于亚洲文化中的人们则强调相互依存性。美国人通过关注个体的自我，通过表达其独特的内在态度来寻求自身的独立性；而亚洲人则强调对他人的关注，适应并维持和谐、一致的人际关系。因受其文化所逐渐灌输的合作与群体定向的价值观的影响，亚洲青少年可能对具有个人主义及竞争特征的智力测验不感兴趣，研究表明，即使美国土著儿童也有这种表现。

尽管重要的问题在于意识到文化差异对临床评估有着潜在影响，但在某人的临床评估中尝试去考虑文化差异的影响，是否必然对诊断产生积极作用则尚不清楚。请看一项对加利福尼亚心理健康医生的调查结果：一名临床医生报告称，一名非洲裔美国妇女出现的幻觉不具有心理病理学的意义，因为他认为，在非洲裔美国人中幻觉是很普遍的事。由于将该妇女的问题归属于亚文化标准，因而该医生低估了这个妇女问题的严重性。结果他没有考虑做出精神分裂症的诊断，有可能会损害这位妇女的健康。

文化偏向不仅仅影响被诊断的患者，也影响临床医师如何得到诊断。有研究表明，如果一个病例摘要将一个人描述为非洲裔美国人，这与如果把该人描述为白人相比，临床医师更有可能将这名患者诊断为患有精神分裂症。一项以医院为基础的研究发现，非洲裔美国人患者被过多地诊断为患有精神分裂症，而被过少地诊断为患有心境障碍。另一项研究发现，对于相同的病症，较低社会阶层的非洲裔美国人患者比白人及中产阶级患者更有可能被诊断为酒依赖，而这种诊断对非洲裔患者而言是一种伤害。

文化差异是不可避免的。渗透到临床评估中的文化偏向并不必然产生对这些偏向做出补救的努力，答案是复杂的。美国 DSM-Ⅳ-TR 在对每一类障碍的讨论中都涉及了文化因素，这可能足以使临床医师对这个问题敏感起来，这是必要的第一步。当医师们接受调查时，他们强烈表示，在他们的临床工作中非常重视文化因素。

二、避免评估中文化偏向的策略

在对患者做出评估时，临床医生可以而且必须用不同的方法去减少文化偏向所导致的消极影响。临床心理学家 Sattler（1992）就此提出了一些富有指导意义的建议，在选择和解释测验及其他评估资料方面，这些建议可以给临床工作者以指导。首先，临床工作者应该尽力了解被评估患者的文化背景。这方面的知识来源于阅读文献、与同行交流或与患者直接讨论。其次，临床医师有必要了解患者的优势语言，还要考虑采用多语种的测验。

评估的程序也可能要修改，以保证患者真正理解任务的要求。例如，假设一个本土美国儿童在一项心理运动速度测试中表现欠佳。测验人员推断这可能是因为该儿童没有理解快速工作的重要性，而是过度关注了准确性。经过对快速工作而非担心出现错误的重要性做了更加准确的解释之后，再次进行此项测验。在这种情况下，如果儿童的成绩有所改善，那么测验人员就获得了对儿童的一种重要理解。当所采用的测验策略更为多样化时，就会避免做出心理运动速度缺失的诊断。

最后，当检测者和患者都有着不同的种族背景时，检测者需要付出额外的努力去建立一种和睦与信任的关系，以便使患者表现出最好的绩效。例如，当对一个害羞的西班牙学前儿童进行检测时，其中一个检测者未能获取对测试问题的口头回答，但在候诊室却仍然听到男孩以活泼、清晰的方式与母亲交谈。由此，可以形成这样一个判断：测验结果并不能代表对该儿童语言技能的有效评估。当儿童在自己家中，同时又有母亲在场时，重复同一测验，有助于观察其口头语言能力。

尽管如此，正如 Lopez（1994）指出的那样，文化反应与文化刻板化之间的距离可以被缩短。为了使该问题减至最小，就要鼓励临床工作者尤其是在对少数民族患者做出诊断时，结论应该是暂时性的，还要建议他们做出文化对某个特殊患者存在影响的假设。此外，要考虑做出可供选择的假设，进而去检验这些假设。

在 Davisont 等人的一例病案中，一位年轻人被怀疑患有精神分裂症。显著的症状之一是他报告说一直听到某种声音。但他声称，他只是在思考时才能听到声音，而在他所处的文化（佛教）中这种经验是正常的。为此，研究者（经得患者许可）与其家族宗教领袖取得联系。该僧侣指出，这位年轻人报告的症状非同寻常，并证明该年轻人所属的宗教社会与其日渐增加的古怪行为没有关系。因此，该年轻人的症状应该归因于文化因素的假设不能成立，从而避免了不将此症状视为心理病理学问题的错误。

三、行为的一致性与可变性

在任何形式的临床诊断中，为研究者们所强调的另一个重要问题是行为的一致性和可变性。人的行为具有一致性，还是具有可变性？易言之，在各种情景中，我们所具有的人格特质会以相同的方式去运作吗？抑或是我们会依据情境的不同而有不同的行为表现？这个问题促使人们展开了许多争论与研究，并且涉及在临床背景中如何对人及其问题做出评价的任何慎重考虑，并出现了特质论与情境论两种不同的观点。

（一）特质论与情境论之争

特质理论家相信人类可以被刻画为拥有一定数量的特性，如吝啬、强迫，或者用 DSM 术语来说，就是具有某种特质的障碍。特质理论家假定，可以根据人们所拥有的独特行为特性的程度来对人们在不同情境中的思维、情感及行为表现做出合理的预测。这一理论范式认为，在不同情境中人们将表现出相当一致的行为。例如，一个具有高度侵犯性的人，在家庭、工作、游戏中都将比那些侵犯性较低的人表现出更高的侵犯性。

然而，Walter Mischel 在检视了有关这一问题的研究证据后，在其经典著作《人格及其评估》（1968）中指出，除了 IQ 以外，人格特质并非行为的重要决定因素。他做出结论说，随着情境的不同，人们的行为经常是不一致的。Mischel 的这一论点引发了特质论与情景论之间的争论。

无疑，Mischel 对特质论的批评在学术领域引发了热烈的讨论。例如，心理动力学家 Paul Wachtel（1977）指出 Mischel 引用的研究通常以正常人为被试，这些人的行为比患者更具适应性。心理障碍的标志是缺乏可变性与适应性，换言之，在不同的情境中行为表现出了一致性。无疑，人格障碍就可以被视为具有缺乏可塑性及适应不良特征的极端例子。因此，Mischel 根据对正常人的基本的研究所得出的结论就不能运用于心理障碍患者身上。

Wachtel 也指出，不同的知觉可能造成人们对相似的情境产生不同的体验，或在客观上对不同的情境做出相同的反应。例如，当一个人在购物时，有关方面要对其所持信用卡进行核查，这对于一个过度多疑的人而言，他可能会将这种核查视为对自己诚实的怀疑，而对一个患有妄想障碍的人来说，则可能被视为是对他进行羞辱或迫害的邪恶阴谋的一部分。

对环境的敏感并不是这个人的问题，更确切地说，这个人即便不是全部，也是将大多数情境知觉为含有各种威胁与危害。此外，周围的环境会引发人产生一定的行为反应。具有妄想障碍的个体不仅会将他人知觉为威胁，还可能通过首先攻击他人而导致他人真实地对自己产生了威胁。实际上，他把无害的情境转化成了有害的情境。因此，妄想障碍患者的行为变化很少。

Wachtel 还指出，某种人格倾向可能对在各种情境下个体的选择产生影响，或者对个体的自我建构产生影响。例如，一个向来乐观的人，可能会寻找出肯定其积极人生观的情境来，而这又进一步加强了其今后寻求或建构乐观情境的人格特质的倾向。于是，就存在着一个往复式的相互作用，人格特质影响着个人对所处情境的知觉，反过来情境又影响着人格。“长期表现出的一致性也许是对有助于个体态度、人格特质、气质形成的情境做出选择的持久历史的产物。”

在由 Mischel 的《人格及其评估》一书所引发的争论中，一些心理学家认为 Mischel 的观点新颖，但过于极端。Jack Block（1971）对 Mischel 关于行为一致性的结论提出了质疑。通过对 Mischel 通常用以支持其观点的研究做了检验之后，他发现这些研究中的许多方面都存在严重缺陷。另外，特质论者 Seymore Epstein 也提出批评，认为 Mischel 所使用的研究支持了情境论者的观点，Epstein 指出，这些研究只考察了很小的一部分行为，正如仅仅根据对某人在一个测验项目上的得分而对其 IQ 得出测量结论一样，是一种不合时宜的研究策略。正确的做法是从一系列情境中找到某个行为表现的平均值。在 Epstein 所做的研究中，他收集并对许多情境中的行为资料与数据加以平均，并且能够证明行为具有明显的一致性。

由于所收集到的越来越多的资料对人格倾向的重要性提供了支持，因此著名的心理学家、人格理论家奥尔波特（Gordon Allport，1937）关于整体人格特质的独到见解目前正在重新恢复着它的影响力，该理论的重要性表现在它对复杂人类行为的理解方面。例如，在变态心理学领域，目前很多正在进行的研究工作试图运用把人格描述为由五个重要特质组成的模式来说明人格障碍。

（二）学习范式对情境论的支持

在上述争论中，以班杜拉为代表的学习范式显示出了对 Mischel 观点的支持。班杜拉（1986）曾提出，特质论者对自我报告问卷的过多依赖往往歪曲了他们的结论。因为人们会选择性地把他们自己知觉为一致的，并且相应地在这些问卷上做出回答。这些问卷探查的是在非特定情境中（一般情况下）的典型行为，例如：“当你生气的时候你常发脾气吗?”另一方面，如果在各种不同的情境中对人进行观察，他们的实际行为将表现出更多的差异性与多样性，而且对环境差异更为敏感。这是根据总结社会及人格心理学领域中广泛的研究文献所得出的结论。

班杜拉进一步指出，Epstein 和其他特质论者忽略了在情境 Y 中表现行为 X 的可能，也就是说，是否在特定的情境中表现出特定的行为方式。作为社会学习理论家，班杜拉比特质论者更关注情境对行为的决定作用，尤其是为个体所期待的强化。“违法犯罪者针对教区牧师的攻击行为与针对敌对团伙成员的攻击行为没有多大相关性，因为他们的行为更多的是由情境决定的。”

Mischel 提供的资料恰恰支持了这个观点，以“如果……那么……”的公式说明在一次野营背景下儿童的表现。例如，亨利是否在受到成人有关不许打人的警告后仍表现出侵犯行为，而在受到同伴威胁时却表现出了遵从。因此，在侵犯性特质与此等行为发生与否的情境之间存在着交互作用。表达某种特殊倾向性，诸如侵犯性行为的后果，在决定那个特质在某一特定情境中是否表现方面起着重要作用。

当然有些情境实际上能够使所有个体产生相同行为，因此，某种情境论者的观点有时能导致一种类似于特质论的预测。例如，在盛夏炎热的海滩上，多数人很可能穿很少的衣服并且要游泳；在图书馆里，多数人可能在阅读或低声说话。就算情况总是如此，但是一个对行为的完整分析应该必须包括对某一特定个体是否会在沙滩上阅读的预测，包括对是否会坐在图书馆里而同时做着有关沙滩的白日梦的预测，包括对或许都不属于此等情况中的行为的预测。有时在有关人格特质与行为的可变性的争论性文献中所形成的问题，是对人格因素与不同环境如何相互作用的探讨与评论，这一理论范式与心理病理学研究中提出的素质—应激观（diathesis-stress viewpoint）有着相当大的一致性。

由上述讨论我们可以得出如下两点看法：

第一，文化和种族因素在临床评估中发挥着一定作用。例如，在偏向于对白色人种的研究中发展起来的评估技术，在用于对非白人患者时可能存在评估不准确的问题。临床工作者可能在对少数民族患者做出评估时存有偏差，这种偏差可能导致缩小或夸大某个患者的心理病理学问题。

关于文化对病理心理学及其评估的影响的研究近年来在不断增加。这些研究告诉人们，在从事该问题的研究中，或在病理心理学的临床评估中绝不能忽视文化群体内部的差异，而且有时这种差异比文化群体间的差异还要大。对这一关键问题的重视可能有助于我们避免对某一文化群体的成员产生所谓刻板观念的危险。

我们还注意到，各种不同形式的心理学评估因其内容与得分的程序只反映了欧美白人文化，而对来自其他文化的成员可能做出不准确的评估，所以这些评估方法的信度与效度一直受到人们的质疑。因而，越来越多的临床评估专家认为，必须对文化偏向问题予以认真讨论，并找到如何避免文化偏向的不良影响的方法与策略。

第二，人类行为在各种情境中是否具有稳定性是一个引起人们激烈争论的问题。对心理学家而言，多年来该问题既具有理论意义，也具有实践价值。尽管目前尚无一致答案，但很明显，与以往传统人格理论家的观点相比，行为在各种不同情境中更加具有可变性，而与那些学习范式理论家的观点相比，行为在各种不同情境中更加具有稳定性。

第五章　心身障碍与健康心理学

心身障碍（psychosomatic disorders），诸如虚弱、心血管疾病（包括原发性高血压和冠状动脉心脏病）、癌症、艾滋病，以及其他可能没有那么严重却十分常见的疾病，是由心理因素所引起或所恶化的真实的身体症状。与我们在第七章中所描述的许多障碍（如疑病症、躯体形式障碍及转换性障碍）相对照，心身障碍是涉及对身体造成损害的疾病，即那些与心理因素相关的障碍所造成的痛苦比我们想象中的严重。人们确实可能会因心理上导致的高血压或虚弱而轻易地死去，犹如通过传染或身体的伤害所导致的疾病那样。

第一节　心身障碍概述

一、心身障碍及其诊断

心身障碍是指由心理因素所引起或所恶化的真实的身体症状。这种障碍的基本特征是精神或心理因素对躯体产生了不适当的影响。当然，心理因素也可以使人健康和长寿。

心身障碍并没有出现在 DSM-Ⅳ-TR 当中。但在早期的版本中曾经有过这个诊断。DSM-Ⅳ-TR 将这些疾病置于心理因素对医学状况所产生的影响（psychological factors affecting medical condition）这一标题下的“可能成为临床注意焦点的其他状况”之中（见表 5－1）。诊断中可能的心理和行为因素包括第一轴和第二轴；人格特质，如神经质；应对方式，如压抑愤怒而不表现出来；以及行为因素，如无法进行有规则的运动。

在 DSM-Ⅳ-TR 当中，新的诊断取向范围也比之前的版本更为广泛。以往，人们通常认为心身障碍只包括某些疾病（如溃疡、头痛、哮喘及高血压）。然而，新的诊断取向则可以让诊断适用于各种疾病，因为现今我们所了解的任何一种疾病都可能会受到心理因素的影响。此外，诊断也包括个案心理或行为因素对病程或治疗的影响，因而更加扩大了运用的范围。例如，如果高血压患者明知酒精会使血压升高，却仍继续喝酒，或者患者没有遵照医嘱按规定服药，都可能被诊断为心身障碍。

表 5－1　DSM-Ⅳ-TR 对心理因素和医学状况所产生的影响的诊断标准

1. 表现为某种医学上的疾病；
2. 心理因素对涉及治疗、增加健康的风险或者加重症状的过程等医学状况产生了影响。

那么，有哪些证据可以证明任何疾病都可能会受到或部分受到心理因素（如应激）的影响呢？我们已经知道，实验室里的动物暴露于应激状态下，可能会产生许多不同的疾病，或者让其已有的疾病更加恶化。例如，研究人员在老鼠身上植入癌细胞，使之产生肿瘤。然后，给予电击（应激状态），并观察对肿瘤生长所造成的影响（Sklar & Anisman,

1979）。结果发现，被施予电击的动物的肿瘤生长速度更快，而且这些动物死亡更早。同样，对越战老兵进行的持续了二十年的追踪研究显示，他们在许多疾病方面都有较高的患病率，包括循环系统、呼吸系统、消化系统、骨骼系统、内分泌系统和神经系统疾病（Boscarino，1997）。如果不是疾病首次发病的原因，医学界仍将战争应激视为影响疾病严重程度的一项因素。

二、心身障碍与心身医学

心理因素在健康方面扮演了广泛而重要的角色，促进了人们对心身医学的研究，并最终形成了今天的行为医学（behavioral medicine）与健康心理学（health psychology）。从20世纪70年代起，行为医学与健康心理学都在讨论着心理因素在各种健康和疾病问题中所起的作用。

行为医学观察的角度已超出心理学范畴，成为行为模式。行为医学认为人类的行为来自两个方面的学习：①经典（或反应性）方式，通过与无条件刺激相关的刺激来引发反应，从而获取能力；②强化方式，行为可以通过结果来改变，奖励可以强化行为，惩罚可以减弱行为。行为的学习方式为调整人们的不良行为提供了很好的途径。不良行为包括过食、过激、焦虑和恐惧等。行为医学的这些观点揭示了心理与身体的关系是直接而广泛的。在此基础上，发明了一种新的被称为生物反馈的治疗技术。这种技术可以让患者监控自己的某些生理过程，如血压，从而能主动调控它们。生物反馈是基于强化方式的结果。

健康心理学是一门崭新的学科，为患者进行心理调整并处理健康问题是健康心理学家为患者提供直接帮助的手段。经过临床培训的健康心理学家可以针对患者的情感和社会关系失调展开治疗，如减轻患者的沮丧感。他们还可以通过教会患者某些心理学方法——如生物反馈法来帮助患者自己解决健康问题，如控制疼痛。

健康心理学家还提供间接帮助。他们的研究工作可以获取关于生活方式和个性因素在疾病与损伤中的作用的信息。他们可以利用这些信息和其他知识来制订健康计划，帮助人们选取更好的生活方式，如预防与戒断。因而，预防也成为健康心理学关注的焦点。随着20世纪医学的进展与感染性疾病受到良好控制，人类死亡因素多半是诸如冠状动脉心脏病（coronary heart disease，CHD）这类疾病。冠状动脉心脏病的成因包括行为（人们的生活方式），如抽烟、过度饮食及饮酒过量。因此，一般认为改变不健康的生活方式，可以避免冠状动脉心脏病的发生。健康心理学家已经站在了预防这些疾病的最前沿。健康心理学家也对内科医生和其他医务工作者进行培训，使他们对患者的心理社会需求有更为广泛与深入的了解。

总之，健康心理学与行为医学并不局限于某一套技巧或改变行为的特殊规则。这个领域的临床工作者可以采用各种不同的技巧，如应变管理（contingency management）、减压（stress reduction）、认知行为取向（cognitive behavioral approaches）等。这些技巧的共同目标是改变不健康的生活习惯、困扰的心理状态和偏离常规的心理过程，从而促进心身健康。

第二节 应 激

一、应激与应激源

（一）什么是应激

应激（stress），又称紧张性刺激、压力。加拿大生理学家和医学家塞里（H. Selye）在1936年首先提出这一概念，引起了医学、生理学、心理学、社会学及其他学科的广泛重视，到目前为止，应激尚无统一的定义。由于应激是一种与人的身心健康密切相关的现象，它已成为现代医学、心理学研究的一个重要课题，随着最近二三十年有关心理病因学研究的深入，这一概念也在不断地扩展和完善。

Chrousos 和 Gold 把应激定义为一种失调状态，或是由特异性和非特异性反应引起的危及自身稳定的状态（张理义，2009），或者说，当刺激改变了心身状态之后，个体的心理和生理反应（钱铭怡，2005）。

对上述应激的定义可以从如下三个方面加以理解：

1．应激是各种对机体有害的刺激或情境

应激是机体所处不良环境中的有害刺激，也可以说是机体内外环境的变化。心理学家们认为，应激的来源十分广泛，它既包括所谓的躯体性刺激，也包括大量的心理社会刺激，即根据环境刺激的特性来描述应激。换句话说，与有害的环境刺激联系在一起的应激是被作为自变量来进行研究的，具体研究的是哪种刺激的出现能够作为应激的征象。

2．应激是机体对有害刺激的反应

应激是对有害刺激或应激情境的反应。在应激状态下，人不仅产生生理反应，也产生心理或行为反应，后者是心理学家研究的重点。同时，心理学家也探讨应激的生理反应和心理反应之间的关系。

3．应激是机体与环境之间相互作用的过程

实际上人在应激过程中一直发挥着主动作用。环境中的刺激作用于人，使人产生了对它们进行适应和应对的要求，如果个体的应变能力不足以适应这种要求或环境刺激还不足以使个体产生负担，个体就会由于这些要求与其个人的能力不一致而处于应激状态。显然，应激的程度是特定个体对付这些要求的能力函数，过高或过低的刺激水平都会使个体产生应激。因此，应激是环境要求与个体的适应和应对能力不能平衡的结果。

（二）应激源及其种类

应激源（stressors）是个体感知到的并且经过认知评价认为对机体有威胁，并引起了机体的应激反应的事物或环境。应激源的研究在应激研究中有着重要的地位。首先，在应激研究中，它是环境因素中的重要组成部分；其次，由于只有通过个体评价认为对自身构成威胁的事物才是应激源，因此对应激源的研究也是体现个体差异的一个重要部分。应激源是应激研究的起点，是个体—环境系统中的启动因素。应激源可以用不同的方式加以界定与测量。什么事件会让你处于应激状态？当你试着列举出你生命中的一些应激源时，你

可能会从所列出的项目中分出以下四类：危机与灾难、重大生活事件、日常生活琐事和慢性应激源。

1. 危机与灾难

恐怖分子在2001年9月11日对世贸中心及五角大楼的袭击，就是一件对全体美国国民而言毕生难忘的全国性事件。世界各地的美国人都因此受到打击且影响深远——无论是当时还是现在。事件发生一周后，研究者通过全国性的电话采访，调查了560名成人。90%的人表示正在经历某种应激状态，其中44%的人报告了诸如思想、梦境与闪回，以及嗜睡或失眠、无法专注于工作、暴怒等“实质性”症状。然而，这些问题在纽约市民身上比其他地区的居民又更为普遍（Schuster et al.，2001，2002）。即使在曼哈顿，学者们比较了距世贸中心不同距离的当地居民后发现，距离越近，从该事件中所经验到的创伤与抑郁越严重（Galea et al.，2002）。影响最深的是那些在该建筑物或临近建筑物内工作的人、有亲友在附近的人及在现场救援的人。

海地大地震造成的灾难将给灾民留下长久的心理创伤。

其他会引起类似创伤效应的事件包括车祸、空难、暴力犯罪、受虐或性侵害、亲人亡故，以及诸如地震、洪水、火灾与飓风等天灾。Paul 和 Gerald Adams（1984）检视了在华盛顿奥赛罗有关1980年圣海伦火山爆发前后的公开记录，他们发现，火山爆发后拨打心理健康危机专线的电话、警方立案的家庭暴力案件、转介当地酒依赖治疗中心的个案及医院急诊的人数均有所增加。在1989年旧金山地震中，房舍倒塌、高速公路崩坍变形、陆桥断裂、输水管线爆裂且火灾失控，数以千计的居民流离失所。凑巧的是，Suan Nolen-Hoeksema 与 Jannay Morrow（1991）正好在地震前两周对斯坦福大学的学生进行了与创伤有关的团体测量。十天后，进行追踪评估，六周后再次评估，正好让研究者检视了事前与事后的应对反应。他们发现，那些在灾难之初较抑郁者及在地震时历经了较大危险的人，事后抑郁水平更高。

大规模灾害的惊恐效应是毋庸置疑的。Anthony Rubonis 与 Leonard Bickman（1991）整理了52篇研究后发现，在遭到这些重大灾难性事件侵袭的地区居民身上，有心理疾病——焦虑障碍、抑郁症、酒精滥用及身体方面的抱怨等高患病率的情形是相当普遍的。一项探讨了377个国家灾难的研究发现，与灾难前一年的自杀率相比，洪水后上升了14%，飓风后上升了31%，而地震后更上升达63%（Krug et al.，1998）。

战争留下的心理伤痕更为深刻和永久。战场上的战士相信他们必须杀人，否则会被杀。他们目睹了恐怖的伤亡与破坏，产生了极大的焦虑——这些经历留给他们难以磨灭的印象与情绪。面对这种程度的应激，一些退伍军人在战争结束后仍深受其苦，出现了所谓“炸弹休克”（shell shock）、“战争疲劳症”（combat fatigue）等创伤后应激障碍。

2. 重大生活事件

生活环境的重大改变是许多人产生应激的根源，即使这些事件会使你兴奋或愉悦，如中了彩票、获得晋升。因为这些事件也会对你的生活常规产生重大改变，你需要去适应新的要求，适应新的环境。这一假设最早是由 Thomas Holmes 和 Richard Rahe（1967）提出

的。他们对医院的患者进行了访谈，发现患者在发病前常经历了生活中某些方面的重大改变，其中有些改变是消极的（如受伤、离婚或被解雇），但有些是积极的（如结婚、升迁或有了孩子）。为了对生活中的应激进行评定，两位研究者设计了“社会适应评定量表”（Social Readjustment Rating Scale，SRRS）。该量表包含43项重大生活事件，每一个事件都依据适应过程中所需要努力的程度而设定一个数值。例如，配偶死亡（100）、离婚（73）、入狱（63）、结婚（50）、失业（47）、怀孕（40）、转学（20）、放假（13）等。也就是说，这些事件要求人们对其生活做出某种程度的调整。在完成这个量表时，个体回顾在过去一年中发生的这类事件。每类事件都有一个评价值，以反映个体为应对这件事必须做出多大改变。例如，如果一个人的配偶死了，他的生活几乎在各个方面都受到影响，那么这件事的评价值会非常高，类似地，得到一张停车罚款单可能也会比较苦恼，但是它对生活的影响就微乎其微了。尽管每个人在过去的一年中都会经历一些应激事件，但是有些人会经历得更多。根据Holmes和Rahe的看法，这类人是最有可能患病的群体。

3. 日常生活琐事

近年来，心理学家们开始关注那些小的应激性生活事件——日常生活琐事的烦扰。日常生活琐事是指重要性达不到生活变迁事件水平的生活事件。烦扰一般定义为恼怒、挫折及伤痛等。对于健康来说，这些小的生活事件，如日常生活中小的争吵也可能会形成累积性的消极影响。日常烦扰一般是与居住环境、工作状况等具体条件相关联的生活中的小冲突，如小的争吵或是遗忘等。它在时间上并不固定，可长可短。这些琐事包括遭遇堵车、排队、做家务、噪音、丢失钥匙、工作不顺、金钱困扰等，诸如此类的“小型应激源”（microstressors）都常会使我们产生紧张。研究指出，日常琐事累积的应激比重大，生活事件对健康的影响更大（Kohn et al.，1991）。其中，人际冲突是最常见且影响时间最长久的日常应激源。

诸如塞车之类的麻烦事可能会令人心烦意乱，并增加患病的风险。

4. 慢性应激源

目前，研究者们开始逐渐认识到慢性应激源对人类健康的影响。生活在拥挤、嘈杂和犯罪猖獗的环境中，不仅意味着每一天都要面对充满压力的环境，而且会对健康有累积性的负作用。在涉及心理应激源时，并非总能轻易地给出一个明确的区分。例如，设想你与你的领导发生了争吵，你很生气并顶撞了他。起初，这个事件是一个急性应激事件。但是当你开始不断地担心这位领导是否会报复你，给你穿小鞋时，该事件就变成慢性的了。研究者已经在那些患有癌症一类的严重疾病的人们身上发现了这一模式（Anderson et al.，1994）。应对癌症诊断和治疗造成的焦虑所导致的慢性焦虑对健康造成的损害要远大于疾病本身。

对许多人而言，慢性应激源来自于社会和环境条件。人口过剩、犯罪、经济条件、污染、艾滋病和恐怖主义的威胁对个人有哪些累积性的影响呢？各种各样的应激源是怎样影响个体的心理健康的呢？有些人群所承受的社会地位或种族界定导致的慢性应激，对他们的整个健康都产生了影响。研究表明，在美国，非洲裔美国人比白种美国人有更高的高血压患病率。研究还指出，潜在的原因并非基因上的差异，非洲裔美国人的高血压是偏见带来的慢性应激所导致的结果：低地位的工作、有限的教育、找工作的徒劳及较低的社会经济地位（Anderson et al.，1992）。高血压源自在努力达到基本生活目标时遭到的挫败感，这与基因无关。与之相似的是，那些在社会经济中居于劣势的妇女也处在慢性应激中，她们更有可能早产或生出低体重的婴儿（Lobel，1994）。那些生于贫困或偏见中的儿童比起拥有特权的同龄人来，在生活中要冒更大的风险。

相关链接 5－1　持久的经济困难产生的破坏性影响

许多事实说明低收入与糟糕的健康状况之间存在相关性的研究，只对收入进行了一次测量。当涉及多年持久贫穷的累积效应时，这种相关性可能会不存在，或者可能会使因果倒置——糟糕的健康导致了贫穷。近期的一项研究对 1 000 名持续了三十多年经济困难的参与者进行了测量，结果表明，长期的经济困难会导致更糟糕的生理、心理和认知功能（Lynch et al.，1997）。

经济困难被定义为家庭收入低于联邦贫困线的 200%。在 1994 年的评估中，这些成年人在 1965—1983 年间经历的经济困难时期越长，他们的一些生理功能中存在的困难就越多，这些生理功能和日常生活的基本活动密切相关，如烹饪、购物和沐浴。同样的效应在心理功能和认知功能上也有所体现。同那些没有经历过经济困难的人相比，那些有过三段贫困时期的人们患有临床抑郁症状的数量要多三倍，而他们带有嘲讽的敌意和缺乏乐观的可能性要多五倍，而且有多于四倍的可能性报告说存在认知功能上的困难。为了确认这些结果是由经济困难而非最初的健康较差导致的，研究者证明了那些参与者中的残疾人在 1965 年都拥有很好甚至优秀的健康状况。研究者总结道，近期的经济和政治政策会增加收入上的不平等，并将更多的儿童推入到长期贫困的家庭之中，留下“生理、心理和认知上的印记，降低他们日常生活的质量”。

（资料来源：格里格，津巴多．心理学与生活．王垒，王甦等译．北京：人民邮电出版社，2003）

二、应激导致的生理反应

应激引起个体代偿机能失调，改变有机体的生理状态，这些影响的机制是多方面的。应激反应可表现为躯体性的应激生理障碍。

在生理应激的研究中，人们曾经提出过多种不同的应激生理反应模型。经典模型有坎农的应急反应模型和塞里的一般适应综合征模型。

1．坎农的应急反应模型

早在 20 世纪二三十年代，著名生理学家坎农（W. Cannon）便做了大量的动物实验研究，以探讨机体在遭受急性应激源的强烈侵袭时所发生的生理反应，并提出了一个应急反应（emergency reaction）的模型来概括这一组生理反应。他发现在这种情况下，实验动物的心率、心肌收缩、心脏排血量和血压都在增加；呼吸加深加快，从而使每分钟通气量加大；脾脏缩小，皮肤和内脏血供减少，脑与肌肉血流量增多；肝糖原加速分解转化为葡萄糖，从而使血糖升高；与此同时，凝血时间缩短，儿茶酚胺分泌增多，中枢神经系统兴奋性升高，机体变得警觉、敏感。坎农认为，这些生理反应具有应急的作用，可以让动物做好准备，或者搏斗，或者从危险情境中逃脱。因为这些反应可为动物应对应激源提供必要的能量，又可保护其不致由于损伤而流血过多。由此他提出“战斗或逃跑反应”（fight or flight reaction）的概念。

在急性应激时，人类也可产生应急反应，但人的行为还要受社会环境的制约，因此在急性应激条件下应急反应常常不伴有“战”或“逃”的行为反应。

在急性应激状态下，肾上腺素的作用常常掩盖去甲肾上腺素（NE）的作用，但在低血糖时 NE 分泌明显增多，血压降低时则会导致这两种激素同时增多。不仅交感—肾上腺髓质轴活动增强，迷走—胰岛素系统也发生兴奋，只是后者的效果被掩盖而不易被发现而已。前者兴奋导致血糖升高，而后者兴奋则促进血糖的利用；两者相互配合以适应和应对应激源的挑战。在某些情况下，某些个体可出现副交感神经活动相对增强的情况，如心率减慢、心排出量和血压下降、血糖降低等，这些生理变化可导致眩晕甚至休克。

2. 塞里的一般适应综合征模型

塞里也从生物学角度研究了应激。他报告了实验动物对伤害性事件的一系列复杂反应，这些事件包括细菌感染、中毒、外伤、强制性束缚、热、冷等。根据塞里的观点，各种应激源都需要适应：一个有机体必须寻回他的平衡或稳定，从而维持或恢复其完整和安宁。应激源带来的反应被塞里称为一般适应综合征（the general adaptation syndrome，GAS，见图 5－1）。

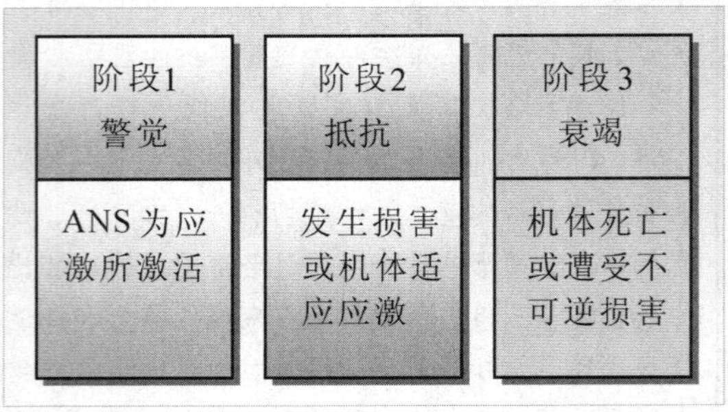

图 5－1　塞里的“一般适应综合征”

（1）警觉期：

在 GAS 的初期对紧急事件如同“战与逃”反应——它的功能是动员机体的资源。急性反应的最初唤醒——通过血压的测量，如下降到低于正常值并持续一会儿，然后迅速上升高于正常值。这种快速增高的唤醒来自于下丘脑——垂体——肾上腺轴的活动：下丘脑促使垂体分泌 ACTH（促肾上腺皮质激素），引起肾上腺释放肾上腺素、去甲肾上腺素、肾上腺皮质激素进入血液循环。在 GAS 这一阶段的末期，机体被充分动员以对抗强烈的应激物，但机体不能长时间维持这种强烈的唤醒。一些有机体在经历了与一个极度强烈的应激事件进行了持续和不能缓解的急性反应后，会在数小时或数天内死亡。

（2）抵抗期：

如果强烈的应激事件持续但没有严重到足以引起死亡，生理反应即进入抵抗期。在这一时期，机体努力地适应应激事件。生理唤醒有些下降，但仍保持比正常要高的水平，而且机体通过肾上腺补充释放激素。虽然持续生理的唤醒，有机体仍显示出一些心理应激的外部特征，而且抵抗新应激源的能力可能会因为时间较长而受到影响。按照塞里的说法，这种损害的一个结果是有机体不断在健康问题上受到伤害，他称之为适应性疾病。这些健康问题包括溃疡、高血压、哮喘及免疫系统受损导致的疾病。

（3）衰竭期：

如果应激源非常严重，那么人体便会进一步耗尽已经存储的能量，同时抗拒也会一起衰弱；如果抵抗期持续过久，则机体的许多的适应机制也将开始走向衰退，可以出现一个或一个以上器官的功能衰退，有机体也可能在此时死亡。

塞里不相信人们会追求一种没有压力的生活。他说，某些压力是积极而有意义的，尽管它们可能需要身体产生短期的能量：参加运动比赛、恋爱、为自己喜欢的工作付出努力。有一些消极压力自然也是不可避免的，这就是生活！

三、应激导致的心理反应

由“一般适应综合征”，我们对个体处于应激状态下生理反应的过程可以获得两点启示：其一，个体对环境的应激具有相当大的抗拒力与适应力。如果在抵抗期不增加其他应激，或在衰竭期出现之前将应激减低或停止，个体在身心健康上可能转危为安，甚至经过一次应激的“挑战”与“考验”后，很可能增强了对以后同类应激的适应能力。其二，在个体适应应激的过程中，如在开始或中途增加另一应激，将使其适应能力大减，提前进入衰竭期。这种现象对人类生活适应来说具有深远意义。人们所承受的生活应激绝非单一的一种，所谓“屋漏偏逢连夜雨，行船又遇打头风”，说明诸如此类“祸不单行”的事件在生活中是经常发生的。

人们在日常生活中处于应激状态下会出现哪些心理反应呢？这些心理反应将会对人类的生活产生何种影响呢？

首先，应激引起的心理反应在性质上均属于消极的情绪反应，诸如恐惧、焦虑、抑郁、冷漠等。一个事件如果不仅是消极的，还是无法控制、无法预测的，它就特别具有应激的性质。这些情况在灾难性事件中尤为突出，此时人们的应激反应会改变人们的行为模式。在某些应激的状态下，如 2008 年冬季中国南方地区的雪灾和汶川大地震发生后，许多人行动起来帮助灾民渡过难关。也许他们这样做是因为他们有共同的目标，需要合作。在有些应激状态下，人们则可能变得很少交往或相互照顾，而更多的是产生对其他个体的敌意与冷漠。1989 年心理学家们在美国旧金山地震后所做的研究表明，在幸存者中发现了三个明显的应激反应时期。在紧急时期（最初的 3～4 周），社会接触、焦虑和关于地震的强迫观念都有所上升。抑制期（3～8 周）的典型特征是关于地震的谈论和想法突然减少，但间接的、与应激相关的反应却有所增加，如争论和关于地震的梦境。在适应期（两个月后），灾难给大多数人带来的心理影响都结束了，但仍有多达 20% 的旧金山地区的幸存者停留在地震带来的痛苦之中，而且长达一年之久（Pennebaker & Harber，1993）。

当应激和愤怒加入时，消极的心理反应通常会增加。研究表明，应激产生的愤怒增加了攻击性行为，而且这些负面的影响会一直持续到应激性事件结束之后。因而长期的应激所引起的消极情绪将随应激的存在而持续下去，并对人产生不良影响，而由长期的应激所引起的消极情绪反应又是形成心理适应困难，甚至出现心理疾病的原因之一。例如，研究表明，在心理应激刺激情况下，可能会出现以下社会行为：拖延和逃避工作、表现不佳、生产能力降低、酗酒和吸毒人口增加、工作完全破坏、去医院的次数增加；为了逃避，饮食过度，导致肥胖；由于胆怯，吃得少，可能伴随抑郁；冒险行为增加，包括不顾后果的驾车和赌博、侵犯别人、破坏公共财产、偷窃、与家人和朋友的关系恶化等。

第三节 应激与健康

一、对应激的知觉与健康

和生理健康有关的不仅仅是疾病和病毒，我们生活中的应激及应激的方式也与我们的健康密切相关。我们怎样知觉环境与应激？我们把一个事件知觉为消极的，抑或积极的，这对人有着不同的影响。有人认为收到一张罚单是一件微不足道的小事，而有人则把它视为一件很严重的大事。有人把人生的一些变故如离婚视为一种解脱而感到轻松，而有人则将之视为人生的失败而心情倍感沉重。拉扎鲁斯（R. Lazrus）就曾指出，是主观应激而非客观应激导致了问题的产生。换言之，只有人们把某件事知觉为应激源，它才算得上是应激事件，否则不然。

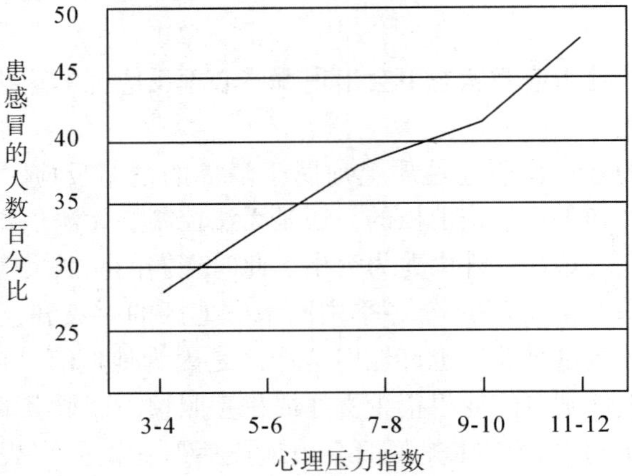

图 5－2 压力与患感冒的可能

人们由于接触感冒病毒而染上普通感冒，然后会有一段时间的不适应。研究指出，人们所承受的压力越大，则患感冒的可能性就越高。

（资料来源：阿伦森. 社会心理学. 北京：中国轻工业出版社，2005）

人们对消极事件的知觉导致了应激的产生，而应激又直接影响到免疫系统的功能。例如，当人们受到感冒病毒传染后，只有 20% ~60% 的人会发病，而生活应激可能就是这些人发病的一个决定性因素。有研究者曾邀请一些志愿者在英格兰南部的一家研究机构进行了一周的研究。他们首先要求参加者针对一年来发生在自身且有消极影响的事件填写一份清单，而这份清单上的事件都符合我们对应激的定义，即他们只列出了那些难以应对的事件。接着，研究者对参与者进行感冒病毒或生理盐水注射，然后将他们隔离数天。结果发现，那些有较多生活应激的人更容易患病毒性感冒（见图 5－2）；而在那些写出有最少消极事件的人群中，只有 27% 的发病率。发病的比率与所遇消极事件的多少呈正相关，那些有最多消极性事件的人中，发病人数接近一半。甚至在考虑过其他会导致病变的因素

（如时间、年龄、体重、性别）之后，应激的效果仍然可以表现出来。诸如此类的研究都证明，当一个人承受的应激越大，他对疾病的抵抗力就越差。可见，应激会给人的身体健康带来消极影响。

应激如何引起躯体疾病呢？心理学家巴姆（Baum，1994）提出，应激所产生的直接和间接的影响都会导致疾病的增加，如图 5－3 所示：

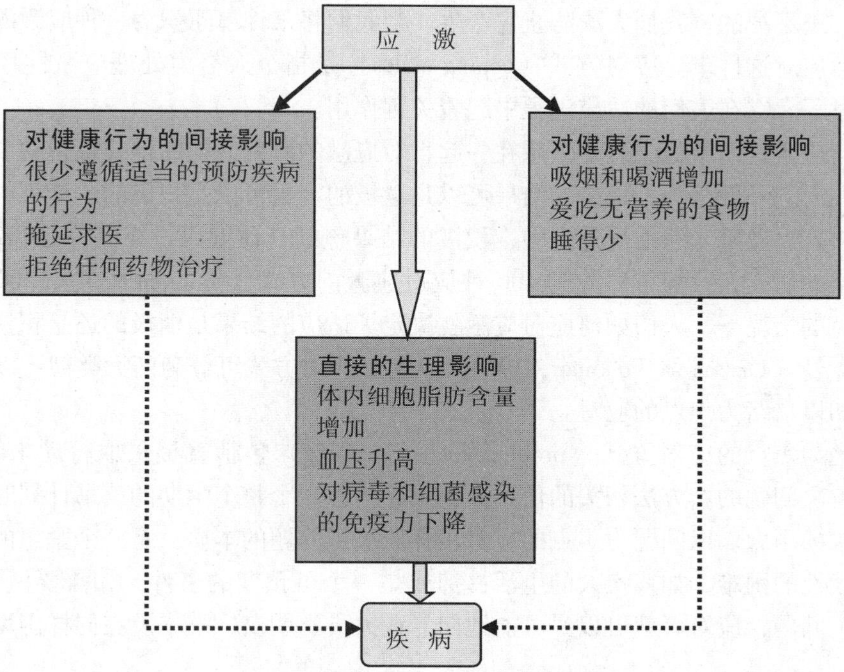

图 5－3　应激和疾病：直接和间接影响

应激增加时，生病的可能性也就增加。应激对健康行为有间接影响，对生理过程有直接影响。

（资料来源：巴伦. 社会心理学（第 10 版）. 上海：华东师范大学出版社，2003）

有研究指出，应激也可能是造成消化性溃疡的病因。消化性溃疡包括胃溃疡与十二指肠溃疡。一般认为，除生理因素之外，生活在应激状态下，长期情绪紧张的心理因素也是形成消化性溃疡的主要原因。研究者用实验证明了这一看法（Weiss，1972）。该实验以白鼠为对象，将年龄体重均相当的三只白鼠分别以同样方法固定于 A、B、C 三个实验箱内，接受不同实验处理：①A 箱中的白鼠，不定时对其尾部施予电击。在每次电击来临之前，先出现一个信号（灯光或声音），如经典条件反射作用那样，在信号出现之后，即予以电击；如电击开始后白鼠能挥动前面的转轮，即可避免电击。②B 箱中的白鼠受到电击的次数和强度与 A 箱者相同，只是不对其提供信号，也不让它得到学会按转轮避免电击的机会；它只能毫无作为地等待电击。③C 箱内的白鼠只是被关在箱内，既不受电击，也得不到信号，它只是用作比较。

该实验研究基于如下两个假设：其一，长期恐惧的情绪应激将影响个体消化系统功能，因而会产生溃疡。其二，如果个体对引起情绪应激的刺激情境能够预测或控制，其所受溃疡的伤害将减轻。实验结果表明，这两项假设均得到证明：B 箱中白鼠溃疡现象最严重；C 箱中的白鼠未发生溃疡现象；A 箱中的白鼠溃疡现象则最轻。

二、应对与健康

远离家人与亲友、与恋人分手、滞留机场、交通堵塞、失业或遭遇自然灾害……应激是躲不开、逃不掉的，我们无法防止它产生。当我们将某件事意识为一种应激源时，我们会开始努力应对这件事。应对方式（coping styles）是指个人努力处理应激性环境要求及其影响的过程，它在人们的适应过程中起着关键作用。

应对与应激这两个概念总是联系在一起，对应激的研究兴趣的增长也带动了对应对的研究。现在人们一般认为，适应的结果可以是消极的，也可以是积极的。消极的结果包括机体受到损害以及陷入悲伤忧愁之中，积极的结果包括身体健康、充满信心和富有成就。综合心理学的研究，我们可以找到 400 种应对应激的方式（Skinner et al.，2003）。在应激不可避免的情况下，人们如何应对应激就决定了适应的结果是消极的还是积极的。拉扎鲁斯和弗克曼（Lazarus & Folkman，1984）认为，应对方式可分为两大类型：以问题为焦点的应对和以情绪为焦点的应对。

以问题为焦点的应对方式（problem-focused coping）包括直接采取行动来解决问题，或寻求与解决问题的新方法相关的信息。例如，构想一个整个学期的读书计划时间表，以减少学期末的压力。以问题为焦点的应对步骤取决于问题的本质：是一个紧急的决定，还是一个持续性的困难，如残疾人的生活；抑或是一个可预期的事件，如需要做一个手术。一旦确定了问题，应对者就可以尽可能地向专业人员、朋友、书本及在同样困境中的其他人学习。

以问题为焦点的应对也包括所有对付应激源的策略，无论是外在行动还是认识上的问题解决行为。你要么面对威胁，要么逃避。你关注的焦点是要对付的问题和产生应激的事件。你要对采取的行动有所认识，对情况和你所拥有的应对资源有所估计，还要采取适当的反应来消除或减轻威胁。这类解决问题的努力对于那些可控制的应激源通常是有效的——那些你可以通过你的行动改变或消除的应激源，如盛气凌人的同事，或者可以挽回的成绩。

一些人在遭遇应激时会迎面而上，着手解决这个问题，另一些人则会通过各种方式回避应激性事件，如减小这件事的重要性，或者把他们自己隐藏在酒精、药物或电视节目中。那些以回避或减小重要性为应对方式的人，在处理短期威胁问题上显得更为有效。但是如果这个问题重复出现或造成长期的威胁，回避可能就不是一种明智的策略了。

以情绪为焦点的应对方式（emotion-focused coping）包括努力减少压力所造成的消极情绪反应。例如，转移对问题的注意力、放松或寻求他人的慰藉等。以情绪为焦点的应对方式关注由问题而产生的情绪，无论是生气、焦虑还是悲伤。在任何灾难和不幸过后的一段时间里，出现向情绪低头及被压倒的感觉都是正常的。在这一阶段，人们往往需要强迫性地谈论这件事，以此达成妥协、使之有意义并决定应该做些什么。

以情绪为焦点的应对对于应付那些不可控制的应激源所产生的影响更为奏效。例如，你有责任照顾患病的父母。在那种情境中，没有什么来自于环境的“威胁”需要你去排除，你无法找到改变外界应激情境的方式。相反，你需要改变自己对此事的感觉和想法，你可以向医院寻求雇用护理人员的协助，或者学习一些放松的技术。这也是一种应对策略，因为你认识到你的健康所面临的威胁，并采取一些措施来减轻这些威胁。

有研究指出，对应激情境做出敌意反应与患心血管疾病有一定关系。典型的敌意反应是隐藏起来的，即愤世嫉俗式的敌意。这种敌意以怀疑、怨恨、经常发怒和对别人的不信任为特征（Smith & Frohm，1985；William & Barefoot，1988），那些对别人有消极情绪的人在言语上通常是充满攻击性的，在行为上通常表现出对他人的控制及突然反对他人（Simth，Limon，Gallo & Ngu，1996），见表5－2。

表5－2　敌意和心血管疾病

心理学的研究结果认为敌意是患心血管疾病的罪魁祸首。其中很多研究都使用了敌意量表（Cook & Medley，1954）来测量敌意。下面是这个量表中的一些条目。“是”的反应意味着高的敌意。

1. 没有人关注我发生了什么事。
2. 我经常遇到一些自称是专家却一点儿也不比我强的人。
3. 我的家人有一些令我非常烦恼和生气的习惯。
4. 我经常不得不听命于那些懂得不如我的人。
5. 当我听到朋友成功的消息时，我觉得自己像个失败者。
6. 人们经常让我失望。
7. 不信任任何人是更安全的。
8. 我经常感觉到陌生人在挑剔地打量我。
9. 对于那些程度超过我期望的人，我会保持警惕。
10. 别人总是误解我做事的方式。

（资料来源：S. E. Taylor et al.，社会心理学. 谢晓菲等译. 北京：北京大学出版社，2004）

人际的敌意通常通过几个方面影响罹患心血管疾病的可能性。首先，敌意行为与心血管对应激的反应有关。即那些表现出对抗行为的人通常对应激事件有较强的心血管反应，如血压升高、心跳加速。其次，在经历过应激事件后，他们可能需要更长的时间从那些由应激事件导致的生理异常变化中恢复正常。最后，这些人通常有相对少的社会支持网络，从社会支持网络中获得的支持也较少（Lepore，1955）。这样，社会网络中对健康有益的帮助，他们也无法获得。

健康心理学的研究表明，应对经由以下三种途径对躯体健康造成影响：

第一，影响神经生化应激反应的频率、强度、持续时间和形式。这种影响有以下三种或三者之一：①无法从环境中避免或改善有害的或破坏性的条件；②遇到无法控制的伤害或威胁时，无力调节抑郁情绪；③生活风格和价值观的异常表达，它们总是不断地以有害的方式做出动员。每种应对模式的结果都不是单一的，即都是在某些方面具有积极性，而在另一些方面具有消极性。对于研究者来说，必须全面地看待问题，并且从多重结果和价值的观点出发，在复杂多样的情境中评价应对的结果。

第二，若个人采用的应对手段是运用伤害性物质，如过度使用酒精、毒品和烟草，或者对身体构成高度危险的活动，那么应对就会给健康造成不良影响，增加发病率和死亡率。

第三，指向情绪的应对模式也可能影响健康。例如，否认或回避思考那些具有伤害性或威胁性的事件，虽然能够降低个人的抑郁情绪，但是阻止了人们现实地考虑问题和采取有效的行动。

目前，人们已经认识到应对是生活的基本组成部分，已有大量证据说明应对可以影响人们适应的好坏。需要进一步研究的问题是，某种类型的人在什么特定条件下，采取哪种应对模式会带来满意的结果；良好的适应结果是如何产生的，有什么机制等。

三、社会支持与健康

虽然生活事件与疾病的发作有密切的关系，但我们也可以发现相似的生活经验对不同的人具有明显不同的影响。这就是说有其他变量调节着或改变了一般的应激—疾病关系。我们已经对不同的应对模型的调节机制进行了讨论。现在我们转向应激应对的社会维度——社会支持。

社会支持有两种不同类型——结构性社会支持与功能性社会支持。结构性社会支持（structural social support）是指个人基本的社会关系网络。例如，婚姻状况与朋友的数量。功能性社会支持（functional social support）更多地涉及个人关系的性质。例如，个人是否相信在他需要的时候能够得到朋友的帮助。

结构性社会支持是一个经过许多研究证实的重要的死亡预测因子。与结构性支持较多的人相比，朋友或亲属较少的人倾向于有一种更高的对失败的估计，以及更高的死亡率（Kaplan et al.，1994）。同样，未婚者比已婚者有更高的死亡率，尤其以男性更明显（N. J. Johnson et al.，2000）。Cohen 等人（1997）经过研究发现，有着更多不同社会网络的人尽管与某种病毒有所接触，但很少感冒。Seeman 等人（1989，1990）发现，较高水平的功能性支持与较低的动脉硬化发生率有关联，与妇女对慢性风湿性关节炎的调适能力有关联；Alferi 等人（2001）也发现较高水平的功能性支持也与妇女在乳腺癌手术后更少的忧愁与烦恼有关联。

社会支持是如何发挥其积极、有益的影响的呢？一种可能性就是那些有较高社会支持水平的人更经常地从事积极健康的行为，例如，吃健康食品、不吸烟、适度地饮酒等。此外，社会支持（或缺乏社会支持）可能直接对人的生物过程产生影响。例如，低水平的社会支持与消极情绪的增加有关系，而消极情绪的增加又会影响某些荷尔蒙水平以及免疫系统。

近年来，社会支持也在实验室中得到研究，通过实验室实验，有关的因果关系与影响比起自然研究来可以更为轻易地得到确定。在 Kamarck 等人（1995）所做的研究中，将女大学生安排到高或低的应激条件下，并获得有或无朋友的体验。实验者告诉实验的参加者要在一项富有挑战性的任务中改进她们的成绩时，实验者以其冷淡、无表情的行为引起应激状态。对每一个处于社会支持条件下的女大学生而言，一个亲密的朋友在无声地鼓励着她，并且紧靠着她坐着，将一只手放在她的手腕上。因变量是血压，在被试执行任务时测量之。正如预期的那样，高应激条件导致了更高的血压水平，见图 5－4。但是高应激条件对血压所产生的影响最初出现于那些孤独地体验到应激的女大学生身上。可见，研究表明，社会支持对某种生理过程而言具有一种因果效应。

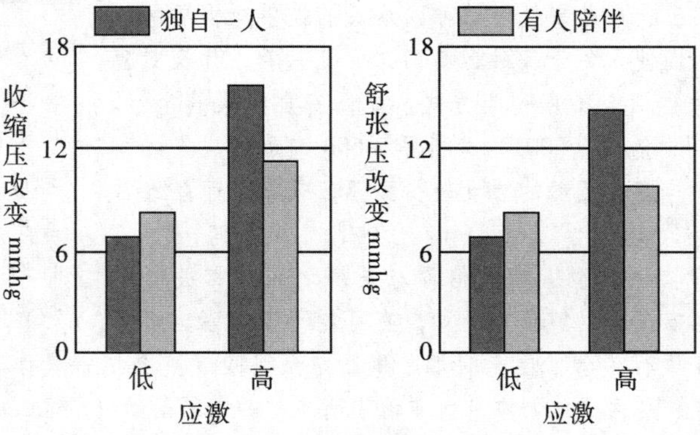

图 5－4　受应激困扰

应激导致血压上升，但是有朋友一起经历应激源的人，血压会上升得较少。

（资料来源：Kamarck et al.，1995）

社会支持对心理与身体健康都有疗效已是不争的事实。斯坦福大学医学系的 David Spiegel 在多年前就十分重视社会联系的价值，他将患有乳腺癌晚期的妇女组织起来成立了一个支持性团体。该团体每周聚会约一个半小时，彼此欢笑、哭泣、分享故事，并讨论应对方式。Spiegel 期望这些妇女在情绪上能从这些经历中获益。结果出乎意料的是，这些妇女比其他背景相近但未参与该团体的人平均多活了 18 个月。根据 Spiegel（1993）的说法："所增加的存活时间远超过目前对乳腺癌晚期妇女已知的任何医药或其他医疗所能期望的。"

其他学者也有类似的研究发现，Lisa Berkman 和 Leonard Syme（1979）调查了美国加州阿拉美达郡 7 000 名居民，并进行了为期 9 年的死亡率追踪记录。结果发现，接触社会越多的人，活得也越久。无论男女老少、贫富或城乡背景，都是如此。James House 等人（1988）通过对 2 754 名到门诊就诊男子的访谈发现，在 9 到 12 年间，社交活动最多的人比同龄孤独的人死亡率降低了 2～3 倍。根据 House 的观点，社会孤独在统计上与吸烟或高胆固醇对早逝有相同的预测力。

相关链接5-2 宗教与健康有关吗?

宗教给人们提供了许多重要的支持来源。图为纽约中央公园在“2003改变心灵日”进行冥想的人群。其中包括瑜伽、冥想及来自佛教传统的各种音乐与心灵仪式。

对许多人来说，宗教显然提供了极重要的社会与情绪支持。全世界有超过60亿的人口信奉上百种宗教。依据人数排序依次为：基督教、伊斯兰教、印度教与佛教（犹太教及其他宗教信徒较少）。世界人口中只有15%~20%的人没有宗教信仰。在美国，有67%的成人认为宗教是其生活中“相当重要”的组成部分。宗教和健康有关吗？

这是一个有趣但又具争议性的问题。从一方面来看，人口调查指出，定期参与宗教活动者比那些没有参与者更为长寿（McCullough et al.，2000）。何以如此？研究人员认为，第一，宗教信仰可以使人对生活充满希望与乐观；第二，宗教仪式或祈祷的过程可以使人放松而带来生理上的益处；第三，参与宗教活动可以给人们提供所需要的社会支持与社区生活，从而使人免于孤独；第四，大凡宗教，都反对酗酒、吸烟等有损健康的生活与不良行为方式，提倡安全健康的生活。例如，William Strawbridge等人（2001）分析了2 600名加州成人的健康数据后发现，经常参与宗教活动的男女较少酗酒、吸烟，而且经常参加体育运动。

另一方面，也有学者注意到，宗教信仰与长寿之间的相关度不高，而且可以通过其他方式加以解释。例如，有可能不吸烟者、戒酒者及习惯禁绝其他不健康行为者，要比吸烟、酗酒与高风险者更会把宗教作为其生活的重要部分。因此，他们之所以长寿，是由于他们本身而非他们所参与的宗教活动（Sloan et al.，1999）。

针对上述不同的观点，有些学者认为，可以向公众提出建议，宗教的生活方式的确与身体及心理的健康有关，也与长寿有关。但是，这些关系的基础，也就是说，到底是宗教生活增进了健康，还是具有健康生活方式的人有更大参与宗教活动的可能，以及宗教究竟能否增进个人健康这样一个根本问题，则有待进一步的研究。

（资料来源：Brehm et al.，*Social Psychology*，2009）

就社会支持的应激减退效应而言，Carter等人（1997，1999）根据动物研究提出了一种可能的生物学机制。一种叫做催产素（oxytocin）的荷尔蒙在社会互动过程中得到释放。催产素降低了交感神经系统活动，促进了放松，并且借以减轻应激源所造成的生理影响。无论雄性动物还是雌性动物，在应激出现期间催产素都得以释放，但是研究证据指出，这种反应在雌性动物中甚至更大。对人类的研究指出，催产素抑制了诸如皮质醇等物质的释放，这提示催产素对于人类可能具有抵御应激的保护作用。

当然，并非所有研究都发现社会支持具有积极效应。随着非常严峻的应激源出现，个人可能处于极度的不安之中，以至于社会支持也会失去效果。这个观点是Bolger等人（1996）在一项关于乳腺癌与社会支持的研究中提出的，在这项研究中，社会支持没有导致痛苦与忧虑的减少，或者更少的身体损害。而Goodwin等人（2001）的一项研究也表明，在那些患有乳腺癌的妇女当中，社会支持群体的卷入与更低的死亡率没有联系。

四、关于应激性疾病的理论

在考查心身障碍的病因时，我们会面临以下三个问题：①为什么只有暴露于应激中的某些人会生病？②为什么应激有时会造成心身障碍而不是心理障碍？③当应激造成心身障碍时，哪些因素对其具有促成作用？这三个问题也引发大量有关应激与疾病的理论探讨。当前该领域的理论研究常常和疾病素质—应激的特点与本质有关。因此，相关的理论往往集中在个体对应激的脆弱性上。这些理论的主要差别在于以心理或生理的形式描述疾病体质。

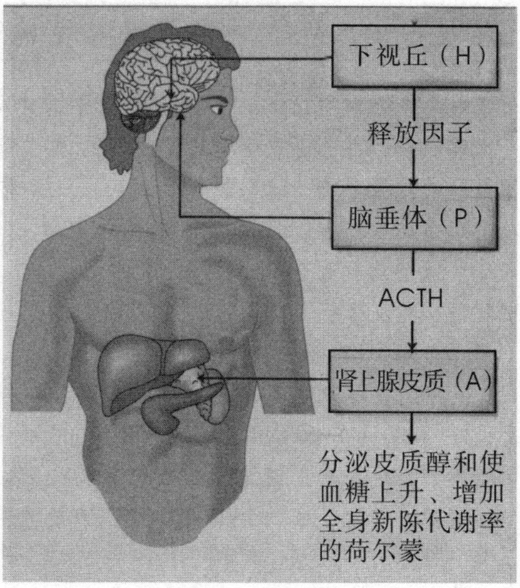

图 5－5 HPA 轴示意图

（一）HPA 轴——应激反应中心

生物学的观点认为，神经内分泌系统对心理病理学也有影响，其中之一就是对下视丘—脑垂体—肾上腺的轴线（hypothalamic-pituitary-adrenocortical axis，HPA）的研究。目前，HPA 轴被认为是身体的应激反应中心（见图 5－5）。

当我们面对应激源或某个威胁时，下视丘会引起促皮质激素释放因子（cortcotropin-releasing hormone，CRF）的分泌，进而促进脑垂体分泌促肾上腺皮质激素（ACTH），然后，ACTH 在正常情况下进入血液而被传送到肾上腺的肾上腺皮质，一种应激荷尔蒙——皮质醇（cortisol）在这里得到释放。神经内分泌系统的活动不像自主神经系统的活动那么迅速，它需要 20～40 分钟才能使其释放达到高峰。当应激或威胁消除后，大约要 1 个小时才能恢复到基准水平（Dickerson & Kemeny，2004）。

在紧急情况下，皮质醇是一种具有良好作用的激素。它使得身体为战斗或逃离做好准备，但它也抑制先天的免疫反应。目前，关于应激—疾病—HPA 轴之间关系的研究已经相当完整。这些研究指出，如果个体处于应激状态时，通过 HPA 轴就可以知道应激对身体造成什么反应。例如，在一系列的动物研究中，研究者发现，遭受了早期创伤的小鼠和灵长类，如果和母亲分离，当它们在成年后面对应激时，HPA 轴的活动水平就会升高（Gutman & Nemeroff，2003）。通过 HPA 轴系统的活动，应激可能造成免疫系统的抑制，使得人们容易受到疾病的侵害。尽管目前尚没有人知道，为什么免疫系统会在应激状态下受到抑制，但这种紧急反应过程或许在物种进化上具有保护功能。例如，它可能通过形成抵抗力来预防有机体不至于获得自体免疫疾病（autoimmune diseases）（Sapolsky，1994）。但是，现在人们已经知道，免疫系统在慢性应激状态下的长期抑制可能会给个体健康带来不良后果。如果个体拥有较低的免疫系统反应，那么，可能意味着他更容易受到传染性疾病的侵害，也更容易发生重大心理健康的困扰，如抑郁症。图 5－5 告诉我们，假设应激源持续不消失，HPA 轴线将保持激活，而皮质醇将会持续释放。虽然短期的皮质醇释放是具有高度适应性的，但 HPA 轴长期过度地被激活（伴随着高水平的皮质醇流动），则可能会给个体的身心带来一系列麻烦。

相关链接5－3　应激对免疫系统的影响

这张显微照片显示，两个“天然杀手”——免疫细胞（浅色）包围并摧毁白血症细胞（深色）。

免疫系统（immune system）是身体对抗细菌、滤过性病毒、寄生虫、菌肿瘤及其他侵害身体“外来物”的一个复杂的监视系统。该系统包含超过一兆个称做淋巴细胞的特殊白血球，它们会随着血液循环流动并分泌生化抗体。这些像鲨鱼般追查并消灭入侵者的细胞一天24小时保护着我们。免疫系统还配备有巨型清除细胞，可完全清除滤过病毒与癌细胞瘤。

今天，越来越多的健康心理学家开始关注心理神经免疫学（psychoneuroimmunology，PNI）的研究，探讨大脑、行为、免疫系统、健康及疾病之间的关系。目前，我们已经清楚地知道，应激至少能暂时影响免疫系统。过去医学界会拒绝这种观点，但现在已不再反对。是什么导致了这种改变？

首先，动物实验显示，暴露于噪音、拥挤、不可逃避的电击下的老鼠及与同伴隔离的脊椎动物，与未暴露于类似应激条件下的动物相比，其免疫细胞的活动均有所下降（Coe，1993；Moynihan & Ader，1996）。人类的相关研究也有同样的发现。这类研究源于这样一个事实：人们在鳏寡不久常卧病不起。R. W. Barthrop等人（1977）从配偶刚刚去世的26名男女身上取得血液样本，与控制组相比，发现前者呈现免疫反应衰退现象，因此证实了这种观点。

进一步的研究很快就发现了下列人士的免疫反应会弱化：再度进入大气层并降落的美国太空总署（NASA）的宇航员、长时间被剥夺睡眠者、期末考试期间的学生、刚刚离异或分居的男女、照顾患有阿尔茨海默氏病的家人、面对活生生蛇类的恐蛇症者、刚失业的员工。甚至在实验室中正在解决复杂数学题目或面临疼痛刺激的被试，其免疫细胞的活动也有改变——面对应激后的第一个小时，甚至连续几个小时都有所变化（Cohen & Herbert，1996）。

目前，人们已越来越清楚，就许多方面而言，消极的经验与所引起的消极情绪会弱化免疫系统保护我们免于受伤、受感染及许多疾病的能力（Kiecolt-Glaser et al.，2002）。

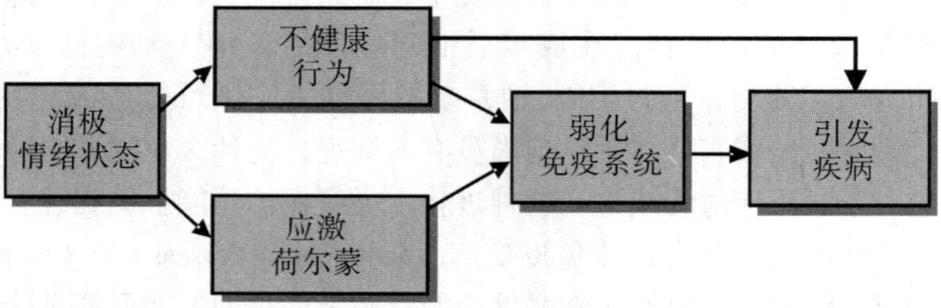

从应激到疾病的路径：敌意、应激与其他消极情绪状态可能以两个路径引发疾病：①借由促动不健康的行为（喝更多的酒、睡得更少等）；②借由引发会弱化免疫系统之荷尔蒙的分泌。

看来，心理状态似乎介入了免疫系统。如上图所示，其间有两种可能的路径：首先，处于高水平应激条件下的人倾向于抽更多的烟、服用更多的酒与药物，睡眠与运动更少，更多胡乱饮食等。这些行为都会伤害免疫系统。其次，应激会引发肾上腺素及其他应激荷尔蒙分泌到血液中——而这些荷尔蒙会压抑免疫细胞的活动（Dhabhar & McEwen，1995），结果导致了身体抵抗力的暂时降低。

（资料来源：Brehm el al.，*Social Psychology*，2009）

（二）身体调适负荷：长时间暴露于应激荷尔蒙

假如身体要持续地适应应激状态，那么就得为此付出代价，这个代价可用所谓的身体调适负荷（allostatic load）来表示。例如，假如身体暴露于高浓度的应激荷尔蒙（如皮质醇）中，以及由于免疫系统功能性变化而变得更容易受到疾病的影响，我们就可以将这种情况视为高度的身体调适负荷的作用。此外，高浓度皮质醇可能直接影响大脑，例如，损伤能够调节皮质醇分泌的海马回细胞。经过一段时间后，可能造成的后果是，身体调适负荷甚至会让个体更容易受到应激的影响。

个体会用不同的方式表现身体调适负荷。某些人可能只是因为经常遭遇应激而具有高浓度的应激荷尔蒙，然而，高浓度的应激荷尔蒙对另外一些人而言，可能是由于无法适应应激而导致的。例如，有些人可能具有缓慢适应生物应激反应的基因，而另一些人则可能学到了干扰调适能力的行为（如不良的饮食习惯、运动量太少、抽烟及酗酒），或者是某些因素的综合。此外，也有些人可能无法“关闭”生物的应激反应，例如，即使在应激水平降低之后，仍然会分泌异常高浓度的皮质醇。还有些人则具有较弱的生理应激反应，对于应激的反应是分泌低浓度的皮质醇，继而造成其他部分免疫系统的过度反应。

在现实生活中，应激干扰生物系统的实例包括公开演说之类的情况。大部分人对公开演说的应激反应是皮质醇分泌增加。重复暴露于这类应激之后（如有许多公开演说的经验），大部分人都会适应这样的应激，皮质醇的分泌也会因此而下降。然而，大约有10%的人会无法适应，甚至会呈现出皮质醇分泌增加的情形（Kirschbaum，Prussner & Stone，1995），这些人就属于具有健康问题风险的个体。一项测量身体调适负荷可能对身体造成影响（血压和胆固醇上升、皮质醇的分泌）的研究发现，如果身体调适负荷的作用较高，预测两年半后会有较高的产生心血管疾病的风险（Seeman et al.，1997）。

（三）应激和免疫系统

应激源会对身体造成多重影响——包括对自主神经系统、荷尔蒙浓度以及大脑活动水平的影响。免疫系统是目前特别令人关注的领域之一，它也是传染病、癌症、过敏及自体免疫疾病（如风湿性关节炎）的一项重要参考。罹患这些疾病时，免疫系统会攻击我们自身。研究心理因素影响免疫系统的领域称为心理神经免疫学。近期有人通过对300篇研究报告的检索证实，许多应激源会造成免疫系统的问题，包括医学院的考试、抑郁和丧失亲人的痛苦、婚姻不和谐与离婚、失业、照顾患阿尔茨海默病的亲属等（Segerstrom & Miller，2004）。

在过去的十多年间，寻找这一关键性问题的答案已经有了很大进展。即这些免疫系统的变化是否真的会增加罹患疾病的风险，导致因为罹患癌症而早年死亡，或者导致关节炎发作等。例如，我们知道应激引发的免疫系统变化会加速艾滋病的发病（参见本章后续讨论）。最近有人考察了有关身体对不同疫苗的反应（流行性感冒和疱疹疫苗）的研究，结果显示，与没有暴露于应激条件下的人相比，暴露于应激中的人接种疫苗后产生抗体的速度较慢。这种反应较慢的情况可能会增加患病的风险。除此之外，暴露于应激之中也会使伤口的愈合比较缓慢，因为伤口愈合的过程必须依赖免疫系统（Kiecolt-Glaser et al.，2002）。许多研究表明，年龄也是其中一项因素，即和年轻人相比，老年人更有可能因为应激而使免疫系统出现不良反应。

免疫系统包括一系列的细胞与蛋白质，当身体受到感染或侵害时，这些细胞与蛋白质便会产生反应（参见相关链接5－3应激对免疫系统的影响）。免疫系统的分泌组织分泌一些物体覆盖在身体黏膜表面——如泪液和唾液，以及在肠胃道、阴道、鼻子和气管的分泌。这些成分所产生的抗体，可避免黏膜组织受到病毒和细菌感染。

关于分泌型免疫球蛋白A（secretory immunoglobulin A，sIgA）抗体，学者们对其数量变化与情绪变化间的关系已有相当完整的研究。在一个长达八个星期的研究中，一群牙医系学生每星期进实验室三次，收集他们的唾液并且进行简短的心理评估（Stone，Cox et al.，1987）。这项评估结果指出，在学生消极情绪程度较高的日子里，唾液中sIgA抗体的含量会少于消极情绪少的那几天。同样，积极情绪较多时，sIgA抗体的浓度也会比较高。重要的是，这种情绪和sIgA抗体高低的关联性，在其他实验中也已经得到相同的结论（Stone，1994）。

这些研究使我们得出以下推断：应激使个体受到感染的风险提高。每天所发生的事件会影响我们的情绪；每天发生的消极性事件的增加和积极性事件的减少可能会让一个人处于消极的情绪之中。这种消极的情绪会由sIgA抗体的数量减少反映出来。假如个体暴露于病毒或其他病原体中，这些抗体数量减少的情况可能会使他们受到感染的风险增加（见图5－6）。

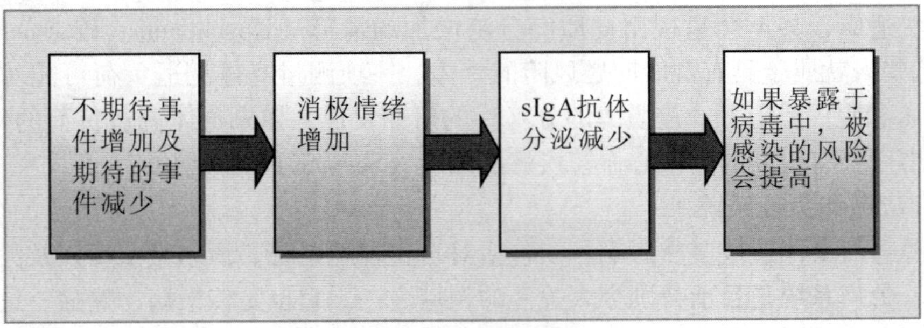

图5－6 应激增加病毒感染风险的机制

许多研究证实，应激与呼吸系统感染确实具有相关性。对每位自愿参加研究的个体施予含有轻微感冒病毒的鼻涕剂，并且完成一系列近期应激的测量。这种方式的优点是暴露于病毒的状况都在实验者的掌控之中。研究人员发现，应激的确和感冒的发展具有关联性，而且一般所指的应激源最常见的是人际和工作相关的问题（Cohen et al.，1998）。这些研究结果说明，在心身障碍的病因中，心理和生物因素之间存在复杂的相互影响的关系。

此外，研究还表明，应激可以诱发细胞激素的释放，如介白素1及介白素6，如同身体对抗感染的情况一样（Maier & Watkins，1998）。为什么这个部分对健康很重要呢？介白素6（interleukin-6，IL-6）通常称为前发炎性细胞激素（pro-inflammatory cytokine），因为它会促进感染时的发炎反应。发炎和高浓度的IL-6与许多老年人疾病有关，如冠状动脉心脏病、关节炎、多发性骨髓炎、非何杰金氏淋巴瘤、骨质疏松症及二型糖尿病等。因此，假如应激会增加释放出IL-6，就有可能对健康造成负面影响。

第四节　常见的心身疾病及干预

一、艾滋病：行为科学的挑战

艾滋病（AIDS，获得性免疫缺陷综合征），是对公众健康的一个重大威胁。这种致命的疾病有三种特有的相互关联的特征，使得它在变态心理学的教材上成为专项讨论的内容之一：①它可以产生明显无理性的和相当自暴自弃的行为；②目前通过医疗方法不能治愈或预防；③通过心理学的方法可以防止艾滋病。

（一）艾滋病的影响范围

1981 年，艾滋病首次被鉴定为现代最为严重的传染性流行病。在美国，艾滋病最初被宣告为男同性恋者的疾病。但是，它从来不是一种真正的“同性恋病”。在非洲和部分拉丁美洲地区，艾滋病最初是在异性恋中发现的，并且在全世界范围内，受艾滋病病毒感染的女性所生的婴儿是艾滋病病毒携带阳性反应者，即他们感染了导致艾滋病的艾滋病病毒。甚至在世界上某些艾滋病没有成为显著健康问题的地方，也可能演变成一种健康的威胁。下面的统计数据提供了一些对艾滋病问题及影响范围的说明。

自从艾滋病开始流行，全世界有超过 21 000 000 人死于这种疾病；在世界范围内生活着超过 40 000 000艾滋病病毒感染者；2001 年有 3 000 000 人死于艾滋病或携带艾滋病病毒。

在全世界范围内，艾滋病病毒感染者中女性达到 48%；将近 95% 的艾滋病患者生活在发展中国家。在非洲的七个国家中，有 1/5 的成人感染了艾滋病病毒。在南美洲，总人口感染的比例从 2000 年的 13% 上升到将近 20%。亚洲的发生率急剧增长，尤其是在印度和中国；这些新的病例大多数来源于异性恋。在乌克兰、巴西和越南，药物滥用是导致艾滋病的主要原因。在美国，艾滋病在导致 25～44岁的成人的主要死因上排第五。有显著的统计数据显示，在二十多年前，艾滋病并不属于人类主要的死因。

（资料来源：Gerald C. Davison et al.，*Abnormal Psychology*，9th ed.，2004）

（二）艾滋病的传播

艾滋病病毒在人群中的传播通常是通过危险的性交活动，而不在于是怎样的性取向。艾滋病毒只在血液、精液和阴道分泌物中存在，只有当被感染的液体进入血液中才会被传染。在偶然的社交中，甚至和艾滋病病毒携带者住在一起也不会感染艾滋病，只要合理注意不要接触感染者的血液，没有采取任何保护措施的肛交是最危险的性交行为（Kingsley et al.，1987）。没有带避孕套的阴道性交的风险相对小一些，没用保护措施的口交行为和手指或手插入肛门或阴道也可能带来感染风险。另一种风险行为发生在静脉注射之中，共用未消毒的针头能导致携带有艾滋病病毒的血液进入另一个人的血液之中。最后，携带有艾滋病病毒的母亲所生的婴儿也有感染艾滋病病毒的风险，病毒能跨过胎盘屏障而感染生长中的胎儿；艾滋病病毒也能通过母乳喂养传播。

药物滥用者患艾滋病的风险更高，包括非注射药物，药物的作用可能会损害一个人考虑其行为后果的能力或意愿。大量的证据显示，冒险的性交与频繁使用许多种药物包括酒精相关。

（三）艾滋病的预防

预防艾滋病传播的工作被证明比人们最初想象的更困难，目前广泛认可的最好的策略是通过改变行为来防御艾滋病。举例来说，科学家基本上认同针具交换项目或免费发放针头和注射筒能减少共用针头和与静脉注射药物有关的疾病的蔓延。预防性传播艾滋病主要集中在改变性行为上。可以排除在一夫一妻的关系中伴侣有艾滋病的可能性。然而，在年轻人之中一对一的伴侣关系很少，在已婚人群或有其他承诺关系的人群中这样的关系也并不是始终不变的。其他预防艾滋病的努力将重心放在鼓励一夫一妻制的关系上。

鼓励性表达的自我肯定是艾滋病预防的关键元素。该广告强调坚持使用保险套的重要性。

此外，在一种承诺关系中，理性并不能总是获胜。在一个至少有六个月的男同性恋关系的调查中（平均时间长度大约为四年），Appleby 等人（1999）发现，进行危险性行为象征着信任、爱和承诺，而更安全的性行为则被伴侣看成是消极的表现并且会威胁到承诺关系的亲密程度。进一步说，伴侣建议进行更安全的性行为会遭人猜疑，被视为不忠实的标志。

这种理性的风险提高了健康的难度，因为艾滋病病毒测试会产生错误的阴性反应，也因为在一种关系中，无论是同性或异性的，伴侣相信一对一的关系可能不会感染艾滋病。在 Appleby 等人的抽样调查中，有承诺的男—男关系中有 62% 的男性报告在关系期间与他人有过性行为，而其中 84% 的人报告说他们的伴侣知情。在一些例子中，一种表面上一对一的关系中，不忠诚的伴侣与他人发生没有保护措施的性行为，没有告诉伴侣，然后与伴侣发生没有保护措施的性行为。因此，尽管在公共场所大力倡导一对一的夫妻关系仍然是一种盛行的方法，但是最好的防御措施是直接鼓励发生性行为的人使用避孕套，这在预防艾滋病病毒感染时有效率达到了 90% 。

对艾滋病的预防也包括建议人们探索低风险性行为的乐趣，如交互手淫和摩擦淫（避免把阴茎插入伴侣的阴道、口腔或肛门的肢体摩擦）。对静脉药成瘾者的预防除上述方法外，还包括使用新的或已消毒的针头，尽管采取最好的预防措施，但还是不能避免使用全部的药物。

Helweg-Larsen 和 Collins（1997）提出，知识可能实际上是一种障碍。即在某些条件下，知识可能带来负面的结果。例如，“艾滋信息饱和”是一种期待被征服的刺激状态，通过不断的警示和告诫来避免高风险的行为。在某项研究中，通过对大学生进行实验来判别过量信息带来的影响，结果表明，与未被过量信息影响的人相比，被过量信息影响的人较少倾向于采取安全的性行为（Berrenberg et al.，1993；Helweg-Larsen & Collins，1997）。反复将人们已经知道了的知识告诉他们，可能会使得他们较少趋向于把这一知识付诸实施。再者，正如上述提到的关于 Appleby 等人的研究，把避孕套引入已有的明显的一夫一妻制中，可能会形成怀疑和缺乏信任感。

相关链接 5－4　艾滋病有效预防性干预策略

面对艾滋病蔓延，以及普遍存在的不安全行为，社会心理学和认知行为治疗的理论及研究提出了以下几项能够形成有效预防性干预的基本策略：

- 提供关于艾滋病病毒传播的正确信息，让这类信息可以很容易就从网络或疾病预防控制中心及地方艾滋病组织的手册中得到。
- 清楚地解释哪些行为具有风险（例如，性伴侣多的人风险较高，共用针头是非常危险的）。
- 辨别高风险情境的暗示（例如，在具有性煽动的情境下喝酒与高风险的性行为有关）。
- 提供保险套使用方式的知识（适度告知针头清洁及与其他人共用针头都是染病因素），包括“煽情地”使用保险套（建议可视保险套为不同性爱刺激的经验）。另外，强调使用保险套能够使个体对自己的健康做到相当程度的控制。
- 提供社会技巧训练，包括性表达的自我肯定技巧（sexual assertiveness skills）。例如，拒绝发生性行为的压力或坚持必须遵守安全性行为；提供其他能够帮助保持关系，同时又能减少 HIV 感染风险的沟通技巧。
- 从社区的角度看，对于安全性行为应该给予大力支持，必须通过社区创造出“我们同在一条船上”的气氛。

（资料来源：Ann. M. Kring et al.，*Abnormal Psychology*，10th ed.，2009）

二、高血压

高血压（hypertension）是一种慢性血压升高的状态，它妨害了整个循环系统的适当功能，大大地增加了中风、冠心病及肾脏问题出现的可能性，也是一种非常普遍又极其危险的疾病。没有明显致病因素的高血压称为原发性高血压。在高血压患者中单独由于生理异常引起的个案低于15%，其余皆源自心理社会因素和生理因素的结合，即原发性高血压。有些原发性高血压的主要心理社会原因是持续的环境威胁、一般的愤怒或忧虑及不便说明的权力需求。

高血压发病的生物学因素主要是遗传的作用。不过，遗传因素也受到环境及个体心理行为特征的影响与制约，具备健康的生活方式和行为习惯，也可能不会患高血压。

（一）心理应激的作用

检测各种现实生活中具有应激性质的情境，主要是为了找出它们在原发性高血压的病因中所起的作用。具有应激的面谈及大自然的灾难，例如，地震及工作中的压力都会造成短期内血压上升。可以在实验室中制造出使血压上升的情境，诱发诸如愤怒、恐惧和悲伤等各种不同的情绪状态，以使血压上升。同样，挑战性的任务，如心算、看着镜子画图、把一只手放入冰水中，以及在众人面前讲话也会使血压上升。Obrist 等人（1978）使用了反应—时间任务（reaction－time task）方法的研究，告知被试，如果他们的反应速度不够快就会被电击，而表现好的人则可以获得金钱奖励。这一任务明显地提高了参与者的心跳速率和收缩压。

Kamarck（1998）在一项有关医务人员的应激对血压造成影响的研究中，将急诊的传呼区分为高应激和低应激两种形态。该项研究预期，高应激的传呼形态会导致较高的血压。在研究中，将被试根据愤怒和防卫的人格测验做了分组。结果表明，在低应激传呼时，两组被试的血压没有呈现明显的差异。然而高应激的传呼会使愤怒和防卫性较高的这组医务人员出现较高的血压。另外，Brisso 等人（1999）研究表明，对女性而言，工作中的应激与家庭责任的结合，与收缩压及舒张压的升高均相关。

对一些原发性高血压患者所做的调查发现，他们居住的环境中存在许多可致血压增高的应激源。当人们处于一种持续的警戒状态以应付周围的危险时，可能就会引起高血压的反复发作。Harburg（1978）提出在原发性高血压患者中，黑人是白人的两倍，除基因的作用、饮食或其他因素外，一个可能的因素是黑人受到的应激比白人多。对底特律的黑人进行研究发现，那些生活在低收入、高失业率、高离婚率、高犯罪率的高应激地区的黑人中，高血压患者比那些生活在低应激地区的黑人高血压患者要多。同样是黑人，生活在西方社会比生活在非洲本土的发病率明显提高。这可能与社会经济状态不同有关。

（二）愤怒

愤怒本身不会对心血管健康造成不良影响，但是过度和不适当的愤怒却和健康状况不佳有关联。目前，对于易怒、压抑愤怒、愤世嫉俗或猜忌他人等不同层面的愤怒所具有的相对重要性人们并不十分了解。虽然近期的研究尚无法完全解释这方面的问题，但是仍然有证据指出，易怒可能是导致血压升高的重要因素。

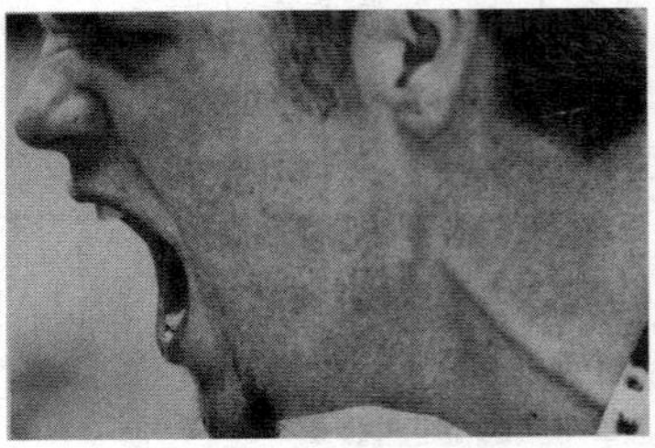

男性群体中，愤怒表达与冠状动脉心脏病有关联。

复杂的是，愤怒在男性与女性中的表现可能并不相同，并且会因为情境而有所差异。就心血管健康而言，表达愤怒与男性的血压反应性增加有关，压抑愤怒和女性血压反应性增加有关（Faber & Burns，1996）。性别差异也出现在易怒与动态血压之间的关系上。对于男性，这种特质和血压较高有关，但是女性不会出现这种情况（Guyll & Contrada，1998）。

（三）A 型行为模式

1958 年，心脏学家 Meyer Friedman 和 Bry Rosenman 确认了一种称为 A 型行为模式（type A behavior pattern）的行为模式。通过结构性访谈，研究者找出了 A 型行为模式的三种组成成分：①追求成就/竞争性，其特点是某个人对于成就和进步具有强烈而竞争性的驱动力。②时间紧迫/缺乏耐性，其特点是具有一种夸大的紧迫感，认为时间过得很快，因此必须加快步伐。③敌意，是指某些人会对他人表现出相当程度的攻击性敌意。A 型行为模式是冠状动脉心脏病研究中最常讨论的风险因子，但是这种行为模式也被当做一种高血压前置因素而得到研究。

Yan 等人（2003）在一项称为青壮年冠状动脉风险（coronary artery risk development in young adults，CARDIA）的大样本、前瞻性、纵向追踪研究中，检测了 A 型行为模式的三种组成成分可否预测男性和女性黑人或白人罹患高血压。该研究从 1985 年开始进行，参与者超过 5 000 名。这些参与者的年龄介于 18 ~ 30 岁。15 年之后，一群研究人员开始对曾参与研究的 3 308 名参与者进行了 A 型行为模式和高血压的检测。他们从 A 型行为模式的结构性访谈中发现，如果存在时间紧迫/缺乏耐心和敌意这两种组成成分，后续出现高血压的风险预期会增加两倍；时间紧迫/缺乏耐心这一成分对男性比女性更为强烈；男性与女性在敌意这个部分的结果类似。追求成就/竞争性只对白人男性而言是一种高血压的预测因子。这些研究结果强烈支持了上述心理因素在高血压的发展中所起的作用。

除此之外，高血压还与个人的反应特性有关。换句话说，个体的基因和经验决定了个体的生理反应模式。有的人对某些应激倾向于做出血压升高的反应，同时，血压的升高又能作用于这些人的生理反应，影响其个性特征，从而在应激和个性之间形成特殊的联系，建立起一种独特的生理反应模式。也就是说，高血压与个体的个性特质有关，尤其是个体压抑愤怒的倾向性。最新的研究发现，家庭中父母一方或双方患有高血压，或者在儿童期或成年早期血压轻微升高的人，当需求得不到满足或认知发生困难时，他们心血管系统的反应要比那些没有家族高血压病史的人更加显著。

因为高血压并没有特异症状表现，它常表现为心情烦躁、易怒、记忆力差、精神不集中，并伴有头痛、头晕、耳鸣、眼花、心悸、倦怠等，往往一些高血压患者在早期意识不到他们患了高血压，结果延误了早期的治疗。此外，有些高血压患者即使明确知道自己的血压有问题，但是他们往往意识不到生活或工作环境与高血压的这种作用关系。这些人所表现出来的是，他们身处应激环境中，并逐渐适应它，直到不把它看做是应激。于是，在高血压患者意识到血压升高和环境的关系并决定改善环境之前，经常会出现一些危机——血压和周围环境的应激可能会同时增加。当然，许多高血压患者的生活方式和行为习惯，主要如吸烟、肥胖、每日食盐摄入量高等都将加重高血压。

有规律的锻炼是适用于每个花很少或不花钱的人去降低血压的另一途径（Shapiro，2001）。研究显示，通过所谓的生活方式活动而增加锻炼——举个例子，爬楼梯而不是坐电梯，走很短的距离而不是开车——与增氧健身发生的结构化的程序相比，产生了同样的好处（Dunn et al.，1999）。其他的研究显示，一些有着原发性高血压的人，和那些血压处于正常范围内的人一样，应该养成有规律锻炼的习惯，如每天轻快地走上半个小时或参加其他可以增强心脏和呼吸率的增氧健身锻炼。如果活动不是那么费劲，以至于不妨碍他们同时进行谈话，大多数甚至可以在没有与医生商议的情况下参加这类活动（Dengel，Galecki et al.，1998；Dengel Habberg et al.，1998）。对于已经服用抗血压药物的人来说，一个规则的和不需费劲的养生法有时同样能够减轻或者摆脱对药物的依赖。收缩和舒张血压都将低10%——一个显著的数据——在仅仅几个星期后大多数人都能达到。如果伴随着规律的锻炼和体重的减轻的健康意义可以被推广到其他增进健康习惯的采用上，如停止吸烟和避免酗酒，那么对血压产生的积极作用会更加牢固和持久。

其他的心理学方法是教高血压个体学会降低交感神经系统的兴奋。这些方法主要是肌肉放松训练，有时配合一些生物反馈技术（Blanchard，1994）。这些结果很混杂（Kaufmann et al.，1998），并且放松疗法的效果是如何保持的并不清晰（Patel et al.，1985）。这种方法的成功可能最终取决于人们是否遵守了已习得的放松技巧，反过来又依赖于人们是否有积极性去实施这些技巧。一些研究者认为伴随着生物反馈技术的放松训练，与生物反馈技术相比，更能够降低患者的血压（Emmelkamp，1986）。

三、冠心病

冠状动脉心脏病（coronary heart disease，CHD）主要的形式有两种：心绞痛和心肌梗塞，或心脏病发作。

许多因素都会增加冠心病的患病风险。通常冠心病的风险会随着下列因素的数目或严重程度而提高：年龄、酗酒、抽烟、左心室肥大、糖尿病、长期缺乏身体活动、血压升高、肥胖、血清胆固醇升高及性别（男性的风险较高）。

研究表明，典型的冠状动脉心脏病的发生既有心理因素的影响，也有生物因素的作用，且两个风险因素紧密相连、相互作用，增加了冠心病的患病风险。这里，我们着重讨论心理因素的作用。

（一）应激与心肌梗塞

身体的用力及愤怒都能诱发心肌梗塞。例如，研究人员发现，当以色列特拉维夫遭到伊拉克导弹攻击时，当地居民心肌梗塞的频率增加（NHLBI，1998）。美国发生“9·11”恐怖袭击之后，尽管因心肌梗塞而死亡的人数没有增加，但是，装有心脏去纤维颤动器的患者出现心律不齐的情况却几乎增加了两倍之多（Steinberg et al.，2004）。

长期而言，更多的慢性应激源也是一种风险因子，如夫妻间的冲突和经济上的烦恼就具有一定的相关。工作压力也是一种慢性应激源。在长期的工作中，个人必须接受工作部门或岗位的高要求，导致工作时间太多、繁忙，而个人可支配时间太少；缺乏工作决策权与自主性；所从事的工作是重复性的，且不具有挑战性等。这种情况下，工作者患冠心病的风险就高。Marmot（1997）研究发现，高度的工作压力会增加罹患心肌梗塞的风险。在一项针对超过 10 000 名英国公务员的研究及后续的追踪研究中，研究人员评估了公务员们在工作时可以行使自主权的程度与五年后患冠心病的风险。如同之前的研究一样，在这项研究的后续追踪中发现，工作阶层较低的人（如办事员）患冠心病的风险更高。这一研究结果与这些工作者在报告中提及的工作上不具有自主权有较高的相关性。Lynch 等人（1997）在芬兰的一项大规模研究显示，工作上的许多要求与动脉硬化的发展、心血管疾病的死亡率及患病率有相关性。

（二）其他心理风险因子

将冠心病和心理因素互相联系起来，起源于早期的 A 型行为模式的研究。最初 A 型行为模式可以预测冠心病是传统西方协作组研究（Western Collaborative Group Study，WCGS）。在双盲前瞻性研究中，研究者对 3 154 位 39～59 岁的男性进行了为期超过八年半的后续追踪研究。通过访谈，被确认为 A 型行为模式的被调查者发展为冠心病的风险是 B 型行为模式者的两倍以上（B 型行为模式的特征是具有一种对成就的追求及敌意较少的生活方式）。传统的风险因子，如高胆固醇也和冠心病有关，即使控制了这些因子，A 型行为模式的个体仍有高达两倍的冠心病发病风险。该项研究还表明，愤怒和敌意也是冠心病的预测因子。纵向研究也发现，无法控制愤怒与冠心病患病率有较高的相关性（Kawachi et al.，1996）。愤怒和敌意也和其他冠心病的变量有关。例如，高度的愤怒和敌意与对应激有较高的血压反应有关；胆固醇较高、冠状动脉管壁不正常的钙质沉积、抽烟与喝酒及较强的血小板活性，这些在冠状动脉阻塞物的形成上都具有重要作用。

愤怒和敌意在冠心病患病风险的相关性上存在性别差异。例如，研究者发现，不直接表达愤怒与女性患冠心病的风险有关，而明显表达愤怒与男性患冠心病的风险有关（Siegman et al.，2000）。这些研究结果与先前所讨论的愤怒表达与男性血压反应增加有关，而压抑愤怒则和女性血压反应增加有关的研究结论相一致。

其他研究指出，愤世嫉俗（一种含有敌意的行为方式）是A型行为模式的一项重要组成成分。例如，研究发现，那些在明尼苏达多向人格量表项目中表现出愤世嫉俗或敌意态度的被试出现冠状动脉阻塞的情况就较多。在早期一项对医学院学生进行的追踪研究中，这些学生在二十五年前接受MMPI测试时健康状况良好。二十五年后发现，当时在问卷中表现出愤世嫉俗的被试具有更高的冠心病患病率及死亡率（Barefoot，Dahlstrom & Williams，1983）。

对诸如焦虑、抑郁等消极情绪与冠心病之间的相关性所做的检测发现，人类的焦虑症和冠心病发作呈正相关；动物研究也表明，对动脉硬化症的动物诱发焦虑能够导致心脏病发作。同样，研究也发现，抑郁症与冠心病有关。心脏病患者如果同时患有抑郁症，在心脏病发作的六个月内，死亡的可能性是其他人的五倍之多（Glassman & Shapiro，1998）。几乎可以确定，消极的情绪与生物因素相互作用造成对冠心病的影响。例如，焦虑与交感神经系统的活动有关。交感神经系统的活动水平过高，会导致高血压和动脉硬化。相关研究也显示，抑郁容易造成血小板凝结，因而造成动脉阻塞。此外，抑郁症时常与类固醇荷尔蒙（Steroidal hormones）的增加有关，此类荷尔蒙会造成血压升高，并且损害动脉细胞（Musselman et al.，1998）。

四、哮喘

支气管哮喘（bronchial asthma）简称哮喘，是一种呼吸系统疾病，是以气道变应性炎症和气道高反应性为特征的疾病。患者哮喘发作时表现为呼吸困难、胸闷或咳嗽，有濒死感，同时伴有焦虑和恐惧。大约34%的患者发作时伴有激动和不安，10%的患者发作时处在性兴奋或运动状态下，5%的患者发作时有抑郁情绪。

哮喘的发病与反复发作是多种复杂因素综合作用的结果。研究证实，70%的患者是由于生理因素与心理社会因素的交互作用引起的。

表5-3 哮喘病因的相对重要性

造成的因素	主要的	次要的	不重要的
过敏	23%	13%	64%
感染	38%	30%	32%
心理	37%	33%	30%

（资料来源：From Ress，1964）

心理因素对哮喘发病有重要影响。心理因素可能会干扰呼吸系统的功能，从而造成哮喘发作。这些因素包括了应激性生活事件、焦虑、愤怒、抑郁、因为挫折所产生的压力及对令人愉快和兴奋的事的预期。即使哮喘原本是由于过敏或感染所引起，但是心理应激也可能会诱发哮喘发作。在Sandberg等人（2004）所做的一项研究中，要求6～13岁的孩子和家长每天做记录，持续18个月。记录的事情包括哮喘症状及尖锋呼吸流量测量（peak expiratory flow measures）。这是一种评估呼吸道阻塞的方式，测量的方法是让孩子深深吸一口气，然后尽可能呼气到一个测量装置中，如此便可测量吐气时的力度。研究期间，亲子还要参加应激生活事件的访谈。Sandberg等发现，如果小孩在发作前 1～2 天曾经经历过应激性生活事件，出现哮喘的风险将近有五倍之多。除此之外，经历应激性生活事件的小孩在 5～7 个星期之后，更有可能两次再现哮喘发作的情况。

（一）消极情绪

由于自主神经系统与呼吸道缩放有关联，而自主神经系统又与情绪之间有关联，因而，大多数研究都集中在消极情绪的体验和表达上。研究发现，哮喘者一般具有较高的消极情绪的体验与表达；哮喘病患者也表示，许多哮喘发作是由情绪（如焦虑）诱发的（Rumbak et al.，1993）。在实验室和现实生活情境中，都发现了应激源会让哮喘患者出现更强烈的收缩的现象（Affleck et al.，2000）。

人们发现，消极情绪也与哮喘症状及尖锋呼气流量直接相关。Smyth 等人（1999）在一项研究中对哮喘患者进行了一连数天的评估。在研究期间，参与者每天要测量五次尖锋呼气流量，并且记下所有经历的症状、应激的程度及他们的心情。报告显示，应激程度与消极情绪程度较高的患者，其尖锋呼气流量较低，且哮喘症状较多。另一项研究发现，患有哮喘的小孩在看完悲伤的故事影片后，伤心的情绪会让孩子的气管收缩得更为强烈。

由此，也许可以合理地假设，消极情绪可能是对慢性疾病的应激反应。消极情绪在诱发哮喘发作上扮演了某种角色。相反，有愉快情绪的哮喘患者，预期会有比较好的肺部功能（Apter et al.，1997）。

（二）家庭的作用

与哮喘有关的心理应激源包括亲子间的互动和其他家庭因素。在 Klinnert 等人（1994）所做的一项研究中，对 150 名有哮喘病的孕妇进行了调查。Klinnert 想要了解被调查者下一代遗传基因的风险，并对父母的特质做出评估。父母亲在孩子出生后三个星期接受访谈，以了解他们对婴儿的态度、对婴儿的敏感度、共同分担养育责任的策略，以及所遭遇的各种情绪困扰。他们同时也评估过去一年内母亲所经历的应激。在接下来的三年，孩子会接受严密的监测，并将小孩的哮喘频率与之前所提到的父母亲特性相互连接。结果发现，哮喘发生率高的孩子出现在母亲有高度应激并且被评定为有问题的家庭当中（见图 5－7）。

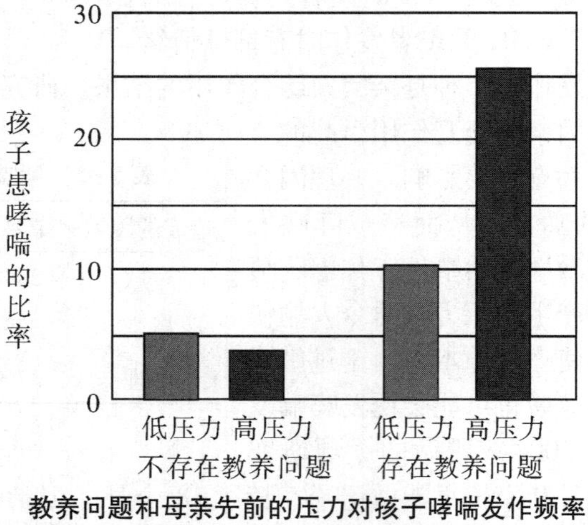

图 5－7 教养问题和母亲先前的压力对孩子哮喘发作频率的影响

那些母亲长期有较大压力及在存在教养问题的家庭中长大的孩子，哮喘发生率更高。

（资料来源：Klinnert et al.，1994）

由 Chen 等人（2003）所做的另一项研究使用横断法与前瞻性分析，以了解哮喘的家庭因素和（再次）住院治疗之间的关联性。横断法分析显示，家庭冲突和应激程度较高的家庭中，孩子因为哮喘住院的次数会增加。虽然这个因素无法预期孩子未来再住院治疗的可能性，但是在父母亲的报告中，父母对孩子的疾病若比较不了解和不关心，可以预期，孩子后续再次住院治疗的风险就会比较高。当然，这些由横断法所得到的结果无法告诉我们有关影响的方向，即家庭中的应激可能因为家中有人患严重疾病而增加，或者因为家庭应激而使哮喘的严重程度增加。不过，纵向研究的前瞻性分析结果指出，家庭应激程度较高不会导致哮喘恶化，至少和再次住院治疗无关；然而，如果父母对孩子的控制程度与关心程度较低，那么似乎可以预测会出现病情恶化的情况。

哮喘的治疗主要是药物治疗和心理治疗。用药物可以改善呼吸、控制感染、抗过敏及预防发作。对于经过分析明确心理因素在发病中占主要作用的患者，应该偏重于进行心理治疗。近年来较常用的是暗示疗法、松弛疗法及生物反馈疗法。运用准确的操作技术安慰、鼓励患者，并与他们进行交流，使患者产生安全感，消除发作时的焦虑和恐惧，往往可以减缓支气管的痉挛，减轻气喘，降低哮喘频率，效果很好。

五、癌症

（一）心理的风险因素

癌症（cancer）是一种严重危害人类生命健康的常见病、多发病，是由于机体内某种体细胞失去正常的调节控制而不断增殖，同时有不同程度的分化障碍，并常具有侵犯临近组织或转移到其他远离部位的恶性情况。种种关于癌症的认知，常使公众谈“癌”色变，尤其对于癌症患者来说，基本上对此难以抱有轻松的态度。多数癌症患者病后常有明显的心理障碍，人际关系也比较敏感。患者往往是先体验症状，怀疑或否认诊断，接着会对疾病产生恐惧、幻想，最后会感到绝望无助、听天由命。因此，对于癌症患者的治疗并不能仅仅限于药物和手术的治疗；而研究表明，多种类型癌症的发展进程同样与心理因素的影响有关。这就导致了一项新的研究领域——心理肿瘤学（psychoncology）的诞生（Barlow & Durand，2005）。

目前人们已经了解，癌症与许多直接或间接的因素有关。就直接因素而言，某些行为因素，如吸烟、酗酒、高脂肪饮食、日光浴及某一种形态的性行为都有可能诱发癌症。此外，任何使一个人和致癌物质（诸如石棉、灰尘、油漆挥发物等）长期接触的行为也是危险因素。心理应激也与癌症发病有关。癌症患者往往长期处于高度紧张的生活环境中，或者在过去几年当中经历过重大生活事件，如失去亲人和离婚，当人们遇到这些重大生活事件时，往往不能有效地应对，以至于长期积压在心里成为一块心病，久久难以从这种消极情绪中自拔出来。这种负性情绪往往会引起心理应激，使机体的免疫功能下降，结果破坏了机体的内部状态，形成了适宜癌细胞生长的内环境，促进了癌细胞的迅速生长。

国外学者研究发现癌症患者有易感性的行为特征。英国学者 Greer 等人结合自己的研究，总结了癌症患者的人格特征，提出了 C 型行为特征的概念（C 是 cancer 的第一个字母）。C 型行为或人格的主要特征是过分耐心、过分合作、缺乏自我意识、屈从让步或委曲求全，常压抑愤怒、追求完美，能理解并原谅他人，经常具有失望和忧虑等负性情绪，这样的人常被认为是绝对的“好人”。这类人易患癌症可能是因为他们对待挫折时常以消极防御为主，而较少采用积极防御。同时，这些人压抑愤怒，不对外宣泄，致使这种负性情绪可能通过躯体化的形式，也就是以“癌”的形式表达出来。有研究发现不同器官的癌症患者的个性特征也有所不同。男性肠癌患者具有内向型及顺从的特征，而食道癌患者可能更多表现为急躁、冲动和火暴。男性肺癌和女性乳腺癌患者多数性格内向，较倔犟，但情绪波动不及其他癌症患者明显。

20 世纪 70 年代中期以来，关于癌症与应激的研究总体上得出以下五个结论：①经历应激和癌症后期的发展之间很少关联；②在一个既定的时间周期内，如一年出现复发的癌症患者，在这段时间内比那些没有复发的患者往往经历更多的应激性生活事件或得到更少的社会支持；③癌症患者在诊断后应激非常高，他们的免疫功能很少能够抵抗肿瘤；④通常对应激物做出妥协、顺从和无意义行为的人（即 C 型行为模式）似乎比其他人更可能发生癌症；⑤一些证据显示，那些接受治疗以减轻其应激的癌症患者比那些不接受治疗的患者活得更长（Kiecolt-Glaser & Glaser，1995）。

（二）心理社会干预

首先，医生或者临床心理学工作者在预防、治疗癌症中扮演着一个重要角色。癌症的行为危险因素确实存在，因此，防止人们养成不良行为习惯、不健康的生活方式，或帮助他们去除已经养成的不良习惯对其健康有很大帮助。

其次，对癌症患者的心理干预应该从医生告诉患者诊断结果的那一刻开始。医生或临床心理工作者可以通过行为治疗技术鼓励患者服从医嘱。有些人由于不相信医疗的有效性而产生抗拒行为；有些人则在被诊断为癌症后变得抑郁、焦虑或恐惧，并因此回避整个治疗。医生可以让患者的配偶或其他主要支持者陪同一起讨论诊断；医生要对患者表现出关注，并给患者一些时间来接受打击并使自己镇定，然后向患者及家人介绍预后及治疗的信息。医护人员还可向患者提供关于疾病管理、治疗难点、饮食及活动方面的信息。

目前，一些心理社会干预已经成功地应用于提高癌症患者的适应能力及生活质量；有些干预用来缓解化疗引起的恶心，放松疗法和系统脱敏疗法是其中很有效的两种方法。一项研究发现，在化疗前及化疗时训练患者应用渐进肌肉放松法及想象可以显著减轻化疗后的恶心（Burish & Jenkins，1992）。另一项研究表明，系统脱敏可以帮助那些已经形成预期性恶心的患者（Morrow et al.，1992）。患者在应用放松技术的同时，进行化疗相关事件的联想，先由联系不太密切的事件想起（如开车去医院），逐渐过渡到想象那些与化疗密切相关的事件（如开始输液）。接受这种疗法后，多数患者的恶心、呕吐症状得到了缓解。

其他干预措施涉及的问题更广泛，并且说明心理社会干预不仅可以增强患者对癌症的适应能力，而且可以延长患者的生存时间。在 Fawzy 等人（1990，1993）的研究中，研究人员让癌症患者参与两个实验项目之一，在项目开始前、结束时及结束后六个月分别对患者进行心理和免疫功能的测评。干预组患者每六周会有一次一个半小时的聚会，患者们讨论他们关注的问题及遇到的困难，学习一些促进健康的活动、积极的应对技巧及控制压力的技巧等，而对照组的患者不接受任何心理社会干预。项目结束后六个月的那次评价表明，干预组患者的免疫功能更好，精力更充沛，应对更积极，抑郁的体验更少。在六年后的随访研究中发现，对照组中 29% 的患者已死去，然而干预组仅有 9% 的患者去世。

乐观积极的态度在对抗病魔时十分重要，包括癌症及 HIV 阳性反应这类严重疾病（Taylor et al.，1992）。乐观的态度可能是透过与适应性的应对有关的机制来协助人们应付具有生命威胁的疾病的。乐观的人比较容易从事降低风险的行为，如避免危险的性行为，或者在冠状动脉手术之后遵照医嘱进行规律性的运动（Scheier & Carver，1987）。

除上述干预策略外，还可以考虑以下两种有针对性的干预措施。

1．以心理干预协助人们应对

问题解决治疗（problem-solving therapy，PST）在协助癌症患者应对生命的各种挑战时，显现出它的价值所在——从每天的烦恼到处理疏离和抑郁的问题（Nezu et al.，1997）。PST 的一项重要组成是提高患者的控制感（sense of control），这对于患有威胁生命的疾病，并且正在经历治疗的副作用的那些患者而言，似乎是非常重要的。PST 对患者的照顾者也有帮助，他们必须处理患者和癌症相关的许多问题，例如，疲倦和脱发。

癌症诊断和治疗带来的沉重压力，使压力管理取向更具相关性，就如同我们先前提过的。清楚告知患者治疗过程的信息，包括在治疗过程中及治疗后患者可能会经历的事情，以及放松和催眠训练，都可以协助患者减少各种癌症治疗前后的焦虑感。特别重要的是，让患者了解疲倦是伴随许多癌症治疗而出现的状况，特别是放射治疗和化疗。常见的副作用是因为化疗或放射治疗造成的呕吐，使患者对某些特定的食物感到厌恶。

2．鼓励预防措施的干预

社区心理学模式中的心理干预也聚焦于鼓励健康的行为及防止有害健康的行为上，以此来预防癌症的发生。其他干预的主要目的是让女性能够执行乳房自我检查（breast self-examination，BSE）。要达到这个目标，主要的障碍在于乳房自我检查明显提高了令人感到厌恶后果的可能性，也就是发现乳房肿块。从逻辑上讲，能够接受这样的风险还是比较好的，但是实际上害怕知道某些不愉快的事情，是使女性不敢进行这项检查的最主要阻力（Mahoney，1977）。

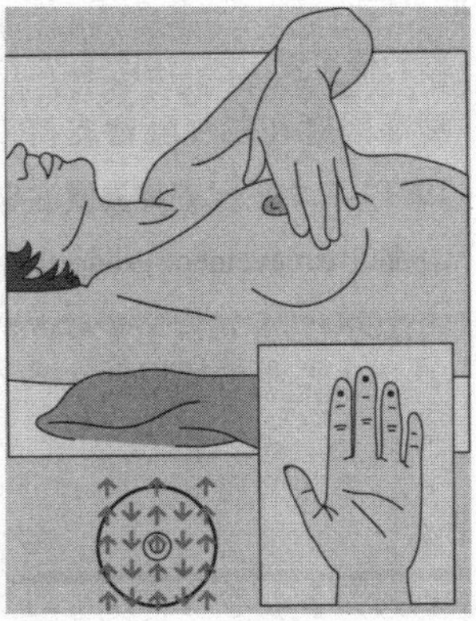

鼓励女性进行乳房自检，以便早期发现癌症并获得比较好的治疗结果。这里所展示的是美国癌症协会示范如何进行乳房自检的广告。

在美国，为了发展出可以协助女性规律性地进行乳房自我检查的方法，研究人员比较了两本相关的手册。其中一本册子提到执行乳房自检的有说服力的论据，并强调不执行的消极后果；另一本则强调执行可以得到的积极结果。这两本手册的内容都包括关于乳腺癌和指导乳房自检的确实信息。以下的例子来自这两本手册，圆括号中所提到的是积极的情况，而方括号中的则是消极的情况。

进行［不进行］乳房自检，你（可以）［将无法］学习到正常而健康的乳房是什么样的感觉，因此你（更能够）［很难］注意在老化过程中可能发生的细微的、异常的变化。

研究显示，（有进行）［没有进行］乳房自检的女性（可以增加）［会减少］早期发现肿瘤的机会，这是比较能够加以治疗的阶段。

将两种手册分别发给不同组别的女性。阅读手册后，参与研究的两组女性对乳房自检的态度并没有立即出现变化。然而，四个月之后，那些接受消极信息的女性比较可能投入乳房自检。之所以会出现这样的结果，可能是因为没有规律性地执行乳房自检的女性，采取了一种无知是福的态度，但是透过手册突显没有进行乳房自检的消极后果，让她们更能接受检查。这样的研究结果极具意义，因为大部分帮助女性执行乳房自检的手册都倾向于强调积极的后果，而不是强调消极的后果。

其他研究人员将这项研究加以延伸：与这些可以有效鼓励乳房自检的信息——有时称之为“失去健康架构”（loss-frame）的沟通相比，是否在某些情况下，更强调某种行为好处的信息［称为“增加健康架构”（gain-frame）信息］效果更差。从两个实验得到的结果显示，当我们想鼓励人们检测疾病的征兆时，失去健康架构的沟通方式会较具优势，而要鼓励人们预防疾病时，增加健康架构的方式会产生较好的效果（Rothman & Salovey，1997）。

相关链接 5－5　应激管理

应激管理（stress management）是一套帮助很少被归类为患者的那些人（医护人员、工人、学生等）应对生活挑战的技术。压力管理已经成功地运用于某些特定疾病，包括紧张性头痛、癌症、高血压、艾滋病、冠心病和慢性疼痛等。对于冠心病患者，当压力管理介入的焦虑集中于行为的目标，如戒烟、规律的运动和降低血压时，所得到的效果最为显著（Dusseldorp et al.，1999）。

应激管理包含各种不同技巧，而且通常在各种情况下所使用的技巧不止一种。这些技巧包括：

●减少亢奋状态（arousal reduction）。这种技巧是训练肌肉放松。教导人们尝试放松，并且将这些技巧运用在现实生活中的应激源上，可以帮助他们减轻应激的程度。也有证据显示，放松训练可以增强免疫功能（Jansonski & Kugler，1987），但长期效应令人怀疑，除非是经过一段长时间规律性练习放松技巧。因为应激可以视为人们对觉察到不可预知、无法控制或以上两种情境所产生的一种反应，放松训练可以提高个体自我效能感，相信人并不仅仅是受到那些并不一定有利、无法控制的力量所摆布的傀儡。

社区心理学取向对于应激管理强调的是环境而非个人。为了减少压力，办公室可以重新规划成隔间，让员工有更多的隐私权。

●认知重建（cognitive restructuring）。包括像是艾利斯（Ellis，1962）和贝克的取向（Beck，1976）。焦点是放在改变人们的信念系统和改善他们对经验诠释有更清楚的逻辑，其所根据的假设是，人们智能的程度能够影响他们的感觉和行为表现。提供信息以减少不确定性和提高人们的控制感，对于减少应激也是很有帮助的。

●行为技巧训练（behavioral-skills training）。如果一个人缺乏执行具有挑战性任务的技巧，很自然会产生受打击的感觉。应激管理通常包含必要的技巧及一般议题的辅导和练习，如时间管理和有效的优先处理顺序。另处，还包括自我肯定的技巧（assertion skills）的训练——在不侵犯他人权利的情况下表达出自己的好恶。

●环境改变法（environmental-change approaches）。尽管其他个别策略的主要目的是协助处理特别的环境，环境改变法的立场是环境本身有时候就是问题所在，因此努力的方向着重于改变环境。其中一种环境改变法是取自于正面的社会支持角度对健康影响的研究。如果社会支持能够帮助人们保持健康或应对疾病，那么可以合理地假设这类支持会有一定的好处。另一种环境改变包括工作场所的改变。改变管理方式或提供更多隐私及更少的干扰，可以减少人们在工作或生活上的压力（Murphy et al.，1995）。

第六章　焦虑障碍

焦虑是人类生存的一部分，所有人都会感到一定程度的焦虑，而适度焦虑是一种适应性反应。一位研究者曾这样讲："如果没有焦虑，我们都可能会在我们的办公桌上睡着。"焦虑促使我们去做医疗检查，在光滑的路面上放慢行走速度，为考试而学习……在我们的生活中，大多数人仅仅在某些时候会感到焦虑。而有些人则会在大部分时间里感到焦虑，对这些人来说，这种焦虑就不是适应性反应了，而是给他们带来极端苦恼的来源。本章将以焦虑障碍为主题，讨论焦虑障碍及其各种症状以及心理学各理论流派对这些症状的解释。

第一节　焦虑障碍概述

一、焦虑

同诸如恐惧、担心等其他情绪状态一样，焦虑也是一种十分常见的心理现象。作为一种情绪感受，焦虑存在于所有人的生活当中。当你走进考场的时候，当你等待着与一个重要人物见面时，当你在下雨天驾车时都会更加小心谨慎，而这恰恰就是焦虑。焦虑还可以通过身体特征清楚地表现出来，如肌肉紧张、出汗、嘴唇干裂和眩晕。焦虑不仅是一种情绪状态，它也含有明显的认知成分，如认为未来可能有不愉快的事情发生。焦虑还会表现为一系列的行为，如坐立不安、回避让你感到担心的对象等。

焦虑与恐惧情绪相近，不过恐惧是面临危险时才发生的，而焦虑则发生在危险或不利来临之前；焦虑与烦恼不同，烦恼主要是对已经发生的事件而言，而焦虑则是指向未来的事件。尽管对于人类个体而言，焦虑令我们不愉快，但是，心理学家的研究则表明，焦虑对人类是有好处的，至少适度的焦虑对我们的生活、学习与工作都有一定的益处。在学习或工作前的适度焦虑，可以激励我们更用心地做好准备，以便顺利地完成任务。

二、焦虑障碍

虽然焦虑广泛存在于我们的生活中，并且具有适应功能，但是对有些人而言，焦虑带给他的不是益处，而是痛苦，原因是他体验到了过度的紧张与担忧。因而，当一个人产生过度焦虑时，他将无法将思绪集中在他所考虑的问题上，他会想不起本已熟记的东西，他会出现无法控制的恐惧，他还会整夜地为将要参加的考试而担心，想象着失败的可怕，并产生无助感。当焦虑严重到使个体难以从事正常的生活、工作与学习时，就成为所谓的焦虑障碍。与正常焦虑不同，焦虑障碍是病态的，会对人产生不利的影响。它是无原因的、无法诉说而又不被他人理解的焦虑，这种焦虑常常长时间地困扰着个体，令其难以忍受，焦虑发生后个体仍会担心焦虑的再次发生。

有些人对生活中的重要应激源的反应表现出了长期及过度的焦虑、忧郁的情绪，这些症状并不等于焦虑障碍或情感障碍。但是，它们又的确会引起人们产生很大的苦恼并干扰个人的工作、学业和社交生活。这些反应应该被视为正常吗？DSM-Ⅳ-TR 认为不是如此，而是认为在有效的应付策略和焦虑障碍之间存在着适应障碍（APA，2000）。

表 6－1 正常焦虑与焦虑障碍的比较

正常焦虑	焦虑障碍
有原因	无原因
可以诉说	无法诉说
被人理解	不被人理解
能够忍耐	不能忍耐
困扰时间不长	困扰时间长
一旦消除不再考虑	担心焦虑会再发生

由于焦虑障碍是一个人在对未来事件无法预测结局时产生的一种情绪，因而，焦虑障碍包括以下三个基本成分：

（1）对紧张的主观报告。焦虑障碍患者会主动报告紧张、忧虑、恐惧和无能力应对的预期。

（2）行为反应。焦虑障碍患者通常会回避令人害怕的情境，同时语言和运动功能受到损害、执行复杂认知任务的能力也受到损害。对恐惧情景的回避，语言和动作机能减弱，难以从事复杂认知任务。

（3）生理反应。焦虑障碍在生理上的主要表现为肌肉紧张、心率和血压升高、呼吸急促、口干、恶心、腹泻和眩晕等。

三、焦虑障碍研究的简史与类型

焦虑障碍，旧时和躯体形式障碍、分裂性障碍一起被统称为神经症（neurosis）。最早将神经症的一些症状归纳在一起进行临床描述的文字记载，不论国内国外，均可追溯到两千年以前。但是，直到 1769 年，神经症这个术语才由英格兰医生 William Cullen 在描述能产生“神经性”行为的神经系统时提出。后来，法国精神病院改革运动的倡导者皮奈尔曾提出，神经症可能包括功能性的、器质性的，或两者兼而有之。1884 年，法国医生伯恩海姆认为这是一类心因性的功能障碍。1861 年，A. B. Morel 创用强迫症一词；1869 年，G. M. Beard 创用神经衰弱（neurasthenia）一词；1871 年，C. Westphal 创用广场恐怖症一词。在整个 19 世纪，人们认为有严厉和自挫行为的“健康人”是神经质，这些健康人是一些未查明的神经机能障碍的受害者。20 世纪初，这种生物学观点逐渐被弗洛伊德的精神分析观点所取代。他认为，神经症与器质因素无关，而与焦虑有关。当被压抑的观念和冲动要进入意识层面时，焦虑就作为自我的危险信号而发生，神经质行为就是焦虑的表现，因而弗洛伊德将焦虑症列为一种神经症。至本世纪初，神经症的概念已在西方各国广为流传，并传入中国。

早期的 DSM 版本把所有的神经官能障碍收入到以焦虑为基础的类目中，这实际上暗示了对弗洛伊德观点的支持，同时也遭到许多人的反对。他们指出，这意味着所有的心理健康工作人员必须使用这个诊断手册，因此，用精神分析这个术语并不恰当。作为对这些批评的反应，DSM-Ⅲ（1980）删去了“神经症”标题，DSM-Ⅳ以人们参与的行为模式为基础，把焦虑障碍分到不同的类目中。但是，目前“神经症”这一概念及基本框架与内容仍然被国际疾病分类第10版（ICD-10）和中国精神疾病诊断分类（CCMD-3）所保留。这一概念还广泛地运用在精神分析的作品当中，许多心理健康专业人员把它作为心理障碍严重程度的指标而继续使用，即神经症表示某种轻微障碍，而精神病则表示更严重的心理障碍。

相关链接6－1　中国精神疾病分类与诊断标准（CCMD-3）关于神经症的描述

神经症是一组主要表现为焦虑、抑郁、恐惧、强迫、疑病症状，或神经衰弱症状的精神障碍。本障碍有一定的人格基础，起病常受心理社会（环境）因素的影响。症状没有可证实的器质性病变作基础，与患者的现实处境不相称，但患者对存在的症状感到痛苦和无能为力，自知力完整或基本完整，病程多迁延。各种神经症状或其组合可见于感染、中毒、内脏、内分泌或代谢和脑器质性疾病，称神经症样综合征。社会功能受损或无法摆脱的精神痛苦促使患者主动求医。符合症状标准至少已有三个月，惊恐障碍另有规定。排除器质性精神障碍，精神活性物质与非成瘾物质所致精神障碍，各种精神病性障碍，如精神分裂症、偏执性精神病，心境障碍等。

（资料来源：《中国精神疾病分类与诊断标准第3版（CCMD-3）》，2001）

按严重程度，焦虑障碍处于神经质状态。焦虑障碍患者与现实的联系没有遭到破坏，他们虽然可能会对与他们的心理障碍有关的某些刺激物做出错误的解释，以及做出过度反应。但在平常，他们和常人一样看待世界万物。在大多情况下，他们会围绕日常生活学习、工作、与他人谈话与交流、和他人交友等。虽然他们可能应对得很糟糕，但他们还是在应对着。

虽然焦虑这种障碍不会使人致残，但它仍典型地代表了当前人类社会中存在着的许多心理健康问题。焦虑障碍比其他心理障碍更为普遍地存在于人类社会中，并且还会由此而导致更严重的障碍，如抑郁和酒精中毒症等，还会导致如心脏病之类的生理障碍。

焦虑障碍患者伴有经常出现的主观经验，而且是难以控制的焦虑体验。美国DSM-Ⅳ-TR将焦虑障碍分为六类：恐惧症、惊恐障碍、广泛性焦虑障碍、强迫—冲动障碍、伤后应激障碍和急性应激障碍。表6－2列举出了各种焦虑障碍的主要表现。

表6－2　各种焦虑障碍的特征表现

障　碍	表　现
恐惧症	害怕和回避没有实际威胁的物体或情境。
惊恐障碍	反复的惊恐发作，伴随眩晕、心跳加速、颤抖等生理症状，也伴有惊骇、难逃劫数之感或伴有广场恐惧症。

（续上表）

障　碍	表　现
广泛性焦虑障碍	经常为小事产生持续的、不可控制的担忧。
强迫—冲动障碍	强迫观念：出现难以控制的思维、冲动、意向； 强迫行为：不断重复的行为或精神活动。
伤后应激障碍	经历创伤性事件后引起高唤起症状，回避和事件有关的刺激，回忆该事件则会引起焦虑。
急性应激障碍	和伤后应激障碍的症状相同，但其持续时间为四个星期或更短。

四、焦虑反应的生理机制

在我们考察各种焦虑障碍时，我们必须仔细注意各种会使我们感到威胁的情境，以及我们应付这些情境时所经历的各种变化。事实上，当我们面对一些需要我们在某些行为上有所改变的情境时，我们都会感到某种程度的威胁——一种应激状态；而当我们把一个应激源评定为一种威胁或危险时，自然的反应就是紧张与恐惧。紧张与恐惧实际上是多种反应的组合——包括生理的、情绪的及认知的。如上文所述，生理方面有出汗、呼吸加速、肌肉紧张及心跳加速等；而认知反应表现为干扰我们的专注能力或扭曲我们对世界的看法；情绪反应则表现为包括恐怖、惧怕及惊恐等。此时，我们会过度夸大实际上对我们的威胁与伤害，或在威胁消失后仍对情境有不正确的回忆。这些恐惧和焦虑反应的特征，是通过身体的自主神经系统的活动而产生的。自主神经系统把中枢神经系统（脑和脊髓）和与身体的其他器官相联系的神经纤维网络连接了起来，它帮助控制这些器官的不自主活动——呼吸、心跳、血压、流汗及其他活动。

当我们的大脑将某一情境解释为危险时，它会激活自主神经系统的特定神经纤维群，从而加速心跳及出现其他我们经历恐惧与焦虑时的生理变化。这些神经纤维被称为交感神经系统，交感神经系统也被称为战斗或逃避（fight-or-flight）系统。确切地说，它可使我们准备对危险做出某种反应。当察觉到危险消失时，第二组自主神经系统的神经纤维——副交感神经系统开始恢复我们正常的心跳和其他身体活动。自主神经系统的这两个部分共同作用，帮助我们控制恐惧与焦虑反应，它们使我们的身体在各种情况下能够正常运作。

自主神经系统可以直接刺激器官，也可以经由刺激遍布全身的内分泌腺间接地影响器官。这些腺体把荷尔蒙释放到体内的血液中，驱使身体各器官采取行动。例如，当我们面对某种应激源时，自主神经系统会引发肾上腺分泌被称为皮质类固醇（corticosteriods）的荷尔蒙，包括氢基皮质酮（cortisol）的荷尔蒙。这些皮质类固醇依次刺激身体器官和脑部某些部位，开始做出焦虑反应，最后皮质类固醇刺激海马——脑部调节情绪记忆的部位，而海马协助关闭身体的焦虑反应。

每个人都有自己的自主神经系统和内分泌系统的活动模式，同时也有自己经验恐惧与焦虑的方式。一个人可能经由出汗和恐怖感觉来对威胁做出反应，而另一个人则可能通过呼吸加速、难以集中注意力来对威胁做出反应。同样，每个人的焦虑水平都不同，有人经

常放松，而有人则即使没有出现威胁，也会常常感到紧张。个人在通常情况下的一般焦虑水平，我们将之称为特质性焦虑，它在个人出生后不久便表现出个体差异。

人们对威胁性情境的感觉也不尽相同（Soric，1999；Spielberger，1985）。走过一片森林，对某人而言可能是可怕的，而对另一个人而言则可能是轻松的；坐飞机旅行可能会引起某些人的恐惧，而对另一些人则可能没有任何不适感。这些变化称为情境或状态性焦虑。然而，多数情况下，一般人的焦虑表现与焦虑障碍患者的紧张起伏及恐惧感完全不同。

第二节 焦虑障碍综合征

一、惊恐障碍

（一）惊恐发作

潘（Pan）——希腊的丛林和土地神，他被描述为旅游者在荒凉的地方会突然并毫无理由地感到恐惧的罪魁祸首，因而，他的名字被命名为惊恐障碍（panic disorder）。从诊断学上讲，惊恐障碍被定义并被描述为不可预期的、突然的惊恐发作的出现。根据DSM-Ⅳ-TR的解释，惊恐障碍是个人必须反复经验到不可预期的发作，并且对另一次发作表现出持续的关心，或经验到对发作结果的担忧（例如，“失去控制”或“发疯”），并至少持续一个月。

表6-3 DSM-Ⅳ-TR对惊恐发作的诊断标准

反复的、意外的惊恐发作。
担心再次发作或担心发作的后果或由于发作导致的行为改变至少持续一个月。

个案研究——惊恐发作

李某，女，26岁，19岁有一次过马路时，被一辆疾驰而来的汽车碰了一下，尽管身体并无大碍，但很是害怕，以后就把这件事忘了。24岁时，有一天到商场购物，突然产生不明原因的恐惧、紧张、害怕，手脚发麻、浑身颤抖，同时胸闷、心慌、透不过气来，心率达每分钟120次以上，感到自己“不行了”，“快要死了”，“快要疯了”，迅速逃离商场，症状持续10余分钟后自行消失。以后症状经常发作，发作频繁时，一周1～2次，少时2～3月一次。时间地点场合均无规律可循，也无明显发作征兆。发作时头脑清楚，客观环境并无相应可怕的事物和情境，心慌、心跳加快，每分钟达140～180次，时间持续数分钟至数十分钟。

（资料来源：易法建，冯正直．心理医生．重庆：重庆出版社，2007）

此外，作为对惊恐发作的诊断，必须至少符合13个症状中的四个，例如，气短、心脏剧跳、出汗、头晕或轻度头痛、自我感丧失（一种与一个人的身体相分离的感觉）、不真实感（一种对外部世界感到陌生或不真实的感觉）、对死亡的恐惧、失去控制或发疯、昏厥、发抖或战栗、哽塞、胸痛或不适、恶心或腹部不适、麻木与刺痛感、冷战或面部潮红等。在某种意义上，惊恐发作似乎没有受到当前情境中明显刺激而诱发，因而常常是

“不可预料”或“没有先兆的”。的确，个体可以在看似平静的状态，如睡眠或不可预料的环境中经历惊恐发作，这种发作称为意外的惊恐发作；然而在另外一些个案中，个体也能在暴露于环境中的特定刺激后经历惊恐发作，这种发作和特定情境的联系很密切，例如，每次听到救护车的声音，就会体验到惊恐发作的症状，这就是情境性的惊恐发作。

（二）广场恐怖症

在惊恐发作中，患者一般竭力想逃脱某种特定功能的情境以期望惊恐停止，或者寻求帮助以防止崩溃、心脏病发作或发疯。经历多次的惊恐发作，患者会回避他们害怕的情境，这些情境通常为：独自离家，单独在家，身处喧闹拥挤的地方，乘公共汽车、火车、飞机、小轿车、在电梯里或桥梁上。一些患者虽然尚能面对这类情境，但是非常不情愿且会因此而感受到恐惧；有时与别人一起结伴面对这些情境会让患者感觉比较舒服。实际上，回避这些情境已经导致了广场恐惧症（agoraphobia）的产生。

表 6－4　DSM-Ⅳ-TR 对不伴有广场恐惧症（伴有广场恐惧症）的惊恐发作的诊断标准

1. 同时具备下列（1）和（2）：
（1）有复发性的不可预料型惊恐发作。 （2）至少有一次发作时伴有以下情况之一（或更多），持续时间达一个月（或更长）：①对可能有更多的惊恐发作持续地担心；②对惊恐发作的并发症或其后果的担忧（如感到失控、心脏病发作、会“发疯”等）；③与发作相关的明显的行为改变。
2. 对一些难以逃避或会引起尴尬的地方或社交场合感到焦虑，例如，在拥挤的人群中、乘公共汽车出游或排队等候。

广场恐怖症是害怕处在难以逃避的情境中出现的焦虑，或害怕在这种情境中很难得到帮助时出现惊恐发作或惊恐样症状，因此常伴有惊恐障碍发生。广场恐怖症患者害怕的对象主要有三类：①难以离开的场所；②令人感到窘迫的情境；③在发生惊恐发作或惊恐样症状时得不到帮助的场所或情境。处于这些场所或情境时体验到明显的、持久的或不合理的恐惧，几乎不可避免地立即发生强烈的焦虑反应。广场恐惧症患者一般害怕去人多的地方，实际上是害怕在某些情况下不易离开，也得不到帮助。如果强迫他们进入这些他们自认为恐怖的情境，他们会经受惊恐发作或惊恐样症状的强烈苦恼。DSM-Ⅳ-TR 将惊恐障碍区分为不伴有广场恐惧症的惊恐障碍（panic disorder without agoraphobia）和伴有广场恐惧症的惊恐障碍（panic disorder with agoraphobia）。这也说明了惊恐障碍和广场恐惧症的关系十分复杂。

大多数惊恐障碍个体都会出现广场恐惧症。严重患者可能长年在家，不敢出门，甚至在家中也要人陪伴。有人陪伴时，焦虑症状明显减轻。此外，患者的回避行为明显影响到社交和职业功能。他们可能因不敢乘车上班而迟到甚至放弃工作，不敢外出使得患者难以担负家庭责任，如不能购物，不敢带生病的孩子去看病等。

关于广场恐惧症，临床研究与流行病学的研究结果不同。不伴有惊恐的广场恐惧症的症状在临床研究中是非常少见的。在临床中所见到的一半以上的情况，临床工作者见证了有称为有限症状（少于四种症状）发作的历史，也看到了有一些患有癫痫或大肠炎等疾病的个体，畏惧突发的身体去功能化（McNally，1994；White & Barlow，2002）。但是，在对流行病学的研究中，不伴有惊恐发作的广场恐惧症是很常见的（Kessler et al.，1994）。目前对其原因还尚不清楚，一些学者认为，假如使用更细致的诊断程序，这些障碍中的很多案例将会被归类为某种特殊恐惧症（White & Barlow，2002）。

（三）鉴别诊断

首先应进行常规医疗评估，以排除是躯体疾病引起的焦虑症状，如心脏病、甲状腺功能亢进等。通常惊恐障碍的患者已经先在内科医生处就诊过，基本排除了器质性疾病的可能。表6－5是惊恐障碍发作与心脏病发作的鉴别。

表6－5 心脏病发作与惊恐障碍发作的鉴别

症 状	心脏病发作	惊恐障碍发作
疼 痛	有或无；如存在疼痛，多为压榨感（像有人踩在胸前），定位是胸部中央，可以延伸到左臂、颈和背，如有疼痛常持续，超过5～10秒。	感到锋利剧烈的疼痛，疼痛定位在整个心脏，呼吸或按压胸口常加重疼痛，疼痛在5～10秒。
刺麻感	如有刺麻常出现在左上肢。	刺麻出现在全身。
呕 吐	常见。	可有恶心，但呕吐少见。
呼 吸	心脏病发作不会造成过度换气，心脏病发作可以感到有些气短，但可能在心脏病发作后开始出现惊恐。这种情况下，过度换气是惊恐症状而非心脏病发作。	过度换气是常见的惊恐反应，常在惊恐发作前出现。

相关链接6－2 焦虑障碍与恐惧回路

大脑有一套结构，称为恐惧回路（fear circuit），容易在人们感到焦虑或害怕时被激活。恐惧回路，如右图所示，似乎特别容易在患有焦虑症的人身上被激活。恐惧回路中的杏仁核在焦虑症中扮演着重要的角色。杏仁核是一个小小的、形状像杏仁般的结构物，位于额叶，其工作与情绪有关。在一般动物身上，已经显示出杏仁核对恐惧的重要性。杏仁核会发送信号给恐惧回路里的各个结构，见右图。研究认为，当看到难过或生气的面部图片时，有各种焦虑症的人，其杏仁核反应活动量比一般人要大。因此，杏仁核恐惧回路的活动量升高，就可能有助于解释多种不同的焦虑症。

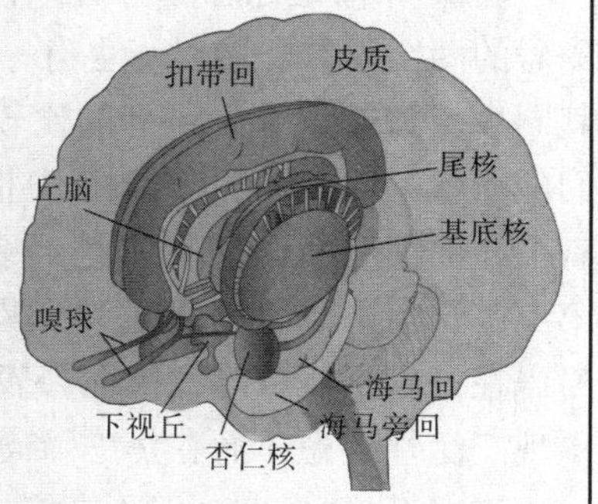

恐惧回路的结构

恐惧回路中有许多神经传导物质与焦虑症有关。例如，焦虑症似乎和血清素系统的功能不良及肾上腺皮质激素的浓度超过正常值有关。γ-氨基丁酸（GABA）似乎会抑制整个大脑的活动，其影响之一是降低焦虑。因此，γ-氨基丁酸的功能不良会造成焦虑。

（资料来源：Ann. M. Kring et al.，*Abnormal Psychology*，10th ed.，2009）

二、广泛性焦虑障碍

广泛性焦虑障碍（general anxiety disorder，GAD）是指经常为小事而感到持续焦虑的状态，这种焦虑与周围任何特定的情境没有关系，一般是由过度的担忧引起。大部分人有时会感到焦虑，而长期的、不可控制的焦虑则使其成为一种障碍。GAD 患者会对很多事情感到担心，并认为他们的担心不可控制，典型的表现就是常常担心自己或亲人患病或发生意外，异常地担心经济状况，过分担心工作或社交能力。

GAD 的特征主要包括：经常感到不安和兴奋，难以集中注意力，易疲劳，易激惹，并会遭受长期的肌肉紧张和失眠。作为对这些症状的反应，许多人因此而形成了第二种焦虑——对焦虑的焦虑，害怕他们的症状会使他们失去工作、疏远配偶等。

个案研究——广泛性焦虑

W 先生，大学一年级学生。家庭经济困难，入学后，只有在午饭时才买个最便宜的菜，早、晚都是就着咸菜下饭，因此，不到一周的时间同寝室的同学背地里叫他“老抠儿”。深秋的一个夜晚，天气预报说明天有霜冻，大家都忙着翻箱找毛衣，该生慢悠悠地从床下取出一个蓝底白花的小包袱，打开后从里面拿出一件叠得板板整整的便服棉袄。旁边几位同学一愣，忙问：“取棉衣做什么？”他说：“明天不是降温吗，好穿呀。”这句话引起全寝室同学一阵哄堂大笑。

睡觉时，他躺在床上翻来覆去睡不着，头上直冒冷汗。从此，他天天都感到烦躁不安，整日提心吊胆，伴心慌、闷气、出汗，时而出现莫名其妙的恐惧、坐立不安，影响了日常学习和生活。诊断为广泛性焦虑。

（资料来源：王长虹，丛中．临床心理治疗学．北京：人民军医出版社，2003）

GAD 好像是惊恐障碍的“休息状态”，Barlow 等人（1988）认为这些症状确实是同一障碍的两个阶段。同时，也有一些研究证据对它们之间的区分给予了有力支持。Noyes 及其同事（1992）在一系列的比较研究中发现了这两种障碍有三个主要不同点：第一，它们的症状基础不同。GAD 和中枢神经系统的过度唤起（失眠，不安，不能集中注意力）有关，而惊恐障碍与自主神经系统的过度唤起（心跳和呼吸加速，眩晕、恶心）有关。第二，与惊恐障碍相比，GAD 具有一个逐步发作的过程并有长期的原因。第三，当这些障碍在家族中流行时，往往会表现出不同的遗传倾向。GAD 患者的一级亲属中更有可能出现广泛性焦虑，而在焦虑障碍患者的一级亲属中更有可能出现惊恐障碍。

许多 GAD 患者一般不会寻求心理治疗，而且一般发病于儿童期或青春期，但发病率比较高，大约占普通人群的 5%（Wittchen & Hoyer，2001）。女性的发病率是男性的两倍，且不同文化背景下的发病率很相似。GAD 预后效果较差，在 Woodman 等人（1999）一项五年的追踪研究中，仅有 18% 的患者得到了痊愈。

三、恐惧症

恐惧症（phobia），是对某一物体或某种情境所产生的异乎寻常的、持续而不合理的紧张和恐惧，患者采取回避行为，并有焦虑症状和植物性神经功能障碍。患者所害怕的物体或处境是外在的（患者身体以外的），尽管当时并无真正危险，但患者仍然极力回避所害怕的物体或处境。甚至当许多患者即使仅仅是想到他们所惧怕的事物和情境时，也会产生恐惧（Thorpe & Salkoviskis，1995）。通常只要避开这些事物和念头，他们会是正常或安逸的。此外，多数人知道自己的恐惧与害怕是过分而不合理的，但也有些人甚至对何以害怕某种事物或情境的起因都不清楚。

表6－6　DSM-Ⅳ-TR 对恐惧症的诊断标准

1. 由某种物体或情境引发的过度、无理由、持续的害怕。
2. 暴露于引发物中会引起强烈的焦虑。个体能认识到害怕是没理由的。
3. 通过强烈的焦虑来回避或容忍某些刺激物或刺激情境。

我们都会害怕一些物体或情境，但恐惧症患者由于长期的焦虑而遭受强烈的苦恼，明显地干扰了个人的生活、人际关系和职业生涯。

恐惧症在我们的社会中很常见。Magee 等人（1996）的研究指出，在美国，每年有10%～11%的成人患有此症，而个人一生某段时间患此症的比率超过14%；患此症的女性是男性的两倍。1978 年以前，我国未将恐惧症列为独立的类别，故调查所得患病率极低。1982 年我国精神疾病流行病学调查发现，在15～59 岁居民中该症患病率为0.059%，这一比例与国外的资料相去甚远，显然并不是由于我国恐惧症的患病人数较少所致。近年由于恐惧症的概念逐渐被接受，被诊断为恐惧症的患者越来越多。在心理治疗与咨询服务中，恐惧症患者的比例相当高。赵耕源（1991）在2 100 例门诊咨询中发现162 例恐惧症患者，占7.7%（钱铭怡，2006）。恐惧症可分为两类：社交恐惧症和特殊恐惧症。

（一）社交恐惧症

社交恐惧症（social phobia）是和他人的出现相联系的、持续的、无理由的恐惧。社交恐惧症患者一般害怕在公众面前讲话、表演、用餐、使用公共浴室或在他人面前写字。这种障碍的基本问题在于限制了个体选择的机会，使他们进入狭小的行为模式中，严重地干扰了个体的生活。例如，由于患者极度的社交敏感性而寻找一个远远低于自己能力的工作，宁愿做一份低收入的工作而不愿意和别人经常接触。

表6－7　DSM-Ⅳ-TR 对社交恐惧症的诊断标准

1. 因暴露于不熟悉的群体或有可能被别人仔细观察时，就会产生显著而持续的恐惧。
2. 暴露于诱发物中导致对可能受到羞辱或侮辱的强烈担心。
3. 认识到自己的恐惧是过度的和不合理的。
4. 回避诱发情境，否则会极度焦虑和苦恼。

多数社交恐惧症者自尊水平低，出现经常性的认知歪曲——放大他们个人的缺点。作为焦虑反应的一部分，社交恐惧症患者更易于脸红、出汗，并因此阻碍了他们的社交，进而增加了他们的焦虑，形成一种恶性循环。

社交恐惧症会影响患者的工作及社会生活，从而导致相对严重的伤害。经济依赖性较强、失业的、收入较低的人群患社交恐惧症的比率比整个人群的比率要高。这种障碍也会增加个体患其他心理障碍的风险（Magee et al.，1996）。

社交恐惧症和广场恐惧症有相似的地方：害怕在公共场合遭受尴尬而阻止个体离开家门。但是，这两种障碍也有一定区别：社交恐惧症患者对某一特定情境产生焦虑，而广场恐惧症的焦虑则要广泛得多。虽然社交恐惧症会发生在儿童和成人当中，但他们在所经验到的障碍上还是有一些区别的。第一，儿童不必意识到他们的害怕是无理由的；第二，儿童没有像成人那样有回避焦虑情境的自由，如在学校公开演讲。由于儿童不能回避焦虑情境，因此可能会以间接的方式来表达其焦虑，例如，在校表现不良或拒绝与其他儿童接触。不幸的是，许多在儿童期和青春期遭受社交恐惧的人，当他们进入成年期后还会经验到这种障碍。在 Flakierska-Praquin（1997）等人所做的一项 29 年的追踪研究中，那些表现出和社交恐惧相似症状（学校恐惧症、分离障碍和拒绝上学）的儿童更有可能在进入成年后仍和父母一起居住，而且不太可能有自己的小孩，更可能出现精神病症状。有些人由于害羞和具有抑郁的人格而逐渐在儿童期和青春期形成社交障碍；另一些人的社交障碍是突然发生的，可能是过去经验的结果。

社交恐惧症患者畏惧当众讲话

治愈自己的临床心理治疗师

理性—情绪疗法劝导患者要挑战及改变自己的非理性假设。谁是第一位被此疗法的创造者治愈的患者？就是他自己，阿尔伯特·艾利斯！

艾利斯 19 岁时就成为某一个政治团体的活跃分子，但他因害怕公开演讲而妨碍了他的政治生涯。在他最初设计“打击害羞行动”以对抗最恶劣的魔鬼时，他不断地强迫自己利用各种可能的机会去演讲……“我不仅是擅长而已，而且可以说已到了非常精熟的地步，你现在是不能把我赶下台了。”

接着，艾利斯决定在对个人沟通的惧怕上下工夫。“我对女性极为有兴趣……但是，我总是找借口不去与她们讲话，害怕被她们拒绝。”

由于我住在靠近纽约的植物园，我决定以在公园里运动的方式来对抗我的恐惧与害羞。我发誓每当我看到相当有吸引力的 35 岁女性……我会坐在她旁边，以特殊的方式在一分钟内与她谈话，连续坐在 130 位我认为符合我的标准的女性旁边。结果有 30 位女性站起来走开，但是有 100 位跟我讲话——谈她们的编织、小鸟、图书等。在所有的这些接触中，我只获得一个约会，她让我空等……但我却发现，在我这样做的时候，没有人对我口出恶言，没有人叫警察，而我也没有死。

这种对新行为的尝试及对想象与真实的区别的了解过程，使我克服了与女性谈话的恐惧感。

（资料来源：Ronald J. Comer, *Abnormal Psychology*, 4th ed.，2001）

国外研究报道，西方国家的社交焦虑障碍的终身患病率是 7% ~13%（Furmark T.，2002）。根据近年美国全国疾病普查（National Comorbidity Survey，NCS）的报道，社交焦虑障碍终身患病几率为 13.3%，其中男性为 11.1%，女性为 15.5%（Weinstock L. S.，1999）；在美国，其终身患病率仅次于重性抑郁发作（17.1%）、酒依赖（14.1%），列第三位（13.3%）（Hirschfeld RM，1995）。Vorcaro 等对巴西一个贫穷社区的 15 000 名居民进行了抽样调查，在 18 岁以上的 1 037 名居民中，显示社交焦虑障碍的月、年、终身患病率分别为 7.9%、9.1% 和 11.8%（Vorcaro et al.，2004）。Izgic 等对土耳其 Cumhuriyet 大学的 1 003 名学生做了一次随机抽样调查，调查表明大学生的社交焦虑障碍的终身患病率为 9.6%，过去一年的年患病率为 7.9%（Izgic F. et al.，2004）。我国华西医科大学心理卫生中心对成都市 2 279 名大中学生进行了社交焦虑障碍的流行病学调查发现总患病率为 8.15%，其中女性患病率为 8.35%，男性患病率为 7.62%。

相关链接 6－3　社交恐惧与荷尔蒙缺失有关吗？

瑞典卡罗琳学院日前发表公报指出，瑞典和英国科学家发现一种叫做后叶催产素的荷尔蒙，它能抑制一些人与他人交往过程中所产生的焦虑情绪。

社交恐惧症是一种心理疾病，常常出现在年轻人中间。患者对聚会或其他社交场合感到恐惧，因为这种场合让他们感到紧张、不安全和不舒服。

卡罗琳学院和伦敦韦尔科姆基金会功能成像实验室合作进行的这项研究成果，将有助于提高社交恐惧症等心理疾病的治疗效果。

研究人员指出，后叶催产素能推动人们乐于参与社会活动。人体在分娩和哺乳等情况下会大量分泌后叶催产素，它能够产生止痛或镇定的作用。研究证明，后叶催产素对脑扁桃体有直接影响，脑扁桃体是人脑内影响社会交往和感知情感威胁的关键区域，负责处理和储存情绪反应。

为了验证后叶催产素对情感的影响，科学家向参与试验的志愿者展示了由四张不同面孔组成的一系列图像，在展示其中两张图像时，让志愿者感受到了会产生不适的微弱电击。科学家发现，与另两张图像相比，志愿者更反感与电击同时出现的图像。

在第二阶段的试验中，研究人员向其中一半志愿者使用了含有后叶催产素的喷剂，另一半志愿者使用的是安慰剂。试验结果表明，使用了喷剂的志愿者不再排斥之前感到反感的两张图像，而其他志愿者的感受并没有改变。

功能核磁共振图像还显示，前两张图像造成的焦虑感使大脑的两个区域异常活跃，即脑扁桃体和负责处理脸部视觉信息的梭形脸部区。使用了喷剂以后，这两个区域的活跃性降低了，使用安慰剂的志愿者却没有发生变化。

参与研究的卡罗琳学院神经学专家普雷德拉格·彼得罗维奇说，这种对比说明了后叶催产素能够减轻焦虑感，提高社会交往的机会，显示出后叶催产素对人际关系的重要性，为一些心理疾病的替代疗法提供了新选择。

（资料来源：参考消息，第 5 版，科学技术版，2008－07－28）

（二）特殊恐惧症

特殊恐惧症（special phobia）是对某种特定物体或情境有不合理的害怕。当患者暴露在这些物体和情境中时，他们会立即感到特有的恐惧。DSM-Ⅳ-TR 根据患者所害怕物体的来源将特殊恐惧症分成以下几类：血—伤害和注射、情境（如飞机、电梯、闭密的空间）的恐惧症、动物和自然环境（如高处、水）的恐惧症。

一些特殊恐惧症，如动物恐惧（animal phobia）、血—伤害恐惧（blood-injuryphobia）、幽闭恐惧（claustrophobia）和牙齿恐惧（dentalphobia）可以追溯到儿童期。大部分儿童都会经历某一恐惧，如害怕黑暗、害怕陌生人、害怕死亡和虚幻的物体等，但是它们大多都能自行消散。其他一些恐惧症，如吞咽恐惧症可能由吞咽食物时引发的创伤事件所致。

表6-8 DSM-Ⅳ-TR对特殊恐惧症的诊断标准

1. 由特殊物体或情境而引起显著或不合理的持续害怕。
2. 暴露于诱发物中，会导致强烈焦虑。
3. 认识到自己的恐惧是不合理的。
4. 患者一般都设法回避这种情境，如果无法回避，则极度焦虑和苦恼。

特殊恐惧症有时也和其他心理障碍相伴随出现。例如，2/3伴有广场恐惧症的惊恐障碍患者也会遭受某一特殊恐惧症，如情境恐惧症、牙齿恐惧症、血—伤害恐惧症、自然环境恐惧症。这些恐惧症在伴有广场恐惧症的惊恐障碍形成的多年前已经出现。在某些案例中，害怕死亡可能和惊恐障碍的发展有一定的联系。

一个患有特殊恐惧症的人，他烦恼的程度会因所要避免的情形而变化。例如，一位怕见血液的医务人员可能会处于一种连续的惊恐状态中。因为在医院这种环境中，遇见血液的可能性是很高的。当恐惧的刺激物出现的可能性降低时，单纯恐惧症患者通常能免于惊恐。对溺水惊恐的人，除非是面临水或者是正计划做一次乘船旅行，否则是不会受惊恐影响的。

蜘蛛恐惧症（arachnophobia）

看到蜘蛛使我极端害怕、激动、发抖及头晕。为了逃避这种情况，我有时呕吐和昏厥。在看到蜘蛛后，这些症状会持续三四天；写实的图画也会引起同样的结果，尤其是假如我不慎把手放在一只蜘蛛上。

雷电恐惧症（brontophobia）

在每年的3月底，我就开始激动不安，由于夏天即将来临，表示雷雨季节到了。自20岁起，我就开始害怕雷电，而且最近三年来情况更为恶劣。雷雨后几小时，我心跳得很厉害，我整个左胸剧痛……我说我要待在房间，但是雷雨来了，无法减轻惧怕。我有一个小橱柜，我走到里面，用力压住我的眼睛，以至于几乎有一小时我看不清东西，假如我坐在橱柜里超过一小时，我的丈夫必须把我拉起来。

高空恐惧症（aerophobia）

我们登上飞机，接着就要起飞。恐惧感如同渐增的速度再次出现，那是旧有的恐慌、一种令人毛骨悚然的感觉。我看到每个人都像木偶一样，全部被用皮带绑在座位上，无法控制他们的命运，包括我在内。每次当飞机改变速度或航线，我的心脏就剧跳，慌忙问发生了什么事；当飞机开始降低时我就不由自主地担心我们将要坠毁了。

儿童最终都会克服他们大部分的恐惧。如果在成年时人们还无法克服其恐惧，并且没有把对这些刺激物的恐惧转化为一种积极的体验，单纯恐怖症就可能成为长期的慢性障碍。

目前已有多种治疗单纯恐惧症的方法。增加唤醒恐惧联想的刺激与非焦虑反应之间的联系，而且同时提供信息制止有关刺激的不合理信念（例如，所有的狗都是凶残的），经常能收到积极的效果。

美国每年有9%的人有特殊恐惧症症状（APA，2000；Kessler & Zhao，1999）。在个人一生的某段时间，可能有11%的人发展此症。美国、加拿大和欧洲的研究发现，此症的女性患者数量超过男性，其比率至少为2∶1，并且女性能较早地发生恐惧症状（女性：10岁；男性：14岁）。特殊恐惧症的流行率及所害怕的事物也会因文化和种族而有所不同。常见的特殊恐惧症见表6-9。

表6-9　常见的特殊恐惧症

症　状	恐惧的事物
恐高症（aerophobia）	高地
疼痛恐惧症（algophobia）	疼痛
闪电恐惧症（astraphobia）	雷雨、闪电
幽闭恐惧症（claustrophobia）	封闭的场所
恐水症（hydrophobia）	水
孤独恐惧症（monophobia）	孤独
不洁恐惧症（mysophobia）	污物或细菌
黑夜恐惧症（nyctophobia）	黑暗
人群恐惧症（ochlophobia）	人群
疾病恐惧症（pathophobia）	疾病
恐火症（pyrophobia）	火
恐血症（hematophobia）	血
动物恐惧症（zoophobia）	大多数动物或特定动物

四、强迫症

（一）强迫症概述

1. 强迫症的概念

强迫症（obsessive-compulsive disorder，OCD）是包含严重干扰个体日常生活、反复出现的强迫观念和强迫行为。英语中的obsessive（强迫观念）这个词来自拉丁文，原意是“围攻”的意思，是指反复出现的观念、思想、冲动、意象；compulsive（强迫行为）是指反复出现的、有目的、有意识的动作行为。前者为理念的，看不见摸不着，只能通过患者的主诉才能得知；后者的行为看得见摸得着，是外显性的行为，当然compulsive也有内隐的表现形式。有的患者两者同时存在，互为因果。在美国的DSM系统中称其为强迫—冲动障碍。

ICD-10和DSM-Ⅳ-TR对OCD的定义和特征的描述相同，认为OCD的主要特征是周期性出现的强迫观念和强迫行为，严重影响着个体的日常生活、家庭、工作和社交活动。DSM-Ⅳ-TR把OCD分为强迫观念与强迫行为。

表6-10　DSM-Ⅳ-TR对强迫症的诊断标准

强迫观念：引起焦虑的反复的、持续的想法、冲动或要求。
强迫行为：个体出现不断重复的动作行为和精神行为来降低苦恼。

2. 强迫症研究简史

早期的一些文献对强迫性洗手、强迫性洗涤等行为有过较为详细的描述。16世纪莎士比亚悲剧《马克白斯》的主人公马克白斯夫人是第一部文学著作中描述的强迫症患者。1838年，法国精神病学家 Esquirol 首次报告了一例强迫性怀疑的病例，并把其归类为单狂（monomania）。1861 年，Morel 又描述了一例类似病例，并称之为情绪性妄想，1866 年正式提出“强迫症”这一名称。其后，Westphal 归纳了前人的看法，提出强迫观念是一种不由自主的或与患者意愿相对立的思想，而该思想对于患者而言是“外来的”，它不是任何特殊情感状态下的产物，患者智力正常。

早期欧洲的一些 OCD 描述，尤其是法国和德国学者的观点揭开了 20 世纪 OCD 心理学研究的序幕。至此，OCD 才真正被视为一种疾病。1903 年 Jenet 第一个以心理学的视角对 OCD 进行了阐述，并创用“精神衰弱”一词，其中包括了强迫观念。而弗洛伊德的精神分析理论则是对强迫症认识理论的一次革命。1896 年，弗洛伊德在神经症分类中把 OCD 作为独立的疾病与癔症并列，归入精神神经症一类，认为 OCD 和恐惧症是两种不同的神经症，并对此症进行了深入研究，认为强迫观念是变相的自我谴责，它从压抑中重现出来，往往与某些性行为有关；而继发的强迫行为是成功防御“压抑内容重现”的结果，提出了 OCD 是退行到肛门期的假说。

1935 年，Sir Aubrey Lewis 对 OCD 的概念进行了文献述评，发现人们对 OCD 一词的描述相当混乱，并指出，认识到无意义并不是 OCD 的必要特征，主观上感到必须加以抵抗才是其主要特征。Lewis 的这一看法促进了人们对强迫症的认识。DSM-Ⅲ（1980）和 DSM-Ⅳ（1994）均将 OCD 归入焦虑障碍一类，而在 ICD-10 和 CCMD-3 的分类中，强迫性神经症均被视为神经症中独立的一个疾病类别。

3. 强迫症的流行病学研究

经典的精神病学教科书一直认为，OCD 是一种少见的心理障碍。国外学者认为，一般人群中的 OCD 患病率介于 0.01% ~0.23%。国内有关心理障碍的流行病学调查数据也显示 OCD 患病率相当低。然而，在美国 20 世纪 80 年代进行的流行病学责任区（epidemiologic catchment area，ECA）研究显示，社区人群中 OCD 的患病率为 2.5%，远高于此前估计的数值，达到估计数值的 10 到 100 倍之多。近年许多研究表明，在美国和英国 OCD 的患病率也比以前估计的要高得多，其终身患病率大约为 2%，成年男女比例基本接近（APA，2000；Bebbington，1998；钱铭怡，2006）。

国内于 1982 年在 12 个地区进行的全国精神疾病流行病学调查结果显示，OCD 患病率为 0.03%，占全部神经症的 1.3%，城乡相似，此结果明显低于国外调查结果。

（二）强迫症的临床表现

DSM-Ⅳ-TR 中 OCD 诊断的症状标准要求是患者具有强迫性观念或强迫性行为，或两者兼而有之。因此，OCD 的主要临床表现是强迫观念和强迫行为。

1. 强迫观念

强迫观念是指侵入性的、反复进入患者意识领域的思想、观念、表象、情绪、冲动或意向，上述这些观念性的东西对患者来说，没有现实意义，是不需要或多余的，违反了个人意愿；患者能够意识到这些都是自己的心理活动，很想摆脱，试图忽略或压抑这种强迫思维或用其他思想动作来对抗，却无能为力，因而感到十分苦恼和焦虑。有的患者抵制不明显，在漫长的病程中，抵制变得逐渐微弱。

个案研究——性的强迫观念一例

患者，男，19岁，高中文化，待业。患者家中有五口人，祖父、父母和一个妹妹。他16岁第一次遗精，当时心里较紧张、恐惧，又好奇，在一些书籍中知道精子和卵子结合会产生一个受精卵，形成一个生命体。某次洗澡时，患者突然想到他遗精时，如果精液沾在内衣上，洗澡后精液又可能沾在澡盆上，全家合用一个澡盆，精子如果不死，其妹妹再用这个澡盆洗澡，精子就会通过澡盆进入妹妹体内，就会使其怀孕。思虑后感到非常可怕，然后又自我安慰这是不可能的事情。虽然这样自我安慰，但自从有了这种想法后，就控制不住地反复考虑这件事，再也摆脱不了，因此非常烦恼。诊断为性的强迫观念。

（资料来源：苏中华. 强迫性神经症. 北京：人民卫生出版社，2009）

强迫观念是OCD的核心症状，最为常见。其表现形式和内容繁杂，甚至可以包罗万象，如日常工作、生活、学习内容、躯体伤害、性、宗教、传染病等，有的则是无具体内容或说不清内容的“念头”，难以归类。报道中最常见的强迫观念包括攻击性冲动、灾难化思维、躯体化与带有性色彩的强迫观念。具体表现为强迫怀疑、强迫意向、强迫回忆、强迫性穷思竭虑、强迫联想、强迫对立观念、强迫表象、性的强迫观念等。

2. 强迫行为

强迫行为是指反复出现的、刻板的、过分的动作；患者明知不合理，但又不得不做，其目的往往是为了对抗强迫观念、减轻强迫观念引起的焦虑不安或不适而采取的顺应性行为；这些行为和动作虽是为了缓解痛苦，预防某些可怕事件或情境发生，但实际上并不能起到所预期的中和或预防作用。强迫行为通常按照某种特定的模式或僵化的行为方式反复出现。

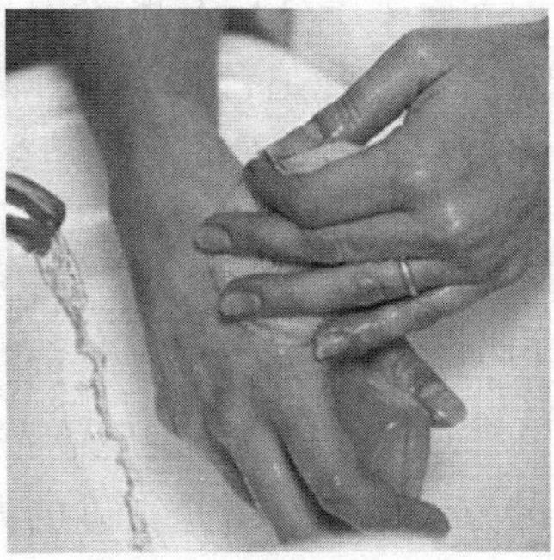

即使双手充血，强迫洗手患者每天仍会花数小时清洗双手。

从根本上讲，这些行为既不能令人愉快，也无助于完成有意义的任务。患者常常将其视为能防范某些客观上不大可能的事件，且认为这些事件对自身有害。这种行为通常被患者认为是无意义或无效的，且反复企图加以抵抗。最常见的强迫行为包括强迫检查、强迫询问、强迫性洗涤、强迫性计数、强迫性整理和收藏等。

个案研究——强迫检查一例

患者，男，45岁，建筑工程师，病程近30年。自上高中三年级起病，期间曾一度自行好转，但近三年由于单位效益不好，家庭经济窘迫而致病情复发。患者每天必须最后一个睡觉，因为他要检查每扇门是否都锁好。开始时情况没那么糟，检查几遍后就上床安然入睡。但随着时间的推移，即使家人全部入睡，患者还会每天凌晨两三点准时起来检查门窗是否锁好。他家有两扇大门，四扇窗户，每次检查时患者都要试着推动门把手13次，然后再检查窗户，同样也是13次。五分钟后，再如此重复一遍，直到精疲力竭才会上床睡觉。

（资料来源：苏中华. 强迫性神经症. 北京：人民卫生出版社，2009）

（三）强迫观念与强迫行为的差异与关联

1．两者的差异

尽管强迫观念与强迫行为两者密切相关，以至于有人认为强迫观念与强迫行为没有本质区别，但两者绝非同一临床现象，DSM-Ⅳ的相关定义中已明确了这个问题。强迫观念是一种被动体验，患者只有被动地接受，其典型临床现象是“我要杀死他”、“我可能会勒死那个孩子”。相反，强迫行为则是一种主动体验，常常是患者的一种主动行为。如患者关门时，每次均用某种特定的程序开关门把手三次。该现象通常由某种强烈的、被称为“强迫性驱动”的主观内在驱动力所驱使，尽管患者内心对此有较大的抵触体验并对抗该行为的发生，但最终还是患者的一种自愿行为，就是因为患者的行为是受到了某种内在驱动力驱使。

表现形式不同是两者的第二点区别。强迫观念是某种思想、观念、表象或冲动，或是它们多种形式的组合。强迫行为则是某种外显的运动行为，或是某种外显的认知方式，即以某种特定顺序出现的一种无声的语言（苏中华，2009）。

2．两者的关联

强迫观念常常导致与此相关的强迫行为的发生，但是在临床上，也可见仅有强迫观念而无强迫行为的案例；也可发现仅有强迫行为而无强迫观念的患者。如一位年轻的女性患者脑中经常出现其结婚礼庆的画面，并伴有明显的心情沮丧，并无主动的强迫行为。Akhtar（1975）发现25%的OCD患者仅有强迫观念，而没有相关的强迫行为发生；5%的患者仅有强迫行为而无强迫观念（苏中华，2009）。

（四）强迫症与强迫型人格障碍的鉴别

强迫型人格障碍以过分的谨小慎微、墨守成规、过分疑虑和苛求完美及内心的不安全感为特征。虽然储藏、拘泥、完美主义，以及规则、次序和列举均可能在两种障碍中出现，但仍有许多因素有助于鉴别OCD与强迫型人格障碍。

OCD是对担心摆脱强迫行为影响的焦虑占优势，而强迫型人格障碍主要是“按照我的方法做事，就是正确的方法”（例如，需要控制）；OCD的完美主义和有规则的先占观念通常是局限于所担忧的事件，而强迫型人格障碍的这些特性则普遍地渲染了个体的态度和行为；OCD患者会有极端的、不正确的想法和行为，而强迫性人格障碍者会过分严厉和担心，例如，有强迫性人格障碍的人可能对他的书有严格的分类系统，如果某人把书归位不正确就会使他感到沮丧；相反，OCD患者会每天不停地检查书架，看这些书应该如何摆放才更完美，如果有什么事情干扰了他的检查，他会感到非常苦恼。从根本上讲，具有强迫型人格障碍的人体验关心和行为作为正常自我的一部分，不仅不抵抗它们，反而认为它们是有价值的品质；尽管强迫型人格障碍的特征通常会激怒患者的同伴或合伙人，但患者并不希望改变这些人格特征。

五、创伤后应激障碍

（一）创伤后应激障碍概述

1．创伤性事件

什么是创伤性事件？创伤性事件是指能引起严重的心理、生理效应的、灾难性的或极端痛苦的事件。创伤性事件可以分为两种类型。第一种创伤性事件包括个人悲剧，如经历严重的意外、成为暴力的牺牲者或经历威胁生命的灾难；另一种创伤性事件指能对很多人产生影响的威胁性事件，如火灾、地震、骚乱和战争。经历创伤性事件后，个体必须应对在灾难中失去亲人、财产和家园的痛苦，也必须应对对创伤事件的痛苦回忆。

在每个人的生活中都有可能遭遇某些创伤性事件。近年来，人类经历了“9·11”恐怖袭击、印尼海啸、伊拉克战争等；我国也经历了1998年的特大洪灾、2003年“SARS”和2008年的“5·12”汶川大地震等。我们生活在一个充满危险的世界中，很多人都暴露在各种事故、爆炸、火灾、地震、台风、性侵害等危险中。由于经历及事件的严重程度与个体人格类型不同，因而对心理的影响也不同。根据国外的研究结果，1942年波士顿Coconut Grove夜总会失火，492人丧生，有一半以上的幸存者要求进行深度心理冲击的治疗；1977年圣大克鲁斯得退内利费岛（Santa Cruz Tenerife island）的两架喷气式飞机相撞，造成580人罹难，对64个幸存者的心理评估表明，其中有八人因为事故患有严重的情感问题（Perlberg，1979）。在一场47个乘客罹难的飞机事故中，八个月后对六名幸存的空服人员的评估表明，六个人全部符合创伤后应激障碍的标准。18个月后的评估显示没有忧郁，但是持续经历了高水平的压力（Mark，Yule & De Silva，1999）。

2. 创伤后应激障碍

什么是创伤后应激障碍？创伤后应激障碍（posttraumatic stress disorder，PTSD）是指经历了异乎寻常的威胁性或灾难性应激事件或情境后而引起心理障碍的延迟出现或长期持续存在，其特点是时过境迁后的痛苦体验仍然挥之不去，持续回避与事件有关的刺激，长期处于警觉焦虑状态。1980年的DSM-Ⅲ对“创伤后应激障碍”予以了首次命名，而DSM-Ⅳ认为，入睡困难及梦境内容反复重现创伤事件是PTSD的重要特征。请看汶川地震后一位妇女的情况：

个案研究——心灵的伤痛：一个游荡在地震灾区的幽灵

夜幕降临，刘秀碧又一次从活动板房里搬出烧烤家什。离她居住的青川县关庄寺坝居民集中安置区不远处，关庄镇初级中学已开始国庆长假后的第一个晚自习。等下课铃一响，学生们就会把她的烧烤摊围得严严实实。

“只有跟小孩子打交道，我才能忘了这一切。”刘秀碧对早报记者笑了笑，解释着卖烧烤的原因。刘秀碧所说的“这一切”，是指遇难的女儿。大地震不仅吞没了她在青川石坝镇中心村的家，也让她永远失去了引以为豪的15岁大女儿刘道林。

“如果没死，她现在已经念初三了——学习很好，几乎年年都是全班第一，也很懂事。”刘秀碧说，所以，一想起在关庄初级中学念初一的小女儿不听话、成绩跟不上，“我就心烦”。

从表面看，除了面容有些憔悴，她与普通母亲没什么区别：为生活操劳、为子女的学业担忧。“但事实上，她并没有摆脱心灵深处的痛苦，记忆总是在不经意间被唤醒，如反复浮现地震时的悲惨场面，汽车开过时总觉得是地震了。”

失眠、抑郁、焦虑、恐惧，经常深陷痛苦，已是游荡在灾区的一个个幽灵，悄悄影响和改变着灾民的生活。

（资料来源：东方网，2009－10－14）

上述个案仅仅是地震灾区灾民中PTSD的一个缩影。心理危机干预专家在对灾民进行的“地震后心理健康评估”问卷调查，发现了灾民的种种心理问题。这份总共50个问题的问卷由三部分组成：个人基本情况、地震当时或震后情况、心理影响评估。调查结果显示，震后四川省平武县急性应激障碍的发生率达12.59%。灾区群众中超过1/2的人存在睡眠困难、焦虑症状和过度警惕症状；近1/3存在闯入症状，表现为做噩梦；1/4左右的人表现有回避症状。专家组还发现，与地震前相比，灾民的家庭矛盾明显上升；存在对任何事情欠缺信任的情绪；一些灾民对前途感到绝望。在专家们的调查过程中，也有多位灾民流露出轻生情绪。

由于精神障碍和心理问题本身的发病特点，震后三个月到数年将是心理卫生问题的高发期、关键期，这与灾民心理状态变化的阶段性有关。专家们认为，在经历早期的迷惘期和随后由于救援人员众多而形成的“人道期”后，媒体关注度减弱，救援者及救援物资减少，灾民开始进入“低潮期”，感到孤独、无奈、幻灭，甚至出现自杀现象。

表6-11　DSM-Ⅳ-TR对伤后应激障碍的诊断标准

1. 曾暴露于会引起极度害怕、无助或恐惧的创伤性事件中。
2. 个体持续体验到创伤性事件。
3. 个体持续回避与创伤性事件相关的刺激或反应麻木。
4. 唤醒水平持续提高。
5. 症状持续超过一个月。
6. 导致临床显著的痛苦或对患者社会、工作或其他重要领域的功能产生明显损害。

DSM-Ⅳ-TR提供了两种主要的分类：急性应激障碍和PTSD。在创伤性事件后不久，有些人会立即出现急性应激障碍（acute stress disorder）。如果应激源引起的社交或职业功能受损时间少于一个月，就诊断为急性应激障碍；如果症状持续超过一个月以上，就可以认定为PTSD（见表6-11）。Ruscio和Keane（2002）认为PTSD是最高形式的应激反应。

汶川大地震导致的许多PTSD都会有一个潜伏期。每年的5月12日对于那些幸存者们而言，都是一个充满伤痛的日子。

Taylor等人（1998）认为，PTSD症状可能立即出现在创伤性事件后，也可能在几个月或几年后出现。除了开始和持续时间不同外，这两种焦虑症的症状几乎相同。

（1）反复体验创伤性事件。个体可能被反复出现的、与事件相关的回忆、梦或噩梦所困扰。例如，可能会生动地看到当时的情境，并伴发相应的情绪和行为反应，好像创伤再次发生，如同电影中的“闪回”（flashback）。此外，象征某事件的刺激（如打雷、想起战友）或某些特殊经历的纪念日（如被强暴的日子）都会引起强烈的不安情绪。

（2）回避。个体通常回避使他们想起创伤性事件的任何活动，而且逃避相关的思想、感受或谈话。对创伤性记忆的回避可以暂时缓解痛苦，但强化了回避性行为。

（3）减少反应。减少对外界的事件反应，称为“心理麻木”或“情绪麻木”。个体将有疏远感或与他人疏远，对过去能带来快乐的活动失去兴趣，体验亲密情感的能力，如亲和性常常受损。反应的减少在急性应激障碍中特别显著，它包含分离（dissociation）迹象，如眩晕、失忆、现实感丧失（感觉环境不真实或陌生）或人格解体（感觉个体的思想或身体是不真实的）。分离性或麻木也是为了切断侵入性创伤记忆与痛苦情感之间的联系。情感分离所带来的结果有积极的一面，即避免了强烈的情感，也有消极的一面。严重的情感分离会阻碍个体与他人建立正常联系，享受日常生活，保持创造力及计划未来等多个方面。有些患者对未来心灰意懒，严重者可能万念俱灰，以致自杀；有些则可能部分或完全不能回忆创伤时的经历，这种对创伤史的遗忘会增加诊断的困难。

（4）渐增的唤起症状和罪恶感。个体会经历过分的警觉、过度的惊吓反应、入睡困难，并且有难以集中注意力或对事物回忆的现象。由于他们是创伤性事件的幸存者，因此事件中其他人的死亡使他们产生了强烈的罪恶感。

以上这些症状可以分为两组。第一组称为“侵入和回避”，包括侵入思维、反复出现的梦、重现、对创伤线索的活动过度及对这些思维及提示物的回避。第二组，“唤起的过度与麻木”，包括淡漠、对日常活动失去兴趣、睡眠障碍、易怒等。这样，侵入思维引起了回避，而唤起过度又导致了麻木反应。

（二）创伤后应激障碍的流行病学

在1980年之前，首例PTSD的案例被诊断，并且在已知的案例中很大程度上集中在战争的老兵及灾难受害者身上（Breslau，2001）。在一般人群中PTSD的流行性评估一直都在变化，但是这种障碍似乎在一生中的某些时候发生，12个成年人就有一个发生了（Breslau，2001）。美国国家并发症的研究指出（Kessler et al.，1995），对该症状的估计大约是7.8%（男性5%，女性10.4%）。这个报告的数字低于自然灾害和犯罪的全国人口比率。例如，德国慕尼黑的样本研究报告指出，只有25.5%的男性和17.7%的女性经历了创伤性事件，而只有1%的男性和2.2%的女性符合PTSD的标准（Perkonigg，Kessler，et al.，2000）。回顾已发表的关于PTSD的研究，Resick（2001）估计美国5%～6%的男性和10%～12%的女性在生命中的某个阶段经历了PTSD。Lee和Yong（2001）也得出以下结论：虽然一般人群中93%的人报告曾经历创伤性事件，但是只有5%～12%的人患有PTSD。Breslau（2001）指出，女性的PTSD流行率是男性的两倍，因为更多的攻击性暴力行为针对女性，例如，虐待和性侵害。

在一次创伤性事件发生后，最容易受到伤害的是妇女和儿童。图为俄罗斯别斯兰人质事件中极度惊恐的妇女儿童。

急性应激障碍和PTSD可发生在任何年龄段。女性的发病率至少是男性的两倍，约有20%的女性在遭受严重创伤后可能发展为PTSD，而男性只有8%的患病可能。Davidson等人（1991）指出，虽然PTSD在人群中的发病率大约为9%，但如果将那些不太典型的个体加上，这一数字将达到14%～15%。

发生于1976年的中国唐山大地震对每位幸存者来说都是一次严重的精神创伤。国内学者于1995年11月至1996年11月对震后PTSD的患病率及其有关影响因素，以及远期心身健康等进行了调查（张本等，1999）。调查表明，在遭受重大精神创伤的群体中，PTSD的发生率显著增高，约为3%～58%。在1 813人的调查样本中，延迟性应激反应

（DSD）的现患率为0.94%，终身患病率为22.17%；有335例（18.48%）发生急性应激反应（ASR），810例（44.68%）为明显情绪反应，仅266例（14.67%）为正常。提示人类在面临严重自然灾害时绝大多数人会引发程度不同的不良情绪表达。PTSD的症状是常态急性创伤症状的一种延续。调查指出，样本中的402例DSD中虽有67.7%在一年内痊愈，但仍有17例（0.94%）至今未愈。

研究结果显示各反应组与正常组间存在着高低量化的差异。其中女性DSD发生率高于男性，差异非常显著，与女性是发生PTSD危险因素之一的结论相吻合。此外，18~30岁者DSD的发生率高于其他年龄组；有一级亲属震亡者的心身健康程度低于无一级亲属震亡者。提示应激量化差异与心身健康程度之间存在着密切的联系。

研究结果还显示，各反应组与远期心身健康关系密切，提示不论是DSD（持续时间长）还是ASR及明显情绪反应（持续时间短暂），地震灾害对个体心身健康的影响都是持久的。

（三）引发创伤后应激障碍的创伤性事件

1. 战争与创伤后应激障碍

多年来，临床工作者已经发现，许多士兵在战争期间产生了严重的焦虑和抑郁症状。这些症状的形态，在美国内战期间称为“思乡症”，因为它被认为是起因于长期离开家庭。第一次世界大战期间，它被称为“炸弹休克”，因为它被认为起因于小脑出血或不断的炮火爆炸所造成的脑震荡。在第二次世界大战期间及朝鲜战争期间，它被称为“战争疲劳症”。直到越南战争之后，临床心理学家们才发现，许多士兵在战争中遭遇到严重的心理创伤并在战后表现出一系列心理症状（Schlenger et al.，1999）。

越南战争之后的第一年，老兵的心理问题普遍受到忽视，部分原因可能是由于国家希望让人们忘掉这场不受欢迎的战争。然而，1970年年底，许多越战老兵在战争中所经历的心理困难开始明显表现出来。据调查，曾在越南服役的男女士兵中，有29%的人罹患急性应激障碍，另有22%的人，至少存在某些应激障碍的症状（Weiss et al.，1992）。事实上，有10%的越战老兵经验到严重的PTSD症状，包括回闪创伤事件、夜间惊恐发作、噩梦及萦绕不去的影像和思想。不论是什么反应，促使其发生的条件基本都是相同的：死里逃生，因见到自己的同伴被杀死而比一般人更恐怖。这种创伤一般经历几个月或几年的聚集后形成压力而后出现，使患者产生恐惧、失眠、冷漠、激动及各种死亡的念头。事实上，许多士兵是在回到普通平民的生活中时，才表现出他所受到的影响，才忽然惊讶地发现自己会做噩梦，会回想那些令人恐怖的事件，才会感到害怕。对越战老兵的研究表明，那些患有PTSD的人更容易对同伴或家人表现出敌意和攻击（Chemtob et al.，1994）。

相关链接6-4　美军士兵创伤后心理问题日增

美国军方说，最近被派遣到伊拉克和阿富汗的美军中被诊断患有创伤后心理焦躁综合征的人的比例较去年上升了近50%，使五年来有这种心理问题的军人总数达近四万人。

据官方2008年5月13日公布的数字显示，海军陆战队和陆军士兵中有这种心理问题的人最多。海军陆战队和陆军在伊拉克和阿富汗战争中是首当其冲的美军部队。单单陆军就报告在2007年有一万多名创伤后心理焦躁综合征的新患者，而海军陆战队则报告有两千一百多个新病例。

美国军方说，这些数据反映的是2003年到2007年间他们所跟踪调查的病例。美军军医局局长休梅克中将说，近年来更多军人被诊断有心理问题，部分原因是美国军方加强了对有关问题的意识和跟踪调查。但是他说，部队较多地经历战斗也是因素之一。专家们表示，被多次调遣返回战斗服役的士兵心理问题的症状更多。

（资料来源：www. voanews. com/chinese/nwes. 2008 - 05 - 28）

2. 自然灾害与创伤后应激障碍

急性应激障碍或PTSD也可能在自然和意外的灾害后发生，如地震、火灾、飞机失事及严重的车祸等。已经有研究发现，约有1/3的受害者——成人或儿童——在严重的交通意外发生后的一年内发展为PTSD（Ursano et al.，1999）。同样，对1992发生在美国的安德鲁飓风肆虐后，在佛罗里达州及美国东南部部分地区的研究发现，幸存者中出现了某些PTSD反应。在飓风后一个月，迈阿密的国内暴力热线接到许多电话，女性请求警察保护的数目增加了两倍。飓风之后的六个月里，许多小学儿童明显地成为PTSD的受害者，他们的症状从在学校行为表现不良到成绩退步及睡眠困扰（Vermberg et al.，1996）。一个儿童在几个月后说："即使我准备入睡，我也会因害怕飓风再来而无法睡觉。"另一个儿童说："我在睡觉，但我想它还会再来"（Gelman & Katel，1993）。中国四川大地震后，根据有关方面提供的数据，北川1 600多名城乡居民样本中，有56.7%的人丧失亲人，创伤后应激障碍发病率为14.7%，抑郁症发病率达到10.2%，是震前的三倍多。据估计，这两个数字在工作繁忙的公务员群体中会更高。

3. 暴力事件、强奸、受虐待与创伤后应激障碍

除了战争、自然灾害能给人们带来巨大的心理创伤之外，其他一些灾难性事件，如飞机坠毁、车祸、暴力犯罪、恐怖袭击等也会使受害者遭受PTSD之痛苦。一些巨大的灾难，如恐怖袭击会成为介于与战争相关的灾难和平民灾难之间的一个领域，因为它们同样是人为且故意造成的，而且同样会造成巨大的人员伤亡。那些经历过"9·11"事件的成千上万的纽约公立学校的小孩子都长期做噩梦。他们害怕去公共场所，并具有其他的PTSD症状。像"9·11"恐怖袭击这种威胁生命的灾难中得以生还的人们会表现出PTSD的症状，这很常见。而对于援救工作人员及那些用几个月时间来清理世贸中心并确认死者的人来说，每天面对的一切都在向他提醒着这场灾难，这使其心理的恢复变得尤为艰难。

研究表明，强奸可能对受害人造成严重创伤。被陌生人强暴（受害人不认识加害者），受害人可能感受到身体伤害和死亡的强烈恐惧。被熟人强暴，受害人不仅感到恐惧，也感到较大的罪恶感。因为担忧，使得受害人认为自己对事情负有一定责任，她可能会对寻求帮助或报警产生了更多的犹豫。此外，受害人的年龄和生活条件也可能影响她的反应。对于儿童而言，她们对性行为毫无认识，因而强奸可能对她们导致性创伤和混乱（Browne & Finkelhor，1986）。对于成年妇女而言，强奸可能其增加关于独立与分离的冲突。为了提供帮助，这些受害人的父母可能促成了各种退化行为，诸如搬回老家跟父母同住，而这可能会妨碍受害人对心灵创伤的克服。当强奸案中的受害人已婚且已有子女时，她们必须向子女解释该事件的问题。有时候，强奸所造成的脆弱性使得这些妇女感到她们暂时无法照顾自己的孩子。当女性被强奸后，假使她们的丈夫或男友对其遭遇不表示同

情，则可能对受害人的适应产生消极影响。拒绝、责备、对加害者无法控制的愤怒，或是坚持尽快恢复性活动等都可能会增加受害人的消极感受。

此外，DSM认为，目击家庭暴力和受虐待的儿童也会发展伤后应激障碍。儿童的伤后应激障碍和成人的不同。首先，睡眠障碍和行为改变在儿童伤后应激障碍中最为常见。例如，一个友好的青年突然变得沉默、爱攻击。其次，一些受创伤的儿童会认为他们长不大，另一些儿童则可能会失去已获得的技能，如言语或卫生习惯。最后，儿童比成人更难以表达他们的不安情绪。

相关链接6-5　告别不了的“5·12”——一线记者难愈的心理创伤

离地震发生已经整整172天。那场山崩地裂的灾难，在许多记者身上留下了太多的痕迹。

在灾区待了一个多月，回北京的头两个晚上，新京报记者吕宗恕连续做了两个噩梦。头一个梦，他在堆满遇难者遗体的空地上走着，突然间，一个死去的人拉住了他的小腿，他在拼命挣扎中吓醒了。第二天晚上，他在梦里看到数不清的遇难者遗体，在梦里他号啕大哭，直至哭醒。

几乎每一个从灾区回来的记者，都有过和吕宗恕相似的经历。一些记者梦见各种奇形怪状的妖魔或鬼脸向自己飞来；一些记者会梦见自己的至亲——父母、妻子、儿女被压在废墟里，呻吟、呼救，自己却无能为力；有些记者从梦中吓醒，看见身边盖着白被单的妻子，甚至会产生“不好的联想”。与噩梦相伴随的，还有数不清的眼泪。

守望生命的记者和失去家园的小猫——5月17日四川都江堰的一处救援现场。

一个曾去过中东报道过战争的记者，到了灾区竟崩溃了。他一个劲地念叨着“真惨啊”，与人说话就哭，以流泪开始，以号啕大哭结束。在灾区待了三天后，全身器官功能紊乱，只得撤回后方。

记者们受到的心理创伤，并不能得到合理的释放，于是，便出现各种各样的问题。南方都市报一名记者，从灾区回来后，不敢在丈夫和12岁的儿子面前表露悲伤，怕“吓着他们”。但时间不长，她就觉得浑身不舒服，做什么事都提不起精神。没多久，她就得了哮喘、心脏疼痛，一躺下，就会胸闷得透不过气。整整两个月，她都只能坐着睡觉。

有人一边排斥着来自四川的消息，一边又不断地关注着那儿的新闻。有人无论到哪儿，都要查看一下建筑结构和地质结构，找出房子里最安全的地方；有人习惯在睡觉时穿着衣服开着门，并且在床头柜上放上手电、水和食物。有一位摄影记者，甚至再也不去翻看在灾区拍摄的那些照片，因为，无论在什么样的环境里，只要一看到那些照片，他似乎就能闻到厚重的尸臭味。

的确，几乎每个在第一时间去过地震灾区的记者，都会遇见那些交织着死亡和悲伤的细节的故事。这些故事有意无意地渗透进他们的记忆里，没有人知道，它们会在什么时刻，以一种什么样的方式迸发出来，而保存这些记忆的人，又会感到怎样的痛楚。

（资料来源：www. scol. com. cn，2009-09-01；原载：中国青年报）

第三节 焦虑障碍的病因学及其治疗

一、心理动力学观点：神经官能症

（一）神经官能症的根源

当弗洛伊德认为人格结构中本我冲动和超我发生冲突时，自我如果不能运用理性机制来调节它们的冲突及缓解冲突引起的焦虑，就不得不采用一些心理防御机制来应付，如压抑、投射、反向作用等。当自我的力量不足以抵御或缓解这些焦虑时，就会产生神经官能症性的冲突。自我和本我之间的内部冲突就成为神经官能症的根源。

惊恐发作的原因是本我冲动。本我冲动不断要求被表达，导致焦虑水平上升。而自我则拼命地压抑，然后，这种重大的冲突不断地出现。一旦自我在冲突中获得优势，本我冲动就再一次被压抑，惊恐发作也就过去了。

广泛性焦虑障碍是在个体的防御机制崩溃后产生的。它可能是个体的焦虑水平太高，例如，一个男孩在婴儿期为想喝牛奶而哭闹，两岁时弄脏裤子，或幼儿期露出生殖器，每次都被打耳光，最后的结果使他认为，他的各种本能冲动都是危险的，而且无论何时只要有这种冲动，他就会经验到无法抵抗的焦虑，也有可能是自我防御机制太弱，无法应付焦虑的产生。被过度保护的儿童，所有的挫折和威胁都受到父母的保护，因而发展有效防御机制的机会就比较少。

弗洛伊德认为，强迫—冲动障碍是由于过早或过于严厉的排泄训练而使性或攻击本能不能处于自我的控制之中。他认为在肛门期儿童会有强烈的欲望和羞愧，引起本我和自我间的冲突。而正是在此阶段，父母会对儿童进行排便训练，这种训练过早或太严厉，儿童会感受到盛怒而发展本我的攻击冲动（aggressive id impulse），如他们经常会弄脏衣服。如果父母以更大的压力来处理儿童的攻击性，儿童可能会感受到羞愧、罪恶感及肮脏，攻击冲动将会与控制他们的强烈欲望对抗，如果这种冲突继续下去，最后则可能发展为强迫—冲动障碍。

恐惧症则是由对压抑的本我冲动所产生的焦虑的一种防御。当焦虑离开本我冲动，指向象征某种关系的物体或情境时，如电梯或幽闭的空间，这些物体或情境就成了恐惧性的刺激。因而，恐惧症就是自我回避现实问题——被压抑的儿童期冲突的一种方式。

心理动力学家认为焦虑障碍的不同仅仅是防御机制的选择不同，一些基础研究支持了这个观点。在 Pollock 和 Andrews（1989）对焦虑障碍患者的一项研究中发现，惊恐障碍患者更可能出现替代、反向作用和躯体化（对生物症状的先入观念）。社交恐惧症患者倾向于用替代和退化（对自己和他人的批评）。强迫—冲动障碍患者依赖于投射、无意识行为表现（不成熟的冲动欲望）和解脱（通过一些补偿性行为对某些消极想法或行为作补偿）。

（二）对神经官能症的治疗

根据精神分析理论，对复杂的防御机制的维持工作占据自我并使自我筋疲力尽。精神分析的治疗目标，就是通过对自我耗费着精力去压抑的材料的揭示去消除这种情境。该假设在于，如果患者能面对和了解其潜在冲突，自我就会从掩饰这些冲突的所有假想任务中解放出来，并能投入更有创造性的工作。

为实现这一目标，传统的精神分析学运用了两个基本技术。第一个技术是自由联想（free association）。患者躺在长椅上，头脑中所想到的一切，包括任何在内心出现的思考、感觉或印象，即使它们看起来不重要或与患者的症状无关系。治疗师希望通过患者的联想，最终能够揭示潜意识的过程，以及潜在的动力。第二个技术是梦的解析（dream interpretation）。通过让患者尽可能精确地表达他们的梦，进而挖掘出患者潜意识的内容。在弗洛伊德看来，潜意识愿望只有经过化装，才能混过稽查而进入梦境。所谓梦的工作（dream work），就是把隐意变做显梦的过程。因此，有效的释梦不仅要了解显梦与隐意的静态的关系、掌握释梦的技术，更要进一步了解梦的工作是怎样把隐意转变为显梦的。传统上，自由联想是梦的解析的一部分，患者自由联想到梦的内容。按照弗洛伊德的观点，自由联想是通往无意识王国的一条忠实的道路。

二、人本主义—存在主义心理治疗观点：个体与社会

和精神分析学家的观点一样，人本主义—存在主义学家也认为焦虑障碍来自心灵内部的冲突。人本主义—存在主义方法的独特之处在于，焦虑不仅是个人的问题，也是个体与社会相互冲突的结果。

（一）受损的自我概念

人本主义认为，焦虑的基础是自我概念。当儿童不能从他人那里得到无条件的积极关注，就可能变得过分批判自己及形成严格的自我标准，也就是罗杰斯所谓的条件价值（conditions of worth）。儿童过度的条件价值造成了理想自我和现实自我之间的差距。当个体意识到这种差距时，就试图通过扭曲和否认他们真正的思想和经验来符合他们的自我标准。但是，不管如何努力，威胁性的自我批判仍然不断出现，这种努力和消极的自我概念间的冲突引起了焦虑，而这种强烈的焦虑引发了广泛性焦虑障碍或其他形式的焦虑障碍。

存在主义者认为，焦虑根源于人们认识到生命的有限性及对生命终极意义的怀疑，即存在的焦虑（existential anxiety）。人们采用两种方式对抗这种存在的焦虑，一是对他们的行为负起责任，作深思熟虑的决定，发现有意义的生活方式及欣赏他们自己的独特性；二是从这种对抗中退缩，导致不真实的生活，如对害怕的否认、忽略选择的自由及过度顺从社会规范等。但存在主义者认为，后一种生活形态并不能很好地协调真实自我和非真实自我，即不能减少个体的存在焦虑。这种真实与非真实自我分离的意识导致了焦虑，以广泛性或其他的焦虑症状表现出来。

（二）重建受损的自我

人本主义最流行的疗法是由罗杰斯首创的患者中心疗法。罗杰斯（1980）认为，有心理障碍的人需要的不是分析或建议，而仅仅是“听”——就是另一个人真诚的理解和尊重。因此，患者中心疗法最为关注的是患者的真实感受。罗杰斯等人（1995）指出，治疗者通过对患者表现出无条件积极关注及对他们的同情心，营造一种真诚接纳和关怀的

气氛，有助于让患者感到安全，从而使他们了解到自己真正的需要、想法及情绪。当患者最后经验到真正的自我——信任他们真正的天性，而且信任诚实和轻松的自我时，他们的焦虑或其他功能失常的症状将会消失。

存在主义疗法试图将患者所有的先入之见排除在治疗情况之外。存在主义者和人本主义者一样，较少关注症状本身，而更多地关注患者的整体意识和自由的恢复。治疗者通过种种技术帮助焦虑患者负起更多的责任，并使生活有意义。有时他们支持和鼓励患者，有时和患者对质。例如，由弗兰克（1975）首创的“反常意向法”（paradoxical intention），告诉患者投入甚至是夸大他们的症状。对一位有强迫检查的患者，治疗者鼓励他整天做检查而不做其他事情。通过这种方法，患者会明白行为是可以控制的，如果某种行为可以经常出现，那么它也可以很少出现。此外，通过一些规则，个体就可以达到控制他们的害怕的目的。

三、学习模式：习得的焦虑

行为主义者反对精神分析关于焦虑障碍来源于无意识冲突的观点。他们认为，焦虑障碍来自不正确的学习。

（一）人们如何习得焦虑

行为主义关于焦虑障碍的一个重要理论是回避学习理论。该理论包含两个阶段：

阶段1：一些中性刺激和厌恶刺激配对，通过应答性条件作用，成为焦虑源。

阶段2：个体回避条件刺激，通过回避降低了焦虑（如负强化）。回避反应通过操作条件作用成为习惯。

试想一位偶尔醉酒打自己小女儿的男子。父亲醉酒的迹象（CS）和孩子被打的痛苦想法（UCS）配对，因而，女儿一见到父亲醉酒就感到焦虑（CR）。最后，无论是在父亲醉酒时还是在父亲清醒时，女儿都会感到焦虑。在这种情况下，父亲本人成了CS。因此，女儿躲避父亲。通过躲避，她的焦虑降低了，但强化了躲避的反应，焦虑进一步泛化到一般的男性。她以躲避所有男性为行为反应，而这种躲避又以降低焦虑的方式产生了负强化，这个过程会给成人后的她带来严重的社交问题。

许多行为主义者，如Wolpe和Rowan等人（1988）认为，惊恐发作是对内部生理感觉极端害怕的条件反应。广场恐惧症以避免在公共场合惊恐发作的方式形成，是躲避性学习理论第二阶段的产物。在特殊恐惧症中回避策略不太完全，例如，人们不必为躲避电梯而困居家中，但是其发展过程是一样的：通过应答性条件作用（如，在狭窄的地方感到窒息的童年期经历），中性刺激物变成厌恶刺激，通过负强化而习得躲避行为。对特定事物习得的害怕越多，就越有可能发展成广泛性焦虑障碍。他们推测这是通过刺激的泛化而产生的，即对一个条件刺激的反应，也会引发对相似刺激的反应。在强迫—冲动障碍中，如强迫洗手能降低对细菌或肮脏的强迫想法，强迫检查能降低关于灾难或疾病的焦虑。这样，某种行为就成为躲避害怕的方式，通过负强化而再次得到加强。在伤后应激障碍中，患者对创伤事件的反应是操作性条件作用的产物。他们对事件的“心灵麻木”和健忘是其躲避策略。

另外，也有行为主义者认为，害怕除了直接习得外，也可以通过模仿而习得，即经由观察和仿效而习得。研究发现，猴子可以通过观察其他猴子对陌生刺激物的恐惧反应而学到焦虑。同样，一个人可能经由观察他人恐惧的某种事物或情境而形成同样的恐惧。试想一个年幼的男孩，其母亲害怕疾病、医生和医院，假定母亲经常表现出那些害怕，很快，这个男孩也可能会害怕疾病、医生和医院。

（二）消除焦虑

对于焦虑，行为主义者运用了一系列相关技术，通过逐渐暴露刺激物而达到降低焦虑的目标。其中一项经典技术就是系统脱敏法（systematic desensitization）。首先，患者拟订一个焦虑的等级表——一个对引起焦虑的刺激进行由低到高排列的表格。然后，治疗者教患者深度放松肌肉。在这种放松的情境下，他们按由低到高的顺序逐个想象焦虑情境。在治疗的后期，他们能够想象最能引起焦虑的刺激物而仍处于放松状态，即一种能够泛化到现实生活情境的理想反应。

和这个技术相类似的是实景系统脱敏法（vivo desensitization），即通过划分等级，在现实生活中引导患者放松。例如，一个狗恐怖症患者在治疗师的陪同下，先让他看狗的照片，然后进入一间把狗装在笼中的房间，接着靠近狗等，直到患者在有狗的情况下仍然保持放松状态。

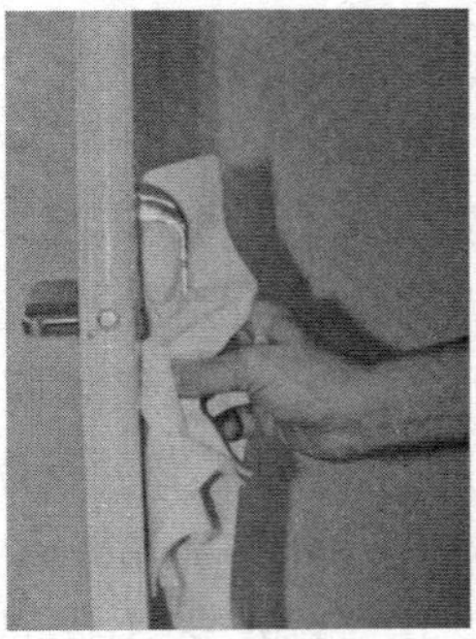

强迫症的暴露治疗包括让患者面对最害怕的事物，诸如受到脏东西的污染。

另外一种较常用的行为疗法是冲击疗法（flooding）。在冲击疗法中，患者被迫面对他们恐惧的物体和情境，而没有实施放松训练，也没有逐步建立焦虑等级，要求患者明白这些事物是完全无害的，从而最终停止对这些物体或情境的害怕。

在恐惧症或强迫—冲动障碍治疗中，治疗师经常一边描述刺激物一边做示范。例如，对洗手强迫症患者，治疗者首先会示范触摸一下“不洁”之物，但治疗者并不因此而表现出某种强迫行为，然后鼓励患者也这样做。通过反复的示范，能降低患者害怕的敏感性，也能使患者认识到行为的不必要。

示范法，通过警告他们要有自我防御观念及如何战胜这些想法，给治疗者提供一个改变患者认知策略的机会。例如，如上面所述步骤那样，治疗师在触摸“不洁”之物时会大声说出来：“我不能这样做。这个问题已经跟随我多年，现在必须解决了。”然后，治疗师会回答这样的想法：“如果别人能够这样做，我也能。没有什么可怕的。”以后，当患者独自一人被这些自我防御的念头困扰时，他们就会使用诸如此类的回答方式。

四、认知心理学的观点：对威胁的错误信念

（一）错觉和焦虑

认知心理学家认为，焦虑来自个体把不具有威胁的内外部刺激看成是威胁，因此产生了各种焦虑症状。广泛性焦虑障碍、特殊恐惧症和强迫—冲动障碍，都源于扭曲的认知过程，即把没有实际威胁的刺激物看成是有威胁的。广泛性焦虑障碍患者往往错误地把觉察

到的事件（如过马路）认为是有威胁的，因而他们的认知集中在对未来灾难的预期上。患者的注意力容易转移到有威胁的刺激上。进一步的研究表明，患者更倾向于把模糊的刺激解释为威胁，并且认为不祥的事件可能发生在他们身上。高敏感性的广泛性焦虑障碍患者甚至在威胁的刺激未被意识知觉时就产生焦虑。研究发现，广泛性焦虑障碍个体在加工含有危险的外界信息的过程中，倾向于把注意力自动化地投向环境中具有危险含义的信息，并且要比正常人更容易对模糊信息以一种负面的、带有危险的方式做出评价。这一认知模式必然加重个体当时的情绪反应。若个体已经处于焦虑状态，那么他的焦虑就会更加严重。而强迫—冲动障碍的个体就有一种自动化的错误观念，即如果没有强迫仪式就会造成灾难性的后果。

艾利斯（1999）认为，许多人由于受到非理性信念的引导而产生许多不当的行为和反应。因此，对某些认知情境做出歪曲的解释，把模糊的刺激解释成为威胁，相信灾难性的事件会在将来发生。例如，面对一种压力情境，如一次考试或与他人约会，患者会把它解释为有着高度的危险和威胁，因而反应过度并体验到恐惧。当人们把这种解释方式运用于越来越多的生活事件时，就可能发展为广泛性焦虑障碍。同样，认知理论家贝克认为，广泛性焦虑障碍患者经常以不切实际的、无声的假设来表示他们处在紧急的危险之中。

惊恐障碍患者对某些身体感觉非常敏感，一旦突然出现某种不同寻常的身体感觉，则常被他们解释为灾难来临的前兆，而这种恐慌使个体越来越害怕失去控制，害怕事情变糟，失去所有的希望，进而迅速陷入恐慌。接着，人们对内部可能的“危险”感觉更加关注，这又将增加未来惊恐发作的可能。

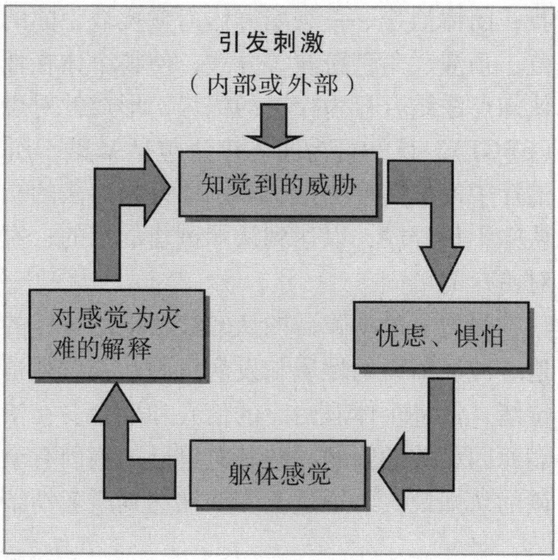

图 6－1　惊恐发作的认知

就 PTSD 而言，目前的认知理论存在着三种不同的解释——社会认知理论、信息加工理论和双重表征理论。社会认知理论偏重创伤对个体生活的影响，强调个体将创伤经验整合于预存图式所需要做出的艰巨调整，强调创伤性事件及其严重后果的广泛影响。信息加工理论认为，PTSD 的出现是由个体对创伤所造成的威胁及创伤信息在认知系统中的表征与加工方式决定的，本质上是个体对创伤信息加工过程未能够完成导致的。双重表征理论认为，创伤性事件会在记忆中形成两种表征：一种是有意识加工的产物，其过程是慢速、系列的，信息容量有限，称为言语通路记忆（verbal accessible memory）；另一种是无意识加工的产物，其特点是快速平行分布，容量大，称为情境通路记忆（situation accessible memory）。伴随上述两种记忆表征，有两种不同的情绪反应：一种是与情境通路记忆有关的条件性情绪反应，伴随创伤性事件同时产生；另一种伴随言语通路记忆形成，是经历了认知评价加工后产生的次级情绪。情绪加工后，会产生三种结果：①整合成功，创伤记忆表征与个体以往的关于自身和世界的预存图式完全整合。②因创伤信息与预存图式不能整合，而产生长期的情绪加工。在这种情况下，个体处于高度唤醒状态，由于长期情绪加工影响泛化，个体还会出现抑郁、焦虑、恐惧和回避等反应。③情绪加工的过早抑制：个体竭力避免思考创伤情境，不对其进行意识加工，避免引起负性情绪。个体表面看起来已从创伤中恢复过来，但未经加工的记忆在某些情况下仍会被激活。

（二）认知疗法——降低对威胁的感觉

在艾利斯的理性情绪疗法和贝克的认知疗法这两种技术中，治疗者着重指出个体对内外部刺激所做的不适当解释，建议他们使用理性的解释，并指定让个体挑战旧的解释，以及运用新的合理解释。

关于惊恐障碍，认知疗法通过系统地改变个体的消极解释来减轻那些可以积累并导致惊恐发作的预期焦虑，挑战个体的消极思维，从而达到治疗的目的。认知疗法有三个基本步骤：其一，找出消极或适应不良的思维模式；其二，挑战这种消极的思维模式；其三，用积极的或更为有益的想法代替消极想法（Silove & Manicavasagar，1997）。由此，通过改变个体的认知，可减少不合理认知对情绪状态的影响或缩短惊恐发作的时间。

对社交恐惧症的治疗，认知治疗学派主要包括认知重建和团体治疗两种方式。认知重建——在于纠正个体不合理的认知观念，改变个体对自己和他人的看法，重建受损的自我；团体治疗——利用群体力量挑战歪曲的认知信念，同时提供模拟社交的机会，通过示范、预演、角色扮演等方式，使得个体在社交情境中的行为举止得以训练和提高。此外，认知疗法结合行为疗法的优势，形成针对恐惧症的综合性治疗方法——认知行为团体疗法（CBGT）。认知行为团体疗法包括暴露于所害怕的情境、认知重建和家庭作业三个方面。治疗中的暴露疗法是认知团体行为疗法的核心；在每一次暴露之前、之中、之后都需加入认知干预程序，以达到认知重建的目的；家庭作业则与治疗进程中的暴露任务相结合，是对治疗的巩固。

强迫—冲动障碍的认知疗法采用这样的步骤：在进行治疗之前，治疗师向个体解释强迫—冲动障碍的性质和发病机制，强调强迫—冲动障碍不是“发疯”，以减轻个体的焦虑情绪，促进个体对治疗的信心和配合。在治疗过程中，治疗师与个体共同探讨一系列与发病原因相关的问题，使其对自己的病因有全面的认识。同时，帮助个体找到歪曲观念和失调的认知模式，通过改变认知达到改变情绪、行为的目的。

五、生物学观点：遗传与生物化学

（一）遗传

在所有的焦虑障碍中，最具有遗传基础的是惊恐障碍。Crowe 等人（1983）的研究发现，惊恐障碍患者的一级亲属患此症的风险率为 25%，而控制组的一级亲属患此症的风险率为 2%。Kendler 等人（1993）对双生子的研究发现，同卵双生子患惊恐障碍的同病率为 24%，异卵双生子的为 11%。

Lenane 等人（1990）对患有强迫—冲动障碍的儿童和青少年的研究发现，约 1/3 的父母也有强迫—冲动障碍，或者有该障碍的某些症状，而普通人的父母患有此障碍和症状的为2%~3%。当然，孩子会模仿父母的行为，但事实是，孩子和父母的强迫观念和强迫行为有质的不同。

就恐惧症而言，有关恐惧症患者一级亲属的研究发现，他们患此症的几率是正常人一级亲属的三倍。对于社交恐惧症，也有迹象表明，其在家族中存在一定的流行性（Reich & Yates，1988），但证据尚不充分。广泛性焦虑障碍患者的亲属，约有15%的人显示出此症，高于一般人的4%，而且血亲关系越近，越有可能患此症（APA，2000；Marks，1986）。

（二）神经递质的作用

1977年，人们发现苯化重氢和脑神经元之间由一种特殊的受体相连。这个研究发现表明，大脑可能含有一种能调节焦虑的类似苯化重氢的天然化学物质。这些物质的异常——水平过高或过低，都可能成为焦虑障碍的原因。

不论生物化学过程是什么，我们知道它包含一种叫GABA（γ-氨基丁酸）的神经递质。GABA是由苯化重氢激活的一种抑制性神经递质。也就是说它一旦被激活，就会关闭相关的神经元，这可能是苯化重氢能控制焦虑的化学基础。换言之，它们发出信号给GABA关闭大脑活动的某一机制。

但是，人们怀疑，经历了广泛性紧张的焦虑，比在其他条件下产生的焦虑对苯化重氢有更多的反应，如惊恐障碍患者对抗抑郁药有更多的反应。从这个研究发现我们可以得出两个结论：第一，惊恐障碍的化学基础可能与广泛性焦虑障碍不同。换言之，在生物化学方面，至少有一种以上的焦虑。第二，惊恐障碍在生物化学方面与抑郁症的联系更为密切。在抑郁症的治疗中，抗抑郁药能影响去甲肾上腺素和血清素这类神经递质，而去甲肾上腺素和血清素的功能性障碍能引起惊恐障碍。

关于惊恐障碍的一个生物化学假说（Corman et al.，1989）认为惊恐发作是由蓝斑（locus ceruleus）引起的。蓝斑能增加脑干的放电率，是主要的去甲肾上腺素中心。第一，惊恐发作可由宁碱（yohimbine）引起，并使蓝斑的放电率升高。第二，研究表明，电击猴子的蓝斑，猴子会表现出惊恐样的行为反应，而当蓝斑被摘除，则它们对引起焦虑的刺激不敏感（Redmond，1979）。第三，降低蓝斑放电率的物质，包括最近用于治疗惊恐障碍的药物，能防止惊恐发作。但是，这些发现还是受到相反研究结果的挑战。此外，宁碱不是引起惊恐发作的唯一刺激物。实验室研究者用大量的刺激物引起惊恐发作，但并不是所有的刺激物都和脑干有明显的联系，当然，蓝斑和这些刺激物的关系也不例外。

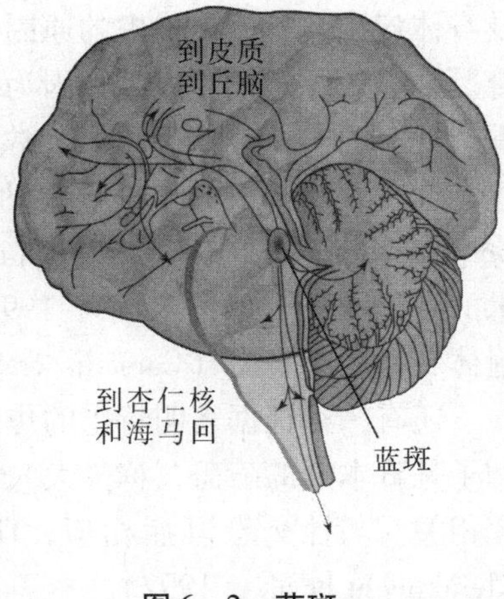

图6-2 蓝斑

（资料来源：Martin，J. H. *Neuroanatomy Text and Atlas*，2nd ed.，1996）

强迫—冲动障碍是近年来生物化学研究的目标。人们在该障碍与血清素有关这个观点上达成较高的一致性。血清素和GABA、去甲肾上腺素一样，是神经元之间传递信息的化学物质。两种抗抑郁药clomipramine和fluoxetine能增加血清素的活性，同时也能减轻强迫观念和强迫行为的症状，因此，人们认为强迫—冲动障碍源于血清素的低活性。同时，Mindus 和 Jenike（1992）发现，大脑额叶的一些机能障碍也可能参与其中，因为扫描强迫—冲动障碍患者的大脑，发现他们的葡萄糖代谢过程异常。而且，在少数病例中，用额叶的外科分离术治疗强迫—冲动障碍能降低这个障碍。

这类研究的另一路线和基底神经节有关。基底神经节是大脑中和运动有关的一个区域。Pauls 及 Pitman 等人（1990，1987）已经证实，强迫—冲动障碍和运动障碍之间的关系由基底神经节变异引起。其中一种运动障碍叫做图雷特综合征（Tourette's syndrome）。这种障碍能引起抽搐——一种不自觉的运动和言语表达。图雷特综合征患者与其亲属表现出不相称的高强迫—冲动障碍率。反过来说，强迫—冲动障碍患者与其亲属也有不相称的抽搐。同时，PET 扫描发现，强迫—冲动障碍患者的基底神经节，特别是被称为基底神经节认知部分的尾状核部分有发生变异的迹象。所以，强迫观念也可能是一种认知抽搐。

研究者也对伤后应激障碍在生物化学方面的证据做了调查。Roger Pitman（1988，1989）提出了伤后应激障碍的激素理论。我们知道，荷尔蒙和神经递质参与了记忆过程。Pitman 认为荷尔蒙和神经递质可能与创伤后患者的侵入性回忆有关，也就是说创伤可能过分刺激了应激反应的荷尔蒙和神经递质，结果使创伤记忆变得过分巩固而不易消失。

六、关于所有焦虑障碍的一般社会文化影响的观点

跨文化的研究表明，尽管焦虑是一种普遍的情感，并且焦虑障碍可能存在于人类所有的社会之中，但是在不同的文化中，不同焦虑障碍的流行性和障碍的表达都有很多差异。

尼日利亚的约鲁巴文化存在三种与广泛性焦虑有关的基本的症候群：忧虑、梦境，以及身体疾病。然而，忧虑的原因与西方社会并不相同。他们致力于建设和维持大家族和生育。梦境焦虑的主要原因是因为他们认为梦境暗示某人可能受到诅咒。从西方文化的角度看，普遍的身体疾病也是不正常的。“我感到我的脑子里有像水的东西”，“蚂蚁一样的物体持续在我脑子的各个部分爬动着”，“我确定我脑子里面有很多蠕虫”（Ebigbo，1982；Good & Kleinman，1985）。具有这些症状的尼日利亚人往往有幻想的恐惧，如受到无毒巫术的袭击（Krirmayer et al.，1995）。与西方文化相比，印度也有更多的忧虑，如被灵体附体和性功能不全（Carstairs & Kapur，1976；Good & Kleinman，1985）。

还有一种证据表明特定的焦虑障碍发作的形式与特定的文化模式相适应。一个很好的例子是日本人的障碍，称为大人惊风症（Taijin Kyofusho，TKS），与西方诊断的社交恐惧症相关。与社交恐惧症相似，TKS 是对人际关系或社会情境的恐惧（Kirmayer，1991；Kleinknecht et al.，1997）。然而，西方的社交恐惧症涉及个体担心受到细察或害怕面对批评的社会情境；而患有 TKS 的人，大多数会担心使人难堪或冒犯他人。例如，他们害怕脸红，担心发出令人不快的气味，或者是不适当地直视他人的双眼，盯着他人的身体缺陷或身体畸形等。这种对引起他人羞愧或害怕冒犯他人的恐惧，在某种程度上导致了社交规避。在 DSM-IV-TR 中，两种最普遍的症状（眼神交流和脸红的恐惧）并没有提及。躯体变形障碍（BDD），一种恐惧身体的某个部分有缺陷或畸形的恐惧，也普遍发生在 TKS 患者身上。

克摩尔（Kirmayer，1995）认为，发生在TKS中的各种症状的模式属于文化因素。日本的小孩被教育依靠他们的母亲、对外部世界心存敬畏，特别是陌生人；在其婴儿和少年时期，他们因服从和温顺而受到表扬；特别强调含蓄的交流，能够猜测他人的想法和感受，对他人敏感等。同时，过多的目光交流很可能会被认为是没有礼貌和不友好的，所以儿童都被教导要看着他人的喉咙而非眼睛说话。此外，日本也是阶层化和结构化的社会，一个人的语言的很多细微之处和面部交流就是为了体现对他人社会地位的反应。

在一种更一般的水平上，跨文化研究者已经注意到大多数焦虑障碍的认知成分的识别，使得个体预期发生了很多跨文化的变化。这些变化是不同的焦虑障碍发作的形式。焦虑障碍可以被视为，至少部分可被视为各种障碍的解释过程。因为文化影响了我们的分类和对自己危难症状的图式的解释，所以在不同文化中焦虑障碍的表现形式肯定存在显著的差异。

第七章　躯体形式障碍与分离性障碍

躯体形式障碍与分离性障碍是一种与焦虑障碍有密切关系的心理障碍。在焦虑障碍当中，焦虑的征兆是明显的，而躯体形式与分离障碍中的焦虑未必是可观察的。在躯体形式障碍中，个体总是不断抱怨存在诸如身体缺陷或功能失调等躯体症状，但在生理上未能发现任何器质性病变的根据或基础，因此又称为心理生理障碍（psychophysiological disorders）。在分离性障碍中，个体能经验到意识、记忆以及身份的分裂。两种障碍的发作都典型地与某种应激性经验相联系，而且这两种障碍有时也是共生的。

第一节　癔症概述

在历史上，躯体形式障碍与分离性障碍非常紧密地联系在一起，而且不断增加的证据表明，它们有许多共同的特征。过去，它们被归为一类，称为“癔症性神经症（hysterical neurosis）”。

一、癔症概念的由来与演变

癔症是变态心理学诊断术语中最为古老的病名之一。癔症一词可追溯到古希腊医生希波克拉底以及此前的古埃及人。当时人们认为，这种疾病主要发生在女性身上，是“游走的子宫”到达某部位或某器官时引起的某种发作。那时，人们以为癔症是子宫堵塞喉部的结果，而子宫游走到腹腔时可引起癫痫，游走到心脏时可引起焦虑，游走到肝脏时可引起失声、磨牙、面色苍白等。这种子宫“移位”的理论被长期保留下来，而 hysterical 一词也就成为这类疾病的名称。

19 世纪后期，法国神经学家沙可发现癔症患者极易被催眠，而易被催眠的人又多患癔症。他通过催眠暗示的方法，能在癔症患者身上制造或消除症状。他认为癔症症状发生的基础是神经系统的器质性缺陷。法国另一位医生伯恩海姆则认为癔症完全是心因性的。此后，沙可的学生 Babinski 建立了一套神经系统的检查方法，科学地区分了癔症与某些神经系统的器质性疾病。同期或稍后，又出现了几位对癔症的研究有重要贡献的人物。

首先是 Janet 的遗传退化学说。该学说认为，癔症主要是因为人格分离所致。Janet 在其著作《心理自动症》（*Psychological Automatism*）中第一次提出了“分离”这一概念，它指某一观念脱离全体系统而独立，并指出这种意识的分离就是癔症发病的机制。Janet 将能量守恒和经济学原理运用在心理学，认为意识的完整需要耗费心力，分离的根本原因在于耗竭（exhausion），也就是心力不足以维持意识的综合作用。分离是被动的心理过程；意识分离是癔症心理改变的原发性特征，在癔症的结构中起主导作用。

其次是弗洛伊德的性压抑说。该学说认为，癔症主要是因患者在幼年时期的性本能被压抑，这种被压抑的本能冲动通过其他途径表达出来，如被转换为躯体症状。弗洛伊德把这类症状称为“转换性癔症（conversion hysteria）”，意指患者将潜意识中的情感冲突表现为另一种更可能被接受的形式，即躯体症状。现在，“转换”一词还在使用（但已经没有原先的那种理论含义），而“癔症性”由于被认为其在概念上的不确切且带有偏见而在 DSM－Ⅲ之后不再被使用。

二、对躯体形式障碍与分离性障碍的分类诊断

1980 年 DSM-Ⅲ的出版，标志着 DSM 系统对心理障碍的分类开始建立在可观察到的行为之上，而不是继续按照假设的病因学基础分类。于是将神经症（neurosis）这个疾病名称取消了，因为它太模糊，几乎可以囊括所有非精神病性心理障碍；取消的原因还在于这个名称暗示了一种对这类障碍的病因学解释。这种解释是建立在心理动力学基础之上的，尽管很独特又明确，却不能被证实。相应地，将原本列于神经症下面的各种心理障碍进行分门别类。与此同时，还取消了“癔症”这个疾病单元（钱铭怡，2006）。

时至今日，在 ICD-10 和 CCMD-3 两个诊断系统中，转换障碍也都与分离性障碍有着密切联系。具体而言，ICD-10 取消了癔症这个诊断名称，但保留了神经症这个诊断类目，将躯体形式障碍与分离性（转换）障碍并列归在神经症性、应激相关的及躯体形式障碍这个大类别下，其中转换性障碍放在分离性（转换性）障碍之下。CCMD 系统则从 20 世纪 50 年代开始，一直在神经症类别之下保留着癔症的诊断分类和标准，直至 2001 年制定了 CCMD-3，才将“癔症”单独列出，归入癔症、应激相关障碍、神经症这一大类，从而与神经症并列（钱铭怡，2006）。

DSM-Ⅳ中的躯体形式障碍和分离性障碍，在 CCMD-3 和 ICD-10 中都有所不同。其中很大的不同是，DSM-Ⅳ把转换性障碍置于躯体形式障碍之下，而在 ICD-10 系统中，转换障碍被称做分离性运动和感觉障碍，置于分离性（转换性）障碍类目下；在CCMD-3中，转换性障碍被称做癔症性躯体障碍，与癔症性精神障碍（即 DSM-Ⅳ中的分离性障碍）并列归于癔症类目之下。而且，这两大类障碍类别下的具体诊断分类和名称也与 CCMD-3 和 ICD-10 有差异。例如，在 DSM-Ⅳ中，只有转换性障碍这一种诊断，而在 CCMD-3 和 ICD-10 中，又对转换性障碍进行了细分，并给出了进一步的分类诊断，如癔症性运动障碍、癔症性抽搐发作等。

CCMD-3 和 ICD-10 在分类上基本一致，但也有一些差别。例如，在 CCMD-3 中，在癔症、应激相关障碍、神经症这个大类别下，癔症这个类目包含了癔症性躯体障碍（转换性障碍）和癔症性精神障碍（分离性障碍），而躯体形式障碍属于这个大类别下的神经症类目。而在 ICD-10 中，在神经症性、应激相关的及躯体形式障碍这个大类别下，并列分离性（转换性）障碍和躯体形式障碍，以及其他几个诊断类目。在 CCMD-3 和 ICD-10 中，具体诊断分类和名称十分接近，但在分离性障碍和转换性障碍下的具体诊断名称上，后者用的名称是分离性，而前者用的是癔症性。例如，ICD-10 中的分离性遗忘、分离性抽搐等，到了 CCMD-3 中则成了癔症性遗忘和癔症性抽搐发作等。

第二节 躯体形式障碍

各种躯体症状如心悸、咳嗽或疼痛等身体疾病的证据，也是看病的理由。在医院经过适当的医学检查后（包括体格检查、实验室检查或特殊检查等），获得机体或某系统或某器官有结构或功能改变的证据，医生会做出躯体疾病的诊断。然而，有些患者出现各种躯体症状，并感到十分痛苦，但到医院看病，即使反复进行各种检查，结果也不能证实患者患有所报告的躯体疾病。那么，为什么会出现这种结果呢？患者到底存在什么问题？可以说，患者有病，但不是身体有病，而是心理有病。这类疾病称为躯体形式障碍（somatoform disorders）。在躯体形式障碍中，心理障碍以躯体形式出现。躯体形式障碍的生理症状被认为与心理因素相联系，可能的因素之一就是焦虑。因此，它被认为是由心理因素引起的。关于躯体形式障碍的摘要请见表 7－1。在此，我们首先简要地对 DSM-Ⅳ-TR 中关于躯体障碍的三个分类做一些讨论，它们分别是疼痛障碍、身体变形障碍及疑病症。

表 7－1 躯体形式障碍摘要

障 碍	对症状的描述
疼痛障碍	心理因素在疼痛的发作及维持上起着重要作用。
身体变形障碍	全神贯注于对身体外貌方面想象或夸大的缺陷中。
疑病症	全神贯注于对所患严重疾病的恐惧中。
转换性障碍	缺乏任何生理原因的感觉与运动症状。
躯体化障碍	没有生理依据而反复出现的多种身体不适。

一、疼痛障碍

心因性疼痛（psychogenic pain disorders）的特点表现为强烈的持续性疼痛，这种疼痛要么没有明显的躯体基础，要么过分夸大某种病变应有的疼痛。这种问题在精神病患者中较多见，而且以女性为多。一般而言，当心理因素在疼痛的发生、严重性及持续性方面起着重要作用时，患者就可能被诊断为心因性疼痛。转换障碍或躯体形式障碍患者也可能会经验到疼痛，但疼痛不是这两种障碍的关键，而是疼痛障碍的关键，且可以表现为不同部位的疼痛，如头痛、胸痛、背痛、盆腔痛、坐骨神经痛、面痛、眼痛、耳痛、喉痛、关节痛和骨骼痛等。疼痛的特点是，适当的医学检查不能发现相应的病理证据，也不能以疼痛的神经机制加以解释。部分患者为急性疼痛，而大多数患者的疼痛已持续多年。

表 7－2 DSM-Ⅳ-TR 对疼痛障碍的诊断标准

1. 疼痛严重到足以引起医生的注意。
2. 疼痛导致患者明显的痛苦或功能受损。
3. 心理因素被认为对疼痛的发生、发展、恶化及维持起重要作用。
4. 疼痛或功能障碍不是故意造成或伪装的。
5. 无法以生理症状解释这种疼痛。

疼痛明显影响患者，会损害患者的能力，使之不能工作或学习，还会明显地影响患者的生活和家庭。例如，患者为看病花去很多时间和费用，导致社会活动减少和社会孤立。

患者经常去看医生，不仅要证实患者的疼痛，还要开药、服药，并且会变得依赖止痛药或镇静剂。由于疼痛总是由某种心理上的影响所导致的主观经验，因而很难对它做出精确的诊断。

个案研究

患者，男，18岁，入伍四个月，反复发作性腰痛三个月入院。患者表情痛苦，弓腰屈背。查体：腰部触痛剧烈，双肾区叩痛呈阳性。反复腰椎X线摄片、B超、泌尿系造影及血、尿检查均无异常。先后考虑"腰部软组织损伤"、"腰椎病变"、"泌尿系结石"、"肾盂肾炎"等诊断。予以安痛定、山莨菪碱等止痛解痉药物能缓解症状。后偶然发现症状加重时注射器针刺、注射生理盐水也能缓解疼痛。追问病史，患者易感情用事，入伍后情绪极不稳定，惧怕受苦受累。检查未能发现与症状相应的器质性病变，带有强烈的情感倾向。暗示治疗效果良好，符合疼痛障碍诊断。患者以腰部疼痛症状为主诉，一旦接触其腰部皮肤即呈强烈痛苦状，表情夸张，深浅触诊均表现出同等痛苦，但各种检查却无阳性发现。

［资料来源：林元义．癔症性腰痛1例．解放军医学杂志，2001（7）］

二、身体变形障碍

身体变形障碍（body dysmorphic disorder，BDD）亦称"变形恐惧症"。患者会过度担心外表的某些想象的或微小的缺陷。他们经常把自己的注意力集中于身体的皱纹、皮肤的斑点、过多毛发、脸部的肿胀或畸形的鼻子、嘴、下巴或眉毛上。有些人过分关注脚、手、胸部、阴茎或身体其他部分的外观。另有些人担心来自汗水、呼吸、生殖器或直肠的怪味。此外，有些患者坚信自己的身体外表，如鼻子、嘴唇等存在严重缺陷，或变得很难看，因而要求实行外科矫形手术。某些患者每天可能会在对自己的身体缺陷的强迫性检查中度过时光，不断在镜子里观察自己。

表7－3 DSM-Ⅳ-TR对身体变形障碍的诊断标准

1. 过分关注想象中的缺陷，或身体外形的小缺陷。
2. 过分关注导致患者的痛苦及功能受损。
3. 这些症状不符合其他心理障碍的诊断标准（如神经性厌食症中对躯体形象及大小的不满意）。

在我们这个社会里，对外表的关心是普遍现象，如青春期的孩子担心脸上的"青春痘"，妇女们担心脸上会出现色斑。然而，BDD患者的担心却是过度的。他们可能因为担心而不敢用眼睛去看别人，可能会尽力隐藏自己的"缺陷"。例如，经常戴着墨镜，以掩饰他们想象中畸形的眼睛；有些人甚至还会求助于整形外科手术。据Phillips等人（1993）的一项研究发现，在作为被试的患者中，有30%的人待在家里不敢出门，有17%的人曾企图自杀。

BDD其实是对一种综合征的一个新称呼。在此之前，国外学者曾用不同的名称来描述该综合征，其中最常用的是一百多年前由Morselli提出的"畸形恐惧"（dysmorpho-phobia）一词。其含义是，虽然一个人的外表正常，但是他却拥有自己外表丑陋或有缺陷的主观感受，并且认为自己因此而引人注目。20世纪初，欧洲的精神病学家开始对该综合征进行丰富多彩的描述，但是它未被列入ICD-8及ICD-9中，DSM-Ⅰ及DSM-Ⅱ也未将其列入。在DSM-Ⅲ中，“畸形恐惧”首次出现在美国精神疾病分类表中，但是它仅作为非典型躯体形式障碍的一个例子，并且没有诊断标准。直至1987年，在DSM-Ⅲ-R中“畸形恐惧”才被作为正式的诊断，并更名为躯体变形障碍（BDD）。1994年，DSM-Ⅳ将BDD作为独立的疾病单元归入躯体形式障碍。在我国的CCMD-3中，该障碍被列入疑病症，尚未成为一个独立的诊断。

BDD在人群中的总患病率为1%～3%，并且不存在男女差异。其中大学生的患病率最高，为4%～13%，而14～19岁人群的患病率为2.2%，36～44岁人群的患病率为0.7%。由于BDD患者会求助于皮肤科或整形科医生以改善自己的“缺陷”，因此，皮肤科和整形科的患病率高于普通人群。Crerand等的研究表明，皮肤科的患病率为9%～15%，整形科的患病率为7%～15%。

日本的一项调查显示，在415名整形科求术者中，65%的男性和40%的女性都有不同程度的精神障碍，其中20%的男性和3%的女性符合BDD的诊断标准。BDD通常始于青少年，尤其是14～20岁的青少年。大多数患者在就诊时，其症状至少已经持续了六年。如果不接受治疗，BDD会持续数年，甚至数十年，且多数患者的症状会随病程进展而更加严重。66%～85%的患者从未结过婚，男性患者的单身比例可能高于女性患者。

相关链接7-1 对容貌与外表的关心与文化有关吗?

几乎每个地方、每种文化背景中的人都想因其外貌的魅力而更加引人注目，而且人们也都非常在意别人的目光。然而，这种担心的方式往往因文化的差异而有所不同。

在西方文化背景中的人们，特别担心他们的体形及面部特征，而缅甸一个部落的妇女则专注于她们脖子的长度。她们在脖子上戴上一叠沉重的铜环，还要尽力地伸长它。虽然有许多妇女是试图以此吸引旅游者来赚钱，但有些人拼命努力却完全是为了使脖子达到其文化上所要求的完美。脖子越长越美丽。有人说：“当颈部真的很长时，那就是最美的。颈部越长越美丽。我不会脱下这些铜环……我将要与它们一起埋葬。”

（资料来源：Ronald J. Comer, *Abnormal Psychology*, 4th ed., 2001）

三、疑病症

疑病症（hypochondriasis）的主要症状是对疾病的恐惧困扰着患者，这种恐惧常源于对身体所发出的某些信号及感受的误解，即把这些信号与感受理解为异常。患者没有真正的身体疾病，但他们确信自己病了。他们每天要花费许多时间去琢磨自己的身体。心脏连续跳几下或者身体某处感到一点疼痛都会引起他们的担心与烦恼，不自觉地加以夸大或曲解，成为患有疾病的证据。他们常常是报纸杂志上有关健康问题的文章的热心读者，所以在他们求医前，他们已经给自己做出了诊断。尽管各种检查结果并不支持患者的揣测，医生也耐心解释、再三保证患者没有严重疾病，但患者对检查结果的可靠性持怀疑态度，仍坚持自己的疑病观念，继续到各医院反复要求检查或治疗。

患者的患病行为明显影响了其社会和职业功能以及人际关系。他们抱怨家人不理解他、不关心他，因而与家人争吵。他们也认为单位同事、领导和人事福利部门都不同情他，并与他发生纠纷。他们看医生就像逛商店一样（doctor shopping），但对医生十分不满，抱怨医生诊断不出他的“病”。很多患者的生活方式会随着疑病症的发展而改变。极端的患者一切都服从于养病养身的原则，人格改变也更为明显。

表 7－4　DSM-Ⅳ-TR 对疑病症的诊断标准

1. 头脑中充满害怕自己患有重病的想法。
2. 尽管有医学检查确定无病，症状仍然存在。
3. 诊断标准 1 中提到的情况并非因为幻觉，也不仅仅限于对自己外表的关注（如身体变形障碍）。
4. 症状至少持续六个月，并导致明显的痛苦，在社会、职业或其他重要领域中引起功能损伤。

必须强调的是，疑病症患者并非有意伪装出那些“症状”，他们的确感受到了所报告的痛楚。因此，他们非常担心自己会死去或会患某种疾病。同时，他们之所以越来越痛苦，不仅仅是因为焦虑，还因为会有抑郁发生，即疑病症常常与焦虑及心境障碍共生。这种现象使得研究者们考虑疑病症不是一种独立的障碍，而是其他障碍的一种症状。当然，他们的恐惧并不像精神病患者那样对疾病有奇怪的妄想，如脚正在缩小或大脑正在萎缩。患者一般倾向于把自己的焦虑限制在一些较常见的疾病上，如心脏病、癌症等。此外，对疾病的恐惧与对强迫观念、强迫行为的恐惧也不一样。强迫症患者知道自己的恐惧是没有根据的，并试图去抵抗它；而疑病症患者则认为自己的疑虑是有理由的，他不明白为什么其他人会对自己的问题产生质疑。

相关链接 7－2　疾病恐惧症与疑病症

在为修订 DSM-Ⅳ标准而进行的研究中，研究人员发现一项细微但有趣的差别：

那些害怕自己将会得某种疾病，因此尽力避开可能导致这种疾病的危险因素的人，称为疑病恐惧症患者；而那些错误地认为自己已经得了某种疾病并为此而感到焦虑的人则为疑病症患者。

二者还有其他不同：疑病症患者更倾向于错误地解释躯体不适的含义，更加频繁地就诊，同时焦虑程度也更高；而疾病恐惧症比疑病症发病年龄更早，坚信自己得了某种疾病是疑病症的核心特征。当然，有些人既坚信自己得了某种疾病，又怀疑自己将会得另一种疾病。在一项研究中，60%的疾病恐惧症患者最后发展为疑病症或惊恐性障碍。

（资料来源：Barlow & Durand. 异常心理学. 杨霞等译. 北京：中国轻工业出版社，2006）

四、转换性障碍

（一）转换性障碍的概念

转换性障碍（conversion disorders）以前被称做歇斯底里或癔病（hysteria），其特点为

在没有器官病变的基础上出现某种机体机能障碍或失去控制能力。它是变态心理学中最复杂的问题之一，至今仍有待于进一步研究。在转换性障碍中，尽管身体器官及神经系统是完好的，但由于在感觉或运动方面的症状，诸如视觉突然丧失或突然瘫痪，因而使人联想到了与神经系统的某种损害有联系的疾病。尽管个体在生理上都是正常的人，但仍可经验到腿或手臂部分或完全瘫痪、对疼痛不敏感、某种感觉的丧失或损伤，这种情况被称为感觉缺失（anesthesia）；视觉可能会受到严重损害，个人也可能会变得部分或完全失明，或出现隧道视觉（tunnel vision）——在这种症状中，视野被缩小，就如一个人正在通过一个细小的管子视物一样。另有研究指出，在非西方文化中，有一些男子表现出所谓“父亲假做娘”的情况，即在其妻子生产时体验到了相似的身体疼痛。

转换性障碍的心理学的特征可以通过它们突然出现于应激情境这一事实得到说明，而这一概念最初产生于弗洛伊德，他认为被压抑的本能能量转入了感觉—运动通道，并且妨碍了其正常功能。因而据信，焦虑与心理冲突被转换为身体的症状。某些患有转换性障碍的人表现出某种自我满足，甚至安详的神情，并且表现出并不渴望消除症状，也不把自己的症状与自己所处的任何应激情境相联系的特点。

表 7－5　DSM-Ⅳ-TR 对转换性障碍的诊断标准

1. 一种或多种影响自主运动或感觉功能的身体症状或功能缺失，提示某种神经学或医学状况。
2. 症状与心理冲突或应激相关。
3. 症状并非有意制造，且不能为医学条件所解释，也不是药物引起或是某种文化影响下的某些行为或体验。
4. 症状及功能障碍导致患者产生显著的痛苦，并对社会、工作或其他重要领域功能造成损害。

转换性障碍这一概念来源于希腊文，原意为“子宫”（womb），经弗洛伊德进一步修订后仍反映了性障碍与躯体障碍之间的关系。他使用了转换性癔病（conversion hysteria）这一概念，因为他认为癔病反映了性能量的压抑——性冲突被转换为躯体上的障碍。例如，对手淫的性冲突可以通过手臂瘫痪而得到解决。当然，这种转换是在无意识中完成的，患者对其躯体障碍的起因和含义并不清楚。按照精神分析理论，转换性症状是对无意识寻求表达和害怕表达这些欲望和情感的妥协。根据这种观点可知，转换性症状有两个重要的心理目的：第一，阻断个体对内部冲突的意识，即初级得益；第二，免除个体责任并获得关注与同情，即次级得益。现代心理病理学不再把这种形式的反应解释为性的冲突或其他心理问题所“转换”成的症状，而把它解释为一种防御机能，即使个体可以免于或避免承担面对某种紧张情境的责任。

转换性障碍可能在神经系统活动方式上有奇特的表现。一个典型的例子就是被称为“手套式感觉丧失”（glove anesthesia）的转化症状。患者突然自手腕部开始出现麻木，并均衡地延伸至指尖，患者体验到自己的手就像戴上了一只手套一样失去了感觉。真正的神经损伤，很少会导致突然的或均衡分布的麻木，即使是神经症的腕隧道综合征（carpal tunnel syndrome）的麻木、刺痛也很少出现遍布整只手的现象。

转换性障碍通常出现于青春期或成年早期，特别会发生于某种生活应激之后。它可能突然发作，又突然结束，但可能很快又复发，或者以原来的症状形式复发，或者表现为一种不同的特点或部位。转换性障碍的流行率不足 1%，女性发生率高于男性。尽管这样，在两次世界大战期间，大量的男性在战争中产生了类似于转换性障碍之类的困难，很多士兵被诊断为“转换性瘫痪”。但现在其发生比率明显下降，不足住院神经症患者的5%。其原因可能是人们的生理和心理卫生知识日益增加，从而削弱了转换性障碍的“防御机能”。此外，Binzer 和 Rechlin 等人（1996，1997）指出，转换性障碍也常与 DSM-Ⅳ中其他属于轴Ⅰ的诊断共同发病。例如，抑郁症和物质滥用、人格障碍，特别是边缘性人格与表演性人格。

个案研究——他真的瘫了吗？

27 岁的犹太人阿里在一次工作意外中双脚瘫痪，找不到任何器质上的原因。瘫痪像是真的，当用针刺双脚的不同部位并一直刺到腹股沟时，不管怎么刺他都没有反应。然而，睡觉时他可以移动双脚。

对此有几种解释，其中的一个解释是阿里不久就要应征入伍。与军队相比，医院其实是个不错的地方。患者可以看电视、电影，有美味的食物，饭后还有许多社交活动。阿里似乎过得很快活。而且，作为一个残疾人，他还可以得到政府的福利金。

治疗师认为，要解决阿里的问题，必须开始减少所谓的“疾病得益”。首先，告诉他因为不是器官病变，故他不能得到政府的福利金。然后治疗师又告诉他，在接下来的几周内，他必须在 8 点上床，因为他将要服用一种需要大量睡眠的药物，治疗的关键是“药物”。治疗师说这是一种新药，对治疗越战士兵的瘫痪很有效。实际上，这只是一种安慰剂，治疗师希望在暗示及提供了保全面子机制的双重作用下产生治疗作用——一种既让患者痊愈，又不需要面对他根本没病的指责方式。

研究者报告说，“药物”产生了效果。“在首次治疗约一个小时后”，一个护士兴奋地喊我们去阿里的病房。我们赶去他的床边时，他已经被一群员工和病人包围着。阿里微笑着坐在那里，额头上流着汗，眼泪正在脸上滑落；脸上的表情像是真正的高兴一般。他指着自己的脚趾，说自己感到疼痛了。然后，他稍微动了一下脚趾。第二天，他可以轻松地移动脚趾；第四天，他可以不用拐杖走路了；第六天，他甚至可以做侧翻了；第七天，他出院了。

（资料来源：Lauren B. Alloy et al., *Abnormal Psychology*, 7th ed., 1996）

转换性障碍的症状范围几乎与所有的躯体疾患的范围一样广泛。例如，感知觉症状（sensory symptoms）可以包括所有的感知觉反应；转换性的运动障碍也包括很多种，其中有几种是最常见的运动症状（motor symptoms）；而内脏障碍（visceral symptoms）包括的范围很广，包括头痛、“喉中异物感”以及特异感觉，发音磕巴，呼吸困难，四肢冷且出汗等，偶尔也会出现持续的打嗝、打喷嚏等。

个案研究

患者，男，18 岁，维吾尔族，初中文化，战士。因精神受刺激后发呆，不语 15 天，于 1998 年 5 月 27 日首次入院。既往身体健康，性格内向，不善交际。间接喉镜检查双侧声带未见息肉、肿物生长及双侧声带活动麻痹。精神检查：神志清楚，接触被动，表情平淡。问话以点头摇头示意，可理解问话内容，无思维障碍。经药物治疗及心理疏导、暗示治疗，一周后患者除不能说话外，一切活动如常人。鼓励患者说话，让其张嘴喊，只有“哈……哈……”的口腔气声，而没有气流通过声带的声音。患者着急流泪，满脸通红就是说不出话来。训练其发音方法，让其跟着医生说“啊——”，患者只能发出嘶哑的“啊——”声。住院近两个月时，恐失音转为慢性化，遂用电休克治疗。第一次治疗无变化，第二次治疗时患者在强直期发出喊声，然后在意识模糊状态时医生对患者进行言语诱导，“是不是受了委屈？班长批评得不对吗？打人也是不对的，你有什么委屈讲出来，我们帮你找领导解决”。患者听后号啕大哭，约10分钟。之后仍未说话。第二天清晨患者无意中应答了陪护呼叫。此后正常说话，语句流畅，可用简单汉语交谈。讲述自己受到殴打后感到委屈，失音后心里更加紧张害怕，不知得了什么病，越着急就越说不出来。

[资料来源：俞红. 电休克治疗癔症性失音1例. 中原精神医学学刊，2000（2）]

（二）转换性障碍的诊断

由于转换性障碍与很多已知疾病的表现很相似，因此对它的准确诊断就是一个很大的问题。在实际中，除采用专业化的医疗检查外，以下标准也可以用于鉴别转换性障碍与真正的器官障碍。

（1）某种程度的漠不关心，即患者描述自己的问题时是以一种描述客观事实的方式，很少表现出焦虑；不像一个真正手臂瘫痪或失明的人那样不安，即患者对他们的障碍可能会带来的不良后果似乎并不在意。

（2）患者的机能障碍经常会出现转机，不能证实存在某种真实的疾病或症状。例如，手臂“瘫痪”的转换性反应很少出现肌肉萎缩反应。

（3）机能障碍的选择性特点。例如，转换性失明的患者一般不会撞到人或物；“瘫痪”的肌肉虽不能从事某种特殊的活动，但能从事另外的活动；而且不能控制的痉挛在睡眠时会消失。

（4）有意思的是，在催眠或麻醉的状态下，根据治疗者的暗示，患者的症状可以减轻、转移甚至消失。同样，如果患者突然从梦中被惊醒，他可能会使用“瘫痪”了的手臂做出反应。

相关链接7－3　转换、诈病还是神经性障碍？

就转换性障碍而言，差别性诊断既重要又微妙。首先，必须排除诈病，这常常是很难的。在询问诈病者的症状时，他们通常都很谨慎并具有防卫性。而转换性患者通常都很坦率，他们有时会很渴望交谈，详细谈论其能力丧失问题。准确地说，由于转换性障碍患者没有意识到他们的器官在正常工作，因此他们有时会很直率地表露这些问题。比如，大多数诈病者在声称自己失明了之后，又愚蠢地抓住了扔向他们的东西，而转换性障碍患者也会这么做。

第二个也是更难的一个任务是排除真正的神经性障碍。在一些个案中，症状构成了“神经性无意义”，即它们直接与我们所了解的神经系统相冲突。比如，在手套式麻木中，患者报告说整个手掌——从手指尖到手腕一个明显的切分点都麻木了。换句话说，这块区域被一只短手套遮住了。但是，如果他们真的出现神经性削弱，这块麻木的区域会从小臂直到一个或两个手指呈细条状。

但是，这些都只是比较简单的例子。在另外一些个案中，其症状与那些真的神经性障碍的症状具有不可思议的相似性。不管怎么说，仍然会有一些迹象表明是转换性障碍。这些迹象包括以下内容：

1. 症状迅速出现，特别是在受到心理创伤后。神经性障碍通常都是渐渐出现的。
2. 美丽的漠视。神经性障碍患者更容易因为他们的症状而感到沮丧。
3. 选择性症状。如果“瘫痪的”腿在睡觉时可以运动，那么可以推测这种瘫痪不是神经性的。

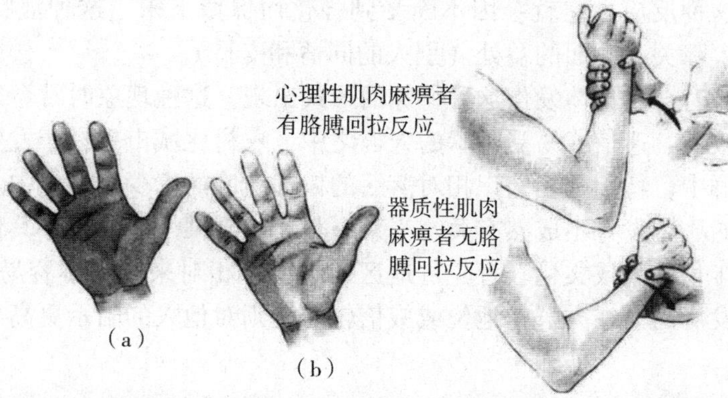

左图：（a）“手套麻痹”是转换性障碍患者的一种反应，即平常人戴手套时与手套接触部位的皮肤感觉丧失。（b）如果麻痹是由生理原因引起的，麻痹的部分只是图中所示深色部位。

右图：检查时医生突然拉动患者的胳膊，使胳膊肌肉伸展。（上）转换性障碍者的反应为被拽胳膊不自觉地向回拉，肌肉收缩，表明有力量存在。（下）器质性麻痹者的胳膊在检查时没有这种反应，胳膊很容易被外力拉直。

（资料来源：Dennis Coon. 心理学导论（第9版）. 郑钢等译. 北京：中国轻工业出版社，2004）

（三）转换性障碍的病因学研究

在转换性障碍的发展过程中，通常会发生一系列事件：①从某种不愉快的情境中逃离出去的欲望；②为了从这种不愉快的情境中逃离出去而产生生病的欲望（然而，这种欲望通常是被压抑的）；③在持续的应激条件下，出现某种躯体障碍的症状。在个体看来，他们的症状与所经受的应激情境毫无关系。他们所表现出来的症状通常是他们以前所经受过的疾病，或者是家人或其他亲属曾有过的疾病的翻版，或者是从电视节目或书报杂志上看到过的疾病症状。

在转换性障碍中，引发症状的应激情境通常是要求“患者”采取独立的和负责任的行动，而这种行动又受到了焦虑的抑制。事实上，最容易出现转换性障碍的人往往逃避其应负的责任，要么是用于逃避不愉快的现实，要么是为了达到某一对自己有利的目的。

对攻击性和自信心的抑制也是触发转换性障碍的原因之一。例如，一位成年男子在其妻子与他离婚并嫁给另一个男人后不久就出现了双腿瘫痪。在治疗过程中，可以很清楚地看到他有一种强烈的要杀死他的前妻及其新欢的欲望。尽管这种欲望受到了压抑，但它仍很强烈，而他的瘫痪就为他没有采取行动去杀人提供了有效的防御。

有时，转换性障碍也会起因于强烈的内疚感和自我惩罚的欲望。例如，一位女患者在动手打了她的父亲之后出现了手指震颤和右手臂瘫痪。这种症状反映了她对自己肢体中“犯罪”部分的象征性惩罚，同时可以阻止她再次出现攻击性行为。

另外，转换性障碍也会出现在受到意外事故伤害时，目的（无意识中）在于获得更大的

赔偿。这种情况通常发生在某种事故可能会对他产生严重伤害，但实际上伤害却很小的时候。

然而，不管具体起因如何，转换性障碍的潜在动机模式都是类似的，即通过生病来减轻或逃避引起焦虑的紧张情境——把无法忍受的情绪问题转换成一种可以保住面子的躯体障碍。一旦习得这种反应，它就会因不断受到强化而保留下来。这种症状既可以降低焦虑，又可以得到人际关系方面的益处（别人的同情和支持）。

转换性障碍有时会以集体发作这种特殊的形式出现。这种现象时常会发生在儿童青少年或受教育水平较低、迷信或易受暗示的人群之中，农村比城市更易于发生。集体发作多发生在中小学人群中，特别是在知识相对落后的偏远地区的青少年学生中。因为它的发生与这些特殊人群的心智发育不成熟有关，当某一个体出现某一症状时，其他人就很容易受到心理暗示，而年长的人或文化教育先进地区的人群，相对来说较不容易产生这种现象。此外，如果率先发病的人在人群中地位或威信较高，则对他人的暗示更高。

个案研究——暗示诱发的癔症集体发作

2005 年 3 月初的一个夜晚，某民办技校一年级的一女生做了一个梦，梦见鬼来找她，很害怕，就讲给同宿舍其余三名同学听，并在宿舍给鬼烧了纸钱，大家都感到害怕。第二晚又梦见鬼来了，摇晃她的床，当即惊醒、尖叫，吵醒同宿舍其他同学，听她讲述梦境后大家都很紧张、恐惧，当时约凌晨两点，四个同学便惊恐地挤到一起。天蒙蒙亮时，做梦的同学出现头晕、四肢乏力、站立不稳，称鬼缠住她了，继而倒地抽搐、呼之不应，其他三个同学也相继出现类似症状。7～9 点，相邻宿舍同学知道后也很恐慌，陆续有四名同学出现了类似症状，程度轻重不一。学校领导随即通知学生家长，并请校医对患病同学进行检查，初步排除食物中毒、传染病。约上午 10 点医生前往。根据发病原因、发作形式及症状特点，考虑为癔症集体发作。将患者分别隔离，给予暗示性药物治疗、心理治疗及卫生宣教以后，当天七名同学陆续缓解，被家人带回，另一女生仍处于意识蒙眬状态，傍晚送医院门诊留观，次日缓解。第四天全部同学返校学习，随访无异常。

［资料来源：沈远凤，中国民康医学，2007（6）］

五、躯体化障碍

1859 年，法国医生布里凯（Pierre Briquet）描述了一种以他的名字命名的综合征——Briquet 综合征，在今天的 DSM-Ⅳ-TR 中被称为躯体化障碍（somatization disorders）。患者表现出周期性、多重的躯体不适，并不断寻求医学检查。然而临床检查并不能发现明显的生理上的原因，但患者很快会以相同或略有不同的症状来复诊。

表 7－6　DSM-Ⅳ-TR 对躯体化障碍的诊断标准

1. 多年来有许多对身体方面的抱怨病史。
2. 四种疼痛症状，两种肠胃症状；一种性的症状；一种假性神经学形式的症状。
3. 症状不属于医学状况，或被提供了个人可能所期望的过多的医学状况。

躯体化障碍通常发生于 30 岁之前，且大多发病于 25 岁之前。涉及的症状包括：

（1）胃肠道症状：呕吐（不是妊娠期）、腹痛（不是经期）、恶心（不是晕车或晕船）、肠胃胀气、腹泻、忌食多种食物（食后感到不适）。恶心和肠胃胀气是两个最常见的症状。胃肠道症状常导致反复胃肠

X光检查，甚至招致不必要的腹部手术。

（2）疼痛症状：四肢痛、背痛、关节痛、排尿痛，其他部位疼痛（不包括头痛）。

（3）心肺症状：不用力时感到呼吸困难、心悸、胸痛、头晕。

（4）假性神经症状：遗忘、吞咽困难、失音、耳聋、复视、视物模糊、失明、幻觉、晕厥或意识丧失、抽搐发作或痉挛发作、行走困难、麻痹或肌无力、尿潴留或排尿困难。

（5）性症状：性器官或直肠烧灼感（不是性交时）、性冷淡、性交疼痛、阳痿或射精功能障碍。

（6）女性生殖系统症状：痛经、月经周期不规则、月经过多、整个妊娠期呕吐。

患者典型人格为表演型人格，也多混合有强迫的特点。患者常常用夸张的语言绘声绘色地叙述自己的病史，但多缺乏实际有用的资料。患者常同时找几个医生看病，这常使病情更为复杂，甚至出现危险的治疗并发症。大多数患者情绪不稳定，容易冲动。焦虑症状和抑郁情绪十分常见，这可能是患者去精神病院就诊的原因。患者可有冲动行为和反社会行为，也可出现自杀威胁或自杀企图。患者常反复进行医学检查，反复住院，甚至多次接受手术治疗。

在DSM-Ⅳ-TR中列出了37种症状，它们可能反映了躯体化障碍的存在，如在患者的报告中所说，他们大部分时间都“有病”，有各种疼痛等。而且，只有他们报告的症状严重到需要接受治疗时才能考虑是否属于躯体化障碍。

个案研究

海伦是一位29岁的妇女，她一直在寻求治疗，因为她的医生说想不出什么好办法来解决她的问题。当问及她的身体状况时，她会详细地列举一大堆病症，并不断地抱怨着，包括她常常想不起刚刚发生过的事情，以及有时视觉模糊以至无法阅读。海伦对烹饪极感兴趣，并喜欢收拾屋子，但是她会毫无理由地感到疲劳和气短。她经常不能吃自己精心制作的美味食物，因为她看到食物会恶心，甚至只是接触到调味品就有可能呕吐。据她的丈夫说，海伦丧失了对性生活的全部兴趣，他们仅有的一点交流就是亲吻，而那通常是在他的坚持下才有的事。海伦常常抱怨在月经期间出现痛性痉挛。有时她又说，她感到阴道内有烧灼感。此外，由于她也感到背部、腿以及胸部疼痛，因此她想终日躺在床上。

（资料来源：Halgin et al.，*Abnormal Psychology*，3rd ed.，2000）

DSM-Ⅳ-TR特别说明，这种障碍的特殊症状可能存在跨文化的变化。例如，手的灼热感或者蚂蚁在皮肤上爬行的感觉在亚洲与非洲就比在北美洲更多。进而，Ford（1995）认为这种障碍在那些不太重视对情绪公开表达的文化里的发生率最高。躯体化障碍典型地开始于成年早期，且其症状比转换性障碍持续时间更长，并会随时间的变动而变动，如果缺乏心理治疗则很难完全消失。

躯体化障碍与下文将要讨论的疑病症很相似，它们的主要区别在于疑病症往往发生在30岁之后，而且他们往往担心自己得了某种严重的疾病，而不仅仅是报告一些明确的症状。

第三节 躯体形式障碍的病因学及其治疗

今天，关于躯体形式障碍的解释主要来自精神分析学、行为模式及认知模式。当然，至今尚没有一种理论得到令人信服的研究证据的支持。因此，这一障碍的真正病因仍然令人迷惑不解。

一、精神分析理论的观点：抵抗焦虑

我们曾经指出，弗洛伊德和布洛伊尔都发现，如果歇斯底里症患者能在催眠的诱导下无拘无束地谈论他们的童年及当前的问题，那么他的症状就可得到一定的缓解。弗洛伊德指出，强烈的情绪得不到表达就会导致躯体症状。弗洛伊德的病人向他暴露的创伤性记忆多数是童年期的诱奸。起初，弗洛伊德假设，这些事件真的发生过。然而，后来他相信，这些事件只不过是发生在恋母阶段的幻想而已。不论是真实的还是幻想的，这些事件都被青春期的性快感唤醒了。结果便是焦虑，并开始出现对记忆的抑制，接着把这些被禁止的性欲转换成了躯体症状。这一过程既表达了欲望，也阻止了欲望的满足。如手套式感觉丧失可能就是对手淫的内疚性反应，特别是当手淫与恋母的性欲有关联时尤其如此。当然，性快感并不是转换性障碍的唯一原因，敌意也可能导致歇斯底里症。例如，转换性瘫痪可能表达了对杀人冲动的抑制（不能动的人又怎能杀人呢?）。这种机制同时又有效地阻断了欲望和个体对欲望表达的觉知。精神分析理论家认为疑病症和躯体化障碍同样是为了抵御无法接受的欲望带来的焦虑。弗洛伊德推断，疑病症患者的超我禁止他们把直接的性能量指向外部物体，因而转向了自身。疑病症患者对自己不被人喜欢或受到伤害非常不满，但他们并没有表达自己的不满，而是将这种不满转向自身，想象自己的身体受到了伤害。

有些精神分析学者认为，欧洲在19世纪患转换性障碍的比率很高，是因为当时的性态度受到了压抑。

精神分析理论家们主张，有两个防御机制在躯体形式的障碍上发挥了作用，一个叫做初级得益（primary gain），另一个叫做次级得益（secondary gain）。当处于焦虑状态时，患者可以使用防御机制，使焦虑得到缓解，这是初级得益；而倒退到一个类似于生病的小孩子的情况下，这样可以得到关注、受到孩子般的照顾，并能免除所承担的责任，这就是次级得益。再如，一种转换性麻痹，使得一个士兵可能免除打仗的责任，或转换性失明可以防止人际关系的破裂等，这都是次级得益。总之，初级得益引发歇斯底里症状，而次级得益则是症状的副产品。根据精神分析理论家的说法，两种得益的形式都有助于保留转换性障碍的症状。

精神分析理论对躯体形式障碍的治疗主要以谈话疗法为主。这种治疗依据的是弗洛伊德对这些综合征的理论。此外，在精神分析的治疗方法中，治疗师引导患者释放他的压抑，从而把被禁止的念头或想法带入意识层面。于是，躯体症状可能减退，而从前受束缚并用以维系症状的能量也会释放出来，追求更有建设性的目标。我们知道，催眠常用于分离性障碍的治疗中，以便发现那些被压抑的材料；而在躯体形式障碍中，治疗师更可能通过自由联想或坦率的讨论来要求患者在正常的意识状态下出现这种材料。

二、学习模式：病人角色

（一）基本观点

学习模式认为，歇斯底里症的身体症状给患者带来了奖赏，他们可以不用上学或工作而留在家里，可从日常的义务中解脱出来，他人也会给他们更多的关注并同情他们。面对这些奖赏性反应，患者学会了表现出越来越多的症状。行为主义理论家 Whtehead 等人（1994）认为，对某种疾病越熟悉的人，就越容易采用各种疾病的躯体症状。

进而学习模式理论家提出了对采用病人角色的习得（Learning to Adopt the Sick Role）的概念。病人角色同时包括要做出某些牺牲，如失去某些能力、减少活动等。为什么人们会长期放弃这些东西呢？行为主义学者说，这可能是因为在他们的学习过程中，病人角色获得的强化比健康生活获得的强化要多。根据Ullamnn和 Krasner（1975）的看法，有两种情况可以提高一个健康者接受病人角色的可能性：第一，个体必须对病人角色有直接或间接的体验，自己曾经得过病或具有病人角色的榜样。许多躯体形式障碍患者都曾有过这种情况。疑病症、躯体化障碍和转换性障碍患者都很可能在早期有过个人患病或家庭成员患病的经验。第二，因为采用病人角色的行为得到了强化，这种情况也在许多躯体形式障碍患者身上发现。患病的孩子会得到同情和关注，这种操作性条件作用过程会使他们偏向于采用病人角色来作为成年期的一种应对方式。条件反射也同样起作用，自主神经系统起着控制呼吸、心率及其他许多身体功能的作用。所以，如果焦虑伴随着其他症状，如轻微的心跳不规则，这在一个高度关注疾病的家庭里会引发该症状，然后焦虑加深，症状也随着加重，亦即，疑病症开始了。

学习模式所重视的奖赏与精神分析理论所强调的次级得益的概念相似。其中主要的不同在于，精神分析理论家将得益视为继发性的，即奖赏的获得只发生在由潜在的冲突引起了某种症状之后；而学习理论家则将奖赏视为形成某种症状的主要原因。

生物反馈对治疗躯体形式障碍是非常有帮助的。

（二）治疗

在对躯体形式障碍的治疗方面，学习模式提出了非强化治疗的方法。学习理论家对躯体形式障碍的治疗采取双管齐下的方法。①治疗师要撤销对疾病行为的所有强化。②治疗师要尝试帮助患者建立应对技能，这种技能的丧失可能是患者求助于病人角色的部分原因。

为建立应付技能，学习模式的疗法一般还会包含社交技能训练，患者会从中学到怎样

有效地和他人交往。自信心训练则在于教会患者如何显示能力，如何提出要求、拒绝要求，如何表达必要的愤怒等。对许多人来说，病人角色是对他人提出要求而不需要承担相应责任的一种方式（“因为我是病人，所以你要为我服务，而我却不必为你服务。”）。学习模式治疗师尝试教会人们学会进行社会交换而非“勒索”。

三、认知学派的观点：对身体感觉的错误理解

（一）基本观点

认知学派理论家认为，恐惧症基本上是由曲解而产生问题的，而疑病症和躯体化障碍患者都有一种偏向于夸大正常身体感觉和将轻微症状“灾难化”的认知风格，从而使他们把细微的生理变化错误地解释为重大的健康问题。

当具有这种风格的人在处于压力情境下感觉到心跳加速时，他们会说“我心脏病发作了”，而非“我很焦虑”。Barsky（1989，1990）的研究所提供的证据支持了这一观点，即疑病症患者比非疑病症精神病患者更多地关注身体感觉，更易于将症状灾难化，拥有更多的对疾病的错误概念，并且对生老病死有更多的恐惧。另有研究发现，“躯体化者”或那些具有在医学上无法解释的躯体不适的高发生率的人，也相应地具有高比率的消极情绪，如悲观、自责、普遍的忧虑等。如果这种消极情绪和情绪表达上的困难结合在一起，那么，就明显地表现出了在躯体形式障碍患者当中的那些特征。尔后，出现了与弗洛伊德相同的解释，即个体更加可能将其忧愁转向自身。

此外，认知行为模式指出，许多不同机制会引起躯体形式障碍。图 7－1 说明了这些机制的影响作用。一般认为，这个过程是从一个生理症状开始，结果会出现疾病或生理功能的非病理性改变（像是通过外力增加心跳）。对躯体形式障碍来说，该过程始于个体注意到自己的外形不对称。由于生理症状是常见的，因此，认知模式倾向于将重点放在引起生理症状的认知过程上。

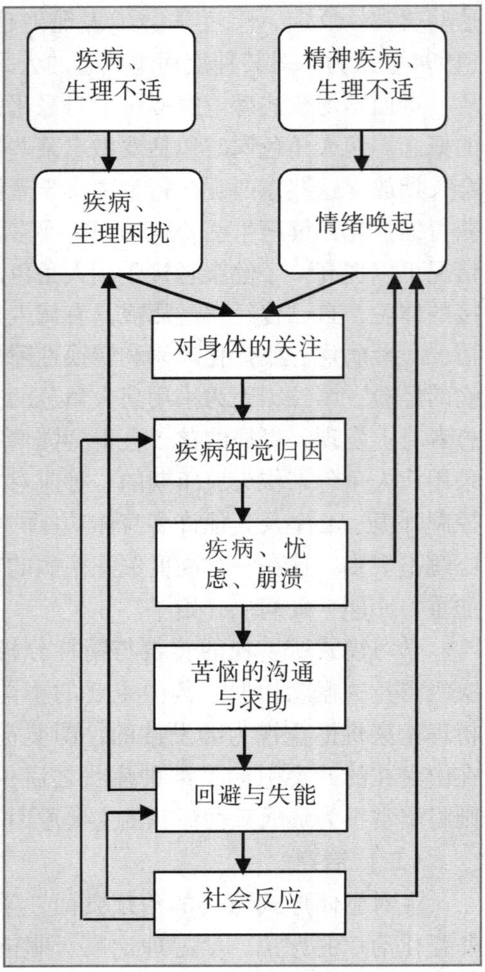

图 7－1　与躯体形式障碍有关的机制

每个人都有生理知觉，在一定程度上都会注意到自己的外表，但是躯体形式障碍患者在认知方式上会特别在意这些东西，并将关注的焦点放在与身体健康问题相关的线索上。一旦他们注意到自己存在某种生理症状，便会

产生较多的消极归因。特定的归因会随着特定的躯体形式障碍而有所不同。例如，疑病症女性患者可能会把出现在皮肤上的红色斑点视为皮肤癌的症状；男性患者则可能会不可自拔地把关注点放在脸上细小的皱纹上，认为这些皱纹让他们看上去又老又丑。认知偏见的表现形式可能有所不同，但大多数躯体形式障碍患者的共同特点是担心身体健康，倾向于把自己的症状灾难化（例如，以最糟糕的方式解释自己的症状）。

（二）治疗：检验假设

有报告指出，对疑病症患者可采用认知疗法（修正患者的思维习惯）并结合行为疗法（改变强化）来加以治疗。Salkovskis 和 Warwick（1986）报告了他们对一个 32 岁的男子采用认知—行为疗法的过程及其取得的效果。该男子因为皮疹而确信自己患有白血病，他经常要花好几个小时来阅读医学书籍，只是为了找出自己一直未被确诊的疾病的病因。他还常常无休止地与妻子及朋友进行讨论。因为焦急与痛苦，最后出现自杀倾向并住院治疗。治疗师通过认知方法使患者同意了对其情况的两种矛盾的解释：①他患了致命疾病，尽管尚未确诊；②他因为不停地检查和寻求安慰而非常焦虑。治疗师与患者一起检视了两种假设的证据，考虑到第二种假设具有更强有力的证据，因而，患者同意通过改变可能维持其焦虑的条件或环境来进一步对它进行检验。即，停止查阅医学书籍，停止疾病检查，停止寻求安慰。医院的有关员工及家属也同时得到指示，不得再给患者以安慰。结果患者的抑郁性焦虑水平迅速下降。在案例讨论中，治疗师强调说，安慰实际上是一种消极强化，而这种消极强化使焦虑得以维持。

相关链接 7－4　疼痛管理

今天，人们对疼痛的了解越来越多，因而知道了在疼痛及引起疼痛的因素之间没有一对一的、被称为伤害性刺激的关系，以及实际的痛觉。战场上的军人可能受了枪伤，但为了生存，他们要努力杀敌，因而在当时，他们往往感觉不到疼痛。当战斗结束后，他们都会出现疼痛的感觉。这一众所周知的事实暗示着人能够以某种方式控制疼痛。如果分散了个体的注意力，个体对疼痛的感觉可能会比较低。除了分心之外，其他能够降低疼痛的因素包括降低焦虑，保持乐观与控制的感觉，了解活动的意义与目的等（Gatchel，Baum & Krantzl，1989）。

研究人员利用基本疼痛的研究治疗，协助人们管理疼痛及后续的生活。一般来说，这些计划以提供疼痛的本质，包括负面情绪会使疼痛恶化的相关资料展开（Morley，1997）。治疗计划通常包括训练使用分心的方法和认知技术来控制疼痛。对此，Morley（1997）有如下表述：

鼓励患者修正对疼痛的注意力，不再将注意力放在疼痛上面。同时，要求患者将重点放在疼痛的知觉成分上，并将重点改变到更为不具有威胁性的那些属性上。例如，一名年轻男性受到严重的枪伤，他能将感官属性转移为一种想象。在这个想象中，他在一场足球比赛中射门。这种思绪转变的结果是，尽管他的枪伤还在，但是疼痛的影响却大幅地降低了。

治疗计划也倾向于区别疼痛的本质、痛苦和疼痛的行为，即对伤害性刺激的理解。痛苦指的是对伤害性刺激的情绪反应；疼痛行为指的是与疼痛或痛苦有关的、可观察到的行为，诸如呻吟、咬牙切齿、易怒和逃避活动等（Turk，Wack & Kerns，1985）。疼痛管理计划的重点是，一定要重建生活方式。疼痛管理计划的目标在于增加活动和功能，也许有时候甚至能够降低真正所经历过的疼痛感。

［资料来源：Ann. M. Kring et al.，*Abnormal Psychology*，10th ed.，2009］

四、生物学的观点：遗传及脑机能障碍

（一）遗传研究

躯体形式障碍患者倾向于有躯体疾病的家族史。Guze（1986）及其同事检查了一些躯体化障碍患者的家庭档案，得到了一些有趣的结果。首先，在躯体化患者的一级亲属中，女性有更为频繁的躯体化障碍，而男性则并未表现出躯体化障碍，而是表现出了反社会人格障碍。患有躯体形式障碍的女性倾向于嫁给患有反社会人格障碍的男人。进而，躯体形式障碍与反社会人格在同一个人身上会更为频繁地同时被发现。这些结果提出了这样一个假设，即躯体化患者和反社会人格障碍同样是由遗传因素所导致的，至于表现为哪一种障碍，则由性别来决定。

当然，这种家族模式的基础也并非肯定就是遗传，也可能是由环境或学习所导致的。为了更好地检验遗传因素的作用，研究者们采用了双生子与寄养子研究法。Torgersen（1986）在挪威实施的一项双生子研究发现，尽管在躯体形式障碍中，同卵双生子（MZ）比异卵双生子（DZ）有更高的同病率，但由于样本较小，因而有理由相信，该研究中的MZ与DZ相比，不仅有相似的基因，也有更相似的环境。Bohman（1984）等人在瑞典的一项寄养子研究中，追踪了859名患有躯体化障碍的女性的亲生与寄养父母在医学和犯罪方面的记录。结果显示，有两个而非一个模式决定着这些女性是否为“高频躯体化者”（常有躯体的不适，但不适的种类较少）或“多样性的躯体化者”（经常出现的不适较少，但有更为多样的特点）。高频躯体化者的亲生父亲显示出了不成比例的暴力犯罪的高发生率。尽管这些证据尚属初步研究，但是它却支持了遗传在躯体化障碍中起作用的观点，而这种因素也以某种方式与反社会行为形成了联系。

（二）脑功能障碍与躯体形式障碍

转换性障碍的基本问题在于，为什么个体的意识不知道身体正在正常运转？这已经成为当前神经科学研究的一个重要课题。转换性感觉丧失、失明及失聪等患者的脑电波清楚地显示脑部接收到了正常的感觉信息的输入，而这些信息来自“残废”的器官。如果用针刺手套式感觉丧失患者的手指，这一信息确实到达了大脑皮层。同样，对脑部运动中枢进行电击也引起了转换性瘫痪患者的肢体运动。换言之，脑与外周器官之间的神经通道并未被阻断。那么为什么转换性障碍患者在意识中感受不到感觉或最初的运动呢？抑或问题在于大脑皮层进行的感觉信号加工，因为这种加工负责将信号带进意识层面。转换性障碍患者似乎抑制了大脑信息加工的某些阶段。若干研究显示，转换性感觉功能丧失的患者，其大脑皮层在应对感觉刺激时有高度的抑制性作用（传递性压抑）。这种低速的加工过程可能是由于脑部受撞击造成的，因为有迹象表明，缺氧和低血糖会引起转换性障碍。

另一项有趣的研究发现，躯体形式障碍与左右脑单侧化的不同有关。由L. James等人（1987）所做的一项对430名转换性障碍与躯体化障碍患者，以及其他涉及躯体不适的心理障碍患者的研究发现，患者70%的症状出现于身体的左侧。由于左侧身体由右脑控制，因而这显示了躯体形式障碍可能源自大脑右半球的某些功能障碍，这种可能性获得了其他神经生理学研究的支持。

第四节 分离性障碍

与躯体形式障碍一样，分离性障碍（dissociative disorders）也是一种既能满足某种需要，又可以逃避紧张的方式——使个体可以推卸自己不能接受的行为责任的心理障碍。然而，在分离性障碍中，个体解脱紧张的方式从根本上说是与自己的核心人格相分离。

一、有关分离的症状学理解

分离“dissociation”由 dis-association 构成，作为一种防御机制，指一部分心理活动或行为过程与其他心理活动的分离，意识和记忆正常连贯过程的隔断，由于思想、感情和经历不能整合到意识流，最终对创伤经验保持无意识状态的一种机制。分离往往是遭受创伤后的个体几乎都会表现出来的症状。患有分离性障碍的人，有的会意识不到自己具有的某些心理功能，如识别、记忆；有的感觉不到对自己或周围世界的知觉；还有的想不起某些关于自己的事件；有的则以一个新的身份生活，甚至有的离开原来的生活环境而到一个陌生的地方，且不记得自己的过去。分离性障碍这一概念最早出现于 DSM-Ⅲ（1980）及 ICD-10（1992）中。

分离性障碍的分离与精神分裂症的分裂不同。精神分裂症患者心理功能的分裂是作为一个整体人格的分裂，而且分裂的心理活动获得一种自主性，与主要人格倾向无关，甚至互相矛盾，因此精神分裂症被称为孤立的、核心的（nuclear）或原子的（atomic）分裂。

研究指出，分离和发育相关。正常分离的高峰出现在潜伏期（大约 10 岁），以后在青春期、成年期不断下降。一般认为病理性分离只存在于成年人中，青春期是理解病理性分离发展的关键的过渡性阶段。

以 Janet 为代表的一些人认为分离是病理范畴。现在人们普遍认为分离是一个广泛存在的连续谱，即分离包括正常的分离体验（dissociative experience）、病态的分离症状（dissociative symptom）和严重的分离性障碍（dissociative disorder）。

分离性体验包括遗忘、感觉过敏、对疼痛的忽视、幻听、白日梦、睡眠状态下的梦、走神、入静、催眠状态、超常体验、疲劳状态下的人格解体或现实解体、迷失在电影和书中而不知时间流逝和周围环境的变化等。分离性体验具有相对的独立性和稳定性，不受社会心理因素的限制，但并非所有的分离性体验都是病理性的，在分离性体验达到一定的程度（如该体验的强度、时间、频率等），或者社会心理因素引起重度精神创伤，或者同时伴有其他精神症状等情况

表 7－7 分离性障碍摘要

障碍	对症状的描述
分离性遗忘症	记忆随应激性经验而丧失。
分离性神游状态	记忆伴随离家出走及确立新的身份而丧失。
分离性身份障碍	至少有两种不同的自我状态：互不依赖，或交替出现。
人格解体	自我发生了改变的体验。

下，可能出现病理性的分离体验。

当分离体验出现的频率增加、持续时间延长、症状加重，或者分离体验与创伤性经历相连，或者分离体验伴随其他相关症状时，分离体验就成为分离症状。分离性症状包括记忆缺失、幻听、人格解体、现实解体、联想障碍等。虽然这些症状主要表现在分离性障碍中，但在其他精神疾病中也常见，如创伤后应激障碍、精神分裂症、边缘性人格障碍、物质滥用、进食障碍、癫痫、自伤、自杀、攻击性行为、超常体验等。

根据 DSM-Ⅳ-TR 中的表述，分离症状是指意识的整合功能的瓦解。分离性障碍包括分离性遗忘症、分离性神游状态、分离性身份障碍以及人格解体等，所有这些障碍都表现为个人在对身份的感觉、记忆或者意识方面的变化。对分离性障碍的摘要请见表 7－7。

相关链接 7－5　斯坦福大学研究人员的调查

斯坦福大学的研究人员调查了一些目击加利福尼亚几十年来第一例执行死刑的记者（Freinkel, Koopman & Spiegel, 1994）。死刑犯 Robert Alton Harriss 被控残忍地杀害了两名年仅 16 岁的少年。按照惯例，监狱方面邀请了不少记者来报道这次行刑。在行刑过程中出现了很多问题，所以犯人数次被带进毒气室后又被带出。最后行刑的时候已是破晓时分。几周后，这些记者们填写了一份关于急性心理应激反应的问卷。结果发现 40% ~60% 的记者有不同程度的分离性体验。比如，在观看行刑的过程中，他们觉得周围的事物变得不真实或是觉得时间停止了，觉得其他人变得陌生并感到无法理解自己的情绪。他们中的很多人觉得自己像个陌生人。

这些体验被分成两个类型。在一次人格解体（depersonlization）的发作中，你的感知觉发生了改变，使你暂时失去了对自身真实性的感受。在一次真实感丧失（derealization）的发作中，你丧失了对外界真实性的感知。外部世界中事物的形状和大小发生了变化，人们看起来像是死的或机械的，这种非真实性的症状是分离性障碍的特征性症状，而人格解体则是一系列严重症状的一个组成部分。

（资料来源：Barlow，Durand. 异常心理学. 杨霞等译. 北京：中国轻工业出版社，2006）

二、分离性遗忘症

（一）分离性遗忘症的概念

头部受伤或任何一种脑功能障碍都会导致对过去经验的部分或全部遗忘。然而，有一些遗忘症则是在没有明显机体原因的情况下发生的，只是对心理应激事件的一种反应。分离性遗忘症（psychogenic amnesia）是指无法回忆起重要的个人信息，通常是在某种应激性突发事件之后出现的。这些信息并未永久性丧失，只是在遗忘症发作期间不能回忆而已。由于记忆中的这种空白过于广泛，因而不能用普通的遗忘加以解释。

表 7－8　DSM-Ⅳ-TR 对分离性遗忘症的诊断标准

1. 一次或一次以上无法回忆起重要的个人信息，通常是一次创伤性或心理应激性的事件，这种遗忘太严重而无法以普通遗忘来解释。
2. 遗忘不是某种物质（药物滥用、药物治疗）或神经或其他躯体疾病（如头部损伤）的直接效应。
3. 遗忘引起明显的痛苦，或损害社会、职业或其他重要功能。

分离性遗忘症可发病于从儿童到成人的任

何年龄。常见的表现是在回忆个人生活史时出现单个记忆空白或系列记忆空白。这些记忆空白通常与创伤性或严重应激事件有关。有些患者可能会遗忘自伤、暴力发作或自杀企图。

研究表明，对“挑战者号”航天飞机等重大事件的回忆明显受到记忆扭曲的影响。

这种遗忘症可能是由创伤性经验引发的，这是这种遗忘症最常见的形态，即个人丧失某段时间内所有相关事件的记忆，而且它几乎常常开始于令人心烦或痛苦的事件。

如何确定分离性遗忘症呢？除了在医学上对机体做病理检查外，还有一些方法可以用于对器质性遗忘与分离性遗忘症进行区分。第一，分离性遗忘常常是顺行抹去突发性应激事件后一段时期的记忆；而器质性遗忘经常是倒摄遗忘，即抹去了突发性应激事件发生前的记忆。第二，分离性遗忘具有选择性，脑海中一片空白的部分包括绝大部分人都不愿意再回忆的事件，或者是一次创伤，或者无法接受的行为，如妻子与他人私通。第三，与其周围的人相比，分离性遗忘症患者对他们的状况表现出更少的困扰，如更少焦虑、不安，而是冷淡，这可能是从冲突中解脱出来的冷漠。最后，由于分离性遗忘症被遗忘的事件只是在意识中被屏蔽了起来，而非完全丧失（在器质性遗忘症中则是完全丧失），因而这些记忆常常可以在催眠或一种巴比妥酸盐的帮助下得以恢复。换言之，被“遗忘”的材料存在于意识水平之下，并且能在催眠状态下或遗忘症消失时回忆起来。

个案研究

患者男，20岁，高中文化，新入伍战士。该患者四天前与战友发生争执，事后行走时突然倒地，表现为双眼球上窜，四肢抖动，呼之不应，无角弓反张、口吐白沫、舌咬伤及尿便失禁等，急送当地中心医院，急诊行各项化验及头颅CT检查均未见异常，初步考虑为“癔症样反应”。对症处置，症状缓解后患者即表现为害怕见人，警觉性高，对人和事物有回避，不知道自己的姓名和年龄等，对以前的一些人和事物有部分遗忘。精神检查：意识清楚，接触被动，害怕见人，暗示后可配合检查，语速慢，语量少，问答基本切题，注意力不集中，对以前的一些人及事物部分遗忘。未查及幻觉及妄想等，情感反应淡漠，意志消沉，无自杀及冲动行为，智能检查基本正常，自知力存在。诊断为“癔症性遗忘”。

［资料来源：张颖等. 武警医学院学报，2007（5）］

（二）分离性遗忘症的类型

目前，已区分出四种类型的分离性遗忘症（后两种情况通常很少出现）：

定点遗忘（localized）：个体对某一时间内的事情完全不能回忆，通常是某一创伤性事件之后的几个小时。例如，一个家人不幸在一场大火中全部丧生而自己却幸运逃生的男人，可能在火灾后的三天内对任何事件都没有印象。

选择性遗忘（selective）：个体对某一段时间内的某些事情不能回忆，而非对所有事情不能回忆。这名男子或者会记得消防车的到来及救护车将自己送往医院的经历，但忘记

了曾经看见他的孩子们的尸体从被烧毁的房间中抬出来的情境，也忘记了自己曾经在第二天去辨认尸体的经历。

泛化遗忘（generalized）：忘记了整个生活史，这是一种较少见的遗忘。

连续性遗忘（continuous）：对过去某一时刻之后的事情都不能回忆。例如，如果遗忘开始于星期一，患者会在星期四想不起自己于星期二、星期三做了些什么，而根本不涉及星期一之前的事件，这也是一种较少见的遗忘。

分离性遗忘症通常在某种无法忍受的创伤性经历之后出现，如在战争条件下以及在突如其来的灾祸发生之后。然而，很多有神经症倾向的人即使在经历较弱的刺激后也会出现分离性遗忘。

在典型的分离性遗忘反应中，个体不能记起自己的姓名、年龄、住址，不认识自己的父母、亲戚和朋友。但他们的一些基本的习惯模式，如阅读、说话能力等仍保持下来，而且除了遗忘症外其他一切正常。

分离性遗忘症从本质上看与转换性障碍完全相同，所不同的是，患者不是通过生病来逃避不愉快的情境，而是直接拒绝想到这种情境。很明显，任何个体不能接受，并且因此引起焦虑的欲望与冲突都可能产生分离性遗忘，进而成为出现神游状态的基础。当某种带有威胁性的信息变得不能接受时，可能导致某种形式的认知阻断或被有意压抑。在压抑的情况下，患者可能会告诉自己忘掉某种创伤性经历或事件，逐渐地他们相信了这一点，并在行为上表现为他们真的产生了遗忘。

出现分离性遗忘的人通常是以自我为中心且不成熟，以及有较频繁受暗示的个体，他们所面临的是一种极端不愉快的情境，而且在他们看来是根本无法逃避的。他们通常在出现遗忘症之前曾有意识地试图“忘掉”或逃离这种情境，但在当时却不能接受这样的做法。然而，在应激情境逐渐变得难以忍受时，他们不得不压抑自己人格中的大部分成分以及所有对这些事件的记忆。正如有关研究者所指出的那样，分离性遗忘症是有高度选择性的，遗忘的只是自我无法忍受或对自我构成威胁的部分。在这种类型的分离性障碍中，个体看上去很正常，并能应付一些复杂的问题。

相关链接 7－6　遗忘症与犯罪

遗忘给现行的法律制度提出了许多问题。受害人若无法清楚地回忆起暴行，将无法在法庭上提供有价值的证词。更糟糕的是，被告一般都会不记得发生过的暴行。有研究发现，有 23%～65% 的被控谋杀或被证明谋杀的人声称他们对犯罪行为毫无印象。在这类案件中，一般都有酒精、药物伴随出现，故有些遗忘症患者可能是因药物的作用而出现了暂时性遗忘。另外，一些遗忘则可能是伪装的，但也有一些可能是真正的分离性障碍，是由于犯罪者在作案时产生的极其强烈的情绪导致的。不管是什么原因，声称失去记忆的被告可能被认为是没有能力为自己辩护的人，在这种情况下，他们是不能出庭作证的。如果坚称自己失忆，他们可能因犯罪时处于突变的意识状况、不知道自己做了些什么，也无从辨别这种行为等而被认定为精神错乱（P. O. Lewis & Bard，1991）。1993 年，对洛伦娜·罗比特的审判就是一个典型的例子。她坚称自己对砍断丈夫的阴茎毫无印象。结果，根据她犯案时处于暂时的精神错乱而被判无罪。

（资料来源：Lauren B. Alloy et al.，*Abnormal Psychology*，7th ed.，1996）

三、分离性神游

与遗忘症有关的是分离性神游(figie states)，患者不仅忘记了大部分或全部的过去，并且突然从家中出走。神游是一种游走中的遗忘，比遗忘症还要复杂，神游反应实际上是一种逃避式的防御反应。通常，神志错乱的遗忘症患者或会无目的地游荡，然而神游症患者的行为则是有目的的。而且，当遗忘症患者同时忘记了自己的身份时，他们实际上已成为一个神游症患者，许多神游患者会进一步虚构一个新身份。

表 7－9　DSM-Ⅳ-TR 对分离性神游的诊断标准

1. 突然、无预期地离开家庭或工作岗位去旅行，伴随对过去的记忆丧失。
2. 对自己的身份感到困惑或假设一个新身份。
3. 这种症状无法以其他生理或心理疾病来解释。
4. 症状引起患者临床上明显的痛苦或是在社会、工作或其他重要领域的功能损伤。

个案研究

患者男，22 岁，战士。因回家探亲得知自己的女友与别人私奔而受精神刺激，一个月后出现到处游走的症状。利用乘火车、骑自行车、步行等方式去了武当山、大别山及安徽桐城等地，后因购买假枪伤人被公安局拘留通知部队接回，整个行程历时 47 天。1996 年 6 月 13 日入住医院精神科检查。躯体及神经系统检查、常规化验、心电图及脑电图检查均未见异常。神经检查：意识清楚，意识范围狭窄，表情较自然，情感反应尚协调，心不在焉，凝神空中，只说是要寻师访友，余不作答，无自知力。入院后采用氯丙嗪口服并辅以心理及暗示疗法，一周后症状呈现出戏剧性变化，如同大梦初醒一样，恢复如常人。患者对病中症状有些完全不能回忆，或在启示下有些呈片断性回忆，但具体细节回忆不起来。诊断为“癔症性精神障碍神游症”。

［资料来源：曾丽萍. 癔症性精神障碍神游症 1 例. 临床荟萃，2001 (16)］

分离性神游症多见于成年人，发病多与创伤性或应激事件，或者压倒性生活事件有关。患者突然离家出走或者从平常工作的地方出走，神游的时间、复杂性也非常不一致。一些人可能最远去邻近市镇一游，在电影院里度过一天，晚上在旅馆以另一个名字登记住宿，然后第二天早上恢复正常。这些比较和缓的冒险行为是较为常见的一种神游。有些患者则会用几周或几个月，甚至更长的时间进行复杂的旅行，其间，患者会谨慎地到处徘徊或漫步。个别患者则可能经历多个国家，旅行数千里；或者获得一个新的身份、编造一段具体、详细的个人经历，找到一份新的工作，或开始一种新的生活等。当处于神游状态时，患者表现很正常，但往往在见到了一些与过去有重要联系的人或事物后，他们最终可能“醒来”。在神游状态下，他们表现很正常；当神游结束后，他们会寻求专业人员的帮助，因为他们想知道自己曾经干了些什么。在神游期间，患者外表看不出有精神异常症状。有时因遗忘最近的事件或说不出自己的身份而被带到医院检查。一旦恢复，患者可能对发生在神游期间的事件缺乏记忆。

约有 0.2% 的人曾经经验过分离性神游症。就像分离性遗忘症一样，神游症一般是在严重的应激事件之后发生的。例如，战争或是重大的自然灾害；个人所经受的压力，如经济上或法律上的困难；抑郁的发作也是原因之一。有些青少年离家出走，可能就是处于神游状态。

四、人格解体障碍

人格解体障碍（depersonalization disorder）是一种以持续或反复感到自己的精神过程或身体被分开为特征的心理障碍。在这种障碍中，患者对自我的知觉或体验发生了令人恐慌、分裂性的改变。人格解体障碍多发病于青春期或成人，儿童也可能发作，但因儿童不会主动叙述，因而难以发现。临床中很少有患者会以人格解体障碍作为主诉去看病，而往往是以焦虑、惊恐或抑郁去医院求治。

表 7－10 DSM-Ⅳ-TR 对人格解体障碍的诊断标准

1. 持续或周期性地感觉从自己的心理过程或身体中分离出来，就好像自己变成了一个外在的观察者一样。
2. 在这种体验中，关于真实性的测试并未见损害。
3. 症状导致患者痛苦并在社会、工作或其他重要领域造成功能损伤。

人格解体障碍的主要特征是个体对自己感到陌生或感到不真实。患者好像和自己切断了连接，跑到外面旁观自己；像机器人一样活动着或生活在一场梦幻之中。陌生感常延伸到躯体上，患者会感到四肢变长了或缩短了，身体机械地运动着，就像死了一样，或者像自己的灵魂被关在了别人的身体里一样。

对自己的陌生感通常伴随着现实感的丧失，对整个世界感到陌生，在患者看来，其他人就和自己一样，都只是舞台上的演员，看上去机械、呆板，莫名其妙的不真实。有分离感或现实感丧失的人会有一种“旧事幻现”的现象，总觉得曾经历过某个地方、某种情景，即使自己明知这是不可能的；或者对一个熟悉的环境毫无印象。分离感通常会减少情绪的回应，使患者丧失对他人、对世界的兴趣。受这种障碍之苦的人并没有失去与现实的联系，所以他们知道自己所有的陌生感都是不真实的，也因此才感到恐惧，担心人们会以为自己疯了。

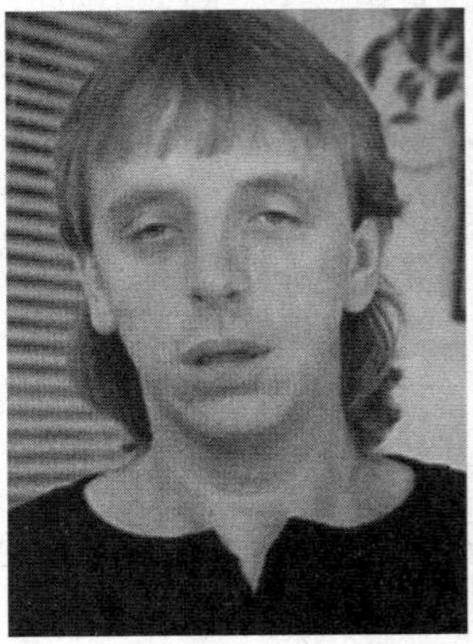

有时，人格解体障碍患者会感到自己像是在梦境中观察着自己的行为。

在日常生活中，分离感有时会短暂出现，如早上从梦境中醒来或非常恐惧的时候，疲于冥想苦思的工作与练习的时候，都有可能使人体验到短暂的分离感。

最后，当处于危险中的人在最后一刻得救时，分离感常常也会在这种濒死的经验后发生。Simeon 与 Hollander（1993）对在一次飞机坠毁中的幸存者的研究表明，54% 的人感到与自己相分离并飘荡而去。另有一些研究指出，分离感在创伤性事件中是一种适应行为，可以降低事后患者患抑郁症和焦虑症的危险。这可能是由于如果事情发生在他人身上，或仅是一场噩梦的感觉会给人以保护，免除创伤的冲击。另外，其他证据显示，在创伤性事件后表现出明显分离感的人更有可能出现完整的创伤后应激障碍。

个案研究

余某某，女，20岁，高中生，四年来自感面部变样，某些躯体神经被剪断，与外界有隔离感等，曾多次主动到医院求诊。患者于四年前在读初三时无诱因渐起病，自感“人变呆板了，像个木头人”，头脑反应不灵活，感到与外界疏远了等。但仍能坚持上学，初中毕业后以第一名的成绩考入本县一所重点高中。高中三年间仍持续自感头脑变空，像个木头人，体力、脑力已耗尽，左脑无用，右脑好用，有时感到心、脑血管及某些躯体神经像被剪断而与躯体联系不密切等，为此焦虑、紧张不安，在家人陪同下四处求医问药。虽经药物治疗，但无明显效果。患者仍能坚持读完高中，并于2003年参加高考，考取了云南民族学院。……近半年来仍感身体不适，感到脑脊液从头上往下流，全身气血不通，双眼固定，并与大脑失去联系，脸变得很难看，像个僵尸，整天戴墨镜等。身体及神经系统检查无异常；精神检查：意识清晰，定向力正常，注意力集中，接触好，主动诉说病史，对其所患疾病有痛苦感，情绪轻度焦虑、抑郁，迫切要求治疗，未引出任何幻觉及妄想，有人格解体障碍的大量症状，如诉：“感到脸上有东西流出来，可能是脑脊液，脸变小了，变丑了”，觉得自己与外界和周围人群有隔离感，像个木头人，像行尸走肉一样，眼睛像个装饰品，和大脑已失去联系，感到自己是个不完整的人，许多神经像被剪断一样等，意志活动无明显减退，智力正常，有自知力。经会诊讨论，诊断为“人格解体神经症”。

［资料来源：张迎峰，杨镇涛．临床心身疾病杂志，2004（2）］

五、分离性身份障碍

（一）分离性身份障碍的概念

分离性身份障碍（dissociative identity disorder，DID）以前被称为多重人格障碍（multiple-personality disorder）。根据DSM-Ⅳ-TR，它是指一种戏剧性的分离性障碍，在这种障碍中显示出两种或更多的不同身份或人格状态，这些不同身份与人格交替以某种方式控制着患者的行为。这种障碍还存在着某种缺乏回忆重要个人信息的能力，而这种现象又不能用通常的遗忘来加以解释。尽管存在一些仅仅某些部分不同的身份与其他身份相独立的身份，但是，每一种身份似乎都有一种不同的个人史、自我形象及姓名，都代表一种特异的和健全的情绪和思维过程，并表示一种独立、稳定的人格。在某些个案中，那个几乎经常相遇并且承载着个人真实姓名的身份是基本（primary）或者宿主身份（host identity）。在多数个案中，宿主身份不是最初身份。变动身份（alter identities）可能在包括性别、年龄、利手、书写、性倾向、配戴眼镜、主要的情感、讲外国语以及一般的知识等方面显著不同。个体可以从一种人格转变为另一种人格，持续时间从几分钟到几年不等，而且这些不同的人格特点之间有着显著的差异。例如，一种变动人格可能是快乐的、轻浮的、在性方面放纵的，而另一种变动人格则可能是安静的、好学的、严肃的以及本分的。基本或宿主身份中的需要与行为习惯可通过一个或更多变动人格大量表现出来。

表7－11　DSM-Ⅳ-TR对分离性身份障碍的诊断标准

1. 存在两种或两种以上不同人格或身份状态。
2. 至少有两种反复变换的身份或人格，并控制着行为。
3. 不能回忆起重要的个人信息，程度严重到不能用正常的遗忘来解释。
4. 这种症状不是由某种物质的直接生理作用（如酒精中毒）或由躯体疾病引起的（如复杂性部分癫痫发作）。

个案研究——有罪与无罪

[法庭的策略] Kenneth 在法庭上设法说服法官，他屡次的强暴及谋杀都是其变动人格所犯的暴行。

Kenneth Bianchi 是 1979 年被大众传媒所称的两个山区谋杀者之一。他被控在洛杉矶地区强暴而且杀害数名妇女。Kenneth 否认这个指控，但是在接受催眠的访谈中，出现了另外一个名叫 Steve 的人格。Steve 宣称是他而非 Kenneth 犯下了这一暴行。

Kenneth 辩称他没有罪，理由是他的精神不正常，但是法庭拒绝接受他自己宣称的多重人格障碍。Kenneth 被法庭判决有罪。

[资料来源：Gerald C. Davison et al., *Abnormal Psychology*, 9th ed., 2004]

DID 是一种充满了神秘气息的心理现象，常见于影视、文学作品中。在学术界，DID 的研究始于个案研究，Mitchill 在 1816 年记录了美国宾夕法尼亚州一个名为玛丽·雷诺的病例，这被视为最早记载的 DID 案例。第一个受到学者们广泛关注的 DID 是发生于 1905 年的一个病例。普林斯（Morton Prince）报告了一个名叫 Beauchamp 的个案，这个 Beauchamp 有多达 17 种人格。DID 研究的先驱则是 Eugene Bliss，他首次介绍这种障碍是在 1978 年。当时他接到盐湖城医院一名苦恼的护士长打来的电话，她怀疑手下的一名护士（路易丝）偷偷给自己注射了杜冷丁。护士长和 Bliss 让这名护士来到办公室，并指责她的这种不当行为。他们让护士卷起衣袖想检查其胳膊上是否有针头留下的痕迹。护士照他们的话做了，果真发现那里有针头的痕迹，但就在这个过程中，护士发生了明显的变化。她的面部表情、举止、嗓音全变了，她声称她不是路易丝，而是无耻的吸毒者露西。可见，路易丝的宿主人格最初是毫无知觉的，而变动人格则与之在意识中并存。

DID 的个案多数是在青春期晚期或成年早期第一次被诊断出来，但是它的症状通常在儿童期早期就有所表现。事实上，很多研究指出，有 97% 的患者在他们的生命早期，由于经常受到身体或性的虐待而出现 DID 的症状。同时研究也指出，得到这种诊断的女性至少是男性的三倍（APA，2000）。在某些个案中，DID 患者的父母也表现出了某种分离性障碍的症状。

（二）变动身份与协同意识

从一种变动身份转换到另一种变动身份，称为转换（switching），转换通常非常突然并且可能是戏剧性的。例如，一位名叫艾莉克的女士在转换身份时，其面孔会出现扭曲、大声咆哮，并用粗话骂人。虽然临床人员也可以通过催眠暗示，引起身份的转换，但身份的转换通常是在应激性事件的影响下被引发的。

某一变动身份与其他变动身份是如何相互作用的呢？不同的个案有不同的情况。例如，可能是一种相互失忆的关系，在这种关系中，变动身份之间不知道其他变动身份；也可能是一种相互认识的关系，每一个变动身份与其他变动身份都相互认识，他们可听到另一个人的声音，甚至相互交谈；有些彼此相处和谐，而有些则无法和谐相处。

在某种情况下，当一种人格占优势并且支配其意识活动的同时，另一种人格也在下意识里起作用，并被称为“协同意识人格”（coconscious personality）。在这种情况下，协同意识人格能够认识到意识中的人格以及周围环境中发生的事情，并通过自动化的书写（在没有意识控制的情况下写下来的信息）及其他方式表达出来。而意识中的人格通常对协同意识中的人格一无所知。例如，电影《三面夏娃》中的珍妮同时有着与怀特和布莱克的协同意识。夏娃·怀特是最初的宿主人格，虽然已经和变动人格夏娃·布莱克共存多年，但对其一无所知。当布莱克出现时，怀特只记得自己短暂地失去了意识。另外，布莱克报告说，无论何时都具有怀特的协同意识，知道怀特所做的一切，并用不屑的语气谈论她。怀特温柔、安详且很严肃，是一种相当不敏感或迟钝的人格。而布莱克则是另一种样子，淘气、任性且什么都不在乎。布莱克会在最不适当的时机离去，给怀特留下一堆烂摊子：酗酒、欠债、在当地酒吧里鬼混，并因此“声名远扬”，怀特对此束手无策。治疗期间，第三个变动人格珍妮又出现了，珍妮同时有着与怀特和布莱克的协同意识。不过，她对这两者在此之前的活动一无所知。珍妮也比怀特、布莱克更为成熟。

研究人员认为，大部分 DID 的个案包含一个或三个变动人格。不过，现在也有研究指出，每个患者平均出现的变动人格数目可能更高——女性可达十五个之多，男性可达八个（APA，2000；Ross et al.，1989）。事实上，还有个案被观察到有一百余个变动人格。这些变动人格通常每次以二人或三人一组出现。

从某种意义上说，我们每个人都具有多种人格，因为我们都有很多的相互冲突且互不包容的倾向，以致有时会做出连我们自己都感到吃惊的事情。这在我们的日常生活语言中也有所反映，如“我自己也不知道我为什么会那么做”。而且，人们也可以看到很多人在家里与外面的行为简直判若两人。在心理异常的情况下，通常可以看到相互矛盾的冲动和信念的深层冲突，而解决的办法之一就是将相互冲突的部分分开，分别形成一种自主性的人格体系。通过这种方式，个体就可以表现出相互矛盾的行为而不会感到紧张和内疚。

相关链接 7－7　变动身份是如何相互作用的

某一变动身份与其他变动身份是如何相互作用的呢？不同的个案有不同的情况。例如，可能是一种相互失忆的关系，在这种关系中，变动身份之间不知道其他变动身份；也可能是一种柜互认识的关系，每一个变动身份与其他变动身份都相互认识，他们可以听到另一个人的声音，甚至相互交谈。有些彼此相处和谐，有些则无法和谐相处。

Eric 是一个多重人格障碍患者，Eric 是其宿主人格，其变动人格是相互认识的。

大部分的人格会互动。Cye 是一个宗教神秘主义者，有一次他写了一封信给 Eric；而有事业心的 Michael 喜欢摇滚乐，他憎恨 Eric 的古典音乐唱片，所以把音响设备的电线通通拔了出来；Eric 为危险人物 Mark 辩护，有一天他说：“Mark 从来不会伤害任何人，有些人太靠近他时，他只是要把那些人吓跑而已。”Eric 说他这一组的人格，像是他的“说话书本”。这一组中的一个角色是图书管理员，叫 Max，他有时会突然改变为另一个人格，并且会说：“有一本书刚从书架上掉下来。”

（资料来源：Ronald J. Comer，*Abnormal Psychology*，4th ed.，2001）

（三）关于 DID 的争论

1. 关于 DID 与童年期虐待的争论

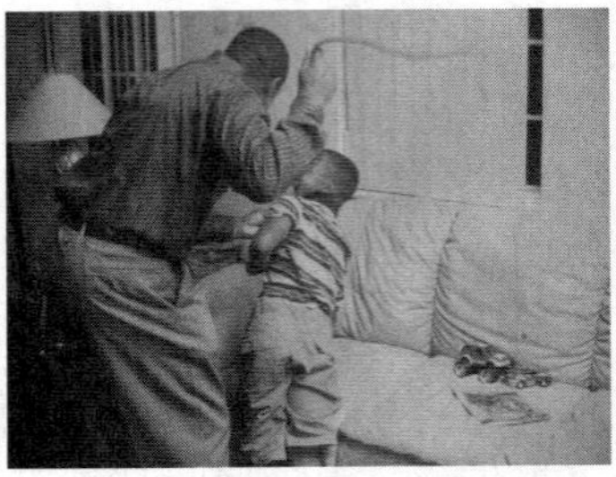

儿童期身体或性的虐待被认为是导致分离性障碍的主要原因。

在任何假定的人格群体中，虐待这个主题都可能存在，而且常常与患者所报告的早期经验相符。在 Putnam（1986）的调查中，只有 3% 的患者没有报告童年期明显的创伤性经验。而在报告的早期虐待中，最常见的是性虐待，占 83%，其中 68% 的报告中具有乱伦的成分。有 3/4 的患者声称在童年时曾遭受过多次身体虐待；几乎一半患者曾目击父母亲或兄弟姐妹被人用暴力杀死。其他一些研究取得了与 Putnam 的发现大致相同的结果。

有关虐待的这些几乎一致的证据表明，分离性身份障碍可能是恐惧的儿童为了使自己远离那些生命中不得不面对的事实而采取的一种策略。多数患者报告的症状开始于童年期的某次创伤，这一发现支持了上述观点（在 Putnam 的调查中，89% 的患者在 12 岁前发病）。然而必须注意的是，几乎所有的相关证据都以患者或治疗师的回顾性调查为依据。因而，有人如 Franke，Kihlstrom 等（1990，1993）对下列问题产生了兴趣，即虐待报告很可能是受到了患者自己或心理学家关于多重人格理论的影响。更重要的是，暂时还没有一些对受虐儿童的追踪研究。因而，我们还无法确定受虐儿童是否比没有受虐儿童更容易患分离性身份障碍。最后，因为童年期受虐的报告同样常见于其他心理障碍之中，如抑郁症和边缘性人格，所以，我们无法知道虐待的发生率及其严重性对于分离性障碍是否比其他心理障碍影响更大。对童年期的性虐待的回忆在今天本身就是一个备受争议的问题。

2. 关于记忆恢复的争论

所谓记忆恢复，一般是指个体早年被抑制的记忆重新回到意识层面，尤其是童年期的性虐待。现在，记忆恢复通过大众媒体吸引了公众巨大的兴趣。但是，也有人对此表示质疑，他们认为这些虐待记忆只不过是那些无责任感的治疗师的暗示与催眠的结果。对于那些被错误指控的父母们的愤怒来说，这些怀疑算不了什么。更多的是，那些遭到指控的父母会在法庭上还击，这种还击不仅是针对其孩子，更多的是针对那些让所谓记忆出现的治疗师们。例如，加利福尼亚法院在 1994 年判罚一位治疗师 50 万元的赔偿金给受害人，这位受害人的女儿在接受治疗后声称父亲对她有过性骚扰。

那么如何区别错误与真实的记忆呢？该问题引发了一些研究，并由此确立了一些原则。例如，儿童期的性虐待经验最初被遗忘了，但其后又想起来，这显然是可能的。Feldman-Summers 与 Pope（1994）在一项对美国的全国性的调查中，向许多心理学家提出了“是否在童年期有过性虐待，如果有，是否曾经忘记了”的问题，结果几乎有 1/4 的人回答曾被性虐待，40% 的人回答曾在某段时间全部或部分忘记。但是，上述调查依据是自我报告。另一位研究者 L. M. Williams（1994）通过已被证明的性虐待记录进行研究。她采用一间医院在 20 世纪 70 年代早期的档案，研究了 206 个年龄从 10 个月到 12 岁，并经过医学鉴定受过性虐待的孩子。Williams 对这些已经长大成人的女性进行追踪，她尽量邀请她们参加一个关于该医院如何对待女性的调查，过半数的人接受了邀请。在为期三个小时的访问中，她们回答了很多问题。当问到童年期的性虐待时，38%的人没有如档案中记载的那样报告这一经验，或者她们仅仅是出于隐私而隐瞒了这个问题。但实际并非如此，Williams认为，没有报告的人中有68%报告了其他童年被性虐待的经历。很明显，人们可能会遗忘被性虐待的真实情节。

个案研究——童年期记忆的恢复

1989年的一天，28岁的加利福尼亚妇女Eileen Franklin正在家中看着她红发蓝眼的女儿Jessica画画。Lipsker说，突然间她想起了另一个红发蓝眼的小女孩，她曾经也是这样转过头来看着自己，她叫Susan Nason，是小时候的玩伴，却不幸在八岁那年被杀害了。更不幸的是，这至今还是一宗悬案。Lipsker不止想起了这些，在接下来的日子里，她称自己的记忆展开了，她可以看见一个男子站在Susan背后，手里拿着石头，将要砸在Susan的头上。三十年后，Lipsker说自己记起了曾目击Susan之死的情景及凶手。Lipsker同时还想起那个男子曾强奸了她们两个人，而这个男子居然是Lipsker的亲生父亲George Franklin！于是Lipsker报了警，父亲被捕了。1990年Franklin被判有罪，依据Lipsker的叙述及一位儿童精神病专家的作证，证实人们的确可以抑制某些童年期的创伤性经验，而后又可以回忆起来。于是，Franklin被裁定为一级谋杀罪并判终身监禁。1995年Franklin上诉成功被释放。

（资料来源：Ronald J. Comer, *Abnormal Psychology*, 4th ed., 2001）

Eileen Franklin为她所恢复的记忆作证，20年前，即在她八岁那年，她曾看到父亲对她的同伴进行性虐待并且谋杀了她。她的证词使她父亲也相信自己有过这样的行为，但后来她父亲又推翻了自己的口供。

3. 对DID诊断的争论

正如我们所见，分离性身份障碍在传统上被认为是极少见的一种障碍。有些研究人员认为很多甚至所有病例都是由于医生的诊断、态度或医疗而引起的。换言之，是由临床工作者在无意中引起的。他们相信治疗师在治疗过程中巧妙地向患者暗示他可能还存在另一种人格，因而导致了这种症状的产生。有时，在催眠条件下，治疗师明确地向患者表示，要患者产生不同的人格。此外，他们相信，当患者表现出分离性障碍时，一个寻找多重人格的治疗师会表现出更大的兴趣与注意，这种倾向本身可能会增强这种行为模式。

这种争论似乎得到了一些事实的支持，许多分离性身份障碍个案首次引起医疗人员的注意，是在他们为一些不太严重的问题作治疗时。当然，并非所有的个案都是如此。有许多其他患者寻求治疗，是因为他们注意到了他们在生活中的失误，或因为他们的亲友注意到了他们的变动身份或变动人格。

近些年来，被诊断出分离性身份障碍的人数在逐渐增加。1973年，在美国的专业期刊中只报告了约100个案例。虽然这种障碍依然罕见，但是现在仅仅在美国和加拿大，就有数千个案例得到诊断。Foote等认为（1999）有两种可能的因素可用以说明这种逐渐增加的情况：①今天愈来愈多的临床工作者相信这种障碍的确存在，而且愿意做出这种诊断；②今天的诊断程序比过去更加精确。20世纪的大部分时间，精神分裂症是临床领域

中最常见的诊断之一。把广泛、不同寻常以及神秘的异常行为模式不加区分地归入精神分裂症，这本身就存在错误，而这种情况也许就包括了分离性身份障碍。在 DSM 最新版本所规定的较严格的标准下，临床工作者现在在对精神分裂症做出诊断时，就能够做出更恰当的选择，使更多的分离性身份障碍个案得到确认。此外，近年来还建立了几种诊断性测验，这些测验被用来帮助发现分离性身份障碍。尽管专业的知觉、诊断的实施以及评估工具有了重大改变，但是很多临床工作者继续对这种分类的正确性提出质疑，并且不大愿意做这种疾病的诊断。

相关链接 7-8　精神分裂症、分裂人格与 DID：澄清被混淆的认识

长期以来，普通大众经常将 DID 与精神分裂症混为一谈。把被诊断为精神分裂症的人说成是具有“分裂人格”的情况也并非罕见。我们也常听到人们这样讲：“在这个问题上我有点儿精神分裂了。”这其实是说他们对这个问题有着更多的看法！

这种对有关概念的滥用反映了公众对精神分裂症普遍的错误理解，而精神分裂症根本不包括“分裂人格”或“善恶二重人格”。最初的混淆也许源自术语精神分裂症（schizophrenia），该术语最早由一位名叫 Bleuler 的瑞士精神病学家所创用。在德语中，schizien 意为分裂（split），而在希腊语中，phren 是指“心灵”（mind）。因而精神分裂症就是一种分裂的心灵与人格，这一含意可能就源于此。

尽管如此，这根本不是 Bleuler 创用该术语时的本意。Bleuler 原本指的是在语言、思维、情感及行为之间连接心灵的，并且在正常情况下构成一个完整的相互联系的脉络出现了割裂。这种分裂导致了非目标定向或无效的思维，而这种思维转而导致许多已知的与精神分裂症相联系的其他困难。

重要的问题在于，请记住，被诊断为精神分裂症的人并不具有不断变幻并控制其心灵与行为的多重不同身份。他们可能有妄想并坚信他们是某个人物，但他们并没有显示出伴随着声音语调、词汇以及身体外貌的改变而在身份方面的变化，正如在 DID 中所常常见到的身份“变换”那样。进而，DID 患者不会表现出精神分裂症的特点以及杂乱的行为、幻觉与妄想。

（资料来源：Ronald J. Comer，*Abnormal Psychology*，4th ed.，2001）

六、分离性恍惚与附体

分离性恍惚与附体是一种较为特殊和复杂，但对它还缺乏确切认识的分离性障碍，即所谓的精神恍惚，或译为“出神状态”（trance state）。其主要表现特点是在清醒时意识暂时改变的一种状态，包括丧失身份认同、暗示性增强、对环境刺激的反应性降低，并常伴有其他认知、情感、意志与行为的异常。有的人现实身份丧失，而为一种神鬼或精灵的非现实身份所代替（主要是由于记忆障碍对既往身份的遗忘）。这种特殊的分离障碍作为一种社会普遍现象在迷信盛行的文化与社会中广泛存在。这就是所谓的“神灵附体状态”（spirit possession state）。

这种状态的产生往往是不由自主的，并且通常发生于某种宗教或某种社会文化所认可的情景中。患者的附体状态，对本人日常生活和劳动会造成很大干扰，甚至可能产生危害社会与他人安全的严重后果。患者的亲属、患者本人以及周围的亚文化群体成员通常都是具有相同宗教或迷信观念的人，如都具有某种信念，即鬼、神灵或精灵信仰。因此，这类附体状态又称为亚文化性分离附体状态。这种神灵信仰根植于民间信念，以迷信的方式广泛且深刻地存在于某一文化或社会的多数成员之中，并经历世代的传承，业已根深蒂固，具有广泛社会基础和强有力的习俗力量。

表 7－12　DSM-Ⅳ-TR 对分离性恍惚与附体的诊断标准

1. 恍惚：短暂但明显的意识改变，或者习惯性的个人身份感的丧失，涉及所处环境意识狭窄或体验为不受自己控制的刻板行为或运动。
2. 附体：一种单独或是阵发性意识状态的改变，以人格丧失而被其他人格替代为特点。这种症状受一种精神、一种能量、一个神或是其他人的影响。
3. 这种恍惚及附体不是某种特定的宗教或者文化的一个正常的组成部分。
4. 这种恍惚及附体导致患者显著的痛苦，并对社会、工作或其他重要领域造成功能损害。

在许多文化中，其民间的日常活动，包括身心疾病等都与巫师（医）有密切关系，平时请人卜卦、算命、看相的也大有人在，这种行为模式在某些文化或亚文化群体中已成为传统。例如，中国的道教形成于公元 2 世纪，信仰承袭了中国古代的巫术、求仙等思想，并与先秦以后的阴阳五行说相结合。中国农村人口众多，且文化教育、科学水平较低，愚昧落后的迷信观还有一定的社会文化基础，因而神灵鬼怪的信仰者为数不少。这种信仰主要是指鬼神或精灵（如黄鼠狼、狐狸等）能够闯入人们的躯体，由此便出现了上文所说的“神灵附体状态”。例如，一位相信天神感应且迷信观念十分浓厚的妇女，一次外出突然赶上雷雨，空中一道闪电之后，她本人认为自己被天神惩罚性雷电打中，随即产生了自认为某一神仙附体现象。患者遗忘了本人现实的身份，以一个鬼或神，或者某种精灵的非现实性身份取而代之。换言之，患者被鬼神或精灵所主宰，“本人自身体验和神或鬼融合为一体”（Ranymnod Prince，1968）。这种症状都是突然或急遽产生的，且往往又突然中止，一般持续时间较短暂。有的患者可能对周围的人存在双重定向。例如，一位患者出现附体状态后，看她的女儿外表虽然是女儿形象，但同时体验到她又是“狼精”。通常这种双重定向只持续瞬间后即恢复正常。此外，伴发于新身份的出现，旧的现实身份可在短暂时间内遗忘，同时存在逆行性遗忘现象。而且，更重要的是在附体状态下，患者常常会伴有伤人毁物，甚至危及他人生命的行为。

附体状态是一种复杂的心理病理现象，可有记忆、认知及身份障碍等。患者对现实的检验能力受损，幻觉或妄想也不少见，还可见丧失现实感或某种人格解体症状以及自我和周围世界之间界线的分离现象。患者的时间和空间感也可受到损害，如感到时间似乎不确定，或者时间加快或变慢等。情绪障碍多表现为沉重的原始性情绪，如恐惧、暴怒激情发作，对感觉刺激有过多的沉重反应，精神处于极度亢奋状态，特别是附体状态患者在履行某种宗教仪式或迷信仪式活动时，患者和参与者（具有同样迷信观念的人）或信徒们，一般是处于极端感动的销魂状态（ecstatic state）之下，情绪兴奋可以达到白热化的程度。不少患者可出现无能感、无助感，自我控制能力明显丧失或完全丧失，从而完全为神灵附体所主宰。

个案研究

附体障碍中，患者丧失了现实身份，代之以鬼神或精灵之类的新身份。

蔡某，女性，22岁，未婚，农民。本人及家人都很迷信，相信鬼神可以附体，相信鬼神和人可以相互感应。某晚，蔡某外出，突见一流星由天空坠落，当即感到闪电似乎触及了自己头部，感到特别恐惧，从而产生失眠头痛，并自称“神仙附体了”！随即情绪亢奋，有时边舞边唱，活动明显增多。之后数周经常做梦，梦见与姐夫马某发生性行为。马某也非常迷信，也曾有附体状态。蔡某声称他是有千年道行的黄仙（黄鼠狼）附体。某日马某到蔡家拜访，蔡某及其大嫂也都是精灵附体者，于是三人相互比赛，看谁的附体精灵道行高。结果，马某的附体精灵明显占了优势。马某说道行低的要听道行高的摆布，并提出性交要求。蔡某及其大嫂表示顺从，并不避人，姑嫂二人当即与马某在众人面前发生性关系。次日马某又企图再一次与蔡某发生性关系，当时蔡某的兄嫂也在场，蔡兄说马某在耍邪，蔡某及其大嫂表示同意，三人决定一起对马某予以惩处，于是三人一起动手用暴力将马某劈头、剖腹、砍掉手脚、割掉生殖器。

蔡某被拘留时，仍语无伦次，表情欣快，边唱边舞，声称自己是大仙，承认自己曾惩治了邪魔坏蛋，但对行凶细节不能记忆。对自己衣着不整、敞胸露肚毫无羞耻感，对别人的非议不加理睬。三日后，蔡某精神状态完全恢复正常，表示对行凶过程许多事情都记不得，说那时似乎在做梦。

（资料来源：李从培．司法精神病学鉴定的实践与理论．北京：北京医科大学出版社，2000）

第五节　分离性障碍的病因学及其治疗

几乎所有相关理论都假定分离性障碍是人们在面对自己无能为力的局面或事件时采取的一种逃避手段。那么，这个过程是如何发生的呢？又该如何治疗？不同理论有不同的回答。

一、精神分析学派的观点：对焦虑的防御

对分离性障碍的广泛研究始于19世纪晚期。法国人Pierre Janet（1929）是这方面的先驱，他首次使用了“精神分离”这一概念。Janet说，在某些情境下，若干类精神功能会和其他的精神功能相分裂，并在意识知觉外起作用。他把这种现象称为“分离”，并沿用至今。Janet和其他人都认为，分离性障碍是歇斯底里的一部分，其原因看上去似乎属于神经学，实际上却与心理有关。后来，同一时期的弗洛伊德发表了他对分离性障碍起因的看法，关于歇斯底里的理论成为他整个心理学理论体系的基础。

（一）作为防御的分离性障碍

弗洛伊德认为，人类许多基本的欲望都间接地与现实或超我相矛盾，矛盾的结果就是痛苦的焦虑。为了保护心灵免受焦虑之苦，自我抑制了欲望并安置了防御机制。分离性障碍和其他所有的神经症一样，只不过是极度不正确的防御方式。根据精神分析的观点，分离性遗忘症和神游都是由于个人将大量独特性事件加以压抑的结果。在这种障碍中，个人

总是潜意识地阻止对极端痛苦事件的回忆，以避免面对它而产生痛苦。这种反应起源于儿童期，当父母亲对孩子的“本我”冲动的表现（如性冲动现象）反应过度时，有些孩子就会变得过分害怕这些冲动，并开始产生对这种冲动的防御，同时形成严厉的规则来阻止这种“不道德”的欲望。压抑整个情境，可能是保护他们遭受压倒性焦虑的唯一做法。

相反，多重人格障碍可能是由于终身的过度压抑而造成的。精神分析理论家认为，一个人持续不断地使用压抑，是由儿童期严重的创伤性事件引起的，尤其是父母的虐待。根据精神分析心理学家的观点，经验过这种创伤的儿童，可能会对他们生活的危险世界产生恐惧，会通过假装他是另一个生活于遥远、安全的他乡人来逃避他所处的危险环境。受虐待的孩子也许害怕他们自身的冲动，因为他们相信这些冲动是他们遭受过多处罚的原因。他们可能会时刻努力去压抑他们所相信的“坏的”、“危险的”冲动，试图做出“好的”、“适当的”行为。每当有不好的想法或冲动出现时，这些孩子就会认为他们必须排除及否认它们并且在潜意识中把这些不能接受的思想、冲动及情感分派到其他人格中去。

（二）分离性身份的发展

Kluft 和 Putnam 根据心理动力学派的观点，从儿童心理发展的角度来解释 DID 的形成，如图 7－2 所示：

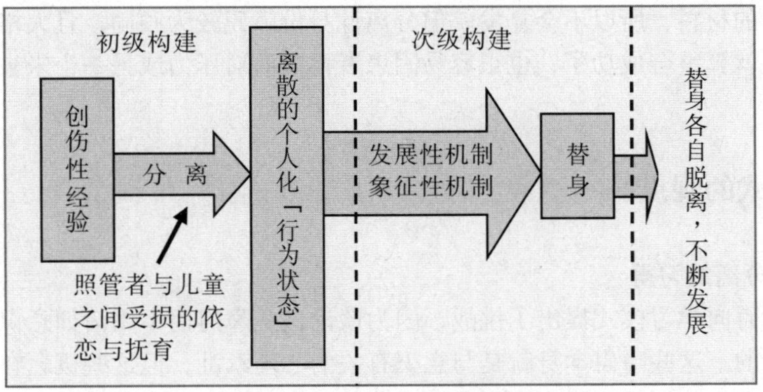

图 7－2 DID 形成的机制：分离性身份的发展

［资料来源：王铭，江光荣．分离性身份识别障碍的心理病理机制和临床评估．中国临床心理学杂志，2007（4）］

他们认为：①在分离的初级构建阶段，创伤性经验（尤其是严重的反复性创伤）给儿童造成了经验上的极端状态，导致儿童使用分离的防御方式，同时儿童身上离散的个人化“行为状态”也得到发展。离散的个人化“行为状态”是儿童使用分离防御方式的结果，它们发展起来之后，就能封存那些无法忍受的创伤性记忆和情感，减轻它们对全部心理发展的不利影响，维系儿童与照管者之间的关系。另外，“照管者与儿童之间受损的依恋与抚育”进一步破坏了儿童整合跨情境经验的能力，加剧了分离。②在分离的次级构建阶段，那些离散的“行为状态”经过发展性与象征性机制长时间的不同作用，便形成了各具特性的替身（即分离性身份），儿童以此就能管理和应对各种生活事件。这一阶段对于 DID 的形成非常关键。③此后，替身随着年龄的增长而各自脱离并不断发展，最终形成DID。

（三）治疗方法

根据精神分析的观点，分离性身份障碍产生于与焦虑障碍相同的机制，因而其治疗方法也与对焦虑障碍的治疗基本相同，如暴露疗法等。对于分离性障碍的患者而言，治疗师的特殊任务在于，让患者知道分裂的材料既不属于他人，也不是与己无关，而恰恰相反，它们是自己的一部分，必须重新整合进入自我。

对被压抑材料的暴露并非易事，毕竟分离性障碍出现的整个目的就是为了永远埋葬它们。对于遗忘症、神游及分离性身份障碍患者来说，传统的暴露法是催眠，即以此唤起被遗忘的材料（巴比妥酸盐也能起到同样的效果）。神游与遗忘症患者在催眠条件下常会暴露出为遗忘所掩盖的事件，而分离性身份障碍患者在催眠中出现了从属人格。的确，有许多分离性身份障碍个案就是通过催眠被发现的。当然，催眠的缺点在于可能会加重患者的分离症状。但由于它可以有效暴露分离性材料，因而大部分治疗师仍然在采用这种方法。在材料被暴露之后，治疗师会尝试通过温和的、支持性的讨论使患者面对并整合自我中被放逐的那些部分。

就疗效而言，采用这种疗法可能需要一个长期的过程。正如我们在前面所指出的那样，神游可以不治而愈，分离性遗忘也一样。因为在这类治疗中，通常的目的是发现与整合那些丧失了的材料，所以不会复发。但分离性身份障碍较为顽固，且人格越多，就越难以整合；而且就算整合成功了，也很容易因患者再次面对压力或另一个未被发现人格的出现而瓦解。

二、学习模式的观点

（一）对分离的习得

分离性障碍向学习模式提出了挑战，因为谈论这些障碍而不用诸如意识、同一性这些概念是不可能的。这些障碍本身就是与意识有关的心理紊乱，但这些概念在行为主义者的词典里是不存在的。于是，行为主义者把分离性障碍看做是习得性应对反应的一种形式，其目的就是为了获得关注或缓解压力。

行为主义的学习模式认为，分离性障碍是通过操作性条件反射而习得的一种反应。有些经历过某种恐怖事件的人，当他们在以后的情境中将注意力转移到其他事物上之后，发现由此而得到了暂时的解脱。这种瞬间的遗忘可能导致了某些人焦虑的减轻，并增加了未来遗忘的可能性。总之，由于他们的这种遗忘与学习行为使他们从焦虑的情境中得以逃脱，因此这种行为得到了强化。在分离性遗忘症、神游和分离性身份障碍中，获得的好处是避开了压力事件。例如，神游让患者得以离开痛苦的情境，而神游后的遗忘则可使他们忘记神游经历的痛苦后果。值得注意的是，这种解释和精神分析的观点有相似之处，即两者都注意到，患者的动机是逃避；而不同之处在于，精神分析学派认为这一过程是在无意识中进行的，而行为主义学习模式则认为这是持续强化的结果。

（二）非强化治疗

在学习模式和社会文化理论中，治疗分离性症状的方法就是停止强化。例如，在分离性身份障碍中，治疗师、家人、朋友都必须对变动人格表示不感兴趣。另外，他们应该要求患者为那些大概是变动人格的行为负责任。Kohlenberg（1973）用这种方法对一个报告有三种变动人格的妇女进行了治疗，发现当没有强化时，变动人格的行为的出现频率降低。治疗师也会帮助患者处理那些将会使他陷入变动人格的情绪。例如，L是一个性格内向的患者，他有一个富于攻击性的变动人格Tont。当L接受了自信训练并学会表达愤怒后，Tont消失了。

三、认知学派的观点：记忆功能障碍

认知学派基本上把分离性症状看做是记忆功能障碍。在每一个个案中，分离的都是全部或部分的个人历史。正如我们看到的那样，患者的技能（程序记忆）和一般性记忆（语义记忆）完整无缺，受到损害的是患者的情节记忆（episodic memory）或个人经历的记录，而且只是部分的损伤。患者依然可以显示出他们对自己过去的内隐记忆的证据。他们丧失了的是对被分离了的材料的外显记忆，即将其提取进入意识水平的能力。

是什么导致了外显情节记忆的选择性损伤？有三种认知理论对此做出了不同回答。

第一种理论认为，这与“情境关联记忆”（state-dependent memory）有关。许多研究表明，人所具有的心境与曾经在某个事件发生时他们所具有的心境相似时更容易回忆起当时的事件。因此，在一个极端的情绪状态下建立起来的记忆可能会被丢失。例如，一般认为分离性遗忘和神游就是一种对严重创伤性事件的反应，因为它们与很可能不再重现的某种心境相联系。这种机制也可能有助于解释分离性身份障碍。同理，产生强烈情绪的情境可能会引发由一种人格向一种不同人格的转换，转换后的人格拥有和当前情绪相一致的心境与记忆。如果一个温顺的患者给激怒了，这可能会使他突然转换成一个充满敌意的变动人格，因为只有这种人格才能处理和表达愤怒。

第二种理论认为，这与控制成分（control elements）有关。有关与自我事实的其他信息被分类，而这些得到分类的信息激活或抑制了对其他信息的提取。Schacter及其同事认为，一个人的名字可能是情节记忆的主要控制成分。如果姓名被遗忘，其全部生活也就被遗忘。例如，Schacter等人（1982）谈到了一个个案，一个因遗忘症而住院的患者几乎丧失了所有的情节记忆。尽管如此，他知道自己的绰号是“伐木工”，也知道自己曾在一个信息服务中心工作过。后来发现，是他在服务中心的同事给他取了这个绰号。这样，他通过工作时的名字记起了工作，但不记得自己的真名及其他生活。

第三种假设涉及自我参照（self - reference）理论。Kihlstrom（1987，1990）最早提出了这一理论，他认为，我们对自传式记忆的恢复方法是把它们和对自我的描述联系在一起。我们不仅记得高中时的舞会，还将它作为发生在我们身上的某些事情来回忆它。另外，其他记忆类型和自我参照之间的联系也不是那么紧密。当我们在计算二加二等于四时，我们不会认为这与我们有关系。Kihlstrom认为，不同种类的记忆之间在自我参照方面的这种区别可能有助于解释分离性遗忘症和神游。在这些状态中，所缺少的东西就是对自我的描述，进而是情节记忆，因为情节记忆依赖于自我参照；而语义记忆及程序记忆并不是以自我参照为基础的，因而它不会受到损害。

四、其他理论解释

（一）依恋理论

根据Bowlby的依恋理论，Liotti认为“依恋混乱”（attachment disorganization）是分离发展的第一步。依恋混乱是指当父母变得危险或具有威胁性时，儿童依恋系统的一致性会受到损害甚至崩溃。Liotti通过回顾以往关于创伤、依恋（尤其是早期依恋）和分离性障碍的研究，运用“成人依恋访谈”来探讨三者的关系，并解释创伤相关障碍的形成，如图7－3所示。

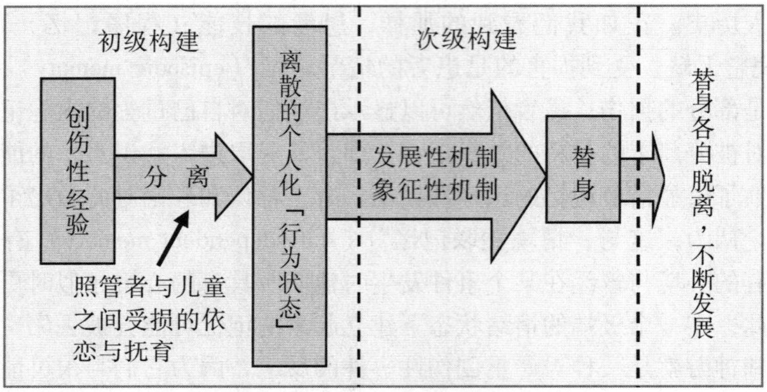

图7－3　DID的形成机制：依恋理论的解释

附属性危机因素主要包括PTSD、分离性障碍和边缘型人格障碍（BPD）。图中，依恋系统反映了“照料—寻求”关系，是个体寻求重要他人保护与抚慰的一种内部倾向系统，通常因生理或心理创伤而激活，贯穿于人的一生。内部工作模型（internal working model，IWM）是一种认知结构，它基于对过去依恋情形中人际互动的概括性记忆，并对儿童将来的依恋需要进行预期。儿童早期的IWM是一种隐性记忆的结构，不需要借助语言或意识来运作；IWM随着年龄的增长逐渐变得显性—受意识操作。“戏剧化三角”是一个隐喻，是指依恋混乱的儿童在创伤性情境中根据戏剧化的三个基本角色（迫害者、救助者和受害者）对依恋情形与自我之间的关系所进行的分析，反映了儿童矛盾情绪的建构。该图表明，创伤作用于儿童的依恋系统，激活了先前存在的一个关于依恋混乱的IWM，导致（隐性记忆中）戏剧化三角的情绪性转换（如将自我从一个受害者角色转换为一个救助者），从而造成了分离性经验和情绪的不规则。随后，在不同的附属性危机因素（如遗传、气质、早期创伤的严重程度等）的作用下，便发展出PTSD、分离性障碍和BPD。此外，Thomas在理论研究和治疗实践的基础上提出了关于儿童受虐长期影响的“人际保护理论”，并引用IWM的概念来解释分离性障碍的形成机制与治疗方法。他认为，童年受虐破坏了儿童的安全依恋，使得儿童在至关紧要时得不到照管者/照料者的保护，从而缺乏培养自我防御策略的行为模板。儿童因此无法形成有效的IWM，于是在应对人际侵犯与内心自责时存在困难。长期下去，便形成了分离性障碍。

（二）“结构性分离”理论

“结构性分离”（structural dissociation）理论是解释 DID 形成机制的另一种理论，它以 Janet 的观点为基础，并试图创造一个统一的理论来解释分离性障碍的形成。该理论认为，观念系统和人格功能不能整合是分离的一个基本事实；“结构性分离”是指与创伤相关的分离不是随机发展的，而是随着人格结构中的“错误线”（fault lines）发展的。Vander Hart 等人和 Steele 等人根据该理论来解释创伤相关障碍（包括分离性障碍）的形成，如图 7－4 所示。

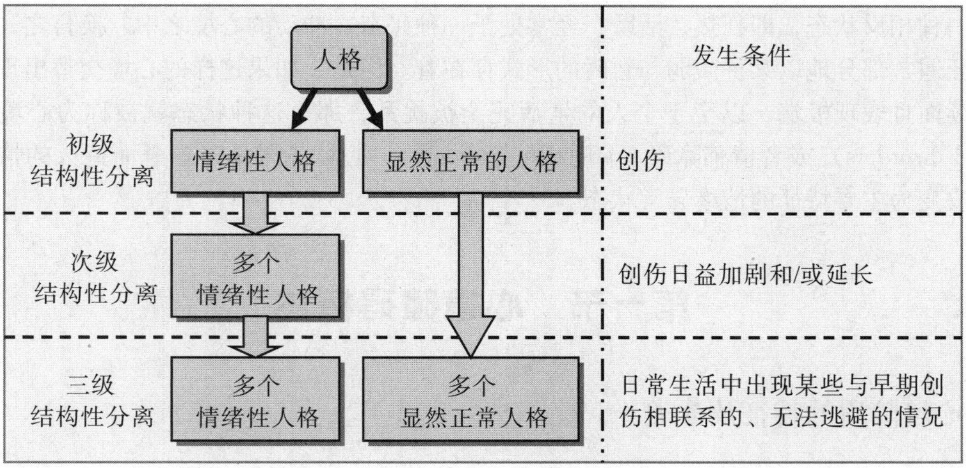

图 7－4　DID 的形成机制：“结构性分离”理论的解释

［资料来源：王铭，江光荣．分离性身份识别障碍的心理病理机制和临床评估．中国临床心理学杂志，2007（4）］

上图表明，“结构性分离”分为三个阶段：①初级结构性分离阶段。人格在经历创伤后被分成两个部分，即“情绪性人格”（EP）和“显然正常的人格”（ANP）。其中，EP 被固定在一个或多个创伤性记忆之中，聚焦于对威胁的觉察；而当个体想逃避一个或多个创伤性记忆，以及表现出不同程度的分裂、感觉麻木、人格解体、部分或完全遗忘等症状的时候，ANP 被固定在尽量过正常的生活上。在这一阶段，形成了简单创伤相关障碍（simple trauma-related disorders），包括 PTSD。②次级结构性分离阶段。随着创伤的日益加剧和/或延长，EP 分解出多个，ANP 保持不变（依然只有一个）。次级结构性分离的发生，可能是基于分离性的防御与恢复性子系统（recuperative subsystem）整合的失败。这一阶段形成的障碍包括复杂性创伤相关障碍。但是，大部分在次级阶段发现的 EP（少部分在初级阶段发现）并没有达到高精确性和自动化的程度。③三级结构性分离阶段。随着日常生活中出现某些与早期创伤相联系的、无法逃避的情况，EP 继续分解，ANP 也开始分解。三级结构性分离的发生，也许是基于只存在一个行为系统（如抚育），DID 即出现在这一阶段。在严重的次级结构性分离个案和所有三级结构性分离的个案中，至少有一种人格部分（EP 或 ANP）达到了很高的精确性和自动化。

第八章　心境障碍与自杀

在人们的生活中，常常有人用“情绪的低落状态”来对应激做出反应，他们变得懒散，感到气馁、沮丧，头脑中经常出现没有价值、自己也不喜欢的念头。另外，也有人会处在一种相反状态，即狂热、活跃，经常处于一种兴奋、冲动的心境之中。换言之，抑郁与躁狂通常部分地以某种微弱与暂时的形式存在着。但是，如果这样的心境交替出现，变得持续而且表现极端，以至于个人的生活完全被扰乱，那么这种状态就被称为心境障碍（mood disorders）或者情感障碍（affective disorders）。心境障碍是以显著而持久的情感或心境改变为主要特征的情绪异常状态。

第一节　心境障碍概述

一、心境障碍的特征及分类

心境障碍一般被描述为躁狂发作（manic episode）或抑郁症（depression）。躁狂发作的患者以其活动过多、说话过多和对自己的成功和幸福的夸大观念为特征。患者格外活跃，做出夸大的计划，相信自己可以完成任何他们想做的事情，言语快速，甚至变得语无伦次。患者表现出极度高昂、欣快或奔放的心情，经常被偶然爆发的激怒甚至暴力所打断，特别是当他人拒绝配合患者的愿望及计划时。此外，在躁狂发作期间，患者会出现行为—心理—身体上的一系列症状，如涉及个人和文化抑制的解除（行为），自尊水平显著高涨（心理），睡眠需求减少（身体）等。

抑郁症患者的基本特征首先表现在认知症状上，如自感无价值、反应迟钝等。这种认知症状又影响到患者的躯体功能，如睡眠模式的改变，胃口和体重的明显变化，动作费力，并伴有过度悲观和不快乐，以及与家人、朋友或同事互动能力的丧失，即在几周内，或者有时在几天内，一个正常活动的人可能会完全陷入绝望之中。

对于心境障碍具体的描述常见于对它的分类中。首先，心境障碍一般按其临床症状的维度分为单相障碍（又称抑郁障碍，或单相抑郁）和双相障碍。但是在这个分类中，又把单相障碍按其严重程度分为适应性障碍、恶劣心境障碍和重性抑郁障碍；把双相障碍分为双相Ⅰ型障碍、双相Ⅱ型障碍和环性心境障碍（见表 8－1）。

表 8－1　抑郁障碍的主要分类

问　题	主要症状	典型表现
抑郁障碍		
适应性障碍伴随忧郁情绪	过去三个月中对一些刺激有抑郁情绪的适应不良	哀伤、悲戚、无望感，丧失亲人的症状不符合此例，一旦刺激终止，六个月内可消除适应不良症状。
恶劣心境障碍	过去的两年中多数时间处于轻度抑郁状态	数小时感觉情绪低落，抑郁；自尊心下降以及精力不足持续数月。
重性抑郁障碍	极度情绪低落至少持续两周	极度沮丧，无价值感，疲惫，空虚，无法感受到快乐；有自杀的念头。
双相障碍		
双相Ⅰ型障碍	极度的躁狂和抑郁	有时几乎不需要睡眠，滔滔不绝地讲话，思维“跳跃”很快，认为自己做的每件事都非常重要；有时候则感觉极度悲伤、无价值感且空虚。
双相Ⅱ型障碍	抑郁，并有一次或一次以上轻度躁狂发作	多数时候感觉沮丧，无价值感，疲惫，空虚；然而有时感觉异常良好，欣快，精力异常充沛，或情绪高昂。
环性心境障碍	至少两年中表现为时而中度抑郁时而中度躁狂	情绪高涨和低落交替出现，持续数月。

研究表明，轻微的心境障碍与较为严重的心境障碍位于同一心境连续谱（mood continuum）上，正常的心情则位于中间地带。即它们的差异似乎主要在程度上，而非性质上，这些躁狂和抑郁的感受通常被视为位于心境连续谱中对立的两端。心境障碍表现形式和特征（无论是抑郁还是躁狂）、其严重性及持续性决定着对它的诊断与治疗。

抑郁症和躁狂症的严重程度、变化方向、偶尔出现的伴随症状因人而异。重性抑郁障碍的主要特点是具有时限性，在未经治疗的情况下会持续两个星期至九个月不等。几乎所有的重性抑郁障碍如果不接受治疗，最终也会自行缓解，虽然约有 10% 的患者持续了两年或更长的时间。躁狂症如果不予治疗，在约六个月后也会自行缓解（Goodwiin，1990）。因此，确定病程非常重要。例如，患者是否趋向于再次发作？若是，那么在两次发作之间患者是否完全恢复了？重性抑郁障碍是否与躁狂症或轻躁狂症交替出现？所有这些不同的形式都在 DSM-Ⅳ心境障碍的病程调节下得到讨论。

二、心境障碍诊断简史

心境障碍早已为人们所了解，而且在许多古代文献中可以找到。《旧约全书》的故事中曾描述过一种抑郁综合征，写的是古荷马史诗中 Ajax 自杀的故事。公元前 4 世纪，希波克拉底也曾详细描述过抑郁症与躁狂症。公元30年，Aulus Coruelius Celsus在他的著作中将“忧郁”（melancholia）描述为由黑胆汁所引起的抑郁。这一名词被后来的许多学者所沿用，包括希腊医生Arateus（120A. D. —180A. D.）、盖伦等。其中，Arateus在公元1世纪就观察到躁狂症与抑郁症行为有时会发生在同一个人身上，而且似乎导源于单一障碍。公元12世纪，犹太医生Moses Maimonides认为，“忧郁症”是一个独立的疾病单元。1683年，Bouet称其是一种“躁狂—忧郁”（manicao-melancholicus）的精神疾病。

1854年，Jule Falret将今天所说的心境障碍命名为“循环精神病”（folie circulaire），并认为此类患者有交替出现的抑郁和躁狂发作经历。同一时期，另一位法国精神病学家Jales Baillarger描述了一种疾病状态，患者呈深度抑郁并陷入一种最终能缓解的木僵状态。1882年，德国精神病学家Karl Kahlbaum使用“环性心境障碍”（cyclothymia）一词来描述有躁狂和抑郁发作期的同一疾病。1899年，克雷佩林根据早期法国和德国学者的理论，使用了“躁狂抑郁性精神病”（manic-depressive psychosis）的概念。1895年，克雷佩林在他的《精神病学》教科书第5版中进一步将该症与后来被称为精神分裂症的早发性痴呆做了区分。1911年，Ziehen首先提出情感性精神病（affective psychosis）一词。

林肯总统曾遭受重性抑郁症不断发作的折磨。

在19世纪早期，巴黎的精神病医院改革者皮奈尔（Philippe Pinel，1801—1867）以罗马国王Tiberius和法国国王路易十一世（Louis Ⅺ）为例，写了一篇引人注目的关于抑郁症的报告。一些深受其苦的知名人士也曾对抑郁症做过生动的描述。亚伯拉罕·林肯（Abraham Lincoln）在提到他反复发作的抑郁症情节时曾说：“如果我所感觉到的东西同样存在于整个人类家庭的话，那么在地球上就不会有任何一个愉快的面孔了。”

三、心境障碍的流行病学研究

关于心境障碍的流行病学的调查表明，在世界范围内，抑郁症患者有3.4亿人，终身患病率为3% ~5%；在美国人口中，每年有5% ~6%的人患病，约1 200万人，大约17.1%的人一生中曾有过一次抑郁的体验。世界卫生组织发表的《2002年世界卫生组织报告》指出，抑郁症目前已经成为世界上第四大疾患，到2020年，抑郁症可能成为仅次于心脏病的第二大疾病，世界卫生组织已将抑郁症、癌症以及艾滋病并列为21世纪的三大疾病，它们都将成为卫生教育预防的重点（王建平、张宁，2009）。此外，根据美国DSM-Ⅳ-TR估计，一个人一生中发展出这种障碍的风险为0.4% ~1.6%。

研究表明，某些人群比其他人群对心境障碍更具有易感性。

那些分居或者离婚的人群呈现出一种重性抑郁症的不对称的高流行率（Blazer，Kessler，McGonagle，et al.，1994）。妇女患病的风险高于男性1.5 ~3倍，一些研究者认为这除了与女性的社会角色及生理和荷尔蒙上的差异有关外，还与一系列其他因素有关

（见相关链接 8－1）。

相关链接 8－1　抑郁症的性别差异

除了某些特定种族外，抑郁症在女性中的发生率约为男性的两倍。例如，性别差异研究不包括犹太籍成人，因为犹太男性的抑郁症发生率高于一般男性（Levav et al.，1997）。但是对大多数文化或种族而言，重性抑郁症明显的性别差异始于青春期早期，一直延续到青春期晚期。以下因素也许有助于解释性别差异存在的原因（Nolen-Hoeksema，2001）：

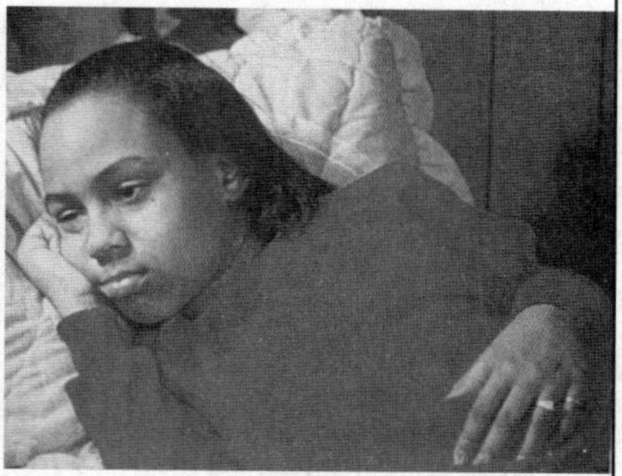

直到青春期，才会出现抑郁症的性别差异。那时，年轻女性会遭遇许多社会角色和身体形象的压力源，因此她们易于陷入负面感觉的思考中。

- 就遭受儿童期性虐待的孩子而言，女孩的发生率为男孩的两倍。
- 在成人期，女性较常暴露在慢性压力源之下，如贫穷，而且更常负担家中孩子与生病家人的主要照料任务。
- 社会对女性角色的期待，可能会强化其对外貌的自我批判。
- 对非典型女性活动的追求，与社会对女性的期许可能互相矛盾。
- 经历儿童期及慢性压力源与女性荷尔蒙的影响，可能会改变生物性压力反应系统（HPA 轴）。
- 女性一般重视人际关系上的赞同及亲密感，可能会因此强化对重大失落的反应。
- 女性的社会角色允许她们做较多的情绪性的适应行为，而这可能延长重大压力后的悲伤心情。
- 女性在其情绪低落时，倾向于对这种低落情绪的沉思，关注抑郁情绪，反复思考为什么会出现这种情况以及这种情况会导致什么。男性则会采取相反的方法，他们会尝试分散自己对低落情绪的关注。研究证据表明，既然对低落情绪的沉思默想会延长抑郁，而分散注意会缓解抑郁，那么女性可能就会有更长、更严重的抑郁。

（资料来源：Susan，Nolen-Hoeksema，1987，1991）

心境障碍及其表现在年龄组上也具有某些差异。人们曾经认为，心境障碍的易感性也会随年龄而变化，中年人和老年人是高危人群。今天看来易感性最高的人群是年轻人，其高峰年龄是 15～19 岁的女性和 25～29 岁的男性（Burke，Burke & Regier，et al.，1990）。就具有抑郁症状的婴幼儿而言，最显著的也是最令人警觉的迹象是缺乏食欲。较大一点的儿童，抑郁症主要会以冷漠和不活泼的形式表现出来，或者它可能以严重的分离焦虑的形式出现。在这种情况下，孩子疯狂地缠着父母，拒绝上学，并且被死亡的恐惧所纠缠（或者对父母死亡的恐惧）。在青少年中，最突出的症状就是闷闷不乐、消极否定、对得不到理解和不被赏识的退缩式的埋怨，或许会表现出反社会行为或药物滥用。对于年龄较大的人而言，缺乏愉快和动机，表现出失望的表情和心理活动的迟滞，或者易激动，都是共同的征象。

心境障碍与社会经济地位有一定的关系，贫困者中重性抑郁症的患病率为一般人的三倍。抑郁症的发生率也具有文化差异。在一项重要的跨文化研究中，在不同国家使用相同诊断标准和结构性会谈进行研究，结果发现，中国台湾地区重性抑郁症的发生率最低（1.5%），黎巴嫩首都贝鲁特最高（19%）（Weissman et al.，1996）。抑郁症状也显示有文化上的差异，可能依据不同文化可接受的情绪表达有所差别。例如，拉丁文化中较常出现对紧张及头痛症状的抱怨，在亚洲文化中较常出现表达虚弱及疲劳。

非西方国家的抑郁症患者，倾向于有较少的认知症状，如自责，但有较多的躯体症状，如疲惫、虚弱及睡眠困扰。

就双相障碍而言，流行病学研究的资料指出，双相I型障碍的患病率比重性抑郁症小得多，约有1%的人符合这种障碍的诊断标准（Weissman et al.，1996）。虽然很难完全确定，但学者们预估，约有4%的人曾罹患双相I型或双相II型障碍（Kessler et al.，2005），而且另外约有4%的人罹患循环性障碍（Regeer et al.，2004）。双相障碍的平均初发年龄约20岁，但这种状况在儿童和青少年身上愈来愈常见（Kessler et al.，2005），男女两性在发病率上相当，但女性出现抑郁发作的情形多于男性（Leibenluft，1996）。

1982年，在国内十二个地区开展的精神疾病的流行病学调查中，心境障碍终身患病率为0.076%；抑郁性神经症的患病率为0.311%，而且农村（0.412%）高于城市（0.209%）。1992年，又对上述部分地区（全国七个地区）进行了复查，发现心境障碍的终身患病率为0.083%。Chen（1999）在对中国老年抑郁症患者的23项横切面的流行病学调查资料的综合分析中显示，抑郁症的患病率为3.86%，农村的抑郁症发病危险率为5.07%，高于城市的2.61%。

第二节 抑郁与躁狂发作的特点

如上所述，心境障碍一般被描述为躁狂症（maniac）或抑郁症（depression）。躁狂症患者以其活动过多、说话过多和对自己的成功和幸福的夸大观念为特征；抑郁症患者则表现为自感无价值、反应迟钝、动作费力、过度悲观和不快乐。心境障碍表现形式的特征（无论是抑郁还是躁狂）、其严重性以及持续性决定着对它的诊断与治疗。

一、抑郁发作的临床表现

在一些个案中，某种心理创伤可能会使一个人整晚陷入一种重性抑郁状态，但抑郁症起病大多缓慢，大约需要几个星期或者几个月。病情往往会典型地持续几个月才结束，当再次发病时，仍然以缓慢、逐渐的形式进行。

进入抑郁状态的人会在其机能的许多方面经受极大的变化。这种变化不仅是心情上的，而且在动机、思维，乃至躯体及运动机能方面也发生了变化。以下是根据 DSM-Ⅳ对重性抑郁症的特征所作的描述。

（一）抑郁的心境

几乎所有患有严重抑郁的成人都报告说存在某种程度的不愉快，可从轻微的忧郁变为完全的悲观、绝望。轻度或中度的抑郁症患者可能会有频繁的哭泣；较严重的抑郁症患者经常说他们感到欲哭不能；而深度抑郁症患者一般会认为自己的状况无法改变，他们无法挽救自己，也没有人能帮助他们。这种思考方式被描述为无助—无望感综合征的特征。

在抑郁心境的背景上可出现焦虑、激越等症状（约 60%）。患者表情紧张、局促不安、惶惶不可终日，或不停地来回踱步、挟手指、揪头发、拧衣被。多见于年长女患者，有的患者则表现出明显的易激惹性。

表 8－2　DSM-Ⅳ-TR 关于抑郁症的诊断标准

1. 几乎每天多数时间表现为悲伤、心境低落、对通常的活动丧失兴趣与乐趣，达两周，并且符合下列症状中至少四种症状：
   （1）睡眠困难（失眠症）；
   （2）活动水平发生变化，嗜睡（心理运动迟钝）或激越；
   （3）缺乏食欲，体重下降，或食欲增强，体重增加；
   （4）缺失活力，疲劳；
   （5）消极的自我概念，自我责备，无价值感，过度的罪恶感；
   （6）思考能力或专注能力减退，或缺乏判断能力；
   （7）反复想到死亡或自杀。
2. 该症状造成临床上明显的痛苦，或损害重要生活领域的功能。

（二）对寻常的活动丧失乐趣或缺乏兴趣

除了抑郁的心情，重性抑郁症最为常见的特点是丧失乐趣，并因此而对自己已经习惯了的活动缺乏兴趣，也越来越不愿意参加正常的活动。这种乐趣的丧失，被视为快感缺乏（anhedonia），而且一般具有广泛性。无论一个人曾经喜欢做什么，如曾经喜欢做家务、玩“纸牌”游戏、去旅行等，现在这些似乎都不再值得去做。当处于抑郁状态时，食物不再美味，性爱不再美妙，与朋友也没有什么趣事可谈。严重的抑郁症患者可能会体验到一种完全的“意志麻痹”（paralysis of the will），甚至早晨无法从床上起来。他们闭门独居、疏远亲友、回避社交。患者常用“没有感情”、“体验不出感情”、“麻木了”来描述自己的状况。

（三）食欲与睡眠障碍

抑郁症患者总是伴有机体的某些变化，如口干、便秘、消化不良、胃肠功能减弱等。大部分患者都会缺乏食欲，终日不思茶饭，无饥饿感，勉强进餐也是食之乏味，而且体重下降。

失眠是抑郁症的一个共同特征。主要表现为患病中、后期失眠，也可见入睡困难，少数睡眠增多。典型的睡眠障碍为早醒后难以再次入眠，比平时早2~3个小时，醒后即陷入今天如何度过，往后怎么办的痛苦绝望之中。这种情况属于严重的抑郁表现，多见于内源性抑郁，年长者较青年人多见。但抑郁症患者也可能是开头无法入睡或者是整晚醒来多次。无论怎样，正如饮食一样，睡眠障碍也可能表现为超量的睡眠而非睡眠不足，因此，某些患者一天的睡眠时间可达15小时或者更多。

（四）心理动作迟钝和思维困难

抑郁能通过人的行为举止或身体的运动被立即辨认出来。迟滞性的抑郁（retarde depression）是一个最普通的模式。患者似乎被大量的疲劳所压倒，整个精神活动呈现显著、持久、普遍的抑制。弯曲着身子，运动缓慢慎重；注意力分散，记忆力减退，思维迟钝，思路闭塞，联想困难；寡言少语，说话缓慢不完整，在回答问题之前停顿很久，而且他们通常都会报告说有思考、注意力和记忆力的困难。心智任务越难，需要的注意力资源越多，他们就会有越多的困难。在严重个案中，抑郁症患者不语、不动、不食，甚至会陷入木僵状态。对于某些患者，其症状可能会呈现出相反的形式，即激越性抑郁症，表现为不停地活动和无休止地拧手、踱步与悲叹。

个案研究

患者曹某，女，29岁，大学文化，已婚。性格开朗，与同事相处关系好，平时工作勤快，常常受到表扬。两个月前因为工作的差错被领导批评后，晚上睡不好觉，感到茶饭不香，人生无味，全身疲乏，精力明显减退，有时头痛、头晕，经常服“止痛片”、“谷维素”、“地西泮”等，未见明显效果。一个月前病情加重，自觉成了废人，活着没意思，有时烦躁不安，有时诉自己已经患上了“癌症”，悲观厌世，多次企图自杀，均被阻止。病后患者消瘦，体重减轻近4kg，经常入睡困难、早醒，并否认有精神病。既往无类似疾病，也无话多、兴奋、言语夸大的表现。体检未见明显异常。精神检查：意识清醒，被动交谈，检查基本合作，食欲差，进食少，情感低落，思想悲观，感到大脑迟钝、能力下降，心烦不安，焦虑，有自杀企图与行为。

（资料来源：杨世昌等. 精神疾病案例诊疗思路. 北京：人民卫生出版社，2008）

（五）丧失活力

抑郁症患者的动机通常伴随活力水平的急剧降低而减退。开始他们主观上感到精力不足，疲乏无力，日常活动虽在继续进行，但机械、被动。以后越来越无精打采，精疲力竭，连洗盥、衣着之类的小事都感到费劲，比平时要付出更大的精力。丧失积极性和主动性，如职员工作拖拉、积压；主妇懒于家务，只做些简单饭菜应付了事，或放弃不做。患者虽然知道应该做什么，但感到无能为力和力不从心。即使不做任何事情，他们也会整天感到筋疲力尽，并常用“瘫痪”、“神经衰弱”、“精神崩溃”、“泄了气的皮球”来形容自己。

相关链接 8－2　焦虑加抑郁——两种心理障碍的重叠

在传统上，诊断者把焦虑和抑郁看做两个不同的问题。但是，目前越来越多的临床工作者相信，两者反映着一种独特的潜在问题，或至少是两种互相紧密联系的情绪反应。

很多迹象显示，焦虑和抑郁经常结合在一起：①有任何一种焦虑障碍的人都比其他人有更高的患抑郁症的比率（Bakish，1999；APA，1994）。同样，在所有的重性抑郁症患者中，约有半数的人同时也患有焦虑症（Fava et al.，2000；Regier et al.，1998）。②治疗其中一种疾病，同时对另一种疾病也有所帮助。例如，1999 年，抗抑郁剂 venlafaxin（商品名为 Effexor）获得认可，被用于广泛性焦虑障碍的治疗中。③有时焦虑障碍和抑郁症有相同的特征，如抑郁、沮丧和社会退缩。即使症状有明显的区别（如恐惧相对于丧失快乐），它们往往也会混合在一起，使临床工作者无法确定该患者主要遭受的是焦虑障碍之痛苦，抑或是心境障碍之痛苦。

我们如何解释在焦虑障碍与抑郁症之间的这种重叠呢？也许它们有共同的基础。例如，在两种障碍中，任何一种都与诸如被称为压力荷尔蒙的皮质醇（cortisol）的高分泌以及神经递质血清素的低活性等生物学的变量有关联。或许强烈的焦虑导致了抑郁，即焦虑对某些人是如此令人产生无助感和苦恼，以至于他们变成了疲乏不堪和抑郁（Parker et al.，1999）。患有严重焦虑障碍和抑郁症的成人，平均在 16 岁时发展出焦虑症状，在 23 岁时发展出抑郁症状（Regier et al.，1998）。

焦虑障碍与抑郁症之间的关系已被区分，目前有两个问题已得到确认：①患者同时经验到焦虑与抑郁，比单独的经验其中一种要更为复杂和更为无助（Lydiard & Brawman-Mintzer，1998）。例如，心境障碍患者伴有焦虑障碍，其抑郁症状持续更久（Gaynes et al.，1999）。②对诊断者而言，区分焦虑障碍和抑郁症要比想象的困难得多。

（资料来源：Ronald J. Comer，*Abnormal Psychology*，4th ed.，2001）

（六）无价值感与罪恶感

抑郁症患者感到沮丧，不仅是因为生活，而且是因为他们自己。典型的表现是，他们会把自己最珍视的品质，如聪明、美丽、声望、健康等都看做是自己的缺点。他们经常抱怨所丧失的东西，无论是爱、物品、金钱，还是声望，这也许正好反映了他们个人理性的不足。这些无价值感常常由一种深深的内疚感所伴随。抑郁症患者似乎在环境中为他们抱怨的问题寻找着证据。如果孩子的家庭作业有问题或者汽车爆了胎，他们会认为这是自己的过错。患者总是以批判的眼光、消极否定的态度看待自己的现在、过去和未来。过低的自我评价，对自己的一生表示无助、无望。随着症状的加重，自责、内疚的观念逐渐具有妄想性质。常见的有罪恶妄想，认为自己罪孽深重，将被遗弃或受到惩罚。

（七）周期性死亡或自杀的观念

许多抑郁症患者都有周期性的死亡与自杀念头，因此，行为抑郁的自杀率比一般人群约高 20 倍。据估计，抑郁自杀构成所有自杀的 1/2～2/3，是抑郁症最危险的症状。自杀观念通常逐渐产生，轻者仅感到生活是负担，不值得留恋，逐渐萌发长眠不醒或突然死去的念头。随着症状加重，自杀念头日趋强烈，千方百计试图了结此生，以死求得解脱。

二、躁狂发作

典型的躁狂症症状出现得相当突然，大约几天的过程，并且通常比抑郁症的病程时间要短。躁狂症的病程可能持续数天到数月，而且最后通常与开始的时候一样，会突然结束。DSM-Ⅳ-TR 对躁狂症症状的突出特征做了如下描述：

（一）高涨或易激惹的情绪

患者主观体验特别愉快，自我感觉良好，整天兴高采烈，得意洋洋，笑逐颜开，洋溢着欢乐的风趣和神态，甚至感到天空格外晴朗，周围事物的色彩格外绚丽，自己亦感到无比快乐和幸福。情绪的改变是本质，是躁狂症的诊断特征。躁狂者会感到好奇，感到世界是一个美好的地方，而且对于他们要做或者想做的事情会有无限热情。有的患者尽管心境高涨，但情绪不稳，变幻莫测，时而欢乐愉悦，时而激动暴怒。伴着高度的精神欣快，躁狂者会觉得其他人是缓慢的、呆笨的扫兴者，而且会变得极具敌意，特别是当其他人尝试干预他们的行为的时候。部分患者临床上并不表现为心境高涨，而是以愤怒易激惹、敌意为特征，可因细小事情而暴跳如雷、怒不可遏，甚至出现破坏及攻击行为，但常常很快转怒为喜或赔礼道歉。

（二）思维奔逸与意念飘忽

躁狂症患者通常表现出联想过程明显加速，自觉思维内容丰富多变，头脑中的概念接踵而至，思潮犹如大海中的汹涌波涛。患者有时会感到自己的舌头在和思想赛跑，言语跟不上思维的速度，常表现为言语增多、十分健谈、滔滔不绝、口若悬河；他们的讲话通常是充满双关语、无关的细节以及他们自认为是有趣的笑话，但讲话的内容较肤浅、凌乱不切实际，常常给人以信口开河之感。

患者容易分心，当正在做或者讨论一件事情时，他们会注意到周围环境中的其他东西，并且迅速地把他们的注意力转移到那里。其思维活动常受到周围环境变化的影响，致使话题突然改变，讲话的内容也会突然从一个主题转到下一个主题，即表现为意念飘忽（flight of ideas）。

（三）活动过度与妄自尊大

患者表现出精力旺盛，兴趣广泛，动作快速敏捷，活动明显增多，整天忙忙碌碌，但做任何事常常是虎头蛇尾，有始无终，一事无成。患者爱管闲事，对自己的行为缺乏正确的判断，常常随心所欲，不考虑后果，如任意挥霍钱财，购买高档消费品，有时十分慷慨，将高级烟酒赠送给同事或路人，挥金如土。

躁狂症的另一症状是睡眠少。有些患者每晚可能只需两三个小时的睡眠时间，而且比其他人具有双倍的能量，自觉有使不完的劲。躁狂者往往会把自己看做是极具魅力的、重要的、强大的人，在事实上没有什么才干的领域中都觉得自己具有成功的能力。他们可能开始创作交响曲，设计核武器，或者写信给各级政府领导，向他们提供如何治理国家的建议。

（四）不顾后果的行为

躁狂者的精神欢欣和膨胀的自我形象通常会使他们陷入冲动和不顾后果的行为之中，如社交活动增多，随便请客，经常去娱乐场所，行为轻浮，好接近异性、有轻率的性行为，随意驾驶，在生意和投资上漫不经心，等等。但是，他们在考虑他人的需要方面又表现出典型的不同，如认为在公共场所大呼小叫、三更半夜打电话给朋友或者把家人的存款花掉是没有什么大不了的。病情严重时，自我控制能力下降，举止粗鲁，甚至有毁物行为。

除此之外，患者还有一些躯体上的症状。由于自我感觉良好，精力充沛，因此很少有躯体不适体诉，常表现为面色红润，两眼有神，体格检查可发现瞳孔轻度扩大，心率加快，且有交感神经亢进的症状如便秘。因患者极度兴奋，体力过度消耗，容易引起失水、体重减轻等。患者食欲增加，性欲亢进，睡眠需要减少。

个案研究

贾女士，41岁，已婚，是某单位打字员。自2001年元旦开始逐渐出现整天兴高采烈、好吹嘘的现象。自诩“我很聪明，最近脑子特好使”。在说话时表情愉快，洋洋自得。在单位好张罗事儿，未经别人求助就主动到其他科室帮别人打字。但是工作不能专心，错误百出又没有耐性，干了半截又到别处帮忙。有时在打印合同时甚至将金额打错。领导批评她时，她不仅满不在乎，反而对领导说：“没关系。”在家也闲不住，找活干。自起病后，她出门前必须化浓妆，特别爱穿颜色鲜艳的衣服，也不听丈夫的劝阻。比以前更爱花钱，乱买东西。有时一次就买一大堆菜回来，可买回来以后根本就不用。进食尚好，但睡眠比平时明显减少，每天只睡1～2小时，但是精力充沛。

近两周来病情加重且脾气急躁，家里人都必须听她的。稍有不如意就向家人发脾气。某日下班后在自家楼下的菜市场又唱又跳，摊主阻止她，她就躺在地上又哭又闹。家人发现后送她到医院门诊就诊，门诊以“躁狂状态”收她入院。

（资料来源：翁永振．精神障碍典型病例分析．北京：科学技术文献出版社，2003）

三、轻躁狂发作与混合发作

较短暂和临床表现较轻的躁狂症患者称为“轻躁狂发作”（hypomanic episode）。患者可存在持续至少数天的心境高涨、精力充沛、活动增多，自我感觉良好，注意力不集中、不持久，轻度挥霍，社交活动增多，性欲增强，睡眠需要减少。有时表现为易激惹，自负自傲，行为较莽撞，但不伴有幻觉、妄想等精神病性症状。对患者社会功能有轻度的影响。部分患者有时达不到影响社会功能的程度，一般人常不易觉察。

有时患者的症状会同时符合躁狂症症状和重性抑郁症症状诊断标准，即躁狂症症状和抑郁症症状在一次发作中同时出现，这种混合性的模式被称为“混合性发作”（mixed episode）。例如，他们会呈现出躁狂症的夸张和活动过度，甚至会哭泣和威胁着要自杀。通常是在躁狂与抑郁快速转相时发生，例如，一个躁狂发作患者突然转为抑郁，几小时后，再复躁狂，使人得到“混合”的印象。患者既有躁狂，又有抑郁的表现。例如，一个活动明显增多、讲话滔滔不绝的患者，同时有严重的消极抑郁的想法；有抑郁心境的患者可能有言语和动作的增多等。但状态一般持续时间较短，多数较快转为躁狂或抑郁症状。混合发作时临床上躁狂症症状和抑郁症症状均不典型，容易误诊为分裂型情感障碍或精神分裂症。

表 8－3　DSM-Ⅳ-TR 关于躁狂症及轻躁狂症的诊断标准

1. 高涨、易激惹的心境至少持续一周，并且符合下列症状中的至少三种：
   （1）工作、社交及性生活的活动能力增强；
   （2）异常健谈，语速加快；
   （3）意念飘忽或思维奔逸；
   （4）睡眠减少；
   （5）妄自尊大，坚信自己有特殊才能、能量及能力；
   （6）易分心，注意力容易转移；
   （7）过度陷入可能不合社会需要的放纵、享乐活动，如乱花钱。
2. 躁狂症：
   （1）症状持续一周以上，且不符合混合发作；
   （2）症状导致明显痛苦或造成职业功能或平常社交活动的显著损害。
3. 轻躁狂：
   （1）症状持续一周以上；
   （2）发作未严重到引起明显的社交或职业功能损害，或不需要住院治疗，而且无精神病性特征。

第三节　心境障碍综合征

一、重性抑郁障碍

仅有抑郁发作而没有躁狂和轻躁狂介入阶段的心境障碍常被称为重性抑郁障碍（major depressive disorder），或称单相抑郁。DSM-Ⅳ-TR 对重性抑郁障碍的诊断要求至少有两周的抑郁心境或对兴趣与乐趣的丧失。此外，诊断还需要另外四个症状的存在：睡眠或食欲障碍、无精打采、无价值感、自杀的念头以及难以集中注意力。这种障碍是存在于目前各国的最大的心理健康问题。DSM-Ⅳ-TR 在重性抑郁障碍方面区分出了几种在诊断上需要注明的特性（见表 8－4），它们分别是伴有忧郁症型特质的重性抑郁发作、伴有精神病型特质的严重的重性抑郁发作、伴有非典型特质的重性抑郁发作，以及伴有季节型模式的重性抑郁发作。

重性抑郁障碍容易复发。约 2/3 曾患重性抑郁症的人，在其一生中至少会经历一次抑郁期（Solomon et al.，2000）；平均数值是经历四次抑郁期（Judd，1997）。当患者每经历一段抑郁时期，抑郁复发的风险就会增加 16%（Solomon et al.，2000）。DSM-Ⅳ-TR 对单次（single）发作与反复发作（recurrent episode）的抑郁症患者做出了区分。如果患者经历过两次或者两次以上的重性抑郁发作，而且两次发作至少间隔两个月，在这两个月内患者未出现抑郁症症状，就可以诊断为重性抑郁障碍反复发作。对于这种类型的其他方面，其诊断标准和单次发作的重性抑郁障碍都是一样的。重性抑郁障碍发作是单次还是反复，对于这种心境障碍的预后判断以及治疗方法的选择非常重要。反复发作的患者通常都有抑郁症的家族史，这一点与单次发作类型的患者是不一样的。那些单次发作类型的患者中，

有多达85%的人会经历再一次的发作，从而符合重性抑郁障碍反复发作的诊断标准。

表8-4　重性抑郁发作的特性说明

特性说明	特有的症状
伴随忧郁症型特质	具有下列症状中的三项：清晨过早醒来、忧郁的心情有规律地在早晨恶化、显著的心理运动性激动或迟缓、食欲不振或体重下降、过度的罪疚感、性质上不同的忧郁心情。
伴随精神病型特质	妄想或幻觉（通常与心情相一致）；经常有罪疚感及无价值感。
伴随非典型特质	心情反应性——当面对真正或可能的正面事件时，心情随之开朗；具有下列症状中的两项：体重明显上升或食欲增加、过度睡眠、铅样麻痹（leaden paralysis）、持久的对人际拒绝极度敏感。
伴随季节型模式	在过去两年中，至少有两次或两次以上的重性抑郁是发生在每年的同一时段（通常是秋季或冬季），而且在另外同一时段（通常是春季）发生完全的缓解。在同一两年期间没有其他非季节性的重性抑郁发作。

最后要指出的是，DSM-Ⅲ-R和DSM-Ⅳ分别从与抑郁症有关的诊断标准中列出重性抑郁发作的标准，也为这种重性抑郁发作列出了严重度编号。从DSM-Ⅲ-R到DSM-Ⅳ中的一个明显的改变是，障碍的称谓已从重性抑郁症改为重性抑郁障碍。DSM-Ⅳ的另一变化是，加上了由这些障碍所引致的社会或职业功能的损害的诊断内容。DSM-Ⅲ-R不包括这样的诊断标准，据认为，仅症状的存在就足以保证这种损害的存在。研究显示，事实并不一定如此，故此类标准已被DSM-Ⅳ正式纳入。

根据DSM-Ⅳ-TR，抑郁障碍还包括一些从轻度到中度的特殊类型：

（1）伴随抑郁情绪的适应障碍。适应性障碍是个体在三个月内出现的由可识别的、可能促成的社会心理刺激造成的，主要表现为哀伤、悲戚、无望感等。例如，对已故亲人的哀悼是个人在所爱的人死亡后所经历的心理过程——这个过程似乎对男性而言是一个比女性更为艰难的适应过程（Bonanno & Kaltman，1999）。诊断为适应障碍伴随抑郁情绪的理由是，个体正在经历受损的社会或职业功能，或刺激没有严重到成为抑郁症状。同时诊断假定：个体在刺激消失或达到一个新的适应水平时这些症状会消失。如果在刺激消失后六个月内症状没有缓解，个体就必须进行其他可能的心境障碍的诊断（Buthcer，2005）。

（2）产后抑郁症。即使新生儿的诞生通常是一件令人愉快的事，但有些母亲（偶尔是父亲）有时在婴儿出生后却会出现产后抑郁症（postpartum depression）。直到最近，一般人都会相信，产后重性抑郁症是相对普遍的临床现象，但较新近的研究证据指出，只有“产后情绪低落”（postpartum blues）才称得上是相当普遍的现象。产后情绪低落的症状典型地包括情绪不稳定、容易哭泣及易怒，通常还交织着不少快乐的感受（Miller，2002；O'Hara et al.，1991）。这类症状发生在高达50%～70%的妇女身上，在她们的子女诞生后的十天之内，通常将会自行缓和下来（APA，DSM-Ⅳ-TR，2000；Miller，2002）。

有研究指出，激素的重新调整可能在产后情绪低落及抑郁的产生上起一定作用，虽然针对这个议题的证据尚不一致（Miller，2002；O'Hara et al.，1991）。很明显，心理成分也有一定的作用。假使初为人母者缺乏社会支持，或者难以适应她的新身份和责任，产后情绪低落或抑郁将特别有可能发生。此外，假使妇女有抑郁症的个人史或家族史，则将导致对新生儿出生的压力有增高的敏感性，也将较可能发展出产后情绪低落或抑郁（Collins et al.，2004）。

(3) 季节性抑郁障碍。通常发生在冬季，DSM-Ⅳ-TR 对于周期性重性抑郁障碍的季节性图式的诊断标准为，个体在过去两年里必须有至少两项抑郁症症状，且在一年中同一个时间发生抑郁症（通常是秋季或冬季），也在一年的同一个时间缓解（通常是春季）。此外，个体在这两年中没有其他的、非季节性的抑郁症状，个体终身的症状大多数必须有季节性的变化。冬季的情感障碍在高纬度（北方的气候）和年轻人中的发生率更高。季节性情感障碍与冬天人体内释放出更多的褪黑激素有关，这是一种由脑部的松果体分泌出的激素，作用是调节人体对光线变化的反应。

阴冷、昏暗的冬季可能会使人产生心境障碍，特别是烦躁不安。

二、双相障碍

（一）什么是双相障碍

双相障碍（bipolar disorder）正如其名称那样，躁狂与抑郁两个方面均有所涉及，即一般是指既有躁狂或轻躁狂发作，也有抑郁发作的一类心理障碍。DSM-Ⅳ现已正式规定了双相障碍的诊断标准，这种障碍的特征是，抑郁发作和轻躁狂发作障碍同时存在，但躁狂发作症状不需要符合典型躁狂综合征的诊断标准。此外，DSM-Ⅳ特别申明，明显由抗抑郁治疗（如药物治疗、电休克治疗等）所诱发的躁狂症症状不属于指定的双相障碍。

在通常的病例中，双相障碍首先以躁狂发作的形式出现在青春期后期。紧跟最初的躁狂发作之后，可能会是一个正常期，而后出现抑郁发作，之后又是一个正常期，即有正常情感的间歇期，持续数小时、数月或数年；或者抑郁和躁狂交替出现，两组症状之间没有"正常期"间歇；一些患者躁狂抑郁交替出现，另一些患者数次抑郁发作而后数次躁狂发作，似乎没有规律。此外，在一种被称为快速转换型的相对罕见的病例中，情绪转换太频繁，难以确定何时一种情绪终止，何时另一种情绪开始。这种患者可同时具有抑郁和躁狂的症状，被称为混合型躁郁症。DSM-Ⅲ-R 将双相障碍混合型规定为具有抑郁和躁狂状态快速转换，或以抑郁和躁狂症状同时并存为特征，而 DSM-Ⅳ则将快速转换状态再分类为另一种特定的疾病过程。即将混合状态的分类，从完全符合重性抑郁发作和躁狂发作标准的双相障碍患者中分离了出来。

（二）双相障碍与重性抑郁症的区分

躁狂发作的增加不是区分双相障碍与重性抑郁症的唯一特征。两者在很多重要的方面有区别（F. K. Goodwin & Jamison，1990）。①双相障碍没有单相抑郁症那么常见。根据美国的调查，它在成人中的患病率大约为0.8%～1.6%（Kessler et al.，1994）。②两种障碍都显示出了人口统计上的不同特点。与重性抑郁症不一样，双相障碍在两种性别中的发生率大致相等（Goodwin & Jamison，1990），而在较高社会经济阶层的人群中则有更高的流行率。③已婚或者具有亲密关系的人较少有重性抑郁症的倾向，而就双相障碍而言并没有什么明显的优势。④重性抑郁症患者倾向于有低自尊记录以及强迫性思维，而双相障碍患者则有多动性（hyperactivity）记录（Winokur et al.，1993）。⑤与重性抑郁症相比，双相障碍中的抑郁发作包括弥漫性的衰退（pervasive slowing down），如心理运动的迟钝、过度睡眠等。⑥两种障碍在进程上有某些不同。一般来说，双相障碍的发作比重性抑郁症的发作更简短、更频繁。⑦与重性抑郁症相比，双相障碍具有更为明显的遗传倾向。父母中一方患双相障碍，其任一子女患心境障碍的几率是25%；若父母双方均患有双相障碍，则其任一子女患心境障碍的几率可达50%～75%。

（三）双相障碍的诊断

当个人表现出异常高涨或易怒的情绪，并且至少持续一周并同时有三种躁狂症状时（见表8-5），就可以被视为躁狂发作。这种发作可能包含精神病性的特征，如妄想和幻觉。当躁狂症症状相对不太严重时（导致轻微的损伤），可视为轻躁狂发作（APA，2000）。

双相障碍的临床特点是病程中既有抑郁发作，又有躁狂发作或轻躁狂发作。躁狂发作往往为急性或亚急性起病，其典型症状表现为三高，即情感高涨、思维奔逸以及活动性增高。部分病例表现为易激惹，病情严重者可发生攻击或暴力行为。

表8-5 DSM-Ⅳ-TR关于双相障碍的诊断标准

1. 躁狂发作
   （1）在一段时期内，异常且持续地具有高昂、膨胀的或易怒的心情，持续至少一周。
   （2）下列症状中至少有三项持续存在：①膨胀的自尊心或自大狂；②睡眠需求减少；③比平时多话或不能克制地说个不停；④意念飘忽或主观经验到思维奔逸；⑤易于分心；⑥活动增多或精神运动性激动；⑦过分参与极可能带来痛苦后果的娱乐活动。
   （3）这些症状造成临床上明显的痛苦，或导致社交、职业和其他重要方面的功能损害。
2. 双相Ⅰ型
   （1）出现一次躁狂、轻躁狂，或重性抑郁发作。
   （2）如果最近有轻躁狂或重性抑郁发作，就有躁狂发作的病史。
   （3）造成重大的痛苦或功能的损害。
3. 双相Ⅱ型
   （1）出现一次轻躁狂或重性抑郁发作。
   （2）若最近有重性抑郁发作，就有轻躁狂发作的病史；若最近有轻躁狂发作，就有重性抑郁发作的病史，没有躁狂发作的病史。
   （3）这些症状造成临床上明显的痛苦，或导致社交、职业和其他重要方面的功能损害。

尽管如此，在临床实践中，我们可能会看到有些患者有躁狂或者混合发作的症状，或者有一系列这种症状的发作，但没有随之而来的抑郁发作。这些病例，尽管他们仅涉及双相中“一极”，然而却被归入双相障碍一类，因为除去缺少抑郁发作之外，他们与典型的双相障碍十分相似。另外，有些患者既有抑郁发作，又有躁狂发作，但后者表现为轻躁狂发作（hypomanic），而非完全的躁狂。在对这两种类型心境障碍的认识方面，需要集合各研究群体去检验它们是否为不同的障碍。DSM-Ⅳ目前将双相障碍划分为两种类型，即双相 Ⅰ 型障碍与双相 Ⅱ 型障碍。

在双相Ⅰ型障碍中，典型的发作表现为起病突然，迅速表现出如表 8－6 所列出的各个阶段的症状。有 50% 的病例，在躁狂发作前后紧接着有抑郁发作。单纯的躁狂很少见。躁狂发作的特征是异常并持续地情绪高涨、自夸，或易激惹的情绪。情绪的高涨可以描述成欣快、振奋，并伴有盲目的热情和乐观，在别人看来是富有感染力的。患者的情感可能主要表现为高涨，也很快变得易激惹，特别是当他们的要求得不到满足时。

表 8－6　躁狂不同阶段的表现

表　现	阶段 1	阶段 2	阶段 3
情感	情感不稳定，主要表现为欣快，要求得不到满足时易激惹	烦躁不安和抑郁情绪加重；表现出敌意和愤怒	非常烦躁，惊恐发作，无望
认知	自大、夸张、过分自信、思维连贯但偶有破裂；性欲和宗教观强烈；有种族主义倾向	思维奔逸，认知紊乱，妄想	思维不连贯，联系松散，怪异和有特殊妄想
行为	精神运动性活动增多，语速加快，花钱大方，吸烟量加大，打电话次数增多	精神运动性活动增多，语速加快，偶有攻击行为	狂乱，常有怪异的精神运动性行为

在双相Ⅱ型障碍中，以反复发作的重性抑郁和轻躁狂为特征。轻躁狂症状与躁狂症症状相似，只是在症状的严重程度和社会功能损害水平上未达到躁狂的程度（如患者的职业能力很少受累）。轻躁狂虽然也表现出情感高涨和过分自信、思维奔逸，或具有明显的精神运动性激越，但通常没有精神病性症状。轻躁狂的患者也因此不承认自己有病，并尽量将自己的症状描述得很轻和拒绝接受治疗。

个案研究

患者，女性，28 岁。十年来间歇性兴奋、话多，好管闲事；近半年高兴、话多与沮丧自杀行为多次交替出现。患者于 1989 年因学习紧张曾一度出现精神失常的表现，兴奋、话多、爱发脾气，好管闲事，睡眠少，每天在家人的说服下在 12 点以后才勉强上床，早晨3～4点就起床。经诊治，一个月后恢复如常。1992 年底因工作不顺心再次出现反常的表现，兴奋话多，好吹嘘，觉得自己“能力比别人强，脑子特别好使，窍门特多”。精力充沛，每天不停地找事做，睡觉少。在单位常为小事和同事争吵，要求别人都听她的，一不顺心就要求领导给她调换部门。勉强坚持工作，1993 年下半年自行缓解。1999 年 5 月，临近合同期满，患者担心下岗，又出现睡眠减少、话多等症状。经医院检查，诊断为躁狂状态，服用药物治疗。两周后，兴奋症状消失，但逐渐表现发呆、发愣，整天闷闷不乐，自称没有一件高兴的事，对什么都不感兴趣。换药治疗三周后，情绪低落等症状缓解，两次出现兴奋、话多、爱发脾气、乱花钱等表现，并拒绝服药，不能工作。此后，患者出现周期性交替变化。一周兴奋、话多，一周悲观、少语、少动，没有明显的缓解期，并有自杀行为。2000 年被诊断为双相障碍。

（资料来源：翁永振. 精神障碍典型病例分析. 北京：科学技术文献出版社，2003）

双相Ⅰ型障碍是最严重的心理障碍之一，它严重影响着患者的生活与职业功能。1/3 的患者因躁狂症住院治疗一年后仍找不到工作（Harrow et al.，1990）。双相Ⅰ型、Ⅱ型的自杀率也很高，同时，双相障碍患者还具有较高的罹患其他疾病的几率，包括心血管疾病、糖尿病、肥胖及甲状腺问题等（Kupfer，2005）。双相障碍的悲剧性结果并不因证据显示“轻躁狂症与创造力及成就相关”而抵消。

相关链接 8－3 创造力与心境障碍

饱爱抑郁之苦的画家及作家高更。

终身受双相障碍所困扰的躁郁症专家 Kay Jamison 在其著作《接触激情：躁郁症与艺术气质》（*Touched with Fire：Manic－Depressive Illness and the Artistic Temperament*）一书中，收集了大量艺术创造力与心境障碍（特别是与躁郁症）相关联的证据。当然，多数心境障碍患者并不特别具有创造力，且多数有创造力的人也没有心境障碍。但一些似乎经历着心境障碍的视觉艺术家、作曲家及作家却给人留下了深刻印象。例如，米开朗琪罗、凡·高、柴可夫斯基、舒曼、高更、丁尼生、雪莱以及惠特曼等。

许多人认为，躁狂症会经由高涨的情绪、增强的能量、快速的思考及明显建立“不相干连接”的能力而培养创造力。Jamison 援引一些有创造力的知名人士的资料来说明他们的多产期如何与他们的疾病存在共变关系（见下图）。如何解释这种关系呢？一种可能的假设是，躁狂或轻躁狂实际上促进了创作过程，而忧郁的强烈负面情绪体验为创作活动提供了素材。然而，极端的躁狂症会降低创作的产量，即使人在躁狂发作期创作了更多的作品，但作品的品质可能不佳，例如作曲家舒曼就是如此（Weisberg，1994）。更有甚者，研究还指出，经历躁狂症的人的创造力似乎比轻躁狂的人低，而这两种人创造的量也比健康人要少（Weisberg，1994）。这些发现相当重要，因为许多双相障碍患者担心吃药会降低创造力。更确切地说，降低躁狂症症状应该对创造力有益，而非有害。

高更的自画像。他是患有心境障碍的艺术家及作家之一。

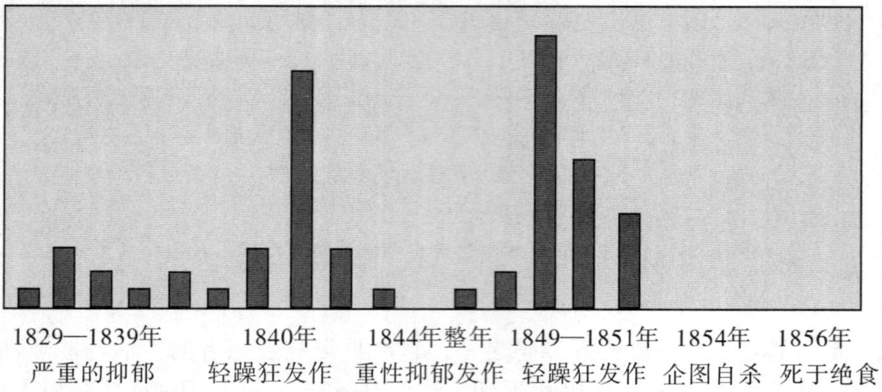

罗伯特·舒曼，德国作曲家，他每年作曲的数量随着他的双相障碍的轻躁狂及抑郁期而发生共变。

（资料来源：改编自 James N. Butcher et al., *Abnormal Psychology*, 13th ed., 2008）

三、恶劣心境障碍与循环性精神障碍

恶劣心境障碍（dysthymic disorder）是指一种以持久的心境低落状态为主的轻度抑郁，从不出现躁狂。常伴有焦虑、躯体不适感和睡眠障碍等，患者有求治的要求，但无明显的精神运动性抑制或精神病性症状，生活不受严重影响。在 ICD-10 和 DSM-Ⅳ中，被称为 dysthymia，在我国 CCMD-2-R 中没有这一类型，而称为“抑郁型神经症”，归入神经症中。但在 CCMD-3 中，恶劣心境障碍已列为心境障碍的一个亚型。

患者在大多数时间里，感到心情沉重、沮丧，看事物犹如戴一副墨镜一样，周围一片暗淡；对工作无兴趣，无热情，缺乏信心，对未来悲观失望，常感到精神不振、疲乏、能力降低等。抑郁程度加重时也会有轻生的念头。尽管如此，患者的工作、学习和社会功能无明显受损，常有自知力，自己知道心情不好，会主动要求治疗。患者抑郁常持续两年以上，期间无长时间的完全缓解，一般不超过两个月。此类抑郁发作与生活事件和性格都有较大关系，也有人称之为“神经症性抑郁”。焦虑情绪是常伴随的症状，也可有强迫症状。

躯体症状诉说也较常见。睡眠障碍以入睡困难、噩梦、睡眠较浅为特点，常常伴有头痛、背痛、四肢痛等慢性疼痛症状，尚有自主神经功能失调症状，如胃部不适、腹泻或便秘等。但无明显早醒、昼夜节律改变及体重减轻等生物学方面改变的症状。

循环性心境障碍（cyclothymic disorder）是指情感高涨与低落反复交替出现，但程度较轻，且均不符合躁狂或抑郁发作时的诊断标准。当轻度躁狂发作时，表现为十分愉悦、活跃和积极，且在社会生活中会做出一些承诺；但转变为抑郁时，不再乐观自信，而成为痛苦的“失败者”。随后，可能回到情绪相对正常的时期，或者又转变为轻度的情绪高涨。一般心境相对正常的间歇期可长达数月，其主要特征是持续性心境不稳定。这种心境的波动与生活应激无明显关系，但与患者的人格特征有密切关系，过去有人称之为“环性人格”（cyclothymic personality）。

第四节　心境障碍的维度

在双相障碍与抑郁障碍之间，除了一些重要区别外，还存在某种维度或者区分点。这里我们将要讨论三个维度：精神病性与神经症性（psychotic-neurotic），内源性与反应性（endogenous-reactive），早期发作与晚期发作（early-late onset）。

一、精神病性与神经症性

用严格的术语来讲，心理障碍可能会被描述为精神病性或者是神经症性的，这种区分在传统上是以对现实的接触状况而定的。正如我们所注意到的那样，神经症患者没有丧失以适度、有效的方式与其环境互动的能力；而精神病患者却非如此，因为他们的思维过程常为幻觉、错误的感知觉、妄想，或者被错误的信念所困扰。这种相同的神经症与精神病性的区分经常被用于抑郁症。在精神病性抑郁症里，幻想、妄想或者极端的退缩有效地切断了个人与环境之间的联系。躁狂发作同样有精神病性的特征。神经症水平的心境障碍同样会给人们的生活以严重损害，然而患有这些障碍的人仍然知道他们的周围发生了什么，并且在某种程度上发挥某些功能。许多重性抑郁症和双相障碍的个案就处在这个水平上，恶劣心境障碍与循环性障碍也被定义为非精神病性障碍。

那么神经症性与精神病性水平的心境障碍完全是两种不同的存在吗？传统的观点认为它们是相同的。例如，在克雷佩林最初的分类系统中，曾在“躁狂—抑郁性精神病”的标题下面列出了所有使人丧失能力的心境障碍，他认为这是器官性疾病，它不同于我们现在称之为神经症的不太极端的心境障碍。许多理论家仍然坚持这个观点，而且有证据支持这种观点。精神病性抑郁症具有与非精神病性抑郁症不同的趋向，这不仅表现在与现实的接触方面，而且表现在精神运动症状、生物学征象、家族史以及对各种治疗的反应方面（Schatzberg & Rothschild，1992）。

但另有理论家认为，神经症性抑郁症和精神病性抑郁症之间的区别是定量而非定性的。这种理论依据的是，抑郁似乎是日常忧伤的一种扩展形式的概念，如为人所熟知的连续假说（continuity hypothesis）。根据连续假说理论家的观点（Coyne，1994），精神病性抑郁症、神经症性抑郁症、恶劣心境和正常的“忧郁”仅仅是一个单一连续体上的不同的点而已。研究发现，恶劣心境与环形障碍患者具有患更严重心境障碍的风险，这一研究证据为连续假说提供了支持。DSM-Ⅳ在某些标准上也反映了这个观点。虽然人们期望诊断学家们注意某患者的行为是否为精神病性的，但是所有的心境障碍，无论是神经症性或是精神病性，都是聚合在一起的。

二、内源性与反应性

许多连续假设的支持者都相信所有的心境障碍在很大程度上都是心因性的，而那些具有克雷佩林传统的人一般都相信，只有神经症性的形式才是心因性的，而精神病性的形式是生源性的。因而，第二个心境障碍的维度——内源性与反应性的维度就是以后者为基础的。最初，“内源性”和“反应性”这两个术语是指，抑郁症是否发生于某突发事件之前，诸如家人的死亡或失业。那些与突发事件相联系的抑郁症就被称为“反应性”的；而那些与突发性事件无关联的抑郁症则被称为“内源性”的（从字面上看是“来自于内部”）。根据克雷佩林追随者们的观点，神经症性抑郁症一般而言是反应性的，因而也是心因性的；同时，精神病性抑郁症一般而言是内源性的，因而也是生源性的。

但是，这种区分并不容易。欲确定抑郁症是否由一个特定事件引发常常是困难的。此外，即使有引发事件，这个因素也会随着障碍的发展而发生变化。重性抑郁障碍的第一次发作常常会有明显的突发事件，但在以后的发作则可能不会有突发事件。由于上述区分容易被人们混淆在一起，因而尽管内源性和反应性这两个术语在词典中具有特定意义，但目前它们已经不被用来表示是否存在突发事件的引发，而是被用来描述不同的症状类型。有些患者声称自己快感缺乏，并有更多的植物性的、躯体的症状（如早醒、体重减轻、精神运动的改变等）；还有一些患者把他们的抑郁症描述为因爱情丧失而产生的不同感受。上述情况都被列为内源性分类，或者用 DSM-Ⅳ术语被称为具有“忧郁症的特征”。那些心理异常主要属于情感或认知上的人被称为反应性的，或被称为非忧郁症特征。

以症状为基础的内源性与反应性的区分似乎表明了某种真正的不同。在睡眠模式上，内源性患者不同于反应性患者。他们可能比反应性患者呈现出更多的生物学异常，而且他们会对诸如电休克治疗之类的生物治疗产生反应（Rush & Weissenburger，1994）。因此，有些研究者仍然怀疑，内源性的个案更多的是生源性的，目前这种观点尚未确定，而且具有一些不同的研究证据。例如，如果内源性抑郁症具有更多的生物化学基础，那么我们可以推测内源性患者比反应性患者更可能拥有抑郁症的家族史，但是大量研究表明事实并非如此。研究者们仍然在集中探索这个问题，而且这种研究已经部分地帮助研究者们收集了 DSM 所要求的对重性抑郁症的诊断群体，以详细说明存在或不存在忧郁症特征。

当某个明显的突发事件产生于抑郁症之前时，那个事件通常是一些无法控制的丧失，如失业或失去家园，尤其是人际交往的失败。“现存的事件”，如死亡、亲友的分离、离婚或者孩子离开家庭等，这些与抑郁症的发作相联系的应激源在排列等级上都很高（Paykel & Cooper，1992）。同样，如果一个人拥有良好的人际关系，他就会得到他人信赖，那么他在面对压力性的生活事件时，就不大可能罹患抑郁症，因此可以用同样的原理来解释那些从抑郁症中恢复过来的人们。应激，尤其是与现存的事件及其他丧失相联系的应激，与抑郁症的恶化密切相关。反之，即使面对一个应激事件，给予社会支持，尤其是以信赖的形式给予社会支持，则与不断的康复相联系。

三、早期发作与晚期发作

在过去的几年里，一直都有稳定积累的证据说明抑郁发作的年龄构成了心境障碍的一个重要维度。对重性抑郁障碍、双相障碍和恶劣心境障碍患者的研究都表明，这种障碍发作得越早，患者越有可能存在心境障碍的家族病史，即其亲属越有可能已经患有，或将患有心境障碍。有关的一些研究相当引人注目。例如，一项对抑郁症患者的子女进行的研究发现，当父母的发作年龄在 20 岁以下时，其子女患重性抑郁症的终身风险几乎是那些父母的发作年龄在 30 岁以上的孩子的两倍——57.8%：32.4%，而且这个近乎 2：1 的比率在随后的研究中取得了同样的结果。另一项研究发现，当发作在 40 岁以后，与一般人口总体相比，亲属中就没有更大的患病风险。

早期发作似乎也预示了个人以及家族将来是否会出现其他的相关障碍。在一项对恶劣心境的研究中，早期发作群体中有 94% 逐渐发展为重性抑郁症，相比较，晚期发作的人群中则为 55%，同样，大约是 2：1 的比率。在一项对环性抑郁症的研究中，不仅抑郁症而且酒精依赖也在那些年龄在 20 岁以下、属于早发者的亲属中具有引人注目的普遍性。

一般来说，发作越早，无论对个人或对亲属，道路都越艰难。这些发现提示，就心境障碍而言，早期发作的患者有一个较高的“遗传载荷”。抑郁症患者的亲属中较高的发病比率，可以被归因于环境的影响。在早期发作的个案中，其亲属要与抑郁症患者生活在一起，甚至要经历很长的时期，于是，患者对他们的亲属的行为与心境的影响就特别引人注目。尤其是那些父母为早期发作抑郁症的子女，他们可能有更多的机会从父母那里学到抑郁症的行为模式。

第五节　心境障碍的病因学及其治疗

一、心境障碍的生物学因素

（一）遗传学研究

研究资料显示，遗传是心境障碍产生的极其重要因素。家族调查表明，当个人患有抑郁症时，其血亲在心境障碍方面的患病率是正常人群的三倍左右(Wallace et al.，2002)。双相Ⅰ型障碍先证者的一级亲属患双相Ⅰ型障碍的可能是对照组的 8～18 倍，患重性抑郁障碍者是对照组的 2～10 倍。家族研究同样发现，重性抑郁障碍先证者的一级亲属患双相Ⅰ型障碍的是正常对照组被试一级亲属的 1.5～2.5 倍，患重性抑郁障碍者是正常对照组被试的 2～3 倍。研究还发现，患某种心境障碍的可能性随亲属关系等级的疏远而降低。例如，二级亲属（如舅父）可能比一级亲属（如兄弟）受影响较少。约占全部双相Ⅰ型障碍患者的一半，其父母双亲中至少有一方患心境障碍，且常常是重性抑郁障碍。这一事实显示出，双相Ⅰ型障碍的遗传性很明显，如父母中的一方患双相Ⅰ型障碍，其任何一位子女患心境障碍的几率是 25%；如父母双方均患双相Ⅰ型障碍，某一子女患心境障碍的几率是 50%～75%。

根据对特殊双生子研究发现，同卵双生子双相Ⅰ型障碍的同病率是 33%～90%。同卵双生子的重性抑郁障碍的同病率约 50%。相比之下，异卵双生子双相Ⅰ型障碍的同病率是 5%～25%。

有关寄养子的研究资料也支持心境障碍有遗传学基础这一观点。约 2/3 的寄养研究发现，重性抑郁障碍具有较明显的遗传倾向。对双相Ⅰ型障碍所进行的寄养研究同样显示出这种倾向。寄养研究发现，患病双亲的亲子即使他们是在不患病的寄养家庭中扶养，其患心境障碍的风险仍在增加。研究还显示，被寄养的患心境障碍的孩子的双亲的心境障碍的患病率近似于非寄养的患心境障碍孩子的双亲的患病率，而收养家庭双亲心境障碍的患病率与一般人群的基础患病率相近。

（二）神经递质

目前的研究已经证明，去甲肾上腺素（norepinephrine）和5-羟色胺以及血清素（serotonin）是与心境障碍病理生理学密切相关的神经递质。这些神经递质存在于脑中的不同区域，图8－1表明了血清素和多巴胺在脑中的传递路径。20世纪50年代医学研究发现，降血压及其他高血压药物常常引起抑郁症。进一步的研究指出，在这些药物中，有些可降低去甲肾上腺素的活性，有些则具有降低血清素活性的作用。此外，虽然最早的抗抑郁药物是偶然被发现的，但借此发现，研究者很快就认识到，通过增加上述两种神经递质的活性可以减轻抑郁症。

这些发现导致某些理论家推断，抑郁症是去甲肾上腺素低活性的产物，而另外一些学者则认为抑郁症是由于血清素的低活性引起的。由于去甲肾上腺素属于被称为儿茶酚胺（catceholamine）的化学药物类，因此，那种认为与它相关的抑郁症观点被称为儿茶酚胺理论（catceholamine theory）；相对地，那种认为与血清素相关的抑郁症观点则被称为吲哚胺理论（indoleamine theory），因为血清素属于被称为吲哚胺（indoleamine）的化学物质。

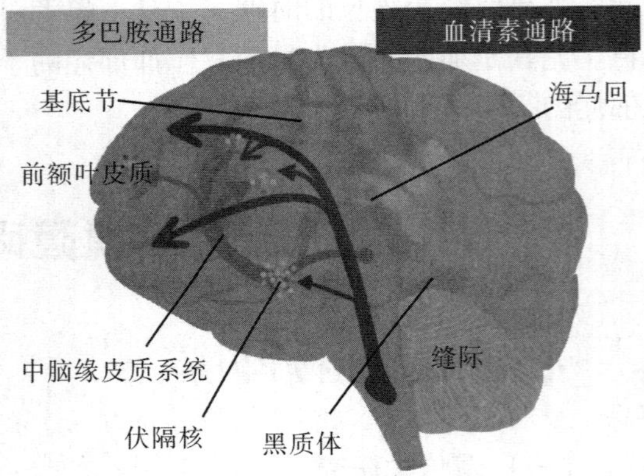

图8－1　血清素与多巴胺在大脑中的传递路线

目前，尽管学者们都认同上述两神经递质中任何一种低活性都会导致抑郁症，但是研究者们同时也认为，这些化学物质和抑郁症的关系可能比以往的结论更为复杂。近年来的研究指出，在去甲肾上腺素和血清素系统之间，或这些系统和大脑其他的神经递质系统之间会产生交互作用，而非任何一种系统单独活动就可以导致抑郁症。例如，有些研究指出，抑郁症患者在去甲肾上腺素、血清素、多巴胺及乙酰胆胺的整体活性上存在不平衡现象。另有研究者认为，血清素有助于调节其他神经递质系统，而且它的低活性可能会降低其他神经递质的活性，因而导致抑郁症。

（三）内分泌

很多内分泌疾病可伴有情感性症状，一些激素如肾上腺皮质激素可引起心境的改变。抑郁症患者可能有内分泌方面的异常，所以研究指出，内分泌异常可能是心境障碍的病因。

目前许多研究者把注意力集中在下视丘—脑垂体—肾上腺的轴线上（hypothalamic-pituitary-adrenocortical axis，HPA），而且尤其关注激素皮质醇（cortisol），它是由肾上腺最外侧部位所分泌，通过复杂的环路发挥调节作用。HPA是管理压力反应的生物系统，而

HPA 轴线部分地受到去甲肾上腺素和血清素的控制。压力或有威胁的知觉可能导致下视丘的去甲肾上腺素活性增高，从而导致促肾上腺皮质激素—释放因子（CRF）从下视丘被释放出来，接着引起促肾上腺皮质激素（ACTH）从脑下垂体被释放出来。然后，ACTH 在正常情况下进入血液而被传送到肾上腺的肾上腺皮质，皮质醇在这里得到释放。目前已知，大约 20% ~40% 的门诊抑郁症患者的血液中皮质醇浓度有偏高的现象，严重的抑郁症住院患者则高达60% ~80%（Thase et al.，2002）。皮质醇又叫做“压力荷尔蒙”，是生物体在受到压力时所释放的，并协助身体准备应付外部威胁的物质。

许多研究都指出，抑郁症与皮质醇有关。例如，库欣氏症候群（Cushing's syndrome）会导致皮质醇过度分泌，从而使患者经常体验抑郁症状。动物研究也指出，当会引起皮质醇分泌的化学物质被注入大脑后，许多抑郁的基本症状就会出现，包括性欲降低、食欲不振及睡眠中断（Gutman & Nemeroff，2003）等。对动物和人类而言，皮质醇过量似乎都会引起抑郁症状。

另一个与抑郁症有关的内分泌系统是下视丘—垂体—甲状腺轴线。该轴线的功能失调也与心境障碍有关联（Garlow & Nemeroff，2003）。例如，当个人的甲状腺水平低落时（hypothyroidism，亦即甲状腺机能减退），他通常会变得抑郁。此外，大约 20% ~30% 的抑郁症患者尽管有正常的甲状腺水平，但其下视丘—垂体—甲状腺轴线仍然出现失调。同时，初步的研究指出，有些患者对传统的抗抑郁药物的治疗没有反应，但当施加促甲状腺释放激素时（导致甲状腺激素水平增高），患者可能出现心境状况的改善。

（四）脑成像

对心境障碍患者脑成像学研究所提供的大量关于此类患者脑功能异常的线索，迄今尚未定论，而且这些资料前后不尽一致。不过，使用 CT 和 MRI 技术所进行的结构性脑成像研究已得出非常有趣的资料，尽管研究发现的报道不一致，但这些资料至少表明了以下两个要点：①双相 I 型障碍患者，主要是男性患者脑室有显著意义的扩大。②重性抑郁障碍患者的脑室扩大远没有双相 I 型障碍患者普遍，但带有精神病性特征的重性抑郁障碍患者的右脑室也有扩大的倾向。MRI 研究亦显示，重性抑郁障碍患者的尾状核与额叶体积较对照组被试小；抑郁患者海马的 T_1 放松时间（T_1 relaxation times）与对照组被试相比也有异常。至少有一个 MRI 研究报道，双相 I 型障碍患者深部白质损害的数量比对照组高。

另一种已应用于多种精神障碍研究的脑成像技术是磁共振色谱（MRS）。对双相 I 型障碍的 MRS 研究产生出一种假说，即认为此类障碍的病理生理学可能涉及某种膜磷脂代谢异常。对双相 I 型障碍 MRS 的另一种应用发现是使用放射性锂 MRS 去研究患者脑和血浆中锂的浓度，结果发现，在锂治疗一周后，脑中锂的浓度大约是血浆中的 40%。这项研究的动因是发现经锂盐处理的动物在 MRS 检查中发现了锂可以改变膜中的磷脂代谢。

表 8 - 7　与重性抑郁症相关的大脑结构

大脑结构	功能性活动研究
前额叶皮层（背侧）	缩小
前扣带回（背侧）	缩小
海马回	缩小
杏仁核	升高

表 8 - 7 指出了四种与抑郁症相关的大脑结构：杏仁核、海马回、前额叶皮层及前扣带回。杏仁核协助个人评估刺激在情绪上的重要性。

例如，杏仁核损伤的动物无法对具有威胁性的刺激产生害怕的反应，也不会对食物有积极的回应。在人类中，杏仁核在当事人受到具有威胁性的刺激时会出现反应。

功能性活动研究指出，重性抑郁症患者有高度的杏仁核活动。例如，看到悲伤或生气的面孔时，重性抑郁症患者的杏仁核比没有重性抑郁症的人有较强且持续的反应（Sheline et al.，2001）。同样，当看到消极字眼时，重性抑郁症患者的杏仁核比其他无重性抑郁症症状的人有更为持续性的反应（Siegle et al.，2002）。功能性研究还指出，重性抑郁症与前扣带回、前额叶皮层及海马回的某些区域暴露于情绪刺激时的活动性减低有关。结构性研究也发现，抑郁症患者前额叶皮层的体积减小；有多年抑郁症病史的人，其海马回的体积也明显减小。

这些研究之间存在何种关联呢？有理论指出，抑郁时杏仁核过度活动，导致了对情绪相关的刺激过度敏感。同时，在权衡得失、做出决定、有系统地实现目标时，这些系统（杏仁核、海马回、前额叶皮层及前扣带回）显得更不活跃。在应对与情绪相关的刺激时，抑郁症患者可能会通过增加情绪来做出反应，却减弱了解决问题的能力。

二、心境障碍的心理学因素

（一）情感与神经质

目前的人格研究倾向于把积极与消极的经验视为抑郁症的影响因素。所以，了解人格研究有助于理解抑郁症、焦虑与积极和消极情感的关系。

表 8－8　抑郁症和焦虑症的情感倾向

	消极情感	积极情感	生理唤起
抑郁症	高	低	中
焦虑症	高	中	高
焦虑症和抑郁症共病现象	高	低	高

如我们所知，重性抑郁症与焦虑症常存在共病现象。那我们如何分辨焦虑症和抑郁症呢？如下模式从三个方向将抑郁症与焦虑症概念化（见表 8－8）：消极情感（苦恼及担心）、积极情感（快乐和满足）及生理唤起（如手心流汗、心跳加速等）。焦虑症和抑郁症都被认为与消极情感有关；焦虑症（非抑郁症）应与生理唤起相关（Clark et al.，1994）；抑郁症（非焦虑症）被认为与较低的积极情感有关。当有人呈现高度消极情感、低积极情感及高度生理唤起时，可能有抑郁症和焦虑症的共病现象。

根据该模式，抑郁症和焦虑症的区别在于积极情感的多少。许多抑郁症症状似乎和缺乏积极情感有关，如失去对令人愉快的活动的兴趣，其他症状甚至包括失去食欲及性欲。除了临床症状之外，还有哪些证据呢？有关重性抑郁症患者对具有积极意义的图片和影片做出反应的研究指出，重性抑郁症患者表现出较少的积极情感，对积极性刺激的快乐情绪也较少（Stoan，Strauss & Wisner，2001）。研究者用一种称为电子皮质电位（electrocortical potential）的生理心理学方法发现，重性抑郁症患者对积极（非消极）刺激的反应比一般人弱（Deldin et al.，2001）。其他研究者也发现，重性抑郁症患者对可能赢钱的机会（积极刺激）的反应比一般人低（Henriques & Davidson，2000）。因此，这些研究支持了

“重性抑郁发作和高消极情感及低积极情感有关”的观点。

高度消极情感和低积极情感能否用来预测抑郁症？相关的人格研究提供了一些答案。几项纵向研究指出，被称做神经质（neuroticism）的那种反应多于常人的消极情感，能够预测抑郁症的发作（Jorm et al.，2000）（你可能会预期神经质也和焦虑症相关）。一些重要的双生子研究指出，神经质在抑郁症的成因上至少解释了部分的基因脆弱性（Fanous et al.，2004）。事实上，神经质是和抑郁症最相关的人格特性。因此，有足够的证据表明，容易产生消极情感的人，也较容易患抑郁症。

当然，对积极情感的研究证据并不那么明显。例如，外向是一种常常经验积极情绪的个体所具有的人格特质。但有些研究指出，低度外向性可预测抑郁症的发作（Klein et al.，2002）。然而，这如何符合“抑郁症患者有较少的积极情感”这一概念呢？有些人可能是在抑郁症发作之前都还算快乐，对这些人而言，抑郁症指的是快乐程度的降低。其他人可能有较少的快乐，而这可能会增加患抑郁症的风险。

总之，神经质可以预测焦虑障碍和抑郁症，但低度外向性并不总是会导致抑郁症。当人们抑郁时，似乎比一般人有较多的消极情感及较少的积极情感，也比焦虑障碍患者有较少的积极情感。

（二）关于抑郁的认知理论

1．消极的自我图式

当代最为重要的关于对抑郁的因果因素的思维过程的理论是贝克（Aaron Beck，1967，1987）根据其对抑郁症患者的幻觉、妄想及梦的研究证据提出的消极自我图式（negative self-schema）模型。该模式包含自我惩罚、丧失以及剥夺等主题。根据贝克的观点，情绪问题主要是在错误的前提下对现实误解的结果；这种错误可以从平常的事件中产生，如错误的学习，依据片面、不正确的信息做出错误的结论，或不能适当地区分现实与想象之间的差别等。图 8－2 说明了贝克提出的构成抑郁症基础的认知活动三个水平之间的相互作用。

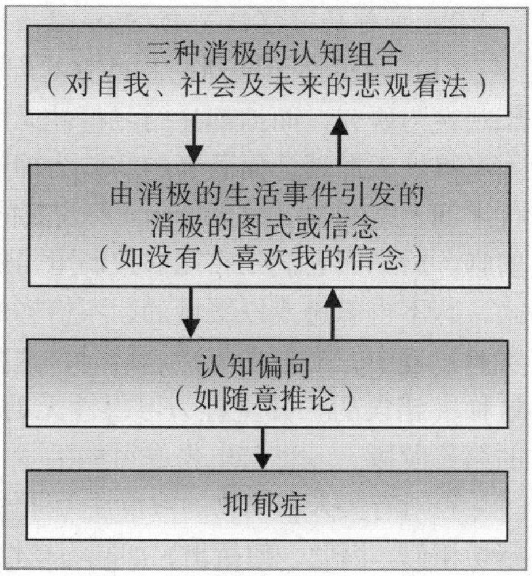

图 8－2　抑郁理论中不同的认识类型及其相互关系

根据贝克的观点，将自己视为一个“丧失者”这种消极的倾向是导致抑郁症的基本原因。如果一个人由于其童年及青春期的经历（如父母的丧失、接连不断的灾难、同伴的社会拒绝、老师的批评或者父母低落的情绪等）而形成某种认知“图式”，在这个图式中，以一种消极的眼光来看待自我、社会、未来，那么这个人就易罹患抑郁症。应激能轻易地激活消极图式，而且随之而来的消极知觉又会进一步加强这种图式。

我们所有的人都有许多图式，根据这些知觉心向（perceptual sets），我们调整着我们的生活。无论何时，当抑郁症患者遇到在某些方面相似的新情境时，他们已有的消极图式就会被激活。进而，这些消极图式就成为一种原动力，推动抑郁者产生认知偏向，导致他们对现实产生错误的知觉。于是，这些不恰当的图式可能使抑郁的个体在大多数情况下都期待失败；一种自我谴责的图式使他们背上对一切不幸要负责的重负；一种消极的自我评价图式不断地使他们产生无价值感。消极图式连同认知偏向或者曲解一道维持着贝克所称的消极的三种认知组合：对自我、社会及未来的悲观看法。其中，社会是指个人对自己不能应付周围环境的需要的判断。以下所列各项是根据贝克的抑郁理论对抑郁症患者的某些主要认知偏向所做的描述。

（1）随意推论。在缺乏充分根据或在根本没有任何根据的情况下得出某个结论。例如，某人得出结论认为他是无价值的，因为他正在参加一个野外聚会时下起了大雨。

（2）选择性提取。根据某一情境中的一个因素而非众多因素得出某个结论。例如，一个工人可能因为某个产品未能发挥其功能而产生无价值感，甚至因为他可能仅仅是许多对这个产品有贡献的人中的一个而产生无价值感。

（3）过度概括。根据某一单一的或许不重要的事件得出一项总的结论。例如，一个学生把其在某一天、某一门课程上的糟糕成绩视为其无价值与愚蠢的最终证据。

（4）放大与缩小。患者在对成就进行评估的过程中常见的错误，即夸大损失，而将好的一面最小化。

2. *抑郁的习得性无助/无望理论*

（1）习得性无助理论。贝克的理论来自其对抑郁症患者中普遍的消极思维类型的临床观察与研究，而抑郁症的习得性无助理论则起源于对动物的观察与实验研究。可以说，因习得性无助理论而著名的实验为抑郁症提供了一个富有意义的动物模式。20 世纪 60 年代末期，塞利格曼（Seligman）及其同事注意到，那些最初暴露于不可控制的电击实验中的狗，后来当它们处在能够控制电击的不同情境中时，会表现出一种被动与无助的行为方式，即不再躲避或以缓慢的、不恰当的方式加以躲避。研究者做出结论说，在第一阶段的实验过程中，当电击无法逃避时，这些动物已经认为没有什么能使它们减轻痛苦。他们把这种（错误的）知觉称为习得性无助，这种知觉持续保留在它们的行为当中，直到实验的第二阶段——逃避电击是可能的。

在对有关人和动物的习得性无助做了进一步研究后，塞利格曼注意到这种现象与抑郁症密切相似。因此，他指出，如同习得性无助一样，抑郁症是一种对难以避免的，或者似乎难以避免的应激源的反应，通过告诉个人，他或她以难以控制环境而逐渐损害了个人对环境的恰当反应。后来的研究指出，无助的动物所表现出的其他症状与人类抑郁症中所见的症状相似，诸如低水平的攻击、食欲减退、消瘦以及神经递质水平上的各种生理上的变化等。在对发生于人类的习得无助现象做出说明之后，塞利格曼接着指出，习得性无助可能是人类某些类型的抑郁症的基础，即当人们觉得自己无法控制重要的生活事件时，抑郁就产生了。

（2）归因与习得性无助。在最初的动物研究之后，研究者们开始以人为被试来从事相似的研究。但是，人们很快发现该理论存在着一些不足或者不能说明抑郁症的某些方面。例如，许多抑郁症患者认为他们应该为其失败负责。然而，如果他们把自己视为无助的，他们又怎么会责备自己呢？研究者们发现，在抑郁的产生过程中，尽管有许多因素在起作用，但是有一种被称为自我失败的归因模式却有着特殊的意义。与大多数人相比较，那些显示出有自我服务偏向的人及抑郁的人倾向于采用一种相反的类型。就像低自尊者一样，他们倾向于把消极的生活事件归属于稳定、内在的原因（如他们自己的人格、能力的缺乏等），而把积极的生活事件归因于暂时的、外部的原因（如纯属运气、任务简单等），见图8－3。作为一种结果，这种人往往会觉察到他们本不具有的东西，或者无法掌控那些发生在他们身上的事情，因此变得抑郁且放弃生活。

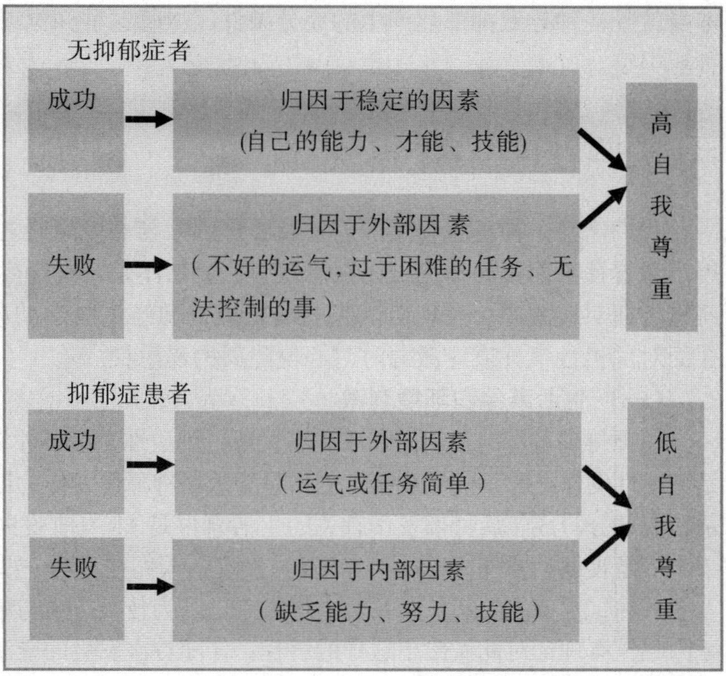

图 8－3 归因对抑郁症的影响

抑郁症患者常常举例说明某种失败的归因类型，不是将成功归属于内部原因，将失败归属于外部原因，而是相反。于是，他们拒绝相信成功，而把失败的责任归因于自己。

为了对这些问题予以说明，艾布拉姆森等人（Abramson，Seligman，and Teasdale，1978）对习得性无助理论做了修正。修正后的理论精髓包含了维纳（Weiner et al.，1971）的归因概念。该理论模式认为，人们对重要生活事件的归因（即为什么这个事件会发生？这个事件的起因是什么？）影响抑郁的产生、严重性和持续时间的长短。

艾布拉姆森（1978）提出了抑郁型（depressive explanatory style）、乐观型（optimistic explanatory style）的归因风格，并把它们与日常生活联系起来。抑郁型的归因风格把消极的事件归于内部的、稳定的和整体的因素，把积极的事件归于外部的、不稳定的和局部的因素。所以，具有这些风格的人把积极的事件归于内部的、稳定的、整体的因素，而把消极的事件归于外部的、不稳定的和局部的因素。在皮特森和塞利格曼（1987）的一项档案研究中发现，这两种归因风格之所以对个体的健康有影响，可能是因为以下几个方面：

第一，抑郁型的归因风格影响个体的免疫系统，其作用机制与紧张类似。

第二，抑郁型归因风格者不是一个好的问题解决者，他们注定会在问题解决时变得疯狂。

第三，抑郁型归因风格者常常忽视自己的健康，缺乏适当的营养、睡眠和运动。

第四，抑郁型归因风格者在面对疾病时比较被动，不会主动地去寻求帮助。

（3）无望理论。1989 年，艾布拉姆森等人进一步修正了习得的无助模型，提出了无望理论（hopelessness theories）。他们认为具有一种悲观的归因方式，连同一种或更多的消极的生活事件一起还不足以导致抑郁症的产生，除非某人首先经验到了一种绝望的状态。换言之，抑郁的某些形式被认为是由某种无望状态引起的，即一种对渴望的结果不会发生，而不渴望的结果将会发生的期待，以及个人对这种情境缺乏有效的应对。这种期待本身就是一种导致抑郁症产生的充分条件，尽管这种知觉或许只是导致了抑郁症产生的一种亚类型。

三、心境障碍的社会因素

我们已知，神经生物学的因素及心理因素与心境障碍之间有密切的关系。那么，这是否意味着社会因素的作用可以被忽视呢？显然不是。神经生物学的理论一直认为，心境障碍患者面对应激源会表现出其脆弱的特质；神经生物学的因素（疾病素质）增强了个人在面对危机性事件或应激源时对心境障碍的易感性。

（一）生活事件和环境刺激

一项得到重复的长期的临床观察发现，刺激性生活事件常存在于心境障碍首次发作而不是后续性发作之前。应激与精神创伤是导致精神障碍发作的原因之一。最具挑战性的资料显示，大部分与成年后抑郁发作有关的生活事件是 11 岁前丧失双亲，与抑郁症最有关联的应激事件是丧偶。此外，Paykel（1978）发现，人们在经历一些可能危及生命的生活事件后的六个月内，抑郁症发病危险系数会增加六倍。为什么应激与精神创伤是导致精神障碍发作的原因呢？有理论对此做出了这样的解释：伴随首次发生的应激性生活事件，引起脑生物学持续长时间的改变，这些改变可导致各种神经递质和神经元内部信息传递系统功能状态的变化，甚至包括神经元的缺失和突触点的大量减少。这些变化的最终结果是，使患者处于患心境障碍后续发作的高度危险之中，即使在没有外部应激事件的情况下，也是如此。

（二）婚姻与家庭生活

一些研究者仔细地研究了婚姻背景与家庭关系在抑郁症发病中的作用。Gotlib 与 Hamman（1992）所考察的证据表明，在所有体验到婚姻上的不幸的夫妻当中，有 1/3 或 1/2 的夫妻之间，至少有一个伴侣具有临床上的抑郁症。此外，婚姻的不幸会给其症状已经减轻的抑郁症配偶带来不良的预后，即一个抑郁症已经有所好转的人，如果他有一个不满意的婚姻，就很可能旧病复发。

此外，抑郁症患者的行为也会对其配偶产生消极影响。由于抑郁症患者非常关注自己，以至于他们往往对配偶的需要不敏感或者缺乏积极反应。近年，经毕奇和琼斯（Beach & Jones，2002）修改了的海曼（Hamman，1991）的抑郁的应激—生成模式（stress-generation model of depression），有助于解释婚姻的不和谐与抑郁症之间的双向关系（即婚姻压力可能导致抑郁症，而抑郁症也可能导致婚姻压力）。如同我们已经注意到的那样，抑郁症患者经验到的大量压力在某种程度上至少部分地是由他们自己的行为引起的，但这种压力也转而加剧了抑郁症症状。例如，在一项对新婚夫妻所做的纵向研究（longitudinal studies）中，戴维勒等人（Davila et al.，1997）发现，有中度抑郁症的妻子倾向于期待从丈夫那里得到更少的支持，同时也有给丈夫提供更多消极支持的倾向，这种倾向转而形成了婚姻压力，而不断增加的婚姻压力又导致抑郁症症状的增加。

家庭成员中抑郁症的影响也会波及婴儿、儿童及青少年。父母任何一方的抑郁症会将子女置于许多问题的高风险之中，特别是抑郁症的高风险（Goodman & Gotlib，1999；Murray et al.，1996）。对于青春期的女孩而言，它也增加了处理问题的风险。进而，许多研究以大量文献证明，母亲及其子女之间的消极的相互作用模式具有损害性影响。例如，患有抑郁症的母亲们在与其子女相互间的报偿性互动中显示出了更多的冲突，而更加缺少幽默。她们也对与孩子之间的协调一致缺乏敏感性，并且很少体会到孩子的感受（Goodman & Gotlib，1999；Murray & Cooper，1997）。进而年幼的孩子们也得到观察学习消极认知、抑郁行为及抑郁情感的多重机会。因此，尽管为遗传所决定的易感性不容忽视，但是心理社会的影响可能发挥了某种更重要的决定作用。

相关链接 8－4 早期丧失与心境障碍有关吗？

哈罗发现，幼猴与母猴分开会表现出明显的绝望。但它对包着海绵，并覆盖着绒布的铁丝的圆柱体也会形成依恋，当它不在时幼猴会悲伤。

精神分析认为，抑郁症可能由早期的重要丧失而引起。该观点得到许多研究的支持（APA，1993）。René Spitz（1946）的一项著名研究发现，123名被置于托儿所的婴儿，与他们的父母分离，19个婴儿在与母亲分离后变得爱哭泣、悲伤，并从环境中退缩——一种称为依赖型抑郁症的形态。其他研究指出，幼年时丧失父母，可能造成后来的抑郁症。例如，一项对1 250名内科患者的调查发现，那些父母在童年期死亡的患者，在抑郁量表上有较高的得分（Barnes & Prosen，1985）。

相关的研究也支持精神分析的观点。人们在幼年期的需求没有得到适当的满足，在经验丧失父母后更可能发展为抑郁症（Young et al.，1997）。例如，在对伦敦市贫民区妇女的一项经典研究中，Brown & Harris（1978）发现，对那些在11岁前就失去母亲的妇女而言，她们的抑郁症的发生率是其他妇女的三倍以上。然而，随后的一些研究并未发现“早年失去父母会造成对抑郁症的脆弱性”的证据。更进一步的研究显示，决定儿童对失去父母的反应的应该是失去父母后接下来发生的事情。如果儿童继续获得另一位父母（或监护人）的良好照料，而且儿童的环境没有太多破坏性的变化，那么抑郁症的脆弱性通常就不至于形成（Goodman，2002）。然而，如果失去父母后，继而又受到另一位父母不良的教育教养，成年后抑郁症的脆弱性就很可能由此形成（Bifulco，Brown & Harris，1987）。这些研究对精神分析的抑郁症观点提供了某些支持，但是，这种支持仍有很大的局限性。第一，虽然这些研究发现显示，丧失父母和不恰当的教养方式有时会引起抑郁症，但他们没有确立要对抑郁症负责的典型因素。例如，在幼童和幼猴的研究中，只有一些和母亲分离的被试对象显示出抑郁反应。事实上，根据估计，只有不到10%的人在生活上经历了重大丧失后真正患上了抑郁症（Paykel & Cooper，1992）。后来的研究表明，早年环境的一系列其他逆境也可能造成对抑郁症的长期的脆弱性，诸如家庭动荡不安、父母心理病态、身体虐待或性虐待，以及其他一些干涉、严厉及专制的父母管教等。这样的因素之所以发生作用（至少部分地），是因为提升了个人在成年期对压力生活事件的敏感性（Hamman，2005）。然而，我们也有必要了解，许多人经历了早年的不利处境，但仍然保持着复原力；而且，假使早期适度暴露于逆境，还会产生一种压力预防接种的效果，使当事人不太容易受到日后压力的不良影响（Parker et al.，2004）。这些压力免疫效应的产生似乎是通过增强对后来压力源的社会情绪抵抗力和神经内分泌抵抗力而实现的。

（资料来源：Ronald J. Comer，*Abnormal Psychology*，4th ed.，2001）

（三）社会支持与社交技能的缺乏

早期的一些研究，如布朗与哈里斯（Brown & Harris，1978）发现，缺少亲密与信任关系的妇女比那些拥有这种关系的妇女在她们经验到某种严重的应激性事件时更有可能产生抑郁。此后，更多的研究支持了这一观点，即那些缺乏社会支持的人更容易罹患抑郁症，而那些抑郁症患者则往往有着更小或更少的支持性社会网络。这些有限的社会网络似乎存在于抑郁症发作之前，尽管在抑郁症患者的症状缓解的时候，他们可能具有更多的社会接触，但是他们的社会网络比那些从未出现过抑郁症的患者更为有限。此外，抑郁症患者也缺少社交技能，例如，他们似乎讲话更缓慢、更平淡，更缺少目光接触；比起没有抑郁症的患者，在解决人际关系问题方面显得更缺少能力。

四、文化、性别、种族与心境障碍

心境障碍的流行在不同的文化、种族与性别群体中差异相当大。在一些地方，躁狂很常见，而在其他地方，抑郁则更普遍。

（一）文化

（1）抑郁症症状的跨文化差异。社会文化理论家认为，抑郁症存在于所有的文化当中，各国、各民族和各种文化中的人都处于抑郁症的风险之中。但是，抑郁症症状的表现形式又往往因文化差异而有所不同。例如，在非西方国家，诸如中国和日本，抑郁症患者更可能产生躯体症状方面的困扰，如疲惫、虚弱、睡眠障碍及体重减轻，以及失去对性的兴趣等（Kleinman，1986，2004）；心理方面症状的特征出现较少，如自责与罪恶感，而这在西方发达国家却屡见不鲜。然而，当这些国家受到西方文化影响，出现逐渐西方化倾向时，其抑郁症则表现出与西方国家相似的症状，即表现出更多的心理症状的特征。

对这些症状不同的解释可能是由于亚洲人相信心与身的和谐统一，缺少对较为综合性情绪的表露，并且在这些文化中抑郁症患者还背负着精神病的污名。愧疚和自责在西方很平常，但是在亚洲不常见，其原因可能在于，西方文化是把个体作为独立和自主的，因此当遭遇挫折时，常做出内部的归因。

（2）流行率的跨文化差异。抑郁症的流行率（不管是否主要表现为躯体的或心理的症状）在不同国家有很大不同。例如，在中国台湾地区，抑郁症的终身患病率估计有1.5%，而在美国和黎巴嫩估计有17%～19%。差异如此之大的原因无疑是复杂的，在充分理解它们之前还有许多工作要做。正在探索的观点包括在不同文化和不同压力水平上，探讨各种水平的社会心理的风险变量。诸如在假设的风险变量、消极的归因风格上出现跨文化差异，然而这些差异如何转化成不同的抑郁症发病率目前仍不清楚，因为并不知道同样的风险变量在不同的文化中是否起作用。

（二）性别、种族与心境障碍

在同一个社会中，抑郁症的比率也因不同的次级群体而出现不同。研究表明，女性抑郁症的比率高于男性。有社会文化理论认为，社会对女性的角色期待以及女性在社会上的地位，使她们特别容易产生抑郁症。

同样，尽管研究发现，美国白人、非洲裔美国人及拉丁美洲裔美国人在抑郁症患病的比率上、总体上很少有差异，但研究者同时也发现，当他们对生活在特殊社会生活环境中的种族进行调查时，发现这些种族之间也存在显著差异。例如，在一项对一个美国印第安村民的研究中发现，其女性抑郁症的终身患病风险为37%，男性为19%，总体为28%，高于一般美国人口。许多社会文化理论家将这种情况解释为，这是由于生活在印第安人保留地的人面对严重的社会和经济压力所致。

五、心境障碍的生物医学治疗

研究表明，对于心境障碍，心理治疗干预必须与药物治疗相结合。如果临床治疗师只简单地一味追求心理治疗的效果而忽视对药物的使用，就有可能会影响治疗效果。同样，如果忽视对患者心理社会的需求，则药物治疗的效果可能会有所降低。

（一）药物治疗

对抑郁症患者而言，药物是最普遍使用且在生物学及其他方面经过严格缜密研究的治疗方式。在20世纪50年代，有两种缓解抑郁症症状的药物被发现：单胺氧化酶抑制剂（monoamine oxidase，MAO，inhibitors）和三环抗抑郁剂（tricyclics），近年来又有第二代抗抑郁药物被发现。在这些药物被发现之前，减轻抑郁症的药物仅有安非他命（amphetamines）。

（1）单胺氧化酶抑制剂。单胺氧化酶抑制剂（MAO，inhibitors）是在用于结核病患者药物测试中被偶然发现的，它可以使患者快乐，并对抑郁症患者有相同的功效。这些相关的药效有相同的生化作用，即它们减缓了机体单胺氧化酶的产生。在正常情况下，大脑中产生的酵素单胺氧化酶会破坏或降低去甲肾上腺素的活性，而单胺氧化酶抑制剂则能阻断单胺氧化酶对去甲肾上腺素活性的破坏与降低，进而可提高去甲肾上腺素的活性，起到减轻抑郁症状的作用。将近半数的抑郁症患者服用此药后病情有所改善。

但是，单胺氧化酶抑制剂也会产生严重的副作用。如果患者所吃的食物（如乳酪、某些鱼类、香蕉、某些酒等）中含有酪胺（tyramine），这种化学物质若累积过多，则会有导致血压升高的危险，且有可能导致死亡。因而，服用此药物的患者必须避免吃任何包含酪胺的食物。

（2）三环类药物。该类药物发现于20世纪50年代，对于抑郁症疗效均在60%～70%，经过4～6周的治疗，其疗效较安慰剂高约一倍，但其抗抑郁疗效均需要3～4周时间方能达到高峰。许多研究显示，服用三环类药物的患者比使用安慰剂的同类患者会得到更大的改善，尽管在病况改善前，这种药物必须至少服用十天（APA，1993）。

许多研究推断，三环类药物之所以能减轻抑郁症，是通过神经递质的“回收”机制而发挥作用的。人类已知，大脑通过从一个神经元越过突触间隙释放神经递质到另一个神经元而传递信息。但是这一过程往往是复杂的，即当神经末梢释放神经递质时，在同一末梢上有一种类似唧筒的回收机制会试图将这些递质取回。该机制的目的在于预防神经递质在突触停留太久，而反复刺激突触后神经元。也许该机制对某些人而言太灵敏，因而过多地降低了去甲肾上腺素和血清素的活性，进而导致了临床上的抑郁症。显然，三环类药物可以阻止这种再回收过程，增加神经递质的活性（见图8－4）。

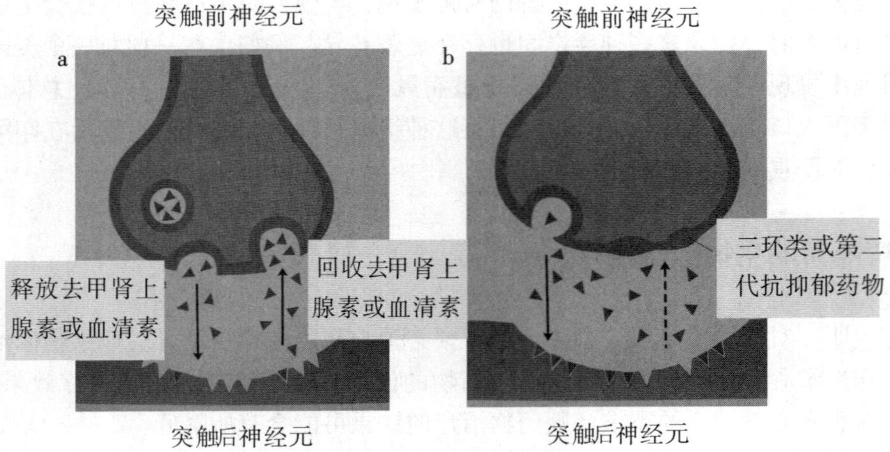

图 8-4　神经递质的回收与抗抑郁药

a. 当神经元释放出去甲肾上腺素或血清素到突触间隙，但一个类似唧筒的装置，在这些神经递质被突触后神经元接受前，迅速回收。

b. 三环类或第二代抗抑郁药阻断了这种回收过程，使更多的神经递质到达突触后神经元。

（资料来源：Ann. M. Kring et al.，*Abnormal Psychology*，10th ed.，2009）

（3）第二代抗抑郁药物。多数第二代抗抑郁药物，被称为选择性血清素回收抑制剂（selective serotonin reuptake inhibitiors，SSRIs），因为它们特别能增加血清素的活动，同时又不影响去甲肾上腺素或其他神经递质。尤其是以氟西汀（fluoxetine，亦称百忧解，prozac）为代表的特异性5-羟色胺再摄取抑制剂的出现，使抑郁症的治疗得到了进一步改观。另有米氮平、万拉法新等5-羟色胺和去甲肾上腺素再摄取抑制剂，这是一类疗效好、见效快的新药；此外还有单胺氧化酶抑制剂（MAOI）等。

（4）锂盐。锂盐（lithium）作为一种“心境稳定剂”（mood stabilizer）已经广泛运用于临床治疗当中。锂盐及相关药物，具有抗躁狂与抗抑郁的双重效果，即它可在任何一个方向上发挥稳定心境的作用。大量研究证明，锂盐对躁狂发作的治疗有明显效果。超过60%的躁狂症患者由于使用这种药物而使其问题得到改善。此外，只要患者继续服用锂盐，多数人很少会重新发作（Viguera et al.，2000）。锂盐也可以作为一种预防药物，有助于预防症状的发展。所以，今天的临床工作者在患者的躁狂缓解后，仍会让其继续使用锂盐。锂盐也可以帮助双相障碍患者克服其抑郁症的发作，而坚持使用锂盐则可明显减轻抑郁症复发的风险。

在过去几十年中，另一类药物在治疗双相障碍方面的有效性也逐渐受到重视，它们被称为抗痉挛剂（anticonvulsants）。许多患者在服用锂盐后会出现不良反应，如昏昏欲睡、运动协调性降低、肠胃不适等；此外，长期服用锂盐可能会造成肾功能障碍，而这些抗痉挛剂则对患者具有良好的效果。然而，一些研究指出，对于服用抗痉挛剂的患者而言，他们企图自杀和完成自杀的风险是服用锂盐患者的2～3倍（Goodwin et al.，2003）。这又从另一个角度说明，如果患者能够忍受服用锂盐带来的副作用，它的优点还是大于缺点。

（二）电痉挛治疗

在电痉挛治疗（electroconvulsive therapy，ECT）的过程中，两个电极附着于患者头部，在半秒或少于半秒的时间里，65～140伏特的电流进入脑部，电流会引起脑部痉挛发作，持续约25秒至几分钟。在6～12次的治疗后，间隔2～4周，多数患者会觉得抑郁得到减轻（Bailine et al.，2000；Fink，1992）。电痉挛分双侧电痉挛法与单侧电痉挛法。双侧电痉挛法是将两个电极分别放置于前额的一侧，让电流通过脑部的两边。单侧电痉挛法是近年来使用渐多的方法，其电极只放置于一侧，让电流只通过一边。

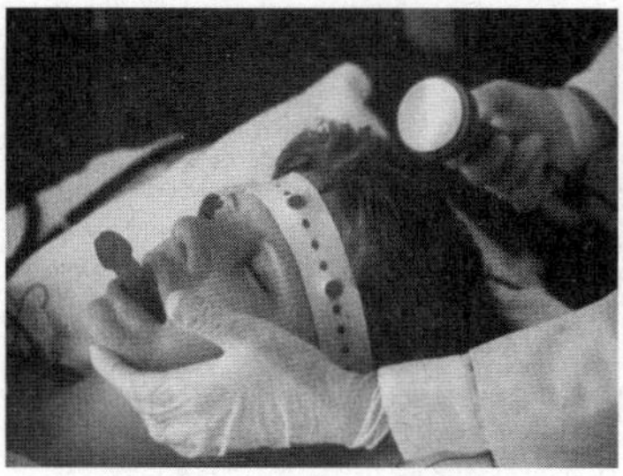

对于那些对药物治疗没有反应的抑郁症患者，ECT是有效的。使用单侧ECT、麻醉和肌肉松弛剂，可减少不在预期内的副作用。

电痉挛对特别严重的抑郁症效果很明显，对解除抑郁症患者拒食、严重自杀企图、抑郁木僵等有意想不到的效果，常在1～2次电痉挛治疗后，病情即可显著改善，而且有利于精神药物及心理治疗的继续实施。尤其是无抽搐性电痉挛的运用，减少了电痉挛的并发症，使某些伴有躯体疾病的抑郁症患者也可接受治疗。另外，电痉挛对抗抑郁剂疗效不好的抑郁症及伴有精神病性症状的抑郁症患者均有良好的效果，对双相快速循环型有阻断反复发作的作用。尽管新一代的抑郁药物不断涌现，电痉挛使用的范围也在缩小，但是，由于它方法简单、经济、见效快，且具有某些特殊作用，因此迄今仍在临床上被应用。

（三）其他生物医学治疗

1. 穿越大脑的磁性刺激

穿越大脑的磁性刺激（transcranial magnetic stimulation，TMS）是一种非侵入性的技术，它容许对患者（在清醒状态下）的脑部施加焦点刺激。短暂但强烈波动的磁场引起所传导皮质若干部位的电活动。这种治疗过程不会引起疼痛，通常每星期施予五天的治疗，为期2～6周。尽管并非所有研究均发现TMS在治疗抑郁症方面是有效的，但是许多研究已经显示出它具有相当的效力——实际上几乎可以与单侧ECT和抗抑郁药物相比拟（Janicak et al.，2005）。此外，TMS和ECT相比，它另一个优点在于，患者的认知和记忆表现不会受到不利影响，而ECT则常常会造成患者记忆的缺损。

季节性抑郁症是重性抑郁症的亚型之一。图中女性患者正在接受光照治疗。

2. 明亮光线治疗法

在过去的十多年中，另一类非药物的治疗方法越来越受到人们的重视，其中之一被称为明亮光线治疗法（bright light therapy）。有研究指出，大多数人（但非全部）在秋季和冬季会变得抑郁，然后在春季和夏季又恢复正常（Howland & Thase，1999）。许多基本功能（诸如睡眠、活动力及食欲等）的季节性变化与白天的光照量都有关联，即夏季的光照量远多于冬季，除了在近赤道处之外。对符合季节型模式的抑郁症患者而言，他们通常显现出食欲增加和睡眠过度的现象，而非食欲减退及失眠。他们在昼夜周期上也有明显的失常现象，呈现较弱的24小时形态——相较于正常人群。鉴于此，大量针对季节性心境障碍的研究开始付诸实施，这些研究支持有控制地暴露于光线下的治疗（即使是人工光线），其目的在于重建正常的生物节律。

六、心境障碍的心理治疗

20 世纪 70 年代以来形成了一些独特的心理治疗形式，这些治疗形式在对重性抑郁症的治疗方面被证明是有效的，而且有明显的证据指出，用于抑郁症的这些相同的治疗形式，单独或联合药物使用，在为期两年的追踪期内明显地降低了复发的可能性（Holon et al.，2002）。

目前有三种短期心理治疗应用于重性抑郁障碍治疗研究中，即认知—行为疗法、人际关系心理疗法及家庭与婚姻疗法。

（一）认知—行为疗法

该治疗方法由贝克及其同事所发展，目标是改变不良适应的思考模式。这是一种相对简单的治疗形式，关注于此时此地的问题，而不像精神分析疗法那样强调更为遥远的因果关系问题。例如，认知疗法由有高度结构化的、系统的治疗尝试所构成，以指导抑郁症患者对其信念及有系统的、消极的自动化思维做出评价。认知疗法的治疗目的在于通过帮助患者识别和考察其消极认知来缓和抑郁发作和预防反复发作，帮助患者养成善于选择、灵活和积极地思考并反复演练新的认知和行为反应的习惯。认知疗法极大地依赖于经验的接近与获取，在这一过程中指导患者通过对行为经验的运用来检验那些作为假设的信念并加以矫正。贝克的方法依循以下四个连续阶段：

（1）阶段 1：增加活动及鼓舞情绪。利用行为技术进行认知治疗，治疗师首先要鼓励患者更积极和更自信。在每一个疗期内，患者要花时间准备以小时为单位的一周详细活动的时间表（见表 8－9）。当他们一周内变得更活跃时，他们的情绪就可能得到了改善。由于治疗的早期阶段结合行为技术，贝克的方法被视为一种认知—行为疗法。

表 8－9 增加活动

时 间	星期一	星期二	星期三	星期四
9～10	去杂货店	去博物馆	准备外出	
10～11	去杂货店	去博物馆	开车去看医生	
11～12	看医生	打电话给朋友	去博物馆	看医生
12～1	午餐	午餐	在博物馆吃午餐	
1～2	开车回家	清扫前面的房间	开车回家	
2～3	看小说	清扫前面的房间	洗涤	
3～4	打扫卧室	看小说	洗涤	

（续上表）

时　间	星期一	星期二	星期三	星期四
4~5	看电视	看电视	看电视	
5~6	准备晚餐	准备晚餐	准备晚餐	
6~7	与家人用餐	与家人用餐	与家人用餐	
7~8	打扫厨房	打扫厨房	打扫厨房	
8~12	看电视、看小说、睡觉	打电话给妹妹、看电视、看小说、睡觉	清洁地毯、看小说、睡觉	

在抑郁症的认知治疗早期阶段，患者和治疗师准备诸如此类的活动时间表。简单的活动，如看电视；而打电话给朋友则属于特殊活动。

（资料来源：Beck et al.，1979）

个案研究——认知治疗挑战消极思维

以下对话是治疗师在进行认知治疗时，挑战患者消极思维的例子。需要数次访谈来帮助患者了解何谓认知模式，并且辨识出过度消极的认知。必须注意的是，治疗师和患者在整个治疗过程中以数种方式挑战消极思维。

治疗师：你说你是一个“失败者”，因为你和罗杰离婚了。现在，我们来看看什么是失败者——就是一事无成。

患　者：对，那听起来相当极端。

治疗师：好，让我们对你已完成的某些事的证据做一个证明或者反驳。在这张纸的中间画一条线，你在其中一端写下“我已完成”的一些事。

患　者：（画线并开始描写）。

治疗师：证明你已完成了一些事的证据是什么？

患　者：我大学毕业了，我养育儿子，我上班工作，我有一些朋友，我运动，我是一个可信赖的人，我在乎我的朋友。

治疗师：好！我们把这些都写下来。现在，在线的右边写下反驳你完成了某些事的想法的证据。

患　者：嗯！或许不合理，但我要写下的是我离婚了。

治疗师：好，现在看看支持和反对你已经完成某些事的想法的证据，它们的比重是多少？各一半吗？还是不一样？

患　者：我必须说95%赞成正面积极的想法。

治疗师：所以，现在你在多大程度上相信你已经完成了一些事？

患　者：100%。

治疗师：你还在多大程度上相信因为你的离婚，你就是一个失败者？

患　者：或许我不是一个失败者，但婚姻是失败的，我给我自己10%。

（资料来源：Ann. M. Kring et al.，*Abnormal Psychology*，10th ed.，2009）

（2）阶段2：挑战自动化思维。一旦人们变得更加活跃并感觉到某些情绪有所缓解时，治疗师开始对其消极的自动化思维予以指导。当自动化思维发生时，患者被教导去识别和记录下来，在每个疗程都要把他们的记录表带来。然后治疗师和患者检验这些思维背后的真实性。最后他们的结论是，那些想法经常是无根据的。请看贝克提供的这种疗法的例证。

（3）阶段3：确认消极思维和偏见。当人们开始认清他们的自动化思维是错误的时候，认知治疗师便指出他们不合逻辑的思维过程及这些想法是如何促成的。例如，当抑郁症的学生认定任何成绩低于A是可怕的事时，他正在使用极端两极化的思维（全或无）。治疗师还应该引导患者去认清，他们几乎对所有事件的解释都有消极的偏见，并改变那种解释的形态。

（4）阶段4：改变根本的态度。治疗师帮助患者改变最初造成他们抑郁症的不适当态度。在某些过程中，治疗师常常鼓励患者去测试自我的态度。请看下面的个案研究：

个案研究——改变患者不适当态度的讨论

治疗师：你根据什么认为没有男人你就不快乐？

患　者：我有一年半的时间没有男伴，在这段时间里我真的很沮丧。

治疗师：为什么你会沮丧，是否有其他的原因？

患　者：正如我们所讨论的那样，我以扭曲的方式来看待每件事，但是我仍然不清楚，假定没有人对我有兴趣，我是否会感到快乐。

治疗师：我也不清楚。有什么方法我们可以找出原因呢？

患　者：可以做个实验，我在一段时间里不外出约会，看看我有什么感觉。

治疗师：这是个好主意。虽然这个实验方法并不是十分完美，但目前它是发现事实的最好方法。你能以实验的方式进行是幸运的。现在，在你的成年期第一次发现你不需要依赖男人。假定你发现没有男人也很快乐，它能使你自强，也能使你未来的关系变得更好。

（资料来源：Beck et al.，1979）

贝克也把行为技术置于治疗中，称为行为激活（behavioral activation，BA）。在行为激活中，治疗师给患者提供曾获得成功的成就，让他们看到自己好的一面。例如，治疗师鼓励患者做一些可增加正面经验的事情，像早晨早起、散步和朋友聊天等。

（二）人际关系心理疗法

人际关系心理疗法（interpersonal psychotherapy，IPT）由柯勒曼和威斯曼在20世纪80年代首创。这种疗法认为，人际问题领域中有四种问题，这四种问题的任何一种都有可能导致抑郁症。这四种问题分别是人际关系的丧失、人际角色的纷争、人际角色的转变和人际关系的缺陷。

IPT通常由每周12~16个部分组成。在这一疗程中，IPT治疗师要采取哪些做法呢？

第一，正如心理动力理论家所指出的那样，抑郁症患者可能经验到一种人际关系丧失的忧伤反应，即失去重要的爱的对象。在这些个案中，IPT治疗师要鼓励患者去探索他们与死者的关系，并表达他们所发现的任何愤怒的情感。最后，患者要形成回忆死者的新方法，并寻求新的关系。

第二，抑郁症患者可能会发现自己处于人际角色的纷争之中。当两个人对他们的关系及每个人应扮演的角色有不同的期望时，角色纷争就会发生。IPT 治疗师要帮助患者对他们所卷入的任何角色纷争进行检查，找到并掌握解决这些问题的方法。

第三，抑郁症患者也可能经历了一种由重大的生活改变而引起的人际角色的转变，如离婚或孩子出生等。他们感觉到，由于生活的变化导致的角色变化给他们带来了压力。例如，许多妇女通常认为婴儿的出生是一种愉快的经验。但是也有 10% ~30% 的新母亲在婴儿出生的几周或几个月后会产生临床抑郁症（Nonacs & Cohen，1998）。产后的妇女在其婚姻关系、日常例行工作和社会角色上都面临许多变化；睡眠和娱乐可能减少，经济压力增加；或许她感受到了应放弃工作，或努力去维持工作的额外压力。这种压力的增加，增加了抑郁症的风险。

个案研究——认识自己的行为对他人的影响

患　者：（在眼睛下垂、悲伤的面部表情及消沉的姿势，以及长时间的中断之后）人们常常取笑我，我想我就是这种类型的人，所谓的独行侠，该死。（深深地叹气）

治疗师：你能不能再做一次？

患　者：什么？

治疗师：叹气，再深一点儿。

患　者：为什么？（停顿）好，但是我不了解……好吧。（患者再次叹气及微笑）

治疗师：你那一刻笑了，但多数时候，当你叹气而且看起来悲伤时，我觉得我最好避免在你悲伤时打扰你，我会非常小心，不要太接近你，否则我会对你造成更多的伤害。

患　者：（他的声音有点儿生气）对不起，我只是想告诉你我的感觉如何。

治疗师：我知道你觉得悲哀，但是我也收到你想跟我保持距离的信息，我无法接近你。

患　者：（缓慢地）我觉得我像一个孤独的人，我甚至觉得你不关心我——在取笑我。

治疗师：我想是否其他人也需要通过这个试验？

（资料来源：Ronald J. Comer，*Abnormal Psychology*，4th ed.，2001）

第四，有些抑郁症患者表现出人际关系的缺陷，如极度害怕、对他人的需要感觉迟钝、缺乏社交技能等。根据柯勒曼和威斯曼的观点，许多抑郁症患者在童年期曾经验过人际关系的破裂，因此进入成年期后无法与他人建立亲密的关系。IPT 治病师要帮助患者认清他们的缺陷及其根源与性质，并要教导他们掌握社交技能，学会自我肯定，以促进其社会能力的发展。请看临床个案——认识自己的行为对他人的影响。

人际关系心理疗法尚没有受到像认知—行为疗法那样广泛的评价，也不如认知—行为疗法那样具有广泛的有效性。但是，已经取得的研究成果则对它治疗重性抑郁症的有效性予以了有力的支持。这种治疗途径关注当前的人际关系问题，试图帮助个人理解并且改变适应不良的相互作用模式（Gillies，2001）。研究指出，那些连续受到一个月一次 IPT 治疗的患者，或者连续受到药物治疗的患者，相对那些被提供安慰剂并被追踪超过三年的患者而言，前者复发的可能性要小得多。

（三）家庭与婚姻治疗

当然，在任何一个治疗计划中，重要的是要解决患者在生活中不同寻常的压力，因为不愉快的生活情境可能导致抑郁症的复发，还可能导致需要更长的时间来治疗。这种在研究中已经确立起来的观点表明，重性抑郁症与双相障碍的复发与家庭生活中的有害因素密切相关。一般来说，尽管家庭治疗对重性抑郁症不作为首选治疗，但越来越多的证据表明，帮助心境障碍患者减少刺激和帮助他们应付刺激能减少复发的可能性。家庭治疗显示，如果心境障碍危及患者的婚姻和家庭功能，或者此类心境障碍由家庭境遇所促发和维持，那么家庭治疗就能检测心境障碍者在整个家庭整体心理健康中的作用，也能检测整个家庭在维持患者的症状中的作用。

抑郁症也会起因于婚姻不和谐。得不到配偶支持的患者，其抑郁症往往恢复较慢。事实上，有一半抑郁症患者存在婚姻关系不良的现象。提供行为婚姻治疗（behavioral marital therapy）的治疗师，通过指导夫妻特殊的沟通和解决问题的技巧来帮助他们改变有害的婚姻行为。当抑郁症患者的婚姻充满冲突时，这种疗法与认知疗法或人际关系疗法一样，对帮助减轻抑郁症有积极效果。此外，接受了婚姻治疗的患者，比那些接受其他治疗法的患者在治疗后对他们的婚姻表示了更多的满意。

第六节　自　杀

自杀在人类历史上早有记载。在《旧约全书》中就对所罗国王的自杀做了这样的描述："所罗拿出一把剑，并倒在剑上自刎而死。"古代中国、希腊和罗马也有许多自杀的实例。近代以及今天，自杀的名人数不胜数，包括作家海明威、著名演员玛丽莲·梦露、香港艺人张国荣、中国内地艺人陈琳等，使大众震惊与迷惑。此外，还有发生在世界各地的自杀或袭击，以及集体自杀事件，如1997年的美国天门教自杀事件更是震撼世界。

在DSM-Ⅳ中自杀没有被列为心理障碍，但是临床工作者们却察觉到，自杀有着高频率的心理功能丧失，诸如应对技能（copy skills）受损、情绪混乱、人生观扭曲等都在自杀行为中起了一定作用。虽然自杀常常与抑郁症联系在一起，但至少有半数的自杀起因于其他心理障碍，如精神分裂症、酒精或药物依赖，以及其他心理疾患等。

一、自杀的概念

（一）什么是自杀

在现代社会中，自杀已成为人类的十大死因之一。世界卫生组织新近的统计数据表明，世界上大约每3秒钟有一例自杀未遂，每40秒钟有一例自杀死亡。2000年全世界死于自杀的人数约为100万，在死亡原因中居第五位，仅次于心脑血管疾病、恶性肿瘤、呼吸系统疾病和意外死亡。在有些国家，自杀在青少年死亡原因中居前三位，甚至头位。除了自杀死亡者以外，尚有10～20倍的自杀未遂者，他们常遭受不同程度的功能残疾。自杀对社会和家庭均带来巨大的影响，每一个自杀死亡或自杀未遂者至少有五位亲近的人受到牵连，他们为此感到悲痛和烦恼。

涅槃乐队歌手科班的自杀吸引了大量的注意。他的歌曲常表达出一种抑郁倾向。

什么是自杀？并非每个自我造成的死亡都属于自杀。例如，一个酒后驾车者撞树而导致死亡就不能视为自杀。到目前为止，不同的学者对自杀这一术语的内涵界定仍存争议。《大不列颠百科全书》简单地将自杀定义为："有意或者故意伤害自己生命的行动。"Scheindman 将自杀定义为："有意识的自我毁灭，其行动者有多种多样的痛苦，且把这种行动看做是解决某种问题的最好办法。"Kaplan 等人在《精神病学概要》中认为："自杀是有意的自我伤害导致的死亡。"中国学者王登峰认为："自杀是任何旨在结束自己生命的有计划的行为。"这些定义都强调个体行为的动机和对行为的控制能力。根据这些看法，可以做出如下界定：自杀是一个人有意识地、直接地结束个人生命的行为或努力。同样，意识障碍者的自杀或自伤则因其行为失去意识的控制力，而不应该视为自杀。

表 8－10　自杀未遂者与自杀成功者的比较

特　点	未遂者	成功者
性别	多为女性	多为男性
年龄	主要为青年	自杀的风险随着年龄增加
方法	慢性致死方式（药物、割喉或割脉）	更为暴烈的方式（枪、跳楼）
一般的诊断	情绪障碍、边缘人格障碍、精神分裂症	主要为心境障碍、酒精依赖者
主导情绪	伴随愤怒而产生的抑郁	伴随无望而产生的抑郁
动机	改变环境、求助	死亡
治疗过程	从烦躁不安中迅速恢复	
对自杀的态度	从生活中得到解脱，保证不再自杀	

（资料来源：Gerald C. Davison et al., *Abnormal Psychology*, 9th ed., 2004）

（二）有关自杀的一些误区

自杀是复杂和多层面的行为，没有哪一种单一的观点或模式可以对它做出准确的解释。关于自杀的看法比比皆是，而且有些充满了荒诞的观点。例如，对自杀最不合宜的荒诞看法就是认为那些威胁要自杀的人不会真正成为自杀者，只有那些"沉默的类型"才会真正自杀。还有人错误地认为自杀失败的人并不是真的想结束他们的生命，他们只是在寻求同情（Segal，2000）。然而，诸如此类的看法，又和大量的观察及研究所得到的事实不同（见表 8－11）。上述各种看法都表明了对自杀现象做出准确解释的困难程度，也提示研究者们在对自杀行为做出解释和说明时必须十分小心谨慎。自杀研究涉及许多不同的伦理问题，迫使人们思考自己对生命和死亡的观点。

表 8－11　自杀的误区及相反的证据

常见的看法	相反的证据
讨论自杀的人不会真的自杀。	多达 3/4 的人以结束自己的生命来表达他们之前的意图。
自杀没有预警。	人们通常会发出许多警讯，比如说，没有他们，世界会更好；或突然莫名地将个人重要的物品送人。
自杀的人想死。	大多数自杀者对自己的死亡似乎有些矛盾。大多数自杀者在自杀获救之后表示感谢。
人以低致死性的方式企图自杀，是不严重的自杀。	许多人并不了解药物剂量或人体解剖学。正因为如此，有时想死的人却用了非致命性的方式。

二、自杀的研究及其策略

自杀研究者在其研究工作中要面对一个重要的障碍，即他们的研究对象已不复存在。那么，研究者如何对一个不能再对自己行为的意图、感受和情境进行解释的人做出正确的结论？目前有两种研究方法试图解决这个问题。

湖北武汉一男子准备跳楼自杀（左），一消防员上前试图拦阻。

（一）追溯分析

追溯分析（retrospective analysis）是一种心理的事后分析，临床工作者和研究人员通过拼凑自杀者过去的资料去追寻自杀原因，如亲戚、朋友、治疗师，或医生的回忆。回忆的内容包括自杀者以往的陈述、谈话和曾经透露过的自毁行为等。追溯的资料还包括由自杀者遗留下的各种文字资料，如便条、日记、网络中的博文、QQ 聊天记录等。当然，这些资料的获取常常又是困难的。例如，有研究指出，在美国，所有自杀者中有不到 1/4 的人曾经做过心理治疗（Fleer & Pasewark，1982），而留下便条的人不到 1/3（Black，1993）。此外，回溯资料也未必有效，因为一个悲伤、受罪恶感支配的亲属，可能无法客观地回忆起自杀者生前的资料。

鉴于上述限制，许多研究者试图使用另一种研究策略——对企图自杀的生还者进行研究。当然，自杀生还者在重要的方法上可能与未生还者不同。例如，他们之中有许多人实际上并不想死。不过，自杀研究者发现，研究自杀生还者还是十分有意义的，它有助于我们了解企图自杀者和真正自杀身亡者之间有多少相似之处。

（二）自杀的流行病学研究与自杀形态

1. 自杀死亡率

自杀死亡率是指一年内每 10 万人口中自杀死亡的人数所占的比例（以下简称自杀

率）。自杀的发生与社会背景有很大的关联。在不同的国家和地区自杀率是有较大差别的，自杀率较高的国家为30/10万左右；自杀率低的国家在5/10万以下（WHO，1998）。例如，俄罗斯、匈牙利、德国、奥地利、芬兰、丹麦、中国及日本都有较高的比率，每年每10万人中超过20人自杀；相反，埃及、墨西哥、希腊和西班牙的自杀率则较低，每10万人中自杀者不足5人；美国和加拿大则介于上述两者之间，自杀率每10万人中约有12人，英国的比率为每10万人中有9人（NCHS，1994；WHO，1992）。

根据最近的医疗数据显示，中国的总自杀率为23/10万，自杀死亡人数为28．7万。自杀是中国第五位重要的死亡原因，更是15～34岁人群首位重要的死亡原因。同时，研究表明，在中国，每年还有至少200万人自杀未遂，而且其发生率也是农村显著高城市；医院诊治的女性与男性自杀未遂人数之比为2.5：1，且2/3的自杀未遂者在15～34岁（费立鹏，2004）。

2．自杀的社会人口学的特点

（1）性别特点。在大多数国家，男性自杀率高于女性自杀率。在中国，农村自杀率是城市的三倍，女性自杀率比男性高25%左右；女性自杀率高主要是因为农村年轻女性的自杀率非常高——农村年轻女性的自杀率比年轻男性高66%（费立鹏，2004）。从选择自杀的方式来看，男性倾向于选择激烈的死亡方式，如枪击、刺杀或上吊等；而女性多采用较不激烈的、慢性的死亡方式，如服药过量。在美国，几乎有2/3的男性使用手枪自杀，而女性以手枪自杀的比率则为40%（Canetto & Lester，1995）。

（2）年龄特点。虽然任何年龄段的人都会尝试自杀，但自杀的可能性通常会随着年龄的增长而增加。临床工作指出，应对如下三个年龄段的人群给予特别的注意：儿童、少年与年长者。研究显示，根据1996年调查，在美国大约有五百个14岁以下的儿童自杀，约为此年龄段的0.9/10万。此外，据估计，每百名儿童中，就有一名儿童试图伤害自己；每年都有数千名儿童由于精心的自毁行为，如刺伤、切割、灼伤、服药过量或从高处跳下而住院等。

研究指出，自杀行为在14岁以后比任何较早的年龄更为常见。由于青少年中致命的疾病很少见，因而，除意外和被杀之外，自杀便成为该年龄群体的第三个主要死亡原因。而且，近半数青少年曾产生过自杀的念头（Goldman & Beardsley，1999）。一些针对中学生的调查结果指出，自我报告的自杀企图的发生率达到了10%；大约还有两倍的报告说，他们认真考虑过这件事（Jamision，1999）。大部分自杀企图只有很低的致命性，也不需要接受辅导，但是我们仍有必要严肃地正视这个问题。实际上，一项研究发现，对于试图自杀的青少年男孩而言，几近9%在五年内完成自杀；青少年女孩对应的发生率是1%～4%（King，1997）。大学生的自杀率也很高，自杀是这个年龄群体的第二大死因。

在西方社会，老年人比其他年龄群体更可能自杀，而且超过65岁以上的老年人（尤其是老年男性）自杀率较高。在美国，大约每10万超过65岁的老人中，就有19人自杀。在20世纪80年代，全美国自杀者中约19%以上是老年人，然而他们只占总人口的12%（McImtosh，1992）。我国部分地区的统计资料显示，15～30岁组自杀率较高，此后呈下降趋势。一些地区对老年人的调查发现，农村老年人自杀率较高，且明显高于城市老年人。随着我国家庭结构和人口结构的改变，老年人的自杀问题在我国也将会显得更加突出。

（3）婚姻职业特点。自杀和婚姻状况有关（见图 8－5）。在结婚者中，特别是在有孩子的人中自杀率相当低；单身和鳏寡独居者中有较高的比率；离婚者比率最高（Weissman et al.，1999）。据调查，已婚男性的自杀行为少于未婚或离婚者，婚姻对男性的自杀行为具有保护作用，而这一特点对女性则不明显。加拿大实施的一项四十年的分析显示，在全国的离婚率和自杀率之间有极高的正相关（Leenaars & Lester，1999）。

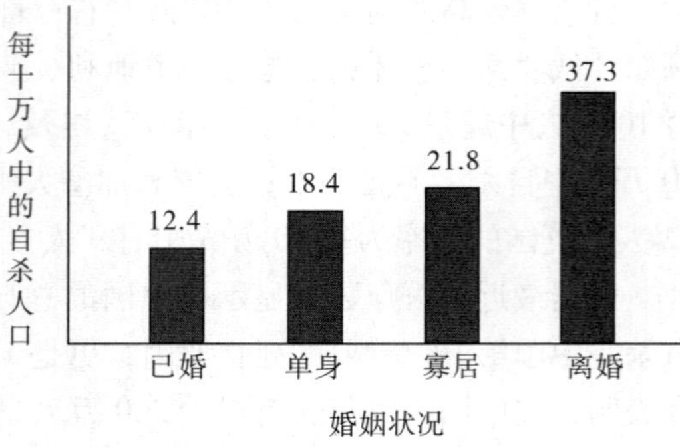

图 8－5 自杀和婚姻状况

每 10 万个离婚者中约有 37 人自杀，超过已婚者比率的三倍。

（资料来源：McIntosh，1991）

在社会的各个阶层中都存在自杀，但是在精神病专家、医生、律师和心理学家等职业中自杀更易发生，如果女性位于这些职业则更普遍。其他的高风险职业包括执法人员、音乐家、牙医等。

（4）种族。研究表明，自杀也因种族不同而有所不同。美国白人的自杀率，每 10 万人中有 12 人，几乎两倍于非洲裔美国人和其他种族成员（Stillion & McDowell，1996）；美洲印第安人也有着极高的自杀率，总数为全国平均数的一倍半（NCIPC，1999），有些印第安人部落的自杀率为全美国平均数的 4～10 倍（Berlin，1987）。虽然许多美洲印第安人极端贫困，可以部分地解释这种倾向，但研究显示，其他一些原因，诸如酗酒、模仿、枪械的取得便利等也具有重要作用。对加拿大的美洲印第安人的研究也得出了同样的结果（Strickland，1997）。

当然，研究也指出，虽然美国白人比非洲裔美国人有更高的自杀倾向，但近年来，两个族群的比率已逐渐接近。美国白人的自杀比率在 1980 年时比非洲裔美国人高出 157%，而目前则只高出 42%。这种倾向反映了年轻的美国白人和非洲裔美国人遭遇到了同样的压力而面对着同样的困扰。例如，成绩和进入大学机会的竞争，现在两个族群竞争都很激烈。年轻的非洲裔美国人自杀率渐增，也可能与他们失业率上升、都市内（inner-city）生活的焦虑，以及对社会种族不平等的愤怒有关。

三、人们为什么自杀

（一）自杀与生物遗传因素

有不少迹象显示自杀有时发生在某些家族内。例如，海明威于 1961 年 7 月 2 日自杀，35 年之后，他的女儿玛歌也自杀身亡。海明威家族连续四代有五位自杀者——莱斯特的父亲克拉伦斯，莱斯特和他的兄弟乌拉苏，以及海明威和他的女儿玛歌（见图 8－6）。一些研究认为，基因的遗传因素可能与自杀行为有关，如同卵双生子的自杀一致性比率是异卵双生子的 19 倍。此外，这种遗传素质似乎至少部分地独立于重性抑郁症的遗传脆弱性，并且只有在严重的压力或个体经历精神障碍情况下才显示出来。

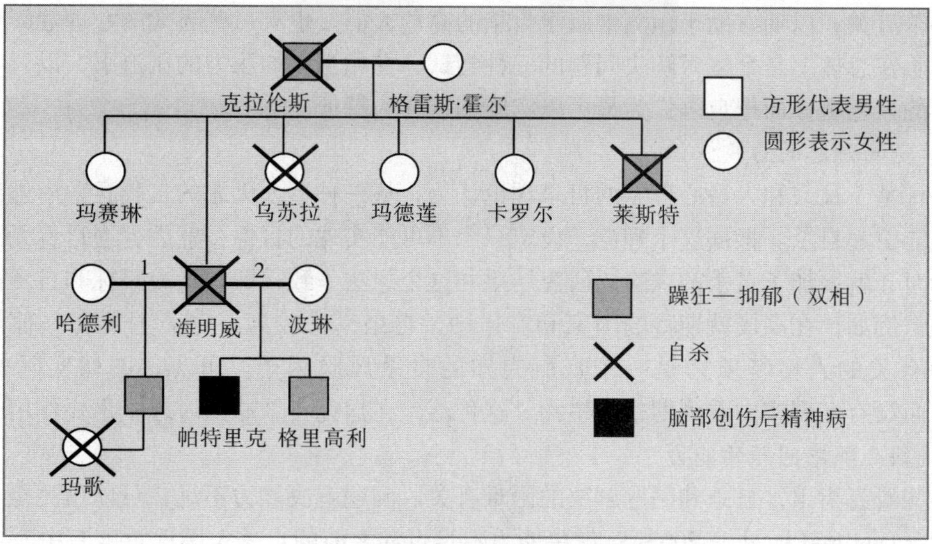

图 8－6 著名作家海明威的精神病和自杀的家庭史

（资料来源：Kay Jamison. 接触激情：躁郁症与艺术气质）

正像抑郁症患者低水平的血清素一样，有研究表明，在血清素、自杀和冲动性三者之间也建立了一种联系。低水平的血清素的主要代谢物——羟吲哚乙酸（5HIAA），在许多自杀的诊断类别如抑郁症、精神分裂症和一些人格障碍中都发现了它的踪迹。自杀死亡者的大脑验尸报告显示出因羟色胺受体增多的结合物（据推测是血清素水平下降的反应）。低水平的羟吲哚乙酸和自杀的联系在暴力和冲动性自杀的案例中特别突出。最后，羟吲哚乙酸的水平与用问卷测量的攻击性和冲动性存在负相关。另有研究发现，在地塞米松抑制试验中反应异常的抑郁症患者，多年后有非常高的自杀率。

（二）自杀的心理因素

1．情绪的紊乱与矛盾

自杀总是伴随着矛盾的意向，所以自杀最基本的特点就是矛盾。这是一种对生存或死亡的矛盾。一些人并不是真的想死，他们只是想就他们的痛苦向他人传达一种惊恐的信息，这类人选择死亡的方式一般是较温和、不致命的，且大多数都是女性。另一种情况就是，人们把死亡这个问题交给命运来处理，当出现一些重大的生活应激事件后，他们选择比较激烈的自杀方式，一旦自杀未遂，就会出现情绪上的紊乱，把他们的自杀未遂看成是超自然力量干预的结果，而他们是被选择继续生存的人。这种情绪紊乱很不稳定，后续的自杀行为发生的几率非常高。

2．自杀的动机

已经有人提出自杀的多种动机：自杀是一种报复，指向内部的侵犯，为的是要引发他人的罪恶感；是一种要从他人那里获得爱的努力；是通过减少对他人的罪责来达到报复自己的目的；是努力弥补先前的错误；摆脱个人不能接受的感觉，如对同性之间的吸引；再生转世的欲望；与死去的爱人相聚的愿望；逃离压力、残疾、痛苦或情感空虚的欲望或需要，等等。无疑，自杀相关的心理变量因人而异。当然，许多研究者曾试图分辨出哪些因素与自杀有关，以期有助于预测谁属于自杀的高危人群。也有一些当代的心理健康专家认为，自杀在总体上是个体对解决问题的一种尝试，在相当大的压力的压迫下，以只考虑非常狭隘的人生选择而把自杀作为最可以实施的选择为特征。

3. 逃离嫌恶的自我意识

一种基于社会和人格心理学的自杀理论认为，从一种令人厌恶的自我意识中逃离的强烈欲望能引起自杀。根据这个理论，设定一个不可能实现的目标，然后，当自责无法实现此目标时，就增加了自杀的风险。研究结果和这个想法一致，即未达成目标和自责都与自杀有关。例如，在高成就期待的国家和群体中，自杀率常较高。完美主义（一种与高自我期待有关的人格特质）是一个众所周知的自杀风险因子。可见，不切实际的高期望——而没有在现实中看到期望的事物，这种落差在探究自杀原因时起了重要作用。

4. 缺乏解决问题的能力

一些研究指出，自杀和问题解决的困难有关。问题解决能力不足，可以预测是否有自杀企图（Dieserud et al.，2003）。解决能力不足也和之前的自杀企图严重度有关，甚至和之后抑郁症严重程度的控制、年龄、整体智力功能等有关（Keilp et al.，2001）。当一个人在解决问题上有困难时，更可能产生绝望感。绝望感可定义为对生命的期盼，觉得未来不会比现在更好。绝望感和自杀密切相关，高绝望感可导致自杀风险性升高四倍（Brown et al.，2000），而且绝望感似乎对后来的抑郁程度也有相当影响。

研究指出，除了上述消极特质外（如未能实现目标、缺乏问题解决能力、绝望感等），积极特质则可强化个人活下去的动机，并可帮助临床医师让个案选择生活的方式（Malone et al.，2000）。例如，李娜汉（Marsha Linehan）设计了一个生存理由量表（Reasons for Living，RFL），并进行了一系列研究。该问卷主要了解对个人而言什么是最重要的，如对家庭的责任和关心小孩。结果发现，有较多活着理由的人比只有少数活着理由的人较少自杀（Ivanoff et al.，1994）。还有研究认为，生活满意度也是一种有影响的心理因素。芬兰最近的一项前瞻性研究发现，在一个简单四项目的问卷中，表达相对较高生活满意度的人，二十年后出现自杀企图或自杀死亡的情况明显较少。例如，生活满意度最低的男性自杀率是生活满意度最高者的四倍（Koivuma-Honkanen et al.，2001）。

5. 心理疾病

自杀与心理疾病的关系已受到越来越多的重视。据2000年WHO的资料可知，自杀死亡者中80%以上的人患有不同程度的心境障碍。心境障碍患者（主要是抑郁症）自杀的终身危险率为6%～15%，精神分裂症患者则为4%～10%。

有些自杀者有原发或继发抑郁症的病史。约1/4的抑郁症患者企图自杀，严重的抑郁症患者病情突然缓解时最容易出现自杀倾向。病情的缓解只是表面上的，常常只是患者因为暗自找到了“出路”而感到宽慰，他们因感到满意而不再沮丧，因为他们已决定杀死自己。

除抑郁症以外，其他心理问题也有可能触发自杀。许多精神分裂症患者（尤其是偏执妄想型患者），会因为偏执或幻觉的驱使而结束生命。对酒精或药物有依赖的病人有较大的自杀倾向，尤其是在自动或被迫戒断时期。有的人对其自身的同性恋冲动感到害怕，体验到了一种所谓的同性恋性惊恐，他们有时也可能突然出现自毁行为。

（三）应激事件和情境

研究者认为，企图自杀者最近的生活比配对的控制组受试者的生活有更多的应激性事件。在一项研究中，企图自杀者报告，在他们企图自杀的前一年中，较无自杀的抑郁症患者或有其他心理问题的患者，有多达两倍的应激性事件（Cohen - Sandler et al.，1982）。在自杀个案中，有一种所谓立即压力形式，即由于死亡、离婚或者被拒绝而失去所爱的对象；另外一种叫做丧失工作。其他诸如地震、飓风或其他天灾中经验到的应激，也会导致自杀，甚至发生在年幼儿童身上。

当然，人们企图自杀也反映了长期的应激。研究者指出，有三种值得注意的长期应激源——严重疾病、虐待的环境及职业压力。

1. 严重的疾病

因疾病引起重大的痛苦或严重的无行为能力者，可能会产生自杀企图。他们认为，死亡是不可避免及迫切的，并且认为疾病所引起的痛苦和问题是超出他们所能忍受的。有研究发现，37%死于自杀的调查对象有不健康的身体（Conwell，Caine & Olsen，1990）。同样，瑞典一项对88位自杀而死的癌症患者的医疗记录分析显示，近2/3是病情恶化或疾病晚期的患者（Bolund，1985）。

2. 虐待的环境

一个受虐或受压抑的人，在其环境中很少或没有逃离的可能性，有时会自杀。例如，战俘、集中营或监狱的囚犯、受虐的配偶、受虐的儿童等，都有可能试图结束他们的生命（见图8 - 7）。

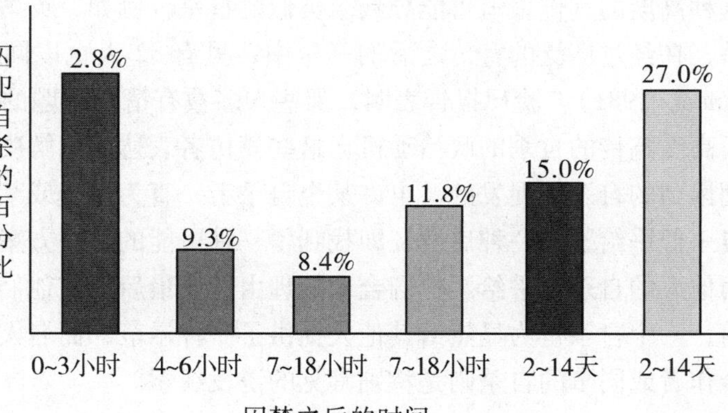

图8 - 7　监狱的自杀

美国每年在监狱的囚犯，每10万人中约有107人自杀，为全国平均发生率的许多倍，多数的自杀发生在监禁的第一天。

（资料来源：Bonner，1990；Hayes & Rowan，1998）

3. 职业压力

有些工作产生紧张或不满足感，可能引发自杀。研究发现，精神科医生、心理咨询师、医生、牙医、律师、技能拙劣的工人等有较高的自杀率（Holmes & Rich，1990）。但是，这些关联并不必然表示职业压力直接引起了自杀行为，如不熟练的工人企图自杀也许是由于他们对职业与财力的不安全反应，而非工作压力。同样，精神科医生和心理咨询师的自杀并不是对他们工作的情绪紧张状态的反应，而可能是基于当初激发他们从事此行业且长期困扰他们的情绪问题（Johnson，1991）。

（四）酒精与药物的使用

美国的研究显示，60%的企图自杀者会在自杀前饮酒。事后分析显示，这些人中约1/4是法定的酒醉（Flavin et al.，1990）。事实上，以所监测到的高度酒精值来看，验尸官更可能将其归类为意外死亡，但在自杀前过量饮酒的可能性也相当高。这些统计对许多临床研究者提示，酒精常常会促成自杀行为。

有些因素可以解释饮酒与自杀之间的关系。酒精的去抑制作用（disinhibiting effect）使考虑自杀的人克服了他们的恐惧。换言之，酒精可以经由降低个人对暴力的抑制及帮助释放潜在的攻击感而促成自杀。另外一种可能则是，酒精进一步损害了自杀者的判断力和解决问题的能力。研究指出，其他种类的药物的使用，可能同样与自杀有关联，对青少年而言更是如此。对酒精或药物有依赖的患者有较大的自杀倾向，尤其是在自动或被迫戒断期间。

（五）对自杀个案的高度宣传与自杀的传染

某些人在观察或阅读了他人的自杀行为之后会尝试自杀，而且会使用他们所听到或看到的自杀事件的方式。Gould（1990）经过统计报告说，在一起自杀事件被传媒广泛播放后九天内，自杀现象会出现增多的趋势。自杀的群体发作（一些人模仿另一个人的自杀行为）在青少年中表现最为突出，大约有5%的青少年的自杀是模仿别人的行为。

为什么有人会模仿别人的自杀行为呢？首先，奇特和不寻常的自杀常常会引起新闻媒体的强力报道。这种高度的宣传报道可能导致了类似的自杀。例如，英国的一些具有政治动机的自焚或自杀，在经过广泛的宣传之后的一年中，另有82人也以同样致命的方式自杀（Ashton & Donnan，1981）。验尸报告表明，那些人多数有情感问题的历史，没有一个自杀者有如媒体所高度宣传的自杀的政治动机。这些模仿者表达他们解决问题的方式似乎是由他们观察或阅读到的自杀所促发的。也许某个自杀者一直为某个或某些重要的问题所困扰，而他人的自杀似乎给了他一种启发，即找到了一种可能的解决方案；或许某些人同时想到了自杀，而他人的自杀似乎给了他们合理的理由，或最后促使他们确立了采取行动的决心。无论如何，一个自杀行为显然给其他人提供了一种示范，而名人的自杀、高度宣传的自杀事件、合作者或同事的自杀则是特别常见的诱发线索。

（六）自杀与文化因素

自杀与某些社会文化有特别的关系，如宗教信仰和文化对自杀的认同。在一些信仰伊斯兰教或天主教的国家，自杀是宗教信仰的禁忌，他们认为死亡是上帝的权力，这种信仰不允许他们私自结束自己的生命。因此，在天主教和伊斯兰教的国家里自杀率相应地较低。事实上，许多国家都发展出反对自杀的严厉惩罚措施，并且许多人把自杀视为一种犯罪。与此相反的是，社会文化对自杀的认同，如日本，在“二战”结束时就有许多日本军人集体自杀的例子。类似的自杀行为在中东也有发生，穆斯林极端分子和恐怖分子经常用自杀的方式来保证炸弹在指定目的区域爆炸。这种自毁行为只与特定的文化习俗和极端的行为方式有关。

四、对自杀本质的理论探索

（一）涂尔干的社会学理论

涂尔干是一位享有盛誉的社会学家，他研究分析了不同国家不同历史时期的自杀的文献资料，从而得出结论，自杀可以从社会学的范畴上理解。他区分了三种类型的自杀，分别是自我中心型自杀、利他型自杀和失序型自杀。

自我中心型自杀（egoistic suicide）的人是那些与家庭、社会或社区很少有情感连接的人，这些人疏离他人，切断社会的支持，而社会支持对维持个体的适应功能很重要。

利他型自杀（altruistic suicide）被认为是对社会需求的回应。一些自杀的人感觉到他们是群体中的一分子，牺牲他们可以成全群体的利益。越南战争时佛教僧侣和尼姑用自我牺牲来抗议战争就属于这种类型。其他的一些利他型自杀，如日本人的剖腹自杀，也是在某种情境中得到荣誉的方法。

失序型自杀（anomic suicide）是个人与社会关系的突然改变而引发的。也就是说，社会中发生严重的变化会引起失序甚至自杀。一个成功的 CEO 突然遭遇严重的财政危机，可能会陷入行为失范与迷失，因为他或她平时拥有的正常生活一去不复返。

巴西农村部落的瓜拉尼人（Guarani）在工业化之后，失去了祖先的土地，生活状况突然改变，失序型自杀激增。原本狩猎和捕鱼为生的地区，现在变成了拥挤的保留区，以至于不能保有原来的生活方式。附近的城市生活使瓜拉尼人购买不起消费品，但又对他们产生了极大诱惑。这些变动大大影响了他们的经济、家庭和宗教生活（Long，1995）。自杀率在 1995 年显著增加至十万分之一百六十（高于美国 14 倍之多）。目前，中国是世界经济发展变化最迅速的国家之一，并直接影响到农村的社会生活与秩序，因而在中国农村出现了一种失序型自杀形式。即大量农民因丧失土地或从农村迁移到城市而导致个人与社会关系的改变，而这种改变成为自杀的主因之一。

另有社会学家推理，涂尔干的假设在解释特定社会条件下面对同样的要求和情境时人们的反应的差异性方面仍存在困难。举例来说，不是所有的人突然丢钱后都会自杀。似乎涂尔干已经意识到这个问题，因此，他提出以个体的性格气质与社会压力相互作用作为原因来解释自杀。

相关链接 8－5　日本人的自杀

根据一项对美国和日本医科学生的比较，美国人倾向于认为自杀是一种愤怒和攻击的表现，而日本人则视之为正常和合理的行为（Domino & Takahashi，1991）。社会学家 Mamoru Iga（1993）主张，这种差异反映了两国学生在文化、宗教及哲学层面对生与死的不同的认知。

日本神道和佛教传统强调不断的改变和人生的无常。根据佛教的观点，人生是悲苦的，死亡是从虚幻和痛苦中解脱。而且，许多日本人的最高人生目标就是完全从现世的挂念、绝对的自我否定中超脱。在此框架下，死亡可视为一种美丽、纯真的表现（makoto）或对羞愧的适当反应。因而根据 Iga 的观点，“在日本，自杀已是一种在传统上虽不受欢迎，但却是可以接受的解决严重问题的方法……自杀在日本不是一种罪恶；它不会被神处罚。自杀不被看做是社会和国家的事件，而是个人的问题”。

在西方，引起自杀的许多因素——身体的疾病、酒精滥用、心理疾患——同样也是引起日本人自杀的原因（Lester & Saito，1999）。然而，两种文化对死亡和自杀的不同态度有助于解释自杀在日本（每100 000人中有26人）和美国（每100 000人中有12人）之间何以会有那么大的差异。

Iga指出，日本人不重视人道主义传统。自我表现、自爱及自我提升是西方显著的价值观，并由这种传统产生了阻止自杀的推动力。然而，日本社会珍视个人对社会秩序的屈从，并强调人性和自然的和谐，即人类必须屈服于自然。因此，在日本没有根深蒂固的要求人们不要自杀的原则。

最后，Iga还指出了几种进一步促成日本高自杀率的社会文化因素。一是日本文化长期、普遍的男性至上主义；二是年轻人学业压力及中年男性的工作压力增加。日本的经济压力也不容忽视，在1998年日本严重的经济不景气中，自杀总数的增加超过了1/3。

当然，今天东西方接触频繁，文化之间的交流实际上也影响着日本人对于自杀预防的态度。在访问洛杉矶自杀预防中心之后，某些日本心理学家和精神科医生于1971年在日本成立了第一个自杀预防中心。他们最初担心羞愧会妨碍日本人寻求帮助。但是，预防中心是如此的成功，以至于日本于1990年又在33个城市成立了分支机构，而且目前还有其他预防自杀的努力在推广中（Takahashi，1998）。

（资料来源：Ronald J. Comer，*Abnormal Psychology*，4th ed.，2001）

（二）斯内德曼的自杀理论

斯内德曼（Edwin Shneidman）以心理学为突破口来研究自杀，表8－12列出了十种最频繁出现的自杀特征，但不是所有特征都会在每个案例中出现。他的观点是：将自杀作为一种有意识的寻求解决造成强烈痛苦问题的一种方法。对于自杀者来说，这种方法终止了意识和不能忍受的痛苦。

表8－12　十种普遍的自杀

十种最常见的自杀：
1. 自杀的最终目的是为了寻找一种解决方法。
2. 自杀的一般目标是终止意识。
3. 自杀的普遍的刺激是不可忍受的心理的痛苦。
4. 自杀的普遍的应激源是受挫的心理需求。
5. 自杀的普遍的情绪是无望——绝望。
6. 自杀的普遍的认知状况是矛盾。
7. 自杀的普遍的知觉状态是狭窄阻塞。
8. 自杀的普遍行为是外出。
9. 自杀的普遍人际交流是沟通自杀意图。
10. 自杀的普遍连贯一致性是伴随终身的应对方式。

虽然如此，大多数人思考或实施自杀都是处于矛盾之中，这也是防治自杀的关键之处。“一种原型化的自杀，即一个人刎颈，同时也求救，而且做这些动作都不是虚伪做作的……如果个体未曾这样做过，他们会很高兴。”他们可知觉到的范围处于一种狭隘的状态；当消除这种狭隘的、焦躁的状态时，个人会发现有很多其他的选择方法能够用来缓解压力。那些打算自杀的人通常会将其意图告知他人，有时是作为一种求救，有时是一种对他人的回避，寻求不再受侵害。典型的有自杀意图的行为包括给他人赠送珍藏的物品和整理自身的财务。

当有学者认为90%的自杀者要做DSM诊断时，斯内德曼提出，绝大多数精神分裂症和心境障碍患者并不会自杀。他认为自杀者表现出的躁动不安的情绪特征并不是一种精神病。

（三）心理动力学的观点

许多心理动力学理论家认为，自杀源于抑郁及把对他人的愤怒转向自己。该理论最初由 Wilhelm Stekel 于 1910 年在维也纳的会议中提出，当时他宣称："没有一个自杀者不想杀死别人，或至少希望他人死亡。"几年后，弗洛伊德（1920）写道："神经症没有自杀的念头，因他不会将对别人的谋杀冲动转向自己。"

弗洛伊德（1917）和 Abraham（1916）指出，当人们经验到真正或象征性的丧失所爱对象时，他们最后会将所丧失的对象内射，即他们在潜意识里将此人合并成自己的性格，他们对自己的感觉如同他们对另一个人的感觉。在短时间内，对丧失所爱对象的消极情绪会转化成对自我的憎恨，对所爱对象的愤怒可能会转化为对自己强烈的愤怒，最后成为严重的抑郁症。自杀被认为是一种憎恨自己的极端表现。以下描述说明了一位自杀患者的这种内在力量的作用：

> 一个 27 岁诚实和负责任的女人，拿刀子割自己的手腕，惩罚自己的暴虐、不可信任、自我中心和谩骂。这种非典型性的自毁事件使她感到困窘和害怕，她的治疗师指出，她的行为反映的不是她自己，而是对最近去世的父亲的情绪反映。
>
> （资料来源：Gill，1982）

对弗洛伊德观点的支持来自于一些研究者的发现，儿童期的不良经验与后来的自杀行为之间存在着一定的关系。一项关于两百个家庭史的研究发现，自杀者中早年丧失父母的情况（48%）比无自杀的控制组被试（24%）更普遍（Adam，Bouckoms & Steiner，1982）。常见的痛苦经验有父亲死亡、父母离婚或分居，尤其是在生命早期或青春期后期。

弗洛伊德在其晚年提出人类有基本的"死的本能"，他把这种本能称为"自我毁灭的本能"，与之相反的是"生的本能"。根据弗洛伊德的说法，多数人学习改变死亡本能的方向，把它指向了别人；而自杀者则为自我愤怒的网所缠绕，断然把它指向了自我。

这种自杀的观点与社会学的某些发现相符。有人指出，在战争期间自杀率会下降，那是因为人们被鼓励把自我毁灭的力量指向"敌人"。此外，当社会有较高的暴力杀人率时，自杀率也有偏低的倾向，反之亦然（Somasundaram & Rajadurai，1995）。但是，研究不能证实自杀者事实上是否是由强烈的愤怒感所支配。虽然在某些自杀情况下，敌意是一个重要因素，但有些研究发现，其他的情绪状态甚至更为普遍。

五、自杀防治和干预

很多人担心，讨论自杀可能会使自杀更容易发生。但是临床工作者发现，允许个人公开讨论自杀可能会缓和其隐晦与孤立感，而且可以让我们做出较好的危机评估。治疗者治疗那些想自杀的人时，必须准备投入比平常更多，甚至比对待精神疾病患者更多的精力和时间。治疗者可能成为企图自杀者生命中非常重要的人物。

大部分自杀者对其自杀企图有矛盾冲突感，他们会用一些方式沟通自己的自杀意图。典型的自杀情况是掐着自己喉咙的同时求救，这种矛盾给了临床工作者一个重要的立足点。

（一）通过心理测验预测自杀

有研究发现，在自杀意图和无望感之间存在着显著的相关关系，尤其在贝克的研究中发现，无望感是比抑郁症还重要的预测自杀的指标。无论是否患有抑郁症，如果存有将来的情况比现在还糟糕的期待，这种期待比抑郁症更会驱动人们自杀。

李纳汉的“生存理由量表”是一种自我报告测验工具，即用一组项目指出对个体重要的事物，比如对家庭的责任和对孩子的关注等。这种方法比只致力于消极主义和悲观主义的量表更为有用。因为了解一个人的生存理由，在防止其自杀时就有评价和干预的双重价值。这种方法能区别有自杀倾向和没有自杀倾向的个体，通过评定个人不想结束生命的理由来帮助临床上的自杀干预。

（二）从自杀遗书中获得的信息

许多调查研究者分析自杀遗书，想要理解那些自杀的人的动机和感觉。许多探讨复杂的自杀行为的综合性研究发现，只有大约15%～25%的自杀者留下了遗书，而且通常是给予亲人或朋友的。这些遗书通常条理清楚、通俗易懂，它或者被寄出，或者在死者身上，或者在自杀地点的附近找到。遗书内容包括表达个人的爱和忧虑，可能是想要他人坚定地记住自己，也可能是为了确定和他人之间关系的价值才写下了遗书。然而，有些遗书里也包含了非常敌意的内容，比如“我曾经爱过你，但是我也要用死来恨你”。

尽管有人可能认为这样的遗书传达出了深沉和悲伤的情绪，但是通常情况并不是这样。许多遗书通常内容简短且直白坦率，例如，“我已对生活厌倦”或“我已经不能再忍受”等。

（三）治疗潜在的精神障碍

审视自杀干预要牢记，大多数试图自杀者正在遭受可以治愈的精神障碍，如抑郁症、精神分裂症或边缘性人格障碍等。因此，当人们遵循贝克的认知方法成功地缓解了一个人的抑郁症状后，患者首选自杀的风险就下降了。同样，可以采用李纳汉的辩证行为疗法，即用边缘性患者的理论进行治疗。它被设计用来治疗一种特定疾病，也对自杀者提供了保护。

社区研究发现，心境障碍的药物治疗使自杀风险降低了3～4倍，特别是锂盐对双相障碍导致的自杀的预防是有效的（Goodwin et al.，2003）；抗抑郁剂也降低了被诊断为抑郁症老年人的自杀风险。Risperidone是一种抗精神病药，它具有降低精神分裂症患者自杀企图风险的作用。

（四）自杀干预策略

自杀干预的另一种惯例则是轻视心理障碍的作用，把注意力集中在自杀者的特定特征上。这种类型的研究走在最前沿，众所周知的人物之一斯内德曼就是一名自杀及其干预研究的先驱者。他关于自杀的总的干预策略可概括如下：①减少强烈的心理痛苦和折磨。②摘除眼罩，即通过帮助个体看到其他的生活选择来拓宽视野，而不是继续处于痛苦和虚无的极端。③鼓励人们退一步向后看，尤其是从自我破坏的行为中撤出。具体见相关链接8-6。

在专业人员的临床报告和较少的控制变量的研究基础上，路德等人（Rudd et al.，2001）提出了自杀干预的几个关键成分：①问题解决，通常在一个认知—行为框架之内，包括信念训练法和其他的社会技能指导。②控制情绪的指导，尤其是愤怒和忍受悲痛。③建立牢固的、有感情投入的治疗关系，逐步灌输信任和希望。纵然那样做也意味着鼓励有自杀倾向的人在一段时期内非常依赖治疗专家。

相关链接 8－6　临床个案——对自杀进行干预的例子

一位十分富有的大学生，单身、怀孕且有自杀倾向。她有明确的自杀计划。她唯一想到解决问题的方法除了自杀之外，就是自己从来没有怀孕，甚至还是个处女。斯内德曼（1987）描述他对这个年轻女性的做法：

我拿出一张纸来摘除她的“眼罩”，以扩大她的盲点，比如我会说“现在，我们看看：你可以在当地堕胎”，她回答说“我不能这样做”，我继续说“你可以离开这里，再去堕胎”，“我不能这样做”，“你可以怀孕足月，留下这个宝宝”，“我不能这样做”，“你可以生下小宝宝，然后送人收养”。其他的观点均同样遭到反驳。当我说“你可以随时去自杀，但今天似乎没有自杀的需要”时，她没有反应。“现在”，我说“让我们看看上面这些清单，然后以你的喜好或心里所想的排出一个顺序”。

斯内德曼说，仅仅是拟定清单这件事就可以产生安定的效果。这名学生想杀死自己的欲望逐渐消退，她能够排出清单中的顺序，甚至指出项目中的错误。这也达成了一个重要目标：已从危险的紧要关头拉回来了。

（资料来源：Ann. M. Kring et al.，*Abnormal Psychology*，10th ed.，2009）

（五）危机干预

危机干预的首要目标是帮助一个人应对突然的生活危机。如果有人做了危险的自杀尝试，干预的第一步就包括紧急的医学治疗，通常在一个医院或诊所的急诊室进行，接下来给住院患者或门诊患者提供心理健康辅导。这一步很重要，因为据观察，先前有过自杀企图的人的自杀率高于总人口的平均水平。

当人们计划自杀时，乐于和在自杀防治中心的人讨论他们的问题，这样做通常可能会避免一场真正的试图自杀。因此，危机干预的首要目标是，尽快地帮助这些人重新获得他们应对突发问题的能力。危机干预强调的重点包括：①在一段短暂的时间之后——通常是1～6次接触后，与他们保持支持性和指导性的联系。②帮助人们认知到，极大的痛苦能削弱他们准确估计情势的能力和看到有更好的方法来解决问题的能力。③帮助人们看到目前的痛苦和情感混乱并不是没有尽头。然而，这些权宜之计并不能构成完整的治疗方法。

目前国内外都建立了越来越多的自杀防治中心以进行危机干预，并对自杀者进行救治。这些中心通常会为自杀危机者提供 24 小时的咨询专线，工作人员也会评估来电者的自杀企图的严重程度。例如，如果来电者是一个男性，他年届中年、离婚、独居，有自杀企图史，就会被视为有致命的风险。自杀计划越详细、具体，风险性就越高。最重要的还在于，目标是表现理解和劝阻来电者不要自杀。

1988 年，中国首家自杀防治中心——“培爱自杀防治中心”在广东电视周报编辑部成立，由几位志愿者以业余的形式通过信函咨询的方式开展工作。1991 年 7 月，南京脑科医院成立了中国第一个专业的“南京危机干预中心”。1992 年 12 月，中国首届“全国危机干预暨自杀预防研讨会”在南京召开，标志着有关自杀的研究与干预的禁区已被完全打破。

自杀热线的职员通常是在心理学家和精神病学家的监督下由非专业人士充当。工作人员向来访者说明试图自杀的严重后果，同时尝试使用移情方法说服人们不要试图自杀，同样也努力动员来自其家庭或朋友的支持。

自杀预防的控制研究是非常困难的事，研究结果也不一致。一份对五项研究进行的后设分析发现，自杀防治中心不能证明在热线电话服务之后自杀率会下降（Dew et al.，1987）；加拿大也有一项相似的负面发现。但是，也有研究发现，在另外一些城市，当自杀防治中心开始运作数年后，自杀率下降了（Leenaars & Lester，1995）。当转介老年人接受电话支持服务后，老年人的自杀率降得比当地人口平均自杀率低（DeLeo，Buono & Dwyer，2002）。人的生命是宝贵的，既然有很多人接触了自杀防治中心之后安全度过了自杀危机，那么这些努力应将继续进行下去。

最后，必须强调的是，心理健康工作人员试图防止自杀，并且在那种背景下他们会毫不犹豫地直接询问对方是否有过自杀的想法。总的来说，自杀干预者、医生，必须准备比平常，甚至比对精神病患者奉献更多的精力和时间。深夜电话来召，就要去寻访患者的家庭，这种事情可能会很频繁。治疗专家应该认识到自己可能在有自杀倾向的人的生活中是一个非常重要的存在，并且要准备好帮助那些包括极端依赖的患者，并能够应付那些你致力于努力帮助的患者有时存在的敌意和憎恨。表 8－13 包含了处理有自杀倾向的患者的一般指导原则。

表 8－13　给有自杀倾向的患者的指南

一般程序	危机前计划的程序
1. 公开、实事求是地谈论自杀。	9. 对危机情况的预期与计划。
2. 避免对自杀行为或动机有轻蔑的解释。	10. 不断地评定自杀和自杀企图的风险。
3. 提出一种自杀行为问题解决理论，并保持自杀是一种适应不良和或无效解决方法的立场。	11. 使救助随时可能。
4. 有挚亲的参与，也包括其他的治疗专家。	12. 使用当地的紧急/危机/自杀服务。
5. 安排足够频繁的会谈，维持会场纪律，使得至少一部分治疗时间专用于长期的治疗目标。	13. 给患者一张危机卡片，包括治疗专家、警察、紧急求助、医院和挚亲的电话号码。
6. 意识到许多的变量影响患者，避免全部承担或接受患者自杀行为的责任。	14. 有患者的电话号码和住址，也包括他们的挚亲的联系方式。
7. 保持与同事的专业咨询。	15. 制定一个短期的反自杀契约，并保持更新。
8. 保持与拒绝治疗的患者的偶尔联系。	16. 与医生就使用过量药物的风险问题取得联系。
	17. 不要迫使患者为了得到你的注意而有可能导致自杀的言论或构思。
	18. 公然地表达你的关心，提供无条件的温暖和关注。
	19. 阐明并强化对问题的非自杀倾向的回应。
	20. 确保患者明白治疗专家可能的对患者的有自杀倾向的行为的反应（例如，如果患者死去，治疗专家会悲伤，但是会继续生活）。
	21. 确保患者对将来有自杀倾向的行为，有现实的关于他人的反应的期望。

第九章　人格障碍与性心理障碍

我们当中的大多数人都具有某些个人的心理特点或独特的行为方式。这种“个体在遗传素质的基础上，通过与后天环境的相互作用而形成的相对稳定的和独特的心理行为模式”就是所谓的人格。但是，如果一个人的思考和行为的特有方式引起了自身或者他人巨大的痛苦，或者如果一个人无法改变他与外界的沟通方式并且自己也很不开心，我们可能会认为这个人出现了人格障碍。

性行为无论是对每一个人或是公众都是重要的话题。性的感觉是人们成长及日常功能的重要部分，性活动关系着人们基本需要的满足。但如果一个人将自己的性兴趣指向了一种动物、一双异性的袜子，那么他将是非生理上成熟的人；或者如果一个人所感受到的性别与其生理性别不同，并因此给自己或他人带来了内心的痛苦，损害了他正常的生活与职业功能，那么他可能存在着性心理障碍。

第一节　人格障碍概述

一、人格障碍

人格障碍亦称变态人格、人格异常。在 DSM-Ⅳ-TR 中，人格障碍被定义为“明显偏离了对个体的文化期待的一种持续的行为与内在的体验形式，开始于青春期或成年早期，并导致痛苦和损害”（APA，2000）。DSM-Ⅳ-TR 认为，这些人格障碍的特点是“顽固、不适应环境并导致功能损伤或者是主观上的痛苦”。表 9－1 列出了 DSM-Ⅳ-TR 关于人格障碍的诊断标准。

表 9－1　DSM-Ⅳ-TR 对人格障碍的五个诊断标准

1. 标准 A：这种障碍必须在以下领域中至少存在两个方面的问题：认知、情感、人际功能，或冲动控制。
2. 标准 B：这种持久的模式在广泛的个人与社会情景中必须是不可变且具有普遍性。
3. 标准 C：这种持续模式导致临床上的明显痛苦或功能损害。
4. 标准 D：这种模式具有稳定性且长期持久，其发作至少可以追溯到青春期或成年早期。
5. 标准 E：这种模式不能用另一种心理障碍的证据或结果得到更好的说明。

中国的 CCMD-3 指出，人格障碍是从早年开始并逐渐形成的恒定、持久、顽固且不易纠正的显著偏离常态的人格，这使患者形成了一贯的反映个人生活风格和人际关系的异常行为模式。这种模式显著偏离了特定文化背景和一般认知方式（尤其是在待人接物方面），从而影响其社会功能和职业功能，造成对社会环境的适应不良，患者也为此感到痛苦，并已具有临床意义。表9－2列出了CCMD-3关于人格障碍的诊断标准。

表9－2　CCMD-3对人格障碍的诊断标准

1. 个人的内心体验与行为特征（不限于精神障碍发作期）在整体上与其文化所期望和可接受的范围内明显偏离，这种偏离是广泛、稳定和长期的，起始于儿童期或青少年期，并至少有下列一项：
   (1) 认知（感知及解释人和事物，由此形成对自我及他人的态度和形象的方式）的异常偏离；
   (2) 情感（范围、强度，及适当的情感唤起和反应）的异常偏离；
   (3) 控制冲动及对满足个人需要的异常偏离；
   (4) 人际关系的异常偏离。
2. 特殊行为模式的异常偏离，使患者感到痛苦或社会适应不良。
3. 开始于童年、青少年期，现年18岁以上。
4. 人格特征的异常偏离并非躯体疾病或精神障碍的表现或后果。

此外，在ICD-10中，对成人的人格和行为障碍也有这样的总体概括（WHO，1993）：本症包括各种有临床意义的状况和行为类型，它们趋向于有持续性，并表现出个人特征性的生活方式以及对待自己和他人的模式。在这些行为状况和类型中，有些是在个体发育早期阶段，作为体质因素和社会经历双重的结果性人格障碍，混合型及其他人格障碍和持久的人格改变，是根深蒂固和持久的行为类型，表现为对广泛的人际和社会环境产生固定的反应，他们与在特定文化背景中一般人的感知、思维、情感，特别是在待人接物的方式上有极大的或明显的偏离。这些行为类型相对稳定，对行为和心理功能的多个环节都有影响。他们常常（但不总是）伴有不同程度的主观的苦恼和社会行为方面的问题。

实际上，不论是DSM-Ⅳ-TR还是ICD-10，或是CCMD-3，它们都指出了人格障碍的三要素：①早年开始，于童年或少年期起病；②人格的某些方面过于突出或显著增强，导致牢固和持久的适应不良；③给本人带来痛苦或贻害周围。即人格障碍是指在没有认知过程障碍或智力缺陷的情况下，人格发展包括情绪反应、动机或行为活动等明显偏离正常，以致妨碍了人际关系，给社会带来危害，给本人造成痛苦。人格障碍与其他心理障碍的不同之处在于它是长期的，而且在儿童时期就发病，并一直持续存在于成年阶段。由于对人格产生了影响，因而它所产生的问题会影响到患者生活中的每一个方面。

二、DSM的分类诊断与人格障碍的五因素模型

（一）DSM的分类诊断及其存在的问题

在DSM-Ⅳ-TR中，如同DSM-Ⅲ与DSM-Ⅲ-R一样，人格障碍被编入第二轴（Axis Ⅱ），因为它们被视为与标准的精神性症状有所不同（精神性症状被编入第一轴，Axis Ⅰ），这样就能保证在分类上有所区别。轴Ⅱ的障碍是长期、慢性的，通常开始于青春期或成年早期，而且一直持续到成年的生活中。轴Ⅰ的障碍属急性，在一个人平常的行为中

即可见到明显改变，且病程也较短。尽管一个人可能会在轴Ⅱ上得到诊断，但是轴Ⅰ的障碍也常常存在于人格障碍患者当中（导致既做出轴Ⅱ上的诊断，也做出轴Ⅰ上的诊断），许多常与焦虑障碍、心境障碍、物质滥用与依赖障碍以及性偏离障碍相联系的人格障碍即是如此。Dolan-Sewell 等人（2001）的一项研究证据表明，被诊断为人格障碍的人中有四分之三也具有一种轴Ⅰ上的障碍。一个人格障碍患者同时患有急性心理疾病（轴Ⅰ），这种两者兼而有之的关系称为共病。也许人格障碍使一些人容易发展轴Ⅰ的障碍，而轴Ⅰ上的障碍也容易造成人格障碍。研究者认为，无论这两者之间存在什么关系，出现人格障碍就会使情况更为复杂，从而导致患者从心理问题中成功复原的机会减少。

从传统医学观点看，人格障碍作为一种心理疾病，应该被理解为非连续的、独立的病态实体。个体应被明确地诊断是否患有这种疾病，其严重程度也可以通过各种方法加以检验。APA 的 DSM 系列就是依据这种观点对人格障碍进行了绝对类别式的分类，DSM-IV 区分了十种人格障碍。其中，人格障碍被描述为对一定数量行为标准的符合情况，通过考察一个人达到特定行为标准的内容和数量，并附带一些苦恼和功能损害等标准来诊断其是否具有一种或多种人格障碍。大多数临床医师已经可以熟练地根据这种分类对人格障碍进行概念理解、信息交流并制定相应的治疗决策和计划。但是，许多不能忽视的问题也日益凸现。比如，不同的人在同一个诊断分类当中过多共病诊断的出现，与其他心理障碍的界限划分问题，缺少与正常人格功能之间关系的明确界定，对人格功能适应不良情况总结不完全，时间稳定性不好等，尤其是过多共病诊断的出现说明这套分类系统的结构效度还存在很大问题。Widiger 认为："这些都与对人格障碍进行理解和分类的科学依据不充分有关……事实上，现有的十个人格障碍的分类没有一个是从人格的基础研究中得出的。"

（二）人格障碍的五因素模型

人格障碍作为一种人格，它与一般人格之间存在怎样的关系是一个不能回避的问题。现在，人格心理学家一般认为人格特质是一个连续体，其差异与变化只是程度上而不是类别上的不同。他们用这种维度观点来描述人格，并利用因素分析等统计方法对人格提出结构模型，这其中影响最大的自然就是人格的五因素模型（the five-factor model，FFM）。近年来，国外许多研究者将五因素模型引入人格障碍的研究之中，用人格的维度观点来重新审视人格障碍，对其进行描述和解释。这类研究不仅有利于人格科学与人格障碍研究相结合，探索出一般人格与人格障碍之间的关系，也有利于弥补 DSM 系列中对人格障碍的类别式分类所带来的诸多局限和问题，为人格障碍的理解和诊断提供了更多的基础科学依据。

Wiggins 和 Pincus（1989）发表了第一篇考察 FFM 与 APA 中定义的人格障碍之间关系的研究性文章。之后类似的研究出现了很多，大部分都是采用各类人格障碍的标准样本类型和独立的测评方法来考察两者之间的关系。这些研究的基本假设是，人格障碍可以看做是在一般人格维度上特定的不适应或极端情况。因此，这些研究也就试图证实，五因素模型中的每个维度与各个人格障碍之间可能的特定关系。其中绝大多数研究结果都认为用五因素模型可以较好地反映出各种人格障碍的特点。

Saulsman 和 Page（2004）对之前 15 项独立的相关性研究结果进行了一项很有意义的元分析回顾。他们用一个 10 行 5 列的表格来表述出 DSM 中的人格障碍分类与 FFM 两个结构间的关系。结果进一步证实了 FFM 各维度与每一种人格障碍的相关性。其中，以情绪苦恼为特点的人格障碍（如妄想型、精神分裂型、边缘型、回避型和依赖型）尤其是与神经质呈正相关；以社交、群居为特点的人格障碍（如戏剧型、自恋型）与外向性呈正相关；以害羞和退避为特点的人格障碍（如分裂型、精神分裂型、回避型）与外向性呈负相关；以社交困难为特点的人格障碍（如妄想型、精神分裂型、反社会型、边缘型、自恋型）与宜人性呈负相关；而以强调秩序为特点的人格障碍（如强迫型人格障碍）则与责任感呈正相关；以冲动、鲁莽为特点的人格障碍（如反社会型、边缘型）则与责任感呈负相关。此外，开放性维度与病态人格特质间的相关不明显。

用五因素模型来考察人格障碍的区分和共病情况，也是研究的重点。Morey 等（2002）用 NEOPI－R 对 89 例精神分裂型、175 例边缘型、157 例回避型、153 例强迫型人格障碍进行了测评，在对结果进行判别功能分析后发现，FFM 对各项人格障碍的区分效果并不好。考虑到依照 DSM 的标准，这些样本本身可能就有许多共病的情况。他们又对样本进行了二次抽样，选择只有一种人格障碍且不符合其他三项人格障碍标准的患者重新进行了实验。这样缩减样本之后的研究结果显示，FFM 对人格障碍的区分度确实提高了。如果再考虑到这些患者与另外六种人格障碍的共病情况，可以认为，FFM 对人格障碍的区分度还可以更高。也就是说，研究结果说明不是 FFM 对人格障碍间差异的解释不够，而更可能是 DSM-IV 有关人格障碍分类本身的区分度有问题。

Lynam 和 Widiger（2001）的研究中用 FFM 来解释 DSM-IV 诊断中出现的人格障碍共病情况。他们首先让人格障碍研究者们在 FFM 的三十个项目上以五分制来描述 DSM-IV 中每一个人格障碍的原型，然后，他们以这些描述为基础来考察各项人格障碍之间的相关，得出的相关矩阵再与实际人格障碍诊断中出现的共病几率（数据来自于九个以 DSM-III 为标准，六个以 DSM-III-R 为标准的共病研究结果）求相关。结果表明，依据 DSM 得出的共病诊断率与人格障碍在 FFM 中反映出的结构相似性呈显著的一致性。于是，“从 FFM 的观点来看，现在人格障碍分类之间的共病几率似乎取决于它们在 FFM 结构中相似性的多少”。

综上所述，五因素模型已经成功地引入到人格障碍的研究中，在临床应用和理论研究中也必将发挥更大的作用。FFM 对 DSM 中的各种人格障碍都可以在维度以及层面水平上提供更为全面细致的概念化描述。与 DSM 等诊断标准不同的是，这种描述是基于基本的人格特质，而不仅仅是个体外在的行为表现或者主观体验。对于人格障碍来说，这样的定义与概念也许更能体现其根本。在人格障碍的诊断分类方面，以 FFM 为代表的维度式观点已经给现有的分类模式以巨大冲击。尽管前者似乎不能完全取代后者，但可以肯定的是，它弥补了现有分类系统中的诸多局限和不足，并已具有相当的临床应用的可能性，也必将在日后新的诊断标准中有所体现。

三、人格障碍的分类

目前关于人格障碍的分类，世界各国还不统一。美国（DSM-Ⅳ）将之分为十种类型，中国（CCMD-2-R）则分为六种类型，而世界卫生组织（ICD-10）则分为更多的类型。公认的人格障碍分类迄今还未能建立，这种情况一方面反映出人格问题本身的复杂性，另一方面反映出该领域近年来学术研究的活跃与发展，特别是生物精神病学及精神药物治疗学的发展，进一步澄清了某些从前或历来都被认定为纯心理问题的人格障碍的本质。如环性人格障碍，过去归类于人格障碍，但如今已列入心境障碍的疾病范畴。

表 9－3 是美国精神医学会 DSM-Ⅳ和中华医学会精神科学会 CCMR-2-R 以及世界卫生组织 ICD-10 有关人格障碍分类的比较：

表 9－3　人格障碍的三种诊断分类标准比较

DSM-Ⅳ	CCMD-2-R	ICD-10
偏执型	偏执型	**特异人格障碍**
精神分裂型	分裂样	偏执型
分裂型	反社会型	分裂样
边缘型	冲动型	社交紊乱型
表演型	表演型（癔病型）	情绪不稳型
自是型	强迫型	表演型
反社会型	其他型	强迫型
回避型	未特定型	焦虑（回避）型
依赖型		依赖型
强迫型		其他特异人格障碍
人格障碍，未特定		人格障碍，未特定
		混合型及其他人格障碍
		混合型
		烦扰型
		持久的人格改变，不是由于脑损害及疾病所致
		灾难性经历后的持久的人格改变
		精神科疾患后的持久的人格改变
		其他持久的人格改变
		持久的人格改变，未特定

比较以上分类，尽管人们对许多特异性人格障碍的认识是共同的，如偏执型人格障碍、强迫型人格障碍、表演型人格障碍，以及反社会型人格障碍等，但差异仍然存在，甚至是明显的。

在 DSM-Ⅳ-TR 中，根据人格障碍中存在的相似性而将其分成三类人格族群。正如我们已经注意到的那样，许多人可能符合更多的人格障碍诊断标准，包括来自不同组合的那

些诊断标准。

A 类（Cluster A）：包括偏执型人格障碍、精神分裂型人格障碍、分裂型人格障碍。该族人格障碍患者似乎常有古怪或怪异的行为，如从不信任、怀疑到社会性分离（social detachment）。

B 类（Cluster B）：包括自是型人格障碍、表演型人格障碍、反社会型人格障碍、边缘型人格障碍。该族人格障碍患者共同具有的一种倾向是戏剧性、情绪化与不稳定。

C 类（Cluster C）：包括回避型人格障碍、依赖型人格障碍、强迫型人格障碍。与其他集合相比，焦虑与恐惧是该族人格障碍的常见特征。

上述三个族群的人格障碍可见表 9－4：

表 9－4　人格障碍摘要

人格障碍		特征	流行率（%）	性别比率估计
A类人格	偏执型	对他人怀疑、不信任；倾向于将自己视为无可指责的；对知觉到的他人的攻击保持警惕。	0.5 ~ 2.5	男性 > 女性
	精神分裂型	社会关系受损，没有形成对他人的依恋情感的能力或缺乏这种需要。	<1	男性 > 女性
	分裂型	奇特的思维类型，在涉及沟通与社会互动时出现知觉与语言的怪异。	3	男性 > 女性
B类人格	自是型	自我戏剧化，对吸引力过分关心，倾向于兴奋性及在遭遇挫折时突然发脾气。	2 ~ 3	男女相等
	表演型	夸大，全神贯注于受到关注，自我提高，缺乏同情心。	<1	男性 > 女性
	反社会型	缺乏道德或伦理的发展，缺乏遵循行为的赞许模式的能力；撒谎，无羞耻地操纵他人；儿童时期就存在行为问题史。	女性 1 男性 3	男性 > 女性
	边缘型	冲动、不合时宜地生气、强烈的心境变换；长期烦躁感；具有自伤、自残或自杀的企图。	2	男性 > 女性 （3：1）
C类人格	回避型	对拒绝与社会声誉过分敏感、害羞；对社会互动与人际交往缺乏安全感。	0.5 ~ 1	男女相等
	依赖型	存在与亲密关系分离的困难；难以独处；为保持与他人已形成的关系而放弃自己的需要。	2	男女相等
	强迫型	过分关注秩序、规则及琐碎细节，力求完美，缺乏表情及温情，在放松与娱乐方面存在困难。	1	男性 > 女性 （2：1）

另外，目前有两种新的人格障碍正在研究中。在 DSM-Ⅳ-TR 中两个附加的人格障碍——抑郁型人格障碍（depressive personality disorder）与被动—攻击型人格障碍（passive-aggressive personality disorder）被列入附录中的临时分类当中。抑郁型人格障碍包括自我批评、沮丧、总是在审判自己以及常常有内疚感。一些证据表明，这可能是一种与恶劣心

境障碍（一种以持续存在超过两年心境抑郁为特征）不同的人格障碍。被动—攻击型人格障碍是一种对DSM-Ⅲ-R分类的扩展，事实上，可能是自恋型人格障碍的一种亚型。但是，不论是抑郁型人格障碍或者是被动—攻击型人格障碍都还没有足够的证据将其列入DSM的分类体系中。

第二节 常见的人格障碍及其临床表现

以往对人格障碍的诊断信度较低，一个临床工作者可能将一个夸张、虚饰的患者诊断为自是型人格障碍，而另一位临床工作者则可能会将之诊断为精神变态。现在，这种低可信度因两个方面的发展而得到了改善。其一，DSM-Ⅲ中对特殊诊断标准以后继版本公布；其二，形成了结构性访谈这一特殊诊断方法用于对人格障碍进行评估。目前的研究资料表明，良好的信度可以实现，即使在跨文化的背景下也可以做到。

我们将根据DSM-IV-TR的三个族群，分别列出十种人格障碍加以讨论。其中由于反社会人格障碍最具危害后果，因而我们不在本节讨论，而是专列一节用较大的篇幅加以讨论。

一、怪异人格类（Cluster A）

怪异类（odd/eccentric cluster）包括偏执型、分裂型、精神分裂型三种人格障碍。有这类人格障碍的人，典型地表现出古怪与异常的行为，这些行为看起来与精神分裂症很相似，但又没有精神分裂症那样严重。这类障碍的症状包括极端多疑、社会退缩、以奇怪的方式思考和理解事物等。有人认为，这类人格事实上与精神分裂症有关，而且把它称为精神分裂症系列的疾病。对这种看法的支持在于，患有这类人格障碍的人往往还具备了符合精神分裂症的诊断条件，或者他们的近亲中有人患有精神分裂症。当然，这种发现也反映了这类人格障碍与精神分裂症之间在区分上的困难。

（一）偏执型人格障碍

1. 偏执型人格障碍及其临床描述

偏执型人格障碍（paranoid personality disorder）又叫妄想型人格，是一类以不信任和怀疑他人，以致认为别人都有恶意为主要表现的人格障碍。偏执型人格障碍颇为常见，在一般人群中的患病率为0.5%～2.5%，在精神科住院患者中占10%～30%，在门诊患者中占2%～10%。

偏执型人格障碍患者对别人总是心存怀疑，这样的怀疑会影响到患者与家人、同事及朋友的关系。他们常会预期被虐待或被剥削利用，因此常常私底下不断地寻找他人不怀好意的蛛丝马迹。当他们感觉被羞辱时，通常会有非常不友好的情绪反应。他们会将别人的举动解释为具有威胁的意味，例如，同事对他的微笑，会被他解释为对他的嘲笑。

这种态度倾向反映了患者在感知功能方面的损害。偏执型人格障碍患者不断地审视周围环境，寻找证据以支持他们的猜疑——直到找到类似证据。如果办公室有两个同事在窃

窃私语，或者如果邮件迟了，或者如果邻居在深夜把音响开得大了点，那么这些都可以作为对自己怀有敌意的证据。

患者的情绪调节同样受到妨碍。友谊和爱情是以相互信任为基础的，而这也正是偏执型人格障碍患者所缺乏的，所以他们缺少朋友。他们可能有一个“盟友”，而这个“盟友”通常处于从属位置，但最终他们也会怀疑这个“盟友”并转而结交另一个“盟友”。

值得注意的是，尽管在名称和对疑心的说明方面具有相似性，但是，不应该把偏执型人格障碍与偏执狂（paranoia）或者偏执型精神分裂症（paranoid schizophrenia）相混淆，后者属于精神病（psychoses），属于严重的能力障碍，包括与现实接触的能力的丧失，偏执型人格障碍并非如此。但需要补充的是，研究者们发现在精神分裂症患者的亲属当中，偏执型人格障碍比在整个人群中更为引人注目和常见。因而，这两种障碍的不同之处在于，它们之间可能存在某种遗传关系。

表 9－5　DSM-Ⅳ-TR 对偏执型人格障碍的诊断标准

普遍存在不信任感和多疑。至少有以下四种（或以上）表现：

1. 随时会怀疑他人在密谋、伤害或者是欺骗他或她。
2. 毫无根据地对朋友、同伴的忠诚及可信度感到怀疑。
3. 因怀疑而不愿充分信任他人。
4. 容易对他人无意的举动产生误解。
5. 长时间地记恨在心，如不肯宽恕别人的冒犯、伤害或者轻视等。
6. 对于察觉到的对自己人格或声誉的攻击有愤怒反应。
7. 经常反复产生对自己配偶或者性伴侣忠贞的怀疑。

个案研究

郑某，女，26 岁，本科学历，公司职员。她工作能力佳，但不愿对他人吐露心事，独来独往，无知心朋友，总是提防别人对她不利，周围人都说她性格古怪、没人情味，时常将别人的好意往坏处想，怀疑别人有特别动机。工作中老是怀疑别人翻弄了她的资料，别人向她请教问题反被认为是有意考查她；她要回娘家时，婆婆特意给她些东西捎去，她认为这是婆婆有意撵她走等。我行我素、随心所欲，说话办事全凭个人意愿及激情冲动，根本不考虑旁人的喜怒哀乐，不考虑社会影响，因此与邻里、同事之间格格不入，婆媳之间关系紧张，经常吵架。当被证明是错误时，却又不承认，经不起批评。最终搞得她原来唯一可信任的丈夫也因无法容忍她而离婚。

（资料来源：季建林. 精神医学. 上海：复旦大学出版社，2003）

2. 对偏执型人格障碍的解释及治疗

精神分析理论认为，这种人格障碍应追溯到早期儿童与父母之间不良的互动模式，尤其是严厉、疏远的父子关系及母亲对儿童的过分控制与排斥。精神分析理论家认为，由于父母一直对孩子有不合理的要求，因而，这些人从童年时起就将他们的环境视为充满着敌意。无法相信别人，总是对环境保持警觉，因而可能会形成极端的愤怒感。他们也会把这些感觉投射到别人身上，结果逐渐增加了被迫害感。认知理论家认为，偏执型人格障碍患者，在别人的期望和要求下努力保持希望与信心，为了应付贬抑、羞愧及不适当的感觉，他们通常采取广泛而适应不良的假设，如“人们都是邪恶的”，“任何人都可能伤害你”等。生物学理论则认为，偏执型人格障碍有遗传上的原因。一项研究曾检查了澳大利亚3 810对双生子，在有关多疑的自我报告方面发现，如果双生子中有一个过分多疑，另一个多疑的可能性也会大大增加。当然，我们必须看到，双生子相似的生活环境与条件可能会导致他们产生人格的相似性。

在对偏执型人格障碍的治疗方面，通常认为这类患者没有特别需要帮助的地方，也很少有人愿意去接受治疗。同时，很多正在接受治疗的人也不把自己视为患者，而且对治疗师抱不信任的态度，甚至抵抗治疗师。因此像大多数人格障碍一样，这种障碍治疗效果不佳，进展也非常缓慢。行为与认知治疗师试图帮助患者控制他们的焦虑，增进他们解决人际关系问题的技能。认知治疗师也试图引导患者发展更为现实的认知来对他人的言行加以理解，从而对他人的思想、观点了解更为透彻。

（二）分裂型人格障碍

1．分裂型人格障碍及其临床描述

分裂型人格障碍（schizotypal personality disorder）是一类以对亲密社交关系感到严重不适、认知或知觉歪曲和行为怪异为主要表现的人格障碍。该障碍发病于成年早期，并表现在各个方面。该障碍较为常见，一般人群的患病率为3%。

表9－6　DSM-Ⅳ-TR 对分裂型人格障碍的诊断标准

普遍存在的社会以及人际关系的缺陷，同时有感知的扭曲和怪异行为。至少有以下五种表现：
1．牵连观念（不包括关系妄想）。
2．特殊信仰或怪异思维（认为自己具有超凡能力）。
3．不寻常的知觉体验，包括躯体错觉。
4．怪异思维和言语（如含糊、赘述、隐喻或刻板等）。
5．迷信或偏执观念。
6．不适当或受限的情感。
7．行为或者外表怪异、反常。
8．除最亲近的亲属外没有亲密的人或者知心朋友。
9．过分的社交焦虑，且不随熟悉亲密程度而减少。

分裂型人格障碍患者往往在言语、行为、思维和感觉、知觉等方面表现异常，但其异常并未达到精神分裂症的诊断标准。例如，在言语上患者可能会信口开河，但实际上从不会达到语无伦次的程度，而语无伦次常常是精神分裂所具有的病症。或者患者可能会报告有反复出现的幻觉，诸如感觉他死去的妈妈好像在房间里，然而这种情况依然不同于精神分裂症患者的幻觉，精神分裂症患者更有可能报告说他看见死去的妈妈就在房间里。分裂型人格障碍患者可能也表现出奇思异想，声称他们可以预知未来、了解别人的想法等。无疑，由于部分地受到患者宣称的疑惑的影响，故而他们倾向于多疑、冷漠与退缩。他们和其他人在一起时会感到非常焦虑不安，他们寻求孤立，且很少有亲密的朋友，但又有很多患者觉得非常孤独。此外，他们还可能会反复地排列某一物品，使它们的标签排成一条线；他们往往过分地整理衣柜，或穿上搭配怪异的衣服。患者的情绪表达可能很不得体，常常是平淡，或者毫无幽默感。

分裂型人格障碍患者经常在集中注意力方面有极大的困难，而这也许能够用来解释患者的一个重要特性：离题的语言（digressive speech）。他们的谈话通常是含糊笼统的，但也会过度地描述，而且经常出现松散的联想。

怪异的行为与外表是分裂型人格障碍患者的特征。

分裂型人格障碍在1980年被加入DSM，作为改进精神分裂症诊断可靠性和研究它与其他心理疾病的关系的一种努力。在精神分裂症方面，常常难以划出诊断的界线。在某些“典型的”病例中，患者会在许多方面表现出明显的异常，如言语、思维、知觉、情感、社会行为、运动行为等，但仍有许多病例并没有上述典型的表现。例如，患者只是在若干方面稍有异常或者只在某一方面极端异常，如逃避社会。这两种类型以往都被归入精神分裂症的次级类型，现在则将之列为人格障碍：分别被称为分裂型人格障碍和精神分裂型人格障碍。

这两种人格障碍进一步的区别在于对精神分裂症的易感性。Nigg等人（1994）的研究证据显示与整个人群相比，分裂型人格障碍在被诊断为精神分裂症患者的家族中更为常见。进而，分裂型人格障碍对用于精神分裂症治疗的药物有良好的反应倾向，这种倾向指出了这两种障碍之间的某种生物学的关系。因而，从遗传或其他方面而言，分裂型人格障碍可能具有发展为精神分裂症的风险。

个案研究

G女士是一位60岁的老人，她一直都没有结婚，独自一人和13只猫生活在一起。G女士的外表很奇怪，她的行为也很古怪。G女士穿着颜色夸张，尽管也挺可爱，但所有见过她的人都认为她和别人不一样。她不断察看一些信息和线索，相信这些反映了她什么时候会在哪儿受到处罚。比如，她仔细地回顾人们（如杂货店的收银员或邮局的工作人员）的最后一段话，看他们的话里是否隐藏着更深层的含义。G女士几乎一直都有人格解体和现实丧失的感觉：她说她感到好像与自己没有什么关联，自己就好像是电影里的一个角色。她着迷于这种游离于身体之外的体验，并常常描述自己进行星际旅行的情景。她的住处满是各种标记，但她否认自己已经搜集了好多年。她常常觉得自己离开寓所时别人正在谈论她，但她知道这可能是因为她的穿着不同寻常。由于G女士在社交场合极度地不自然和害羞，她一般都只在晚上才出去，并避免与其他人交谈，避免在电梯里碰到他们。她偷偷摸摸地进出住所，总是在凌晨3点到24小时营业的商店去购物，那时的人很少。

（资料来源：Alloy et al.，*Abnormal Psychology*，8th ed.，2005）

2．对分裂型人格障碍的解释及治疗

由于分裂型人格障碍与精神分裂型人格障碍的症状相似，故一些研究者，如Cadenhead等（2000）假定造成这两种障碍的因素是相似的。事实上，他们发现这两种人格障碍有着共同的模式，即常与不良的家庭沟通及父母的心理病患有关联。而且，他们也发现如同造成精神分裂型人格障碍一样，注意力的缺陷也可能会造成分裂型人格障碍。例如，具有这两种症状的被试在倒行遮蔽（backward masking）实验中的表现非常贫乏。这是一种在实验室条件下进行的注意力测验，它要求被试在前一个视觉刺激闪现于荧幕之后，立即确认另一个视觉刺激。有这种症状的人，很难把前面的刺激排除掉，去注意第二个刺激。最后，研究者们也发现，分裂型人格障碍患者与精神分裂型人格障碍患者之间也具有相同的生物因素，如神经递质多巴胺的活动、脑室的扩大等。当然，虽然这些发现指出这类障碍之间有密切的关系，但是研究也指出，分裂型人格障碍与情感性疾患有一定关系。有些抑郁症患者的亲属，就有着较高的分裂型人格障碍的比率，反之亦是如此。因此，我们至少可以说，这种人格障碍并不只与精神分裂症有关。

大部分治疗师都同意，需要帮助这些患者重新与社会建立关系，而且帮助他们了解自身的想法及能力的限度。治疗师可能要划分一个明显的界限，例如，要求患者守时，要帮助他们了解他们的想法及其结果，了解治疗师的想法及其出发点。认知治疗师认为应更多地指导患者，客观地评估自己不寻常的思想和知觉，忽视那些不恰当的思想和知觉。例如，一个治疗师可能记录下一个怪异或虚幻的念头，然后指出它们的不正确性。当一个患者在言谈中开始离题时，治疗师可能要求患者总结他所说过的话。有时可以通过语言课程、社会技能训练，以及适当的衣着和举止这些特殊的行为矫正方法，帮助患者学会如何与别人相处得更加融洽，如何做到与其他人在一起更为舒适。另外，在临床上，由于这种障碍与精神分裂症很相似，因此抗精神病药物已经用于治疗这种障碍。低剂量的这类药物，可以明显地缓解患者的某些症状。

（三）精神分裂型人格障碍

1. *精神分裂型人格障碍及其临床描述*

精神分裂型人格障碍（schizoid personality disorder）亦称分裂样人格障碍，是一类以对亲密社交关系感到严重不适，在人际关系环境中情绪表达的范围极为狭窄为主要表现的人格障碍。

表 9－7　DSM-Ⅳ-TR 对精神分裂型人格障碍的诊断标准

普遍存在从社会中脱离的倾向以及在人际交往中的感情表达受到限制。至少有以下四种表现：
1. 既不渴求，也没有从亲密的人际关系中得到乐趣。 2. 几乎完全选择独自活动。 3. 很少有兴趣或者完全没有兴趣与他人发生性行为。 4. 很少活动或不对任何活动感到愉快。 5. 除了最亲近的亲属外，缺乏亲密或者知心朋友。 6. 对于赞扬或批评都显得无动于衷。 7. 显示情绪冷漠、态度超然或者感情平淡。

正如我们所见，分裂型人格障碍包括了一系列反常行为，而精神分裂型人格障碍则是根据一种基本的反常行为来定义的，即对孤独的偏好。精神分裂型人格障碍患者缺乏体验社会温情及任何深刻情感的能力，也在与别人形成亲密关系方面普遍无能。他们极少会结婚，很少有朋友，似乎不在乎别人的赞扬或批评。由于他们的自我专注，使得他们经常心不在焉，如同置身于局外一样。然而，他们并不像分裂型人格障碍者那样表现出异常思想、行为，或者言语类型。此外，他们与分裂型人格障碍的不同还在于，在其工作中若不需要社会接触，他们则可能取得很好的成绩。

患者通常外表呆板，无可见的情绪反应，也很少报以手势或面部表情，如微笑、点头。他们可能诉说很少体验到的强烈情感，如愤怒或高兴。患者表情十分有限，表现冷淡和超然脱俗。此外，患者可能特别难以表达愤怒，甚至是在直接被激怒时也是如此，因而使人认为他们缺乏情感。

个案研究

王某，男，29岁，未婚。自上学以来，一直表现孤僻离群、少言寡语、情感冷淡、缺乏爱好，对一切显得无能为力并缺乏兴趣，对批评、赞扬及家人的关心均无动于衷，终日待在家里看书自乐而不愿多出门。家中来客从来不敢打招呼，几乎谈不上有社会和人际交往。他没有知心朋友，人称他为“木头人”。他学习成绩一般，毕业后对工作抱着无所谓的态度。长期待在家里不去工作，后来家里人为他找了一份工作才去上班。他不修边幅，生活随便，房间里一片狼藉，疏于收拾，经常迟到，对领导的提醒满不在乎。一次，别人给他介绍对象，他却提出要过隐居生活，做和尚。这一切引起了亲友的注意，之后他们劝其去接受心理咨询。

（资料来源：季建林. 精神医学. 上海：复旦大学出版社，2003）

2. 对精神分裂型人格障碍的解释及治疗

很多精神分析理论家认为，精神分裂型人格障碍的根源在于患者在与他人的接触当中未能满足他们的需要。患者的父母不能接纳子女，甚至会虐待子女，以至于患者缺乏爱与被爱的能力，他们应对环境的方式是避免所有的关系。精神分析学派中的自我理论形容这种人格模式是“自我障碍”，即患者缺乏自尊、自信，他们对自己是什么人都没有信心，因此无法与别人建立关系。认知理论家认为，精神分裂型人格障碍患者的思维模式存在缺陷，他们的思考倾向于含糊笼统及空洞，而且他们不能通过对环境的审视而得到正确的知觉。由于不能通过他人获得某种情感的暗示，因此他们无法对情绪做出反应。认知理论预测，患有此种障碍的孩子，不管其智力水平如何，在语言与动作技能的发展上都非常缓慢。

在治疗上，由于此种障碍患者有明显的社会退缩现象，因此对许多这类患者融入治疗关系具有妨碍作用。这类障碍患者大多数与治疗师保持着情感上的距离，他们似乎对治疗毫不关心，而且进步的情况也相当有限。认知治疗师有时会帮助这类患者去体验更为积极的情绪，以及更令人满意的社会活动。例如，他们使用给患者呈现情绪表情的方式，让他们想一想或回忆愉快的情绪，并将之写下来。行为治疗师有时成功地指导患者学习掌握社交技能，使用角色扮演、暴露技术以及指定家庭作业等方法来对患者的行为进行矫正。

二、戏剧性与不稳定人格类（Cluster B）

（一）自是型人格障碍

1. 自是型人格障碍及其临床描述

自是型人格障碍亦称自恋型人格（narcissistic personality disorder），是一类以夸大、需要赞扬和缺乏同情为主要表现的人格障碍。本病开始于成年早期，存在于各个方面。该病较少见，在一般人群中的患病率少于1%。这种类型的人格障碍是在1980年被加入DSM中的。

自是型人格会过高地估计自己的才能和实际成就，并预言自己将取得巨大成功——将获得诺贝尔奖或者普利策奖，或者将是全公司一颗升起的新星等。他们总是过于以自我为中心，需要别人不断地关注与赞美。他们难以维持稳定的人际关系，因为他们本身缺乏同情心，自大又易嫉妒他人，经常利用别人，且将别人的恩惠视为理所当然。患者对于他人的批评相当敏感，如果别人没有赞美他们，他们甚至有可能会暴怒。同时，他们倾向于追寻理想化、高地位的伴侣，一旦这个伴侣未能符合他们的期望，他们便会表现出愤怒甚至拒绝的态度（就如同边缘型人格障碍患者一样）。而且，只要有机会找到另一个地位更高的伴侣，他们就很可能马上替换。这种人格障碍最常与边缘型人格障碍合并出现。

表 9－8　DSM-Ⅳ-TR 对自是型人格障碍的诊断标准

一种自我夸大的、需要赞美与共情的行为模式，始于成年早期。至少有以下五种表现：
1. 过度强调自己的重要性。 2. 只关注本身的成功、卓越、外表。 3. 认为自己很独特，只有比自己地位崇高的人才可以了解自己。 4. 极度需要别人的赞美。 5. 强烈认为一切都是理所当然。 6. 习惯于利用他人。 7. 缺乏同情心。 8. 妒忌别人。 9. 态度或行为傲慢。

相关链接 9－1　爱上自己倒影的纳喀索斯（Narcissus）

自是型人格障碍这个词来源于古代希腊神话——一个爱上自己在水中倒影的英俊少年纳喀索斯（Narcissus）。据说纳喀索斯是河神和仙女所生的儿子，美貌出众，英俊潇洒。女神厄科钟情于他，并向他求爱，遭到他的拒绝，结果厄科因此而悲伤地化为回声女神。为此，诸神对纳喀索斯非常不满，决定对他进行惩罚使他爱恋自己在水中的倒影。纳喀索斯果然被自己的影子迷住了，再也无心爱恋其他的人和其他的事，终日流连水边，频频望着湖中的影子，欣赏自己在水中的倒影而不忍离去。他不觉得累，也不觉得饿。过了一天又一天，他不吃也不喝，痛苦异常。他面颊上的红润消退了，他的青春活力枯竭了。他轻轻地倒在地上，头枕着岸边的嫩草，永远地闭上了他那双被人赞赏，又被他自己深深地爱着的眼睛。后来，心理学家便以纳喀索斯的名字来命名自是型人格障碍。

在古希腊神话中，纳喀索斯爱上了自己的倒影。

2. 对自是型人格障碍的解释及治疗

在过去的十年或二十年，许多文章和著作都运用了两种对立的观点——精神分析学和社会学习的观点去描述自是型人格障碍。精神分析理论认为自是型人格障碍源于父母的冷淡与排斥，是对童年早期缺乏父母亲情感与赞许的补偿。对各种精神分析理论的支持性研究发现，受虐儿童及父母离异的儿童，特别具有形成自是型人格障碍的高风险。另外，被领养的孩子或父母早亡的孩子也有较高患病风险。有些行为与认知理论家主张，自是型人格障碍可能是由于早期生活中得到了过多的关心与照料，而不是消极的排斥。例如，社会学习理论认为自是型人格障碍是由于父母过分夸张孩子的才能以及由此对他们过高的期望所造成的。研究也发现，有特殊才能并经常得到父母赏识的头生子女，在自恋测量中，得分比其他孩子要高。此外，许多社会文化理论家认为，自是型人格障碍与社会“特定时

代的自恋”有相当大的相关。他们指出，家庭价值观与社会理想在某个时期出现瓦解，会导致这个时期的青少年形成以自我为中心以及对物质的关注。尤其是在西方社会中，那种特别鼓励自我表现、个人主义及竞争的社会价值观可能是造成自是型人格障碍的社会文化根源。

自是型人格障碍是所有人格障碍中最难治疗的一种。精神分析治疗师要帮助患者认清并重新建构其基本的不安全感与消极的防御。而认知治疗师则主要集中于患者的自我中心思想，使患者将注意力转向他人及其意见，同时还要指导他们更理性地理解他人的批评，改变其“全或无”的观念。

（二）表演型人格障碍

1. 表演型人格障碍及其临床描述

表演型人格障碍（histrionic personality disorder）亦称“歇斯底里人格”，是一类以过度情感化和寻求注意为主要表现的人格障碍。本病开始于成年早期，并表现在各个方面。在一般人群中的患病率约为2%～3%，在精神科门诊和住院患者中约占10%～15%。

表演型人格障碍的主要特征就是极度戏剧化与寻求关注。这类患者经常利用外表，诸如怪异的服饰、化妆、发型及头发颜色等吸引别人的目光。然而除了情绪表达强烈之外，他们的情感其实很空洞。例如，患者可能滔滔不绝地谈论某人，并说此人是他最要好的朋友，但第二天却无法回忆起与这位朋友曾经发生的对话。当患者感到自己不是注意的中心时，会感到抑郁和烦恼。在性方面经常出现不恰当的诱惑且很容易受到别人的影响。他们的言谈经常没有重点且缺乏细节，比如说他们会强烈坚持自己的观点，但又无法依据事实说服别人。表演型人格障碍容易与抑郁症及边缘型人格障碍产生共病性，同时也容易有健康上的问题。

表9－9 DSM-Ⅳ-TR对表演型人格障碍的诊断标准

普遍存在的过度表达情感以及寻求注意的行为，在成年早期发病。至少有以下五种表现：

1. 当他或她不是众人注意的焦点时，就感到不舒服。
2. 在与他人的交往中，表现出不恰当的性引诱。
3. 表现出感情的快速改变以及表达的感情范围较窄。
4. 一直使用外表来吸引别人的注意力。
5. 语言风格给人留下深刻印象，但是缺乏细节。
6. 感情表达表演化以及过度夸张。
7. 易受暗示性影响。
8. 把与别人的关系想象得比实际上的更亲密。

个案研究

34岁的Z女士因情绪抑郁、浑身不适而在丈夫的陪伴下来到医院住院治疗。刚刚走进病房见到接待她的主管医生，她就喋喋不休地讲述自己是多么不幸和痛苦，声称自己已经几天几夜没睡着觉、吃不进东西，说自己身体内的水分几乎消耗殆尽，皮肤也没有了光泽和弹性，还说上二楼的楼梯时感到十分吃力，说明身体已经极度虚弱。一边听她叙述，一边冷静观察的医生发现，她露在短袖衫外的手臂滚圆，腰身颇为粗壮，口唇也不干燥，说话时虽然有气无力，但表情丰富而夸张，似乎在极力渲染悲伤的气氛。

当值班护士把Z女士领到分配给她的床位前时，她拒绝接受，要求调换床位，声称不能睡在临窗的床位上，因为怕风吹着后身体更加虚弱，又说靠门的床位也不能给她，因为夜晚病友进出开关门的声音会吵着她。护士没有答应她这些过分的要求，她就委屈地来找医生哭诉，说这里所有人都欺负她，看不起她是外地人等。后来医生从Z女士的丈夫嘴里了解到，她在家中也是凡事以自我的需要为第一，平时事无巨细，都要丈夫顺着她，否则就争吵和哭闹，不达目的绝不罢休。

Z女士住进病房不久，护士们就反映这位患者有点不同寻常，除了无休止地提出各种要求外，还特别喜欢表现自己，在男性面前更是活跃，穿衣打扮也追逐时髦，常常在午后与其他病友去服装城买些色彩鲜艳但廉价的衣服回来。在一次医生与她的个别谈话中，她悄悄告诉医生说，病房中的某某男性患者对她有意思，还说自己在婚后不久曾因为婚姻生活平淡无奇、丈夫老实厚道没有生活情趣而和其他人幽会并发生了性关系。事后发现那个男人并不爱她，她倍感伤心。

［资料来源：王超．表演型人格障碍．科学养生，2003（12）］

2．对表演型人格障碍的解释及治疗

大部分精神分析理论家认为这种障碍患者小时候未能经验到健康的人际关系，他们生活在严厉且控制严密的父母之下，没有感受到关爱，害怕被遗弃。对被遗弃的深层恐惧使他们学会以戏剧性的行为方式，通过制造某些危机状态来引起人们的关注，从而对他们采取保护措施。另有精神分析理论家专注于女性患者。他们认为，早年缺乏母亲的照料和教养，造成女孩子产生了强烈获得父亲注意的需要，并通过情感及依赖的表现来寻求这种需要的满足。早期这种强烈的情感及其戏剧化的表现，导致她们形成了控制其后来生活的戏剧化的人际关系模式。这种人在进入成年后，变成了“不快乐的小女孩”，他们把男性当做理想化的父亲，而且试图去操纵他们。

认知理论认为，戏剧性人格障碍患者缺乏实质性的内涵，且易受暗示。这种理论认为，患者越将注意力集中于自己身上，越是情绪化，他们对外部世界的关心与兴趣也就越少。由于他们连一些基本的人情世故都没有学到，也未能注意到，因而他们必须依靠直觉，或依赖于他人提供的生活指导。有些认知理论家提出，这种人格障碍患者一般坚信自己无力照顾自己，于是，他们会不断地通过求助于他人来满足自己的需要。

社会文化理论家认为，戏剧型人格障碍部分是由于社会规范及期望导致的。即使现在，我们的社会都在鼓励女孩子不必自立、自信，即便她们已长大成人。因此，这种患者所表现出来的虚荣、戏剧性以及自私行为，事实上就是女性化过度扩大的结果，也是我们社会传统的性别角色期待的结果。

与其他大部分人格障碍不同，这种人格障碍患者经常会自己寻求治疗。不过对这种障碍的治疗十分困难，因为患者可能会提出特殊要求，发脾气，甚至使用诱惑他人的伎俩。另外，这种患者在治疗中可能假装对治疗领悟，或表现出明显的改变，但其真正目的则是要讨好治疗师。为了避免这些问题的发生，治疗师就必须保持客观的态度以及严格的专业界限。

认知治疗师试图帮助患者改变其无助的信念，并使他们形成更适当、更为深思熟虑的思考及解决问题的方式。精神分析学家与团体治疗师致力于帮助患者认识到他们的过度依赖性，使他们更为自立。临床个案报告指出，每种方法可能都有一定作用。相对而言，药物治疗效果较差，除非用它来减轻患者的抑郁症状。

（三）边缘型人格障碍

1. *边缘型人格障碍及其临床描述*

边缘型人格障碍（borderline personality disorder）是一类以不稳定的人际关系、自我形象和情感以及具有明显冲动性为主要表现的人格障碍。边缘型人格障碍在一般人群中的患病率约为2%，在精神科门诊患者中约占10%，住院患者中约占20%。

边缘型人格障碍首先由动力心理学家（如O. F. Kernberg，1975）提出，1980年被正式确认为一种诊断。从那时起，这一分类被广泛地使用，以至于20%的精神病患者被诊断为这种疾病。同时据估计，在普通人群中这种疾病的发生率为3%～5%。边缘型人格障碍患者中的2/3是女性。当然这一分类至今仍受到一些其他学派理论家的质疑。

近几年边缘型人格障碍分类受到大量的关注。一般认为，边缘型人格障碍患者具有这样一些共同特征：不稳定的人际关系、自毁行为的威胁、经常性的认知歪曲、对被遗弃的恐惧以及冲动等。例如，对别人的态度与感觉会在很短的时间内毫无理由地发生很大改变。情绪表达强烈、无常、突然，特别是从满怀热情的理想化瞬间转变为鄙视轻蔑的愤怒。边缘型人格障碍患者强烈的愤怒经常会伤害到自己的人际关系。他们这种无法预期、冲动、自我伤害的行为，会发生在赌博、无节制的消费、随意的性关系、物质滥用和过度玩乐上。

表9－10 DSM-Ⅳ-TR对边缘型人格障碍的诊断标准

一种普遍存在的人际关系、自我评价以及情感的不稳定性、特征性的冲动。至少有以下五种表现：
1. 用尽一切方法来避免真实或想象上的被抛弃。
2. 人际关系不稳定且感情表达激烈，特点是在对另一方极端的理想化以及极端的贬低之间快速变化。
3. 不稳定的自我感。
4. 在至少两个领域表现出可能带来潜在的自我伤害的冲动性（如过度浪费、性、物质滥用、鲁莽驾驶等）。
5. 经常有威胁自杀或自我伤害行为。
6. 极端的情绪反应并导致情绪不稳定。
7. 长期存在的空虚感。
8. 无法控制愤怒的情绪。
9. 与心理应激有关的偏执观念或者严重的分离性症状。

边缘型人格障碍患者通常对自我并没有清楚的认识——他们可能在价值观、忠诚度或职业选择上会有很大的改变。他们无法忍受孤独、害怕被抛弃、需要被注意且长期感到沮丧与空虚。在面临压力时，他们可能有短暂的精神失常或出现分离性症状。

Morey（1991）将边缘型人格障碍描述为一种包括四个核心成分的综合征。

（1）难以建立一种安全的自我同一性。边缘型人格障碍患者具有一种不稳定的自我观念，因而严重地依赖与他们有关系的人，以便获得认同感、自我身份感。当边缘型人格障碍患者感到他人的关心时，会表现得犹如孤独的弃儿；但当他们害怕失去别人的关心时，其心境会发生戏剧性的改变，往往表现出不适当的、强烈的愤怒。与此同时，还伴有对外界、对自身以及对他人看法的彻底转变——从黑到白，从恨到爱。反之亦然。他们的观念永无折中之时。当他们感觉自己被抛弃时（亦即彻底孤独），他们会自我隔离或极度冲动。

（2）怀疑。正如对他人的依赖一样，边缘型人格障碍患者也对与他们有关系的人充满怀疑，并且期待遭到遗弃或者受到他们的迫害。依赖和多疑的结合在边缘型人格障碍患者对他人的感觉方面形成了极度的矛盾心理。一个在此刻受崇拜的朋友，下一刻就可能会受到攻击。

（3）冲动与自毁行为。边缘型人格障碍患者在其行为方面具有典型的冲动性与不可预测性。在没有约束的情况下，他们常常会从事自毁行为，如药物滥用、醉酒驾车、打架和性生活混乱等。他们也会习惯于运用自杀来威胁他人。他们有高比例的自我伤害行为，例如，他们会用刀片割自己的腿，或用香烟烫伤自己的手臂。至少有 2/3 的边缘型人格障碍患者在生命中的某些时期会尝试伤害自己。

（4）难以控制愤怒和其他情绪。这是边缘型人格障碍非常显著的特征。患者处于一种重复不断的情感危机状态中，表现出原始的悲伤和愤怒情绪。这使一些研究者认为像情绪障碍一样，边缘型人格障碍可能和边缘系统异常有关，而这正是大脑中调控情绪的部分（Kling，Kellner，Post et al.，1987）。一些理论家提出了边缘型人格障碍到底是不是一种抑郁的形式这个问题。许多患者对两种障碍的诊断标准都符合，虽然尚未得出结论，但有一些证据说明心境障碍在边缘型人格障碍患者的家族中有更高的流行率（Gunderson & Elliott，1985）。像分离性身份障碍一样，边缘型人格障碍患者倾向于报告其童年期在身体与性虐待方面的经历。

自杀倾向是边缘型人格障碍中颇受关注的一环。李娜汉（Linehan）和赫德（Heard）（1999）的一项研究显示，在二十年间，大约有 7.5% 的边缘型人格障碍患者会自杀。另一项针对 621 名患者的研究发现，其中有 15.5% 的人在过去一年中尝试自杀至少一次以上（Yen et al.，2003）。

边缘型人格障碍通常开始于青春期或成年早期，也是临床案例中最常见的人格障碍。初期的预后状况并不理想，在前七年大约有 50% 的人依旧无法摆脱边缘型人格障碍。但是一系列研究表明，经过十年或十五年之后，高达 3/4 的边缘型人格障碍患者可以得到良好的改善，其表现与正常人几乎无异。大部分人在 40 岁后就不再受这种人格障碍的影响。

边缘型人格障碍患者与轴 I 的焦虑障碍（特别是创伤后应激障碍）及心境障碍非常容易产生共病性。同时他们也容易出现物质相关障碍和进食障碍，并且容易与怪异类人格障碍产生共病性。

个案研究

张某，女性，27 岁，自幼父母要求较严格，母亲为大学教师，女强人，专注于工作，父亲为军人，脾气暴躁。患者 13 岁读初中二年级，父亲转业回家，经常指责、训斥患者。患者开始出现紧张、情绪低落、少语、夜眠差、头疼等症状。她努力迫使自己做得让父亲满意，但上课注意力不集中，和同学关系疏远，孤僻，脑子里经常思考一些无意义的事，如“人为什么活着”，“人是从哪里来的”，“宇宙人、外星人”等。她的学习成绩下降，父母未予以注意，未治疗，之后出现情绪波动不稳，有时内心压抑，有时兴奋，赶新潮，出风头。读高二时母亲将其由市中学转至县高中，因不适应紧张的学习环境，感觉学习压力大，考试成绩下降到倒数第一。后与同校一男老师发生了性关系，感到自卑，自行退学。不愿面对现实，在家里无所事事，感到非常空虚，有一种找不到自己的感觉，一直“不知自己是谁”。

母亲为其安排重新上学，她感到心中难受、压抑、想死，并割破左手腕及颈正中部自杀，导致昏迷约30分钟，当感觉到父母在抢救自己时，有一种快感，经抢救脱险。之后情绪波动不稳，时而低落，时而兴奋，变化较快，行为冲动，不顾后果，多次外跑不归，多次服药自杀，性生活随便，和许多男人有染。自己看书认为患了强迫症，曾到武汉、石家庄、北京、天津、湛江等多个地方就诊，诊断不一，服用多种药物效果欠佳。其间曾多次调换工作，均因与同事相处不好或男女关系问题自行离职。其后开始信耶稣教并开始恋爱，遭到父母亲的反对后出现兴奋，话多，说大话，乱花钱，感到脑子反应快，乱发脾气，整夜不眠，忙碌，性欲亢进，随便和陌生男人发生关系，当地诊断为“双相情感障碍——躁狂相”，予药物治疗两月余好转，以后间断服药，情绪一直欠稳，时常头痛，感觉空虚，易发脾气。每当母亲安排其生活时便出现极端的压抑，外跑，自杀，行为冲动，性生活随便等状况，事后又感到后悔、痛苦。

［资料来源：郭慧荣等. 上海精神医学，2003（2）］

2. 对边缘型人格障碍的解释及治疗

（1）生物学因素。在生物学因素方面，某些资料指出，额叶功能的损害常被视为在冲动行为的发生上起作用。例如，Goyer等人（1994）指出，患者在额叶功能的神经学测验上成绩很差，而且表现出低水平的额叶葡萄糖代谢作用。Herpetz等人（2001）也指出，患者大脑的杏仁核不断增加的激活水平被认为在对情绪的调控方面起了重要作用。杏仁核激活水平的增加也和在边缘型人格障碍患者中所见的紧张情绪有关。有些特别冲动的患者显示出了自杀企图，或者会攻击他人。Gurvits及Spoont等人（2000，1996）的研究表明，他们有比较低的脑部血清素活性。患者也经历了与抑郁症患者相同的睡眠异常。与这些生物学的发现相一致的是，有关边缘型人格障碍的家庭研究指出，该人格障碍具有遗传的成分，即其近亲中患有这种障碍的人比一般人多五倍。

相关链接9-2 李娜汉的应激—疾病素质理论

李娜汉认为，那些因为生物学的素质因素而无法控制自己情绪的人，如果在原生家庭负面的环境中成长，就会产生边缘型人格障碍。换言之，情绪调节不良与负面环境相互影响，就容易发展为边缘型人格障碍。

在一个负面的环境中，个人的情感往往遭到忽略或不尊重。也就是说，当个人尝试表达情感时却遭到蔑视，甚至惩罚。最严重的负面环境就是儿童虐待。不论是否涉及性侵害，施虐的父母嘴里说的是对孩子的爱，但实际的作为却是在伤害孩子。

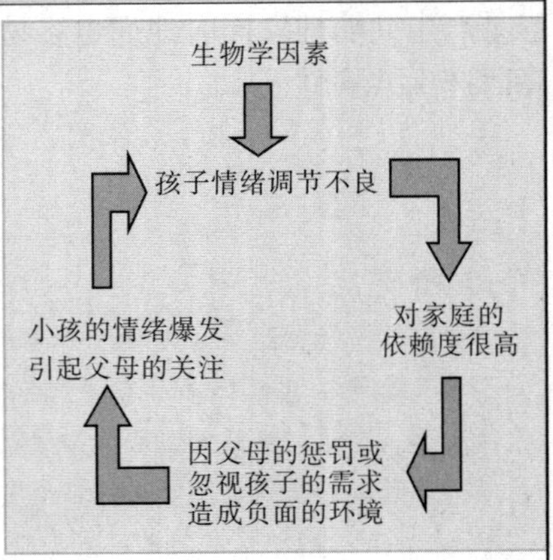

李娜汉的边缘型人格障碍应激——疾病素质理论

这两个假设因素——情绪调节不良与负面环境之间的交互作用见右图。例如，情绪不稳定的孩子对家人提出不合理要求，或做了不恰当的事。生气的父母会忽视，甚至惩罚无理取闹的孩子，因而导致孩子开始压抑自己的情绪。压抑的情绪不断累积，到最后终于爆发。于是，再度引起父母的关注。因此，父母又再次强化了原来的否定或惩罚。当然，或许还会有别的方式，但通常这些方式实际上都是一种恶性循环，不断在情绪调节不良与负面环境之间反复。

（资料来源：Ann. M. King et al.，*Abnormal Psychology*，10th ed.，2009）

（2）母子关系的不良。研究者们通过长期的心理治疗和临床观察逐步形成一个假设，即边缘型人格障碍的发生之关键因素是幼年期母子关系的失败所导致的心理发展不良。Murry 转引 Mahler 等描述的早年心理发展的关键阶段是：①正常的孤独期（0～2 月）；②共生期（2～5 月）；③分离—独立期（5～36 月）。边缘型人格障碍的病理基础产生于后两个阶段。母子关系的失败主要表现在两个方面：Masterson 等提出的“母亲过分卷入”和 Adler 等源于自我发展理论的假设——“母亲对孩子的需要的误解和不适当的反应”。Masterson 指出，母亲的过分卷入是由于母亲本人的人格有某种缺陷，她利用并依靠婴儿来满足自己的情感需要。Adler 和 Buie 认为，母亲是孩子的需要和冲动的外部效应器，母亲如能正确理解孩子的行为和言语所表达的意义并做出适当的反应，能够给孩子提供一个稳定的、充满爱的环境，孩子就能逐渐发展内部的自我监控和自我价值感，否则，孩子成年后就没有稳定的自我感，就会不断寻求外部爱护，成为“深在的情感饥渴者”和“手拿脐带走入生活的人”。近年的研究表明，边缘型人格障碍患者幼年时母亲较少照顾而又过分控制者较多，上述两种原因无一可单独引起边缘型人格障碍的明显出现，只有两者共同作用才可能促成边缘型人格障碍的形成。

（3）童年期遭受虐待。近年来有不少学者还对儿童期人身虐待和性虐待、幼年创伤性经历等因素和边缘型人格障碍的发生及症状之间的关系进行了研究，并得出如下结果：①儿童期性虐待是受虐待患者记忆中最严重的事件，人身虐待次之。儿童期的人身虐待和性虐待者比较常见，可分别高达67%和77%，且与症状的严重程度有联系，有频繁自残行为者似乎在儿童期受到的虐待更多。②边缘型人格障碍是早年创伤的后果，在女性患者中尤其如此，这些创伤包括幼年丧失父母，是身体和性虐待及乱伦的受害者等。创伤作为一个坏的印记，或通过想象、游戏和梦境被进一步加工后，破坏了孩子的自我功能的发展。人格解体来源于被虐待时身体体验的分裂，非真实感是创伤体验通过想象后的变性产物，分离症状多见于有严重创伤体验的女性患者。③早年的创伤对边缘型人格障碍的康复是一个负性危险因素。长期的追踪结果表明，早期与母亲有关的发展问题与边缘型人格障碍的结局呈负相关。

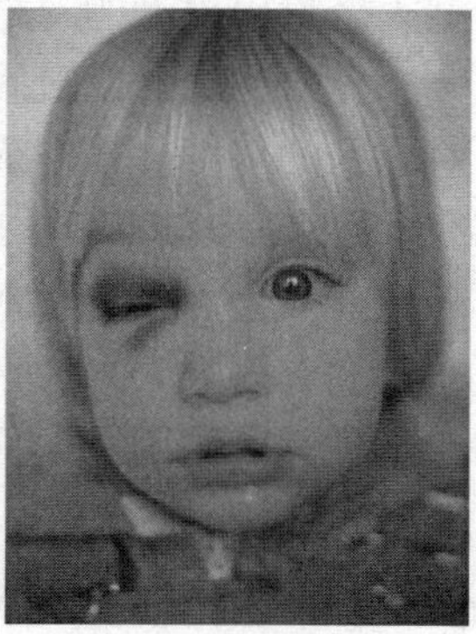

儿童期遭受身体虐待被认为是导致边缘型人格障碍的一个重要原因。

（4）客体关系理论。客体关系理论（object－relations theory）是一种精神分析的观点，其重点在于儿童将对他们而言很重要的人物形象内化，例如父母亲。该理论的核心在于，讨论儿童如何认同情感上强烈依赖的对象。这些内化的心像（即客体的呈现）将成为自我的一部分，进而影响他们的行为。但是，这些内化的价值观有时却会与已成年的他们互相冲突。例如，当一个女大学生已经将母亲的行为举止作为一位女性应有的行为举止的观念内化，但她却又发现自己深受现代女权主义观念所吸引。

客体关系理论的主要倡导者是 Otto Kernberg。他认为童年时期不愉快的经验——例如，父母的爱与关怀不一致，父母虽然赞赏孩子好的表现，但在情感上却又无法提供支持与温暖——这就会造成孩子将这种困扰的客体加以内化，进而使其无法分辨周围人的爱与

不满。因为这些客体关系的困扰，又导致他们缺乏自我安全感，这恰恰是边缘型人格障碍的主要特征之一。

三、焦虑—恐惧人格类（Cluster C）

（一）回避型人格障碍

1．回避型人格障碍及其临床描述

回避型人格障碍（avoidant personality disorder）是一类以社交抑制、情感不适当和对负面评价过分敏感为主要特点的人格障碍。该障碍在一般人群中的患病率为0.5%～1.0%，约占精神科门诊患者的10%。

像精神分裂型人格障碍一样，回避型人格障碍患者以社会性退缩为显著特征。然而回避型人格障碍患者的退缩不是由于对人际间温情体验能力的缺乏或自我封闭造成的，而是由于对拒绝的害怕。根据Millon（1981）最初的研究，回避型人格障碍的基本特征是对任何拒绝、贬抑以及羞耻的超敏性（hypersensitivity）。对于我们大多数人来说，与一个陌生人交朋友存在某种程度的困难，但对于回避型人格障碍患者来说就极其困难了，因为他们仅渴望被爱及被接纳，且倾向于避免与人交往，除非再三得到他人积极情感的保证。即使如此，他们也会对任何否定或不赞成的暗示保持着警惕。回避型人格障碍患者通常也是低自尊者，他们为自己在社交中的失败而感到沮丧和愤怒。

表9－11　DSM-Ⅳ-TR对回避型人格障碍的诊断标准

普遍存在社会性的抑制，觉得自己缺乏能力，对负面的评价过度敏感。至少有以下四种表现：
1. 因为害怕被批评或被拒绝而回避与他人相接触的职业。 2. 除了某些喜欢的人，不愿与他人有关联。 3. 因为害怕被羞辱或嘲弄，不愿与他人产生亲密关系。 4. 在社会交往中，对被批评以及被拒绝过分重视。 5. 因为觉得自己缺乏能力，不愿发展新的人际关系。 6. 认为自己在社交上无能，缺乏吸引力，或比不上他人。 7. 因为害怕身处难堪而极度不愿冒险，或参加新活动。

回避型人格障碍患者认为自己的外表没有吸引力，或不如别人。他们过分夸大新情况可能遇到的困难，因而很少冒险或尝试新的活动。虽然他们非常渴望一个亲密的关系，但他们通常很少或没有亲密朋友，并经常感到郁闷和寂寞。有些人则采取逃避现实的策略，沉溺于自己内心的幻想和想象中的世界。

2．对回避型人格障碍的解释及治疗

精神分析理论家把焦点放在回避型人格障碍患者普遍的羞愧感上。有些学者追溯患者童年期经验过的嘲弄与羞辱，如父母对孩子尿床采用嘲笑或惩罚的方式，那么孩子则可能形成消极的自我形象。因为这种方式会导致个人感到他一生都不会被人喜爱，而且不相信别人对他的爱。同样，认知理论家相信，在儿童早期常常受到严厉的批评与拒绝，可能会导致某些感觉，即在其环境中的他人会经常采用消极的态度批评他们。因而，他们产生了对被他人拒绝的期待，并且会对别人的反应产生误解，以便与那些期待相一致；他们会漠视别人正面的反馈，而且常常害怕社会参与。这一切都是形成回避型人格障碍的原因。

在治疗方面，如同对其他人格障碍的治疗一样，治疗师最重要的工作在于首先要获得患者的信赖。精神分析治疗在于帮助患者认识并消除可能在其潜意识中起作用的冲突。认知治疗师要协助患者改变痛苦的信念与思考，能够面对痛苦的情绪并改善自我形象。行为治疗师则通过提供社交技能的训练，并且通过要求患者逐渐增加社会接触的暴露疗法对患者予以辅导。此外，抗焦虑和抗抑郁药物有时可用来减少回避型人格障碍患者的社交焦虑，但在停止用药后，症状又会重新出现。

个案研究

J先生做会计已有九年，他在高中毕业后就从事这一工作。他说他自己很小的时候就是一个害羞、胆小且安静的孩子……

他的上级认为他是一个独行侠，一个安静及有效完成工作的古怪的年轻人。他们注意到他独自在公司的餐厅吃饭，而且不与人喝茶聊天，或是在公司里说笑。J先生没有交过女朋友，甚至五年来没有参加过任何聚会……现在他把所有空闲时间用来阅读、看电视、做白日梦，或在家里修理东西。

J先生每次碰到本部门有新同事上班就会很苦恼。他的办公室大概有40位员工，而且每年有4～5人会轮岗。最近几个月来，他的办公室内形成了一个小团体。尽管他渴望成为这个小团体的一员，但他不敢表达这个意愿，因为他感到自己对这个团体没有做出什么贡献，可能会被拒绝。很快，J先生与其他几个人成为这个小团体成员嘲弄和开玩笑的对象。这使他越发感到自己在工作中没有自信，同时也出现了许多以前没有出现过的错误。

（资料来源：Comer，*Abnormal Psychology*，4th ed.，2001）

（二）依赖型人格障碍

1. 依赖型人格障碍及其临床描述

依赖型人格障碍是一类与过分需要照顾有关，以服从和依附行为为主要特点的人格障碍。这类障碍是医院精神科最常报告的人格障碍。

正如其名称一样，依赖型人格障碍的特征就是依赖他人。依赖型人格障碍患者因胆怯或者难以做出决定，往往会依赖一个或两个他人，如依赖配偶或父母亲，由他们所依赖的人承担起为他们决定的责任，包括该做什么工作，去哪里度假，怎样带孩子，该与哪些人交往，甚至穿什么衣服等。构成这种自我淡化的原因是对遭遗弃的害怕。对于大多数人来说，等待一个迟到的朋友是一件令人感到不便或烦恼的事，而对于依赖型人格障碍患者来说却是一个情感上非常不幸的事件：长时间的担心意

表9－12　DSM-Ⅳ-TR对依赖型人格障碍的诊断标准

普遍存在对被照顾的极度需要，导致顺从和依赖的行为以及对分离的恐惧。至少有以下四种表现：
1. 没有别人的强烈建议及肯定，就无法自行做出决定。 2. 需要他人为他生活中绝大多数的重要方面承担责任。 3. 因害怕失去他人的支持而不敢发表不同的意见。 4. 因为缺乏自信而无法独立作业。 5. 为了赢得他人的认同与支持而去做自身不喜欢的事。 6. 因为担心无法照顾自己，在独自一人时，觉得不舒服或者很无助。 7. 在一段亲密关系结束之后，急于寻找其他的亲密关系，以获取照料以及支持。 8. 对必须自己照顾自己具有不合理的恐惧。

味着朋友对他不再关心。由于害怕被别人遗弃，依赖型人格障碍患者，通常是妇女，会容忍丈夫的不忠、醉酒，甚至身体的凌辱，她们担心会因反抗而遭到丈夫的抛弃。这种消极状态导致某种恶性循环，即依赖型人格障碍患者被他人控制和凌辱得越多，就越感到无助，并且这些感受又进一步妨碍了她们采取任何维护自尊的行动。

2. 对依赖型人格障碍的解释及治疗

精神分析理论对依赖型人格障碍的解释与对抑郁症的解释非常相似。例如，弗洛伊德学派的理论家们认为，口腔期性心理发展的冲突没有得到解决，可能会引发终身在营养物方面的需求，因此，也就增加了依赖型人格障碍的可能性。有些精神分析理论家则指出，许多依赖型人格障碍患者的父母过分干涉子女的活动，或者对子女采取过于保护的养育态度，因而他们的孩子形成了依赖、缺乏安全感及分离的焦虑。

行为主义者认为，依赖型人格障碍患者的父母亲在无意中对孩子的依附或顺从行为给予奖励，同时对孩子的独立行为给予惩罚；同时，父母本身的依赖行为也可能给孩子们提供了一种榜样。因此，依赖型人格障碍是通过学习获得的。

认知理论家发现，患者以下两种对能力的认知态度有助于产生并维持这种障碍：①“对于应付周围世界而言，我是无助并且是无能为力的”；②“我必须找一个人提供保护，这样才能应付这个世界”。认知心理学认为，非黑即白的二分法的思维方式在其中起了重要作用，如“假如我是依赖的，我必定是完全无助的”，或者“假使我是一个独立的人，我就会孤单”。这类想法对这种障碍患者的独立自主的努力起着消极作用。

对这种障碍的治疗，要将重点放在协助患者认识到应该接受他们应负的责任。同时由于配偶或父母的专权、独断行为，可能会助长患者的症状，故有些临床工作者提出了夫妻或家庭治疗，或者对他们的配偶或父母分别治疗的观点。精神分析疗法对这种症状的治疗集中于与治疗抑郁症患者相似的问题，包括将依赖的需求移情到治疗师身上。行为疗法的治疗师通常提供所谓的自我肯定训练来协助患者更适当地表达他们在人际关系方面的渴望。认知治疗师则试图帮助患者挑战及改变他们无能、无力与无助的假设。

个案研究

杨某，男，22岁，学生。从小受家人宠爱，衣来伸手，饭来张口，学习成绩也不错。但独立能力差，缺乏主见，喜欢大家一起干同样的事情，而当一件事情要他自己决定时，便怕干不好，不知所措，不论事情大小都要父母为他作决定。离家上大学后，在学校生活自理都成问题，担心学习跟不上，感到自己无助、无能，遇到一点儿困难就哭泣、厌学，打电话逃回家，要父母帮忙。该学生一直独立能力差，缺乏主见，小事也需要依赖父母，不能良好地适应成长过程中碰到的事情，符合依赖型人格障碍诊断。

（资料来源：季建林. 精神医学. 上海：复旦大学出版社，2003）

（三）强迫型人格障碍

1. 强迫型人格障碍及其临床描述

强迫型人格障碍是一类以专注于顺序、完美和控制为主要表现的人格障碍，其在一般人群中的患病率约为1%，在精神科门诊患者中占3%～10%。

尽管有研究指出，约2%的人口可能会遭受这种人格障碍的影响，但依赖型人格障碍确切的患病率尚不清楚（Zimmerman & Coryell, 1989）。多年来，临床工作者相信，女性患这种障碍比男性多，但也有研究指出，这种障碍在男性中也十分普遍（APA, 2000; Reich, 1990）。有些研究发现，这种障碍的男性被试的近亲患抑郁症比率更高，而女性被试的近亲则有较高的患恐惧症的比率。

表9－13　DSM-Ⅳ-TR对强迫型人格障碍的诊断标准

普遍存在对秩序的过度关注，完美主义，不惜以灵活性、变通性以及效率为代价。至少有以下四种表现：
1. 太过关注细节、规则与条理，导致忽略重点。 2. 太过追求完美，因而影响任务的完成。 3. 对工作过分投入，牺牲休闲与友谊。 4. 在道德或价值观上过度谨慎、认真、不灵活。 5. 无法丢弃破旧或无价值的东西。 6. 不愿意把任务或者工作交给别人去做，除非他们能够遵循他（她）的行事方式。 7. 吝啬、贪婪。 8. 既死板又固执。

强迫—冲动型人格障碍的显著特征是对琐碎细节以及完美的过分关注，而这是以自主性与有效性的丧失为代价的。患者过分专注于细节、规则及规范。对于细节过分在意，经常导致他们无法完成任务。他们通常以工作为导向，不太追求工作的乐趣。他们几乎没有办法做出决定（以免犯错误），也无法很好地分配时间（以免错误分配时间）。他们的人际关系通常不好，这是起因于他们的固执，且对每一件事情都要求按照他们的方式来进行。他们经常被人们视为控制狂、严肃、严格、拘泥形式且缺乏灵活性的人，特别是在遇到道德问题时更是如此。他们没有办法丢弃残破无用的物品，即使那些东西一点儿纪念价值也没有。

2. 对强迫型人格障碍的解释及治疗

多数强迫型人格障碍的理论解释，借用了有关强迫症的观点。弗洛伊德精神分析理论认为，强迫型人格障碍是肛门期的退化作用引起的。即由于这些人在肛门期受到过分严格的排泄训练，因此，他们因愤恨而滞留或固着于这个阶段。为了控制愤恨，他们持续地抗拒他们的愤怒以及排泄的本能。结果他们变得过分抑制及遵守秩序，很多人变成热情的收藏者。认知理论家对强迫型人格障碍的起因没有提出多少见解，但是他们认为不合逻辑的思维过程可能会有助于这种障碍的维持。例如，他们指出，二分法思维方式就有可能产生僵化与完美主义现象。同样，他们也指出，有这种人格障碍的人，对做错事或对犯错误的可能结果常常会给予错误的解释，或者过分夸大这种可能性。

这种人格障碍患者可能不会意识到自己有什么问题，因而他们也不会去寻求治疗，除非他们也遭受到焦虑或抑郁之苦，或者除非家人或朋友坚持要求他们去接受治疗。一般而言，药物治疗与行为治疗对强迫性焦虑症的患者有相当好的效果，但是强迫型人格障碍患者显然对精神分析疗法与认知疗法有较好的反应。精神分析治疗师通常试图帮助他们了解、体验并接受他们的感受及潜在的不安全感；而认知治疗师则把重点放在了协助患者改变其二分法的思维模式及完美主义、优柔寡断、拖延、长期的忧虑等症状上。

个案研究

周某，女，30岁。她一向学习认真，成绩也不错。大学毕业后参加工作，在工作上一丝不苟，赢得领导的信赖和好评。领导提拔她后，她对下属要求过分苛刻，注意细节，一点儿小事都要自己过目，一定要按照她的方式意愿做事，否则就不满意，发脾气，有时甚至不放心把任务交给别人去做，便自己加班加点不休息。即便是休假时，她也难以放松，总担心哪儿出差错。在家里，东西收拾得井井有条，丈夫一搞乱便不开心要立即纠正。朋友到她家来会感到很拘束、不自然，担心一不小心会犯了什么错误。

（资料来源：季建林. 精神医学. 上海：复旦大学出版社，2003）

第三节　反社会人格障碍

我们看到，那些饱受上述人格障碍之苦的人，在很大程度上也给他们的家人和朋友带来了不便与麻烦，但通常他们对自己的伤害比对他人的伤害更大。相比之下，反社会人格障碍则是一种针对他人的攻击性态度——一种长期的冷漠与对人及其权利的侵犯。为此，由于这种障碍的特殊性及其对他人、社会的危害，我们将属于“戏剧性与不稳定人格类”的反社会人格障碍做专门讨论，以引起人们更多的重视。

一、什么是反社会人格障碍

在变态心理学的历史上，也有过诸如“精神病态人格”、“社会病态人格”、“社交紊乱型人格障碍”等概念。这些概念可以看做是反社会人格障碍的近义词或同义词，也是不同精神病学家或临床工作者从不同角度或侧重点出发，对大致相同的现象所使用的不同名称。美国心理学家 Davison 和加拿大心理学家 Neale 指出：“按照目前的用法，社会病态和精神病态这两个术语，似乎可以与反社会人格交替使用。”美国犯罪学家 Hagan 认为：“精神病态、社会病态以及反社会人格都是指同样现象的术语——未完全社会化的人格。”

那么究竟什么是反社会人格障碍呢？反社会人格障碍（antisocial personality disorder，反社会人格障碍）又称病态人格，它是一类以不顾他人权利、侵犯他人权利为主要表现的人格障碍。该障碍发病于儿童期或成年早期，并持续到成年期。反社会人格障碍以行为不符合社会规范为主要特点，以高度的攻击性，缺乏羞愧感，不能从经历中取得经验教训，行为受偶然动机驱使，社会适应不良为特征。DSM-Ⅳ-TR 有关反社会人格障碍的概念包括两个主要成分：

第一，在十五岁之前存在某种行为障碍。旷课、离家出走、经常性撒谎、偷窃、纵火以及有意破坏财产是行为障碍的主要症状。

第二，这种反社会行为模式持续到成年期。

可见，DSM 的诊断不仅包括某种反社会行为模式，而且指出这种反社会行为模式开始于儿童时期。在有品行障碍的儿童当中，超过60%形成了反社会人格障碍。但是，研究表明，在那些符合反社会人格障碍的成人标准并在童年期就有行为障碍的人与那些符合反社会人格障碍的成人标准，但在童年期没有行为障碍的人之间几乎没有什么差别。

心理失调和反社会行为（指侵犯他人权利的行为）之间的关系问题形成了心理学历史上一个令人感兴趣的课题。但是，在谈到反社会行为时应该切记，反社会行为不能等同于反社会人格障碍，这一点是十分重要的。就好像焦虑是用来说明焦虑障碍的一个特征，但不能用它来界定焦虑障碍患者。所以反社会行为是对反社会人格障碍的一种特征的说明，而不是对反社会人格障碍的界定。不具有反社会人格障碍的人也会做出反社会行为，就好像心理正常的人也会说谎、欺诈和偷窃一样。

相关链接9－3　寻求精神刺激的连环杀手

2003年12月9日，震惊全国的河南省平舆县“11·12”系列杀人案在平舆县公开审判，法院当庭做出一审判决，被告人黄勇犯故意杀人罪，被判处死刑，剥夺政治权利终身。黄勇自2001年起将18名青少年骗至家中先后杀死17人，杀伤一人，并将受害人尸体埋在自己的室内和院内。

12月21日，河南省驻马店市检察院依法批捕了涉嫌故意杀人的犯罪嫌疑人黄勇。

据承办此案的检察官介绍，犯罪嫌疑人黄勇今年29岁，初中文化程度，住平舆县玉皇庙乡。黄勇自小受不良影视作品的影响，为寻求精神刺激而预谋杀人。

经预谋后，黄勇决定向出入网吧、游戏厅、录像厅的男性青少年下手，实施自己的杀人计划。从2001年秋季，至2003年11月初，犯罪嫌疑人黄勇以出钱资助上学和介绍工作为诱饵，先后将18名青少年骗至其家中，或采取欺骗的方法将被害人捆绑起来，或将被害人用酒灌醉，然后用布条勒死（其中一人逃走），并将受害人埋在家中。2003年11月初，平舆县警方接到最后一名虎口逃生的受害人张某的报警后迅速出动，将犯罪嫌疑人黄勇抓获，并从其家中发现了五个掩埋尸体的坑穴，共从中挖出17具尸体。

黄勇生活在离平舆县城20多公里一个偏僻的小村，父母都是农民。自幼学习成绩很一般，在小学留过三次级，性格内向。他告诉记者，十岁起他就非常喜欢看录像，尤其是喜欢看那些侦破、暗杀的片子。他说，在他记忆里最深的是一部名叫“自由杀手”的片子，他最崇拜的就是剧中的杀手，并在他的心里深深地刻下了“杀手形象”。

（资料来源：www. tianya. cn/publicforum. 2004－08－21）

二、反社会人格研究的历史

有关反社会人格障碍的研究是从1806年皮奈尔的报告开始的。当时，他报告了一个男子“由于被一女子以言语激惹，而将该女子投入井中”的案例。他将这种病态行为归入当时的精神病学分类之中，称之为“不伴妄想的躁狂症”（manie sans delire）。1835年，英国精神病学家Prichard提出“悖德狂”（moral insanity）的概念来描述类似的情形。1876年，意大利精神病学家、犯罪学家Lombroso在其《犯罪人论》一书中提出了“天生犯罪人”的概念，并且认为这些人大多是悖德狂者，或者称之为“道德卑劣者”。在Prichard和Lombroso等人的影响下，一些学者对这类人进行了较为深入的研究，并对其特征进行了描述。例如，Gouster（1878）将悖德狂者的特点描述为长期道德变态、爱好恶作剧、兴奋和情欲增盛、判断力薄弱并且存在某些不正常躯体症状。

1884年，俄国精神病学家巴林斯基在对犯人进行司法精神病鉴定时使用了“精神病态”（psychopathy）这个词，他认为，这个罪犯未发现有精神病，但他也不是正常人，而是一个精神病态者。精神病态过去在广义上使用，其含义与广义的病态人格及人格障碍相同。后来，精神病态一词逐渐在狭义上被使用，专指反社会人格障碍。这种狭义的精神病态概念，得到了英国和其他一些国家学者的赞同，并且在今天继续使用。不过，也有人认为精神病态是反社会人格障碍的一种亚型。

然而，随着20世纪社会学的兴起，研究者开始以强调社会条件的影响来取代上述观点。根据这一观点，“精神变态者”就被重新标定为“社会的病态者”（sociopaths）。其含义是指这个问题的原因并不在于个人，而在于个人与社会的关系。所以当反社会行为的成因仍在争论之际，它就已经被纳入变态心理学的研究范围。一旦心理学家学会把某些反社会行为看做“疾病”，那么其中一些心理学家就开始把所有反社会行为视为“疾病”。于是，在这些心理学家眼中就再也没有任何罪犯，而只是有心理障碍的人。但是许多罪犯似乎就是为了一些简单的、相对能够理解的理由而犯罪——增加收入，或是惩罚某个对他不恭的人等。这些人也可以被视为心理失调吗？早期出版的DSM中对这种观点就有某些保留，而较新的版本则剔除了这种观点。

表9－14　在临床上可能应该关注的情况

在临床上可能应予以关注的其他情况
不接受治疗
诈病
成人反社会行为
儿童或青少年的反社会行为
边缘型智力功能（轴Ⅱ）
与年龄特征相关的认知衰退
居丧之哀
学业问题
职业问题
认同问题
宗教或信仰方面的问题
文化移入的问题
生命发展阶段的问题

1904年，德国精神病学家克雷佩林使用了“精神病态人格”（psychopathic personality，也译为病态人格、变态人格）的概念，这个概念由Schneider（1923）以其为名发表专著后得到进一步的确认。

在20世纪上半期，精神病态人格这一概念颇为盛行。但是，这个概念含义极广，凡是难以确诊为某种精神异常者，均归为“精神病态人格”。1952年，美国精神病学会制定的DSM-I中，以“社会变态人格”（sociopathic personality）的分类术语替代了当时广泛流行的“精神病态人格”。这样做虽然把精神病态人格中妨碍社会公德的类型分离了出来，但“社会变态人格”这一概念除了现在所说的反社会人格障碍外，还包括各种性变态、酒精滥用和药物滥用者，内容仍然很宽泛，在实质上与传统术语“精神病态人格”仍然很近似。

1968年，美国对DSM-I进行了修订，在DSM-Ⅱ中首次提出了“反社会人格”（antisocial personality）的术语，同时废弃了“社会变态人格”以及“社会变态”的概念。在DSM-Ⅱ中，反社会人格被归入人格障碍一大类中。反社会人格障碍与其他九种人格障碍并列，不仅具有各类人格障碍的共同特点，而且有其固有的特征：与社会经常发生冲突，不能忠诚任何个人、团体或社会职守；自私、冷酷、不负责任；没有悔过感，不能从失败或惩罚中吸取教训；情感不稳定等。以后，在DSM-III、DSM-IV、DSM-IV-TR

中继续沿用了反社会人格障碍的概念。DSM-Ⅳ-TR 提供了两个截然不同的分类：一个是病理学分类，另一个是正常的分类。前者是“反社会人格障碍”，在此分类中，反社会行为被假定为心理功能的失调。后者是“成人的反社会行为”，列于手册末的“在临床上可能应予以关注的其他情况”之下，但对那些其反社会活动似乎与心理失调没有任何联系的人做了保留。见表 9－14。

所以这种“摇摆的人”，就像钟摆从一方摆向另一方，现在停在了中间。某些具有反社会行为的人在心理上是“正常”的，而另一些具有反社会行为的人则并非如此。我们应该将我们的关注点集中在第二种人群身上。

三、反社会人格的特质

根据 DSM-Ⅳ-TR 列出的反社会人格障碍的诊断标准，我们将其概括为如下五个基本特点：

表 9－15　DSM-Ⅳ-TR 对反社会人格障碍的诊断标准

自 15 岁始出现忽视他人权力的广泛行为模式，并且至少符合以下十个特征中的三个特征：
1. 反复违反法律。
2. 欺骗、撒谎。
3. 冲动或不能事先计划行为。
4. 易怒、具有侵犯性，反复出现斗殴。
5. 做事不计后果，无视自身及他人的安全。
6. 不能维持持久的工作，不能负担经济责任，如偿还债务。
7. 缺乏愧疚感，表现为伤害、虐待或偷盗他人之后觉得心安理得，或是缺乏悔改。
8. 年龄至少在 18 岁。
9. 15 岁以前就有品行障碍的证据。
10. 反社会行为不只发生在精神分裂症或躁狂发作的病程中。

（一）15 岁以前就有品行与违法症状史并持续到成年

患者通常在青春期（或者在更早的时期）就表现出了品行障碍。他们常常旷课、攻击人或动物、有意破坏公共设施与财物、欺骗或偷窃，还有药物滥用、离家出走以及其他不良行为。到了成年期，这种品行障碍继续延续，表现为嫖娼卖淫、贩卖毒品，或者是其他罪恶行为。

（二）缺乏责任感

反社会人格障碍患者缺乏责任感。他们常常旷工，逃避配偶、孩子以及债权人。他们在工作上不负责任，如无任何理由缺勤，多次未先找到工作就放弃原有工作，尽管有工作机会也不去工作等。

患者在经济上不负责任。如欠债不还，不顾家庭经济。他们可能是一个不负责任的父母，其子女营养不良，缺乏基本的卫生、食物和衣服，要依赖邻居或亲戚照顾子女。

患者可能有不负责任或以钱财为目的的性关系，可能有多个性伴侣，但难以维持长久的关系。

（三）易激惹与侵犯性

反社会人格障碍患者意志薄弱，无力适应正常的现实生活，不能自我控制情绪的冲动，放任自己，欲求无边，得寸进尺，终无满足之日，即使有时明知不对，也无法控制，任凭本能泛滥，给他人和社会造成损害。这种人情绪不稳定，也不能控制，一旦在现实生活中碰壁，欲求得不到满足，就会变得灰心沮丧，向周围人和家庭发泄，表现为攻击行为，可能反复参与斗殴和进行人身攻击，包括殴打配偶和子女，或者变得兴奋激越，滋扰闹事，影响社会安宁。

个案研究

曹某，1954年出生于一个工人家庭，排行第二。自幼爱说谎，易怒，家人对其很少管教。七岁上学，学习不认真，成绩差，很少及格。上小学时经常砸教室插销，拆毁广播器材。上初中时，经常破坏公共财产，谩骂老师，曾受警告处分。初中毕业后插队，经常不出工，打架斗殴，曾因砸毁户口箱被拘留。1976年到某煤矿机械厂工作，1977年因运料时在卡车上用铁砂打过路妇女而再次被拘留。1980年因偷窃第三次被拘留。同年因偷窃、破坏公物、旷工而被单位开除，遂以捏面人为生。1983年5月偶然与已婚女工古某相识，古曾向其请教捏面人技术，以后曹则以教捏面人为由常去古家，私配古家钥匙，将古的通讯录等物偷走。被发现后遭古斥责而欲报复。打电话对古进行恐吓，冒名编造“喝敌敌畏”、“临产”等谎言，前后八次将救护车叫到古家，又写诬告信，冒充国家机关调查古家情况并溜到古家窥视，为此多次遭打而不知改悔。又用砖头将古家玻璃砸碎，致古身体被扎伤七处。1984年9月9日被收审。

（资料来源：沈渔邨．精神病学．北京：北京医科大学出版社，2002）

（四）鲁莽和冲动性行为

反社会人格障碍患者只求即刻满足，无长远计划，也从不为将来着想。他们的生活飘忽不定，常常表现为无目的地工作，漫无目的地从一个城市到另一个城市。患者在社会上的一切活动不是由计划来安排的，而是一连串的冲动行为导致的；见异思迁，心血来潮，随心所欲是其重要特征。他们的行为目的只是寻求快乐和兴奋，只要能够得到刺激，什么都可以干。患者可能表现鲁莽，不顾自己和他人的安全，如在物质（如酒）中毒时高速开车，随便与他人发生性行为等。

（五）漠视真实

患者不顾他人的愿望、权利和情感，为得到个人的利益或享乐（如金钱、性或权利）而常采取欺骗或操纵的手法。他们可能反复说谎、利用化名、欺诈他人或以装病来达到目的。他们往往能言善辩，总为自己的谎言和骗局寻找借口，强词夺理。即使理屈词穷也会随机应变，不断编造新的谎言，继续进行欺骗。

四、反社会人格的形成原因

（一）生物学原因

1．脑损伤及脑活动异常

一些脑损伤和脑血管障碍可引起人格变化，导致反社会人格障碍（Silver，Hales & Yudofsky,1997）。有研究显示，有些反社会人格障碍患者具有额叶损伤史，额叶损伤主要与反社会人格障碍的核心特征如冲动和抑制解除有关。Brower 和 Price（2001）指出，前额叶受损与攻击性的增加有关。Raine 等（2000）发现，反社会人格障碍青少年患者的前额灰质容量比控制组少11%，这验证了 Chretien 和 Persinger（2000）的研究结果，他们用心理测量法评估反社会人格障碍患者的前额功能，诸如批判性思维、概念灵活性、空间联想等，结果表明反社会人格障碍患者的表现比对照组差。

脑电图研究发现，反社会人格障碍患者的脑电图呈现极其缓慢的波形，并出现较大量的、皮质活动的突然爆发——正棘波。但也有研究表明，正常人的脑电图中也可能有慢波和正棘波出现，而许多反社会人格障碍患者的脑电图中却没有出现这些特征或其他明显异常。

2. 遗传因素

研究显示，犯罪与精神病态有某种遗传性，对大量双生子的研究也表明，反社会人格障碍患者有40% ~50% 的遗传性（Eley，Lichtenstein & Moffitt，2003）。寄养子研究也指出，亲生父母为反社会人格障碍患者或物质滥用者的孩子，发生反社会人格障碍的比例也比一般人群更高（Cadoret et al.，1996）。反社会人格障碍、行为偏差与物质滥用的遗传因素似乎是互为相关的，即有反社会人格障碍遗传素质的个人可能在后天环境因素的作用下，使其症状得以促发。寄养子研究显示，基因、行为与家庭的影响很难分清。因为受基因影响而出现反社会行为的青少年，可能也受到父母，或者是养父母的严厉惩罚及缺乏关爱，因而出现了使他们的反社会行为变得更为严重的恶性循环。

3. 神经生物学的研究

有关神经生物学因素影响反社会人格障碍形成的研究很多，目前已经提出了一些假说，其中有两个假说影响较大，即“低唤醒水平假说”（underarousal hypothesis）和“恐惧感缺乏假说”（fearlessness hypothesis）。

根据低唤醒水平假说，反社会人格障碍患者特征性的皮质兴奋水平是导致他们的反社会性以及喜欢冒险行为模式的主要原因。由于反社会人格障碍患者兴奋的唤醒水平异常低下，因此他们寻求刺激以使自己兴奋起来。一般人通过与朋友打电话或者看电视就能获得的足够的兴奋水平，反社会人格障碍患者必须通过撒谎、吸食毒品、脱逃或者犯罪行为才能获得。这种假设得到了一些研究的支持，例如，Raine 等人发现，在他们所调查的那些15 岁的研究对象中，中枢神经系统以及自主神经系统存在明显差异，那些后来犯罪的研究对象的皮肤电传导比较低，休息的时候心率比较低，有较多的低频脑电波，且活动明显慢，这些都提示了他们大脑的兴奋水平较低。

根据恐惧感缺乏假说，精神病态者感到恐惧的阈值高于绝大多数正常人。也就是说，那些让我们非常恐惧的事情对精神病态者仅仅有很小（甚至没有）的影响。赞成恐惧感缺乏假说的学者认为，精神病态者的这种恐惧感的缺乏是引起其他一切症状的根源。很多研究发现，那些因反社会行为被逮捕的精神病态者在面对令人厌恶的惩罚性事件时表现出惊人的缺乏恐惧，而且当表达恐惧的脸与那些表达快乐、惊讶、厌恶或生气的脸一起出现时他们难以识别出前者。这些特性可能会使他们的行为更鲁莽，也使这些精神病态者更容易被抓住。

在神经生物学的研究中，大脑功能与反社会人格的关系引起了研究者的兴趣。一些学者将 Grey（1981）关于大脑功能的模型应用于具有反社会人格的群体。根据 Gray 的学说，大脑中有三个主要系统影响学习以及情绪性行为：行为抑制系统（BIS）、奖励系统（REW）以及斗争/逃跑系统（F/F）。

行为抑制系统使我们在面对可能导致惩罚、没有回报或者新奇的情况下，停止或减慢自己的行为反应。这种行为抑制系统应该是定位于中隔海马系统，并与去甲肾上腺素以及血清素神经递质有关。奖励系统与我们的探索行为——特别是对正性反馈的探索有关，并与我们对事物的希望以及自我放松的能力相关。这个系统可能与大脑中央边缘区域的多巴胺系统有关，这也就是我们以前提到的“快感通道”。Levenston 等（2000）指出，从反社会人格者的行为中，我们会发现这些人的大脑系统可能存在着功能障碍。BIS 与 REW 之间失去平衡，可能会导致由 BIS 系统产生的焦虑较少出现，而与 REW 系统相关的正性的感觉明显增多。研究者认为，这种神经生物学上的功能障碍，可以解释为什么精神病态患者对于这种精神障碍特征性的反社会性行为并不感到焦虑。

对内分泌激素的研究表明，雄性激素与进攻性行为有关，注射过大剂量雄性激素的动物会变得特别粗暴、霸道。兹伦克兰兹等（1974）使用精确的放射免疫法，发现长期被监禁的进攻型男性比相对不使用暴力但情节严重的罪犯的血浆中的性激素浓度显著增高。但是，正如脑电图的证据不充足一样，激素或生物化学的解释也不能十分肯定。在许多不使用暴力的人身上也发现了血浆中性激素浓度高，而许多病态人格患者的激素反倒不高的情况。

（二）环境因素

首先，由于许多心理病理行为偏离了社会规范，因此，许多研究者将注意焦点集中于早期社会化机构——家庭。McCord（1964）在对有关文献研究的基础上得出结论，缺乏情感及严厉的父母的拒绝是心理病理行为的最初原因。一些其他研究认为，心理病理行为与父母在管教以及在教导他们对他人负责任方面存在不一致有关，与父母存在身体虐待有关，也与父母的丧失有关（Marshall & Cooke，1999）。经典弗洛伊德学派的理论家认为，反社会人格障碍是超我的发展不完善造成的。一个孩子接受父母的价值观并把它变成自己的价值观时，他的超我趋向成熟。一个受虐待、得不到爱护与照顾的孩子抵制父母，拒绝承认社会规范，因而超我发展受到阻碍，形成反社会人格（见图 9－1）。

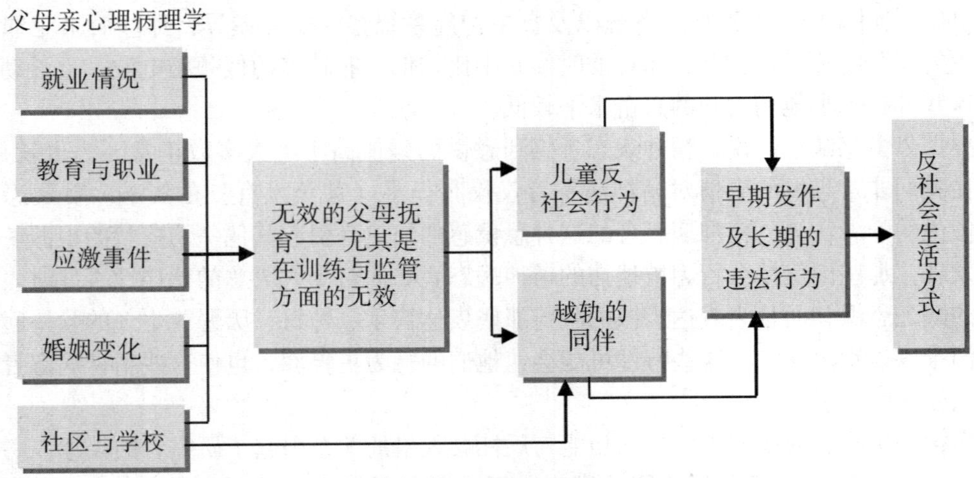

图 9－1　家庭背景与反社会行为的联系模式

该模式中的每个背景变量都显示出与男孩子的反社会行为相关联，这种关联进而与成年期反社会行为相关。（Capaldi & Patterson，1994）

据克莱克利和海尔（1976）的研究，家庭背景有如下特点者就易产生反社会人格障碍：①父亲表现有反社会的倾向；②管教明显不一致或根本没有管教；③缺乏父母的爱，经常遭到暴力惩罚；④从小或者是年轻时进教养院而产生社会和心理上的被剥夺和与世隔绝。

其次，后天环境的不良因素是形成异常人格的外因。许多学者都认为人格障碍患者的异常情绪反应与行为方式都是儿童在生长过程中习得的，儿童期间单纯通过观察模仿即可习得许多情绪反应和行为方式，包括一些社会适应不良的行为，并可通过条件反射机制巩固下来。有关调查表明，不良生活环境、结交具有品行障碍的“朋友”及经常混迹于大多数具有恶习的成员社交圈子，对人格障碍的形成往往起到重要作用。受大量淫秽、凶杀等内容的文学作品、影视文化的影响，青少年往往法律观念淡薄，加之认识批判能力低，行为自制能力差，情绪波动性大，容易通过观察、模仿或受教唆等而习得不良行为，甚至出现严重暴力或反社会行为。此外，社会上存在的腐败之风、拜金主义等不良风尚，扭曲的价值观对人格障碍的形成都具有消极的影响作用。

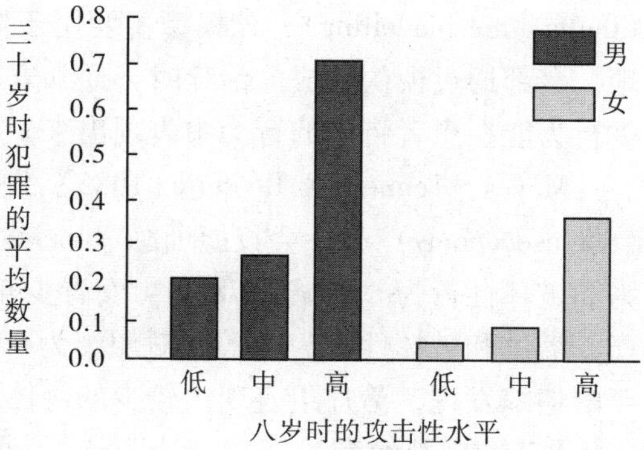

图 9－2　儿童期的攻击性行为可以预测成年男性和女性的犯罪行为

（资料来源：Huesmann，Eron，Lefkowitz & Walder，2006）

有人在芬兰、冰岛、新西兰以及美国进行的纵向研究表明，儿童在三岁到十岁间表现出的抑郁、暴躁和攻击性行为能够很好地预测其以后是否容易出现攻击性行为和其他反社会倾向（Hart et al.，1997；Kokko & Pulkkinen，2000）。例如，休斯曼（Rowell Huesman，1984）及其同事对 600 名被试进行了为期 22 年的追踪。从图 9－2 中可见，八岁时具有高度攻击性的儿童通常在三十岁时也比其他人更有敌意，他们常常殴打自己的配偶或孩子，并且有更多的犯罪记录。研究进一步指出，那些先天气质暴躁的儿童可能始终具有较高的攻击性，因为他们总会引发他人的消极反应，这些消极反应反过来又会增加其敌意和攻击性行为产生的几率。

五、对反社会人格障碍的治疗

（一）认知—行为疗法

从治疗方法角度看，认知—行为疗法（cognitive-behavioral therapy）得到了广泛的应用，例如，在英国 Broadmoor 医院平均监禁期为八年的 106 名反社会人格障碍患者中，22% 参加过社会技能团体，6% 参加过放松治疗，4% 参加过性行为矫正项目，6% 参加过愤怒控制训练。认知—行为疗法认为个体行为在很大程度上受其想法的控制，可以通过改变问题行为背后的不良想法而改变问题行为。治疗的主要目标是帮助患者理解其障碍的本质与内涵，了解自己怎样制造出了问题行为，通过强化认知功能来改善其道德和社会行为。

认知技术包括质疑患者的不良观念或非理性想法，并且提供新观念取而代之。在治疗过程中要求患者思考哪些观念激发或者强化了不良行为，如患者使用攻击性行为来获取安全感、减轻紧张，或者作为防御系统抵制其他感觉，思考之后患者再进一步考虑是赞成还是反对改变自己的行为。最著名的认知—行为技术源自班杜拉观察学习理论的治疗性模型（therapeutic modelling），该模型主要用于降低个体的焦虑、传授社会技能和进行愤怒管理，全部通过模仿完成。治疗时，通常安排患者观察一个符合要求的行为模型，并期待这类行为能在患者将来的行为中表现出来。

Moyes，Tennent & Bedford（1985）发现将应变管理（contingency management）、代币（token economy）和社会技能训练（social skills training）相结合，可减少被试的攻击性行为和破坏性行为。被试为78名男女青少年，均有行为和人格障碍（包括攻击、自残、偷窃、潜逃和破坏性行为）等，对照组为63名等待接受治疗的青少年。治疗结束后经过两年的追踪发现，治疗组表现出较少的身体攻击、自残和发脾气，而且比较独立地生活着。

（二）个别治疗

（1）治疗方法的选择。个别治疗（individual therapy）是相对于团体治疗而言的一种治疗形式。在对反社会人格障碍患者进行个别治疗之前，治疗者应对治疗方法加以适当考虑和选择。一般认为，顿悟取向的心理治疗方法（insight-oriented approaches）如精神分析法对反社会人格障碍患者不起作用，应当尽量回避。治疗者经常选用的方法为积极强化、代币法、教育取向的愤怒管理或者冲动控制训练项目以及其他认知—行为技术。

（2）治疗入口的选择。由于很多反社会人格障碍患者是被某个机构或者他人要求来进行治疗的，而非自愿，因此治疗开始时很难发现患者的治疗动机，此时治疗的着眼点应放在那些能使患者投入治疗的特殊且具体的问题上，如患者的攻击性行为。对于合并酗酒和物质滥用的反社会人格障碍患者，此时的焦点在于酗酒和物质滥用问题，让患者了解酗酒和物质滥用的后果，以及它们如何加剧了症状，这对患者而言非常有用。对于在法院或者监狱中的反社会人格障碍患者，治疗可以集中在生活问题上，如当获释时，改善其社会或家庭关系，学习新的应对技能等。

此外，治疗内容也可以选择患者的情感。情感是治疗反社会人格障碍的一个关键点，除了常见的愤怒或者挫折，强化任何情感都有好处。在治疗中，患者体验到强烈的情感常常是进步的标志。在生活中，患者很少甚至没有情感回馈关系，因此治疗关系成为第一个情感回馈关系。起初可能会引起患者的惊慌，甚至无法忍受，但是一旦患者信任治疗者，与治疗者的关系稳固和谐，那么，一个密切的治疗关系就出现了，个别心理治疗也就能取得效果。Gerstley（1989）曾对48名反社会人格障碍患者进行了为期24周的治疗，之后再追踪7个月，发现能够与治疗者建立治疗联盟的患者疗效显著。

（3）治疗的基本架构。在治疗过程中，反社会人格障碍患者时常会威胁治疗者，向治疗者索要钱财、处方，让治疗者直接给予建议，或者违反其他规则。因此对反社会人格障碍患者而言，设立界限（boundaries）和限制性情境（limit setting）是必不可少的。此外，治疗者在与患者见面前应当做好充分准备，即当反社会人格障碍患者超越界限的行为真正出现时，治疗者将如何处理。

（4）影响治疗效果的因素。在患者的生活中和治疗中出现下列情况时，将预示会出现不良的治疗结果：在上小学时就有问题行为；独自一人时容易干坏事；缺乏外部条件来规范和监控患者的行为；与父母或者兄弟姐妹的关系不佳。但如果在治疗情境中出现下列情况，则预示着将取得良好的治疗效果：患者与治疗者形成治疗联盟的能力；当感到无价值时，患者避免表现出攻击性行为的能力；患者避免使用简单的防御机制，如分裂或投射的能力；从心里对自己的行为感到深深的悲哀；患者产生移情（empathy）的能力；自责、懊悔、怜悯的出现。

（三）团体治疗

（1）团体治疗的优势。在对反社会人格障碍患者的治疗实践中，团体治疗（group therapy）被认为优于一对一的个别治疗，是最有效的治疗方法。在英国 Broadmoor 医院里反社会人格障碍患者中的 71% 参加过团体心理治疗，43% 接受过个别治疗。团体治疗的目的在于为患者提供教育、鼓励和支持，同时也提供一张可以交流信息和意见的安全环境。患者从中学习到共性、个性、自主、亲密和情境性，并在此情境中学习受一定限制的关系。在团体情境下，每个患者都有机会来审视自己的困难，了解问题如何在家庭和社会关系网中形成和发生，因为团体就类似于一张网。因为有多名团体成员参加，因此患者间的交互作用比较复杂而且变化多端，这一方面使得患者学会更多地理解自己和他人，同时也领悟到如何更好地与其他患者发展关系。

在团体治疗中，囚犯们参加诸如生命线恢复计划之类的活动，让他们相互间勇敢地面对自己的问题，公开承认适应不良行为。

（2）团体成员的选择。治疗者在接纳一个反社会人格障碍患者加入团体治疗之前要思考一些重要问题，例如，患者可能会对团体干坏事吗？患者能够遵循团体的规定吗？在团体中患者能控制冲动，与其他团体成员妥善相处吗？在一个同质团体中患者是否会得到更好的帮助？治疗者能够在团体中控制患者的情绪吗？团体能把握患者可能扮演的角色吗？患者的年龄、性别、种族和自我发展水平适合团体吗？在考虑清楚这些问题之后，做好了准备，才能吸收患者。不管反社会人格障碍患者是否适合团体治疗，建议最好同时进行个别治疗。

（3）同质团体。如果将反社会人格障碍患者与其他多种类型的心理障碍患者组成异质团体，那么对于反社会人格障碍患者和其他成员都是不利的。一方面，在团体中，反社会人格障碍患者维持旧貌，关闭着情感，拒绝与他人分享，因此得不到任何治疗的机会。另外，虽然在治疗初始阶段，反社会人格障碍患者是一个活跃的重要团体成员，但是其想破坏团体和操纵他人的特有人际方式具有对团体造成破坏的倾向，最终导致对他们的治疗不当，以及对其他成员造成伤害。因此，反社会人格障碍患者最好不要加入异质团体进行治疗，尤其不应当加入有易受攻击的人在内的异质团体中。

如果团体成员经过适当的挑选，单纯地由反社会人格障碍患者组成同质团体则是最好的选择。在这样的团体中，患者有了一个更好的归因理由，可以彼此分享。在同伴面前用这种支持的方式讨论他们的情感和行为，个体会感到较轻松自在。一旦克服了最初的害怕和犹豫加入同质团体后，大多数患者能从团体中得到有益的帮助。

（4）特殊形式的团体。在团体治疗中，常用的形式有家庭和婚姻治疗及治疗性社区（therapeutic community，简称 TC）。家庭和婚姻治疗对反社会人格障碍患者有一定的治疗效果。因为家庭治疗有助于改善交流和增进家庭成员间的相互理解，家庭成员可以学习如何更好地使用决断（assertiveness）来进行自我保护，也可以学会不再扮演援助者的角色，而且比起与治疗者的关系，患者与重要的人即家人的关系是导致改变的一个更强的促进因素，患者更可能接受来自家人的挑战。陈清刚（2002）利用对照组方式进行研究，共 20 例病人，其中反社会人格障碍患者 5 例，占 25%，方法为系统家庭治疗法。治疗针对患者及其主要家庭成员（配偶、父母、兄弟、姐妹），治疗者首先确立中立的治疗态度，建立良好的治疗关系；其次以假设引导会谈流程，循环式提问进行治疗干预、非言语性治疗干预；最后对治疗进行积极评价，然后布置家庭作业，待下一次再进行讨论。每两周进行一次，疗程三个月（12 次），每次治疗时间一小时。通过治疗前与治疗后的比较，治疗组与对照组的比较，证明家庭治疗取得了疗效。

治疗性社区在对反社会人格障碍患者的治疗中也取得了一定的成功。治疗性社区利用了心理教育模型，让患者集体生活在一个人为构造的环境中，由于周围的人都具有同样的问题，因此不太容易引起患者内心的抗拒。在治疗性社区中患者能够看到其他人的缺点，同时也反观了自己的缺点，因为自己与这些人非常类似。在得到工作人员和同伴的支持后，患者之间更有可能出现互相挑战的行为，也更能接受来自同伴的挑战，并在此过程中培养了深厚的情感。Messina 等（2001）实施了一个经过严格设计的研究，对象为物质依赖合并反社会人格障碍患者与单纯物质依赖患者。在治疗前后，两类患者都填写了自陈量表，并由治疗者对他们进行了观察。结果发现，物质依赖合并反社会人格障碍患者与其他患者一样完成了治疗，并没有像人们预计的那样会中途退出治疗；此外，其表现出的物质使用减少和复吸的模型与其他患者一致。因此，研究者认为物质依赖合并反社会人格障碍患者能从治疗性社区治疗中获益。

第四节　性心理障碍

一、性心理障碍的概念

性心理障碍（psychosexual disorder）又称性偏离（sexual deviation）或性欲倒错（paraphilias），泛指在两性行为方面的心理和行为明显偏离正常，并以这类偏离为性兴奋、性满足的主要或唯一方式，从而不同程度地影响和干扰正常性活动。这类异常总是或多或少地偏离了人类社会中合理的性行为的基本模式，一般具有不符合性行为所具有的繁殖后代这一生物学宗旨的特点，并常为社会、法律或习俗所禁止。

性心理障碍的具体表现多种多样，其内容和范围也依研究者所处的地位、角度的不同和社会文化背景的差异而有所变化，以至于很难给出一个全面的、合理的和科学的定义。

现代变态心理学认为凡是与生殖没有直接联系或替代了引起生殖的性活动，在寻求性满足的对象或满足性欲的方法上与常人不同，并且违反当时的社会习俗而获得性满足的行为都称为性变态。

性心理障碍的发生与一定的社会文化背景有关，并根据所处社会的传统历史、道德文化规范的变化而有所不同。在一种社会文化背景之下被称为变态的行为在另一种文化背景之下可能被视为正常。随着时代的变迁，科学的进步，人类对自身的了解越来越深入，一些原来被称为变态的行为现在也可能被当做是正常的行为来看待了。例如，对于“同性恋”的看法，过去中外各国均认为它是一种不道德的且违法的性变态行为，然而从20世纪七八十年代开始，不少西方国家已先后通过立法承认同性恋的“合法地位”，甚至允许“同性恋家庭”存在。所以对性变态的确认，要依其所处的文化背景及其实际国情而定。

就个体而言，性心理障碍与病态人格有一定的联系，有人认为性心理障碍是病态人格的一种表现。但进一步的研究表明，许多患者并不具有病态人格的一般特点。也有人认为性心理障碍是一种精神症状，因为患者通常对正常的性活动没有兴趣或要求，甚至还对其怀有恐惧或厌恶的心理，但他们对于一些非正常的性活动却抱有极大的兴趣，并带有很浓的强迫色彩，经常反复多次发生而自己难以控制。性心理障碍的种类很多，本节我们首先要对DSM-Ⅳ-TR中所涉及的性心理障碍进行讨论，同时，根据中国的实际情况，对CCMD-3中所列性指向障碍加以介绍。

二、性别身份障碍

（一）性别身份障碍的临床描述与诊断

“你是男孩还是女孩?”“你是男性还是女性?”几乎所有的人对这种问题的回答都是直接而明确的。我们有关自己是男性或是女性的自我观念，我们的性别身份（gender identity）在幼年时就深深地根植于我们的头脑中，绝大多数人都不会对他们的性别产生疑问。

性别身份障碍（gender identity disorder，GID）患者通常从早年开始就对自身性别的认定与解剖生理上的性别特征呈持续厌恶的态度，并有改变本身性别解剖生理特征以达到转换性别的强烈愿望（如使用手术或异性激素），其性爱倾向为纯粹同性恋。性别身份障碍是人对自身性属性的自我体验和辨析，也就是说，一个人在内心对自己的性别的认识是否与其生物学性别相一致。一个男子可能在镜子里看到的是一个生物学上的男性的身躯，而其内心却将这种身躯体验为女性。一般来说，两者必然一致，如果两者间出现了完全的不一致，就属于性别身份障碍或性别同一性障碍。这些患者的解剖结构和生理完全正常，只是性心理不正常而已。特别是当一个女性性别身份障碍患者感受到另一个女性的吸引时，她会自然地将这种吸引视为异性爱（heterosexual），并且也渴望像一个男性一样对其他女性产生吸引。这种情况也与那些相信自己是真正的女性的男性相类似。

表 9 – 16　DSM-Ⅳ-TR 对性别身份障碍的诊断标准

1. 强烈并持续地向异性性别认同。
2. 在儿童期就表现出如下所列的四种或更多的特征：
   (1) 反复声称渴望成为或坚持她（他）是其他性别；
   (2) 偏好穿戴异性性别的服饰；
   (3) 在游戏中偏好交叉性别角色，或持续地幻想成为异性性别；
   (4) 偏好刻板化地扮演异性性别角色；
   (5) 喜爱异性性别的游戏伙伴。
3. 在青春期与成年期，具有诸如渴望成为异性性别、如同异性性别成员那样小便，坚信他（她）的情感典型地属于异性性别的症状。
4. 对自己生物学上的性别持续苦恼，或感到这种性别角色不适当：
   (1) 在童年期有下述任何一种表现：男孩子称讨厌其阴茎或睾丸，或者说最好没有阴茎，或者讨厌打斗游戏和拒绝男孩子的玩具、游戏与活动；女孩子拒绝蹲着小便，称她或许会长出阴茎，或称不想乳房长大或来月经，或明显厌恶女性服饰。
   (2) 在青春期或成年期，表现为总想摆脱原发性征与第二性征（如伪装成另一性别）、要求用激素、手术或其他方法从身体上改变性征或者相信他（她）从出生时就弄错了性别。
5. 无躯体两性畸形疾病。
6. 造成明显的痛苦或对社交、职业功能的损害。

当性别身份障碍在童年期出现时，它往往与一些跨性别（cross – gender）的行为相联系，诸如穿戴相反性别的服饰、偏好相反性别的游戏伙伴、从事通常被认为是更为典型的相反性别的游戏（男孩子喜爱芭比娃娃）等。儿童在两岁到四岁之间所表现出的性别身份障碍通常会为父母所认识。就像在成人身上出现了性别身份障碍一样，儿童也会因此而对自己当前的性别感到苦恼，且渴望变为异性成员。这种童年期的模式通常在青春期或成年期消失，但是有些个案则发展为成人的性别身份障碍。根据临床上提供的数据，性别身份障碍在男孩子当中的发生率更高，是女孩子的六倍。尽管如此，即使没有专业人员干预，多数有性别身份障碍的儿童也不会将这种障碍带入成年期。

个案研究

方某，男，27 岁。从小就生活在一个缺少女性的家庭环境中，长得白嫩，性格内向，而其父母又很喜欢女孩，于是常将其打扮成一个女孩子模样，之后，他逐渐认为自己内心是女性，言行举止也变得像女性，对男孩子产生特殊感情并被吸引。成年后主动执著追求男性，对家人介绍的女友则一点儿也不感兴趣，甚至厌恶，要求做手术改变性别，坚信除了男性生殖器官外，自己的心理、气质都是女性的。该男性患者持续存在对自己性身份的错误认识，坚持认为自己各方面都是女性的，各方面表现出女性化，性定向于女性，这些想法已持续了两年以上。诊断为性别身份障碍。

（资料来源：季建林. 精神医学. 上海：复旦大学出版社，2003）

当性别身份障碍患者选择两性交叉服饰（cross-dress）时，经常受到人们的责难，在雇用方面常常有被歧视的经验。两性交叉服饰对于女性性别身份障碍患者不会带来多大麻烦，因为当代服饰允许女性穿戴与男性相似的服装。由于性别身份障碍患者心理上的困境以及大多数人对他们轻蔑的态度，无疑他们一般会经验到焦虑与压抑。性别身份障碍发生率较少，估计约为1/10万，其中又以男性多见，男女之比约为3∶1。

在表9-16中，我们看到了DSM-Ⅳ-TR对性别身份障碍的诊断标准，“中国精神疾病分类方案与诊断标准，第三版”(CCMD-3)，也分别对男性、女性性别身份障碍做出了定义。

CCMD-3对女性性别身份障碍做了如下定义：

（1）持久而强烈地因自己是女性而感到痛苦，渴望自己是男性（并非因看到任何文化或社会方面的好处而希望成为男性）或坚持自己是男性，并至少有下列一项：

①固执地表明厌恶女装，并坚持穿男装。

②固执地否定女性解剖结构，至少可由下列一项证实：明确表示已经有或将长出阴茎；不愿意蹲位排尿；明确表示不愿乳房发育或月经来潮。

（2）上述障碍至少已持续六个月。

CCMD-3对男性性别身份障碍做了如下定义：

（1）持久而强烈地为自己是男性而痛苦，渴望自己是女性（并非因看到任何文化或社会方面的好处而希望成为女性）或坚持自己是女性，并至少有下列一项：

①专注于女性常规活动表现为偏爱女性着装，或强烈渴望参加女性的游戏或娱乐活动，拒绝参加男性的常规活动。

②固执地否定男性解剖结构，至少可由下列一项证实：断言将长成女人（不仅是角色方面）；明确表示阴茎或睾丸令人厌恶；认为阴茎或睾丸即将消失，或最好没有。

（2）上述障碍至少已持续六个月。

当性别身份障碍比较严重时会出现易性症（transsexualism）。易性症也称性别转换症，是性别身份的严重颠倒。易性症者以男性为多见，男女发病比例为3∶1。有一些易性症者在得到了医疗帮助，“转换”了性别以后，会与原来的配偶离婚，并与新的、性别相反的“异性”建立性爱关系。

CCMD-3也对易性症提供了诊断标准：

（1）期望成为异性并被别人接受，常希望通过外科手术或激素治疗而使自己的躯体尽可能与自己所偏爱的性别一致。

（2）转换性别的认同至少已持续两年。

（3）不是其他精神障碍（如精神分裂症）的症状，或与染色体异常有关的症状。

（二）常见的临床鉴别诊断

1. 同性恋

同性恋者的性定向与大多数性别身份障碍患者的性定向相同，都是指向同性的，但两者根本的性别身份特征是不同的。同性恋者一般对自己的生物学性别满意，心理性别与生物性别是统一的，从心理上持肯定的态度。而性别身份障碍患者则一贯对自己的生物学性别反感，心理性别与生物性别分别处于对立的两极。性别身份障碍患者与同性恋者在性行为上也有一定差异，性别身份障碍患者不顾解剖学上的证据，在衣着、举止和行为上自动模仿异性，在行为中是自觉的异性，而同性恋者在性行为和感觉中均是同性。

2. 异装癖

异装癖者穿着异性服装主要是为了体验所引起的强烈性兴奋或性满足感，其对自己的生物学性别持肯定的态度，性定向是指向异性的。性别身份障碍患者可能有异性装扮行为史，但无特别的兴奋及性快感，只是为了适应自己错认的性角色，以减少内心冲突，他对自己的生物学性别持否定态度，有改变自己性别的一贯要求，其性定向通常是指向同性的。

3. 精神分裂症

精神分裂症患者的性别改变妄想是荒诞离奇的，而且伴有其他情感、知觉和思维障碍。性别身份障碍患者却是正常人出现了性别意识的改变，不属于妄想，因为他（她）所坚持的是感到他（她）像异性中的一员，而非真正相信他（她）是异性中的一员。

（三）性别身份障碍的原因

1. 生物学因素

学者们推测，大多数人的性别认同（包括正常人和易性症患者）是由怀孕2～4个月时的胎儿激素水平决定的。

胎儿是怎样成为一个正常的男性或女性的呢？20 世纪 80 年代以后的医学研究发现驳斥了以前的观念——精子和卵子结合的那一刻就决定了胎儿的性别。实际上，早期胚胎有发展成为男性或女性内部器官的潜能。在怀孕七周之后，如果没有胎儿雄性激素的分泌，胚胎就有发展成为女性的倾向；若有足够的雄性激素得到分泌，男性生殖器官就会开始发育。如果这一时期缺乏某些物质，这个发育过程将可能受到影响，并导致个体不能发育成为正常的男性。

许多性别身份障碍患者在童年时期就出现了性别认同混乱，并且穿着与性别不相宜的衣服。

这一时期的雄性激素水平不仅仅决定了生殖器官的发育，还决定了性别认同。雄性激素产生了男性性别认同。如果雄性激素不充足，就会产生女性性别认同。所以人们据此推测，无论是正常的还是非正常的性别认同，之所以会根深蒂固，是因为它起源于最基本的激素过程，这一过程发生在胎儿形成的最初两个月。在这一时期，充足的雄性激素将产生男性性别认同，不充足的雄性激素将产生女性性别认同。有人认为，如果在这个阶段错误地把充足的雄性激素强加在染色体为女性的胎儿身上，结果会产生男性性别认同（由女变男的易性症）。同样是在这个阶段，如果错误地在男性胎儿身上产生不充足的雄性激素，结果会导致女性性别认同（男性转为女性的易性症）。一项近期的研究发现，六名由男变女的易性症患者的下丘脑的体积比女性小，这支持了激素与处于发育阶段的患者大脑的相互作用决定了性别认同感的假说。

2. 家庭养育态度与方式

环境具有何种可能的作用？也许许多年幼儿童常常会从事跨性别的行为，在一些家庭里，这种行为很受关注，并得到来自父母及其他亲属的强化。对那些表现出性别身份障碍迹象的儿童的父母所做的调查表明，他们对其异常的儿童所表现出的交叉性别的穿着行为不仅没有劝阻，而且在许多情境下还予以明确鼓励。这种情况特别适用于女性化的男孩子。许多成年长辈，当他们看到孩子穿上母亲的旧衣服和高跟鞋时，会觉得孩子娇媚可爱，并且经常教导孩子如何化妆。家庭相册中典型含有年幼的男孩子们穿着女性服饰的照片。家庭中的这种教养态度与方式对一个不正常的孩子所能起到的一个主要作用在于，在他或她的解剖学的性别与习得的性别身份之间产生了冲突。促成父母这种行为模式的一个因素是孩子的妩媚与吸引力。有性别身份障碍的男孩比正常的男孩被评定为更具吸引力，而有性别身份障碍的女孩则更缺乏吸引力。此外，男性性别身份障碍患者报告说，他们一直与父亲关系冷漠，而女性患者则常报告有身体或性虐待史。

（四）性别身份障碍的治疗

性别身份障碍治疗有很大困难，药物（包括性激素）治疗几乎无效。心理治疗可使少数患者获益，而患者本人可能更希望进行生殖器重建手术以改变其性别。目前常用的治疗手段如下：

1. 支持性心理治疗

这种治疗的目的在于：①转变患者对性别身份的不正确认识（成功者少）；②帮助确定未肯定诊断患者的诊断；③降低患者对性别重建手术的期望；④有利于重建手术的顺利进行；⑤帮助性别重建患者术后的社会适应。

2. 行为治疗

这种治疗方法包括识别患者的女性行为方式，如坐相、行走、社交行为和言语特征，然后用录像带和标准的男性行为予以纠正，最后将患者的性唤起形式由同性变为异性。

个案研究

一名16岁的西班牙男孩接受变性手术后，成为世界上最年轻的变性人之一。

据报道，这名男孩先后说服他的家人、医生和法官，称自己本是女儿身，却被困在一个男孩的身体里。终于，他的家人被他说服，支付了手术费，让他顺利在巴塞罗那完成了变性手术。

两年来一直为这名男孩进行荷尔蒙治疗的医生莫纳诺(Ivan Manero)在手术后表示说：“当初他的家人跟我联系时，他只有14岁。但最近两年来，他已完全做好了准备接受手术。当然，未满18岁的人接受手术是比较好的。因为发育未完全成熟的人，手术规模会比较小。”

莫纳诺补充说：“他并非第一个来寻求变性意见的18岁以下的未成年人士。但是，他的父母却是第一对为了让孩子快乐，愿意跟司法系统对抗的父母。”变性完成后，这名16岁的西班牙少年成为世界上年龄最小的变性人之一。目前最年轻的变性人是2009年2月接受手术的德国16岁少年佩特拉斯(Tim Petras)。

（资料来源：广州日报大洋网，2010－02－03）

3. 手术治疗

由于性别身份障碍的问题在于性别身份认同与身体性别之间存在不一致，因此一种解决的办法就是改变这种认同感而去适应身体。另一种选择则是改变身体去适应性别认同，这个过程被称为手术治疗或性别重建。首先，患者要接受一位受过性别身份障碍相关培训并具有相关治疗经验的心理健康专家的详细评估。患者需接受至少三个月的心理治疗来帮助他了解自己有哪些选择，并且决定他们真正想要什么。如果患者仍然选择变性，那么可以对他进行荷尔蒙治疗来引起生理上的变化。接着就是最具决定性的阶段，即所谓的现实生活测试。在这一阶段，患者必须完全以自己所渴望性别的方式来生活、穿衣、工作，以那种角色展现自己。这个过程至少要持续一年时间，其目的是让患者在做出任何不可逆的改变之前明白，变成那种性别到底意味着什么。在这一阶段仍需继续进行心理治疗和荷尔蒙治疗。对男变女的患者来说，荷尔蒙（雌性激素）会造成胡须生长减缓、脂肪分布改变、乳房发育和声音发生变化。对女变男而言，荷尔蒙（雄性激素）的作用会使其面部毛发生长、声音变得低沉、肌肉发育、乳房缩小，并且会造成阴蒂增大。

经过一年的现实生活测试，就可以进行手术了。在男变女的手术中，睾丸和阴茎被一起摘除，生殖器官的皮肤被翻转，从而产生一个新的阴道。外科医生还可以做出一种近似的外部生殖器官：阴唇和阴蒂。此外，患者还可以进行乳房填充术，并且通过切割气管来提高声音的音调。对女变男者而言，涉及制造新生阴茎的手术要困难得多，但在很多情况下都有可能制造出一个与自然生成的阴茎几乎无法分辨的阴茎。女变男的患者还可以进行子宫切除术和乳房紧缩手术。

三、性偏好障碍

（一）基本概念

性偏好障碍（sexual preference disorder）是一类与正常不同的性爱，即反复出现以非人为对象、使自己或性伴痛苦或侮辱性伴，或者以儿童或未经同意者为性对象的强烈的性唤起、性想象、性冲动或性行为。

性偏好障碍的实质是患者的性心理发育不成熟，性格过于羞怯，在社会上缺乏与异性交往的机会或能力，害怕以正常的方式去求爱，故表现出异常的或幼稚的行为方式。性偏好障碍患者与正常人大相径庭，其性欲十分离奇，他们的病态的心理表现多种多样，但万变不离其宗，即他们对正常的性生活并不感兴趣，而只青睐于离奇的性偏好，其目的不是指向异性完整个体和正常性行为的性满足方式，却表现为性对象的异常和性行为方式的异常。他们的特点不在于异常的性行为和追求有多么古怪，即偏离常态有多远，而在于正常性行为的缺乏。因此，那些从不追求正常性关系，把性对象象征化或把性行为目的化的人就属于性心理障碍中的性偏好障碍，或称性倒错。

表 9－17 DSM-Ⅳ-TR 包含的性偏好障碍

性偏好	性吸引的对象
异装癖	穿着异性服饰
恋物癖	无生命物体
偷窥癖	观看无防备者脱衣服或性活动
暴露癖	对无意愿的陌生人暴露性器官
挨擦癖	对无防备者性接触
性虐待狂	造成疼痛
性受虐狂	接受疼痛
恋童癖	儿童

性偏好障碍者所采取的满足性欲的方式不被社会接受，有些则因严重伤害对方而构成

犯罪。这些都可使性偏好者声名狼藉，且陷于十分孤立的境地。然而，大多数性偏爱者并非性欲亢进、道德败坏或流氓成性；相反，他们大多属于性欲低下、具有伦理道德、工作尽责且性格内向的人。

DSM-Ⅳ-TR 根据兴奋的来源区分性倒错，例如，其中一个诊断类别就关注于对无生命物体感到性吸引的人们，而另一个诊断类别则针对被儿童所吸引的人，见表 9 – 17。

（二）基本表现类型

1．异装癖

异装癖（transvestitism）的特点是通过穿着异性的服装而得到性兴奋与性满足。异装癖患者多见于男性，他们通常喜欢把自己从头到脚都打扮得像女性一样，包括内衣、长筒丝袜、装饰品、化妆品等，然后对着镜子自我欣赏，并希望得到他人的赞许，甚至会拍成照片供自己和他人欣赏。在穿着异性服装的同时，他们往往会产生性兴奋，出现阴茎勃起并手淫的现象。

表 9 – 18　DSM-Ⅳ-TR 对异装癖的诊断标准

1. 在至少六个月的时间中，一个异性恋男性反复通过异性装扮激起性幻想、性欲望或性行为。
2. 造成临床上明显的痛苦烦恼，或在社交、职业和其他重要方面的功能缺损。
3. 特定类型伴随性焦虑，此人持续地对性角色和性别认同感到不适。

一般来说，大多数异装癖患者都是异性恋者，他们确信自己的男性性别，着异性服装只是为了获得性的兴奋。他们会与异性结婚，但在妻子面前掩饰自己的这种癖好，也有少数患者会说服妻子与自己合作，为自己提供女性服饰或者允许自己在性活动时着女性内衣。

研究发现，异装癖患者的性染色体和性激素的分泌并无异常，之所以会形成异装癖，有人推测是由于正常的性发育受到阻碍，再加上条件性学习而造成的。对于异装癖的治疗，可采用心理分析疗法、厌恶疗法等，但效果如何尚无肯定的结论。

个案研究

某男，38 岁，已婚。婚后夫妻感情融洽，性生活也很正常，有一个五岁的女儿。夫妻两人的经济收入都不低，生活原本挺好。然而，结婚一两年后，妻子逐渐发现丈夫的行为有些怪异，还不时地买回女袜、女内衣、高跟鞋等。开始妻子并没太在意，还觉得丈夫是关心她，给她买的。可是后来妻子发现丈夫总是喜欢试穿她的衣服，而且平时也总是外穿男装，内穿女式内衣，夜间还穿上女式紧身衣。出国出差时还买回来假乳房、假臀围，晚上常常要戴上。他手很巧，会裁剪，在家为自己制作旗袍、连衣裙，经常全身的女人装束。妻子劝了不知有多少回，可他听不进去，他说他就是喜欢。

面对怪异的丈夫，妻子只能把眼泪往肚子里咽，生怕别人知道了笑话。可事情还是闹了出来。一天晚上，妻子和女儿出去看电影，他趁自己独自在家的机会，又男扮女装起来：描眉、涂口红、戴耳环、戴墨镜，还戴上了假乳房、假臀围，手镯和坤表，提女式提包出了门。

（资料来源：沈渔邨．精神病学．北京：北京医科大学出版社，2002）

和易性症不同，异装癖患者并不寻求其自身性别的改变，他们身着异性装束的动因是为了获得性满足。

2. 恋物癖

恋物癖（fetischism）的特征是通过与异性穿戴或者佩戴过的物品的接触而引起性兴奋和满足。能够引起恋物癖患者性兴奋的东西有很多种，例如，有的患者所选择的多是直接接触异性体表的、具有特殊气味或摸起来能给予特殊感觉的物品，如女性的内衣、内裤、胸罩、头巾、丝袜等；有的患者则直接对异性身体的某一部分特别感兴趣，例如头发、阴毛、手、脚或者耳朵等；也有的患者对异性的畸形处或者瘸脚、残手特别动情。但就每一个具体的患者而言，能够引起性兴奋的物品仅限几种。他们往往会花很多的时间去收集自己所需要的东西，有时甚至不惜用非法手段（如偷窃等）去获得，并且对获得物十分爱惜，会仔细珍藏并时常把玩。

表 9－19 DSM-Ⅳ-TR 对恋物癖的诊断标准

1. 在至少六个月的时间中，反复以非生物物体来激起性幻想、性欲望或性行为。
2. 造成了临床上明显的痛苦烦恼，或在社交、职业和其他重要方面的功能缺损。
3. 恋物癖所用物体并不仅限于异装癖用的女性服装，也不是作为外生殖器刺激用的器具（如某种振荡器）。

恋物癖者一般起自青少年时期，几乎完全是男性，而且大多数患者都是异性恋者。不过他们大多对性生活胆怯或者性功能低下，并且很少有攻击或暴力行为。恋物癖者常因其变态行为而给自己造成许多麻烦与不幸，但他不能克制自己，因此常常会感到非常痛苦。关于恋物癖形成原因的理论很多，但均未能得到证实。最大的可能还是在异装癖中所做的解释，即正常的性发育受到了阻碍，再加上不良的条件性学习。对于恋物癖者的治疗，也如同异装癖的治疗一样，可以采用精神分析疗法和厌恶条件反射疗法，并且治疗效果较好。

个案研究

唐某，男，26岁，未婚，初中文化。因多次偷窃女人衣物于1984年9月14日送来进行鉴定。1983年6月某夜手淫时产生了偷看女人裸体洗澡的强烈的意念，因而曾先后四次由厨房窗户爬入邻居家，向卫生间浴池窥视，但未能如愿。在某次窥视中偶然发现卫生间放有女用乳罩、内裤、卫生带等物品，窃取、抚摸后感觉心情舒畅并伴有性快感。在夜间常常由于回忆此事引起强烈性兴奋而致手淫。此后即常在夜间外出收集女性贴身物品作为眷恋物。1984年8月某晚，唐某潜入某家偷窃女性贴身物品时被当场抓获。自称："一次偶然看到室内放有女人的内衣、乳罩、卫生带，抚摸后感到心理很舒服，并伴有性快感，此后就只眷恋女性物品，而不想看女人洗澡了。这种偷窃欲念难以控制，曾先后行窃十余次直到案发。"鉴定结论：诊断为恋物癖。

［资料来源：傅久英，李从培. 中国心理卫生杂志，1994（2）］

3. 偷窥癖

偷窥癖（voyeurism scopolagnia）的特征是患者反复多次以窥视他人性活动或者以偷看他人（异性）裸体或阴部作为自己获得性兴奋的偏爱方式。在窥视的同时常伴有手淫或者在事后回忆所窥视到的情景时进行手淫。

偷窥癖者几乎只见于男性，而且他们通常都是异性恋者。一般来说，他们的性格比较内向，易害羞，不善交际，且常缺乏正常的性要求，性活动也往往不充分。因此他们宁愿费很大的劲，冒很大的危险去偷看异性洗澡、如厕或偷看他人的性交场面。偷窥癖者常常因为偷窥行为被人发觉而受到惩处，因此患者会为此感到苦恼，但却不能防止下次再出现这种行为。对于偷窥癖者的治疗可以采用心理分析和集体治疗相结合的办法，也可以采用厌恶疗法，但治疗效果究竟如何目前尚无肯定的结论。

个案研究

赵某，男，25岁，未婚。上大学时，一次偶然机会患者看到女生洗澡的一幕，感到很兴奋，之后他常备一个远程双筒望远镜，用来窥视附近住所的异性脱衣洗澡时的情景，每次他又怕被人发现而非常紧张担心，他也为此曾多次受到处罚，但又无法控制，反复出现这种念头及行为，但并没有与被窥视者进一步的性行为。父母给他介绍对象，他却说他不愿意，令家人很烦恼。

（资料来源：季建林. 精神医学. 上海：复旦大学出版社，2003）

4. 暴露癖

暴露癖（exhibitionism）的特征是反复多次在陌生人毫无准备的情况下突然暴露自己的外生殖器以达到性兴奋为目的，患者通常没有进一步的性行为施加于对方。

暴露癖者大多数是男性，通常在30岁以后出现，也有少数女性暴露癖者反复暴露自己的乳房或外阴。暴露癖者常常出没于那些昏暗的街道、公园的偏僻处，当遇到异性时迅速解衣显露生殖器，并说下流话或者进行手淫，看到对方发生强烈的情绪反应，如惊吓、昏倒或厌恶时，会感到非常兴奋和满足。虽然暴露癖者会使对方受到惊吓，但一般不会发生真正的暴力行为如强奸等。

表9－20　DSM-Ⅳ-TR对偷窥癖和暴露癖的诊断标准

偷窥癖

1. 在至少六个月的时间中，反复窥视一个未防备的、裸露或进行性活动的人来激起性幻想、性欲望或性行为。
2. 造成了临床上明显的痛苦烦恼，或在社交、职业和其他重要方面的功能缺损。

暴露癖

1. 在至少六个月的时间中，反复向没有准备的陌生人暴露自己的生殖器来激起性幻想、性欲望或性行为。
2. 造成了临床上明显的痛苦烦恼，或在社交、职业和其他重要方面的功能缺损。

暴露癖者几乎都是异性恋者，他们会和异性结婚，并有正常的性活动，但在性生活中较为被动和软弱。关于暴露癖形成的原因较为复杂。有些暴露癖者是重性精神病者、智力落后者或者反社会人格者，也有人原来正常，后来在受到了严重的精神创伤后出现暴露行为，但绝大多数暴露癖者是“正常人”。有人认为他们来自于清教徒式的家庭，受到“性要求是罪恶的”的性教育；也有人认为暴露行为是一种对遭受拒绝的反抗，是为了显示自己的性能力。对于暴露癖的治疗，一方面要给予其严厉的惩罚，另一方面可以采用精神分析治疗、厌恶条件反射治疗。在我国，有人采用认知领悟疗法对暴露癖患者进行治疗，据报道治疗效果较好。

5. 挨擦癖

挨擦癖（frottage，frotteurism）指在拥挤的场所故意摩擦异性，甚至用性器官碰撞女性的身体，并可伴有射精或者手淫来达到性的满足。

挨擦癖多见于男性，他们通常在人多拥挤的地方，如在公共汽车上、在商店里等，用自己的生殖器去摩擦、挤压陌生异性的身体，从中获得性满足。有的挨擦癖患者在摩擦异性的身体时，不需要暴露自己的生殖器就能够得到快感与满足；而有的挨擦癖患者则需要露生殖器并直接摩擦于异性的身体方可获得性快感与满足。通常，挨擦癖患者把摩擦的部位选择在异性的臀部，也有的患者在异性身体的任何部位摩擦均可产生性兴奋。

表 9－21　DSM-Ⅳ-TR 对挨擦癖的诊断标准

1. 在至少六个月的时间中，反复以碰触或摩擦一个未经同意的异性来激起性幻想、性欲望或性行为。
2. 造成了临床上明显的痛苦烦恼，或在社交、职业和其他重要方面的功能缺损。

挨擦癖的形成原因不甚明了。有人认为是对性功能低下的一种补偿形式，也有人认为是一种未发育完全的幼稚的性行为方式。对于挨擦癖的治疗，应采用处罚与心理治疗相结合的方法。一方面对其行为进行严厉的处罚，使其感到屈辱和痛苦，这有利于患者确定治疗的决心；另一方面则应给予适当的心理治疗，如精神分析治疗、认识领悟治疗、厌恶条件反射治疗等。

个案研究

田某，男，34 岁，工人，已婚，平时工作认真，作风正派，人际关系一般。五年前，偶尔在街上看见一貌美女子，突然产生一种无法控制的冲动，遂以自己的生殖器贴该女子身体摩擦并产生兴奋。此后对其妻子的性要求冷淡，常无兴趣及快感。其病态性行为逐渐增多，常用刀片偷割女性臀部的裤子，然后以生殖器摩擦，获得极大快感。多次被发现甚至被打，单位也曾给予警告处分。

（资料来源：沈渔邨. 精神病学. 北京：北京医科大学出版社，2002）

6. 性施虐狂和性受虐狂

施虐狂（sadism）是指通过在他人（异性）身上造成痛楚与屈辱来满足性欲的一种性心理异常。施虐狂一般多见于男性，其暴力行为有着不同的程度及范围，包括从造成轻微疼痛或并无损伤的调戏到极端的残暴行为，有时可导致严重的伤害甚至死亡。施虐狂表现在暴力上的具体方式有鞭打、脚踢、牙咬、手拧、针刺、刀割等。此外，施虐狂的性满足也可通过只造成对方精神上的折磨而不带来肉体上的痛苦来得到。

受虐狂（masochism）的表现与施虐狂相反，指通过受到他人（异性）施予的痛楚和屈辱而发泄其情欲并得到性欲满

表 9－22　DSM-Ⅳ-TR 对性施虐狂和性受虐狂的诊断标准

性施虐狂

1. 在至少六个月的时间中，反复通过（真实或虚拟的）行动使受害者产生心理或生理上的痛苦（包括羞辱），而这种痛苦使得此人产生性唤起，进而激起性幻想、性欲望或性行为。
2. 造成了临床上明显的痛苦烦恼，或在社交、职业和其他重要方面的功能缺损。

性受虐狂

1. 在至少六个月的时间中，反复通过（真实或虚拟的）受到羞辱、击打、束缚或其他导致痛苦的行动而激起性幻想、性欲望或性行为。
2. 造成了临床上明显的痛苦烦恼，或在社交、职业和其他重要方面的功能缺损。

足的一种性心理异常。一般多见于女性，受虐狂者所遭受痛苦的程度，可以从不带暴力的形式上的凌辱到严厉的殴打与伤害。不过，一般来说受虐狂者对情景有一定的控制能力，可以在受到严重的伤害之前结束被凌辱的行为。

个案研究——一个性施虐者的自述

来店里的人全部是在寻求他们认为对他们最适当、应受的痛苦。不要问我为什么他们想要痛苦，我不是心理学家，但他们一旦找到我们，他们通常就不会去其他的地方。在别的地方，某些女孩花一小时甚至两小时，让这些家伙感觉他们好像得到了他们的治疗——我能使他们在20分钟左右就达到目的……不要忘记，这些都是生意人，他们不仅买我的时间，他们也必须回去工作，因此，时间对他们来讲是很宝贵的。

在我所做的事情中，做得确实快速和妥当的是，我用衣夹夹住他们的奶头，或用针刺他们的“睾丸”。有些人要看到自己的血以后，才会离开……

在整个过程中，折磨的景象一直继续，并有连续不断的对话……我对这家伙尖叫，并告诉他，他是无用且堕落的可怜虫，做这些甚至对他太好，他知道他应得到更糟的对待，我开始列举他的罪状，而每次都有效。我不是疯子，我知道我正在做什么。我的举动虽然很粗鲁和严厉，但实际上我是一个很敏感的女人。而且你必须小心此人的健康……你不能杀了他，或者使其心脏病发作…… 我知道其他的地方有人死去了。但我从来没有因为死亡而失去顾客，虽然他们在我的“治疗”中可能会死亡。记住，这些人都是回头客。我有常客，而且我有良好的声誉。

（资料来源：Ronald J. Comer，*Abnormal Psychology*，4th ed.，2001）

性受虐狂的一种形式是所谓缺氧性癖（hypoxyphilia），即采用勒颈或使自己透不过气的方法（或要求其伴侣勒住他们）以提高其性快感。实际上，不少令人忧虑的临床报告指出，自体性欲或性窒息（autoerotic asphyxia）案例中的人通常是男性，他们在自慰时，采取悬吊、窒息或勒紧自己的方式，意外地造成了致命的缺氧，祸及生命。

施虐狂常与受虐狂联系在一起，许多患者经常交替充当这两种角色。但也有的施虐狂患者与正常人发生性行为时对其进行凌辱或殴打，从而造成其严重的身心创伤。对于施虐狂和受虐狂的形成原因的解释有许多种。例如，对于施虐狂的解释，有人认为，施虐是一种象征性行为，代表了对权威的反抗，这种人可能在生活中受到过挫折或遭到过异性的拒绝与羞辱；也有人认为施虐是对自卑感的过度补偿作用的结果，是为了显示自己的优越感；还有人认为施虐可能是由于幼年生活中养成的对性关系的错误态度和认识造成的。对于受虐狂的解释，有人认为可能是对被遗弃或被拒绝所产生的恐惧感的变态反应；也有人认为可能是一种内疚感或罪责感而自责自罚的表现。

对于施虐狂和受虐狂的治疗目前尚无肯定的说法，药物治疗肯定没有效果，心理治疗会有疗效，但效果欠佳。

7. 恋童癖与乱伦

恋童癖（pedophilia）是指与青春期前儿童（一般13岁以下）进行性活动。患者必须在16岁以上，至少比受害儿童大5岁。恋童癖患者一般喜欢某一特殊年龄的儿童。有的喜欢男童，有的偏爱女童，而有的男女不限。喜欢女童者通常喜欢8~10岁的女童，喜欢男童者通常喜欢年龄稍大的男童。喜欢女童的恋童癖患者多于喜欢男童的恋童癖患者。有些恋童癖患者只喜欢儿童（专一型），而有些患者有时还恋成年人（非专一型）。有些恋童癖患者可能只将活动限于将儿童的衣服脱光并细看他们，或者患者自己脱光衣服，对着儿童手淫，或者轻轻触摸他们。然而有些恋童癖患者可用口或舌抚弄儿童的阴茎或女阴，或者用手指、物体或阴茎插入儿童的阴道、口或肛门。

恋童癖患者可将他们的性活动限于自己的小孩、前夫或前妻的小孩，或亲属的小孩，也可能侵害家族外的儿童。有些恋童癖患者会威胁儿童不要泄露出去。另一些特别是经常进行这类活动的患者，有一套得以接近儿童的方法，如获得小孩母亲的信任，与一个有小孩的母亲结婚，与另一个恋童癖患者交换小孩等。较少见的是领养小孩或从不认识的人处拐走或绑架儿童。患者为获得儿童的情感、高兴或忠诚，也可能会送些礼物给儿童或满足儿童的要求，并用这种方法防止受害儿童将其不法活动报告出去。该障碍通常开始于青春期。对儿童进行性活动的频度可因心理、社会因素而增加。此外，此障碍多为慢性，男性约为女性的两倍。

表 9－23　DSM-Ⅳ-TR 对恋童癖的诊断标准

1. 在至少六个月的时间中，反复通过与青春期前的儿童发生性活动而产生性幻想、性欲望或行为。
2. 造成了临床上明显的痛苦烦恼，或在社交、职业和其他重要方面的功能缺损。
3. 这个人至少已经 16 岁，而且至少比标准 1 中的一个或多个儿童大 5 岁以上。

乱伦（incest）在 DSM-Ⅳ-TR 中列为一种性倒错的亚型。乱伦指和近亲间禁止有婚姻关系者发生性关系。最常见的乱伦发生在兄弟姐妹之间，而另一种常见的形式，也被认为是更为病态的便是父女间的乱伦。人类社会中几乎都将乱伦视为禁忌，除了埃及的法老可以娶自己的姐妹或近亲家庭中的女性。证据显示，乱伦大多发生在男性主宰的家庭中，特别是在这些家庭中女性地位卑微。这些家庭的父母也容易忽略子女，并与孩子间保持情感上的距离。通常乱伦的男性侵犯的对象是青春期后的女儿，而恋童癖男性则通常对青春期前的儿童有兴趣。

8. 其他性变态

恋兽癖（zoophilia）指和动物发生性关系。这种性心理障碍极少见，只有经常或以此为唯一的性欲满足方式者才诊断此症，偶尔以动物作为性发泄方式者不诊断此症。恋兽癖者多存在智力低下，其对象主要是经常接近的家畜，以动物为性对象的幻觉可能较常见。

恋尸癖（necrophilia）指以与异性尸体发生性行为来获得性满足，包括猥亵、奸尸和毁伤尸体。这类障碍极为少见，多为男性，或者智力低下者或有其他精神障碍者。

四、同性恋

（一）同性恋概述

同性恋是指同性成员之间的性吸引并进行性活动。许多动物之间也有同性性活动，但以此作为唯一性活动方式的仅见于人类。同性恋表现程度可有所不同，有些只是纯精神性的，主要是思想和情感上的依恋，并无肉体上的接触。

1973 年，美国心理协会、美国精神病学会将同性恋行为自疾病分类系统中除去，并将同性恋的定义更正为：同性恋是指一个人无论在性爱、心理、情感及社交上的兴趣，主要对象均为同性别的人，这样的兴趣并未从外显行为中表露出来。由此可见，同性恋并不单指性取向问题。很多出于好奇、被迫等原因与同性发生性关系的人并不是同性恋。

“同性恋”一词是现代概念。据目前所知，此词最早出现在匈牙利作家 Karl Maria Kertbeny 的一篇文章中。19 世纪末，德意志帝国颁布新宪法，规定从事男性同性性行为的行为者判处一年到四年的监禁。Karl Maria Kertbeny 撰文抨击并抵制该法令，并首次创出单词“homosexuality”，用来替代当时广泛使用的带有贬义色彩的“鸡奸者（pederast）”一词。Kertbeny 希望他的新词和对这个词的解释能对废除德意志帝国新宪法第 175 条有所帮助。但该法令仍于 1871 年通过并施行，六十年后，成为纳粹政府屠杀同性恋的法源。

不过，德国精神病学家，《性精神病态》（*Psychopathia Sexualis*）一书的作者理查德·克拉夫特·埃宾（Richard von Krafft – Ebing）和其他医生接受了这个词，将它使用在病理学诊断方法中。随着心理学的产生和发展，homosexual 开始成为对医学临床研究中被用来指代一种精神疾病的称呼。在美国精神病学会于 1974 年将 homosexual 从精神疾病列表里删除之前，homosexual 一词一直被同性恋者认为是一个带有污蔑性质的词汇。1993 年 5 月 17 日，世界卫生组织将同性恋从精神病名册中除名，法国学者 Louis-Georges Tin 遂发起每年 5 月 17 日为国际不再恐同日（International Day against Homophobia，简称 IDAHO），以降低对同性恋的歧视。

应该说，同性恋并非现代社会特有的现象，它伴随着人类社会的出现而出现。在古代中国就有一些关于同性恋行为的记载。例如，在《汉书·佞幸传》中，汉哀帝与董贤共寝，董贤压住了皇帝的袖子，皇帝不忍惊醒他，断袖而起。这不仅表明了君臣关系的密切，也暗含了其中存在的同性恋倾向。韩子高与陈文帝陈蒨（茜）也是有名的一对。陈文帝曾提出让韩子高为男皇后，然终未成功。在红楼梦里，也有类似同性恋行为的描写。《红楼梦》第四回“葫芦僧乱判葫芦案”中有这样的描写：“……只他（冯渊）一个人守着些薄产过日子。长到十八九岁上，酷爱男风，最厌女子。这也是前生……”可见，同性恋在中国存在的历史之久远，而且中国古代社会对同性恋的态度相对比较宽容。

在古代非洲北部的迦太基人，古代黑海以北的西徐亚人，以及北欧的诺曼人的历史中，都有关于同性恋的记载（霭理士，1988）。在古代美索不达米亚，有许多男妓为同性恋服务。古代希腊，通常被认为同性性关系很普遍。尽管古希腊人容忍并事实上崇尚同性恋，但取代了希腊—罗马文明的基督教传统在大多数情况下都是谴责同性恋关系的。在罗马帝国，同性恋者要被判处火刑。直到 1861 年，英国法律还规定对同性恋必须判处死刑。如今，教会的教条对于性道德的限制已经有所放宽，而许多国家，如英国、美国甚至分别通过立法使同性恋关系合法化。

在学术界，早在 20 世纪初，霭理士就认为同性恋是自然的、非病理性的现象。此外，心理分析的创始人弗洛伊德对同性恋也持同情态度（1935 年）。他在“给一位美国母亲的信”中写道：“同性恋的确不能带来什么好处，但是并不值得羞耻，也不是一种恶习，并不低人一等，它不能被视为疾病；我们把它看成性功能的一种变异。古代和现代很多著名的人物都是同性恋。把同性恋视为犯罪并加以迫害是不公平的，也是残酷的。”（钱铭怡，2006）

在过去许多年中，同性恋一直被看做是一种心理障碍。1953 年金赛（Kinsey）博士在其著名的性学研究报告中指出，同性恋与异性恋不能截然区分开来，而应该看做一个连续体，连续体的两端是完全同性恋和完全异性恋，中间则分别是部分同性恋、双性恋和部分异性恋。他用六点量表评估同性恋的程度，发现 10% 的男性有过三年以下同性恋体验，4% 的男性是终身同性恋者，4% 的单身女性在 20 ~ 35 岁有持续的同性恋行为。他还指出，同性恋行为要比人们通常认为的要正常得多。金赛博士的结论使人们对同性恋的看法提出了很大变化。Hooker 在 1957 年发现，受过训练的心理学家不能通过心理测验来区分同性恋者与异性恋者（钱铭怡，2006）。其后有许多人，包括一些精神卫生专家也对此看法提出了疑问。因为有许多研究资料表明，大多数成年人都会有一些同性恋经验，而且大多数以同性恋作为主要的或唯一的性行为的人，除此之外，与其他人并没有什么不同的地方。

在 DSM-Ⅱ中，同性恋归属于人格障碍和其他非精神病性精神障碍的范畴，但如上所述，对于同性恋是否属于心理障碍这一问题仍有着激烈争论。1974 年 4 月，美国精神病学会认为，同性恋本身并不是精神障碍，不应归于疾病的诊断范围，而属于“性定向障碍”（sexual orientation disturbance）。到了 1980 年，DSM-Ⅲ已不再包含同性恋这一诊断术语。

在 DSM-Ⅱ中同性恋被列为几种性偏离之一。在后来的 DSM 版本中，同性恋作为心理障碍的观点逐渐被放弃。这部分地是因为受到了来自同性恋团体的压力。

目前，我国 CCMD-3 仍将同性恋作为性行为障碍之一排列其中。2001 年 4 月 20 日，CCMD-3 出版，在诊断标准中对同性恋的定义非常详细，指出同性恋是指“源于各种性发育和性定向的障碍，从性爱本身来说不一定异常。但某些人的性发育和性定向可伴发心理障碍，如个人不希望如此或犹豫不决，为此感到焦虑、抑郁及内心痛苦，有的试图寻求治疗加以改变”。

（二）同性恋的临床表现

至今，还没有一个理想的对同性恋的定义。有人简单地将其定义为与同性发生性关系的任何行为，但单从这个定义不能判断出引起这种行为的动机。有些同性恋者仅仅是暂时得不到异性，另一些则是为了摆脱孤独或出于好奇心，而有的是出于对异性的恐惧、对同性的依恋，或对同性的攻击或征服之心。同性恋行为也可发生于青少年，他们将这种行为作为宣泄强烈性欲的一种方式。Thompson 认为，同性恋不是一个临床疾病的名称。虽然不同的学者对同性恋有不同的理解，但真正的同性恋对异性存在恐惧心理，害怕承担成人的责任，因此，同性恋是企图从现实中逃脱的一种表现。

对于大多数人来说，同性恋的举动仅限于少年时期的两三次尝试，只有很少数的人会一直保持同性恋行为或者把同性恋作为唯一的满足性欲的方式。这种人往往在幼年时期就已经显现出一些迹象，例如，在游戏时爱扮异性角色、穿异性服装、学异性的动作和腔调等。到了青春期前后，性腺开始活动，于是这种情况便迅速开始恶化，他们开始对同性产生好感，对异性则毫无兴趣，甚至产生反感。同性恋以男性居多，他们大多数会独身，有的即使迫于社会和家庭的压力结了婚，他们的性活动也会明显不正常，甚至完全不能进行正常的性活动。多数女同性恋者虽然觉得不甚满意，她们也会结婚甚至生育，但她们对性活动明显缺乏兴趣。

有人认为，所有寻求同性恋行为的男性都是绝对同性恋者。其实不然，Humphreys 对参加同性恋活动的男性进行了研究，发现其中 54% 的人已经结婚，与妻子儿女共同生活。这些人总是小心谨慎、道貌岸然，经常到教堂参加宗教活动。被研究者中，大约 40% 的人为天主教徒，只有约 16% 的人没能参加宗教组织。此外，乱交现象在同性恋中比较常见，但也并非都是这样。越是情感比较成熟的同性恋者，越是希望能与自己真心实意相爱的同性保持稳定的关系。但由于这种关系得不到法律的保护，大部分不能维持多久，一般于 1 ~2 年后其同性恋关系便会中断。当然，也有一些保持多年稳定的同性恋关系，尤其以女性同性恋者多见。

许多同性恋者，他们深为自己所具有的异性身心素质而忧心忡忡，由于意识到社会上不允许按照违反常人习俗的欲望与同性发展“性爱关系”，而本人又不愿与异性结合，因此感到非常痛苦，有的人甚至企图自杀。究竟同性恋是不是疾病，意见尚有分歧，因此，对于同性恋是否应该接受治疗，这个问题也就存有争议。不过从所做过的治疗来看，各种心理治疗方法似乎都改变不了同性恋，最多只能帮助他们澄清思想、改善情绪、缓解焦虑。

个案研究

因母女同性恋而进行鉴定。被鉴定者女性，36 岁，未婚，中专文化。9 岁读书，成绩优秀。毕业后任教师，工作认真，话少，重感情。家族无精神疾病。其母 57 岁，小学文化，退休工人，20 岁结婚，性格暴躁，好强，与人交往少，既往身体健康。其母自丈夫去世后母女相依为命，形影不离，同榻而眠。母亲不允许其女交男朋友。同事及邻居均认为该母女古怪，多次看见母女俩拥抱、接吻。女儿上班时常被母亲叫回家，严重影响工作。校方找其谈话，总是设法搪塞。

鉴定检查时意识清楚，叙述了其母对她的行为和要求。自从其父去世后 17 年，母女同床，发生同性恋行为，并且不准她与男性接触，平时不准外出。穿衣要由其母买。上班时叫她回家，也都是为了性活动，如不服从，就会遭受打骂。其母表现，仪表整洁，着深蓝色中山装，留短发，吸烟。在其女住院观察期间，坚决要求陪护。母女每天都有多次性活动。强制离开病房后，仍守在室外。母女俩体检及实验室检查均未发现异常。

[资料来源：胡云，张学正. 中国临床心理学杂志，2001 (2)]

（三）同性恋产生的原因

1. 生物学因素与环境因素的相互作用

有报告显示，同性恋会有家族延续性，而同性恋的一致性系数在同卵双生子间，要比异卵双生子或自然的兄弟姐妹间高。在两个做得很好的双生子研究中，同卵双生子同性性取向的比例约为 50%，而异卵双生子只有 16% 到 22%，非双生子兄弟或姐妹同性恋的比例与其相接近或较之稍低。其他研究认为同性恋性定向与出生前与激素的不同接触（尤其是子宫内非典型男性性激素的水平）有关，而且同性恋和异性恋脑结构可能有所不同(Byne et al.，2000)。有几项研究成果都支持人的性指向受子宫内激素接触差异的影响这一理论。同性恋者具有非右手优势（左手优势或混合）的可能性比异性恋者高 39%，这一发现同样说明性取向可能有生物学上的原因（Laluniere et al.，2000）。另一项有趣的研究发现，男性和男性化的女同性恋者的无名指长度都超过了食指的长度，而女性和女性化的男同性恋者的这两个手指的长度差异不太明显，有的食指长度甚至超过了无名指长度（Brown et al.，2002）。另有报告指出，在X染色体上可能有同性恋的基因（或一部分基因）（Hamer et al.，1993）。但是，对上述研究及其结论仍然存在争论。因此，目前许多研究者用生物学的易感性与各种环境因素、人格特性及其他因素发生复杂的相互作用，共同决定了同性恋行为模式这一观点来阐释同性恋产生的原因。也就是说，某些特定的习得经验和环境事件会影响脑的结构、功能以及基因的表达（Barlow & Durand，2005）。

2. 家庭教育方式不良

有人认为在同性恋的产生与形成中，家庭的教育教养方式也有重要作用。例如，有的家长出于某种目的，让孩子经常穿异性的服装，装扮成异性，或者家庭中受“男女授受不亲”的影响，严格限制孩子与异性的交往，因此抑制了其异性爱的发育，甚至对与异性交往产生了恐惧心理。同性恋者在童年期受到这样的教育，长大后可能会表现出一些同性恋迹象，但这种迹象是模糊的、不自觉的，到了青春期性生理发生变化时，情况便迅速恶化，开始对同性产生好感，而对异性毫无兴趣，甚至厌恶，进而发展成同性恋。

此外，Bell（1981）认为，同性恋是由于异性恋的欲望受到心理压抑或威胁而被迫产生的，同性恋者有高度病态的亲子关系。同性恋男性，其儿童时期与父亲的关系不良或家庭中缺少父亲，母亲则过度保护和过分亲密。同性恋女性，其儿童期母亲比较冷漠、拒绝，他们与父母的关系都不好。但这些特点可能只压抑了正常异性恋的发展，并不能作为产生同性恋的原因（钱铭怡，2006）。

3. 心理病理学因素

尽管已有一些研究或观点描述了同性恋的人格特质，但没有任何理由表明同性恋的精神动力学结构与异性恋者相比有何特殊，在同性恋者中同样可见各种精神疾病。虽然，有人指出人格障碍在同性恋者中比异性恋者较多，但这种情况不一定都是同性恋本身所造成的。社会上一般认为同性恋是一种奇怪的现象，同性恋者受到歧视、嘲笑和排斥。在这种背景下长期生活很容易出现焦虑和不安全感，这可能是同性恋者出现焦虑或抑郁症状的原因之一。如同异性恋者一样，同性恋者中的人格分布也是相当宽泛的。无论是怯懦、被动、裹足不前的被动型人格，还是积极主动、富有创造性和事业心的主动攻击型人格；内向性格还是外向性格；戏剧型人格还是强迫—冲动型人格；真正的无神论者还是虔诚的宗教徒；反复扰乱社会治安的反社会型人格还是具有高度责任心、遵纪守法的普通公民都可见到同性恋者。

五、性倒错与性别认同障碍的病因学与治疗

（一）精神分析理论

1. 恋母情结心理

根据弗洛伊德学说，性心理障碍代表着儿童时期的性倾向在成年期的延续。用弗洛伊德的话说，年幼的儿童以“多形态的方式来放纵自己”，即他们的性快感有多种来源：吮

吸、摩擦、排泄、“展示”他们的性器官以及偷窥别人等。此外，弗洛伊德认为，儿童有一定的防御策略，以应付在恋母情结形成时期所导致的阉割焦虑及阳物妒忌心理。因此，精神分析理论家普遍认为，性倒错是恋母情结在性器前期（pregenital stage）的结果。而且，一般情况下，患有性倒错就像患有性功能障碍一样，在恋母情结时期，伴随着阉割焦虑，这被认为是问题的主要来源。

弗洛伊德理论认为，恋物癖是一种将性兴趣转移到让其感到安全的物体上的行为；异装癖被看成是对母亲假定被阉割的否认；身穿女性的衣物，但在衣物内，仍保留着男性的特征并作异性打扮者在潜意识中说服自己，他的母亲并没有遭受阉割，所以他不必为自己有同样的命运而感到害怕。同样，Fenichel（1945）将性施虐狂解释为通过虐待和侵犯性而达到参与阉割而非被阉割的一种企图，以此来缓解焦虑。的确，阉割焦虑在那些包括逃避性交的性欲倒错的个案中经常被视为最重要的原因。对于害怕失去自己阳具的男性来说，与女性生殖器官接触并看着自己的阳物插入女性身体后“消失”了，这会提高其焦虑程度。因此，他会改变自己性冲动的方向，而以一种安全的方式来保护自己，如恋物、恋童，或以其他方式来代替参与性行为。

其他精神分析理论对性心理障碍的解释侧重于强调个体无法解决或控制他（她）基本的本能冲动。因此，性施虐狂被解释为是儿童期对于性欲与攻击性冲动的困惑的延续。同样，受虐狂患者可能被看做是将原本针对一个强大并具有威胁的人物的侵犯冲动转向了自我。

2. 团体与个别心理治疗

在个体心理疗法或精神分析方面，治疗性偏好障碍患者的程序遵循传统的方法。治疗师要对患者象征性的言谈、行为以及试图将无意识的性冲突带入意识水平的梦做出解释，以使其能够被面对并“渐渐地克服”。这种技术的一种变形就是团体疗法，这种方法已作为对性犯罪者进行治疗的替代方法，诸如对强奸犯、儿童色情狂及其他犯罪者的治疗。团体疗法的优点之一，就是能将有问题的人置于一种情境中，在那种情境中，他可以由他不是“唯一的一个”的信息中获得安慰，而这种安慰将促使他与他的问题相对抗。除此之外，团体治疗可以节省经费。

虽然通过团体疗法治疗性偏好障碍是有效的，但个体心理疗法及精神分析的报告指出，有些案例是例外的。人们发现，大量的对于性犯罪者的精神分析学治疗是无效的。许多患者在他们开始治疗前可能犯过许多罪行，但他们几乎都是因为法庭的要求才开始接受治疗的。因此，他们的目的在于不待在监狱里，也因此而存在欺骗治疗者的动机，他们声称他们对治疗产生了高度的反应，产生了正常的性思考，有了正常的性行为，但他们真正想改变的动机是非常低的。他们常常在说服了治疗者，使他们确信已经“治愈”之后，又故态复萌。

（二）行为与认知观点

1. 条件作用

行为主义对于性变态最基本的解释是，这种偏差，特别是手淫是产生于早期性经验中一种应答性条件作用过程的结果，这些早期的性经验伴随着某些异乎寻常的刺激，这些刺激后来成为适于性唤醒的辨别刺激。例如，假如一个孩子的性唤醒经验与一个毛皮制的玩具或一条女性内裤有关，那么这将可能导致恋物癖。

行为主义理论家指出，在施虐狂与被虐狂的个案中，性侵犯及疼痛的体验都涉及强烈的情绪和生理唤起，因此他们推测，施虐狂与被虐狂都是那些从未学会分辨各种类型的唤醒的单纯的人。其他关于被虐狂的学习理论认为，儿童可能只有在被惩罚了之后才会获得他的父母的拥抱及抚爱，而这将导致身体情感与惩罚结成了对子。而且，学习可能在异装癖及性别身份障碍的发展中起某种作用。这类患者的病历都显现出，他们曾因为穿上母亲或姐妹的衣服而获得了更多注意，或者被告知他们很“可爱”，可见，他们的这种行为得到了强化。对于性偏好障碍而言，现代行为主义治疗倾向于强调认知因素，同时也重视直接的条件作用，甚至更重视认知因素。例如，班杜拉（1986）曾认为，父母可能有意或无意地起到了一个不遵循惯常规范的性行为的榜样作用。

2. 非习得性偏离模式

对于性犯罪者的新治疗计划考虑到了性行为的复杂性。一种多层面的研究途径是将传统的心理治疗的元素与具体技术结合起来处理性问题，目的在于改变患者的性唤醒模式、信念及行为。

治疗首先是将偏离性行为置于暂时的控制之下。一名儿童性侵犯者需要停止一切可以使他接近儿童的工作或消遣活动；一名乱伦的父亲应该被要求暂时搬离他的家庭。

行为主义治疗技术被用来消除偏离的唤醒，这种技术称为刺激饱和（stimulus satiation）。假定患者是一名将目标锁定为年轻女孩的暴露癖者。他会被要求去搜集女孩子的照片，这些照片能引起他暴露自己及摆弄照片以达到高潮的冲动。同时还要求他搜集一些“正常”的性刺激物，如《花花公子》中的色情照片，然后让他将这些资料带回家，要求他看着正常刺激物进行手淫，并用录音机录下他口述出的幻想。在他射精两分钟后（如果没有射精，则在十分钟后），他必须转向偏离性刺激物，再次开始手淫，如此持续五十五分钟。尽管如此，如果在此期间他又一次被唤醒，就将他的注意力转回正常成年女性的图片，并在集中于正常的性欲的同时再次射精。于是，他只有在没有性唤起时，或在手淫时阴茎没有勃起而感受不到任何肉体愉悦时，才将精力集中在偏离刺激物上。患者将被要求至少为期一个月，且每周三次重复这一程序，在最能令他兴奋的刺激物与最不能令他兴奋的刺激物之间转换；他的录音带也会得到详细分析。如果他对正常刺激物的幻想被局限在这种裸露者的行为方面，如当他看着一名成年女性并且也被其注视时，他就会得到鼓励去想象与她发生身体接触。在十至十五个疗程后，大多数的性犯罪者会感到偏离刺激物令人厌恶或甚至感到恶心。

刺激饱和还可以与其他的治疗程序相结合。在内隐敏感化（covert sensitization）作用中，指导患者沉迷于偏离的幻想中，直至他被唤醒，然后想象可能的最坏结果——妻子发现了他与一个儿童的性关系，在邻居面前被逮捕，他的罪行成为头条新闻，他的儿子企图自杀等。在羞耻厌恶疗法（shame aversion therapy）中，患者被要求演示他的性偏向行为——展示他自己，或者如果他是一位异装癖患者，就让其穿上女性的衣服——在治疗师办公室里，与此同时，治疗师及患者的妻子通过观察做出批评。当然，由于这种方法非常令人痛苦，因此只有在其他方法看来无效时才被使用。

3. 习得的偏离态度

认知理论认为，当我们出生时就具有一种性驱力，这种内驱力的方式将会依赖我们在儿童时期形成的态度而表现出来。大多数当代行为与认知理论指出性偏向障碍是多维度的，并且认为某种性偏向障碍产生于一些因素对个体的侵害。性偏向障碍患者的童年期经历表明，他们经常遭受到身体或性的虐待，并且成长于一个亲子关系不正常的家庭当中（Mason，1997；Murphy，1997）。这些早期经验可能在这类患者中导致低水平的社交技能、低自尊、孤独以及亲密关系的缺乏。认知歪曲在性别偏好障碍中起着一定作用。例如，儿童偷窥及展示自己，如果这种行为得到强化——如一个年轻的男孩向一名女孩展示自己，并在她那里获得愉快或好奇的反应——这将促使他形成错误信念——“女孩们喜欢这样”，“这样做我就可以获得注意”，并在成年后反复出现。

4. 克服偏离的信念

对性别身份障碍的认知治疗就是确定并克服信念上的偏差，用更恰当的信念取而代之。通常认知疗法和行为治疗分不开，正因为如此，行为疗法和大多数心理疗法结合而形成了认知技术。

目前，认知治疗师关注的心理过程是受害人对象化。因为性犯罪者长期以来存在这种思维方式，所以他们很可能会重复其犯罪行为。Abel 等人（1989）指出，至少在恋童癖个案中，他们越是重复犯罪行为，他们的对象化程度就越高，从而形成一种恶性循环。近来，许多关于性犯罪者的治疗计划中含有“受害者意识”或“受害者移情”的训练，在这种训练中，犯罪者将面临一位曾受过性侵犯后情感遭到损害的受害人。Freeman 和 Leaf（1989）在一项监狱训练项目中，让被强奸的受害者与对其施暴者一起真实地被带入团体治疗当中。这时受害者说出他们的经历与感受——这是一种需要受害人付出很大勇气来面对的情境。在其他研究中，要求性犯罪者想象受害者在被侵害时的思想与感受。他们也被安排去看书、听录音、观看录像，其中有被强奸的受害人或受调戏的儿童对受害经历以及带来的心理上的影响的描述。犯罪者们常常会对以上描述感到震惊，他们会说：“我没有想到这会伤害到她（一个六岁的孩子）；她一直也受到某人的虐待。”另一种技术是角色互换，即治疗师充当强奸犯的角色而强奸犯则扮演当事人，然后他们对于性侵犯展开一场辩论。

第十章　进食障碍

尽管人类在几个世纪前就有关于进食障碍的记载，但是直到20世纪七八十年代人们才开始真正关注进食障碍，临床上出现了越来越多的病态进食患者，并成为一个不可小觑的问题。进食障碍发病的直接原因是，患者对自己的身体不满，害怕体重增加，而对体型、体重的歪曲认识和期望是此类障碍共同且重要的心理病理特征。

第一节　进食障碍及其临床表现

一、进食障碍概述

虽然严重的进食问题直到最近才被认为是心理障碍，但奇特和不寻常的进食习惯在许多个世纪以前就被记载下来。古代埃及人相信每个月清理肠胃可以避免生病；古罗马人建造了名副其实的“呕吐厅”，供人们在丰盛的宴会上纵情吃喝后到里面清理肠胃——以便回去继续吃喝。多个世纪以来，自愿挨饿与被迫挨饿，两者都披着圣洁和邪恶的外衣。禁食有时是一种宗教仪式，有时又作为处死所谓“中魔者”的一种刑罚。

到了20世纪，一些人仍可以在马戏团和杂耍表演上靠表演反刍、吃一些不同寻常的物质或展示惊人的食量来谋生（Vandereycken & Van Deth，1996）。遭受了成长挫折或肥胖折磨的儿童被认为是不受欢迎或精神上有缺陷的，这些都证明，历史上社会对那些有进食障碍的人并不仁慈。

神经性厌食症患者

进食障碍，以及像节食和暴食等与进食有关的问题，最可能出现在青春期发育的两个重要时期：进入青春期阶段和青春后期向成年早期的过渡阶段（Attie & Brooks-Gunn，1995）。童年早期和中期的危险因素，如进食障碍、节食模式和负面的身体意象，会与青少年面对的挑战相冲突。这种冲突导致一些青少年，尤其是女孩子在进食上过度控制，以错误方式来应对压力和身体的变化。在一些个案中，这种进食控制的模式和其他对进食和体重变化过度代偿的努力（如过量运动）一起，导致了诸如神经性厌食症和神经性贪食症等主要进食障碍。

神经性厌食症在1873年受到关注，两位医生首次描述了这种障碍。英国内科医生威廉·戈尔（William Gull）爵士，给它命名并且第一次将之描述为一种特定的疾病。几乎同时，巴黎精神病学家查尔斯·拉瑟古（Charles Lasegue）从社会学和心理学的角度描述了厌食症。两位调查者都观察到该疾病在最富裕的社会阶层最流行，这促使拉瑟古提出在缺乏父母慈爱（在富裕家庭中相对普遍）和对食物有成见之间存在联系。父母和孩子之间的冲突，可能驱使一些少女以拒食来作为表达拒绝感觉的方式。这种观点的提出在神经性厌食症的研究中有着重要意义，常被作为对该病认识的开端。此后，对该类疾病的报道陆续增多。到21世纪，对厌食症的指定治疗是“父母切除术”（parentectomy），即让儿童从家里迁出，并结合各种必需的方式强行喂食（R. Epstein，1990）。

对于神经性贪食症的关注与研究最初来自法国医生 Pierre Jan（1903）对患者的暴食、呕吐、导泻等症状的报告。后来，Keyt 和 Leigh（1954）等均有相同的报告，但他们都认为这是神经性厌食症的某些症状。直到1959年，美国人 A. J. Stunkard 发表了一篇题为“进食模式与肥胖”的文章后，才产生概念上的变化，出现了“贪食”这一术语。他认为在肥胖或正常体重的人群中也存在暴食，继之出现呕吐、导泻等现象，并称之为“狂吃综合征”，后改称为“贪食症”，并得到大家的公认（张大荣，沈渔邨，1993）。

根据20世纪前后的内科医生的说法，神经性厌食症是一种不适当的浪漫选择的症状，阻碍了患者受教育或社交的机会，并与父母发生冲突。苗条象征无性和优美，这暗示了与工薪阶层存在很大的社会距离（Attie & Brooks-Gunn，1995）。从20世纪30年代起，人们对女性理想体型和外表的态度与看法，已经被广告、电影明星、时装设计师和类似的因素塑造成偏好苗条的流行文化倾向。

食物和进食对女性身份的意义，家庭和社会阶层在决定体形和食物选择中的作用，以及用体重调节来作为青春期自我调节和控制的替代，这些因素直到今天仍然是产生进食障碍的重要原因。在20世纪的后二十五年，医学界已经把进食障碍的其他方面，如对食物的习惯性拒绝、对过度运动的强调、暴食与吐泻等贪食症症状，认定为重要和潜在的危险综合征。1980年，美国 DSM 引入进食障碍，提出了明确的、规范化的进食障碍诊断标准，其后陆续被各国学者所采用。

二、神经性厌食症

（一）定义与临床诊断标准

神经性厌食症（anorexia nervosa，AN）是一种复杂的进食障碍，单从字面上理解，它是由神经性原因导致的食欲缺乏。然而，这个定义多少有些望文生义，因为缺乏食欲并不是这种障碍的真正问题所在。该障碍的核心特征是患者对肥胖的病态恐惧，并出现体像障碍（body-image disorder）、过分追求纤瘦等心理与行为特点，进而发展为严重的食欲不振，自发性地饥饿断食（见表10－1）。由于厌食会导致严重的营养不良，因此，患者多会有皮肤干燥、贫血、骨质流失、关节肿胀、低血压及心跳加快、冷敏感、指甲和头发脆弱以及钾含量过低等症状。如果不及时治疗，甚至会致死。

表10－1 DSM-Ⅳ-TR 对神经性厌食症的诊断标准

1. 拒绝维持正常体重水平。
2. 纵使体重已经减轻，仍极其害怕体重增加。
3. 对体型的知觉出现扭曲。
4. 原来经期正常的女性，连续三个生理周期闭经。

关于神经性厌食症的医学记载最早发表于1689年，这一年，理查德·莫顿（Richard

Gymnast Christy Henricb 在被告知因体重过重而不能入选美国奥运会代表团后，患上神经性厌食症。1994 年，因多种器官的衰竭去世，年仅 22 岁。

Morton）记载了两个病人。一个 18 岁的女孩和一个 16 岁的男孩都患上了“神经性肺病”，导致身体组织消耗殆尽，女患者最终由于拒绝接受治疗而死亡。如上文所述，直到 1873 年，巴黎的 Charles Lasègue 与伦敦的 William Gull 爵士各自独立地描述了这种疾病的临床症状，才使它获得了神经性厌食症这一现代名称。Gull（1888）描述了一个 14 岁的女孩无明显的原因而开始厌恶食物，除了喝少量的茶或咖啡外，进食减少。经过治疗，让她少食多餐，病人恢复良好。

（二）流行病学特点

如果仅仅通过大众媒体报道的个案来推测进食障碍的发病率，那我们会很容易高估患者的实际比例。若采用严格的诊断标准，估计其在西方国家的流行率为 0.28%，西方国家所有女性在其一生中发展此病的比率约为 0.5%（APA，2000）。20 世纪 70 年代以来，国外神经性厌食症的发病率有明显增加的趋势。如 Jones 等（1980）将纽约州门罗县 1970—1976 年间的神经性厌食症发病例数与 1960—1969 年间的数字比较后发现，15 ~ 24 岁女性的神经性厌食症发病例数增加四倍之多。国内目前尚缺乏严格的流行病学调查数据，但多数精神科工作者有这样的印象，即近年来神经性厌食症的个案越来越多见。

当然，这里谈的是以严格的临床诊断标准估算的进食障碍的发病率。实际上有很多人，特别是青少年及青年女性存在着某些不正常的进食模式。有人估计，在西方青少年女性中，具有神经性厌食症的某些症状但达不到诊断水平的比例最高可达 5%。国内钱铭怡等（2002）在对北京市女大学生进食障碍状况的初步调查中，发现 4.98% 的非典型性进食障碍者。

（三）临床表现

约有 90% ~95% 的厌食症个案发生在女性身上，其发病年龄很少早于青春期。一般来说，10 ~30 岁是神经性厌食症通常的发病年龄，其中的大多数（85% 左右）在 13 ~20 岁起病，高峰年龄为 14 ~18 岁。切记，这只是一个统计趋势，实际情况更为多样，例如，曾经有报道说一位 92 岁的高龄女性进食障碍首次发病。

由于对肥胖的恐惧而以各种手段使体重减轻，是此障碍的核心症状。患者开始时多以减少热量摄入为特点，但他们逐渐完全避免食用含有高糖分或高蛋白的食物。除了控制饮食之外，有些患者会在餐后迫使自己呕吐，或使用泻药、利尿剂来减轻体重。患者还可能通过增加运动量，如跑步、游泳、跳健身操等来减轻体重。

DSM-Ⅳ-TR 列出两种神经性厌食症亚型：一种是限食型（restricting type），另一种是暴食/清除型（binge - eating/purging type）。这两种类型的区别主要在于患者维持其极轻体重的方式不同。前者发作期间，患者没有出现有规律的暴食或泻出行为，后者则伴随有规律的暴食或泻出行为。接近 30% ~50% 的进食障碍患者是从限食型转变为暴食/清除型的。

神经性厌食症患者关注身材苗条，严格限制食物摄入量，却对食物极端专注。他们会花很多时间去查阅有关食物的资料，思考和计划他们有限的膳食。许多报告显示，他们的梦充满了食物和吃的影像。

这种对食物的专注，实际上可能是食物剥夺的结果，而非其原因。20 世纪 40 年代末期，Keys 等曾进行了一项著名的“饥饿”研究。结果 36 位体重正常的自愿被试在经历了六个月的半饥饿饮食后，变得全神贯注于食物与吃。他们每天花费几个小时计划他们微量的一餐，花费大量时间与精力来谈论食物、研究食谱，以奇特的方式组合食物并用餐。许多人也有关于食物的生动的梦。

体像扭曲是神经性厌食症病理特征之一，厌食症患者对自己的体型知觉有偏误，因而否认有问题而拒绝治疗。研究发现，多数西方社会的女性都会高估自己的身材尺寸，尤其是那些神经性厌食症患者。

对神经性厌食症患者进行评估的方法之一是问卷法。另一种方法是让女性患者看一系列不同体重的女性图片，请她们从中选出与自己最接近及理想体型的图片（见图 10－1）。个体高估自己的尺寸，所选取的理想体形会过瘦。尽管对自己身材的观念扭曲，但可能因为常常称量体重，所以神经性厌食症患者可以准确地说出自己的体重。

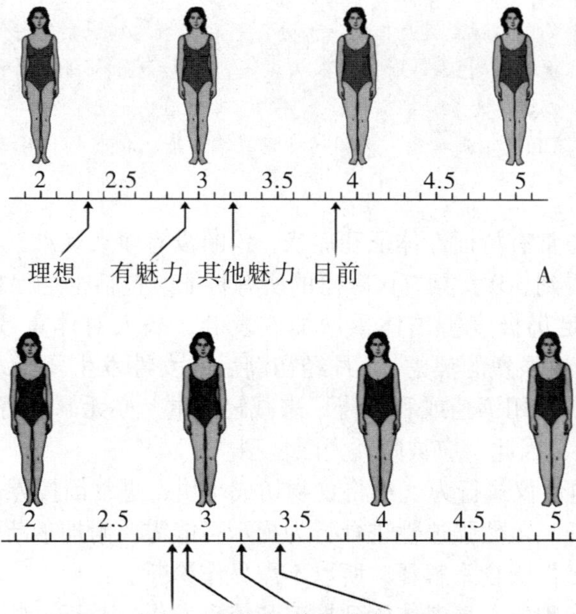

图 10－1　体像评估

用这种方法了解受访者目前的身材、理想身材和认为最吸引异性的身材。最有魅力身材是由异性成员给的评分。分数较高的女性显示对饮食的态度扭曲。A. 得分较高者，显示对包含态度的扭曲；B. 分数较低者。得分较高者高估了自己目前的尺寸，期望的身材过于纤细。

（资料来源：From Zellner，Harmer & Adler，1989）

很多研究者注意到，神经性厌食症常常与其他心理障碍相伴发生，如抑郁症、焦虑症等。很多人表现出强迫症模式，他们制定出严格的规则来准备食物，甚至将食物切割为特殊造型。Bastiani 等人（1996）的研究发现，神经性厌食症患者和其他强迫症患者在强迫思想和强迫行为上的得分一样高。患者往往有完美主义倾向，做事比较刻板，他们会倾向于持有某些信念，如“我在各方面都必须是完美的”、“假如我不是目前这个样子，我会变得更美好”、“我不吃就可以避免罪恶感”等。

个案研究　六十七磅的虚弱者——限食型神经性厌食症

P，女，20 岁，为治疗进食障碍而入院。她的体重仅 67 磅，难以支持 1.60 米的身躯。四年前她开始节食减肥，初时想减轻六磅，但她受到对她的新体态赞美的鼓励，又进一步减轻了八磅。以后两年中她继续减肥，增加体力活动直到体重下降到 64 磅，这时月经也停止了。她曾住内科治疗溃疡病，出院三个月后，又住入综合医院精神科。在住院的八周中体重从 84 磅增加到 100 磅。进大学后学习任务和社交活动增多，她再次节食到体重仅有 67 磅。她的进食习惯是带仪式性的，她先把食物切成小块，并在盘上拨弄一番，然后慢慢地进食。她不食高脂和高碳水化合物的食物。她为身体变化而烦恼，并且随着体型发育而越来越焦虑。她不得不停学并再一次住院。

医生劝她顺从治疗，但她害怕体重增加和发胖而导致病情的发展。医生打算使她的体重每周至少增加两磅，如果达不到要求，就要限制她在床上休息。在心理治疗时逐步指导她讨论自己的感受及对镜观察自己。开始时至少花十秒钟观察身体的一部分，然后逐渐增加观察的时间，直到能观察全身而没有一点儿焦虑。她的体重增加到 93 磅时，月经恢复。经过七个月个别治疗和家庭治疗，出院时体重为 100 磅，月经恢复。她重返大学，半工半读，并和父母住在一起。

（资料来源：罗伯特·斯彼德. 美国精神障碍案例集. 北京：中国社会科学出版社，2000）

神经性厌食病例通常有特征性体征和症状，诊断没有多大疑难，在个案研究——限食型神经性厌食症中可看到，P 女具有该障碍的所有特征，包括拒绝保持与年龄及身高相应的体重，即使体重不足仍极度害怕体重增加或发胖，病人对体重或体型的体验有问题（观看自己的身体时产生强烈的焦虑），月经初潮后的女性发生闭经。因为她从不用清除行为（如自我引吐或者使用泻药或利尿药）来减轻体重，亦无暴食行为（进食大量食物，并对进食失去控制感），因此，应被归类为限食型。

P 女对食物的强迫性仪式行为（如将食物切成小块，进食前拨弄一番）是神经性厌食症患者常见的行为特征。虽然强迫性进食行为提示可能需要附加诊断强迫障碍，但因为她的强迫行为可以用神经性厌食来解释，所以不需另作诊断。

在神经性厌食症病程中，患者体验到抑郁和惊恐发作。对于这些症状无足够的资料以做出肯定的心境或焦虑障碍的诊断。然而，出现这些症状是神经性厌食常有的情况。

个案研究　近乎皮包骨——暴食/清除型神经性厌食症

一位 23 岁的美国年轻妇女在少年期逐渐开始出现进食问题。14 岁时体重 128 磅（58. 1 公斤），身高已达到成年时的 5 英尺 6 英寸（1.8 米）。她感到“胖得厉害”并开始节食，但没有多大效果。17 岁时体重 165 磅（74.9 公斤），因怕被人取笑而更认真节食，第二年体重减到 130 磅（59 公斤）。她回忆当时感到非常抑郁、不安和无用。她开始回避困难的功课，以便取得最优秀的成绩，因为怕丢脸而对学习和成绩不讲真话，和男孩子交往时有强烈的焦虑，所以中学最后一年转学到女子中学。

她上大学时困难增多，不知如何安排学习、约会或探访朋友的时间。她在给医生的信中说，她更加拼命地减肥，开始用泻药。20 岁在大学二年级时，她的体重下降到最低的 88 磅（标准体重的 70%）并出现闭经。

她在信中还谈到，她认识到存在的问题，终于强制自己增加体重，但是她一年前开始的过度进食和呕吐变得更严重。“在大学时我呕吐越多，持续的时间便越长并越难吐出。我需要用各种工具来引起呕吐。我先服 6～10 剂吐根，用电线伸到咽部引起呕吐。长时间跪着呕吐会使膝盖麻木。进食加呕吐过程一般花 2～3 小时，有时长达 8 小时。我害怕呕吐和疼痛，有时我咽痛得厉害，便推迟使用吐根和电线。有时我坐在地板上咬指甲，用镊子将指甲周围皮肤拉起，通常我戴了橡皮手套，想在某种程度上防止这种行为。”由于她全神贯注于体重和进食，学业受到影响，21 岁中途退学。

（资料来源：罗伯特·斯彼德. 美国精神障碍案例集. 北京：中国社会科学出版社，2000）

从个案研究——暴食/清除型神经性厌食症中可看到，病人强烈地和不合情理地害怕变胖，甚至在消瘦时仍如此。她有体像障碍，体重符合一般标准时，她却认为自己太胖，其他人看来她瘦得难看时，她却认为“从来没有比这时更可爱”。她坚持节食、运动、自我引吐和服用泻药及利尿药，使体重减少约 30%。她最近三年闭经。值得注意的是，尽管她长期有饥饿感，但仍进行节食，因此将此障碍称为厌食症（食欲缺乏）是命名错误。事实上，她亦有反复发作的暴食——快速和无控制地进食高热量食物。暴食后接着呕吐和懊悔。如果仅有反复的暴食和清除行为，则应诊断为清除型神经性贪食。如果暴食和清除行为发生于神经性厌食的病程中，则只诊断为神经性厌食，但需标明是暴食或清除型。

一位消瘦的神经性厌食症患者坚持认为自己是肥胖的，这提示可能存在躯体妄想，躯体妄想可见于精神分裂症或重性抑郁障碍。但是，对这类患者一般不考虑其有妄想，因为她陈述的是自己如何体验而不是关于实际体重的争论。

三、神经性贪食症

（一）定义与临床诊断标准

神经性贪食症（bulimia nervosa，BN）也是一种心因性的生理失常现象。以反复发作性暴食和强烈的控制体重的愿望为特征，患者在摄入过多食物之后，由于自责和对体重的担忧，又采取不恰当的补偿行为（如诱吐、导泻、增加运动量）来减轻体重。例如，患者可以在很短的时间内，往往是一个小时内，饱餐平时拒绝的肥腻食品：几个冰激凌、几筒饼干、数盒巧克力和几块蛋糕。之后，她又扣喉诱导呕吐，并感到内疚和沮丧。

表 10－2　DSM-Ⅳ-TR 对神经性贪食症的诊断标准

1. 反复出现无法控制的暴饮暴食或进食时伴有失控感。
2. 反复采取不恰当的补偿性行为，以避免因暴食所导致的体重增加，如催吐。
3. 一周至少有两次暴饮暴食以及相伴随的补偿性行为，已持续存在三个月以上。
4. 自我评价受体型及体重的影响。

英文中 bulimia 这个词来自于希腊语的 bous（意思是公牛）和 limos（意思是饥饿），两者相结合，意指一个“可以吃掉一头牛”的饿汉。作为一种精神综合征，神经性贪食症被人们所认识是近四十年的事。1979 年英国的精神病学家罗素（G. F. M. Russell）提出了这个概念，并于 1987 年才被纳入 DSM。罗素在回顾历史的基础上得出结论，认为神经性贪食症是一种直到 20 世纪后半叶才被真正认识的新的障碍。然而，早在公元 2 世纪，古希腊名医盖伦就曾经指出，存在一种以过量饮食、呕吐、昏晕为特征的综合征，他把它称为 bulimos。这样看来，这个所谓的“新”的饮食障碍实际上是早已存在的。

（二）流行病学特点

与神经性厌食症一样，神经性贪食症通常也发生于女性中（占发病个案的 90% ~ 95%）。神经性贪食症的起病年龄一般比神经性厌食症要晚，多数在 15 ~ 21 岁。西方国家所有女性在其一生中发展此病的比率在 1%（Hoek，2002）左右。

正如前文所述，在许多青少年中不同程度地存在着一些不正常的进食模式。一些人通过朋友或媒体知道了有关的补偿行为之后，出现暴食或尝试诱吐、使用泻药等。在 Mitchell等（1982）的一项研究中，50% 的被访大学生报告有定期暴食，6% 的人尝试诱吐，8% 的人尝试泻药至少一次。然而，其中只有某些人具备神经性贪食症的诊断条件。

（三）临床表现

同样，强烈担心体重增加也是神经性贪食症的主要特征之一。典型的神经性贪食症患者在其患病早期会由于强烈的变瘦愿望而限制自己的食欲，节食或者吃一些低热量的替代性食物。然而，节食逐渐转变为开始进食“禁食的食物”——高热量且易消化的食品，患者平均每次贪食发作时的摄入热量可高达 4 800 卡路里。暴饮暴食之后，为了挽救个人崩溃的自我控制能力，患者会采用多种补偿性行为以期控制体重。最常见的方法是诱导呕吐，由患者用手或其他器械刺激咽喉部而完成，也有服用催吐剂致吐。有 1/3 左右的患者使用导泻剂减轻体重，极少数患者甚至使用灌肠法。有的患者不采用直接清除食物的方法，而以增加体重消耗的方式达到减重的目的，如长时间、大运动量的活动，活动量远远超过正常水平，且影响生活正常进行。如此交替的暴饮暴食和补偿性行为足以使体重在短期内上下变动，并成为一种极其难受却无法挣脱的恶性循环。这种混乱的进食模式主宰了患者的生活。

个案研究　访问食物地狱——非清除型神经性贪食症

T，女，42 岁，从迈阿密飞往芝加哥参加朋友女儿的婚礼时已有两年没有暴食行为。在一整天的婚礼宴席餐会中，她一直和食物打交道。在女朋友的厨房里，她一站几个小时，将食物切、剁、整理、安排并挑拣着吃。

晚上宾客到来时，她开始吃一盘“节制”餐：肉酱凉拌、青菜凉拌、冷肉片和面包卷。虽然一份食物已够丰富，但她想要更多些。她不停地吃了五个小时，初时在客人中间吃，后来觉得有些害羞，便躲到房间黑暗角落疯狂地偷着吃。

她往嘴里塞饼干、干酪、面包、鸡、火鸡、肉酱面和凉拌，但这只不过是她真正想得到的东西（甜食）的“前奏”。她盼望客人快些离开放甜点心的餐厅。客人离开以后，她为自己切了四块蛋糕，再从托盘里将食物塞入口中。她不断地吃着“曲奇”饼和蛋糕。由于害怕被别人发现，她心跳加快，最后依依不舍地溜到阳台。在阳台上，她认为自己处于“食物恍惚状态”中，她在盘子堆起不知抹了什么酱的面包。虽然食物的味道好似泥土，但她继续吃着……她从盘子的残羹中寻找未弄脏的佳肴。最后，她为自己的狂热而哭起来……

这次事件是她持续六个月的暴食复发的开始，在复发中她大量进食甜食和精制的碳水化合物，用恢复吸烟来控制暴食。她在每次暴食后通过不停的运动来“去掉卡路里”，如一次步行4~5小时，提着自行车上下六层楼梯，天黑后在危险的城市公园里骑几英里的自行车。

（资料来源：罗伯特·斯彼德. 美国精神障碍案例集. 北京：中国社会科学出版社，2000）

对很多神经性贪食症患者而言，暴食是一种昂贵的进食障碍。高额的食物账单会使他们陷入财务的困境，有些患者甚至会去偷他人的食物。DSM-IV-TR 区分了两种神经性贪食症：清除型与非清除型，主要依据是患者的补偿性行为的性质。如果患者是有规律的补偿行为，包括诱吐，或滥用泻药、利尿剂、灌肠，就被诊断为清除型神经性贪食症；反之，如果个人的补偿行为是靠禁食和激烈运动，则被诊断为非清除型神经性贪食症。其中，清除型比非清除型要普遍得多，大约占总病例的80%。

暴食行为可伴有情绪烦躁、人际关系不良。暴食可暂缓烦躁情绪，随后不久，患者便对自己不满而情绪低落。发病初期，患者对自我进食行为控制能力逐渐减弱，疾病后期自我控制能力完全破坏。

病情严重者可出现水电解代谢紊乱，表现为低血钾、低血钠等。反复呕吐可能会带来大面积的龋齿，以及可出现食道、胃部的撕裂伤，还会致使胃酸减少而出现代谢性碱中毒，导泻则可导致代谢性酸中毒。疾病后期，因食管、胃肠道、心脏等并发症而有致命危险。

神经性贪食症患者同样很关注自己的体型、外表以及他人对自己的印象，注意自己对异性有无吸引力。不同于神经性厌食症患者对性缺乏兴趣，大多数神经性贪食症患者在性方面比较主动、积极。从以上案例可见，人们进食的量超过所应该进食的量称为贪食。T 描述她在婚礼宴席中的进食情况无疑说明她的贪食发作是一种严重的症状，那时她不能控制她的食量。诊断反复暴食者的第一个问题是，当事人是否经常用一些激烈的不适当的方法去代偿过度进食。如果回答是否定的，则诊断可能是 DSM-IV-TR 附录 B“需要进一步研究的诊断”中的非正式诊断：暴食障碍；如果回答是肯定的，并且自我评估通常受体型和体重过度影响，则诊断为神经性贪食。大多数神经性贪食症患者用一些清除方法来代偿暴食，如自我引吐（最多见），或者使用利尿药、泻药。T 的表现是相对少见的神经性贪食，非清除型的例子，此型患者采用的代偿方法是过度运动或禁食。

神经性贪食症患者的体重通常维持在正常的范围内，但也有低于正常或略高于正常水平的。然而，有些神经性贪食症患者可发展为严重的体重不足，最后反而符合神经性厌食症的诊断条件（见图 10 - 2）。

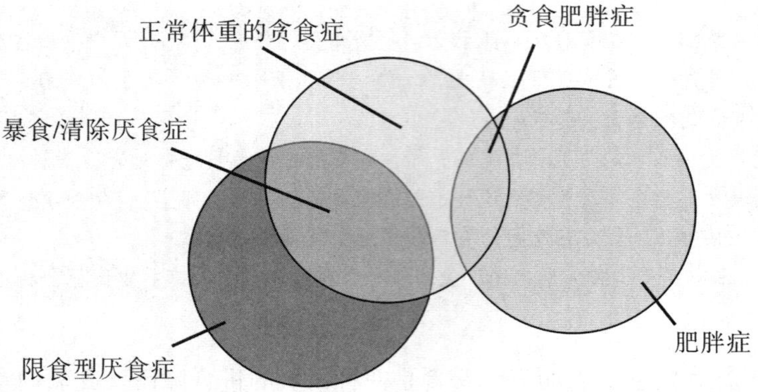

图 10－2 神经性厌食症、神经性贪食症及肥胖症的重叠图

有些神经性贪食症患者暴食并诱吐以减轻体重，有些肥胖的人暴食。然而，多数的神经性贪食症患者没有肥胖，而且多数的超重者也没有暴食。

四、暴食症

临床工作者也观察到，有些患者可能会超重，却显示出一种没有催吐或其他补偿行为的贪食形态，这种形态常被称为暴食症（binge-eating disorder）。

在 DSM-IV-TR 中，将暴食症列为诊断项目，目的是希望有更多的研究来加以证实。暴食症的症状包括反复暴食行为（每周两次，至少持续六个月）。暴食发作时缺乏控制力，对暴食行为感到苦恼，其他的症状包括吃东西速度很快等。与神经性厌食症不同的是，患者不会出现补偿性行为（催吐、禁食或过度运动）。更为常见的情形是，暴食症患者都属于肥胖（obese）一族。个人的 BMI 值超过 30，即可被认定为肥胖。不过，需要注意的是，并非所有肥胖者都会有暴食的困扰。事实上，只有处于暴食患病期和表示无法控制自己吃东西的个体，才符合诊断标准。

暴食症也会影响个体的工作、社交功能，有时会导致抑郁症、低自尊、物质滥用、对身材不满意等问题。患暴食症的风险因素包括儿童时期的肥胖、对体重过度严苛的批评、低自我评价、抑郁症、童年期曾遭受到身体虐待或性侵害等（Fairburn et al.，1998）。

暴食症的流行率较神经性厌食症和神经性贪食症高，特别是那些寻求体重控制的个体。Ferguson 和 Spitzer（1995）在其社区样本中发现了 6% 的节食成功的个案（能够维持减重后的体重长达一年的时间）和 19% 的节食失败的个案。Striegel-Moore 等人在 2003 年的流行病学研究发现，暴食症女性患者较男性患者多，不过患病的性别差异不如神经性贪食症与神经性厌食症大。

当然，有些研究人员并不认为暴食症是一个准确的诊断名词，他们认为暴食症现象只是轻度神经性厌食症，并且认为暴食症和神经性贪食症非消除型的女性患者间的差异并不大（Hay & Fairburn，1998；Striegel-Moore et al.，2001）。由于神经性贪食症患者数量较少，要将两者清楚地区别开来并不容易，要进行大规模样本的比较也非常困难。

表 10-3 神经性厌食症、神经性贪食症与暴食症的诊断标准区别

标准	神经性厌食症		神经性贪食症		暴食症
	限食型	暴食型清除型	清除型	非清除型	
维持极低的体重	是	是	否	否	否
害怕增加体重、变胖	是	是	是	是	否
体象扭曲	?	?	否	否	否
停经	是	是	否	否	否
经常性暴食	否	?	是	是	是
经常性采用清除行为	否	?	是	否	否
经常性使用非清除方法来避免体重增加	是	否	是	是	否
感觉对过量饮食缺乏控制	否	否	是	是	是
自我评价不恰当地受体型/体重影响	?	?	是	是	否

（资料来源：James N. Butcher et al., *Abnormal Psychology*, 12th ed., 2004）

五、贪食症与厌食症：相似与区别

通过上文的描述，我们可以看出贪食症与厌食症在许多方面存在相似之处。首先，对这两种进食障碍的诊断中都含有“对体重增加的强烈恐惧”这一临床特征，这也是最重要的特征。无论是贪食症还是厌食症，典型的表现均发端于害怕变胖，并开始于节食一段时期之后。其次，患者都追求瘦身，过分关注食物、体重和外表，并努力与忧郁、焦虑感及追求完美的需求相对抗。再次，他们都可能存在一定程度的物质滥用，也许开始于过度服用减肥药物。另外，无论实际的体重或外表如何，他们都认为自己太重了，看起来过于笨重（Mizes，1995；Ledoux et al.，1993）。

不过，两者之间的区别也是明显的（见表 10-4）。首先，从外表上看，厌食症患者会偏瘦，而且是非常之瘦，贪食症患者则是瘦、中、胖皆有，所以厌食症容易被辨识出来，他们的体重通常低于标准体重的 85%。其次，虽然这两种类型的患者都很在意他人的评价，但贪食症患者更倾向于关心自己是否能令他人愉快，是否对他人有吸引力及是否有亲密的关系（Strigel-Moore，Silberstein & Rodin，1993；Muuss，1986）。在性活动上，贪食症比厌食症数量更多和更活跃。贪食症患者较少出现厌食症患者那样的严格控制摄入卡路里的强迫性特征（Halmi，1995；Andersen，1985）。在情绪与情感方面，贪食症患者较可能出现情绪波动、不稳定、容易产生挫折感和厌烦，以及对如何有效控制冲动感到苦恼（APA，2000；Sanftner & Crowther，1998）。贪食症患者容易受自身强烈情绪所控制，而且常改变朋友及亲密关系。

表 10－4 厌食症与贪食症的区别

限食型厌食症	贪食症
拒绝维持健康功能应有的最低体重	体重不足、体重正常、接近正常体重或过重
较少有反社会行为	有较多反社会行为及酒精滥用倾向
停经至少三个月且很普遍	经期不规则较常见；停经不普遍，除非体重太轻
不信任他人，特别是专业人员	更信任她想要求助的人
倾向于有强迫观念	倾向于引人注意
较能自制，但是情感过分控制，体验及表达感觉有问题	较冲动及情绪不稳定
性方面较不成熟或无经验	有更多的性经验，性方面很活跃
女性可能拒绝传统女性角色	女性更欣然接受传统的女性角色
开始年龄 14～18 岁	开始年龄 15～21 岁
患病前的最高体重，一般接近同龄者的正常体重	患病前的最高体重，一般稍高于同龄者的正常体重
较少有家族肥胖倾向	较多有家族肥胖倾向
患病前较倾向于顺从父母	患病前较倾向于与父母发生冲突
倾向于否认家庭冲突	倾向于强烈的知觉家庭冲突

（资料来源：APA，2000；转引自 James N. Butcher et al.，*Abnormal Psychology*，12th ed.，2004）

此外，厌食症与贪食症也具有不同的内科并发症。例如，厌食症女性几乎全部停经，而贪食症女性只有半数停经或月经不规则。又如，贪食症患者经常使用催吐的方法，而使其牙齿与牙床经常受到盐酸的侵蚀，从而导致某些贪食症女性有严重的牙齿问题，甚至失去牙齿。同样，长期的催吐或利用泻药腹泻容易引起钾缺乏，从而导致体虚、肠疾病、肾脏疾病或心脏损伤等。

第二节 进食障碍的病因学分析

一、生物学因素

（一）遗传因素

一些研究者怀疑，与其他的精神障碍一样，进食障碍的发病倾向与遗传有关。例如，Strober 等（2000）研究发现，患神经性厌食症的年轻女性的一级亲属发展此症的可能性是其他人口的十倍有余。Kasset，Strober 等（1987，2000）在神经性贪食症的发病调查中也发现了类似的结果，患神经性贪食症的女性的一级亲属中发展此症的可能性是其他人口的四倍有余。尽管进食障碍少见于男性，但 Strober 等（2001）的研究发现，神经性厌食症男性病患的一级亲属相对于其他人口有更高的患病风险。Lilenfeld，Strober（1998，2000）的研究发现，进食障碍患者父母的亲属比一般人更容易出现进食障碍的症状，即具备某些符合诊断标准的症状。

通过对双生子进食障碍的研究也揭示了基因的影响。多数有关神经性厌食症与神经性贪食症的研究报告了同卵双生子相对于异卵双生子的高发病率，以及与环境因素相比较，基因对进食障碍的双生子们的影响更大。例如，对30对女性同卵双生子的研究表明，同卵双生子一方患神经性厌食症，则同病率多达55%。尽管大量的研究成果不能排除环境的影响，但它们都显示遗传因素在进食障碍形成过程中的确发挥着不可忽视的重要作用，也鼓舞着研究者们更进一步地探究特殊的生物学原因。

（二）血清素与多巴胺

血清素是一种与强迫症、心境失调和冲动性有关的神经递质，它也调节食欲与进食行为。因为很多进食障碍患者对以血清素为目标的抗抑郁剂治疗反应较好，因此，一些研究者认为进食障碍患者的血清素系统出现了阻断现象。

研究者在此神经传递系统中找到了这种障碍的证据。Kaye等（1998，2002）发现体重不足的神经性厌食症患者的5-HIAA（血清素的主要代谢物）含量低，处在发病期的神经性贪食症患者也有同样的表现。然而痊愈后，相对于控制组的妇女，这两组患者都出现了较高的5-HIAA水平，这也说明问题是出在血清素系统。

表10－5 用于筛选控制饮食被试者的限制型量表

序号	项目	等级
1	节食的频率？	从未、很少、偶尔、有时、经常、总是
2	一个月之内，曾减少了多少公斤？	0～1.5、2～4、4.5～6、9以上（公斤）
3	在一个星期内体重最多增加多少公斤？	0～0.5、0.5～1、1.5～2、2.5以上（公斤）
4	平时一周内体重变化的程度有多大？	0～0.5、0.5～1、1.5～2、2.5以上（公斤）
5	体重变化超过2.5公斤会不会影响你的生活？	一点儿也不会、一点点、有些、很多
6	是否在众人面前有意识地吃，私底下却把吃下去的东西催吐出来？	从未、偶尔、常常、总是
7	是否花太多的时间想食物？	从未、偶尔、常常、总是
8	吃太多的东西后是否会有罪恶感？	从未、偶尔、常常、总是
9	对自己吃下去的食物有多少意识？	完全没有、一点点、有些、极度
10	最胖的时候和期望的体重相差多少？	0～0.5、0.5～2.25、2.5～4.5、5～9、9.5以上（公斤）

（资料来源：Polivy，Herman & Howard，1980）

近期的研究进一步探讨了神经传导物质多巴胺在饮食行为中所扮演的角色。Szczypka等人（2001）所做的动物实验显示，多巴胺与动物寻找食物的快感或食物所引起的愉悦感有关。在Volkow等人（2002）的一份以健康个案为施测对象的研究中，个体在一个充满食物味道的环境下接受PET扫描。这些被试也需要填写一份食物限制评价表（见表10－5）。在食物限制评价表中得分较高者显示，当食物出现时，脑部背侧纹状体（dorsal striatum area）区域的多巴胺活动较强。这项研究结果指出，限制饮食的个体对食物的暗示较敏感，这是因为多巴胺的功能之一是显示对某种特定刺激的满足。至于这些研究结果是否与进食障碍有关，尚待进一步验证。

（三）脑功能与定点理论

神经内分泌功能的研究表明，下丘脑功能紊乱是神经性厌食症的重要特征，而下丘脑不仅是神经内分泌的中枢，也是饥饿和饱食中枢所在地。

研究者在下丘脑找到了两个与控制进食有关的区域。一是外侧下丘脑（lateral hypothalamus，LH），当它受到刺激时，有机体便会产生饥饿感。当用电刺激实验室的动物的LH时，即使它刚吃过食物，它仍会继续进食；如果LH被损坏，即使动物是饥饿的，它也拒绝进食。相反，另一个是下丘脑腹内侧核（ventromedial hypothalamus，VMH），当此部位被刺激时，会减少饥饿感。电刺激动物的VMH时，它就会停止进食；当VMH被损害时，动物的胃和肠会增进食物的处理率，引起动物吃得更频繁，最后变为肥胖。

这些不同的下丘脑中枢，显然是依赖个人是否正在吃或绝食，而由脑部和身体的化学作用所激发。这种脑部的化学作用之一，是类似缩氨酸高血糖因子（glucagon-like peptide-1，GLP-1），一种运作在动物与人类当中的自然食欲抑制剂。当一个研究小组人员采集和注射GLP-1到老鼠的脑部时，这种化学物质进入下丘脑的接受器，会引起老鼠减少95%的食物摄取，即使它们已经24小时没有进食。相反，吃饱的老鼠被注射此药物，阻断GLP-1到下丘脑的接受器，它们的食物摄取量会倍增。

上述研究也被称为体重定点理论（set-point theory）。一般说来，人们的体重是拒绝变化的。人们的体重会有规律地维持在“定点”左右，一旦出现大幅度的偏离则会引起许多的生理补偿性反应，以促使有机体恢复到这个定点。先天遗传与早期的饮食习惯，似乎决定每个人的体重定点。当一个人的体重下降到低于他的特殊定点时，LH会被激发，而且借饥饿感的产生和降低身体新陈代谢率来寻求恢复失去的体重；当一个人的体重上升到高于他的定点时，VMH会被激发，并凭借饥饿感的减少和增加身体的新陈代谢率来消除过量的体重。

根据体重定点理论，当人们节食及体重下降到低于定点时，他们的大脑开始努力去恢复失去的体重。下丘脑的活动产生专注于食物和暴食的欲望。它也引起身体的变化，以防止体重进一步减少，并促使体重增加，然而吃得不多。一旦脑部与身体共同开始以此方式去增加体重，节食者实际上进入不利于自己的战争。有些人显然是关闭了自己内在的自动调节器，并完全控制自己的饮食，这些人逐渐发展为限食型神经性厌食症。另一些人则向恶性循环的暴食/清除型发展。也许前者的强迫人格特点，使他们不管脑部增重的催促，仍坚持严格的节食法；而后者的冲动特点，使他们特别难以抗拒增加饮食的强烈要求。

二、社会文化影响

（一）社会文化压力

纵观人类历史，有关理想体型的社会标准，特别是女性理想体型的标准已经发生了极大的变化。随着时代的不同、文化背景的不同，其理想体型也不同。我们来看看西方社会中不同时代其流行体型的变化，以及不同文化所偏好的体型。

服装名模的体型代表了青年男女理想的身体形象。

在西方，中世纪画家所绘制的那些著名的裸体美女，若按照今天的标准，她们实在是过于丰腴了。在中国历史上也有过类似的情况，而且这种标准一直到19世纪还很流行。

有关苗条的潮流开启于20世纪20年代。在20世纪富饶的工商社会，苗条被视为一种美丽的象征，很可能是流行产业行销成功的产物。在20世纪20年代以前，服饰广告还是通过图画来表现，但进入工商社会以后，开始流行以照片的形式在杂志媒体中进行广告宣传。这些时尚杂志呈现着女性应有的模样。因为每个模特儿要符合某种特别的体型，所以流行时尚本身就会筛选出适合的女性模样。

近年来，大部分西方文化中的理想体型一直稳定地趋向于越来越瘦。例如，*PLAYBOY* 中页插图的女郎们在1958—1978年间，变得越来越瘦，Owen 和 Laurl-Selly 计算了1985—1997年 *PLAYBOY* 中页女郎的 BMI，除一位模特儿外，其余的 BMI 值全小于20（即轻体重），几乎一半的模特儿的 BMI 值小于18（即极轻体重）。当然，*PLAYBOY* 中页女郎并不是西方女性比较的必要标准，不过这显示出“纤瘦”是非常时尚的，至少对女性来说是这样。

对于男性而言，情形稍有不同，在一个与测量 *PLAYBOY* 中页女郎体型平行的研究中，Leit，Pope，Gray（2001）分析了1973—1997年 *PLAYGIRL* 的中页男模特儿的 BMI 值。结果发现，这些模特儿的 BMI 和肌肉量甚至增加了。Nemeroff 等（1994）对若干男性杂志进行了内容分析，发现杂志中有关减轻体重的文章出现的频数，一方面与女性杂志相比较少，另一方面就男性杂志本身而言还是上升了。然而，根据这些数据来推测我们将见证到的男性出现进食障碍的激增，恐怕有失准确。这些文章基本的着重点在培养正常体重者的理想男子气或是增加肌肉群上。颇为奇怪的是，在20世纪的后期，伴随着文化标准的日趋纤瘦化，越来越多的人体重超标。1990年以来，肥胖症的发生率成倍增加。目前，20% ~30% 的美国人超重，这也许是由于食物极其丰富和久坐不动的生活方式所致，为文化理想与现实之间的冲突创造了条件。

随着社会民众更追求健康，肥胖意识、节食减重也变得更普遍：Serdula 等（1999）发现，在美国，节食者的比例从1950年的7%的男性和14%的女性增加到1999年的29%的男性和44%的女性。节食/减肥工业（包括书籍、药物、音像制品、食品等）每年在美国创造了超过3亿美元的价值——大约是美国政府花在教育、培训、就业和社会服务上的金额之和。抽脂手术也成了整形手术中非常普遍的程序，有时也是危险手术。上述的百分比表明女性比男性更可能成为节食者，节食减肥在白人、中上社会经济地位的女性中特别普遍，同样是在这个群体中神经性厌食症的发病率也最高。典型的进食障碍是以节食和其他关心体重为开始的。在路红等（2004）进行的一项有关中国大学生的体像调查中发现了类似的现象，尽管女大学生们的平均 BMI 指数为 19.47，属于偏瘦体型，可她们对自己的体重满意程度仍然很低，表示比较满意或非常满意的比例是 19.4%，表示对自己的体重比较不满意或很不满意的比例则达 38%；男性的体重满意度明显高于女性。有 45.1% 的女大学生表示在过去一年中有过至少一次减肥行为，而男大学生中这个比例只有 5.9%。

所以，无论是实际上已经超重，还是害怕肥胖的女性都可能对她们的身体不满意，并且会实施减肥行为。一些研究也发现，高 BMI 和高身体不满意度都是发展成进食障碍的风险因子。

纤瘦的社会文化理想使人们学会害怕自己成为胖子甚至感到肥胖。肥胖除了是一种人们抗拒的生理形象外，它还包含了更深层的消极隐含之意，例如，不成功和缺乏自我控制，胖者被视为不智，并且被刻板化为寂寞、羞怯、贪婪于他人的情感。

近百年来，西方文化中的身材标准似乎已经发生了变化。然而，另一个社会文化因素却始终保持了对变化的显著适应性，那就是对妇女身体的物化（客体化）。根据物化理论，人们常常是由性别的透镜去审视女性的身体，实际上，女性正是被她们的身体所定义。在西方文化中，到处都存在着物化的信息（电视、广告等），这导致了一些妇女的“自我物化”，即她们是透过他人的眼睛来看待自己的身体。如 Susie Orban（1993）认为，女性从小就被教导她们的身体也是一种“商品”，而这种身体的商品化也让女性有了更多的困扰。

研究已表明，自我物化引起妇女感到对自己身体更多的羞耻感。当个体的理想低于文化的理想或标准时，这种羞耻的情绪便诱发出来了。由此，当妇女看到他们理想的自我与文化（被物化）对妇女的观点不相匹配时，更容易体验到身体的羞耻感。研究表明，自我物化与身体羞耻感两者都与进食障碍有联系。

同样的现象也存在于今天的中国社会中，比如，我们经常看到一些高价的化妆品、装饰品都被人性化了，仿佛不同的化妆品有不同的个性，在这样的流行风潮下，我们的身体也渐渐被自己物化了。当我们以一种看待物品的眼光来看待自己的身体时，自然就会产生一些担心，害怕这个“物体”有瑕疵。

精神分析学派通过对女性个案的临床资料的分析，探索了进食障碍的病因。Susie Orbach（1993）将此称为“我们这个年代的象征”。她把神经性厌食症比拟成“饥饿的抗争”，妇女生活在社会的压迫下——被贴上女强人的标签，并用这种方式来响应这样的冲突。她认为，厌食是企图赋予力量的方法，当你忙于事业的时候，你也就没时间吃饭了。她也从社会文化的角度来考察厌食问题，以了解女性为什么用这种方式保护自己。她认为，社会压力使女性的身体物化，使灵与肉分离。一些女孩利用厌食来表示抗议，用此来抗议社会的压迫。她认为厌食这个现象不只是因为追求苗条，重要的是社会对于女性身材的要求，是对女性本身的否定，并且控制着女性本身的需求。社会推动着苗条身材，也让人们开始控制饮食。她主张，神经性厌食症患者与运动减肥是有区别的，减肥者的主要目的是认为苗条是自己的权利；而神经性厌食症患者的主要目的是自我控制与对抗否定。

（二）性别影响

我们已经了解到进食障碍患者中女性比男性更普遍。进食障碍在女性中流行的一个主要原因在于现代西方文化标准强化了女性要比男性更瘦的渴望。此外，社会文化价值与性别角色期待强调了女性身体的物化，而对男性而言，更多的则是强调他们的成就。路红等（2004）调查也发现，不同性别的大学生在减肥的关注程度、体重满意度、躯体自信度方面存在着显著差异，女性比男性更关注减肥，男性比女性有着更高的躯体自信度和体重满意度。此外，不同女性群体中被预期患进食障碍的可能性与她们的重量有关，有些群体患病的可能性会特别高，例如，模特儿、舞蹈演员、健身运动员等。在北美洲，女性运动员中进食障碍的发生率（从过分节食到厌食症或贪食症）估计高达62%，大大地高于一般女孩和年轻女性。进食障碍与闭经、过早地骨流失或骨质疏松相伴的不规则的饮食联合在一起，有时被称做女性运动三联症（female athlete triad）。这种情况的普遍性似乎与女孩参加的运动有关，尤其是参加体操、花样滑冰、跳水和长跑运动，因为在这些运动中，苗条的体型被认为是理想的。Garner 等（1980）调查发现，女芭蕾舞演员和服装模特儿中神经性厌食症的患病率为6.5%和7%。另外，寄宿学校和大学已被认为是滋生神经性贪食症的地方。还有一些亚文化看来也放大了社会文化压力，高文化阶层的女性对体重的偏见更深，进食障碍的发生率也更高。同样，对体重要求高的特殊亚文化男性（如运动员、演艺界人士等）患进食障碍者也较多。

（三）跨文化研究

进食障碍在工业社会，如美国、加拿大、日本、澳大利亚和欧洲的发生率比非工业化社会更普遍。Willi 和 Gossmas（1983）在瑞士进行的一项研究发现，厌食症的发病率从20世纪50～70年代增长了四倍。在其他国家也发现了类似的增长情况。此外，随着社会文化变迁，更多的西方文化实际被广泛认同，进食障碍的发病率也在增长。如 Anne Becker 对住在斐济的青春期女孩的研究发现，1995年电视刚进入这个岛时，访谈中只有3%的女孩报告她们通过呕吐来控制体重。而在1998年，15%的女孩报告有这种行为。女孩看电视越多，她们节食或报告感觉“太胖”的可能就越大。Nasser（1986）研究发现当来自低进食障碍流行率文化的移民进入高流行率文化时，其发病率也增加了。

美的标准随文化不同而异，高更的作品“大溪地的女人”就以胖为美。

假设这些差异是由西方文化中极其强调纤瘦和身体意象而引起的，实际上，在另外的一些文化中，肥胖的妇女往往被赋予了特殊的价值，并被视为好生养和健康的象征。我们可以通过进食障碍流行率在不同文化之间的巨大差异看到，文化在确立现实与潜在的身体失调之间关系上的重要性。在一个对跨文化的体像知觉差异的研究中，将阿根廷和英国大学生对裸体画像的吸引力排序，从极瘦到极肥，相对于英国人，阿根廷学生认为肥胖女人的吸引力更大。Harris（1991）发现非洲裔美国人（男性和女性）较美国白人女性，对于过重的女性有较正面的态度。黑人男性较白人男性更愿意与胖女人约会，并且认为胖也是一种性感的象征。Harris 还发现肥胖的非洲裔美国女性比肥胖的白人美国女性，有更为积极的身体意象，而且更加不想减肥。Neff（1997）特别针对黑人与白人青少年女性（14～18 岁），探讨她们对于体型的知觉与体重的管理行为。他在 1 824 名黑人与 2 256 名白人的随机样本中发现，白人女性（41%）明显比黑人女性（28%）更在意自己的体重。白人女孩使用减肥药或催吐减肥是黑人女孩的六倍，采用运动或节食减肥是黑人女孩的四倍。

个案研究——忍受进食障碍煎熬的名人

戴安娜王妃生前患有神经性贪食症。

我们知道的最著名的进食障碍者，恐怕就是英国戴安娜王妃了。她的身材被美容专家称为“魔鬼黄金比例”，三围是 35、28、35（英寸），这组数字体现了一个女人追求美丽的艰难的奋斗历程。

首先当然是减肥，与查尔斯恋爱时，体重 140 磅的她可谓是肥态可掬，热恋的兴奋及嫁入王宫的野心使她持之以恒地坚持减肥，每天游泳一小时，再训练半小时，结婚时体重减轻了 10 磅。

戴安娜为了取悦查尔斯而追求体形苗条，每天的进食量限在 1 200 卡以内。她还严格约束自己贪吃零食，出席各种宴会只是应酬喝点饮料，有时干脆回来再开餐。

她与查尔斯王子结婚后的那段应当是美好而浪漫的蜜月，却被查尔斯称为“呕吐的蜜月”。因为在这个蜜月里，戴安娜一吃进东西就忍不住要呕吐，一切美好浪漫的景致和心情都被这呕吐的气息和声音所扰乱。那么，是不是戴安娜未婚先孕了？不是。原来戴安娜是在用呕吐的办法保持自己的优美身段，久而久之，就患上了不能自已的习惯性呕吐症。

很多人都记得她接受电视采访时的一幕：高贵的王妃微微颔首，一双淡蓝色的眼睛向上抬起，流露出无限的忧郁，讲述着不愉快的婚姻和皇室生活的压力，这使她在相当长的时间里陷入了厌食和贪食，多次自杀、割腕、撞柜子……就是这份哀怨，使英国人再也无法原谅他们未来的君王。

（四）大众传媒

大众传媒对进食障碍的发展起到一定作用。我们看到影视作品、报纸杂志上的女性身材基本上都是纤瘦、苗条的。各类女性杂志也几乎一致地宣传着节食、减肥。在这种主流意识形态的影响下，女性为追求理想体型，极易走入进食障碍的误区。

Silverstein（1986）发现在 33 部电视剧中，有 69% 的女演员被评价为太瘦，而男演员只有 18% 太瘦。只有 5% 的女演员被评为过胖，而男演员的比例是 26%。他也发现，从 20 世纪 30 年代开始，*Ladies Home Journal* 与 *Vogue* 这两本杂志上的模特儿有越来越瘦的趋势。Eileen Guilen 和 Suan Barr（1994）分析了美国高中女学生喜爱阅读的一本杂志 *Seventeen* 自 20 世纪 70—80 年代所出现的身体意象，结果发现，不论是青少年或是成年女性呈现的都是文化所期待的纤瘦体型。

Irving（1990）请暴食症状得分高的大学女生评估不同社会压力来源的重要性。当她们针对不同社会压力的重要性进行排序时，媒体为最重要的来源，接下来是同伴、然后是家庭。很显然，这些女性都能觉察到媒体在迫使她们追求苗条的身材。

媒体中的影像不仅影响了读者的审美取向，也催化了人们对于“美女”（成为有女人味的女人）的追求，而且也建构出“女人”的形象。媒体不只是反映出了目前的价值观，也在改变女性对自身的看法。

（五）同伴影响

同伴影响也是导致进食障碍形成的因素。处于青春期的女性迫切希望得到同伴的认可，同伴对体重、体型的评价和采取的进食行为都对她们极具影响力。在她们所处的小团体中，通常有共同的理想体型标准，如果追求的理想体型不健康，就容易导致进食障碍。肖广兰等人（2001）研究发现，同伴间的竞争压力和模仿是导致异常进食行为的真正原因。

三、家庭影响

家庭功能失调在一定程度上也会促进进食障碍的形成。家庭沟通方式、成员关系、父母婚姻和谐度、父母管教子女的态度和方式、父母本身的人格特征以及父母的进食行为和对自己身材的看法等都是重要的影响因子。

家庭关系的失调是一些进食障碍患者的家庭特征之一。其中一个重要的表现就是家庭成员的低支持水平。然而，这些家庭特征也可能是进食障碍的结果，而不是必要条件。而且，在有其他的精神病理学症状如抑郁症和人格障碍的家庭中也可以观察到相同的家庭关系失调的特征。那些家庭模式可能并不是进食障碍特有的，而更可能是那些有精神病患的家庭的共有特征。

家庭内部不良的互动或沟通方式，也可能引起进食障碍。家庭系统理论家认为，发生进食障碍的患者往往开始于家庭失去功能，家庭中出现一个进食障碍患者，这只是一个较重大问题的反映。如有影响力的家庭理论家 Salvador Minuchin 提出，那些有进食障碍的孩子的家庭往往表现出以下特征：

（1）陷入。家庭成员过度地卷入彼此的事务，及过度关心彼此生活上的琐事。

（2）过度保护。家庭成员过度关心彼此的福利。

（3）僵化。家庭成员倾向于维持现状而避免有效地处理那些需要改变的事件（例如，青少年追求独立的倾向）。

（4）冲突解决的缺乏。家庭成员既避免冲突又处在一种慢性的冲突状态。

“失控”是进食障碍的主要特点之一。Bruch（1973）认为患进食障碍的女性，多来自高度控制的家庭，父母过度保护，使得这些小孩缺乏独立性。追求“苗条”本身所隐含的是极度“控制”。减重，可以让个体觉得自己具有能力。Slade（1982）认为处于患厌食症的高度危机下的女性，利用饥饿来控制整个身体、处理压力以及失控感。

进食障碍的家庭病因非常复杂，上述家庭因素未必会导致进食障碍，而进食障碍患者也不一定会有同一类的家庭特点。因此，家庭因素只是进食障碍形成过程中的一个重要影响因素，必须与其他因素结合起来考虑。

四、个体因素

在相同的社会文化环境和家庭情况下，并不是所有人都会成为进食障碍患者。这是因为人有个体差异，一部分人身上有患进食障碍的“易感素质”。因此，探讨进食障碍的病因必须考虑个体因素。

（一）人格与进食障碍

进食障碍患者表现出一定的人格特征和异常的进食方式，并以此作为控制应激和焦虑的方法。这些人格特征有低自尊、完美主义倾向、低自我评价、低自我控制等。

进食障碍患者存在人际焦虑，当患者感到被人拒绝时，就会产生低自尊并采取不恰当的应对行为，即进食异常。Button 与他的同事进行了一项前瞻性研究，以了解自尊与进食障碍之间的关系。此研究通过 Rosenberg 自尊量表测量了 594 位 11 岁的学龄女孩的自尊，在她们 15 岁时（397 位），测量其健康状况，包含 EAT（Garner，1982——测量个体对肥胖的感觉与控制重量的方法）以及焦虑与抑郁量表。他们发现 11 岁时的自尊可预测个体 15 岁时的饮食态度。只有 3% 的高自尊者，其 EAT－26 的分数偏高；但 28% 的低自尊者，他们 15 岁时的 EAT－26 的分数偏高。由此可见，Button 发现低自尊的 11 岁女孩较可能在 15 岁时出现异常饮食行为。若女孩在 11 岁时的“在意肥胖的程度”得分越高，其 15 岁时的 EAT 得分也越高。当然，这个研究也存在着一定方法上的不足，即研究者在女孩 11 岁时的测验并没有同时施测 EAT－26 与自尊量表，这样我们就不能肯定自尊是否真的是预测个体饮食问题的良好指标。然而，这个研究依然给了我们新的视野——自尊与进食障碍之间的关系。

进食障碍患者具有完美主义倾向，他们会盲目地追求以“瘦”为美的理想体型。他们的自我评价也很低，自我评价完全依赖于对自己身体的评价。Marina 等研究发现进食障碍患者的共同人格特点为高神经质水平和低自我定向性，神经性厌食症患者具有高持续性，而神经性贪食症患者具有高伤害回避性。

进食障碍也反映出患者在同一性和自我控制方面的问题。患者以女性居多，且发病年龄多在青少年阶段。此时青少年的心理发展正处于从“依附”到“独立”的关键期，面对需要独立解决、自负责任的各种问题，常常会出现难以应付的场面，因此她们往往选择对进食行为、体态和体型进行自主控制，以达成心理独立和自我控制的目的。进食障碍患者也表现出分裂性的人格特征，以分裂作为防御机制，逃避不愿意识到的重大创伤性事件。此外，进食障碍患者对食物、体重、体型的过分关注，以及神经性贪食症患者不可节制的大量进食反映出患者具强迫—冲动性人格特征。

此外，Vitousek 和 Manke（1994）运用 MMPI 来评估饮食障碍患者的人格特征。神经性厌食症患者与神经性贪食症患者都有高度的神经质、高焦虑和低自尊的人格特质。他们在传统价值的得分上比较高，显示出高度的遵守家庭和社会规范的倾向。但是，神经性厌食症患者与神经性贪食症患者两组被试也显示出了一定的差异。神经性厌食症患者会感到抑郁、社交孤立和焦虑；而神经性贪食症患者则出现了较多的精神病理症状。在 MMPI 中，神经性贪食症患者在这方面的得分比神经性厌食症患者要高。

（二）认知特点

进食障碍产生的直接原因是个体对身体不满。患者通常有体像障碍，一直认为自己过胖，体型肥大，即使自己已经极度消瘦，仍然觉得自己不够苗条。G. Russell 等（1975）曾做过一项实验证明进食障碍患者存在感知觉方面的障碍。实验要求 14 名神经性厌食症患者估计自己脸、胸和臀部的宽度，并与控制组对照比较，结果发现神经性厌食症患者对自己身体的估计都过宽，她们总把自己看得比实际更胖，并采取过分减食来作为对这种感知觉的反应。

Gleaves 等人发现进食障碍患者每天的大量时间都进行与食品、体重、体型等相关的强迫性思考。患者在信息加工和记忆方面也表现异常，神经性厌食症患者倾向于关注与体重、体型有关的信息，而神经性贪食症则倾向于注意与食物有关的信息。

（三）情感特点

进食障碍患者表现出消极的情绪特征。患者的抑郁、焦虑和罪恶感等消极情绪水平都显著高于正常人。患者把控制进食行为作为应对紧张、焦虑的一种方式。神经性厌食症患者通过限制食物摄取、获得纤瘦身材来达到情绪满足，神经性贪食症患者通过大量进食来达到情感宣泄，但大量饮食仅能暂缓焦虑，之后他们会对自己的暴食行为产生罪恶感和抑郁等消极情绪。焦虑、抑郁、烦躁通常伴随着进食障碍的整个病程。

五、来自认知—行为理论的观点

（一）神经性厌食症

认知—行为理论假设，恐惧肥胖和体像扭曲是产生自我饥饿和减轻体重的动机因素以及有力的强化物。变胖焦虑的减少对追求苗条或维持纤瘦的行为起着负强化的作用，进而，他们所带来的自我控制感又使节食与减重行为得到积极强化。包括人格和社会文化变量在内的一些理论，也试图对恐惧发胖和体像扭曲是如何发展起来的做出解释。比如，完美主义和一种个人不胜任感可能使个体变得特别关心其外表，而节食是一项潜在的强化物。与此相似，以媒体上那些纤瘦的形象为理想、体重超重和愿意与那些特别有吸引力的他人比较等特点都对个人的身体不满意度有所影响。

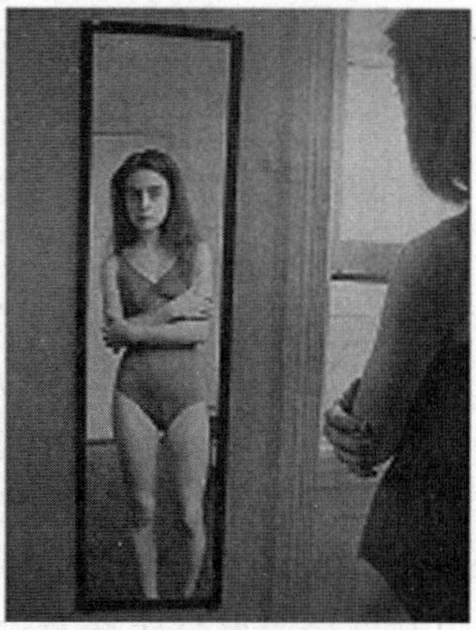

神经性厌食症患者相信身体某部位还是过胖，且会花很长时间站在镜子前苛刻地批评自己。

另一个导致求瘦的强烈驱力和扭曲的身体意象的重要因素来自同伴和父母亲对体重超重的批评。一项研究支持了这一结论。一些年龄在 10～15 岁的女孩接受了两次测评，这两次测评之间的间隔时间是三年，在第一次测评时肥胖与被同伴嘲笑相关联，在第二次测评时肥胖则与他们对自己的身体不满意感相关联，身体的不满意感是进食障碍的特征之一。

暴食常常被认为是节食失败后的结果。因此，当神经性厌食症患者的严苛的节食出现失误时，小的失误就容易升级为暴食，而暴食之后的清除行为又被视为是受害怕体重增加所推动的。没有一系列暴食和清除行为的神经性厌食症患者可能会更专注、更害怕体重增加，或者他们可能会更多地进行自我控制。

（二）神经性贪食症

同样，神经性贪食症患者也是过分地关心自己的体重和身体外形，他们确实主要是通过自己的体重与体型来判断自我价值。他们也是低自尊者，并且因为相对于自我中的其他特征，体重与体型是更具可控性的，于是他们希望在这方面做出的努力可以使自己逐渐地感觉好些。他们会试着执行一个严格的限食模式，包括严苛地限制自己吃多少、吃什么和什么时候吃，这些苛刻的规则最终不可避免地会被破坏而退步为暴饮暴食。暴食之后，恶心的感觉和对变胖的恐惧又重新出现，导致了补偿行为，如诱吐。尽管清除行为可以暂时减少对自己吃得过多的焦虑，但这个循环却进一步降低了其自尊，又引发出更多的暴食和清除行为，图 10－3 为这一理论做出了总结。

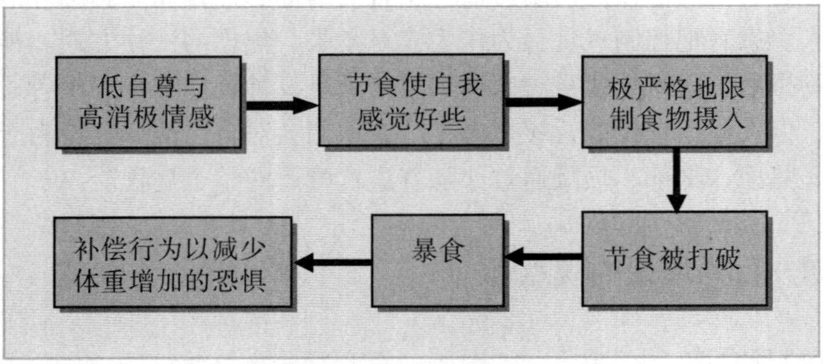

图 10－3　神经性贪食症的认知—行为理论图示

如上文所述，研究人员发展出了限制型量表（见表 10－5）。该量表是一种评估节食和贪食的问卷，评估正在节食的人及其对饮食扭曲态度的状况，有些被试一开始先喝下 15 盎司（约 425.25 克）巧克力奶油（研究人员称之为前菜，preload），接着给予被试三碗冰淇淋进行口感测试。研究人员告知被试，一旦他们完成口感评比之后，可随意吃自己想要的冰淇淋。研究人员则测量被试所吃下的冰淇淋的量（Polivy，Heatherton & Herman，1988）。

实验室研究也使用这种一般设计的研究步骤。在吃完会让人发胖的前菜后，甚至前菜看起来是高脂肪，实际上热量并不高，且实际上食物并不是那么美味，但和非限制饮食者相比，限制型量表中得分较高者仍会吃下较多的冰淇淋。因此，除了强度有所不同之外，限制型量表得分较高者和神经性暴食症个案有着相似的模式。

研究发现，其他几项条件也会增加测后限制饮食的食量。最为明显的是焦虑和抑郁等几项负面情绪状态。Polivy 等人（1991）发现，当限制型饮食者的自我形象受到威胁或自尊心较低时，食物摄取量增加的行为特别明显。最后，当限制型饮食者收到假反馈及体重增加时，他们的反应使消极情绪增加，且增加食物摄取量（McFarlance et al.，1998）。

神经性贪食症患者的包含模式与上述相似，但是比限制型饮食研究所强调的行为更为极端。一般而言，神经性贪食症患者在遭遇压力或经历消极情绪时会开始贪食。贪食常是患者用来调节消极情绪的一种方式。研究也证实了这一观点，即催吐可以减轻焦虑。神经性贪食症患者表示，当他们吃完饭而无法催吐时，焦虑程度会上升（Leitenberg et al.，

1984）。这些自陈报告已通过皮肤电反应等生理检查得到证实。同样，在催吐后焦虑程度会下降，这也证实了焦虑减轻则会对催吐行为产生负强化作用。假设在限制型评估量表中得分较高的两群人和神经性贪食症患者有些相似，我们推测，限制型饮食可能对神经性贪食症的影响较大。事实上，Fairburn 等人（2003）对贪食症本质过程的研究（例如，未接受治疗的贪食症个案）发现，限制型饮食可部分地缓和外形及体重与贪食之间的关系。换言之，过度关切身材和体重可预测之后限制型饮食的行为；限制型饮食可预测五年后续评估中患贪食症的风险。

第三节　进食障碍的治疗

由于进食障碍患者一般都否认自身的问题，很难使之接受治疗，因而，大多数的进食障碍患者（高达 90%）并没有接受适当的治疗。

治疗进食障碍有两个目标：一是尽快矫正危害患者健康的异常饮食模式；二是改变导致及维持其饮食问题的广泛心理和情境因素。因此，整个治疗需要得到患者家人和亲友积极的社会支持。

一、药物治疗

由于神经性暴食症常会同时并发抑郁症，因此也会以各式各样的抗抑郁剂对其加以治疗。目前常使用的是百忧解。在 Walsh 等人（2001）进行的一项对 387 位神经性暴食症女性患者八周的门诊治疗的研究中发现，百忧解在减轻暴食和催吐方面的效果比安慰剂好，它减轻了抑郁症，并适当地改变了其对食物及饮食的扭曲态度。大部分包括双盲实验和安慰剂控制组的研究确认，即使患者对先前的心理治疗没有回应，各种抗抑郁剂也可减轻被试的催吐和暴食行为。

在神经性厌食症的治疗中也曾使用药物，但令人遗憾的是，成效不彰。以能够增加体重的药物治疗神经性厌食症、改变神经性厌食症的主要病征，甚至在标准住院治疗计划中增加药物治疗的显著益处，药物的治疗成效仍旧有限。近期的个案报告显示，抗精神病药物金普萨有助于增加体重和减轻神经性厌食症患者的焦虑（Bosanac et al.，2004）。

二、神经性厌食症的心理治疗

对神经性厌食症的治疗一般分两个层次。第一个层次的治疗目标是短时间内帮助患者重获体重、恢复常态的营养状况及能正常地饮食，以矫正患者可能存在的水、电解质紊乱，控制伴发的躯体并发症。第二个层次的治疗目标就是帮助患者长期地维持体重，在治疗师引导下改变其心理的和家庭的环境。

（一）恢复适当的体重及常态的饮食

多数神经性厌食症患者需要住院治疗，严重者需要强制入院，进行全身支持治疗，保证进食量。

住院期间要密切观察其进食情况，给予营养价值高的食物，一般要求每天摄入的热量为3 000卡，并保证患者进食后不自发呕吐或诱吐。另外，要定期测量体重，并制定一个切实可行的体重目标，比如每周增加0.5 ~0.1公斤。采取严格的护理措施，主要做法是：①守候患者进食，三餐有专人守护，以防患者做一些假象来蒙骗工作人员，如就餐时趁工作人员不注意将饭菜倒掉。对因恶心、呕吐引起拒食的患者，不要流露急躁情绪，吃饭时有意识地避免谈论与体重有关的话题，而多谈论患者喜欢的话题来分散其注意力。如果条件允许，入院初期可采取少食多餐的方法，以免患者一次进食过多。②进食后一段时间仍需要密切观察患者，防止其诱发呕吐。③保证营养摄入。

要注意对患者的休息睡眠的护理。睡眠是增加体重的必要条件。向患者解释睡眠的重要性，劝其注意休息，减少活动量，减少体力消耗，睡前给予安眠药。

对拒绝进食的患者，尤其是对已威胁到生命的病例，临床工作者可能会使用某些强制性手段，如使用管子喂食或静脉注射。使用强制手段也可能导致患者的不信任，并使患者与治疗师之间处于权利的拉锯状态。行为的体重恢复方法则主张使用奖励方式，鼓励患者正确地进食或增加体重。每当吃了东西或体重增加就给予奖励，否则就不给予奖励。

（二）获得持久的改变

要使厌食症患者取得持久的进步，必须对抗其潜在的心理问题。一般来说，治疗师会采用综合的治疗方法，从建立自主性与自我察觉、矫正错误认知以及改善家庭互动等方面着手，提供一种混合治疗与教育。

个案研究——建立正确的自我观察

患　者：我不会谈论我的感觉，我绝不会这样做。

治疗师：你想我会有像其他人一样的反应吗？

患　者：你是什么意思？

治疗师：我想你可能害怕我不会密切注意你内在的感觉，或者我会告诉你不必受你的感觉影响——那就是，感觉害怕、感觉肥胖、怀疑自己、考虑在学校的优异表现、老师对你的察觉、你有多漂亮等，这是多么愚笨。

患　者：（看起来有些紧张和激动）我常常被告知对他人要有礼貌及尊重，好像一个愚笨、无脸的洋娃娃（装出一个愚蠢的洋娃娃姿势）。

治疗师：是否我给你一种分享，你的感觉是失礼的印象，不管它们是什么？

患　者：不全然如此，我不知道。

治疗师：我不能，也不会告诉你，这对你是很容易的……但是我答应你，你可以对我自由地说出你内心想说的，我不会轻视你。

（资料来源：Ronald J. Comer et al., *Abnormal Psychology*, 4th ed., 2001）

1．建立自主性和自我察觉

首先是帮助患者认识他们独立的需求，并教导他们以更恰当的方式来练习控制自我。治疗者要帮助患者学会正确识别和信任他们内在的知觉与感觉。以下的对话表现了治疗师在尝试帮助一位15岁的患者认识和分享她的感觉（见个案研究——建立正确的自我观察）。

2. 矫正异常的认知

治疗的另一个重点，是帮助神经性厌食症患者改变其对饮食和体重的错误观念与态度（见表10－6）。在使用认知的方法时，治疗师要引导患者去认清、挑战和改变不正确的信念，如“我必须经常是完美的”或“我的体重和体型决定我的价值”。治疗师也要让患者了解有关典型的神经性厌食症所具有的扭曲知觉，帮助他们认识到对自己身材的评价是不正确的。即使一个患者不能学会对自己的体型作正确的判断，她至少可以想到她所说的一个要点：“我知道神经性厌食症的一个重要特征，是对自己的体型有错误的观念，因此不管我实际的体型如何，我都会认为自己是胖的。”

表10－6　进食障碍量表样本题目

每个题目决定它对你的真实度，在总是（A），通常（U），经常（O），有时（S），很少（R），没有（N）中圈选符合你评定的字母。

我认为我的腹部太大	A	U	O	S	R	N
当我心烦时就吃	A	U	O	S	R	N
我用食物填满自己	A	U	O	S	R	N
我考虑节食	A	U	O	S	R	N
我认为我的大腿太粗	A	U	O	S	R	N
我觉得我是个无能的人	A	U	O	S	R	N
在过量进食后我有极大的罪恶感	A	U	O	S	R	N
我很害怕体重增加	A	U	O	S	R	N
我正感觉到情绪困惑	A	U	O	S	R	N
我感觉不舒服	A	U	O	S	R	N
我觉得我无法停止暴食	A	U	O	S	R	N
在儿童时期，我很努力避免使父母及教师失望	A	U	O	S	R	N
我对他人表达自己的感情有困难	A	U	O	S	R	N
关于我是饿或不饿，我变得紊乱	A	U	O	S	R	N
我对自己有很低的评价	A	U	O	S	R	N
我认为我的臀部太大	A	U	O	S	R	N
如果我增加一磅，我担心会继续增加	A	U	O	S	R	N
为了减轻体重，我想尝试催吐	A	U	O	S	R	N
我悄悄地吃喝	A	U	O	S	R	N
我有完全控制自己的身体的强烈欲望	A	U	O	S	R	N

（资料来源：Garner，Olmsted & Polivy，1991，1984）

3. 改善家庭的互动

家庭系统理论（family systems theory）代表了神经性厌食症治疗的另一个重要途径。家庭系统理论认为厌食症患者不仅是一个孤立的、混乱的个体，更是深陷在一个复杂系统中的个人，这个系统包括了她的家庭以及社会，她的父母在其童年期的一些作为可能影响了其厌食症的发展，家庭的互动和沟通模式引发和固化了青春期的问题。而患者的问题行为也对家庭的功能产生着消极的影响，她的病态成为全家的焦点，并且如果她能恢复，她

的家庭组织也会焕然一新。因此，治疗师要通过家庭治疗改善家庭的互动模式达到治疗的目的。

和其他的家庭治疗一样，在神经性厌食症的治疗过程中，治疗师以家庭为一个整体，指出家庭问题所在（包括对饮食、体型及不适当的家庭沟通和态度等），帮助家庭成员进行适当的改变。治疗师特别要试图帮助神经性厌食症患者通过其他家庭成员来辨别自己的感觉和需求。虽然家庭角色对神经性厌食症发展的作用仍不十分清楚，但研究人员普遍赞成使用家庭治疗法（或至少父母咨商），认为这种方法对此症的治疗很有帮助。

三、神经性贪食症的心理治疗

神经性贪食症的治疗方法正处于迅速的发展当中，与神经性厌食症的治疗相似，它们往往是结合若干种治疗方法，包括个人领悟法、团体治疗法、行为治疗法及抗抑郁药物疗法等。它们的短期目标是帮助患者消除暴食/清除模式并建立良好的饮食习惯。一般性的目标则是消除暴食模式的潜在原因。

个案研究——有效的家庭治疗

患者母亲：我想我知道 Susan 正经历的事情、各种成长阶段产生的怀疑与不安是如何形成她的个性的。（转向含泪的患者）假如你能信任自己，并获得你周围关怀者的支持，每件事都会变得更好。

治 疗 师：你要让自己对她有用？求助你、依赖你的指导和情感支持？

患者母亲：那是父母所希望的。

治 疗 师：（转向患者）你的想法如何？

Susan：（转向母亲）我不能继续依赖你、爸爸或其他任何人。那就是我一直做的，它使我厌食……

治 疗 师：你是不是认为你的母亲宁可在母女之间没有秘密——一个开放的门？

患者姐姐：我有时是这样想。

治 疗 师：（对患者和妹妹）你们认为怎样？

Susan：　是的，有时正像是我感觉到的，她应该有这种感觉。

患者妹妹：是的。

（资料来源：Ronald J. Comer et al., *Abnormal Psychology*, 4th ed., 2001）

（一）认知行为治疗

认知行为治疗是最为有效且是目前治疗神经性贪食症的标准疗法。在认知行为治疗中，治疗师鼓励患者质疑社会对外表吸引力的标准。患者必须揭露让自己挨饿、减重的信念，且必须加以改变。协助患者了解不过度严苛地限制饮食也可以维持正常的体重，并告知不切实际的限制饮食常会引发暴食。临床工作者要给予患者如下辅导：不会因为吃一口高热量食物或有着想吃零食的欲望就会导致暴食；伴随贪食之后，会出现催吐或服用利尿剂；以催吐清除所吃下去的食物常会导致低自尊及抑郁。改变其极端想法能够帮助患者开始适量进食；教给患者自我肯定的技巧，以协助患者面对他人提出的不合理的要求。

神经性贪食症治疗的整体目标是要建立正常的饮食习惯。患者需要学习每天进食三次，每餐之间可食用部分零食，且不再陷入暴食及催吐的循环之中。固定食量可控制饥饿和饱食感，也能实现控制想要吃下大量食物的念头及期望。为了协助患者不形成对自己较为极端的信念，认知行为治疗师会以温和但肯定的方式挑战患者不合理的信念，例如，“如果我比现在还要胖几公斤，没有人会尊重我”，或“小赵爱我是因为我现在只有50公斤”，“如果我体重达到54公斤，他就会跟我分手”等。一般假设这种想法与女性患者的认知有关，同时也与媒体及广告的影响有关，即女性的体重低于标准体重才会令人尊敬。

认知行为治疗常用的一种干预方式，是让患者在会谈中能带少量被禁止食用的食物。以放松技巧控制想要催吐的欲望。在整个会谈中要不断挑战不切实际的需要和其他认知扭曲，诸如吃了少量高热量食物意味着患者是个彻底的失败者，注定一辈子都无法获得改善等。治疗师和患者携手合作判定会想要贪食的事件、想法和感觉，并学习以更适合的方式来处理这些情况。

团体治疗成员能从其他成员及治疗师身上获得支持。

许多研究结果发现，认知行为治疗能够减少暴食和催吐的频率，减少程度从七成到九成不等；极端的饮食限制也有显著减少的现象，也能改善对身材和体重的态度。

（二）团体治疗法

团体治疗法也被广泛地应用于神经性贪食症的治疗当中。通过团体疗法，患者有机会与他人分享他们的思想、忧虑及经验。在团体中，患者能认识到自己的疾病不是个人独有的、不是可耻的，并能从他人那里得到支持和了解，以及公正的反馈。借助团体，患者还有可能学会去直面那些令自己不愉快的他人，或者是直面自己怕被批判的潜在畏惧。有研究指出，团体疗法至少对75%的神经性贪食症病例有些帮助，尤其是当它与其他方法结合使用时。

第十一章 精神分裂症

精神分裂症（schizophrenia）是一类与现实的接触受到严重损害，从而导致患者有时甚至不能符合生活的最基本要求的心理障碍。所谓与现实的接触受到损害，主要是指患者丧失了知觉与加工过程的能力、对环境刺激的正确反应能力。精神病是所有心理障碍中最严重的一种。在前几章中，我们已经讨论过的大多数心理障碍都还存在着某种程度的适应功能，如恐惧症、恋物癖、物质依赖、伤后应激障碍等。具有这些障碍的人仍然能够照料自己、能够谋生、能够与人进行理智的交谈等。但是，患有精神分裂症的患者却不能，他们的行为是不可理解并且是令人困惑的，他们必须接受住院治疗。

第一节 精神分裂症及其特征

一、什么是精神分裂症

你可能在街上见过一个人轻声与自己说话，做着古怪的手势，做出似乎在听某个没有其他人能听到的声音的举止。你可能会想：这个人怎么啦？尽管这些行为可能与一些情况，如药物反应相联系，但在许多情况下，它们实际上就是某种被称为精神分裂症的精神病的症状。如果以1%的患病率计，我国患有精神分裂症的患者大约就有1 300万。

精神分裂症是一组以严重的思维与知觉的歪曲、情感平淡、行为怪异以及社会退缩为显著特征的功能衰退性的精神病性障碍。

所谓“精神分裂”是指精神活动如思维、情感和行为的互不协调、脱离现实以及人格分裂。正因为如此，才使人感到这类患者是“怪人”，难以理解。精神分裂症是心理障碍中最严重和最具有破坏性的精神病性障碍，常导致患者终身精神残疾。

精神分裂症是一组复杂的综合征，它不可避免地对患者及其家属的生活造成毁灭性的影响。这种心理障碍能分裂一个人的感知、思维、语言和行为，其影响几乎包括了日常生活功能的每一个方面，患者通常受到社会的歧视。比如，患严重精神疾病的人在公共场合受到的骚扰比未患此病的人高一倍（Berzins et al.，2003）。尽管在治疗方面取得了长足进展，但精神分裂症患者完全康复的例子还是很少。显然，这种灾难性的心理障碍给每一个患者带来了巨大的情感损失。因为精神分裂症非常普遍，每100个人中就有一个人在生命的某个阶段出现精神分裂症，而且它的后果非常严重，所以对精神分裂症病因和治疗的探讨与研究越来越成为焦点。

二、精神分裂症的流行病学

精神分裂症的发病率和患病率是多少？世界卫生组织有关机构调查表明，不同国家和不同文化群体精神分裂症的发病率只有轻微的不同。按照较宽的定义，最低的是丹麦的Aarhus，为0.15‰；最高的是印度的Chandigarh，为0.42‰；按照严格的定义，分别为0.07‰和0.14‰。

患病率是指某一群体中调查时现有病例数（包括曾患和新增加数）。各个国家的精神分裂症的患病率稍有不同，在0.6‰~8.3‰之间。据国内20世纪80年代初12个单位协作对12 000户、38 138人的抽样调查发现，精神分裂症的总患病率为5.69‰。1993年国内进行的七个地区的调查结果表明：终身患病率为6.55‰，以吉林最低（2.60‰），湖南最高（11.63‰）；城市（8.18‰）高于农村（5.18‰）；女性（7.69‰）高于男性（5.41‰）。

Bleuler和克雷佩林都发现精神分裂症患者中男性的发病期较女性早。这种特点也被后人所证实。Loranger于1984年调查了符合DSM－Ⅲ诊断标准的男女各100名精神分裂症患者的发病年龄。首次发作的平均年龄男性为21.4岁，女性为26.8岁，但当时首次接受治疗的年龄却分别为25.2岁和19.6岁。9/10的男性和2/3的女性患者在30岁前患病，而35岁以后发病者男性为2%，女性为17%。为什么女性精神分裂症患者发病较男性晚，至今仍是一个未解之谜。但是，一个无可争议的事实是女性更倾向于过着一种较隐蔽的生活，这有可能在一定程度上掩盖了病情（姜佐宁，2001）。

早期的流行病学研究显示，精神分裂症的发病率在两性之间无明显差异。但最近的研究提示，以前过宽的精神分裂症的概念将一部分患情感障碍的女性患者归入精神分裂症。Lenine等（1981）分析了六种不同的诊断系统对男女发病率的影响，发现男女发病率随诊断的严格程度不同而有所变化。诊断标准较松的诊断系统显示男女发病率无差异，而定义较严格的诊断系统则显示出男女之间的患病率差别较大。

三、分类诊断的历史

尽管精神分裂症伴随人类已达数千年的历史，但直到19世纪末才被作为一种特殊的障碍为人们所认识。对该障碍的首例鉴别是在1896年。当时，克雷佩林提出，有三种主要的精神病类型——躁郁型精神病、偏执型精神病、早发性痴呆（一种以妄想、幻觉、注意问题及异常行为为显著特征的综合征）。克雷佩林对名称各异的症状群患者进行了敏锐的观察，认为它们是同一疾病的不同过程及临床表现。其共同点为发病于青少年期，病症过程有趋向痴呆的近似结局，因而提出了早发性痴呆的命名（1896）。这一病名的确定，开创了对精神病学的分类和诊断标准的研究。克雷佩林在他所著的教科书第八版（1913）中，对早发性痴呆做了如下叙述：早发性痴呆由一组临床症状组成，表现是人格内在统一性的破坏，是有明显的情感和意志方面的障碍。这里的痴呆不同于老年痴呆或精神发育迟滞那种痴呆，而是特指心理机能的衰退。克雷佩林认为幻觉、妄想、注意障碍、刻板行为、情感不协调等都是早发性痴呆的重要症状，这些症状和慢性进行性病程是诊断早发性痴呆的主要依据，其中后者尤为重要（Alloy et al.，1996）。那时他已发现患者并不都以痴呆为结局，可是对本病的命名并无变动。

瑞士精神病学家 Bleuler

正当克雷佩林对这种障碍做出持续性描述的时候，他给予该障碍的命名很快被取代。1911 年，瑞士的精神病医生 Eugen Bleuler 指出，实际上“早发性痴呆症”对患者来说并非一个准确的描述。首先，这种障碍并不必然是早发的，许多患者到了成年期后才出现这些症状。其次，经过长期临床观察，他指出，该病的结局并非痴呆或完全的精神衰退，而是一种削弱的且不协调的精神异常状态导致人格的和谐发生了分裂，从而他提出了“精神分裂症”这一新概念（1911）。他说：

我把早发性痴呆病称做“精神分裂症”（schizophrenia），这来自于希腊语“schizein”，意思是分裂（to split），而“phren”则意为精神（mind）。因为各种精神机能的分裂是其最重要的特征之一。尽管显而易见这是一组包括了许多种障碍的疾病，但为了方便起见，我单独使用了这个词。

此画为一位精神分裂症患者所作。被闪电劈裂的地球或许提示了患者内心的变化。

自此，精神分裂症这一术语被人们广泛接受。由于它和“分裂”（splitting）相联系，所以许多人将这一概念错误地理解为多重人格或解离性身份障碍，实际上这完全是另一种综合征。精神分裂一词源于希腊语 schizein（意为分裂）和 phren（意为精神）。Bleuler 所提及的精神分裂并不是一种人格分裂为两种或更多截然不同的人格，而是在单一的人格内不同的心理功能中存在的一种分裂或不谐调。精神分裂症患者的情感、知觉以及认知作为一个整体停止运作，情感可以与知觉相分离，而知觉可以和现实相分离，正如 Bleuler 所说的“人格失调”。Bleuler 用精神分裂作为联系各种各样精神症状的核心。这里的“分裂”被比喻为“联系线索的中断。”他认为，不仅是言语，思维也是通过联系线索组织在一起的，只有这些联系线索完整无缺时，才有明确的目标指向，有效的思维和交流才是可能的。正是因为精神分裂症患者的联系线索被破坏了，所以才出现了各种症状。例如，Bleuler 认为，注意障碍的产生是由于思维失去了目的方向，进而引起患者对周围发生的人或物的反应消极而被动；而思维中断则是联系线索完全受损引起的。

Bleuler 进而提出了精神分裂症的 4A 症状理论——以联想障碍、情感淡漠、自闭和矛盾观念为基础的症状。他认为，这四种基础症状出现在所有的精神分裂症患者以及精神分裂症的各个阶段中，因此可以作为精神分裂症的诊断依据。在基础症状之外，还有一些附加症状，如妄想、幻觉、心身症状、躁狂和抑郁症症状及紧张性症状等。虽然这些附加症状常给人以深刻的印象，但它们在其他精神疾病中也可以出现，因此不具有特异性，对诊断不起决定作用。值得注意的是，Bleuler 认为精神分裂症是一种病因不同而症状类似的异质性的疾病（钱铭怡，2006）。Bleuler 的儿子 M. Bleuler 继承父业，同样重视患者的联想障碍、情感淡漠或矛盾情感，认为这是精神分裂症的主要症状，并指出该病的衰退是一种继发现象，其中心理、环境因素起明显的作用。

从临床诊断的角度看，Bleuler 的精神分裂症的概念过于广泛而模糊，因此另一位著名精神病学家 Kurt Schneider 提出了更为精细且容易达成一致的诊断系统，即"一级症状"。一级症状包括思维鸣响、争论性幻听、评论性幻听、躯体被动体验、思维被夺或其他影响思维的体验、思维扩散或被广播、妄想知觉、被强加的意志、被强加的情感以及被强加的冲动等。与精神分裂症相关的症状为次要症状，包括其他感知障碍、突然出现的妄想与窘迫、心境低落或高涨的改变以及情感枯竭感等。Schneider 提出的一级症状在其后的各类诊断系统中都起了非常重要的作用，在 ICD-10、DSM-Ⅳ、CCMD-3 系统中都有着举足轻重的地位。从一级症状在现代诊断系统的症状学标准中所占的地位可看出，尽管这些症状在后来的临床实践中被证实也可出现在诸如心境障碍、脑器质性精神障碍等心理障碍中，但如果这类症状在临床中占了主导地位或持续时间过长，还是有着较高的诊断价值。换言之，这些症状尽管不是精神分裂症所特有，但还是主要见于精神分裂症。因此，它们的诊断价值还是不可忽视的。

20 世纪 30 年代，美国精神病学界几位著名的人物进一步扩展了 Bleuler 关于精神分裂症的概念。例如，1933 年，Kasanin 描述了九名被诊断为早发性痴呆病的患者。因为这九名患者的障碍都是突然发作且恢复也相对较快，注意到他们的症状可能是精神分裂症与情感症状的结合，Kasanin 提出了"分裂性情感精神病"的术语以对这些患者的心理障碍做出说明。后来，这一诊断成为美国精神分裂症概念的一部分并被列入 DSM-Ⅰ（1952）及 DSM-Ⅱ（1968）之中。

四、精神分裂症的诊断

（一）诊断要点

在精神分裂症的诊断中，遗传、素质、人格类型、体型、发病的诸种诱因、心理测验和其他实验性的检查，从目前条件来看，都无决定性意义，诊断的确定仍然要靠病史结合精神症状以及病程进展的规律。

从临床实际工作看，掌握好精神分裂症的基本特征在诊断中起着重要作用。其基本特征表现为：①患者与外界环境间的统一性和完整性遭到破坏，行为脱离现实，特别是这些反常表现缺乏应有的心理背景。②出现认知、情感和行为三者之间的协调和统一性障碍。③某一个别病理心理本身的互相矛盾和不统一。④在没有外周意识障碍的情况下出现自我意识障碍，特别表明自我的统一和完整性受到破坏。除此之外，精神分裂症的特征有思维联想障碍与内向性、情感淡漠和矛盾意向以及没有明显病因和进行性特点的病程，再加上缺乏明显器质性神经症状。上述要点均有利于抓住这种障碍的本质，有助于诊断的确定。

此外，在临床上许多有诊断价值的心理症状，如思维鸣响、思维中断、影响妄想、评论性幻听、被控制感等对诊断有一定的价值。在估价这些个别症状时一方面要考虑到症状出现的深度和广度，另一方面仍然不能忽略对全部症状表现和临床现象进行周密的综合分析和全面评定。无论如何，决不能完全依靠个别症状的有无来做出诊断（姜佐宁，2001）。

（二）诊断标准

从1896年克雷佩林提出“早发性痴呆”起，经由Bleuler将其发展为精神分裂症的概念，对精神分裂症的研究与治疗体现了一种由实践到理论、由临床描述到疾病概念界定的进程。如果没有这样一个进程，就不会有精神分裂症的概念。它使人们对精神分裂症的认识有了实质性的进步，即由临床现象的观察、积累上升到了对疾病本质的理解。这种对精神分裂症认识的升华也带来了由于对疾病概念的理解不同而造成的诊断上的不统一及可重复性差等缺陷。于是，由于临床和科研的需要，在世界各国、各地区便相继出现了越来越严格的、日臻完善的临床工作用诊断标准。目前，在我国最常用的诊断标准主要有DSM-Ⅳ-TR和CCMD-3，这两项标准给予临床工作者较好的指导，具有操作性强、可重复性强等优点。而且，这两项诊断标准对精神分裂症症状的认识基本上是一致的。

1. DSM-Ⅳ-TR

自DSM-Ⅲ（1980）开始，继而从DSM-Ⅳ（1994）至DSM-Ⅳ-TR（2000），美国的精神分裂症的概念由原先宽泛的定义发生了明显变化而形成了新的定义，该定义在五个方面缩小了将患者诊断为精神分裂症的范围：①诊断标准得到明确、详细的说明。②具有心境障碍症状的患者被特别排除。精神分裂症、分裂情感型精神病现在被列入分裂情感型障碍，作为一种精神病型障碍成为单独的一部分。分裂情感型障碍包含了某种精神分裂症与心境障碍症状的混合。③DSM-Ⅳ-TR要求至少要有六个月的障碍才能做出诊断。这六个月内必须至少要有一个月急性发作或活动期；至少要有以下两种症状的表现得到确认：妄想、幻觉、言语紊乱、完全混乱或紧张症行为以及阴性症状。④DSM-Ⅱ中某些精神分裂症轻型症状现在被诊断为人格障碍，如精神分裂型人格障碍。⑤DSM-Ⅳ-TR在偏执型精神分裂症与妄想障碍之间做出了区分，见表11－1：

表11－1 DSM-Ⅳ-TR对精神分裂的诊断标准

1. 必须符合两个或以上的下述症状，具有相当的时间比例，且持续至少一个月：
   ①妄想；②幻觉；③言语紊乱（如经常“出轨”或散漫）；④完全混乱或紧张症行为、⑤阴性症状，即情感平淡、言语贫乏或意志、意向减退。
2. 自起病以来在很长时间内，一个以上重要方面的功能（如工作、人际关系或自我照料）水平较起病前明显降低（如起病于儿童或青少年时期，则其表现未能达到应有的人际关系、学业或职业水平）。
3. 病情的持续性表现至少有六个月，包括至少一个月符合标准1，即急性期症状（如经有效成功的治疗，期限可较短）。可包括前驱或残留期症状。在前驱或残留期症状中，病情可表现为仅有阴性症状或标准1所列两项以上表现较轻的症状（如古怪想法、不寻常的知觉体验）。

2．CCMD-3

CCMD-3 中精神分裂症的诊断标准与 DSM 存在某些差异。例如，其所描述的症状标准比较具体，涉及：①反复出现的言语性幻听；②明显的思维松弛、思维破裂、言语不连贯，或思维贫乏或思维内容贫乏；③思想被插入、被撤走、被广播、思维中断或强制性思维；④被动、被控制或被洞悉体验；⑤原发性妄想（包括妄想知觉、妄想心境）或其他荒谬的妄想；⑥思维逻辑倒错、病理性象征性思维或语词新作；⑦情感倒错或明显的情感淡漠；⑧紧张综合征、怪异行为或愚蠢行为；⑨明显的意志减退或缺乏。另外，该诊断标准明确提出了自知力障碍作为严重程度的标准（中华医学会精神科分会，2001；钱铭怡，2006）。CCMD-3 关于精神分裂症的诊断标准见第四章表 4－1。

（三）精神分裂症的鉴别诊断

1．与心境障碍鉴别

躁狂发作和抑郁发作时均可出现精神病性症状，如幻觉、妄想等。鉴别的要点在于前者是在情绪高涨或低落的情况下出现的，与周围环境有密切的联系；而精神分裂症的精神病性症状不是在情绪高涨或低落的基础上产生的，患者所表现出的多为情感与自身思维、行为等方面的不协调，以及和外界环境的不协调。躁狂症和抑郁症患者均与外界有相对较好的接触，而精神分裂症患者则一般与外界接触较差。

2．与躯体疾病所致心理障碍鉴别

许多躯体疾病可出现各种精神症状，如思维联想障碍、幻觉、妄想以及行为障碍等。有些躯体疾病还可能以精神症状为首发症状，然后再出现该病的特征性表现。鉴别的关键是：①应该注意到躯体疾病也可以出现精神症状；②应及时收集各种躯体疾病相应会出现的特征性的症状、体征、实验室检查等方面的证据；③一些躯体疾病在起病形式和病程方面有其特点，如起病的缓急、症状的昼轻夜重，可将其作为重要参考；④躯体疾病、身体症状和精神症状存在平行的关系，精神症状随躯体疾病的加重、缓解而加重或缓解。

3．与器质性心理障碍鉴别

与躯体疾病一样，许多中枢神经系统病变可以出现各种精神症状。应该注意和精神分裂症进行鉴别，要点如下：①首先应该考虑到中枢神经系统病变出现的可能性；②脑器质性损害表现在症状、神经系统体征、实验室检查方面的较为特征性的异常，如意识、智能、记忆等方面的障碍，神经系统的异常体征及脑影像学（CT、MRI）、生化、脑电等方面的异常等可作为与精神分裂症鉴别的主要依据；③脑器质性病变所出现的精神症状随着中枢神经系统病变的变化而变化，前者病变缓解消除，精神症状随之消失。

4．与焦虑障碍、躯体形式障碍鉴别

在精神分裂症早期，某些患者可以出现类似焦虑障碍、躯体形式障碍之类的症状，如失眠、易疲劳、记忆力下降、注意力不集中、学习工作效率下降及一些强迫症状等。鉴别的要点在于：①焦虑障碍、躯体形式障碍患者的现实检验能力完全存在，自知力完整，对自身躯体和精神方面的变化极为关注，积极寻求和配合治疗，有的患者甚至对自己的病情出现过分担心的情况；而精神分裂症早期患者则恰恰相反。②焦虑障碍、躯体形式障碍患者没有人格的改变，而精神分裂症早期患者则相反。③精神分裂症患者在其发病早期可能出现零星的如临床表现所描述的思维、行为障碍，而焦虑障碍、躯体形式障碍患者则没有（王祖承，2002）。

五、精神分裂症的病程

（一）发病

精神分裂症通常发生在青春期或成年早期，它发作的时间与其他因素有关。约半数患者在20~30岁之间发病，少数在儿童、青少年时期或中年以后起病，极个别在老年期起病。其中还存在着性别差异，对男性来说，多数患者在25岁左右，而女性则较晚一些。多数患者以慢性或亚急性的形式起病，起病形式与临床类型和预后有一定关系。另外，早期发病往往倾向于一种逐渐起病的过程（Haas & Sweeney，1992）。在早发病例中，特别是那些开始于青春期的患者，会有不良的预后（Eaton，Mortensen & Herrmann et al.，1992）。

无论发病的年龄如何，像其他障碍一样，随着时间的推移，精神分裂症似乎具有一个有规律性的病程。传统上该病程被分为三个阶段。

（二）病程

1. 前驱期

在一些病例中，精神分裂症的发病是非常突然的。一个有理性的、具有良好调适能力的人会突然转变为一个有幻觉的精神病患者。而在另外一些病例中，在任何明显的精神病症状显露之前，有一个缓慢的、不知不觉的机能衰退过程，这个过程可能已经有几年了。这个逐渐衰退的过程就叫做前驱期。

这是一位年轻的早期精神分裂症患者作的画。荒野中一位忧伤、半遮着面孔的孤独的女人提示了，患者认同感与意义的丧失。

在前驱期，初期的精神分裂症患者一般的变化表现为退缩和社会孤立。他们常常不修边幅，不注意卫生，如忘记洗澡、不穿衣服睡觉等；他们的学习成绩和工作业绩开始退步；变得生活懒散、淡漠和怠倦。同时，他们的感情开始变得肤浅且不合时宜。最后家人和朋友会注意到其身上发生的变化。尽管如此，有时，由于这种障碍的进程过于缓慢以至于很难引起人们的注意，直到当事人开始表现出离奇的行为方式，如收集垃圾、与不存在的人说话，或者做一些明显的离奇古怪的行为。而到此时，病程已进入活动期。

前驱期持续时间可长可短，短者数日到数周，长者一年以上，甚至三年五载。前驱期越短，说明起病越急，治疗效果越好；前驱期越长，说明起病越缓，治疗效果越差。从精神状态完全正常到出现精神病前驱症状，再到精神病症状完全暴露，这期间并无严格界限，很多情况下是由有经验的医生加以区分的。打个比方，就好像一个物体经太阳光照射后留在地上的影子一样，你瞪大了眼睛，却看不出影子在移动，而在不知不觉中，它却已经偏离了许多。这也就难怪很多家属带患者来就诊时，说不出准确的发病时间。也正是因为如此，在有些情况下，医生经过综合判断所认定的患者的发病时间，要比家属认为的发病时间提早了很多。

2. 活动期

在这个阶段，患者开始表现出明显的精神病性症状——幻觉、妄想、言语紊乱、严重的社会退缩等，并且伴有强烈的情感反应，如痛苦、焦虑、抑郁和恐惧。如果不治疗，活动期可以自动消退，或一直持续下去。经过有效治疗以后，活动期通常能够得到控制。正是在活动期，不管是首次发作还是症状加重，大部分患者都能得以救治。

3. 残留期

正如发病几乎是在一夜之间突然发生一样，许多患者也会突然恢复，但是通常恢复是一个逐渐的过程。对于大多数患者来说，活动期之后接着是残留期。在这个阶段，患者的行为与我们在前驱期所见相似，而且情感的迟钝与淡漠特别常见，但很少伴有在活动期体验到的那种强烈的情感反应。言语可能依然散漫，仍然缺乏卫生意识，虽然完全的幻觉和妄想可能已经消失，但是患者可能继续存在一些不同寻常的知觉体验和离奇古怪的观念，如声称能够预知未来或者拥有某种特殊能力等。因此，对处于残留期的精神分裂症患者来说，做一件家务或是接受一项工作任务仍然是困难的。残留期的严重程度在人与人之间有很大的差异，有些人功能保持相当完好，而有些人则可能严重受损。

在残留期，有些患者会回到相当正常的状态或者用精神病学的术语讲是“完全的缓解”。但是，通常的结果并非如此。很多患者都会在某种程度上留有损伤，甚至有进一步的精神病发作。在两次发病之间会不断增加受损功能。国外若干个长期追踪的研究已发现：22%的精神分裂症患者会患慢性精神分裂症，28%的患者在一次或多次发作后会完全缓解，50%的患者会在残留期和活动期之间转换。研究还指出，紧张的生活易使旧病复发（Alloy，2005）。

第二节　精神分裂症的症状

DSM-Ⅳ-TR列举了五种典型的精神分裂症症状：妄想、幻觉、言语紊乱、行为紊乱或紧张症行为以及阴性症状群（negative symptoms），如情感平淡、言语贫乏和意志缺乏等。上述症状也意味着诸如语言或者目标—定向行为（goal-directed behavior）等正常功能的减退或丧失。

为了讨论方便起见，我们将把精神分裂症的症状分解为几个单独的种类。尽管如此，应该强调的是，实际上它们是不可分的，因为一种症状与另一种症状之间相互影响。如果一个人的思维过程出现障碍，就会影响其心境；如果心境遭受困扰，就会影响其行为。而且尽管所有精神分裂症患者在某一时间会表现出其中的某些症状，但没有任何一个精神分裂症患者会在任何时间内表现出上述所有症状。实际上，一些被诊断为精神分裂症患者的行为表现常常是正常的。

一、言语紊乱

或许精神分裂症患者最显著的特征就是他们对言语的独特使用。

人的思维过程是不可见的，别人只能通过他的言语（口头或书面）推测他的思维过程。正常人与精神分裂症患者思维不同，正常人能理清自己的思维，并将理清的思维表达出来，而不会把自己一些凌乱、不合逻辑或荒唐的联想表达出来，更不会用它与他人交流。精神分裂症患者则可能很难理清自己的思维，而且又容易把自己那些凌乱、不合逻辑、荒唐的想法表达出来，并用之与他人交流。因此，我们听到或看到的是患者的“胡言乱语”。“胡言乱语”可能反映了患者的思维模糊不清，或离题、思维出轨或不连贯(思维散漫和思维破裂)；或者反映了患者表达方式或逻辑的异常，如隐喻性思维、病理性象征性思维、语词新作或非逻辑性思维；或者反映了思维内容的非现实性、内向性、诡辩性和重复性。下面是精神分裂症患者常见的言语紊乱的表现：

（一）思维模糊不清与联想散漫

在临床中，一些患者虽然说了很多，但不知所云。这种言语表达不清可能反映了他的思维模糊不清。

联想散漫（loosening of associations）是指思维联想结构不紧凑以及联想主题不突出。表现为患者无论进行口头表达还是书面表达，各层内容间以及段落间缺乏必然的逻辑联系，给人的印象是“有点儿东拉西扯”，中心思想不突出，使人不易理解他或她到底要向别人传递什么信息。部分文化层次很低的正常人在表达一些问题时，也可能出现思维散漫的现象，但与患者不同的地方在于，文化程度低的正常人可以通过进一步的询问最终弄清其所要表达的意思，而对患者来说，旁人不管通过什么方式也无法与其沟通。

（二）思维破裂与语词杂拌

思维破裂（splitting of thought）是指概念之间的联想断裂，建立联想的各种概念内容之间缺乏内在联系。这是思维联想结构出现更明显障碍的一种情况，表现为患者在进行口头或书面表达时出现句子之间缺乏必然的逻辑联系的情况。患者的言语或书写内容有结构完整的句子，但各句含义互不相关，变成语句堆积，整段内容令人不能理解。当这种情况严重时，言语支离破碎，个别词句之间也缺乏联系，形成语词杂拌（word salad），这种情况多见于晚期或衰退期的精神分裂症。如果是在意识障碍的背景下出现语词杂拌，称之为思维不连贯，即表达出来的只是一些短语或词汇，而且短语和词汇之间缺乏联系。例如：“鸡在叫，人生，人生，我是周老爷（病人姓周），宝莲灯，保养身体……”

（三）内容贫乏

内容贫乏（poverty of content）是指联想数量减少，概念与词汇贫乏。患者体验到脑子空洞无物，没有什么东西可想。表现为沉默少语，谈话言语空洞单调或词穷句短，回答简单。严重的患者也可以什么问题都回答不知道。另外，有些患者可能说了很多话，但他们所表达的意义却非常有限（Chen et al.，1996）。请看如下节录：

访谈者：好的，为什么是这样，你觉得人们相信上帝吗？

患　者：嗯！首先，他是他们的救赎者。他跟我走在一起且与我交谈。而且呢，我能够领悟，很多人并不真正认识自己。因为他们不是，他们全部，不只是不认识他们自己。他们不知道他似乎喜欢我，许多人不了解他跟他们走在一起且与他们说话。而且呢，告诉他们方向。我所了解也是那样，每一个男人和女人，不只是指向同一个方向。有一些不同的指示的……

（四）语词新作

如前所述，精神分裂症患者含混的言语通常被理解为混乱思维的产物。然而，一些研究者（如J. F. Fish，1957；Kleist，1960）提出，精神分裂症患者语言的特殊性，可能并非由基本的思维障碍所引起，而是简单地产生于缺乏提取具有共同意义言语符号的能力，即精神分裂症患者说话时可能是完全有理智的，他们只是无法找到恰当的词语加以表达而已（Alpert，Clark & Pouget，1994）。

这种假说可以用以说明精神分裂症患者所谓的语词新作（neologisms）。语词新作是指概念的融合、浓缩以及无关概念的拼凑。患者自创一些新的符号、图形、文字或语言并赋予特殊的概念。如“犭市”代表狼心狗肺；“%”代表离婚。

二、妄想

（一）妄想的概念

妄想（delusion）是一种错误、歪曲的信念或判断，既没有事实根据，也与个体所处的背景和文化中公认的信念不一致。他人用事实、说理都无法纠正。妄想总是以自我为中心，即妄想的内容对患者本人至关重要。也许在疾病的初期，患者对自己的某些明显不合常理的想法持将信将疑的态度，但随着疾病的进展，患者逐渐与病态的信念融为一体，病态信念进而成为患者日常生活不可缺少的组成部分。

妄想分为原发性妄想和继发性妄想。精神分裂症更多见的是继发性妄想，可继发于思维逻辑障碍、幻觉、异己体验、情绪障碍等。继发于思维逻辑障碍者颇多，但继发于幻觉尤其是幻听者更为常见。

（二）临床上常见的妄想种类

（1）被害妄想（delusions of persecution）。这是最常见的一种妄想，患者坚信自己受到跟踪、被监视、被诽谤、被隔离等。例如，某精神分裂症患者认为他吃的饭菜中有毒，家中的饮用水中也有毒，使他腹泻，邻居故意要害他。患者受妄想的支配可拒食、控告、逃跑或采取自卫、自伤、伤人等行为。主要见于精神分裂症和偏执型精神病。

个案研究——被害妄想导致杀人一例

患者，女，32岁，初中文化，已婚，育有一个四岁女儿，无职业，精神病史三年。因患精神分裂症曾住院一次，已好转出院。主要症状是失眠、多疑，被害妄想，不在家吃饭喝水，因家境贫寒，无钱送至医院治疗。病人坚信丈夫要害死自己和女儿，每天在饭里、水里下毒，要将她们慢慢毒死，故此病人不吃家里的饭，不喝家里的水，而四岁的女儿她怎么也阻止不了。病人痛苦地想：“与其让女儿慢慢地中毒，胃肠烂掉而死，倒不如自己一刀杀了她，使她不至于受那么多罪。”所以有一天，病人趁丈夫不在家时将女儿用刀砍死，事后病人无半点悔意。

［资料来源：周桂波. 黑龙江医药科学，2002（1）］

与被害妄想相伴的是关系妄想（delusions of reference）。患者认为环境中无关的事件、物体、人物都与自己发生了某种关联。如别人看自己的目光总是躲躲闪闪的，言谈话语中总扯上患者的事情。文化程度较高的患者会使用“含沙射影”、“指桑骂槐”来形容他人对自己的议论。有些患者则坚信自己的生活在电视节目、新闻报道中被描述。

（2）支配妄想（delusions of control），也称做物理影响妄想（delusions of physical influence）或被控制感。患者坚信其他的人、外界的某种力量控制着自己的思想、感情、意志、行动，或者认为自己经常受到通过由电子操作的装置直接地发送到大脑的信号的支配。例如，受到超声波、电波，某种先进的电子仪器的控制，而不能自主。患者觉得自己的大脑已被电脑控制，自己是机器人等。该症状是精神分裂症的特征性症状。

（3）罪恶妄想（sin and guilt delusions）。患者相信自己犯下了不可原谅的错误或过失，或者认为自己对其他人犯下了不可饶恕的罪过，罪大恶极、死有余辜。为此，患者会拒食或自杀，或者向公安部门写检举信，要求把自己抓起来。

（4）疑病妄想（hypochondriacal delusions）。患者毫无理由地坚信自己患了某种严重的躯体疾病或不治之症，因而到处求医，即使通过一系列详细检查和多次反复的医学验证都不能纠正。如认为脑内长有肿瘤，全身各部分均被癌细胞侵犯，心脏已经停止跳动等。有疑病妄想的精神分裂症患者不同于疑病症患者。疑病症患者的疑病观念在于相信自己患了某种实际上并不存在的疾病，尽管根据不足，但也不是毫无根据，内感性不适常常是产生疑病观念的基础。由于患者对身体过分注意，对健康以及特有的患病过分担心，因而不断找医生要求特殊检查，以证实自己患有这种病。例如，疑病症患者可能会怀疑并担心自己脑中长了肿瘤，但精神分裂症患者则会声称他们的大脑充满了霉菌或者正被分割成碎片。

（5）虚无妄想（nihilistic delusions）。患者坚信自己或者其他人，甚至全世界都不复存在，而现在所看到的都是不真实的，实际上是不存在的，甚至其本人也不复存在，或者只不过是一具没有内脏器官的空虚尸壳。例如，患者声称，他或她是从死亡中归来的鬼魂，认为“自己内脏烂了”、“脑子变空了”、“血液停滞了”等。

（6）夸大妄想（grandeur delusions）。患者坚信自己有超人的才能、无上的权力、巨大的财富、伟大的发明创造等，甚至美貌、出身、体力等都成为夸大的内容。认为自己的父母不是亲生父母而是某名门后裔，这种情况又被称为非血统妄想。精神分裂症的夸大妄想可能十分荒诞，而且与他的行为不相称。例如，一位患者开口就送 300 克宝石给医生，同时又向其他患者讨烟头吸。

个案研究

患者，男，51 岁，总病程 27 年。患者自述不可能有过的经历：“1949 年我出生在意大利的一个贵族家庭，在那里读了小学、中学，有很多亲戚朋友。1960 年告别了家乡的父老乡亲，乘火车来到中国，下火车后我又改乘汽车，来到了大理我的养父母家。”问为何来中国，称“我身系重任，是米兰党的领导派我来中国帮助共产党做大事业”。患者甚至表情痛苦地称“省公安厅认为我是特务，把我搞成大案要案，随时监视我”，“我没有病，2003 年米兰党的领导要来接我，我要回意大利了”。患者暴露出非血统、被害等妄想。

［资料来源：吴亚涛. 中国临床心理学杂志，2001，11（3）］

（7）钟情妄想（amorous delusions）。多见于女性。患者认为自己被异性看中、所爱，因而眷恋、追逐对方。通常患者钟情的对象常常是名人，如影星、歌星、大人物等，其实对方根本不认识他（她）。钟情妄想多见于精神分裂症。

（8）嫉妒妄想（delusions of jealousy）。多见于男性。患者捕风捉影地认为自己的配偶另有新欢，坚信配偶对自己不忠，常跟踪、逼问配偶，暗中检查配偶的衣服、床单，搜查配偶的提包以期发现私通情人的证据如情书。甚至在妄想的支配下，患者对配偶或第三者采取攻击行为。

最后要指出的是，正常人从不怀疑自己的思想是属于自己的还是属于别人的以及自己的思想不讲出来别人是否会知道。但有些精神患者，尤其是精神分裂症患者会出现此类症状。主要表现如下：

（1）思维扩散（diffusion of thought）。患者感觉到别人知道自己的心事或想法，严重者认为尽人皆知，感到自己的思想与人共享，毫无隐私可言。

和思维扩散相联系的是思维广播（thought broadcasting）。患者听到有声音将他想的事情大声说出来或广播出来，可以被所有人听到，因此大家都知道他的想法。思维扩散与思维广播均为诊断精神分裂症的重要症状。例如，某女性患者住院后，在查房时不断向医生表示“我有罪，我有罪”，医生询问她有什么罪，她答道：“我一有什么想法，所有的人就都知道了，你们医生都明白的，何必故意来问我。”患者坚信她的思想不说出来别人都已经知道了。

（2）思维插入（thought insertion）。这是指患者感到有某种思想不是属于自己的，不是出于自己的意志，而是被某种无形的力量或是别人强行塞入其脑中，或外界有人通过某种技术放入自己大脑，自己正被别人利用。例如，一位患者体验到有人将一些“反动的和罪恶的思维”强加给他，因而十分气愤。患者也对这类体验常给予妄想性解释，如一位患者认为是“脑波脑图机”所为。

（3）思维抽去或思维被窃（thought withdrawal）。患者坚信自己的思维没有了，被外界抽走、偷走了，并常常有思维中断；别人从自己的脑中除掉一些思想；患者也常给予妄想性解释，如称是被“电波洗脑机洗掉的”。

三、注意与知觉异常

有相当多的证据表明，精神分裂症患者对周围世界的知觉不同于他人。首先，患者不断报告知觉反常现象。Freedman 和 Chapman（1973）所做的一项比较研究承认了精神分裂症与非精神分裂症类型的存在，他们发现，精神分裂症患者报告了大量值得注意的知觉功能方面的变化，包括视幻觉、急性听觉异常，注意力集中能力的缺失，对人识别方面的困难，对他人语言理解困难等。

（一）注意障碍

注意障碍（attention dysfunction）包括了听觉和视觉注意两个方面，是引起患者信息加工困难的主要原因。注意障碍可进一步细分为以下几点：①注意分散。患者容易受到许多无关刺激的吸引而造成对主要任务的注意力难以集中。这使得患者很容易地将注意力从正在做的事情上转移到另外的无关事情上，其主动注意明显减弱，但被动注意尚保存。②注意转移困难。有些患者又表现为过度关注原有信息，而难以将注意力转移到新的信息。③选择性注意的损坏。即对相关信息有意识加强注意的能力及对干扰工作过程无关信息的排除能力的降低。

实验室的研究也对精神分裂症患者知觉与注意方面存在的问题予以证明。在一项研究中，精神分裂症被试显示出眼睛在顺利追逐目标上存在缺陷。当要求被试保持头部不动，以使他们的眼睛来回追踪移动的物体时，患有精神分裂症的被试比没有此障碍的被试表现得更差，这同样表明了患者在注意力方面的障碍（Nieman et al.，2000）。

（二）幻觉

精神分裂症最突出的知觉障碍是幻觉（hallucinations），以幻听最为常见。

精神分裂症幻听内容多半是争论性的，如两个声音议论患者的好坏；或是评论性的，有声音不断对患者的所作所为评头论足。如一位50多岁的女患者出门买菜，声音讲“大破鞋又出门了”，患者听后十分气愤，掉头回家，声音马上又说“装洋蒜”。幻听也可以是命令性的，如在大夫检查患者时询问患者的姓名，有声音告诉患者“别说你的真名”，患者就随口编了一个假名。幻听还可以以思维鸣响（thought-echoing）的方式表现出来，即患者所进行的思考都被自己的声音读了出来。

其他类型的幻觉虽然少见，但也可在精神分裂症患者身上见到。如一位患者拒绝进食，因为她看见盘子里装有碎玻璃（幻视）；一位患者感到有人拿手术刀切割自己的身体，并有电流烧灼伤口（幻触）等；有的患者会产生机体幻觉，感觉好像身体内有什么东西或物体，例如，有一条蛇在自己的肚子里爬行。有味幻觉的人通常会发现他们的食物或饮料尝起来有怪味；而嗅幻觉者则可以闻到别人闻不到的诸如毒气或烟雾之类的气味。

精神分裂症的幻觉体验可以是十分逼真、生动的，也可以是朦胧模糊的，但大多数都会给患者的思维、行动带来显著影响，患者会在幻觉的支配下做出违背本性、不合常理的举动。如有的患者在幻听的影响下，辱骂甚至殴打亲人，有的患者为了躲避幻听的“骚扰”频频上访，要求有关部门拆除安装在自己脑子里的“播音器”。曾有一位老年妇女，因为总是听到声音讲水里有毒，为喝上“干净水”，提着暖瓶走了20多公里路，路上花了四个多小时。

幻觉与妄想往往一起发生。例如，患者可能听到说话声在发布命令，同时也产生这个命令是由别人放在她脑子里的妄想。一个有被害妄想的患者，可能同时也会在他的卧室里嗅到他人放毒药的气味，或者产生他的茶里有毒品味道的幻觉。无论是幻觉引起妄想，还是妄想引起幻觉；也无论幻觉与妄想哪个先出现，两者最终会彼此相互增强。

相关链接 11－1　关于幻觉现象的解释

目前针对幻觉现象的激动人心的研究，主要通过复杂的脑成像技术，试图对这些现象在大脑中进行定位。伦敦的研究者（McGuire et al.，1993）利用单光子发射计算机断层脑成像技术（SPECT）对出现幻听现象以及在幻听消失时，分别使用大脑成像技术进行了观察。他们发现，在幻听出现的时候，大脑最活跃的部分是布罗卡区（见右图）。这种现象之所以令人觉得奇怪，是因为布罗卡区一直被认为是与语言的产生相关的。若将幻听解释为理解别人“言语”的现象，那么人们预计在威尼克区（Wernicker）应该出现更强的活跃性，因为威尼克区是起理解语言作用的。但是，以前另外一组研究人员的另一项研究也发现，在幻听出现时，布罗卡区比威尼克区更活跃（Cleghorn et al.，1992），这进一步证实了早期的结果。这些研究都支持了一个理论：幻听的人实际上并不是正在听别人的声音，而是在聆听自己的想法或自己的声音，只是自己不清楚它们之间的区别而已。他们在处理语言方面存在缺陷，导致了这些歪曲的知觉体验（Hoffman et al.，1999）。

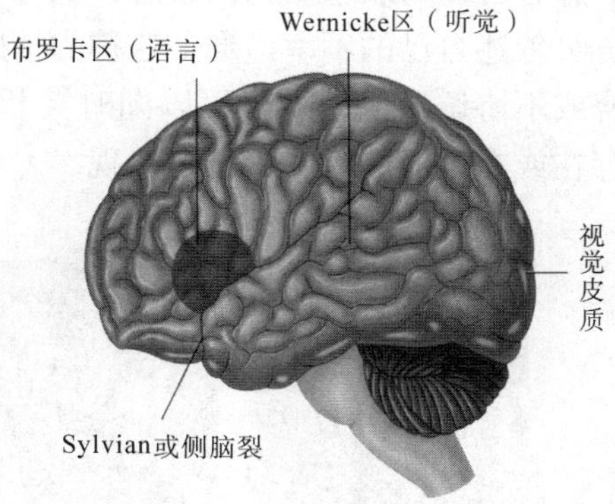

应用更高级的影像技术，有助于研究者更好地了解在幻听出现时大脑内所发生的情况，从而有助于研究者识别大脑在精神分裂症患者所观察到的各种症状中起到了什么样的作用（Sibesweig et al.，1995）。

（资料来源：Barlow & Durand，2005）

四、心境障碍

心境障碍（disorders of mood）主要表现为情感平淡，情感不协调，情感反应与思维内容及周围环境不协调。心境障碍是精神分裂症的另一个主要特征。

很多精神分裂症患者表现出迟钝的情感——与正常人相比，他们很少表示愤怒、伤心、喜悦或其他的感受。有些患者甚至根本不会表现出任何的情感，这种情况称为情感平淡（flat affect）。患者就像是戴着面具一样，在你期待他们出现情感反应时，他们却无动于衷。他们也许会茫然地望着你，说话的方式平淡乏味，好像对周围的事情都漠不关心。尽管没有对各种情况做出外在的情感反应，但是他们内心还是有反应的。在一项研究中，研究者对具有和没有情感平淡症状的两组患者做了比较。两组患者都观看了同样的电影片段，以使他们产生相应的情感反应。结果发现，情感平淡的患者面部表情很少发生变化，但是他们报告说自己感到了正常的情感反应。因此，研究认为，精神分裂症患者所出现的情感平淡实际上是由于表达感情的困难，而非缺乏情感（Barlow & Durand，2005）。情感平淡最早涉及的是较细腻的情感，如对同事不关心、不同情，对亲人不体贴等；以后，患者对周围事物的情感反应变得迟钝，对生活和学习的兴趣减少；随着疾病的发展，患者的情感日益淡漠，甚至对使人莫大痛苦的事情也表现出惊人的平淡；最后患者可丧失与周围环境的任何情感联系。

很多精神分裂症患者亦表现出情感不恰当，情感反应与环境不协调、与思维内容不配合。患者可以为琐事而勃然暴怒，谈论有关使别人沉痛的事件时，患者反而发笑或取乐，或含笑叙述自己的不幸遭遇，这称为情感倒错。精神分裂症患者的情感，有时被描述为不配合或不协调，他（她）可以同时笑和哭，或同时悲切又似乎是得意，这样的表情可同时存在或在极短的时间内相继出现。

当要求精神分裂症患者画画时，他们的画，包括词汇，通常是歪曲的、缺乏颜色，显示出情感淡漠。要求一位患者照着杂志上一幅鲜花（左一）的图片画画时，最初的结果是左二的一幅，右一有所改善，右二则显示出患者在接受几个月的治疗后取得的进步。

五、运动行为障碍

运动行为障碍（disorders of motor behavior）指部分精神分裂症患者的行为与环境完全不配合，伤害自己的身体（自残），吃一些不能吃的东西（如肥皂、污水），这种情况被称为意向倒错。

此类患者活动减少，缺乏主动性，行为变得孤僻、被动、退缩，即意志活动减退（avolition）。患者对生活、学习及工作的要求降低，表现为不主动与人往来、旷课旷工等。严重时行为极端被动，对生活的基本要求亦如此。如患者不注意清洁卫生，长期不梳头、不洗澡，终日无所事事，生活懒散，呆坐或卧床，整日不动等。

精神分裂症患者除了行为与环境不配合以外，有时甚至行为、姿势及活动表现奇特或异常，例如，可高举上臂仰视，或抬头固定于某一奇怪的角度，有时可表现为特别的造作，如做鬼脸、抽动、痉挛或显露某种面部表情。有些精神分裂症患者可采取并保持躯体于某种位置，例如，他们把身体弯曲起来，像在子宫内的胎儿一样，或者僵直地站在房子一角。有时，患者蜡样屈曲，即躯体像蜡一样柔软，随你怎样放置他的四肢，他都会保持该姿势很长时间，似乎肌肉能长久耐受其张力。

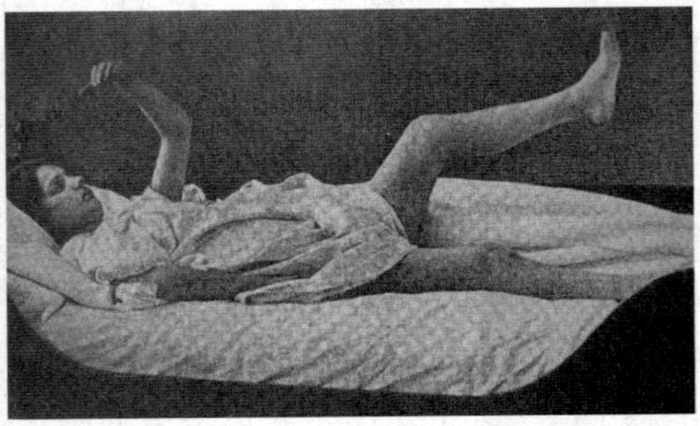

这是一位患有紧张型精神分裂症的妇女，这张照片拍于1894年。患者就是这样长时间地保持这种不寻常的姿势。

精神分裂症患者的其他特殊运动行为障碍

包括：

（1）猝倒症：肌张力丧失，患者似乎不能支持他们的身体，而且跛行。

（2）违拗症：患者对抗他人对他的要求或刺激，如拒绝握手、说话，或从原来的姿势状态、位置等做出改变。

（3）自动症：动作缓慢，好像很费力；机械化重复动作，就像机器人一样。

（4）模仿动作：患者模仿别人的动作，如模仿他人的走路姿态。

（5）活动过少或过多：动作太少或太多。多数精神分裂症患者活动过多，谈话或乱动，甚至达到失去控制的程度。少数患者则活动极少，甚至动也不动。

有些精神分裂症患者还表现出定向力障碍，表现为错乱、不认识周围的人、不知身在何处，多见于精神分裂症早期和急性阶段。当他们被人带走时，可表现为木僵状态，即似乎无知觉，对周围环境无反应。当同他们谈话或问其某些问题时，他们无任何反应。整个世界对他们来说似乎需求太多、太复杂和不能理解，所以这些患者只知他们自己，看上去不知外界发生了什么。当木僵状态缓解以后，虽然他们似乎仍然是呆讷的样子，但多数患者知道曾经发生了什么，仍保持前事的记忆。

六、社会退缩

正如我们所看到的那样，精神分裂症早期的表现是情感的分离，即对外部世界发生的事情缺乏注意和兴趣。由于精神分裂症患者全神贯注于自己的思想和感受，因而他们逐渐地从相关的环境中退缩。首先，他们会从周围的人群中退缩，与相关的人群相脱离。应特别指出的是，尽管那些被监护的患者可能会发生各种各样的行为，但是他们明显缺少一种行为——那就是人际互动。精神分裂症患者极少参加哪怕是一次小小的交谈，他们独往独来，完全漠视他人的存在。

精神分裂症患者一个巨大的不幸就是丧失了与他人交往的能力。

社会退缩（social withdrawal）在慢性精神分裂症患者中表现特别明显。慢性精神分裂症患者宁愿有更大的人际距离，就是说在他们自己与站在或坐在他们旁边的人之间有更大的空间。当他们被迫与他人交往的时候，会表现出相当大的障碍。与非精神分裂症患者相比，他们更不善于把握人际线索，即不能理解他人的感情与意图。他们中的很多人在对注视的辨别方面也存在问题，比如，他们经常认为别人在注视自己，而在当时，事实并非如此（Rosse et al.，1994）。也许由于这些问题的存在，精神分裂症患者从社会交往中退缩便不是一件奇怪的事情了。

毫无疑问，精神分裂症患者的社会退缩也与其注意问题有关。也许由于注意的缺乏而导致的精神损害使他们的人际沟通非常困难，就像我们已经知道的那样，精神分裂症患者的人际沟通是非常贫乏的。

七、其他症状

除了上述的症状外，很多精神分裂症患者还表现出自知力障碍（insight）。自知力是患者对其本身精神状态的认识能力，即能否觉察或辨识自己有病和精神状态是否正常，能否正确分析和判断，并指出自己既往和现在的表现及体验中哪些是属于病态的。精神分裂症患者一般都有不同程度的自知力缺陷。自知力的完整程度及其变化是精神分裂症患者病情恶化、好转或痊愈的重要指标。精神分裂症患者典型地缺少对其精神病理学的洞察力，心理上的失调、幻觉、感情迟钝、意志缺乏——无论他们怎样在这些负担下苦苦挣扎，他们都不会把这些看做心理疾病的迹象。毫不奇怪，那些具有某种洞察力的人，当这些精神病加重的时候，他们会倾向于摆脱它。

相关链接 11－2　什么是自知力？如何判定自知力是否恢复？

自知力也称自省力、内省力或洞悟力，是指患者对自身精神病态的认知能力，即能否察觉或辨认自己有病和精神状态是否正常，能否正确分析和判断，并指出自己既往和现在的表现与体验中哪些属于病态。自知力完整的患者，通常能认识到自己患了病，知道哪些是病的表现并要求治疗。如神经症患者大多具有完整的自知力，他们主动就医，诉说自己的不适，要求给予诊治，并积极配合医生的治疗。而精神分裂症患者一般均有程度不等的自知力缺陷。疾病初始，有时患者的自知力尚保存，还能够察觉到自己精神状态的变化。随着病情的发展，患者往往对自己的精神症状失去了判断力，否认精神不正常，甚至拒绝就医治疗，此时称为自知力丧失（或缺乏）。然而，随着病情好转，患者的自知力也开始有所恢复。患者逐渐对部分精神症状认识到是不正常的表现，但还是很肤浅，也不完整，此时可认为患者已具有部分自知力。在多数情况下，精神症状全部消失后，自知力也逐渐恢复。

有时精神症状虽然完全消失，但长时间内患者仍对之缺乏正确分析和认识（即仍然缺乏自知力），或只对一部分症状有正确认识（即部分自知力或自知力不全）。此时不能说患者完全恢复，当然其复发几率比自知力完整者要高。可以说，自知力完整程度及其变化往往被看做是判断精神病恶化、复发、好转或痊愈的一个标准，自知力完整是精神疾病病情痊愈的重要指标之一。

第三节　精神分裂症的次级类型

自克雷佩林及 Eugen Bleuler 时代起，精神分裂症就一直被分成不同的次级类型。精神分裂症是根据其临床上表现出的主导症状来分类的。在疾病的早期，往往很难明确分型，当疾病发展到一定阶段，其主导症状逐渐明朗化后才便于分型。精神分裂症的不同次级类型，有其特有的发病形式、临床特点、病程经过、治疗反应及预后，对临床有一定指导意义。

DSM-Ⅳ-TR 将精神分裂症分成五个次级类型：偏执型、紊乱型、紧张型、未分型、残留型。其他的诊断系统还包括其他次级类型，如单纯型、分裂情感型等。这些次级类型的信度和效度目前还没有做出最终的评价。

一、偏执型精神分裂症

偏执型精神分裂症（paranoid schizophrenia）的关键在于出现了明显的妄想。其中，被害妄想最为常见，但患者也有可能出现夸大妄想。此外，鲜明的幻听可能会伴随着妄想的出现而出现。偏执型精神分裂症患者也常常会发展出关系妄想。如前所述，他们把不重要的、无关的事件都并入妄想的架构，将听到的他人的对话当做是对自己的议论，认为街上经常出现的人在注意自己等。有些偏执型精神分裂症患者可能会易激惹、好争辩、愤怒及有时出现暴力倾向。当然，尽管他们可能有些做作、拘谨或热切地对待别人，但这常常是一种情绪化反应。

表 11－2　DSM-Ⅳ-TR 对偏执型精神分裂症的诊断标准

符合以下标准的一种精神分裂症类型：

1. 沉湎于一种或几种妄想，常有幻觉。
2. 下列表现均不明显：言语紊乱、行为紊乱、紧张症行为或情感平淡或不适当的情感。

国内的研究提示，偏执型精神分裂症的特点是具有各种原发性妄想和幻觉，而思维形式及情感和意志受到的影响较少。此外，他们的言语尽管充满着与妄想有关的内容，但并不具有紊乱的特点。偏执型精神分裂症发病年龄较晚，且起病较缓慢，常由真实的敏感多疑发展成妄想，妄想的范围逐渐扩大，并有泛化的趋势。偏执型患者的思维趋于内向性，不愿暴露自己的思维内容，易独自沉湎于幻觉、妄想的体验中，行为孤僻离群。

个案研究

患者，男，53岁，已婚，大专文化。无诱因逐渐出现敏感多疑，认为别人怀疑自己偷东西，认为派出所动员邻居来监视自己，邻居家的一举一动都是针对自己的。邻居对自己打招呼是为了向别人传递信息。后来，又认为邻居来自己家串门的目的是来听自己和家人说话，因此要求家人在说话时打开收音机并放大音量，目的在于防止邻居窃听自己与家人谈话的内容。认为邻居家搞装修所产生的噪音也是故意打扰自己。上街时，不让家人左顾右盼，说怕别人丢了东西后怀疑自己。不允许家人晚上往外拿东西和出门，夜间要等到别人家都开了灯才让自家开灯，说借以防备别人用红外线监视自己。后住院治疗，但因无明显疗效而出院。此后，患者不敢再上班，多待在家里。

近来，因楼上漏水，并有邻居吵架而使其症状加重，认为周围人一天24小时在监视自己，自己家对面工地上的灯光也是为监视自己。患者用照相机将楼上邻居向自己房间漏水的情况拍摄下来，将对面工地的情况也拍摄下来。家人出门回家后，患者都要询问他们外出的详细经过，并将家人的行踪记录在日记里。同时，他每天记录周围发生的情况。后因病情加重，家人将其送来住院治疗，诊断为偏执型精神分裂症。

（资料来源：翁永振. 精神障碍典型案例分析. 北京：科学技术文献出版社，2003）

一般认为，偏执型患者在发病后相当长时间内能够保持一定的生活、工作能力，较晚发

生人格衰退。Winokur（1974）曾比较了62名偏执型和115名青春型患者，发现偏执型患者起病年龄较晚于青春型患者。偏执型患者较其他类型的患者易于结婚、生育和被雇用。

二、紊乱型精神分裂症

目前DSM-IV所称的紊乱型精神分裂症（disorganized schizophrenia）传统上被叫做青春型精神分裂症（hebephrenic schizophrenia）。“青春型精神分裂症”一词来自hebe（古希腊神话中的青春女神），希腊语即“青春期”（youth）之意，它是指患者做出典型的孩子般的幼稚行为这种次级类型。例如，疯狂地傻笑、扮鬼脸、恶作剧，不分场合和对象开一些幼稚的玩笑。另外，还有思维瓦解，言语内容松散、不连贯、令人费解，以及有时伴有片断幻觉、妄想等症状。患者行为变幻莫测，缺乏目的性。紊乱型精神分裂症病情进展迅速，预后不佳。

表11－3 DSM-Ⅳ-TR对紊乱型精神分裂症的诊断标准

符合以下标准的一种精神分裂症类型：

1. 沉湎于一种或几种妄想，常有幻觉。
2. 下列表现均不明显：言语紊乱、行为紊乱、紧张症行为或情感平淡或不适当的情感。

个案研究

患者，女，19岁，高中生，学习成绩一向优秀。入院前一个月无明显原因睡眠浅，老师反映其上课时注意力不集中，课堂上答非所问，之后考试成绩不理想，有时不及格。入院前一周哭笑无常，有时高声唱歌，边唱边跳，手舞足蹈。一会儿哈哈大笑，转眼间又痛哭流涕。前言不搭后语：“我是妈妈的好女儿”，“你是魔鬼”，“祖国万岁”。看到异性时突然抱紧对方，遭到劝阻时则显得无所谓。医生在试图与其交流时发现患者思维不连贯，无条理，没有发现幻觉，有片断的被害妄想。诊断为精神分裂症，紊乱型（青春型）。

（资料来源：季建林. 精神医学. 上海：复旦大学出版社，2003）

紊乱型精神分裂症以三个症状为其特殊特征：第一，言语明显不连贯。那些几乎很可能生造新词、语词联想、词语杂乱的人就是紊乱型精神分裂症病人。第二，心境失调，或者表现为淡漠的感情，或者表现为愚蠢无知。第三，行为紊乱，或是缺乏目标定向，如拒绝洗澡或穿衣服。尽管这三种症状可以对这种次级类型予以解释，但是正如我们在前面所见，大多数紊乱型精神分裂症患者有着全部的精神分裂症症状学特征。

三、紧张型精神分裂症

紧张型精神分裂症（catatonic schizophrenia）的主要特点是，有明显的精神运动障碍，可表现为运动性不动、运动性活动过多、极端违拗、缄默、各种怪异的随意运动、模仿言语、模仿动作等。

运动性不动可以表现为蜡样屈曲（waxy flexibility）或紧张性木僵（catatonic stupor），或者是失去运动性，通常还伴随着缄默症（mutism），言语停止，患者可能会保持这样一种状态达数周。有些紧张型患者在其木僵期间保持极其怪异的姿势。他们也可能表现为蜡状屈曲，在那种状态下，他们的躯体就像橡胶玩偶那样，可以被其他人任意摆放而且保持在所摆放的位置不动。然而，紧张型精神分裂症并不仅限于运动活动的减少，很多紧张型患者会在运动性不动期与狂乱运动性活动期之间交替，此时患者突然出现出冲动行为，如卧床不动的患者可能突然起床，无目的地砸破东西，然后仍旧躺下。无论是哪种形式，紧张型精神分裂症患者在兴奋的时候，都会伤害自己或他人；当其处于木僵状态时，一定要防止他们因拒食而发生营养不良、衰竭或高热的危险。

表 11－4　DSM-Ⅳ-TR 对紧张型精神分裂症的诊断标准

至少符合下列五项中的两项精神分裂症症状：

1. 不能动作，表现为僵住（包括蜡样屈曲）或木僵。
2. 动作过多（明显无目的，也不受外界刺激所影响）。
3. 极度违拗、缄默。
4. 特殊的自主动作，表现为作态，刻板动作，装相，或扮鬼脸。
5. 模仿言语或模仿动作。

个案研究

患者，女性，23 岁。1998 年起病，少语、少动、孤僻、懒散，全身肌肉肌张力渐增高，手足蜷缩；半年后不语、不动，颈前曲，渐发展至全身前屈、蜷缩，膝盖可顶及下颌，牙关紧闭，吞咽困难，口齿不清。2000 年在医院住院 50 天后木僵状态缓解出院。近两年走路时弯腰、足外翻、流涎、自语，并右臂上下摇，两手握拳，大小拇指伸出，足趾跖曲，在家中庭院内转圈。近半月来病情加重，失眠，夜间外出，打、骂人，摔砸东西，哭，无故大笑。由于上肢肌张力高，自己无法进食，须喂服；自语、流涎。

2005 年 12 月 6 日再次入院。入院后兴奋、冲动、打人、不知饮食、对护理严重不合作。经住院医师检查，其意识清，思维破裂，甚或词语杂拌，情感不协调，无自知力。经体检，其全身肌肉肌张力高。入院诊断为紧张型精神分裂症。

［资料来源：赵立芳. 泰山卫生，2006（1、2）］

四、未分型与残留型精神分裂症

DSM-Ⅳ-TR 也包括一些传统的次级类型，其中之一是未分型（schizophrenia, undifferentiated type），这是指符合精神分裂症的标准，但临床症状既不是偏执型，也不是紊乱型或紧张型，多种症状相互交叉，很难归入以上任一类型的次级类型。虽然这一名称早已被普遍使用，但常被不加选择地过多使用而缺乏严谨的内涵。

表 11－5　DSM-Ⅳ-TR 对残留型精神分裂症的诊断标准

符合以下标准的一种精神分裂症类型：

1. 缺乏明显妄想、幻觉、紊乱言语和明显紊乱的行为或紧张症行为。
2. 一直有精神分裂症的迹象，出现阴性症状，或精神分裂症标准 1 中列举的至少两项症状，表现形式较轻（如发古怪想法、不寻常知觉体验）。

个案研究

患者，男，19岁，高中生。无明显诱因，在学校里逐渐出现坐卧不安，常在老师上课时偷偷溜掉。经常迟到，与同学关系渐渐疏远，不与他们交往，学习能力及成绩明显下降。向母亲反复要钱，不如愿就发脾气，但拿到钱后就乱花，买小学生的书包背，并反复买书包，而且见什么买什么，如随身听、高级卫生纸、名牌服装等。坐豪华车到处旅游。病中不伴有兴奋话多，爱管闲事和夸大等。有怪异行为，患者将擦大便的纸扔在宿舍里；有时突然哈哈大笑，但不谈自笑的原因；且爱独自照镜子。一次走在街上，突然将迎面而来的拖拉机的玻璃砸碎，并与司机争吵，然后逃走。回家后不与父亲说话，和母亲说话时只说要钱的事，不给钱就破口大骂，有时冲动至打母亲。

近一周来，上述症状无明显诱因加重，患者不到学校上课，四处走动，每天向母亲要钱，近一个月花掉2 000余元。不在学校饭堂吃饭，认为有人跟踪、监视自己。有时在学校突然乱跑，认为同学中有人欲谋害自己，常一个人对着窗外大骂，但无具体对象。近日，患者常说电视剧的内容演的是自己。其被教师、家长送院治疗，诊断为未分型精神分裂症。

（资料来源：翁永振. 精神障碍典型案例分析. 北京：科技文献出版社，2003）

次级类型中的第二种是“残留型”（schizophrenia, residual type）。残留型的特点是，患者至少有一次精神分裂症发作，目前无明显阳性症状，而有明显的阴性症状，如情感平淡、言语贫乏或意志缺乏，或者有两个或多个减轻了的阳性症状，如怪异行为、轻度的言语紊乱或奇怪的信念。如果患者有妄想或幻觉，则妄想和幻觉不突出，而且不伴有强烈的情感反应。有些残留型病程不长，如存在于发作和完全缓解之间的短期内。然而，多数残留型可以持续多年，其间可出现急性加重，也可不出现急性加重。

第四节 精神分裂症的维度

上文所讨论的有关精神分裂症的亚型是一种经典的考察精神分裂症的方法，研究证明它们是一种有效的编组，即它们所描述的精神分裂症实际上是属于源自不同原因、需要不同治疗的不同障碍。相应地，研究者们还试图寻求其他对精神分裂症的信息进行组织的方式。目前，有一种讨论不是根据次级类型来加以建构，而是代之以“维度”的概念。就如空间维度（宽度、长度）一样，精神分裂症的维度是对连续变异的测量，与次级类型相比更加不具排他性。许多临床医师和研究者感到，当前的分类未能抓住基于个体在症状方面的差异的基本维度。取而代之，他们选择了对精神分裂症的另一种思考方式，即对戏剧性的症状的存在与不存在的关注（诸如稀奇古怪的幻觉、妄想及显著的思维障碍等），或者强调该障碍的进程。

最引人注意的三个维度分别是进行性—反应性维度，阴性—阳性症状维度和偏执型—非偏执型维度。

一、进行性—反应性维度

精神分裂症的第一个维度叫做进行性—反应性维度（process-reactive dimension）。正如我们所注意的那样，精神分裂症的发病方面存在着相当大的变异。有的患者经历了持久的前驱期，而另外一些患者则几乎在一夜之间就由功能正常的人变为完全的精神病患者。这种变化维度传统上被称为进行性—反应性维度。那些发病逐渐、缓慢的病例被称为进行性精神分裂症（process schizophrenia）；而那些发病突然，并且明显由某些创伤性事件促发的病例被称为反应性精神分裂症（reactive schizophrenia）。

进行性—反应性维度有一个漫长的历史，可以追溯到克雷佩林和 Bleuler 时代。这两位理论家确信精神病的发作是了解精神病原因的一个线索。生源性精神病（biogenic psychoses），是某些异常生理过程的结果，因而可能具有逐渐、缓慢发病的过程；心因性精神病（psychogenic psychoses）是对创伤性经验的反应，因而可能会突然发病。由此便产生了“进行性”和“反应性”两个术语。现在，很多研究者更多地把进行性—反应性维度看做是一个连续体而不是一个二分体。的确，某些学者现在避免同时使用进行性和反应性概念，而是代之以“病前适应良好—不好”（good versus poor premorbid adjustment）为基础对患者进行分类。即此维度是使用在活动期发作之前患者功能状况良好与否的概念。实际上，良好—不好的病前维度与进行性—反应性维度基本上是相同的，只是后者未对因果关系做出说明。

尽管在对进行性—反应性维度的实用性上存在某些异议，但是在关于这些概念所描述的内容上却具有普遍的一致性。进行性（或病前适应差）的病例典型地涉及较长的不适当的社会、性以及职业适应的历史，进行性精神分裂症患者通常在学校缺少同辈群体，在青春期没有正常的约会，在读完高中后没有继续学业，从未在同一职位上工作两年以上，而且一直未婚。进而，似乎没有促发事件——比如没有离婚或工作的变换等突然的应激源便迅速进入活动期。同时，患者的病史也表明，患者的思想、兴趣、感情和行为经历了一个缓慢的衰退过程，直到患者严重退缩必须住院接受治疗。

相比较，反应性（或有良好病前适应）精神分裂症患者的病前史显然是正常的。患者能适应家庭和学校生活，拥有朋友，有正常约会，基本上能很好地与人相处。精神分裂症症状的发作通常是在明显的突发事件之后发生的，事后患者的异常表现很突然并引人注意，常常伴随有幻觉和妄想。这些患者还表现得异常恐慌和混乱。

病前适应对患者能否康复的预测很有作用。病前适应差的患者比病前适应良好的患者可能需要更长的住院治疗时间，并且出院的可能性更小。正因为这个因素，导致了“慢性”和“急性”两个术语的使用，就实际意义而言，它们几乎可以和“病前适应良好”与“病前适应差”（或进行性和反应性）交换使用。一般而言，“慢性”是指那些有长期严重疾病的患者，通常这些患者已经入院治疗多年，而“急性”是指那些首次精神分裂症发作，并处于短期活动期中期的患者。

二、阳性—阴性症状维度

在所有精神分裂症维度中，近年来引起人们最多关注，而且在专家们的研究中被认为是精神分裂症最重要的可能的原因便是阳性—阴性症状维度（the positive-negative symptoms dimension）。阳性症状是指个人的行为“过分异常”或古怪，或者说是指正常思维过程和行为的夸大和歪曲。妄想、思维与言语的紊乱、幻觉、不适当的情感等都是在精神分裂中经常发现的现象。之所以称这些症状为“阳性”，是因为对于正常行为来说，它们是附加的，健康的人们不相信他们的头脑正在接受火星人的信号。阴性症状是指正常特征和能力的丧失或暂缺，即缺乏某些正常情况下应该具有的特点与行为，包括言语贫乏、情感平淡、退缩、冷漠及注意受损。

一些专家在阳性与阴性症状之间做出了区分，他们认为存在两种基本的精神分裂症的不同分类。精神病理学中的阳性症状与阴性症状最早是由 Jackson（1884）提出的，用于描述脑功能障碍综合征。他认为高级皮质功能的缺损为阴性症状，是原发性的，而阳性症状是继发性的脑失去抑制而产生的释放现象。Thomas Crow（1980）发现，以阴性症状为主的患者的脑室较相同年龄和职业的对照组明显扩大，脑室的扩大与认知缺损明显相关，且对抗精神病药物治疗反应差。阳性症状明显的精神分裂症患者的脑部 CT 检查及神经心理测验未发现脑部结构异常及明显的认知缺损，且对抗精神病药明显有效。因而，Thomas Crow 根据精神分裂症的病理生理和病理解剖的改变，结合临床表现、认知功能、治疗反应以及预后等方面的特征，描述了精神分裂症阳性与阴性症状的基本概念，并且在他所称的 Ⅰ 型（阳性）与 Ⅱ 型（阴性）精神分裂症之间做了区分（见表 7－1）。

（一）Ⅰ型精神分裂症

临床症状以幻觉、妄想为主，起病相对较急，病程进展或恶化或缓解，病前和缓解后有相对正常的社会功能。脑部 CT 检查及各种神经心理测验未发现有潜在脑部结构异常和智能缺损。由于药物治疗效果好，可能存在多巴胺系统的异常。Ⅰ型精神分裂症预后较好。

（二）Ⅱ型精神分裂症

典型的症状是淡漠、迟钝、思维贫乏、意志缺乏、起病潜隐。病程倾向于慢性或衰退，病前有较长时间的社会功能缺损。经脑部 CT 检查，脑室有明显的扩大，经神经心理测验，可发现认知功能缺损。对药物治疗反应差。病理基础可能是脑结构改变所致，预后差。

表 11－6　精神分裂症阳性症状（Ⅰ型）与阴性症状（Ⅱ型）的特征

	阳性（Ⅰ型）精神分裂症	阴性（Ⅱ型）精神分裂症
症状类型	幻觉、妄想、思维障碍、怪异或紊乱行为	言语贫乏、情感平淡、社会退缩、冷漠
病前适应	良好	差
发病	突然，倾向于较晚	缓慢，倾向于较早
预后	良好	差
大脑结构异常	不存在	可能存在
药物反应	良好	差
性别分布	更有可能是女性	更有可能是男性

需要说明的是，Andreasen（1982）认为阳性和阴性症状是单一的连贯过程，大多数患者既有阳性症状又有阴性症状，从而提出把精神分裂症分为阳性症状为主型、阴性症状为主型和混合型三种：①阳性症状为主型，有明显幻觉、妄想及阳性形式思维障碍（如思维破裂、脱轨、离题、逻辑障碍），反复出现离奇行为。上述症状中至少有一项为突出表现，而阴性症状不明显。②阴性症状为主型，思维言语贫乏，情感淡漠，意志缺乏，愉快感消失，与社会疏离，注意力障碍。上述症状中至少有两项为突出表现，不存在或没有明显的阳性症状。③混合型，不能列入上述阳性或阴性症状为主型的精神分裂症患者，或阳性、阴性症状兼而有之者。

另外，一些研究把性别差异同精神分裂症的这些维度联系了起来。正如我们所看到的那样，男性精神分裂症患者一般发病较早，他们更有可能出现退缩并表现出阴性症状；而女性患者更可能有情感障碍及阳性症状。此外，男性倾向于具有更差的病前适应及更差的预后。最后，男性患者比女性患者具有家族病史的可能性更小。这些发现指出，男女两性在不同类型的精神分裂症的患病风险上具有差异：男性对进行性维度更敏感，预后更差，并表现出Ⅱ型精神分裂症；而女性则对反应性维度更敏感，有良好的预后，并表现为Ⅰ型精神分裂症。

尽管这些分类很有条理而且是对称的，但是实际并不完全如此。在不同情况下，典型的“TypeⅠ”的特征也会在“TypeⅡ”的患者中被发现。一些精神分裂症患者既会表现出阳性症状，也会表现出阴性症状。其他最初表现出阴性症状的患者继而会发展出阳性症状，或者反之亦然。在一些个案中，阴性症状可能是次级症状，即它们可能是作为对最初的症状的反应而得以发展的：在对幻觉（阳性症状）的恐惧的压力下，患者出现了社会性退缩、语言贫乏，并显示出情感平淡（阴性症状），但是很难确定其阴性症状为初级或次级。所有的这些问题在任何试图对阳性与阴性症状的基本机制做出说明的理论中都必须予以考虑。

三、偏执型—非偏执型维度

有关偏执型—非偏执型维度（paranoid－nonparanoid）划分的标准在于是否存在被害妄想或夸大妄想。虽然一些研究发现这种维度独立于进行性—反应性维度，但是，另有研究证明两者之间存在一定的关系。例如，Buss 指出，一般而言，偏执型精神分裂症患者与反应型精神分裂症患者相似，“有更为完好的智力，在各方面的任务中表现更出色，并且有一种更高的成熟水平”。正如我们所见到的那样，他们倾向于乐观的判断，症状发作更晚，并有更好的结果。因此，偏执型—非偏执型维度就像进行性—反应性维度以及阳性—阴性症状维度一样具有诊断价值，而且可能有助于关于精神分裂症原因的理论发展。

第五节　精神分裂症的病因学及其防治

就像其他的心理障碍一样，生物学、心理学以及社会文化理论家们都对精神分裂症提出了自己的解释。到目前为止，生物学的解释已获得了较多研究的支持。当然，这并不是说心理与社会文化因素对精神分裂症的影响不大。更确切地说，假如心理事件、个人压力或社会期望形成了一种素质—应激关系，那么它就会在有生物学倾向的人身上发生作用，这些人也就有可能形成精神分裂症。

一、生物因素

毫无疑问，过去几十年来在精神分裂症的研究中，数量最多也最有启发性的是来自遗传和生物学的研究。这些研究显示，遗传、脑化学作用及大脑的结构在导致精神分裂症中起着重要作用。

（一）遗传因素

与素质—应激模式相一致，基因研究者相信，有些人通过遗传获得了一种精神分裂症的生物学倾向，这种倾向在来自外部的压力的作用下导致了精神分裂症，而且这种情况通常发生于青春期后期或成年早期。如同其他心理障碍一样，精神分裂症的遗传观得到了如下研究的支持：①家族研究；②双生子研究；③寄养子研究；④与遗传相关的因素及分子生物学的研究。

1. 家族研究

家族研究一再发现，精神分裂症在有这种障碍的亲属中有较高的发病率，而且在精神分裂症患者的亲属中，与患者的血缘关系愈近，出现这种障碍的可能性就愈大。研究指出，患者一级亲属（父母、兄弟姐妹以及儿女）的发病几率高出正常人群十几倍；在二级亲属中，即同父异母或同母异父的兄弟姐妹、叔伯姑姨、表兄弟姐妹以及孙儿女中，发病几率高出正常人群三倍。从表 11－7 可见，精神分裂症的亲属有较高的患病风险，而且血缘关系越近，风险越高。

表 11－7　精神分裂症的亲属患病风险

渊源关系	患病百分比（%）
配偶	1.00
孙子	2.84
侄子/侄女/外甥	2.65
子女	9.35
兄弟姐妹	7.30
异卵双生子	12.08
同卵双生子	44.30

（资料来源：After Gottesman, McGuffin & Farmer, 1987）

通过基因传递的概念，家族研究的结果支持了精神分裂症易感素质的观点。但是，精神分裂症在亲属中共有的不只是基因，还有经验。我们已经知道，基因经由环境来完成许多工作。因此，在解释亲属的高风险性时，不可忽视环境中的变动因素。

个案研究——精神分裂症：家系十例

先证者（下图Ⅲ9）女，35岁，已婚，因怀疑被毒害及精神恍惚入院（32岁起病）。病前个性：孤僻、多疑、沉默、敏感。平素健康，无重病史。父母健康，无病史。身体检查和神经系统检查未发现异常。精神检查：仪态端正，意识清楚，智力正常，言答切题，表情紧张，不断自言其说，否认有病。诊断为偏执型精神分裂症。

家系调查：该家系四代中十人患病，其中男四例、女六例，病情有轻有重。先证者的双亲非近亲结婚，哥哥正常，她的双亲均正常；先证者的外祖父Ⅰ1为该病患者，病情较重。Ⅱ2、Ⅱ3、Ⅱ6和Ⅲ2、Ⅲ4均表现为该病患者。Ⅲ11为精神分裂症紧张型。Ⅳ1为精神分裂症青春型。Ⅳ4，男16岁，高中生，患神经衰弱，常就诊于精神科门诊。

讨论：精神分裂症患者亲属中的患病率比一般居民高6.2倍，血缘关系愈近，患病率也愈高。遗传因素在精神分裂症的发生上具有重要作用。但是，由于精神分裂症的临床症状非常复杂，对其遗传方式至今尚未定论，目前，一般认为多基因遗传方式的可能性最大，也有人认为是常染色体单基因遗传或多源性遗传。

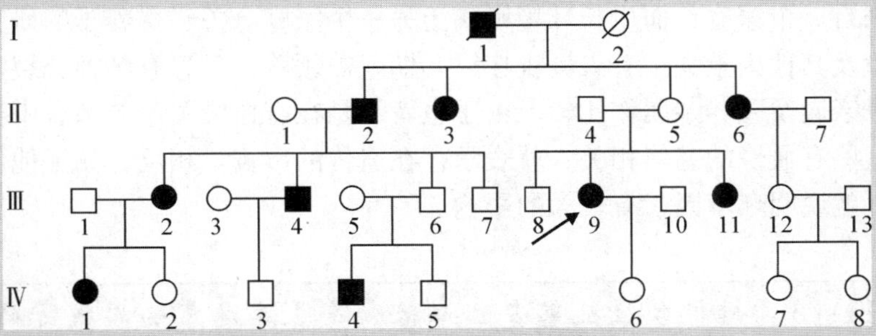

患者家系图

本家系有十例患者，该病具有明显的家族史，从系谱中可看出以下特点：每代都有患者，男女患病机会均等；Ⅱ5有致病基因，但并未患病，表现为外显不全；各患者的表现度有差异，表现在各患者同一基因下病情严重程度不同。因此，精神分裂症在这一家系中表现为常染色体单基因遗传，可能为外显率不完全的常染色体显性遗传即不规则显性遗传。

［资料来源：王春杰等. 中华医学遗传学杂志，2007（5）］

2. 双生子研究

双生子是所有家族中遗传最接近的亲属，如果一对双生子双方都有特殊的特性，那么他们就具有了一致性的特点。如果遗传在精神分裂症的发病上有作用，那么，同卵双生子比异卵双生子在这一障碍上就应该有较高的同病率。而这种可能性已经得到研究的一致性支持。双生子的研究表明，异卵双生子的发病几率与同胞兄弟姐妹无明显差异，但同卵双生子的同病率却达到了50%左右。更为近期的研究通过对研究方法的改进，显示出同卵与异卵双生子在同病率上存在明显差异，即同病率的比为3∶1到5∶1。当双生子中的一个表现出更严重的症状时，同卵和异卵双生子间患病的一致性差异就趋向于增大（Wweeney，Haas & Nimgaonkar，2000）。这种差异也会随着症状的性质不同而有所不同。如果同卵双生子中的一个表现出显著的阴性症状，则同卵和异卵双生子间同病率的差异就会大于表现出阳性症状的双生子（Dworkin & Lenzenweger，1984）。这个发现也支持了Ⅰ型—Ⅱ型精神分裂症的辨别效度，印证了Ⅱ型精神分裂症具有更强的遗传成分。

Genain 姐妹，四胞胎，她们在成年后都相继患上了精神分裂症。

3. 寄养子研究

我们都知道，寄养子研究指孩子在婴儿期就离开了他们生物学上的家庭，因而，他们的遗传基因来自一个家庭，而生长环境则属于另一个家庭。关于寄养子的研究显示，遗传因素远较环境及其他因素大。有人调查在婴儿期就被领养，后患有精神分裂症的成人，并将他们与血缘亲属及领养亲属作比较。由于患者不是在有血缘关系的亲属中养育，如果他们的症状和这些有血缘的亲属相关，就表示存在遗传的影响。相反，如果他们的症状相似于领养亲属，就说明环境因素有较大的影响。

相关链接 11－3　精神分裂症患者的血缘和寄养亲属中的思维障碍

参加该研究的被试是从寄养后患上精神分裂症的一个大样本中抽取出来的。

	思维障碍指标的分数		
	精神分裂症寄养子女	控制级寄养子女	差别
寄养子本人	4.82	1.15	3.67
其血缘亲属	1.37	0.99	0.38
其血缘兄弟姐妹和同父异母兄弟姐妹	1.44	0.82	0.62
其寄养亲属	1.11	1.31	-0.2

控制组的性别和年龄与精神分裂症组匹配。控制组的被试没有接受过精神科住院治疗。研究者录下患者和控制组以及他们的血缘父母的言语以评估环境的重要性。依据这些言语的样本，采用思维障碍指标中指定的类目，评出每个人（患者和亲属）的思维障碍分数。结果见表中所示。高的TDI分数表示更多的思维障碍。结果表明，与控制组寄养子女的血缘亲属相比，精神分裂症寄养子女血缘亲属有比较高的思维障碍分数。但是，这两组寄养亲属的思维障碍没有显著的差别。这种数据表明，基因在预测思维障碍时比环境更为重要（Kinney et al.，1977）。

（资料来源：格里格，津巴多．心理学与生活．王垒，王甦等译．北京：人民邮电出版社，2003）

Seymoir Kety 在 20 世纪 60—80 年代在丹麦的哥本哈根进行了一项大规模研究，并建立了有关领养和心理疾病的详细资料。其对有 5 500 个在早期就被领养的成人样本进行的研究强烈地支持了遗传在精神分裂症患病方面的作用。总体而言，精神分裂症被领养者 14% 的血缘亲属本身可以列入精神分裂症，而只有 2.7% 的精神分裂症被领养者的领养亲属得到了这种诊断。正常被领养者的血缘亲属和领养亲属精神分裂症的患病率分别是 3.4% 和 5.5%。

（二）神经生化

近三十年来的神经生化研究发现，中枢神经系统的单胺类递质在精神分裂症的发生中起着重要作用。其主要依据是：第一，很多遗传疾病是由这一机制引起的；第二，抗精神病药物治疗精神分裂症症状有效，这就提示我们，该疾病有某种生化基础；第三，能增强多巴胺功能的药物如苯丙胺可以引起精神分裂症样的疾病。某些精神药物或抗精神病药物的治疗作用与神经递质或其受体的功能有密切关系，因此研究者们提出了各种假说。

1. 精神分裂症的多巴胺假说

多巴胺假说是各种假说中最主要的一种。其证据来源于抗精神病药物的研究，这些药物对控制精神分裂症症状有引人注目的效果。其中一个发现是抗精神病药物对思维障碍、退缩这类症状的疗效最为显著，对幻觉的疗效一般，而对诸如焦虑这样的神经症毫无效果（Tammimnga，1997）。换言之，这些药似乎对基本的精神分裂症症状有效，所以研究者认为，这些药物的化学活动为精神分裂症背后的化学活动提供了线索。这些药物的作用是控制大脑中的多巴胺，即降低了部分大脑使用多巴胺来传递神经冲动的活性（Schneider & Deldin，2001）。因此，多巴胺假说是指精神分裂症与多巴胺的过度活动有关。

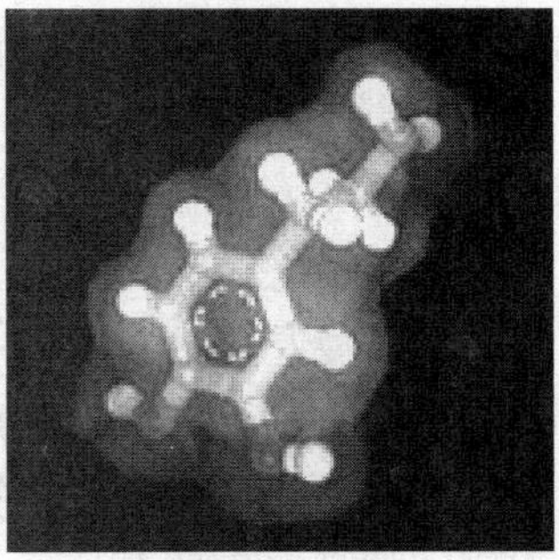

电脑绘制的多巴胺分子

这些神经递质的高活性与精神分裂症有关，而低活性与巴金森氏疾病有关。

多巴胺假说最主要的证据来自被称为强镇静药或安定药的抗精神病药物的效应。最常用的镇静药物一般都属于吩噻嗪类，包括氯丙嗪、硫利达嗪和氟奋乃静。镇静药物阻断多巴胺受体，从而降低多巴胺活性。因此，抗精神病药可抑制造成精神分裂行为的过度的神经冲动传递。

支持多巴胺假说的其他证据来自一系列兴奋性药物如安非他命的使用。这类药通过阻断突触前神经元的再摄取升高突触间隙的多巴胺浓度。当将此药物大剂量用于正常人时，其会出现与偏执型精神分裂症相似的症状。

此外，研究指出，中脑皮质路径（mesocortical pathway）是另一个脑内多巴胺活性区域，它类似于中脑边缘系统路径的起始区域，但是投射到前

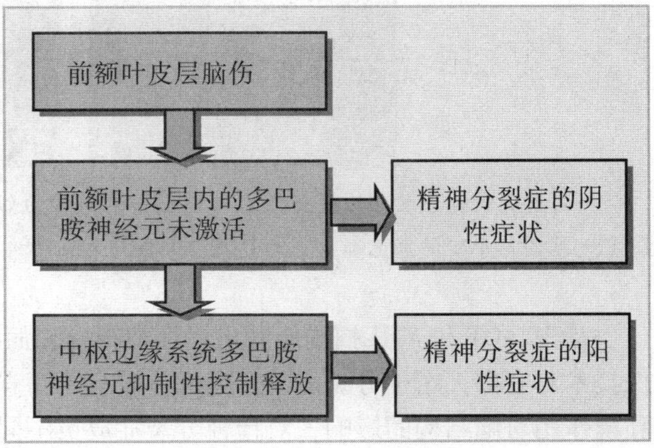

图 11－1　精神分裂症的多巴胺理论

额叶皮层。前额叶皮层也投射到受多巴胺神经支配的边缘系统区域。位于前额叶皮层的多巴胺神经元可能未被激活，因而无法抑制位于边缘系统区域的多巴胺神经元，所以在这个路径上的多巴胺过度活跃。因为前额叶皮层被认为与阴性症状有特别的关联，所以在此区域内的多巴胺神经元未被激活可能引起精神分裂症的阴性症状。而上述观点也可以解释为什么精神分裂症患者会同时存在阳性和阴性症状，见图 11 – 1。

2. 其他生化假说

（1）5 – 羟色胺（5 – HT）假说。吲哚类致幻剂一向被认为是精神分裂症幻觉的模型。抗精神病药物 LSD – 25 是 5 – HT 的抗代谢物，能在健康人身上引起类似精神分裂症的症状。因此，很早就有人（Wolley et al.，1954）提出精神分裂症可能与 5 – HT 代谢障碍有关。

（2）神经肽和精神分裂症假说。神经肽、内腓肽对动物情绪和行为有明显影响且与脑内多巴胺系统功能有密切关系。自从被发现以来，在精神病学领域内引起了研究者很大的兴趣。精神分裂症脑脊液中的内腓肽含量增高，且随病情改善而下降的报告，曾一度使人推测内腓肽过多与精神分裂症的发生有关，吗腓拮抗剂可能直接起治疗作用。但用人工合成的 β – 内腓肽治疗精神分裂症的试验未能得出肯定的结论。

（3）多巴胺能系统与谷氨酸系统功能不平衡假说。一般认为，神经阻滞剂的抗精神病作用主要是通过对纹状受体的拮抗作用而产生的。如果药物剂量足够，纹状体受体的 65% ~80% 可为神经阻滞剂所占据。如何解释神经阻滞剂的皮层下 DA 系统的作用，能对大脑皮层功能发生影响，控制精神分裂症的思维、意志等障碍，是从事神经生化和精神病理研究的学者们所关注的一个问题。

（三）脑结构异常

一百年以来，精神病医生反复思考精神病与脑之间的关系、性质及其存在。尤其是过去的二十多年里，在结构影像技术的推动下，这种关系的研究取得了实质性的进展。

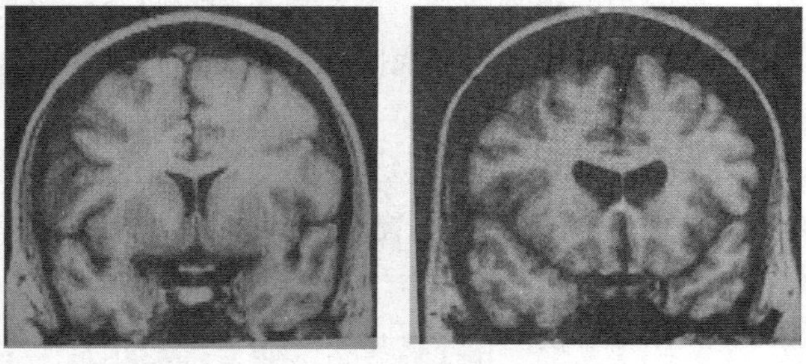

一名患有精神分裂症的妇女（右侧）与一名正常的妇女（左侧）的核磁共振脑影像图。扩大了的脑室（见图片中心的黑色部分）为精神分裂症与大脑结构异常存在联系提供了有力的证明。

首先，CT 和 MRI 扫描能看出慢性精神分裂症的大脑要小于正常人。研究人员应用影像技术对有和无精神分裂症的家庭成员进行了筛查，家族内研究设计减少了随机遗传学和环境作用对脑结构的影响，对精神分裂症成员不同遗传学距离的亲属的研究也能够解决遗传学易感性、脑结构和临床表型之间的关系。例如，精神分裂症不一致的同卵双生子，与未患病的双生子比较，患病双生子一律具有较大的脑室和较小的颞叶，这暗示精神分裂症表型与病理学特性有关，并且暗示在这种独特的遗传情况下，这两种都是由环境因素决定的。此外，研究者证明，慢性精神分裂症患者的脑室——含有脑脊液的腔体趋向于增大（Brennan & Walder，2001），这一特殊标志与认知损伤、药物治疗效果不佳、不良的病前调适有关。研究表明，精神分裂症患者一般均有大于他们未患病同胞的脑室；而后者的脑室大于无精神分裂症家族的健康人，且在未患病亲属中，那些义务携带者（如传递精神分裂症基因）或那些表现出精神分裂症相关精神病理学特性的人，其脑异常更显著。因此，结构性脑异常的梯度与基因型和表现型接近精神分裂症的程度增加有关。脑室增大意味着什么？它意味着在这些脑室边上的脑结构可能也受到了影响。从脑影像研究和死后尸检研究中已经发现了在三个具体系统中的变异：前额皮层，颞叶—边缘系统和基底神经节或小脑。如前所述，这些变异也会在精神分裂症患者的亲属中出现。

一些 PET 扫描研究发现，当给精神分裂症患者进行新陈代谢测试时，在他们完成需要选择性注意和其他前额叶参与的问题解决能力的认知任务时，他们中的很多人显示出了前额叶的低活动性（Carter et al.，1997；Artiges，Martinot et al.，2000）。此外，他们的前额皮质中突触很少，使得神经传递变得更困难，且存在这种情况的患者容易出现阴性症状。相反，表现出阳性症状的患者的颞叶或边缘结构经常出现异常性（Marsh et al.，1997）。精神分裂症第一次发作的患者也表现出了这种颞叶异常现象。MRI 研究的确发现幻听与颞叶、丘脑、海马中的激活有联系（Shergill et al.，2000）。于是，研究者认为，阳性症状和阴性症状似乎源于脑的不同部位。

二、心理应激与精神分裂症

我们讨论了一些对精神分裂症而言是可能的生物学素质，但导致精神分裂症的原因不止这一个，心理应激通过与生物学上的易感性相互作用，在这种疾病的产生上起着重要作用。资料显示，与我们讨论过的许多障碍一样，生活方面应激的增加致使心理障碍复发的可能性进一步提高了；进而精神分裂症患者似乎对日常生活中遭遇到的应激源反应非常明显。Myin-Gremeys 等人（2001）的研究表明，应激导致患者及其亲属都出现了更多的积极心境的减退、消极心境的增加。于是，精神分裂症患者对日常应激具有特殊的易感性。

研究者们认为，社会阶层与家庭这两种应激源在导致精神分裂症方面起着重要作用。

（一）社会阶层

许多年来，我们已知居住在城市中心区域的低社会经济阶层的人们当中有着精神分裂症的高发病率。更确切地说，最低社会阶层的精神分裂症患者的数量与其他社会阶层的精神分裂症患者的数量之间的确存在明显的差异。由 Hollingshead 和 Redlich 在康涅狄格州的纽哈文对社会阶层与心理疾病所做的一项为期十年的经典研究中发现，最低社会阶层精神分裂症的发病率是较高社会阶层的两倍。这些研究结果已通过在诸如丹麦、挪威以及英国等国家的相同社区所做的研究得到了跨文化的证实（Kohn，1968）。

社会阶层与精神分裂症之间的相关具有一致性，但是在因果关系上它们却很难得到说明。有人相信，与处于低阶层相联系的应激源可能会导致或促使精神分裂症的发展，这种观点被称为社会发生假说（sociogenic hypothesis）。一个人受到他人的歧视、低教育水平以及赞许与机会的缺乏，这些因素综合在一起可能构成了处于低社会阶层的成员发展精神分裂症的应激性经验。此外，低社会阶层的成员所遭遇的应激源也可能是生物学的，例如，我们已经知道，低社会阶层儿童的母亲，在怀孕期间由于营养的缺乏，增加了这些儿童精神分裂症患病的风险（Susser et al.，1996）。

对精神分裂症与低社会阶层之间关系的另一种解释是所谓社会选择理论（social-selection theory），该理论调转了社会阶层与精神分裂症之间因果关系的方向。这种理论认为，在精神病形成的过程中，精神分裂症患者可能会落入城市中的贫困区。不断增加的认知与动机方面的问题困扰着这些个体，并且损害着他们的谋生能力，以至于他们难以维生。或者他们可能选择移居到其可承受的社会压力较小的地区，以逃避紧张的社会关系。

有人认为，解决这些观点相反的理论之间的冲突的一种可能方式是对精神分裂症患者的社会流动性进行研究。但是，研究的结果往往是不一致的。Kohn（1968）提出了检验这一问题的另一种方式，即检查患者的父亲是否也来自低社会阶层。如果是，这就可能被视为一种支持社会发生假说的证据，即较低的社会阶层促发了精神分裂症，因为阶层是先于精神分裂症而存在的。如果父亲来自较高社会阶层，那么社会选择理论就应该是更好的解释。Turner 和 Wagonfeld（1967）所做的一项研究发现了支持社会选择理论的证据。研究所调查的二十六名低社会阶层的患者中，只有四名患者的父亲生活在低社会阶层。

一项在以色列的研究根据对社会阶层与种族背景的调查，对这两种理论做了评定。调查对具有欧洲种族背景的以色列犹太人与以色列的较为近期来自北非与中东地区的移民的精神分裂症的发病率做了检验，后者体验到了显著的种族偏见与歧视。用社会发生假说可能会预测到，由于他们在所有社会阶层中体验到了高水平的压力，因而处于不利境地的种族群体的成员可能会在所有社会阶层中都一致具有较高的精神分裂症发病率。尽管如此，这种模式并未出现，因此研究支持了社会选择理论。

总之，研究资料更多地支持了社会选择理论。但是，我们也不能因此而得出结论，认为社会环境在精神分裂症方面没有重要作用。例如，精神分裂症在来自加勒比的非洲裔居民中的流行率比来自伦敦移民的非洲裔居民要低得多，而加勒比地区的非洲裔居民一直居住在本国（Bhugra et al.，1996）。这种差异可能与试图融入一种新文化而产生的压力有密切关系。

（二）家庭与精神分裂症

早期的理论认为，家庭关系，特别是母子之间的关系是导致精神分裂症的关键因素。在一段时间里，这种观点非常盛行，以至于出现了“致精神分裂症的母亲”这一概念。按照这种理论，母亲与子女之间的不良关系是导致精神分裂症的原因。于是，精神分裂症患者的母亲便成了被唾弃的人，人人避而远之，更有人将这种理论扩展为双亲及婚姻的影响，并进一步将这种父母的不良影响归纳为两种婚姻类型，即家庭扭曲型与家庭不和型。前者指那种母亲较专横、较古怪，而父亲较被动及依赖性强的家庭；后者指那种充满着冲突、争执及敌意的家庭，而患者本人则因不知应站在父母哪一边而患精神分裂症。虽然这种观点曾刺激了人们对这一问题的研究，但后来的临床研究并没有支持这种学说。

研究表明，精神分裂症患者的家庭成员容易有一种不常见的交流模式，他们的言语交流可以用模糊、浑浊、不明确、支离破碎、不完整来形容。很多研究把这种现象称为交流方式偏差（communication deviance，CD），交流方式偏差可以用诸如TAT或罗夏克测验进行测量。在一项研究中，父母的交流方式偏差为其处在青少年时期的子女是否会在15年后患精神分裂症提供了一个很好的预言（Goldstein，1987）；而另一项研究则指出，交流方式偏差似乎与情绪表达（expressed emotion，EE）有关，情绪表达高分的亲属，交流方式偏差也高分。

一系列最初在伦敦所做的研究指出，家庭可能对那些出院后患者的调适有重要影响。在许多研究中，研究者评估了有住院精神分裂症患者的家庭对患者的情绪表达。在这些研究中，情绪表达评价基于两个因素：批评和情绪的过高卷入。Brown及其同事（1966）进行了一项为期九个月的对那些出院后回到家中生活的精神分裂症患者的跟踪研究。研究发现，家庭成员对患者经常、强烈的干涉及批评态度对患者的病情恢复有影响，非常容易使患者的疾病复发。因而有学者将患者与家属的这种态度称为“高情感表达”（high expressed emotion）。在这一研究中，根据情感表达这一变量，家庭被分为两种类型：那些显示出大量情感表达的家庭被叫做高情绪表达家庭，而那些显出较少情感的家庭被叫做低情绪表达家庭。在追踪研究的后期，低情绪表达家庭的出院患者中有10%的人因病复发返回医院，而一个鲜明的对照是，在同一个时期，高情绪表达家庭的出院患者中有58%的人因病复发而返回了医院。因此，有些家庭治疗专家试图用训练家庭成员的方法来减少这种过度的情感表达，进而降低疾病的复发。

许多精神分裂症患者在结束住院后会对家庭有一个困难的适应期。根据情绪表达理论，在一个高情绪表达的家庭，会增加出院患者的障碍再度恶化的机会。

研究者对刚出院的患者及其高或低情绪表达的家人的沟通做了观察后发现：①患者拥有不寻常的想法（如“如果那个小孩咬你，你会得狂犬病。”），引发了高情绪表达家人的许多批评；②高情绪表达家人的批评导致患者不寻常想法的表现增加。因此，研究发现了高情绪表达家庭的双向关系：家人的挑剔引发了患者更多不寻常的想法；而患者表达不寻常的想法也引发了家人更多的批评。

三、社会标签论

社会文化理论家认为，有心理障碍的人是社会力量的受害者，他们认为社会标签（social labeling）就是促成精神分裂症的原因之一。

社会标签论认为，精神分裂症的特征是受诊断本身的影响而形成的（Modrow，1992）。根据这种观点，社会往往会给那些不能遵循社会规范或违反行为习俗的人扣上“精神病”的标记。一旦这个标记加在某人头上，不管恰当与否，其就会变成一种自我实践的预言，进而促使精神分裂症症状的出现与发展。请看 Modrow 自述：

就像其他有价值的努力一样，要变成一个精神分裂症的人，需要一段长时间严格的训练。我这种特殊训练的召唤开始于我6岁的时候。那时，我有些迷惑的母亲把我带到华盛顿大学去接受一个精神科医生的检查，希望能够找出我到底有什么毛病。这位精神科医生告诉我母亲："我们不知道你儿子确切的问题，但是不管是什么问题，它是非常严重的。我们建议立刻将他送到医院，否则他在一年以内就会完全成为精神病。"我母亲没有立刻将我送到医院，因为她知道，这样做将对我产生极大的伤害。但由于有这些不吉利的预言，我父母亲开始认为我如同一个小疯子一样，或者至少认为我正在变成疯子。17 岁那年，有一次母亲看到我在玩一些看上去很脏的东西，而且我正在将它们混合起来。于是，她很严肃地告诉我："有些人就是因为做这种事才被送进了精神病院。"母亲一边说，脸上一边呈现出恐惧的神色……我最轻微的奇怪行为就足以激起父母亲极大的恐惧。父母亲的恐惧也使我真的害怕自己就要疯了……我的命运不是被我的基因锁定，而是被我父母亲的态度、信念以及期望锁定的……而我实在很难责备他们，他们说我好像就要发疯了，事实上那是精神科医生以绝对肯定的语气告诉他们的结果。

如同 Modrow 一样，有些被称为精神分裂症的人，也可能是被人以"疯子"来看待和对待的。也许是他人的期望，微妙地鼓励了个人去表现精神病行为。然后他们又必须接受他人所指派的角色（疯子），并且去学习如何真正扮演这个角色。Rosenhan（1973）在一项研究中指出，有八位正常的人到各种不同的精神病院去做检查。他们抱怨说听到了有人说话的声音，听到了"空洞"、"空虚"以及"砰砰作响"这些词。于是他们很快被诊断为精神分裂症，而且八个人都住进了医院。虽然这些假性患者后来都不再显示这些症状，而且行为正常，但在消除他们的标记上仍存在很大的困难，而且他们无法从医院回到家中。

这些假性患者报告说，医院医护人员对待患者都是权威式的，与患者接触的时间相当有限，而且对他们的问题草率、心不在焉。事实上，他们把患者当做隐形人一样对待。例如，"一个护士解开她的制服的纽扣，在整个医院男患者的观看下来调整她的胸罩，她没有感觉到她可能会引诱别人。相反，她并没有注意到这些患者的存在"。此外，这些假性患者报告说，他们感到了无能、无聊、疲倦以及冷漠。调查研究表明，精神分裂症标记的消极作用不仅仅在于别人如何看待患者，更重要的是影响了个人如何看待与感觉自己，如何看待与感觉自己的行为举止。

四、易感素质—应激模式

根据该模式，个体会以多基因的方式遗传获得某种特性或行为的倾向，然后在某种应激条件下被激活。每种遗传倾向就是一种素质，顾名思义，其意味着产生某种障碍的易感性。当合适的生活事件，如某种应激源发生时，个体就会产生某些障碍。换言之，假定某一个体本身存在着对精神分裂症的易感素质，而当外界不良刺激出现在具有这种特殊素质的人身上时，其便产生了精神分裂症的症状。如果没有某种环境事件的发生，这种素质就不会充分表现出来。也就是说，生物因素、环境、心理及社会因素的共同作用导致了疾病的发生。这其中无论是易感素质还是外界压力都可能是生物学性质的或是外部环境的原因，抑或是二者兼备。外界压力既可以是生物学性质的（如感染），也可以是心理学性质的（如家庭不和或丧失亲人等）。而易感素质的生物学基础也可因外界因素的影响而强化，如心理社会压力及心理创伤等。以上事例说明，外因与易感素质分别在精神分裂症发病中起着作用。更重要的是，目前尚无公认的理论可解释同卵双生子的同病率只有 50% 这个事实。也就是说，关于外部环境因素对精神分裂症发病的作用，我们还知之甚少。一种可能的解释是，尽管同卵双生子有着相同的基因，但由于他们生活环境的不同而有着不同的基因表达的调节机制，而不同的基因表达的调节机制，使同卵双生子中的一个患了精神分裂症，另一个却幸免于难。

该模式还认为，具备一个特定的易感素质并不意味着你一定会得某种相关的疾病。易感的程度越小，产生障碍所需要的生活压力因素就越强；相反，易感性越强，生活压力的因素就不需要很强也可致障碍产生。这种模式虽然显得过于简单化，但是，这种基因和环境相互作用的模式一直非常流行。

第六节 精神分裂症的治疗

精神分裂症的治疗是心理疾病防治中亟待解决的重大课题。但是，由于病因尚不明了，目前只能从这些病症的早期发现、早期诊断和早期治疗上进行干预。首先要对急慢性病例进行药物治疗以减轻症状；其次要针对患者可能产生的社会功能缺陷采取康复措施。只有通过药物治疗与社会康复措施相结合，大部分患者才能取得较好的疗效。

一、抗精神病药物治疗

在精神分裂症的治疗中，药物治疗起着关键作用。支持性心理治疗及改善社会心理环境，减少环境中的不良应激，改善患者的心境亦具有重要意义，这些治疗一般均与药物治疗相结合进行。在疾病慢性阶段，用药物减轻精神症状的同时，以社会心理康复措施来减少和预防患者的衰退，进而提高患者适应社会生活的能力。

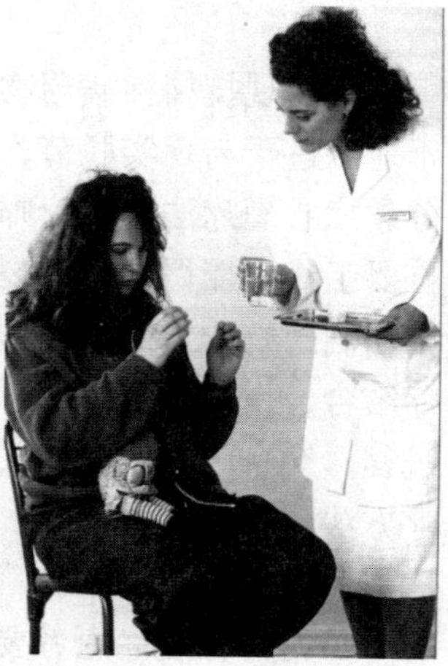

有时精神分裂症会给患者造成很大的损害，以致需要住院治疗。

抗精神病药物能有效而迅速地控制急、慢性精神分裂症的症状，四十多年来已广泛应用于临床治疗。抗精神病药物的不断推陈出新，使临床医生在治疗中有了更多选择的可能，但必须注意合并治疗中的问题，尽可能减少副作用，提高治疗效果。

最常用的抗精神病药物，从化学结构上分，有酚噻嗪类、丁酰苯类和硫杂蒽类。一般可分为高剂量、低效价和低剂量、高效价两类。前者以酚噻嗪类的氯丙嗪和甲硫哒嗪、硫杂蒽类的泰尔登为代表，其特点是对激越、失眠、兴奋不安、幻觉和妄想有效，效价低，有效剂量高，对内脏系统，如心血管、肝脏等的毒性反应较明显。后者以酚噻嗪类的氟历乃静、三氟拉嗪、丁酰苯类的氟哌啶醇、三氟哌啶醇为代表，其特点是镇静作用弱，锥体外系副作用较明显，除具有抗幻觉和妄想作用外，对情感淡漠、意志活动减退有激活作用，效价高、剂量小，对内脏的毒性副作用较小。不同神经阻滞剂的抗精神病作用大致相同，其临床效应取决于剂量大小、服药途径、精神病症状的特点及个体的敏感性等因素。一般儿童及老年人的耐受性较差，剂量较小。

选用药物治疗时，应考虑精神分裂症的临床特点、临床类型、病程和病期以及占主导的临床症状等。

二、电痉挛治疗

最初，电痉挛治疗（ECT）仅用于有限的特殊综合征及那些药物治疗无效的精神分裂症患者。在以前的报告中，人们认为紧张型患者及带有抑郁症症状的精神分裂症患者是ECT治疗的指征。来自临床的报告也显示ECT对这两类患者有迅速疗效，但缺乏客观的对照研究。而后来的几项ECT与药物联合治疗与单用抗精神病药物治疗精神分裂症的对照研究证实，前者疗效优于后者。在较新的研究中，急性精神分裂症患者随机接受ECT或无抽搐ECT治疗，平均8~12次，结果是接受了ECT治疗的患者在第二、四、八周时病情明显改善，到第十六周时则无明显差异。该研究者得出结论，认为ECT治疗对急性精神分裂症有显著疗效，即使对那些已经开始接受吩噻嗪类药物治疗的患者也是如此。其缺点是疗效维持时间短。

三、心理治疗

在发现抗精神病药物之前，心理治疗并非精神分裂症患者的真正选择。大部分患者由于他们过于与现实脱节，因而无法从心理治疗中获益。少数特别具有耐心并专门研究精神分裂症心理疗法的治疗师则报告说取得了某种程度的成功。这些治疗师相信，从事治疗的首要工作是赢得精神分裂症患者的信任，而后与他们建立密切的治疗关系。今天，由于抗精神病药物的帮助，心理疗法在很多精神分裂症案例中取得了相当的成功。药物与心理治疗结合，帮助患者减少思维与知觉上的困扰，使他们能够了解自己的症状，积极参与治疗过程，对自己与他人的关系有更清楚的认识，并改变自己的行为。目前，最有效的心理治疗方法包括支持性治疗、行为疗法、领悟疗法、家庭治疗与社会治疗。

（一）支持性治疗

对精神分裂症患者要关心、同情，千万不能歧视。如对单纯型患者，要安排他们做一些简单的家务劳动，如扫地、叠被、搬运物品等。要主动与其交谈，要求其参加家庭成员的活动，做户外活动，听优美的音乐，这些活动对防止患者人格衰退有积极作用。

对偏执型患者，在恢复期间可根据患者的症状联系事实进行讨论，可用通俗易懂的言语、大量生动的事例帮助患者了解幻觉、妄想缺乏客观事实根据，以促进患者自知力的恢复。帮助患者解除思想顾虑，告诉他们只要坚持服药，坚持正常的工作、生活，积极配合治疗，是会取得良好疗效的。

（二）行为疗法

用行为矫正的方法对治疗精神分裂症也有较好的疗效。如当患者出现胡言乱语时，就冷淡他；当其表现出合理的言语时，就关心他，与他交谈。一段时间后，他的合理性言语就会有所改变。以代币制为例，在代币制方案中，当患者表现出可接受的行为时，就会得到奖赏；若行为是不能被接受的，那么他们就不能得到奖赏。一般而言，对可接受行为的即时奖励就是使用一种代币。这种代币可以换取食物、香烟、医院里的特权以及其他患者想要得到的东西。所谓可接受的行为，一般是指那些能照顾自己的生活起居和所有物，能参与工作，说话有条理，同时能遵守医院的规章制度以及训练自我控制的行为。研究者发现，代币制的确可帮助患者减少精神病以及相关的行为问题。在一项相当成功的方案里，Gordon Paul 和 Robert Lentz（1977）为医院里 28 位慢性精神分裂症患者设计了代币制治疗方案。大部分患者通过这种治疗，行为有了相当的改善。四年半后，这些患者中有 98% 出院。

也可通过订立契约的方法对精神分裂症患者加以干预。订立契约是连同患者本人在内的两位或三位以上的有关人员写下彼此都同意的条文，这些条文规定了患者应该有的行为表现和有没有这样的行为表现会伴随得到的具体结果。这种契约使参与心理干预的患者明确了应有的行为要求和行为标准，也使其清楚达到这样的要求和标准将会发生的偶联事件。

当然，拟定契约要考虑如下问题：①详细说明目标行为，尽可能具体列出对目标行为的要求；②明确规定与目标行为相联系的偶联事件；③如果行为表现比所要求的更好、更多、更积极，应有额外奖励条文；④说明对患者的目标行为及有关情况如何进行观察、记录报告，务使契约各方及时、准确、全面地了解自己行为表现的发展变化；⑤安排好对患者的行为表现所实施的强化偶联。

（三）领悟疗法

各种领悟疗法都可以用于精神分裂症个案之中。研究指出，领悟治疗师的特殊取向并不重要，重要的是他们治疗精神分裂症的经验。此外，最成功的治疗师往往采用相当积极的角色表达他们的意见，对患者的言论提出挑战，提供指导、显示同理心及获得患者的信赖等。例如，对偏执型患者，在恢复期间可根据患者的症状联系事实进行讨论，可用通俗易懂的言语、大量生动的事例帮助患者了解幻觉、妄想缺乏客观事实根据，以促进患者自知力的恢复。帮助患者解除思想顾虑，告诉他们只要坚持服药，坚持正常的工作、生活，积极配合治疗，是会取得良好疗效的。

（四）家庭治疗

大多数患者患病后，特别是在痊愈以后，会与家人生活在一起，因此，家庭的压力、家庭成员的态度与言行对患者有极大的影响。一般而言，精神分裂症患者对亲属的感觉如果是积极的，可能会有更好的治疗结果。

国内外的调查资料表明，家庭成员对患者的不正确态度、生活中的不良心理应激均可能影响患者的预后或导致病患复发。全国12个地区精神疾病流行病学调查资料表明，在18个可能影响社区慢性精神分裂症患者的预后因素中，家庭照顾占首位，回归系数值最大。但是，正如我们在病因学的分析中所述，比起那些更积极地给予患者支持的家庭，患者与“高情感表达”的家人生活在一起可能会有不良的后果。为此，临床治疗师认为应该把家庭治疗与精神分裂症其他治疗结合起来，为家庭成员提供指导、训练及实用的忠告，提供有关精神分裂症的心理教育的方法及情感的支持与同理心的指导。

在家庭治疗中，亲属应确立更为实际的期望，更为宽容，更多地尝试运用新的沟通方式与患者交流。家庭治疗也要帮助患者学习应付家庭生活的压力，与家庭成员有更积极的互动，使患者能够从家庭环境中获益。Cameron 及 Baucom 等人（1999，1998）研究发现，家庭治疗，尤其是当它与药物治疗相结合时，有助于减轻家庭内部的紧张，进而减少疾病的复发。

精神分裂症患者的家庭通过积极寻求家庭的支持团体以及家庭心理教育方案（family psycho educational programs）来得到协助、鼓励与积极的建议。例如，家庭成员可与其他情况相似的家庭分享有关的感想与计划，相互提供支持，学习掌握一些有关精神分裂症的知识。目前，尽管这种方法的有效性尚未得到完全肯定的评估，但实际上这种方法已经愈来愈在家庭中得到普遍运用。

（五）社会治疗

很多临床治疗者深信，对精神分裂症的治疗应该包括采用适当的技术来处理患者在生活中遇到的社会及个人困难。临床工作者要给患者提供实际的建议，与患者一起寻求问题的解决方法、一起做出决定，并对患者进行社交技能训练。还要督促患者服药，甚至帮助他们寻找工作、提供财务上的协助以及适当的住所等。这种实际、积极、广泛的方法通常又被叫做社会治疗法（social therapy）或个人疗法（personal therapy）。

研究发现，社会治疗法确实能帮助患者而不必使他接受住院治疗。在一项实验中，研究者对四组长期住在公立精神病医院的患者出院后病情发展的情况做了实验研究。一组患者接受了抗精神病药物治疗，同时在社区接受社会治疗；其他各组只接受药物治疗，或只接受社会治疗，或没有任何治疗。研究者发现，慢性患者需要继续服药，以避免再次住进精神病院。在两年的时间里，如果没有继续服药，那么80%的患者需要再次住院；而继续用药的患者，只有48%需要再住院。同时，研究还发现，接受药物治疗的患者，如果同时也接受了社会治疗，那么他们在适应社区生活以及避免重新住院方面是最成功的。显然，社会治疗在其疾病复原过程中起着重要作用。

第十二章　精神活性物质使用障碍

精神活性物质或药物（psychoactive substance or drug）对很多人来说具有危险的含义，但是仍然有很多人偶然或经常加以使用。大多数人仅限于使自己合法地使用某些物质，如酒精、尼古丁、咖啡因。但是，这些合法的物质也可以像不合法的药物一样严重地损害人的身心健康。

精神活性物质并不总是会造成伤害。当它们被精神科医生作为处方时，它们可能是非常有用的。此外，在许多社会的亚文化群体里，它们是社会和宗教仪式的组成部分。有时精神活性物质还是人们获得某种快乐的重要来源，正如任何人都知道在早上享受一杯咖啡或者在看球赛时享受一杯啤酒一样。然而，只有当物质的使用成为习惯，并且开始侵蚀人们正常的机能——工作、学习、人际交往时，这种使用法才会被称为“滥用”；当个体的机能继续衰退，只能使用这种物质才能得到恢复时，这种物质使用逐渐占据了个体生活的主要部分，“滥用”就成为“依赖”。

第一节　物质使用障碍概述

物质使用障碍（substance-use disorders）是指使用成瘾物质（addicted substance）的方式不正当，即使用的目的不是为了医学的目的，而是为了追求愉快、无忧、酩酊或陶醉状态及其他效应，或者是为了缓解戒断反应（withdrawal symptoms）而引起的痛苦。物质使用障碍包括物质依赖和物质滥用。

一、什么是精神活性物质

精神活性物质是指在它被吸食、注射、饮用、吸入，或者以制剂的形式被吞食时使一个人的心境或行为发生变化的一类化学物质。人们使用这些物质的目的在于取得或保持某些特殊的心理、生理状态。午餐时喝一杯葡萄酒，清晨喝一杯咖啡，集会时喝一两杯啤酒，晚上服一片安眠药——没有人会把这些视为不正常。尽管大多数人能够控制对这些物质的使用，但是许多物质也具有高风险。

精神活性物质亦指成瘾物质，包括酒精、咖啡因、大麻、可卡因、致幻剂、海洛因、尼古丁、镇静药及催眠药等。

人们根据成瘾物质的药理特性将成瘾物质分为以下种类：

（1）中枢神经系统抑制剂：能抑制中枢神经系统，如巴比妥类、酒精等。

（2）中枢神经系统兴奋剂：能兴奋中枢神经系统，如咖啡因、苯丙胺、可卡因等。

(3) 大麻：大麻是世界上最古老、最有名的致幻剂，适量吸入或食用，可使人愉快，增加剂量可使人进入梦幻，陷入深沉而爽快的睡眠之中，其主要成分为 Δ^9 四氢大麻粉。

(4) 致幻剂：能改变意识状态或知觉感受，如麦角酸二乙酰胺（LSD）、仙人掌毒素等。

(5) 鸦片类：包括天然、人工合成或半合成的鸦片类物质，如海洛因、吗啡、阿片（鸦片）、美沙酮、二氢唉托啡、度冷丁、丁丙诺啡等。

(6) 挥发性溶剂：如丙酮等。

(7) 烟草（尼古丁）。

二、物质滥用与物质依赖

（一）物质滥用及其诊断

滥用（abuse）在 ICD-10 分类系统中被称为有害使用，是指一种适应不良方式，由于反复使用药物导致了明显的不良后果，例如，不能完成重要工作、学业，损害了躯体、心理健康，导致法律上的问题等。成瘾物质滥用与依赖有相似之处，但成瘾物质滥用强调的是不管场合和时间，也不顾后果地使用成瘾物质。如果个体的物质使用方式已符合成瘾物质依赖的诊断标准，则应先诊断成瘾物质依赖。虽然最近开始，物质使用的个体更可能诊断为成瘾物质滥用，但有些个体发生与物质有关的不良社交后果已持续较长时间，而无成瘾物质依赖的证据。使用咖啡因或尼古丁者不属于物质滥用。

表 12－1　DSM-Ⅳ-TR 对物质滥用的诊断标准

具有以下其中一项物质使用的不当行为：
1. 不能履行应尽的义务。
2. 在对身体有危险时重复使用。
3. 多次发生与使用某种物质有关的违法犯罪问题。
4. 尽管知道因使用物质而产生或加重了社交或人际关系问题，但仍然继续使用该物质。

如何诊断物质滥用？DSM-Ⅳ-TP 包含了物质滥用的诊断分类，该诊断分类基本上是一类尚未发展为完全依赖的适应不良的药物使用。根据 DSM-Ⅳ-TP，某人如果表现出如表 12－1 所列四项中的任何一项，那么就符合物质滥用的诊断。

（二）物质依赖及其诊断

依赖（dependence），即成瘾物质依赖，是指一种不正当的使用物质的方式，由于机体对某种成瘾物质产生了依赖性而无法控制地反复使用某种或某类物质。个体反复使用某种成瘾物质后，导致机体对该物质产生了耐受性和依赖性。由于机体产生了耐受性，为获得同样效应，需要增加用药量；由于产生了依赖性，减少或停止使用，就会出现一组认知、行为和生理症状，即戒断症状。个体为避免或减轻戒断症状，不得不反复自我用药。使用者尽管知道，由于使用该物质影响了工作或学习，或者因反复使用该物质引起了种种问题，但仍继续使用。这种用药方式通常导致耐受性和依赖性更强、戒断反应和强迫性用药更严重。使用者将寻找药物作为自己一切活动的中心，高于任何其他活动，如责任、义务和道德等。这些表现是机体产生依赖的最好证据。

一般而言，依赖又被分为生理依赖和心理依赖。

1. 生理依赖

生理依赖（physical dependence）指个体反复使用某种成瘾物质引起体内尤其是中枢神经系统发生了某些生理或生化改变，以致需要该物质持续地存在于体内。当停用或减少用量时，由于体内该物质浓度下降而出现种种不适的躯体症状，即戒断症状，人们习惯地将之称为成瘾。戒断症状轻重不等，轻者只感到难受，重者感到十分痛苦，甚至威胁生命。最常引起生理依赖的物质是鸦片类，其次是酒精、苯丙胺、大麻以及镇静药、催眠药和抗焦虑药。

2. 心理依赖

心理依赖（psychological dependence）是指个体反复使用某种成瘾物质后，对该物质产生了强烈的用药渴求，尤其在该物质的血浓度下降时更为强烈；个体为满足这种渴求，可不择手段地获得和使用该种物质。他们虽然知道使用这类物质对自己身体、家庭和社会的危害性，但仍会无法控制地反复使用。容易引起心理依赖的物质是鸦片类，其他如酒精、苯丙胺、大麻、尼古丁以及镇静药、催眠药和抗焦虑药等。

表 12－2　DSM-Ⅳ-TR 对物质依赖的诊断标准

包含下列三项或三项以上者：

1. 耐受性：①需要明显增加剂量才能达到所需作用；②继续使用同一剂量，作用会明显降低。
2. 戒断症状。
3. 摄入大于预期的剂量，或比计划使用时间更长。
4. 有持续戒掉或控制使用该物质的欲望或努力。
5. 花很多时间去获取物质。
6. 放弃或减少了很多重要的社交、职业或娱乐活动。
7. 尽管知道物质造成的问题，但仍然继续使用。

应该指出，当检测“戒断症状”（withdrawal symptoms）的方法更为精确时，研究者们发现所有的精神活性物质既具有生理效应又具有心理效应，两者不能截然分开。

DSM-Ⅳ-TR 把病理性物质使用的生理与心理表现都置于两种诊断分类之下：“物质依赖”和“物质滥用”。两种问题都根据行为的标准来定义。换言之，问题不在于药物而在于某人使用药物的方式。实际上，一个人服用某种药物，不论合法与否，并不必然表示依赖或滥用。药物可能产生生理成瘾，也可能不产生生理成瘾。当采用一种不良的物质使用方式，并给个体带来明显的临床损害或痛苦时，物质使用才变成滥用或者依赖。

三、物质滥用的风险与后果

目前，各类精神活性物质成为社会关注的焦点。除了鸦片类、大麻和可卡因等麻醉品外，催眠镇静剂、中枢兴奋剂、致幻剂等精神药品滥用增多，随之也成为毒品而流传。据 WHO 估计，全球吸毒成瘾者已逾 5 000 万。20 世纪 80 年代后期，由于境外毒品渗入，吸毒在我国死灰复燃。截至 2004 年年底，我国有吸毒人员 79.1 万。国内吸毒人数总体增加，毒品滥用种类日趋多元化。近 80 万吸毒人员涉及全国 2 102 个县（市、区），其中，滥用海洛因人员 67.9 万，占 85.8%，青少年、农民和无业闲散人员仍是吸毒的高危人群，分别占吸毒人员的 70.4%、30%、45%（李薇薇，2005）。

此外，构成成瘾物质的酒饮料和烟草制品也以惊人的消耗数量流传于全人类；而通过静脉注射滥用药品又与艾滋病或其他传染病的传播紧密相关，形成社会公害。

在 DSM-Ⅳ-TR 有关物质相关障碍的章节中，还包括其他诊断，如物质中毒（substance intoxication）。物质中毒是指使用某种物质后，中枢神经系统产生不良的认知或行为效果。某药物依赖者停止使用该药物，则会产生或经历戒断，此时便可以诊断此人同时有物质依赖与物质戒断。

药物及酒精依赖是非常严重且常见的心理障碍，也被认为是最严重的心理疾病。“成瘾”或“酗酒”等词汇仿佛描述的是这些人的本质，而非障碍本质。令人遗憾的是，长期以来，药物和酒精问题被看做是人性的堕落，而不是需要接受治疗的疾病，这种观点至今仍广泛存在于普罗大众之中。然而，现在越来越多的证据表明，药物依赖或酒精依赖并不是个人选择。确切地讲，人们能决定的是要不要去尝试那些药物或喝酒。但是这些决定却与个人的性格、神经生物学的特点、社会文化环境等因素相互影响，决定着个人是否产生依赖。这些因素使得某些人比其他人更容易成为物质依赖的高危人群。可以说，那些认为物质相关障碍是单纯的因为人性堕落或是个人的选择的观点是错误的。同样，那种认为有某种物质使用障碍的人不需要他人的帮助也能改变其患病病程的观点也是错误的。

表 12－3　物质滥用的风险与后果

药物种类	中毒的可能性	依赖的可能性	器官损伤或死亡的风险	严重的社会或经济风险	严重或长期的心理与行为改变风险
鸦片类	高	高	低	高	低到中
镇静剂、催眠剂（巴比妥酸盐）	中	中到高	中到高	中到高	低
benzodiazepines	中	低	低	低	低
兴奋剂（可卡因、安非他命）	高	高	中	低到中	中到高
酒精	高	中	高	高	高
大麻类	高	低到中	低	低到中	低
混合药物	高	高	高	高	高

（资料来源：APA，2000）

第二节　酒精与烟草滥用

自古以来，酒精与烟草是人类传统文化的重要组成部分。它与我们本章所介绍的药物不一样，在世界大多数地区都可以合法地购得。为此，酒精与烟草成为人们最常用的精神科药物。

一、酒精问题的社会代价

精确地确定酒精滥用和依赖对社会产生了多大的危害是不可能的，但最容易测算的是它所耗费的金钱的多少。据美国估计，在1990年与酒精有关的问题使美国经济损失了1 210亿美元（Institute of Medicine，1990）。其中大部分的经济损失集中在以下三个领域：劳动生产率的降低、健康问题和机动车事故。

这些损失中最大的一部分——大约700亿美元属于劳动生产率的降低。有酗酒问题的工人工作更为迟钝且效率更低，他们在工作中浪费时间，草率地做出决定，造成事故和降低同事的士气。而且，他们更加可能过早地失去工作能力并且早亡。

至于他们的医疗费用，1990年关于医疗和对酗酒者的支持性服务费用超过了200亿美元（Rice et al.，1990）。一项调查评估指出，酒精依赖的员工给其公司造成的成本损失相当于其薪水的25%（Alcoholism Council of Greater New York，1987）。在美国，医院大约有40%的床位被与酒精消费有关的失调患者所占用（Rice et al.，1990）。如果酗酒者是个孕妇，则这些不良影响会更大。母亲在怀孕期间酗酒对婴儿会有实质性的伤害，如胎儿酒精综合征，这一系列的危害包括身体畸形、精神迟滞、发育展缓慢等。

表12－4 性别、体重、酒精消费与血液中酒精水平的关系

		血液酒精水平（mg/100ml）					
绝对酒精	平均摄入量（OZ）	女性（100磅）	男性（100磅）	女性（150磅）	男性（150磅）	女性（200磅）	男性（200磅）
1/2	1OZ烈酒 1杯葡萄酒 1听啤酒	0.045	0.037	0.03	0.025	0.022	0.019
1	2OZ烈酒 2杯葡萄酒 2听啤酒	0.09	0.075	0.06	0.05	0.045	0.037
2	4OZ烈酒 4杯葡萄酒 4听啤酒	0.18	0.15	0.12	0.10	0.09	0.07
3	6OZ烈酒 6杯葡萄酒 6听啤酒	0.27	0.22	0.18	0.15	0.13	0.11
4	8OZ烈酒 8杯葡萄酒 8听啤酒	0.36	0.30	0.24	0.20	0.18	0.15
5	10OZ烈酒 10杯葡萄酒 10听啤酒	0.45	0.37	0.30	0.25	0.22	0.18

（资料来源：Lauren B. Alloy et al.，*Abnormal Psychology*，7th ed.，1996）

最后，每年与酒精有关的交通事故或车祸导致了高达120亿美元的损失（National

Safety Council, 1992)。在我们对饮酒与驾驶之间的关系做出评论之前，有必要先对血液中的酒精水平问题加以说明。酒精对于神经系统的作用，进而对饮酒者行为的影响，直接与血流中的酒精浓度有关。血流中酒精浓度称为血液的酒精水平（blood alcohol level)。表 12 - 4 表明了酒精摄入量与血液的酒精水平之间的近似关系。请注意，这是有性别差异的。每一磅身体重量中女性含有的体液较少（但脂肪更多)。所以，如果一个 150 磅的妇女和一个 150 磅的男人各喝 5 杯，该妇女的血液酒精水平会高于该男子，结果是妇女更容易喝醉。

在美国各州，一个血液的酒精水平达到 0.1% 的人，在法律上被认定为醉酒。正如表 12 - 5 中所示，一个血液的酒精水平达到 0.1% 的驾驶者，其谨慎、警觉度均会降低，其反应会比未喝酒的驾驶者更慢。一个喝了很多酒的夜间驾驶者会在严重的视觉障碍下工作，因为研究表明视觉在强光影响下的恢复程度会随着血液的酒精水平的上升而减退。

表 12 - 5 酒精水平：生理与心理的影响

血液的酒精水平（%）	影 响
0.05	降低警觉，感觉良好，放松抑制，削弱判断力
0.10	缺乏谨慎，损伤运动机能
0.15	反应速度极大降低
0.20	在明显醉酒的情况下，感觉与运动能力显著降低
0.25	严重的运动障碍，行走蹒跚，感知觉严重受损
0.30	神情恍惚，对其周围的一切丧失理解力
0.35	等同于外科手术的麻醉状态
0.40	可能导致死亡

血液的酒精水平与车祸之间的关系十分明显。大量的车祸都与酒精有关，它所涉及的致命事故甚至更多。例如，美国加利福尼亚州的一项调查表明，在 440 名车祸中丧生的年轻男子中，81% 的人的血液中发现含有药物，而其中，有 70% 的人的血液中含有酒精（U. S. Department of Transportation, 1991)。在 1/3 的成年步行者的致命交通事故中，步行者的血液中的酒精水平超过 0.1%。这说明你喝得越多，或者正在驾驶的司机喝得越多，你在车祸中受到伤害或死亡的可能性就越大。

酒精经常引发严重的交通事故，致使车毁人亡。

即使酒精滥用者没有驾车，他们也可能严重地破坏社会秩序。酒精会导致人身攻击与性犯罪。一项对年轻犯罪者的详细研究（Tinklenberg & Woodrow, 1974）发现，在所有经证实的导致组织损伤的暴力袭击案件中，有 30% 的案件涉及酒精使用，而且在这类导致死亡的案件中也有30%与酒精滥用有关。在性犯罪领域，例如恋童癖和强奸，酒精的使用占与药物有关的性犯罪的90%。被削弱的判断力也增加了无保护的性行为的可能性，这样可能会导致怀孕和性病传播，包括艾滋病的传播。

二、酒依赖的个人代价

（一）酒的即时效应

就药理学而言，酒精被视为一种镇静剂。它可以减缓并干扰那些控制组织，约束我们复杂心理过程的高级神经中枢中电冲动的传导。这种控制的释放有助于人们放松，使之不再担忧人们对他的看法，从而获得愉快。

但是，酒精也是一种药物，它会出现“双向效果”（biphasic effect）。酒精最初的效应是刺激而非压抑。喝几杯后，人们常会变得更为健谈，更加活跃。当血液的酒精水平达到0.03%到0.06%时，人就会出现两种效应：首先，心境和社会行为发生改变。一些人会变得沮丧和懊悔；另一些人则变得轻浮或好斗。其次，判断力减弱。轻浮型的人将开始对陌生人肆意言行，好战的人会开始挑衅等。当血液的酒精水平继续上升，酒精的镇静作用就变得明显起来。人们的动作缓慢下来，步履蹒跚，跌跌撞撞，言辞含混不清。他们的判断力被进一步削弱，他们趋向于从事鲁莽行为。例如，“郁闷的”醉酒者们可能会开始大声地忏悔他们的恶行和失败。

酒精所产生的效果是由于酒精与大脑神经系统之间的相互影响。酒精会刺激γ-氨基丁酸（GABA）受体，这可能就是酒精能降低紧张的因素。γ-氨基丁酸是一种主要的抑制性神经递质（inhibitory neurotransmitter），如一些巴比妥酸盐药剂和酒精，都会影响γ-氨基丁酸受体。酒精也会增加血清素和多巴胺，这可能是酒精能增加愉悦效果的原因。此外，酒精会抑制谷氨酸盐受体，导致思维缓慢、记忆丧失等酒醉认知效果。

Calhoun等人（2004）在一项关于酒精对大脑和行为效果的研究中，让被试喝下不同剂量的酒精，再以功能性核磁共振成像技术进行模拟开车实验。少量的酒精（血液中酒精浓度为0.04%）只会对运动功能造成轻微损害；而大量酒精（血液中酒精浓度为0.08%）则会对运动功能造成显著损害，干扰驾驶能力。此外，酒精对大脑的影响往往是在监督错误和决策的区域，即处于前扣带回和眼眶额叶皮质。这就说明了即使个体血液中的酒精浓度仍在法定范围内，他仍然有可能在开车时做出错误判断，而且意识不到自己已经犯了错误。

长久以来，人们相信那些与喝酒有关的不良行为，特别是轻率的性行为和挑衅，直接产生于酒精对大脑的生理作用。人们推测酒精妨碍大脑的抑制功能，使“真实的人”得以显现，“酒醉吐真言”就说明了这一点。但是有关对喝酒者与那些只认为喝了酒的人（仅喝了不含酒精的饮料）的行为的比较实验研究指出，抑制解除的效果同期望的效果是同样的——习得的有关酒精剂量对人的作用的信念。特别是，增加了的性唤醒明显更多地被归因于期望而非化学作用。同样，酒精会释放出不道德与侵犯行为的信念也就成为保持这些行为的借口。

(二) 酒滥用的长期效应

酒精导致伤害的长期效应的部分原因可归于耐受性因素。一个人酒量越大，他就需要越多的酒来达到他所渴望的效果。酗酒者倾向于长期增加其酒的饮用量，由此也增加了对其身体的损害。科学家们认为与长期的大量饮酒相联系的生物化学的改变可能是导致耐受性和依赖的重要因素。

酒精或直接或间接地影响身体的所有器官系统。长期饮酒可能导致持久性脑损伤，出现痴呆综合征、失忆、幻觉以及对周围神经系统的损害。与长期滥用酒精相联系的痴呆有两种类型：威尼克病和柯萨科夫综合征。

威尼克病（Wernicke's disease）是一种急性发作状况，包括震颤性谵妄、眼动失调、运动与平衡困难以及涉及手、脚的周围神经受损害。这些症状逐渐消退之后遗留明显的记忆损害。威尼克病的原因并非酒精本身，而是由于酒精对营养的代谢的损害作用导致一种维生素 B［thiamine（Vitamin B）］）的缺乏，即一种综合型的营养缺乏。维生素 B 的充分吸收可以使威尼克病得以恢复。另一方面，已患有威尼克病的人很可能发展为柯萨科夫综合征。

柯萨科夫综合征（Korsakoff's syndrome）是痴呆的一种持久形式，是指由于长期大量饮酒引起的以记忆障碍为主要表现而无明显其他认知损害为特征的临床综合征。该病以第一位系统描述它的俄国生物学家柯萨科夫的名字而命名。其最显著的症状是对近期事件的记忆丧失，但相隔很长远的记忆却保持完整。有人认为，这两种障碍都表现出相同的基本疾病过程，威尼克病表现为一种急性发作的形式，而柯萨科夫综合征则表现为慢性障碍形式。柯萨科夫综合征得到恢复的机会不足 1/4，大约 1/4 这类障碍患者需要长期留在专门的机构中治疗。

习惯性的过度饮酒还会引起胃溃疡、高血压、心脏衰退、癌症和脑损伤，而一个最为普遍的后果则是肝硬化。由于长期酗酒而导致的死亡常常与肝脏疾病相联系。大多数长期酒精使用者形成了脂肪肝，这是由于肝脏中血管的异常变化而形成的。90% ~100% 的过量饮酒者都会出现这种状况，而且可能是肝硬化的先兆，而肝硬化是一种导致进行性与不可逆转的肝损伤疾病。长期饮用酒精是导致与死亡相联系的肝硬化的主要因素之一。过量的酒精也造成了大量对肠胃系统的损伤性改变，包括食管炎、胃炎、胰腺炎以及减缓整个肠胃系统平滑肌的收缩。这些问题妨碍了消化过程并且可能导致严重的营养失衡，包括维生素 B 的缺乏，甚至营养不良。缺乏锌的食物可以引起酒精脱氢酶（alcohol dehydrogenase，ADH）活跃性的降低，这是胃中一种含锌的酶。ADH 在酒精进入血流之前，把部分酒精分解为脂肪酸、二氧化碳以及水。由于降低了 ADH 的活跃性，导致更多的酒精未被分解就进入血流，从而增加了酒精对整个身体的作用。妇女似乎更容易受到酒精作用的伤害是由于她们的 ADH 量更低，因此，更多的未被分解的酒精散布整个身体组织。因而就一定量的酒精而言，妇女达到的血液酒精浓度更高，她们更容易因过量的饮酒而引起肝脏疾病。

酒精还会增加一个人罹患各种癌症的风险，如果个体也吸烟，这种风险会进一步增加。免疫系统有助于治疗癌症以及防止其他各种疾病的感染，然而由于酒精的影响，免疫系统功能减退，因而包括癌症在内的各种疾病更有可能恶化。此外，那些感染了 HIV 且过量饮酒者更有可能加速发展为 AIDS。最后，长期饮用酒精后突然戒断可能会导致诸如感觉不适、睡眠障碍、深度焦虑、震颤、交感神经活动过度、精神病等综合征，甚至导致死亡。

相关链接 12－1 胎儿酒精综合征

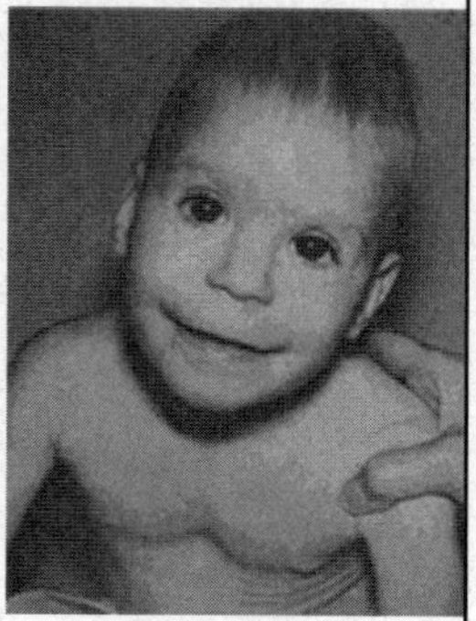

孕期大量喝酒可能会引起胎儿酒精症候群，病童会有脸部异常和智能障碍等症状

现在人们已经知道，母亲在怀孕期间喝酒会造成新生儿智能障碍。胎儿酒精综合征（fetal alcohol syndrome，FAS）常出现的症状包括：胎儿成长减缓，面部、骨骼和四肢可能出现异常。即使是适量饮酒，也会出现轻微但不乐观的后果。因此，美国国家酒精滥用与酒精中毒研究院建议，最安全的方式是妇女在怀孕期间完全禁酒。Willford 等人（2004）以未出现胎儿酒精综合征、在怀孕三个月有适度饮酒习惯（约每天一杯）的母亲为研究对象的研究显示，这些儿童的学习与记忆能力受损；到 14 岁时，有些儿童出现头颅较小、身高较矮、体重较轻等成长缺陷。

较新的研究开始探讨有些胎儿暴露在酒精之下不会出现任何问题，而有些胎儿则会出现许多问题的原因。例如，胎儿到六个月大时，暴露在酒精下者出现注意力的问题，从而导致其童年时期的其他认知问题（Kable a Coles，2004）。当然，这并非完全的坏消息，因为动物研究显示，有些在怀孕期间暴露于酒精下所造成的症状，诸如记忆和学习能力的缺陷，有复原的机会（Klintsova et al.，2002）。以儿童为研究对象的干预研究目前正在观察，认知训练能够弥补怀孕期间暴露在酒精下受损的区域。该研究指出，只要儿童能在稳定健全的环境下成长，就能减轻母亲怀孕期间暴露在酒精下出现的成长缺陷。这表明早期暴露在酒精下的生物效应，对环境因素是非常敏感的（Day & Richardson，2004）。

（资料来源：Gerald C. Davison et al. *Abnormal Psychology*, 9th ed.，2004）

三、酒戒断反应与病程

（一）酒戒断反应

今天，我们周围的大部分人对“酗酒”这个字眼十分熟悉，但是并没有准确的定义。在 DSM-Ⅳ-TR 中，明确地区分了酒精依赖和酒精滥用。然而，许多研究文献却将二者混淆。“滥用”一词常被用来指称饮酒过度和喝酒所带来的不良后果。符合 DSM-Ⅳ-TR 酒精滥用诊断的人，会经历酒精所带来的消极的社交和职业影响。但是，他们不会出现耐受性、戒断或强迫性滥用的模式。

一般而言，和只有酒精滥用而没有酒精依赖的人相比，酒精依赖者会出现不适症状，诸如耐受性或戒断。长期酗酒者突然间戒酒所引起的后果会更剧烈，这是因为身体本身已经习惯于酒精。从主观上讲，个体常会感到焦虑、沮丧、虚弱、烦躁且无法入眠。特别是手指、面部、眼睑、嘴唇和舌头等常会有肌肉颤抖的症状，还有脉搏加速、血压和体温上升的状况。

在少数个案中，长期酗酒者的血液中酒精浓度突然下降，个体会出现震颤性谵妄（delirium tremens，DTs）。个体一开始可能会出现发抖、妄想与视幻觉；接着会出现触觉幻觉，如令人感到恶心、栩栩如生的生物——蛇、老鼠、蟑螂、蜘蛛等可能爬满整个墙壁，或者缠绕在你身上，或者整个房间。高烧、思绪混乱并被惊吓的个体会疯狂地抓自己的皮肤，以为这样就可以把这些幻觉中的动物除去。戒酒所引起的幻觉和生理症状发作，显示个体已有酒瘾。

个案研究

某男，45岁，初中文化，从事搬运工作。持续每日饮酒15年，因停止饮酒后乱语、凭空视物、肢体震颤而入院治疗……

他18岁参加工作，在某搬运公司当搬运工。工作前基本不饮酒，工作后常与工友一起饮酒，经常醉酒，且酒量逐渐增加。开始仅能喝二两左右，到25岁时能喝一斤半。28岁开始每天均须饮酒，一日至少两顿酒，每顿至少喝四两，最多喝一斤半。早晨起床后，常常脸不洗，牙不刷，先喝几口酒，再做其他事情。后经常因饮酒而影响工作和家务，受到领导的批评和家人的责骂。患者曾数次痛下决心戒酒，均以失败告终。入院前五天因其父亲病重住院治疗，患者在医院陪护三天，期间怕误事，仅饮一些啤酒。回家后即出现手抖，拿不住碗筷，继而出现胡言乱语，惊呼有蛇、老鼠等，双手在空中乱舞，双脚在地上乱踩，紧张恐惧，并招呼家人打蛇、打老鼠。家人见其异常，遂送医院就诊。精神检查表明，患者意识模糊，时间、地点、人物定向障碍，躁动不安，约束于床，乱喊“有蛇，有老鼠，快打啊”；表情紧张恐惧，问话答非所问或不答，不能进行有效交谈，不配合躯体检查。

（资料来源：季建林．精神医学．上海：复旦大学出版社，2003）

尽管代谢酒精的肝脏酵素的改变可作为耐受性的部分解释，但是研究指出，它与中枢神经系统实际上也有关联。有研究指出，耐受性是因为γ-氨基丁酸（GABA）或者谷氨酸盐受体的敏感性改变而引起的。神经通路增加了活性的速度以弥补酒精对大脑的抑制效果，因此会产生戒断现象。

酒精滥用与酒精依赖常常是多重药物滥用的一部分。所谓多重药物滥用，是指在一段时间内，同时滥用一种以上药物。例如，据估计，约有80%～85%的酒精滥用者有吸烟的习惯。此外，喝酒也会让人想起吸烟；而个体喝酒时，抽烟量会倍增（Shiffman et al.，1994）。这是由于酒精与尼古丁具有交互耐受性（cross-toleration），所以二者一起出现的几率非常高，即尼古丁（酒精）可能会为了酒精（尼古丁）的奖励效果而诱发耐受性。因此，个体为了维持奖励效果而增加两者的用量。

表12-6 DSM-Ⅳ-TR对酒精中毒的诊断标准

1. 由酒精摄入引起明显适应不良行为或心理改变。
2. 出现下列症状中的一种或以上：言语含糊；失调；步态不稳；眼球震颤；注意力或记忆受损；木僵或昏迷。

多重药物滥用可能引起严重的健康问题，这是因为同时服用药物，药物会出现协同作用——药物效果的结合会产生一种特别强的反应。例如，无论是蓄意或纯属意外，将巴比妥酸盐与酒一起服用是常见的一种自杀手段。一般认为，吸食海洛因又喝酒会造成死亡，因为酒精可降低致命所需要的海洛因剂量。

（二）病程

酒精滥用者的生命中有一段时间具有持续恶化的共同特点。20世纪50年代，美国学者通过对匿名戒酒会（Alcoholics Anonymous，AA）成员的研究指出，男性酒精滥用者的病程有四个阶段，刚开始只在社交场合喝酒，到了最后，生命只因酒而存在。这种阶段模式意味着，酒精依赖者无法避免地往下一个阶段走下去，毫无恢复到前一阶段的机会。

虽然目前医学界广泛使用这个模式，但对此无法加以证实。有些酒精依赖者的确从酒精滥用恶化到酒精依赖的状态。但是，有些研究表明，某些时段大量饮酒到其他时间完全不饮酒或少量饮酒模式，有显著的起伏。此外，绝大多数符合酒精滥用诊断标准的人并未出现酒精依赖的状况。例如，只有3.5%的符合酒精滥用标准的人在五年后会发展为酒精依赖者。Hasin等人（1997，2001）所做的前瞻性的研究也指出，几乎1/3的酒精依赖者和超过半数的酒精滥用者在1~5年内不会出现任何与酒精相关的疾病。简言之，就病程而言，并没有饮酒问题的单一模式。

四、吸烟与尼古丁依赖

（一）吸烟及其对健康的损害

烟草滥用特别是吸烟成为20世纪以来影响人类健康、引发各种疾病和导致死亡的最重要原因之一。烟草（tobacco）属nicotiana类植物，多指其中几个种属经加工的叶子。这些叶子经不同方法加工后而制成烟丝、鼻烟和嚼烟。

吸烟母亲所生的孩子属于患呼吸道发炎、气管炎和内耳炎的高危群体。

根据记载，美洲印第安人最先吸烟。当时的人们认为烟草具有医疗效力。在哥伦布与印第安人首次完成交易后不久，水手和商人们开始模仿印第安人吸卷烟，后来他们愈来愈想抽烟。1828年尼古丁（nicotine，烟碱）从烟叶中被分离出来。

有关资料表明，世界烟民已达12亿之多，我国吸烟人数已近三亿且仍以每年2%的比率增长。国家爱国卫生运动委员会进行的一项调查显示，我国20岁以上男性吸烟率为68.94%，女性为8.28%。在各个年龄组中以15~24岁开始吸烟者最多。美国NIDA所进行的一项调查显示，美国10年级（约16岁）的学生中63%有过吸烟的经历，其中41%的学生第一次尝试吸烟的年龄在六年级（约12岁）或更早。

吸烟有害健康。长期吸烟可能会引发许多疾病，也可能使已有的疾病更趋恶化。这些疾病包括肺气肿、喉癌、食道癌、胰腺癌、胆囊炎、子宫癌、胃癌；怀孕期间吸烟会引发并发症、婴儿猝死症、牙周病和一些心血管疾病。吸烟危害最大的成分是尼古丁、一氧化碳和焦油，主要成分是某些碳氢化合物，其中有些是已知的致癌物质。

（二）尼古丁成瘾

尼古丁又称烟碱，是烟草中主要的生物碱成分，为无色透明并具有挥发性的油状液体，与空气接触氧化后转变为棕褐色，并散发出烟草所具有的特殊气味。尼古丁作用复杂，因同时具有兴奋和抑制作用，各系统的最终效应是兴奋和抑制作用的总和。尼古丁在周围神经系统的作用部位是交感神经节和神经肌肉接头部位的尼古丁型受体。尼古丁可阻断由饥饿而引起的胃肠平滑肌收缩，因此，可引起轻微的厌食。

尼古丁对中枢神经系统的兴奋作用较显著，表现为对皮层神经元的直接刺激所引起的警觉反应，但兴奋作用很快会被抑制作用所代替。因此，对于某些焦虑情绪较突出的烟草滥用者，他们所追求的多是尼古丁对中枢神经系统的抑制作用而非兴奋作用。

(三) 烟草滥用与尼古丁依赖

1. 滥用方式

烟草的滥用方式大致有三种：咀嚼、鼻吸和口吸。吸烟是最常见的滥用方式。

吸烟的方式大致有三种：偶尔吸烟者只满足于饭后或在某些特殊场合吸烟；中等程度吸烟者多使用固定品牌香烟，并以相对固定的间隔时间享用，间隔时间因人而异；依赖严重者的吸烟方式常为“链式吸烟”，这些人除了吃饭或睡觉以外，总是烟不离口。

2. 吸烟与尼古丁依赖及戒断症状

尼古丁可导致一定程度的心理依赖和躯体依赖。在部分吸烟者中，心理效应是由中枢神经系统的兴奋作用引起的，也有的滥用者更欣赏在短暂兴奋后的抑制作用。

吸烟习惯并非由烟草导致的“飘”的感觉所致，究竟尼古丁在烟草依赖中是起决定作用抑或只是一种伴随因素，目前尚存在争论。

尼古丁的生理依赖，即戒断时的症状和体征比较轻微。典型的尼古丁躯体戒断症状在突然停吸后 1 ~2 小时出现。戒断症状包括对吸烟的渴求增加、坐立不安、注意力下降及易激惹等。这些症状会持续数日、数周甚至数月。

相关链接 12 -2　尼古丁成瘾的种族、社会与生物学因素

研究证实，尼古丁成瘾有种族显著性，也与行为、社会和生物因素有着复杂的相互影响。近年来，研究人员发现，非洲裔美国人戒烟的可能性较小，如果他们持续吸烟，比较可能患上肺癌。其中的原因在于，尼古丁在非洲裔美国人的血液中停留的时间比白人长，即非洲裔美国人代谢尼古丁的速度比较慢（Mustonen et al., 2005）。另一个因素是香烟的种类。非洲裔美国人偏好薄荷型香烟。研究表明，抽薄荷型香烟的人吸气吸得比较深，且抽烟的时间比较长，因而可能造成更多有害的影响（Celebucki et al., 2005）。

白人和非洲裔美国人的死亡率也不同。非洲裔美国人比较可能死于与肺相关的疾病，或与吸烟相关的心血管疾病。事实上，1998 年美国医务总署（Surgeon General of the United States, USDHHS）就少数民族和使用香烟的报告指出，与吸烟相关的健康问题在非洲裔美国人中是最突出的。从更广泛的社会层面来看，与白人相比，非洲裔美国人的生活较困苦，拥有医疗保险的比率也较低，因此他们获得健康照料和协助戒烟的治疗计划的渠道也较少。

父母吸烟会显著增加孩子吸烟的可能性。

最近的研究发现，相比之下，华裔美国人代谢香烟中尼古丁的量比白人或拉丁美洲裔美国人所吸的烟的含量少（Benowitz et, al., 2002）。一般而论，亚洲人患肺癌的几率比白人及拉丁美洲裔美国人低。由于华裔美国人代谢尼古丁速度较慢，因而，这可能是对他们患肺癌比率较低的原因的一种解释。

香烟不是尼古丁危害健康的唯一方式。无烟香烟在青年男性中特别流行。美国医务总署 1996 年估计，18 ~24 岁的男性中吸烟的流行率约为 9%。大联盟球星从鼓鼓的双颊中吐出烟草唾液的形象，几乎是美国人的典型。因为烟草在运动界非常受欢迎，美国全国大学生体育协会（NCAA）下令禁止在练习和大学运动会期间咀嚼烟草。这项禁令从 1975 年开始实施，成效大致良好。估计有 77% 的学校遵守了这一规定。

此外，吸烟带来的快感是每个吸烟者都想保持的。父母和同伴吸烟，增加了青少年吸烟的几率。

（资料来源：Ann. M. Kring, *Abnormal Psychology*, 10th ed., 2009）

第三节　其他精神活性药物的滥用

除了酒精之外，人们也在寻求更为有效的精神活性药物。目前已知品种繁多的药物有镇静剂、兴奋剂、致幻剂等，这类精神活性药物的使用，对人类健康构成了极大的威胁。1937 年使用大麻在美国的一些州被定为非法。尽管如此，一些人仍然通过各种非法途径使用它们。1998 年联合国有关资料显示：全世界有 2 100 万人吸食可卡因和海洛因，有 3 000万人滥用苯丙胺类兴奋剂。因而这类物质对人类的健康产生了极大的威胁。

一、镇静剂

正如我们在对酒精的讨论中所看到的那样，镇静剂（depressants）是一种对中枢神经系统产生作用以减少疼痛、紧张与焦虑，使人放松并解除抑制，降低理智及运动反应的药物。除酒精之外，主要的镇静剂有鸦片剂、安眠药、镇痛剂和镇静剂。所有镇静剂都共同具有一些重要作用：耐受性产生、戒断症状出现、以高剂量对生命中枢如呼吸系统的功能产生抑制，并且可能因此导致死亡。

（一）鸦片类物质

1. 鸦片类物质的概念

鸦片类物质（opiates）包括鸦片、从鸦片中提取的生物碱如吗啡和可待因吗啡的衍生物海洛因以及有吗啡样作用的化合物，如杜冷丁和美沙酮等。

其实，这些药物中的大多数并非新东西。鸦片在 9 000 年前就被人们用来镇痛。19 世纪，许多有自尊的妇女都放心地服用鸦片酊以帮助睡眠。19 世纪早期，科学家们成功地在鸦片中分离出一种最有效的成分，并将这种新的鸦片剂称为吗啡（以希腊的梦想之神 Morpheus 命名），很快作为镇痛药被广泛使用。在美国南北战争（the Civil War）期间，吗啡还被用于治疗痢疾和其他疾病，结果导致许多士兵在战后成为吗啡成瘾者。很快，人们发现它是一种危险的成瘾药物。因此科学家们重新工作，试图寻找一种不会成瘾的止痛剂。1875 年这项研究取得重要进展，Heinrich Dreser（同时也发现了阿司匹林 aspirin）通过改变化学结构而将吗啡转变成为海洛因，而海洛因比吗啡更具效力，而且推测不会成瘾（当然，这一推测是极其错误的）。畅销于 20 世纪初的咳嗽糖浆的主要成分就是海洛因。但很快人们就认识到滥用这类药品的危害性，并通过颁布法令等措施严禁非法使用。

最后进入鸦片类物质名单的是美沙酮（methadone），这是在“二战”期间出现的一种人工合成的化学药物，当时由于战争而切断了鸦片供应，美沙酮被发明出来作为鸦片的替代品。美沙酮与其他的鸦片剂有着三大不同点：第一，口服同样有效，因而不一定要注射。第二，它可以长时期起作用。例如，海洛因可立即见效，但是只能维持 2 ~ 6 个小时。与之相比，美沙酮见效较慢，但它消退也慢，其作用可以长达 24 ~ 36 个小时。第三，因为它起效慢、持续时间长，故美沙酮可以满足人对鸦片类药物的渴求，对人的思维和行为无明显影响。因此，它现在成为治疗海洛因成瘾的代替药物。

表 12-7 DSM-Ⅳ-TR 对鸦片类中毒和鸦片类戒断的诊断标准

A. 鸦片类中毒
1. 鸦片使用导致明显的适应不良行为或心理改变。
2. 瞳孔收缩（或扩大）及下列症状之一：①嗜睡或昏迷；②言语含糊不清；③注意或记忆缺损。
B. 鸦片类戒断
1. 下列二者之一：①曾大量长期使用鸦片类而现在停用（或减量）；②应用鸦片类一段时间后，服用某种鸦片类抗拮剂。
2. 在标准 1 之后几分钟至数天内出现以下反应三项以上：心境恶劣、恶心或呕吐、肌肉酸痛、流泪流鼻涕、瞳孔扩大、汗毛竖起，或出汗、腹泻、呻吟、发热、失眠。
3. 由于标准 2 中的症状，产生临床上明显的痛苦与烦恼，或社交、职业及其他重要方面的功能缺损。

2. 海洛因

海洛因是世界上最为广泛滥用的鸦片类物质。20 世纪 70 年代以来海洛因的使用逐年增加，例如，据估计，1972—1973 年在美国有 50 万至 60 万鸦片剂滥用者，其中大多数是海洛因滥用者。从此，海洛因滥用者的比率在美国一直居高不下。

海洛因通常采用注射方式加以使用。静脉注射海洛因所产生的即时效果是双倍的。海洛因刚一注入，立即有强烈的快感发自下腹部，并向全身扩散。有些人形容这种快感与性高潮类似，但大多数吸毒者说两者还是有区别的，而有些人则说两者属于不同类型的快感。这种强烈的快感持续时间很短，约一分钟，继而出现似睡非睡的松弛状态。此时，烦恼、忧愁、焦虑、紧张一扫而空，感到的是宁静、快慰、温暖，以及思维随愉悦的幻想驰骋，似乎“想要什么就能得到什么”。这种虚妄的极乐世界仅能持续 2～6 小时，之后海洛因成瘾者又需要注射了。

除了上述积极的体验之外，由静脉注射的作用所产生的消极的体验更加深刻。第一，并不是所有人都有舔蜜糖的体验，所有使用者最初都有恶心呕吐的反应，对某些人而言，这种反应还超过了欣快效应（euphoric effects）。第二，如果海洛因使用经常化，那么成瘾和耐受性就产生了。第三，在戒断过程中，使用者可能会体验到一种痛苦的经验。戒断症状一般在注射后大约 4～6 小时开始出现，并且其强度根据平时的服用剂量而有所变化。戒断的第一个征兆就是焦虑，接着要经历一段生理上的痛苦期，好像患上重感冒一样，可持续 1～5 天。这些症状一般包括流眼泪、流鼻涕、不断打哈欠、时冷时热、刺痛感、呼吸与心率加快、多汗、腹泻和呕吐、头痛、腹部绞痛以及身体其他部位疼痛，也可能出现谵妄和幻觉。所有这些结合在一起使海洛因成瘾者产生了对药物的极度渴望。

有人认为重复接触鸦片类物质会自动导致长期成瘾。但不同的看法是，药物的使用代表着在人的生命过程中适应重大压力这一含义；如果这些压力是暂时的，那么成瘾也可能是暂时的。例如，在越南战争中，许多士兵曾产生了海洛因依赖，但是他们一旦回家后很少有人会继续有这种毒瘾。同样，多数在医院中曾被给予鸦片制剂的人，在他们出院后并没有成瘾。

（二）巴比妥类

巴比妥类（barbiturates），包括戊巴比妥和速可眠，是一组有效的镇静和催眠药，其主要作用是缓解紧张，产生放松和促进睡眠。临床上主要用于失眠，但滥用的可能性也最大。

小剂量巴比妥类可抑制大脑皮层，从而产生镇静、催眠的作用；较大剂量可使感觉迟钝、活动减少，引起困倦和睡眠；中毒剂量可致麻醉、昏迷乃至死亡。巴比妥类诱导的睡眠与正常睡眠的区别在于：巴比妥类药物能缩短快动眼睡眠，故服药者睡眠做梦减少。长期用药者一旦减药或突然停药，会引起快动眼睡眠反跳，出现多梦、噩梦频繁，严重干扰睡眠，患者只好再次服用而产生依赖。

此外，巴比妥类和酒精都是镇静剂，因此两者结合可增加成倍效力，因而被称为协同效应（synergistic effect）。如果巴比妥类和酒精混合使用，效力是单独使用其中一种药物的四倍。无论有意还是无意，把两种药物混合使用的人要冒超剂量自杀的风险，这也是朱棣·格兰特和玛丽莲·梦露众所周知的死亡原因。

青年人使用巴比妥类药物一般是为了消遣，并且不常发生。在成年人中，巴比妥类的使用在开始时典型地用于缓解失眠症。但像其他镇静剂一样，长期服用不但不能缓解失眠，而且会使该问题恶化。所以人们服用越多，对药物的需求量越大，直到成瘾。巴比妥类的作用一般持续3～6个小时，和酒精很相似。具体有如下几个相似点：

（1）和酒精一样，它们解除抑制，增加放松和适度的欣快感；但它们会损害人的判断力、语言和运动协调性。

（2）和酒精依赖者一样，巴比妥类成瘾者会表现为步态不稳，言语含糊不清，智力功能减退、混乱。

（3）和酒精一样，尽管巴比妥类在技术上属于镇静剂，但它常常具有兴奋作用，特别是带着“具有某种乐趣”的期望而非有助于睡眠时更是如此。的确，那些研究巴比妥类药物的人最关心的问题是那些喜爱巴比妥类的年轻人的侵犯行为与镇静之间的关系。对大多数人而言，兴奋作用仅仅出现在巴比妥中毒的早期阶段，且在一个半小时内就消失。

（4）巴比妥和酒精之间最后一个相似点是戒断问题。巴比妥类成瘾的戒断与酒精依赖的戒断相似，同样是不愉快的。巴比妥类的戒断症状较严重，甚至有生命危险。症状的严重程度取决于滥用的剂量和滥用时间的长短。在突然停药12～24小时内，戒断症状陆续出现，如厌食、失眠，随之出现肢体震颤；停药2～3天，戒断症状可达高峰，出现呕吐、体重锐减、心动过速、血压下降、四肢震颤加重、全身肌肉抽搐或癫痫大发作，有的出现高热、谵妄。

二、兴奋剂

兴奋剂（stimulants）包括咖啡或茶叶中所含的咖啡因，但引起关注的主要是可卡因及苯丙胺类药物。兴奋剂作用于脑部及交感神经系统，以提升警觉性和活动力。

（一）苯丙胺类

1．苯丙胺类兴奋剂的特点

苯丙胺类兴奋剂（amphetamine-type stimulants，ATS）指苯丙胺及其同类化合物，包括苯丙胺（安非他命）、甲基苯丙胺（冰毒）、麻黄素、芬氟拉明、哌醋甲酯（利他林）、匹莫林、伪麻黄素等。

苯丙胺类兴奋剂可用于治疗肥胖、注意缺陷—多动障碍和发作性睡病。它们之所以被作为毒品滥用，主要是由于它们具有兴奋作用。有的人滥用它们是为了获得欣快效应，或者是用它们解除疲劳、提高活力、增强自信心和警觉性。

苯丙胺类兴奋剂和其他兴奋剂一样，通常采用口服或静脉注射，甲基苯丙胺也可以“鼻吸”。高纯度的甲基苯丙胺称为冰毒，因为其结晶体的外观很像冰。由于冰毒纯度很高，而且沸点又相对低，因此吸入可很快产生强烈的兴奋效应。

2. 苯丙胺依赖与耐受性

苯丙胺类兴奋剂依赖是指苯丙胺使用方式不适当。尽管患者知道使用苯丙胺类兴奋剂会影响他的职业、社交或其他功能，并产生种种不利后果，但他仍然继续使用；或者因停用苯丙胺类兴奋剂引起了戒断症状，因此，必须重复使用以减轻戒断症状。苯丙胺类兴奋剂在使用后，特别是静脉注射后，很快出现头脑活跃、精力充沛、能力感增强等状态，使用者可体验到难以言表的快感，即称为腾云驾雾感或全身电流般传导的快感，可发生攻击行为或暴力行为。数小时后，吸毒者出现全身乏力、精神压抑，倦怠、沮丧而进入所谓的苯丙胺沮丧期。以上的积极和消极的体验期使吸毒者陷入反复使用的恶性循环中，这也是形成精神依赖的重要原因之一。一般认为苯丙胺类兴奋剂的躯体依赖性较难产生，而更容易产生精神依赖性。像可卡因一样，苯丙胺类兴奋剂常可引起强烈而短暂的焦虑、偏执观念和类似精神分裂症偏执型的精神病发作，在使用大剂量时症状更为明显。苯丙胺类兴奋剂可产生耐受性，并导致用量明显增加；相反，有些苯丙胺类兴奋剂依赖者发生反耐受性，即敏感化，此时，小剂量苯丙胺类兴奋剂即可产生明显兴奋效应以及其他精神和神经不良反应。

3. 苯丙胺中毒

苯丙胺中毒的主要特点是在使用苯丙胺类兴奋剂或相关药物时或其后不久出现明显不适当行为和心理变化。苯丙胺中毒一般以情感升高开始出现欣快，伴有活力增加、爱交际、活动多、不安、警觉性高、人际关系敏感、好说话、焦虑、紧张、机警、夸大、愤怒、争斗、判断受损等；可出现刻板和重复行为，患者自己感到“停不下来”，如不停地摇头［故将这类物质称为“摇头丸”（MDMA，ecstasy）］。在慢性中毒阶段，情感可变为迟钝、疲乏、悲伤和社交退缩。

动物研究指出，长期吸食苯丙胺类兴奋剂会对大脑造成损害，影响多巴胺系统和血清素系统。近年来研究者们所做的神经学脑影像研究发现，人类大脑会有类似的效果，特别是出现在多巴胺系统。Thompson 等人（2004）针对符合 DSM 诊断标准的长期吸食安非他命的患者的研究发现，他们的大脑灰质区和海马回都出现了受损的情况（见图 12 –1）。

长期吸食苯丙胺类兴奋剂者的海马回较小，这与记忆测验表现不佳的研究结果相一致。对曾经吸食安非他命，但目前已经不再吸食的个体（有些已经停吸 11 个月）所做的研究发现，多巴胺传送基因量显著减少［传送基因（transporter gene）是指允许药物进入或预防药物进入细胞的基因］。事实上，在所研究的三个患者身上，多巴胺再吸收减少的现象与帕金森氏症轻微受损阶段相似。此外，苯丙胺类兴奋剂滥用者在几个运动测验的表现上比对照组相对要慢，这一发现也与帕金森氏症患者相似。其他研究也指出，长期吸食苯丙胺类兴奋剂会造成认知缺损。

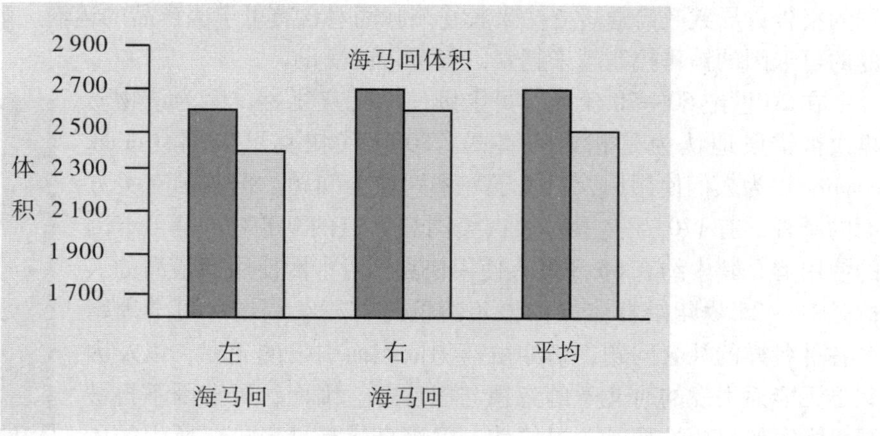

图 12－1 海马回体积研究

fMRI 影像研究表明，安非他命滥用者（浅色）的海马回比未使用者（深色）要小。

（资料来源：Ann. M. Kring et al.，*Abnormal Psychology*，2009）

同时，患者可出现下列体征和症状：心动过速或心动过缓、瞳孔扩大、血压升高或降低、出汗或寒战、恶心或呕吐、体重减少、精神运动性激动或迟钝、肌无力、呼吸抑制、胸痛、心律不齐、意识模糊、癫痫发作、运动困难、肌张力障碍或昏迷。

个案研究

凯瑟琳是一位23岁的销售人员，三年来她一直尝试减肥，她的医生给她提到了安非他命，但同时也提醒她这样做可能会导致她对这种药物的依赖。于是她开始用这种药物帮助减肥，但同时她也发现她喜欢因服用这种药片而获得的额外精力及由此而产生的良好感觉。当凯瑟琳的体重减到她满意的重量后，她回到了医生那里，要求医生在其处方上继续开出这种药物以帮助她维持苗条体型。医生拒绝了她的要求，于是，凯瑟琳向她周围的朋友索取药物直到她发现了一个愿意向她提供帮助以满足其愿望的医生的名字为止。一年多过去了，凯瑟琳出现了多种心理问题，包括抑郁、偏执型思维以及易激惹等。尽管她也意识到了这一事实，但是她仍然不能控制自己继续使用这种药物。

（资料来源：Halgin et al.，*Abnormal Psychology*，3rd ed.，2000）

（二）可卡因

和人工合成的苯丙胺不同，可卡因（cocaine）来自一种生长于南美洲的叫做“erythroxylon”的古柯植物，是其中的活性成分。可卡因使用有漫长的历史，可追溯到几千年以前。在美国，其被普遍使用是在19世纪末，当时它作为治疗从疲劳到疟疾等各种疾病的药物而在市场上出售。一家名为 Parke-Davis 的药品公司以药片和喷雾剂形式及含有可卡因的香烟为其产品。产生于1880年的为人们喜爱的可口可乐就是由可卡因和咖啡因混合而成的兴奋性饮料，1905年可口可乐禁用可卡因。

20世纪早期，当可卡因继续传播的时候，医学界的权威及政府开始对其医学价值及对人可能造成的伤害提出了质疑。有关成瘾、死亡以及与之相联系的流行于全国的犯罪问题的报告，导致政府通过立法来禁止州际间对含有可卡因产品的运输。政府对用于医疗目的的可卡因的销售控制越来越紧，直至它被禁止。

在20世纪60—70年代，可卡因使用死灰复燃，因为该物质再次被错误地认为是相对无害的。80年代快克可卡因（crack cocaine）为人们使用后，引发了一系列社会问题。据美国有关方面的调查，有170万美国人（占美国总人口的0.8%）是可卡因的使用者，其中约有66.8万人使用快克。可卡因使用率最高的人群是18~25岁年龄群体（占该年龄组的2%）。目前，可卡因牵涉各种各样的社会问题，诸如由药物依赖而引发的犯罪，以及因父母无能而引发的对儿童的忽视与虐待等。因而，可卡因不再被视为无害的娱乐性药品。据估计，仅快克成瘾母亲早产所生的所谓快克婴儿就有50万人之多。

可卡因能以吸食、吞食、静脉注射等方式使用。

和苯丙胺相比，可卡因的兴奋性效果持续时间较短，但强度更大。在服用之后的头十分钟内，服用者可体验到最大的效果，而且这些效果迅速减退。中等剂量的可卡因可引起欣快感、性兴奋、力量与活力感以及健谈。大剂量使用时，使用者可以体验到精神病症状。例如，他们可能会产生妄想与幻觉，感到迷惘、多疑、易激惹。其偏执型妄想包括对警察的怀疑、对药品销售者的怀疑，或者会怀疑附近的某人正在计划袭击他或要偷走他的可卡因。他们可能会有虚幻的体验，用与他们的妄想思维相一致的方式对不能解释的噪音产生错误的理解，或者对某个物体产生错误的知觉。他们可能产生自己的皮肤上趴着臭虫或某个来自外国的物体的幻觉，因而会拼命地企图将这些东西赶跑。暴力也常出现于其幻觉中，因而他们会变得危险而失去控制，常会攻击他人，包括那些和他们最亲近的人。

不用说，因使用可卡因而引起的精神病性状态是十分痛苦的，甚至是可怕的。当可卡因的效应减弱或消失时，使用者体验到一种抑郁、睡眠障碍、激动、渴求以及疲倦。长期大剂量的使用者会在长达3~4天内强烈地体验到上述症状，并且在其后的一个月内仍能够感受到某些戒断的效果。可卡因的戒断过程及其症状如图12－2所示：

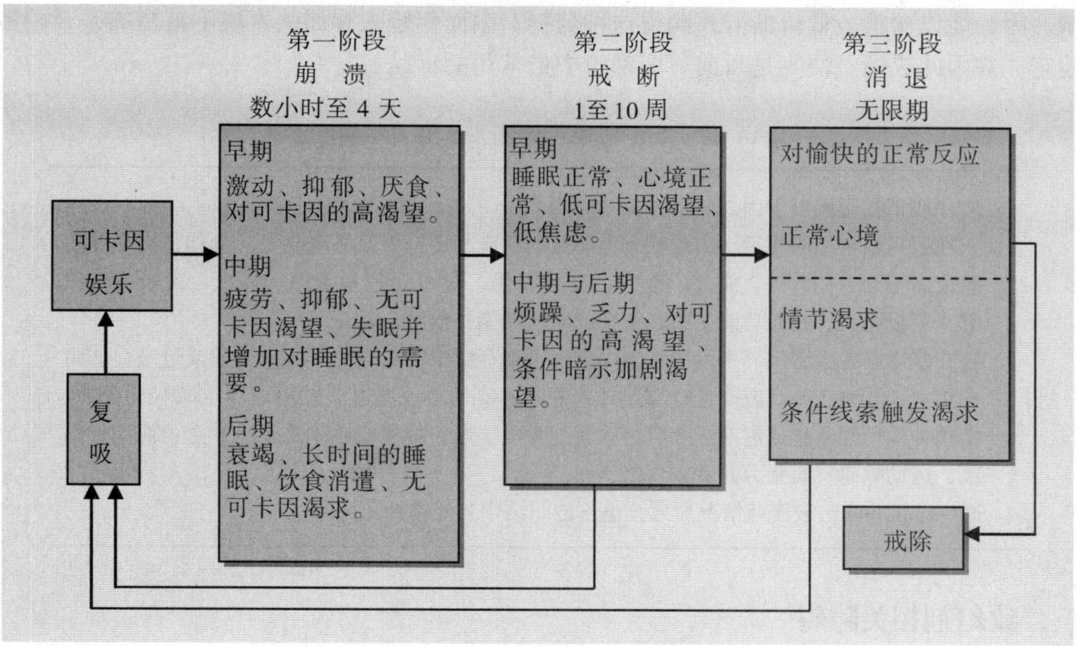

图12－2　可卡因戒断的三个阶段

注：正如图中所列症状显示的那样，在停用可卡因的第一阶段，并未出现对可卡因的渴望，这种渴望仅在第二阶段出现，然后非常缓慢地消失。底部的箭头表明复吸的可能性；第二阶段强烈的渴求与第三阶段中等程度的渴求都有可能导致复吸。

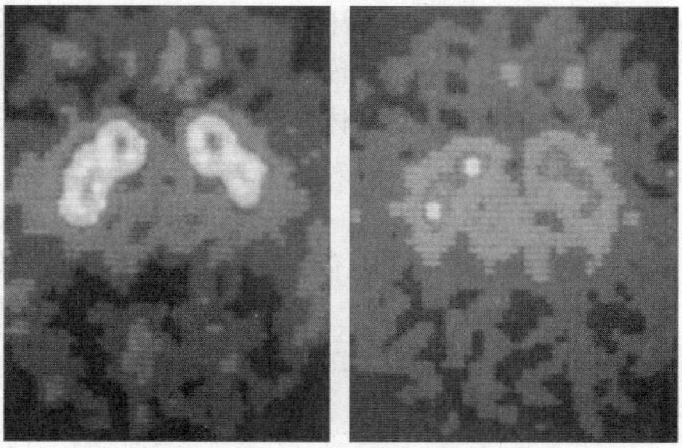

随着长期使用可卡因，使用者大脑系统中对愉快进行调控的神经末梢坏死。对大脑的扫描（右图）提供了大量多巴胺受体功能衰退的影像图。

可卡因不仅有强烈的成瘾效应，还对人的呼吸、血液循环等生命功能构成严重威胁。可卡因具有局部麻醉作用，同时它又对中枢神经系统以及交感神经系统具有兴奋作用，因而它导致的结果十分危险。可卡因增强了交感神经系统对心脏的兴奋，又对心肌起到麻醉作用，以致心脏不能收缩供血。在社交娱乐过程中，个体依赖服用更多的可卡因来寻求更高的体验，结果导致越来越高的血液药物水平，致使心脏的供血受到损害，不能正常收缩而使血液不能被推入动脉。

另外，研究指出，对可卡因的长期使用，会导致大脑系统中对愉快进行调控的神经末梢坏死。例如，对大脑的扫描就为我们提供了有关多巴胺受体功能衰退的影像图。可见，可卡因对人的大脑或中枢神经系统具有损害作用。

20世纪80年代中期，街头上出现了新一代的可卡因——快克（crack）。快克的外形是水晶状，使用方法是加热，以便其融化而产生可吸入的烟。因为在加热时会产生一种爆裂声，因此将之命名为快克。快克的出现使得吸食可卡因和因吸食可卡因致死的人数大增。因为能以少量、低价的方式购得这种药物，因而年轻人和那些家境不富裕的人开始体验它，并因此成瘾。快克是目前贫穷都市中最常用的毒品。

表 12－8　DSM-Ⅳ-TR 对可卡因中毒的诊断标准

1. 刚才或正在服用可卡因。
2. 正在服用或者刚服用后，出现临床上明显的适应不良行为或心理改变（例如，出现欣快感或者情感迟钝，社会能力的改变，过分警惕，对人际关系敏感、焦虑、紧张或者愤怒，刻板行为，判断功能受损，社交或职业功能受损等）。
3. 正在服用或者刚服用可卡因后，至少出现下列症状中的两项：①心动过速或过缓；②瞳孔扩大；③血压升高或降低；④出汗或寒战；⑤恶心或呕吐；⑥出现体重减轻的征兆；⑦精神运动性激越或迟滞；⑧肌力软弱、呼吸缓慢、胸痛或心律失常；⑨意识混淆、抽搐、运动障碍、肌张力异常或昏迷。
4. 这些症状并非一般医药情况所致，也不能归结于其他精神障碍。

三、致幻剂相关障碍

致幻剂（hallucinogen）一词来源于拉丁文 wander in mind ，意为“漫游的心灵”，是一类可引起表现为错觉和幻觉形式的异常知觉经验的药物。致幻剂中毒造成适应不良行为与心理的改变，诸如焦虑、抑郁、对丧失理性的恐惧、妄想性思维以及功能的普遍损害等，显著的是知觉的改变，诸如知觉增强、人格解体感、幻觉和错觉等。生理反应包括瞳孔放大、心率加快、大汗、心悸、视力模糊、震颤、不协调等，对某些个体而言，这种反应特别严重。致幻剂所致障碍包括谵妄、精神病性障碍、心境障碍以及焦虑障碍等。致幻剂包括迷幻药、麦斯卡林等。这些物质大多数来自植物或动物，另有一些则是由将天然的致幻药物置于实验室内人工制造出来的。

麦角酸二乙基酰胺（lysergic acid diethylamide，LSD）是致幻剂中最著名也是最有效的一种。1938 年，瑞士化学家 Albert Hoffman 从一些天然的麦角生物碱中提炼出这种药物。通常在吞服麦角酸二乙基酰胺两小时内，就会引起某种致幻剂中毒状态，其明显特征为知觉变化，特别是视知觉增强，心理发生变化，并出现一些生理症状。使用者可能产生错觉，物体似乎被扭曲、在移动，或出现变形。在麦角酸二乙基酰胺的影响下，个人可能产生幻觉，如看到实际上并不存在的人、物或形状。

麦角酸二乙基酰胺也可使个体听觉更灵敏，感觉到四肢刺痛或麻木，或者对冷热感觉出现混乱；有些人因接触火焰而被严重烧伤，但在麦角酸二乙基酰胺的影响下，感觉到的却是凉爽。麦角酸二乙基酰胺也能诱发强烈的情绪，从愉快到焦虑或忧郁；时间知觉也可能戏剧性地变缓；长期遗忘的思想与感觉可能重现。此外，吸食者还会出现一些生理症状，诸如冒汗、心悸、视力模糊、发抖等。麦角酸二乙基酰胺的这些效应发生在吸食者完全清醒或警觉的状态下，而且持续约六小时才逐渐消退。

麦角酸二乙基酰胺的危害还在于它可使服用者产生从极度狂喜到痛不欲生的情绪变化。如果在用药过程中经历的是愉快的体验，就称之为“愉快之旅”；反之，若经历的是焦虑、恐惧及歪曲了的知觉，则称之为“不愉快之旅”。用药后的体验具有不可预测性，如果过去经历的都是“愉快之旅”，下次用药可能就要经历“不愉快之旅”，因此“不愉快之旅”并没有一个可靠的办法可以预防。无论是经历“愉快之旅”还是“不愉快之旅”，其主观感受都可持续 6～12 小时，而症状完全消失则需要 12～24 小时。对某些人而言，药品所诱发的他们对现实的混乱是十分严重的，以至于他们需要长时期的治疗帮助。

少数有规律使用麦角酸二乙基酰胺的人可能会遭受“回闪症状”（flashbacks）之苦，即在没有用药的情况下，自发地重复出现幻觉、知觉紊乱等既往用药时的反应。“回闪症状”甚至可在停药数年后出现。诱发因素多为进入黑暗或安静的环境、吸食大麻或苯丙胺、饮酒等；而在压力、疲劳和疾病状态下更有可能发生。有人认为“回闪症状”并非由神经系统中药物导致的生理变化引起，而是由致幻剂使用者中 15%～30% 的人储存于体内的药物的再释放所引起的。然而，在药物使用者中也没有可测量的神经学上发生变化的独立证据。

其他四种致幻剂是麦斯卡林、墨西哥致幻菌素、二甲基色胺（dimethyltryptmine，DMT）及亚甲基二氧 N－甲基苯丙胺（3，4－methylenedioxymethamphetamine，MDMA）。

目前，MDMA（俗称摇头丸）的滥用受到广泛关注。MDMA 兼具麦角酸二乙基酰胺样致幻作用和类似苯丙胺的兴奋作用。国外滥用者多为大学生，他们将其作为一种欣快剂使用。MDMA 的作用机制与苯丙胺相同，可造成多种心理障碍，包括焦虑、抑郁情绪和精神错乱等。躯体中毒症状有肌张力增高、不自主地咬牙或摆头、恶心、出汗、视力模糊等。

在美国，一种新的致幻类物质——快乐丸（ecstasy）于 1985 年被法律禁止使用。快乐丸既含有 MDA，也含有 MDMA。自 1998 年以来，美国高中生对快乐丸的使用量迅速增加，并且超过了其对可卡因的使用量。2000 年在高中毕业生、大学生及年纪较轻的成年人中，快乐丸使用的流行率分别为 8%、9% 及 7%。

快乐丸的使用者报告说，该药物提高了他们的亲密感与理解力，改善了人际关系、心境及自信，促进了审美意识。它也引起了肌肉紧张、快速眼动、恶心、昏眩、颤抖、流汗、焦虑、抑郁以及人格解体与混乱等症状。一些证据表明快乐丸引起的主观与躯体效应，无论是愉快的还是恶劣的，女性的反应比对男性更强烈。

四、大麻

大麻（marijuana）为干燥和磨碎的大麻类植物叶子。通常它用于吸食，也可嚼、冲茶或用于烘焙食品。印度大麻脂（hashish）药效较大麻强，是将大麻植物顶部的树脂提取并加以干燥而制成的。

在国外，吸食大麻的流行率在 20 世纪 70 年代末达到了高峰。接下来的十年有所下降，但自 1991—1997 年间吸食大麻的人口再次上升。在美国，2003 年有 8% 的 12～17 岁的青少年表示自己在过去一个月中曾经吸食过大麻。

和大部分药物一样，吸食大麻有其风险。一般来说，人们对每种药物了解越多，就越清楚其不良反应。与其他药物一样，大麻的影响也表现在心理和身体上。

（一）心理的影响

大麻的酒醉（intoxicating）效果就跟其他药物一样，视药效和使用剂量的多少而定。吸食者发现，大麻会让他们放松和更善于交际。据称，大量吸食会使吸食者情绪迅速转变、注意力集中减退、思绪断续、记忆受损且觉得时间过得很慢；大量吸食有时也会导致幻觉。其他影响和麦角酸二乙基酰胺相似，诸如极端恐惧，且有时会认为恐惧的经历永远不会停止。吸食时要使用固定剂量非常困难，因为药效发作需要半个小时左右，这使得许多吸食者吸食的剂量比原先预期的还要大。

大麻的主要活性化学物质被称为四氢大麻酚甲基（delta-9-tetrahydrocannabinol, THC）。THC 在大麻中的剂量并不是固定的。一般来说，现在的剂量比 20 年前强。此外，使用者吸食的量也比过去多（如从雪茄烟中提取出烟草改装而成的大麻烟量就比大麻烟卷高）。大脑的大麻受体于 20 世纪 90 年代初被发现，稍晚又发现了身体可自行分泌类大麻的物质——内源性大麻素（anandamide），梵文为“祝福”之意。

许多研究证据指出，大麻会干扰范围广泛的认知功能。20 世纪 60 年代晚期进行的许多测验，诸如以符号代替数字、反应时间测验、前后重复一串数字、算数、阅读理解和语言测试都显示大麻会使智力受损；丧失适时记忆也是其中一项显著特异性的发现。

Brookoff 等人（1994）的研究发现，使用大麻会影响开车所需的复杂心理活动。对高速公路死亡事故和遭到逮捕的驾驶者的研究表明，大麻是造成这些意外并遭逮捕的显著且重要因素。大麻也是飞行模拟操作不良的原因。吸食 1 ~ 2 根含有 2% THC 的大麻烟，表现不良的情况可能持续长达八个小时；当个体觉得不再兴奋后，试图开车或驾驶飞机依然会使自己身陷危险之中。

（二）身体的影响

大麻的短期影响包括眼睛充血、发痒、口干舌燥、食欲大增、眼压降低、血压上升等。没有任何证据指出吸食大麻会对正常的心脏产生复杂影响。然而，大麻会对已有心脏问题的个体造成影响，诸如心跳加速；有时心跳加速的情况非常剧烈。美国国家药物滥用中心的报告指出，大麻对目前年纪较大的吸食者有特别的影响。今天较健康的 30 岁的吸食大麻者，当他们到 50 岁时，从统计学的角度看，心血管系统受损及患动脉粥样硬化等其他疾病的机会更大。

目前已知，长期吸食大麻会对肺部结构和功能造成严重伤害。尽管吸食大麻者所吸的烟比抽烟的人吸入的烟少，但吸食大麻时所吸入的烟却比较深，且在肺中停留的时间较长。大麻和烟草中含有相同的致癌物质，它们的不良反应较预期高，这是抽烟者需要抽到一定的量才会重视的问题。例如，传统方式抽一根大麻烟所吸入的一氧化碳量是抽五根烟的量；吸入的焦油是四根烟的量；对气管表皮细胞造成的伤害是烟的十倍。

大麻又是如何影响大脑的呢？20 世纪 90 年代初，研究人员发现了两种大麻大脑受体，称为 CB1 和 CB2。CB1 受体在整个身体和大脑中皆可发现；脑部学习和记忆能力非常重要的海马回中有大量 CB1。研究人员根据越来越多的证据推断，使用大麻是影响短时记忆的原因，应该与大麻对这些位于海马回的受体的影响有关（Sullivan，2000）。

此外，运用 PET 扫描研究发现，吸食大麻与大脑主管情绪的杏仁核和前扣带回的血流增加有关。研究者观察到与听觉专注力有关的颞叶区域的血流减缓；吸食大麻的被试在听力测验中的表现较差（O'Leary et al.，2000）。这些发现有助于解释与吸食大麻相关的部分心理影响，诸如情绪和专注力的改变等。

大麻会成瘾吗？与过去普遍的看法相同，大麻可能会成瘾。从越战中回来的美国士兵所习惯的 THC 浓度，可能会使当地吸食大麻者中毒，因此开始怀疑大麻会产生耐受性。控制组的观察也证实，习惯性地使用大麻者，的确会产生耐受性。长期吸食大麻者若无法获得所需剂量，是否会产生戒断症状？尽管过去十多年来所做的调查及实验室研究指出，确实会出现戒断症状，但是许多专家认为，对此不能完全确定。

大麻成瘾问题的复杂性在于其“致敏化作用”（sensitization）。海洛因成瘾者需要越来越大的剂量来达到相同的效果。相反，习惯于吸食大麻的人，只需要抽几口即可达到兴奋状态。但是，不常吸食大麻的人反而要多吸几次，才能达到浑然忘我的状态。

第四节　物质滥用与依赖的病因学及其治疗

在我们对物质滥用与依赖的原因进行分析与研究时必须认识到，物质滥用与依赖是一个逐步形成的过程。个人首先必须具有对物质的积极态度，然后开始尝试使用它，接着开始有规律地使用它，进而大量地使用它，最终滥用或者在生理上依赖它，如图 12－3 所示。其基本思想是个体在长期大量地对物质使用之后，因生物学上的耐受力与戒断过程而陷入了对物质的依赖与滥用的陷阱。

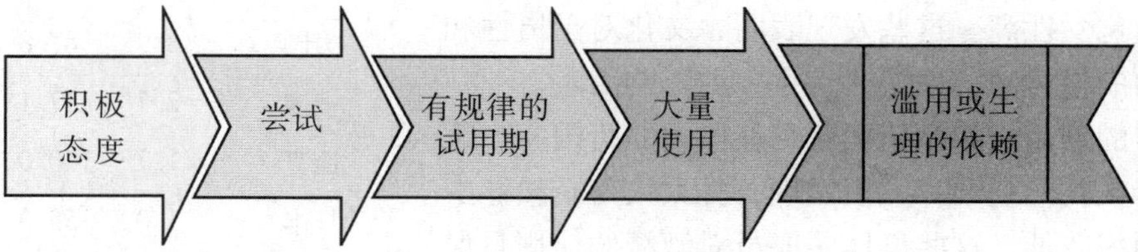

图 12－3　成为药物滥用者的过程

许多研究者只是在近些年来才开始考虑这个过程的特点，而且促使个体产生物质依赖的因素也是各种各样的，临床理论家们在对人们各种物质依赖与滥用的病因学进行分析时也依据各自的学术立场予以解释，因此出现了社会文化、心理学及生物学等不同的理论观点。当然，与对其他心理障碍的理论解释一样，就物质依赖与滥用的病因学观点而言，尚无一家理论为世人所共认，此外，目前理论研究发展的趋势是认为物质依赖与滥用是各种社会的、心理的及生物因素共同作用的结果。

一、社会文化因素

社会文化因素在形成药物滥用与依赖方面具有重要作用。研究指出，在一些社会中，吸食毒品不是什么大不了的事情。一项在 36 个国家进行的跨文化调查，对高中生酒精和药物使用的状况进行了研究。结果发现，尽管饮酒的学生比率有很大差异，但酒精仍然是最常被滥用的物质。在所研究的国家中除了两个国家以外，大麻均在被滥用物质中名列第二。在那些常用大麻的国家中，15%以上的高中生曾吸食过大麻，且使用过安非他命、可卡因和摇头丸。

首先，物质滥用与社会经济情境及压力有关。当人们生活在有压力的社会经济情境中时，形成物质滥用或依赖的可能性最大。研究发现，那些失业率较高的地区也有着较高的酒精中毒率。同样，经历较高的风险、不确定性及紧张的社会（如狩猎社会），比那些较为稳定、相对平静的社会（如农业社会），有着更多的酒精滥用问题；都市中的居民比农村或远离城市的小镇居民有着较高的酒精中毒率；社会经济地位较低的人群比地位相对较高的人群有着更高的物质滥用率。研究还发现，生活在压力情境中的人们，有较高的海洛因成瘾率。例如，越南战争期间，在越南服役的美国士兵中约40%的人至少使用过一次海洛因，有半数人经常使用海洛因，以至于他们停用时产生了戒断反应。

其次，物质滥用与文化态度有关。社会文化研究指出，文化态度和饮酒模式极大地影响着饮酒的量与酒精滥用的可能性。在一项与跨文化研究相类似的研究中，由35个国家的研究人员所组成的协作研究——国际性别与酒精研究小组（International Research Group on Gender and Alcohol），分析了澳大利亚、加拿大、捷克、爱沙尼亚、芬兰、以色列、荷兰、俄罗斯、瑞典和美国共十个国家的资料，发现男性饮酒量比女性高。这些发现表明，文化对于男性和女性饮酒的描述和态度是非常重要的影响因素。

物质的使用，如酒精消费存在极大的跨国家、跨民族、跨文化的变动。人们发现，犹太人与新教徒中酒精滥用率较低，这些群体的成员对酒精的使用只保持在清醒的限度内；而酒精中毒率较高的爱尔兰人及东欧地区居民，一般而言，饮酒没有明确的限度。表12-9显示了不同国家每年酒精消费的情况。

表12-9　全世界每年酒精消费简况表*

	葡萄酒	啤酒	烈酒
法国	63.5	40.1	2.5
意大利	58.0	25.1	0.9
瑞士	46.0	65.0	1.7
澳大利亚	15.7	102.1	1.2
英国	12.2	100.0	1.5
美国	8.9	87.8	2.0
俄国	2.7	17.1	3.8
捷克	1.7	140.0	1.0
日本	1.0	55.0	2.1
墨西哥	0.2	50.4	0.8

注：*消费以每人每立方分米计。

再者，家庭也是一个重要因素。例如，个体对吸烟形成某种积极的态度并开始尝试吸烟，这与家庭中其他成员的吸烟行为密切相关。如果父母亲都吸烟，那么其子女与其他家庭成员不吸烟的孩子相比，前者吸烟的可能性会多四倍。家族心理疾病、婚姻状况、法律问题等都与药物滥用有关。缺乏父母的支持与抽烟、吸食大麻及喝酒量的增加有关。此外，研究显示，缺少父母监督可能会增加与滥用药物的同伴交往的机会，因而与今后使用药物的高几率具有较大的相关性。

最后，个体所处的社会环境也会影响物质滥用。Shiffman等人（2004）的研究指出，每天都抽烟的人，更有可能与其他吸烟者在一起，而较少与不吸烟的人在一起；此外，抽烟的场所更多是在酒吧、餐厅或自己家，而在工作场所或他人的家中抽烟较少。其他研究显示，朋友抽烟可预测个体吸烟的几率。例如，Sussman等人（1994）的研究指出，七年级同辈群体的认同可以预测青少年在八年级的抽烟比率。一般来说，同辈群体的认同可以预测吸食毒品的比率。同辈群体的影响也是促成饮酒和吸食大麻的重要因素。如果采用一种发展性的方法去解释物质滥用与依赖的病因学问题，就需要对个人的生活史进行研究，去寻找物质使用的最早迹象。对青少年当中与物质滥用与依赖相关问题的历史轨迹的研究目前越来越多，而且研究所显示的证据并不令人惊疑，即不同的青少年有着不同的轨迹。例如，一项研究认为，青少年中对酒精滥用有两种典型轨迹：①一个早在青少年时代就开始饮酒的群体，在其整个高中时期酒精使用量会不断增加；②一个在开始时饮酒量较少的群体，以后在饮酒量的增加上有两个高峰期，一个是初中阶段，另一个是高中阶段。男孩子更有可能遵循第一种群体发展轨迹，而女孩子则更有可能遵循第二种群体发展轨迹，甚至在饮酒上有着比男孩子更危险的轨迹。早期偏离行为可以对第一个群体的成员做出预测，而同伴的鼓励又可对两种群体后来的饮酒行为都做出预测。

除以上诸因素之外，另一个需要考虑的变量是媒体。电视广告将各种酒类与好体格、好品质的男性、穿着时尚的女性及美好时光联系在一起；影视文化将香烟与兴奋、放松及男性的帅气画上等号。这些实际上都在助长人们，尤其是青少年饮酒与抽烟的比率。一些国家，自禁止酒类广告后，人们的饮酒量比未禁止这类广告的国家低了 16%。Jernigan 等人（2004）在美国的一项研究认为，男女青少年之间喝酒比率在缩小，而缩小的原因可能与广告内容的改变有关。近年来，杂志的酒品广告有增加的趋势，看到广告的女性看来比男性多。以 2001 年到 2002 年为例，女性暴露于酒品广告的人数增加到了 216%，然而男性则仅仅增加了 46%。

二、心理因素

心理因素与物质滥用相关的障碍有关吗？回答是肯定的。对此，可以从以下几个方面加以分析。

（一）情绪的改变

普遍存在的一个看法是，使用某种药物的主要心理动机是改变情绪，即药物可以提升积极情绪，或减少消极情绪。早期的动物实验显示，酒精会破坏回避学习，而焦虑可以调节回避学习（Conger，1951）。后来有人对人类被试进行的实验表明，酒精能降低尚未成为酒精滥用者的压力（Sher & Levenson，1982），也有研究得出了不同的结论。有人指出，如果酒精能降低紧张，那么它对与焦虑或威胁情境相关的消极情绪也会有特殊效果。但是，研究发现酒精既会减轻积极情绪，也会减轻消极情绪，不过，在回应威胁情境时，却没有发现对消极情绪的选择性效果（Curtin et al.，1998）。

针对这些不一致的研究结论，有人对喝酒或抽烟的情境做了研究，即是否存在注意力分散的状况。研究发现，酒精通过改变认知和知觉可能会降低紧张（Curtin et al.，1998）。酒精会削弱认知过程，使可直接利用线索的专注力变得狭窄，从而引发“酒精性近视”。换言之，醉酒者的认知力较弱，其可能把思绪放在了分散注意力的事物上。如果将思绪放在分散注意力的事物而非引起紧张的思绪上，就能降低焦虑。例如，假如抽烟者在抽烟时有注意力分散的举动，其焦虑就会降低；同理，如果抽烟时没有任何事物使抽烟者分散注意力，则不会有降低焦虑的效果（Kassel et al.，1997；2000）。在没有出现分散注意力的情况下，饮酒和抽烟均无助于降低紧张情绪。人们常说的“借酒浇愁愁更愁”，就说明一个人独自饮酒可能会把他所有的思绪置于不愉快的事情上，并开始沉思，这会使得他更加紧张和焦虑。

此外，有人还研究了饮酒、抽烟与压力发生的先后问题。大部分人认为紧张的增加会使人通过增加饮酒量来达到降低先前出现的压力的效果。然而，有研究反转了这两个因素的顺序。研究认为，被试先饮用了酒才会出现压力。Sayette 和 Wilson（1991）所做的一项比较压力—酒精、酒精—压力两者顺序的酒精效果研究发现，只有在酒精—压力顺序组才会出现紧张情绪降低的效果。一项评估压力和饮酒之间短暂关系的纵向研究也没有发现在经历了较大的生活事件后会出现饮酒量增加的情况。据此可以说，在面对许多生活事件时，饮酒并不是一个有效的减压方式。当压力来临时，饮酒也无济于事。

就抽烟而言，有人认为抽烟会增加压力和紧张。然而，也有人提出了不同看法，认为是压力造成了抽烟量的增加。一项针对抽烟的青少年所做的纵向研究发现，消极情绪与消极压力事件的增加与抽烟量的增加有关（Wills et al.，2002）。有证据表明，压力、消极情绪和抽烟有相关，当然，就两者间的因果关系而言，由于到目前为止，实验性研究非常少，尚未有明确的结论。

（二）对药物效果的期望

如果饮酒后无法降低压力，为什么许多饮酒者会认为饮酒可以帮助他们放松呢？有人认为，这是由于期望在其中发挥了作用，即在经历压力事件后，人们饮酒不是因为饮酒能够让个体放松，而是人们期望酒精能帮助他们放松。支持这一观点的研究显示，经常饮酒的人对酒精能降低压力和焦虑抱有更多的期望。此外，饮酒的量和对酒的正面期望会相互影响。饮酒减少焦虑的期望会增加饮酒的量，而饮酒又会使正面的期望更为强烈（Smith et al.，1995）。

其他研究显示，对于药物影响的期望可预测一般大众增加药物的使用。例如，有人相信药物能刺激攻击性行为和增加性反应。有人在研究中让被试自己饮用可观的酒量，实际上其所饮用的是不掺酒精的饮料。结果，被试在后来表现出了更多的攻击性行为，而且表示其会增加性唤起（Lang et al.，1975）。可见，认知对行为可能有很强的影响作用。还有研究指出，期望与饮酒之间存在一种互惠关系，即正面期望能够预测饮酒行为，饮酒也有助于维持及强化正面期望（Sher et al.，1996）。

（三）精神病理与人格特质

社会文化因素和情绪改变理论都无法完全解释个人药物使用的差异性。事实上，并非某一文化或亚文化群体中的所有人都喜欢某种药物，或都在大量饮酒；也并非所有经历了压力事件的人都会增加药物的使用量。这种情况，可以用人格特质和其他个体差异加以说明。

Killen 等人（1997）在一项研究中，要求教师对幼儿园儿童的人格特质做出评估，并且对其持续追踪数年之久。结果发现，焦虑（诸如担心某些事情、害怕某些情境）及追求新奇事物（诸如精力旺盛、不安）等对开始饮酒、使用药物和抽烟具有预测作用。有研究对忧郁、焦虑与开始抽烟有关的看法予以了支持。尽管目前前瞻性的纵向研究尚不能证实彼此之间的关联性，但这至少说明，对青少年来说，抽烟是抑郁症的一个风险因子。

此外，研究显示，药物使用与反社会人格障碍也有关联（Ball et al.，1994）。反社会人格障碍患者滥用药物可能是追求刺激行为的一部分。还有研究指出，对男性而言，饮酒常与反社会人格障碍有关；对女性而言，则与边缘性人格障碍有关；叛逆和高度攻击性及物质滥用有关。

药物滥用也与童年期患有注意力缺陷或多动症（ADHD）及品行障碍有关。在Hechtman等人（1984）一项超过十年的前瞻性研究中发现，ADHD可作为酒精滥用的预测值；它与抽烟、吸食大麻及滥用可卡因有关（Wills et al.，1995；Ball et al.，1994）。

三、生物学的因素

（一）遗传

近年来，许多研究者越来越多地认为药物滥用可能具有某种生物学原因。例如，有人认为，决定酒精滥用与依赖的因素与起源于生理、心理的异常有关。与基因有关的证据来自一项跨文化研究。研究表明，日本、韩国与中国台湾人饮用了酒之后，就会有明显的红脸迹象，但这种现象在白种人身上却很少观察到。这是由于东方人种缺乏Ⅰ型醛脱氢酶，以致饮酒后血液中乙醛在体内聚积、升高，释放胺等物质引起了血管扩张、低血压、心悸等。一些学者认为，这一生理机制的存在，阻止了东方人大量饮酒，是酒精中毒患病率低的一个生物学原因。

遗传基因影响作用的研究证据首先表现在家庭研究中。如兄弟当中有酒精依赖者的，其子女中的25%~50%有成为酒精依赖者的风险。此外，在酒精依赖方面，同卵双生子中会有55%的同病率，异卵双生子中则为28%。Goodwin（1973）的研究表明，在遗传因素的作用上男性比女性更明显。双生子的研究也表明，男性比女性在酒精依赖的遗传可能性上更为明显。Goodwin及其同事所比较的85对男性异卵双生子与96对男性同卵双生子以及44对女性异卵双生子与43对同卵双生子中，男性异卵双生子在酒精依赖与滥用的一致性上达76.5%，高于女性同卵双生子的一致性（53.6%）。尽管如此，基因也不是唯一的因素，因为两个同卵双生子所得到的教养，比两个异卵双生子所接受教养的影响要更为相似。

动物研究指出，身体代谢酒精和中枢神经系统对酒精的反应都受到遗传因素的影响。以人类个体为对象进行的高风险研究确认了这个观点。高风险研究是以年龄相似、无酒瘾、有酒精滥用的一级亲属及无酒精滥用的家族史的被试为对象进行的比较。从一项为期十年的追踪调查中发现，可预测酒精滥用的因素有二：①饮酒后自陈有少量酒醉程度；②饮酒后身体摇晃程度较低。所谓身体摇晃程度是指站立时对其身体稳定度的衡量。结果两者都发现，出现较少酒醉反应的人，更有可能是酒精滥用者。值得注意的是，无论他们是否有一个滥用的父亲，这些因素都可以预测他们是否会滥用酒精。

（二）生化因素

在过去的数十年间，研究者们已经把对药物的耐受性与戒断症状的一般生物学特性的认识综合了起来。如前所述，当某种药物被摄取后，它通过对某些神经递质的增加进而起到了镇静、减轻痛苦、提升情感、增加警觉等作用。如果一个人继续服用药物，其脑部便会出现明显的生化物质的调节，神经递质不断减少。当药物摄取继续增加，身体内的神经递质继续减少，会使人需要愈来愈多的药物，以达到所期望的效果。由此可见，药物使用者对药物形成了耐受性，并变得越来越依赖它，不再以自己的生理过程去感受平静、舒适、快乐及警觉。如果使用者突然停止用药，他们的神经递质的供给则会暂时减少，因而产生戒断症状。戒断症状会一直持续到大脑恢复其在正常状态下所需要的神经递质的量为止。

至于哪些神经递质会受到影响，则要视所使用的药物而定。研究表明，习惯性使用鸦片类，可能使大脑中脑内吗啡减少；经常使用可卡因或安非他命，会降低脑部多巴胺水平。此外，研究者已确认，被称为 anandamides（来自梵文“祝福”）的神经递质，其作用很像 THC，而过度使用粗制印度大麻，则可能会降低 anandamides 的水平。

（三）脑内“奖赏系统”与药物依赖

20 世纪 60 年代后，人们对成瘾物质如何作用于脑的“奖赏系统”（reward system）进行了大量研究，并发现了内源性鸦片肽及其受体。现已证明，在老鼠、猫、猴等动物脑内，除新皮层以外的脑区，几乎其余的所有部分都与奖赏的区域有关。控制情绪反应的边缘系统和下丘脑可能是奖赏系统的中枢所在，其中，被盖腹侧区（VTA）和伏隔核（NAs）是研究者较为感兴趣的部位。

近年来的研究发现，人类所滥用的物质，如鸦片、酒精、烟草、苯丙胺和可卡因等，均可增加鼠脑边缘系统细胞外液中多巴胺的浓度。多巴胺是一种与愉快情绪有关的神经递质。当人高兴时，奖赏通路上的神经细胞就发出较多的兴奋性冲动，并释放出一定量的多巴胺。在正常情况下，释放的多巴胺很快会被重新摄取。但是，某些药物（如可卡因）可阻断多巴胺的重新摄取，使突触间隙中的多巴胺增加，导致过多的多巴胺连续刺激下一个神经元受体，由此产生一连串强烈而短暂的刺激“高峰”，于是大脑奖赏中枢发出愉悦的信号，使吸食者主观上产生某种陶醉感和欣快感。

可见，位于大脑边缘系统的奖赏系统是导致药物依赖的结构基础，单胺类递质的变化是精神活性物质作用的直接后果，由此导致的一系列受体和受体后变化是药物依赖行为产生的重要条件。药物对奖赏系统的作用是产生精神依赖及觅药行为的根本动因。奖赏反应是人类（包括某些高等动物）所固有的情绪反应机制，这种机制的发生很原始，但有着巨大的潜力。人类所滥用的精神活性物质，正是通过对这种潜力的刺激和不断的激发而产生作用的。

四、物质相关障碍的治疗

物质相关障碍的治疗方法很多，包括心理学、生物学方法及社会文化治疗方法等。这些方法对有些人可能会有极大的效果，但对另一些人却可能收效甚微，甚至毫无效果。今天，对物质相关障碍的治疗，一般采用上述各种方法的结合加以运用，以期取得最好的效果。

（一）心理学的治疗方法

1. 酒精滥用与依赖的治疗

在物质使用障碍治疗中被广泛运用的心理学方法是行为疗法中的厌恶疗法（aversion

therapy），它依据的是古典条件反射理论。其基本思想是，每次当人们正准备使用物质时，对使用者反复呈现不愉快的刺激，如电击等。治疗者预期，在如此反复配对之后，使用者将对物质产生消极反应，并失去对物质的渴望。

通常，厌恶疗法更多地被应用于治疗酒精滥用与依赖。方法之一是将饮酒行为与药物所诱发的恶心与呕吐相匹配。另一种方法叫做内隐减敏法（covert sensitization），即要求酒精中毒者想象他们在饮酒时极为烦恼、厌恶或令人恐惧的情景，将想象的情景与酒精相匹配，以期使患者对酒精产生消极反应，具体参见下述治疗个案。

个案研究——厌恶疗法在戒除酒瘾中的应用

我要你逼真地想象，你正在饮酒或品尝酒（啤酒、威士忌酒等）。你正在一个餐厅，其他人也正在那里饮酒，你自己也正在那里饮酒。捕捉确切的滋味、喝法、颜色和气味。运用你所有的感觉，想象你真正地在喝它、尝它、吞它，感觉在你手中的玻璃杯；并且察觉它的温度、味道和香味，特别是滋味。

当你吞下酒时，坐在离你不远的男人发出低声的呻吟，他把酒杯放回桌子，并推开它。当他用双手紧抓胃部时，他的头低垂并不断地呻吟。他愁眉苦脸还慢慢摇头，他的眼睛现在紧闭着。他的脸变得阴沉、苍白，当他开始做快速吞下的动作时，他的手在颤抖。他睁开眼睛，匆忙把双手覆盖在嘴上，但是无法忍住而呕吐出来。你很清楚地看到这些：食物残渣粘在他的脸上，弄湿了他的衣服，甚至延及杯子。他继续呕吐……热湿的酒精味传到你这里。这是一种真正令人厌恶的景象。他现在在干呕，没有多余的东西可吐出来。他的脸仍然苍白，而且继续呻吟着……

我要你逼真地想象，你正在饮酒或品尝酒（啤酒、威士忌酒等），捕捉它确切的滋味、颜色和浓度。运用你所有的感觉，在你品尝了酒后，你注意到有一些小的和白色的漂浮物在玻璃杯里——它很引人注目。你俯身靠近去仔细检查它，你的鼻子现在正触在杯子上，气味充满你的鼻孔，正如你所记忆的饮料味道。现在你能看到杯子中有些什么。当你注视时，一只蛆粘在杯子上，蠕动爬行在杯子上，甚至比你最初所想的更多令人厌恶的生物在杯子上。你感觉你已经吞下了它们，并觉察到在嘴里的味道，你感到很恶心，而且希望完全不再碰杯子及饮酒。

（资料来源：Ronald J. Comer，*Abnormal Psychology*，4th ed.，2001）

在行为疗法中也可以通过行为替代的方法来治疗酒精滥用与依赖，即指导酗酒者通过放松、静坐或生物反馈的方法来取代酒精以减轻压力；也可以指导患者通过掌握或运用自我肯定及恰当的社交技能，使他们能够更直接地表达自己的愤怒情绪，而非通过喝酒来抵御来自社会的压力。

此外，在认知—行为疗法中，有两种将认知与行为疗法结合起来加以运用的治疗方法，可用以帮助人们对与物质相关的行为加以控制。一种是行为自我控制训练（behavioral self-control training，BSCT），该方法应用于特殊的酒精中毒的治疗当中。一般做法为治疗师首先要使患者追踪自己的饮酒行为。他们必须记下自己饮酒的时间、地点、情绪、生理变化及其他与饮酒相关的情况，这样会使他们变得对过度饮酒而可能出现的风险更为敏感，或更易于觉察。然后，治疗师指导他们在出现这些情境时应采用哪些应对策略。例如，他们要学会对饮酒设定限度，当感觉达到饮酒的临界点时就要控制自己的饮酒速率（如保持饮酒的间隔或啜饮，而非大口地饮用）；同时还要练习放松技术及其他不同饮酒情境的应对行为。研究表明，约 70% 的完成这种训练方案的人，明显地表现出饮酒行为的改进，尤其对那些年轻及生理上无酒精依赖的人更为有效。

另一种认知—行为疗法是所谓复发—预防训练（relapse-prevention training）。对严重的饮酒者，给他们规定许多自我控制训练作业。同时指导患者对饮酒做出事前计划，即饮用多少酒是适当的，饮用什么酒以及在什么场合下饮用都应事前考虑。这种方法有时可以起到降低酒精中毒的几率。如同自我控制训练一样，它似乎对酒精滥用者最为有效，但对有酒精生理依赖者无效。这种方法也被使用于大麻和可卡因滥用的治疗当中，而且具有一定的有效性。

2. 尼古丁依赖的心理治疗

研究显示，只有少数吸烟者能获得协助，因而戒烟是一项十分艰巨的任务。许多戒烟者曾尝试过各种戒烟方法。隐含在这些方法背后的意义是，让吸烟变成令人不悦及作呕的行为。20 世纪 70 年代，西方曾出现了所谓的快速抽烟治疗（rapid-smoking treatment）。这种治疗方法的实施方式是将吸烟者置于一个通风不良的环境之中，以较快的速度吸烟，约每六秒钟抽一次，以使吸烟者对吸烟产生厌恶。另有一些戒烟方式包括快速喷烟（rapid puffing）——快速吸烟但不将烟吸入；专注抽烟法（focused smoking）——以正常的速度长时间抽烟；含烟法（smoke holding）——将烟含在口中数分钟，不将其吸入。尽管这些方式都更能减少吸烟，增加禁烟的天数，但是治疗效力和其他治疗方式并没有什么不同，并且表现出在结束治疗后数月到一年间的后续追踪中发现复发率极高的现象。

目前，认知治疗师尝试鼓励吸烟者进行控制。治疗的方式是让这些吸烟者发展和使用应对技巧，像是碰到引诱他们吸烟的情况时（诸如饭后或坐下来看书时，总想抽支烟），可采用放松和正面自我对话的技巧来消除抽烟的念头。

与上述方法相比，有研究指出，所谓定时抽烟（scheduled smoking）在戒除烟瘾方面效果不错。该方法所运用的策略是，吸烟者需同意在数周内逐渐降低尼古丁的吸收。例如，在治疗的第一周，一天吸一包烟的患者需制定一个每天只抽十支香烟的时间表；第二周每天只能抽五支；第三周吸烟者就能把吸烟量减少至零。每天的吸烟时间由治疗团队制定，而不是依照吸烟者想吸烟的情绪来决定。这种方法使得吸烟者的吸烟行为受到时间的限制，而非受制于强烈的欲望、情绪状况或眼前的情境。能够依据这一方式戒烟的吸烟者，在戒烟后的一年内，戒烟的比率是 44%。与其他方法相比较，这显然是一种具有较高成功率的方法。

3. 非法药物的滥用与治疗

有时，治疗药物滥用和药物依赖的方式是患者在咨询室里与临床治疗师或其他心理学专业人员会谈。治疗药物使用障碍的心理治疗方法很多，常会与药物或药物替代疗法结合运用。

Carroll 等人（1994，1995）最早对去甲丙咪嗪与认知行为疗法进行了比较研究。他们认为在某种程度上，认知行为治疗有助于减少可卡因的使用量，提升滥用者的家庭、社会和一般心理功能。他们在为期 12 周的研究中发现，在低量可卡因依赖者身上，去甲丙咪嗪的效果比安慰剂要好。然而，认知行为疗法则对可卡因依赖程度高的患者很有效。该研究的发现也恰好说明了药物滥用中的心理因素的重要性。

在这项研究中，接受认知行为治疗的患者要学习如何避免高风险情境（例如，周围有使用可卡因的人）、了解药物对他们的诱惑、建立使用可卡因的替代方式（诸如与非吸食可卡因的人一起从事娱乐活动）。该研究中的可卡因滥用者也要学习克服渴望吸食可卡因的应对技巧以及避免认为一失足成千古恨的想法。患者愈抑郁，抗抑郁剂和认知行为治疗的成果愈好。

（二）生物疗法

生物学的方法有助于人们对物质的戒断及戒绝它们，或者有助于维持现有水平而不会进一步增加物质的使用水平。如同其他形式的治疗方法一样，单独使用生物疗法难以维持长期疗效，但是当把这种方法与其他方法结合使用时，会产生更好的效果。

1. 解毒

解毒（detoxification）是指通过躯体治疗减轻戒断症状，预防由于突然停药可能引起的躯体健康问题的过程。第一种方法是让患者逐渐减少药物的服用剂量，以达到最终戒断药物的目的。第二种方法是所谓替代治疗。替代治疗的理论基础是利用与毒品有相似作用的药物来替代毒品，以减轻戒断症状的严重程度，使患者能较好地耐受。然后，在一定时间内将替代药物逐渐减少直至最后停用。例如，抗抑郁剂有时就被用来减轻严重的酒精戒断反应，如震颤性谵妄及痉挛等。解毒方案假释有助于提高患者戒断药物的动机，但实践表明，戒断之后，若缺乏相应的心理治疗，则有复发的倾向。

在鸦片类物质依赖的治疗中，目前常用的替代药物有美沙酮和丁丙诺啡，使用剂量视患者的情况而定，美沙酮首日剂量为30mg～60mg，丁丙诺啡为0.9mg～2.1mg，然后根据患者的躯体反应逐渐减量，原则是只减不加，先快后慢、限时减完。

2. 拮抗剂

当通过各种治疗使患者成功地停止使用药物之后，必须防止药物滥用或依赖的复发。为了帮助患者抵御药物的诱惑，可以给某些患者提供拮抗剂，它具有阻断或改变成瘾药物的作用。例如，戒酒硫会干扰身体内酒精的代谢，因而饮酒者服用了它之后，会体验到强烈的恶心、呕吐、脸红、心跳加快、头昏眼花，甚至眩晕等。服用了这些药的人可能很少继续饮酒，因为他们知道可怕的反应在等待着他们。

麻醉性拮抗剂，如纳洛酮及盐酸钠曲酮等有时可用于治疗鸦片类依赖者。如盐酸钠曲酮为吗啡受体拮抗剂，能够明显地减低或全部阻断静脉注射鸦片类药物的效能。若长期与吗啡联合使用，盐酸钠曲酮可阻止吗啡或其他鸦片类药物产生躯体依赖。近些年来的研究表明，麻醉性拮抗剂在治疗酒精和可卡因依赖方面也有一定效果。例如，一些研究指出，盐酸钠曲酮有助于减轻患者对酒精的渴望。

（三）团体治疗与家庭治疗

1. 自助方案与团体治疗

自助之家是一种治疗海洛因依赖及其他药物滥用与依赖的心理治疗方法。这种药物依赖的治疗性社群模式由戴德端奇（Charles Dederich）于1958年创建于美国加州的圣塔莫尼卡。这些自助之家旨在重建依赖者对生活的看法，以使非法药物无容身之地。在美国，日顶村、凤凰之家、奥德赛等都是较为著名的自助之家。这些药物依赖康复之家的共同特点是：①完全断绝患者与过去社交圈的联系，因为保持与过去的社交圈的关系不利于戒除毒瘾。②使患者处于完全无法取得药物的环境。持续提供协助以缓和从习惯性地使用药物到完全不依赖药物的过渡时期。③呈现角色模范。提供以往曾有药物依赖，而现在可以不靠药物也能面对生活挑战的榜样。④在团体治疗中，采取直接且残忍的对立手段来激励患者为自己的问题和药物使用习惯负责，并且呼吁他们为自己的人生负责。⑤建立一个环境，将患者视为普通人，而非将他们看做失败者、罪犯或不正常的人。

康复之家经常运用团体治疗作为戒除海洛因的方法。

近些年来，许多药物滥用者在没有专家帮助的情况下，自己组织起来，对其他药物滥用者给予帮助。所谓“匿名戒酒会”就是最著名的自助团体之一。

相关链接 12－3 “匿名戒酒会”及其理念

药物治疗的自助运动始于1935年，当时美国俄亥俄州的两位酒精中毒者在一起讨论替代治疗的可能性。这种最初的讨论最终导致自助群体形成。群体成员们在一起讨论与酒精相关的问题，交换意见以及提供支持。这一组织后来被称为“匿名戒酒会”（Alcoholics Anonymous，AA）。目前，该组织在全世界100多个国家共有7万多个分会，会员人数达200余万。每个分会都经常举办聚会。在聚会中，新入会的人会站出来介绍自己是个有酒瘾的人，而那些资深、现在已不喝酒的会员就会与他分享自己酗酒的经历，让新入会的会员了解到，他们现在不喝酒的生活比以往好了许多。匿名戒酒会提供情绪上的支持、了解、饮酒问题的相关咨询及其社会网络。当他们需要友谊和鼓励时，会员会得到鼓励与问候，而不再去饮酒。约70%的曾接受酒精滥用治疗的美国人，至少曾参加过一次匿名戒酒会的聚会。继匿名戒酒会后，又出现了许多为物质滥用者成立的相似的自助群体，例如，匿名戒可卡因会（Cocaine Anonymous）、匿名戒大麻会（Marijuana Anonymous）。其他相似的十二步骤计划称为匿名过食者会（Overeaters Anonymous）和匿名戒赌会（Gamblers Anonymous）。

新入会的会员公开承认自己是个酒瘾者，且接受他人的建议及支持。

匿名戒酒会给每个会员灌输的信念是，酒精是一种永远无法根治的疾病，时时要抗拒喝酒的诱惑，即使喝一小杯也会让无法控制的饮酒再次发生。尽管超过十五年不碰一滴酒，但背负着“酒精滥用者”的称号仍有其必要性。依据匿名戒酒会的信念，个体永远是酒精滥用者，酒精滥用会一辈子跟着个体，因此只能妥善加以控制。

匿名戒酒会的理念，详见于下表中。有证据表明，相信这种理念与实现禁酒是相关的，其他自助团体并没有像匿名戒酒会一样虔诚的信念。相反，他们更为相信社会支持、确认、鼓励和建议没有酒精陪伴的生活。其中一种称为“理性复原法”（rational recovery）。其重点是个体重获自力更生的能力，而非依赖能力更强者。

匿名戒酒会的十二步骤

1. 坦承我们无力抵抗酒的诱惑，生活因酒变得无法掌控。
2. 我们相信有比我们自身更强的力量，让我们再次恢复神志清醒的状态。
3. 就如我们对上帝的了解一样，决定将我们的意志和生命交给他。
4. 为我们自己做个透彻、无惧的道德清单。
5. 对上帝、自己及全人类坦承我们错误的行为。
6. 我们已经准备好让上帝清理人格中的缺陷。
7. 谦卑地恳求上帝去除我们的缺点。
8. 列出我们曾经伤害过的人的清单，且愿意弥补他们。
9. 除非直接弥补再次伤害他们或伤害他人，不然只要有可能，直接弥补他们。
10. 继续做个人清单，且当我们犯错的时候，马上认错。
11. 透过祈祷和冥想提升与上帝的意识接触，就如我们了解他一样，祈求他赐给我们智慧及行动的能力。
12. 这些步骤所带来的成果是唤醒我们的灵魂。试着将这样的信息传达给其他的酒精滥用者，并在日常生活中练习这几个步骤。

（资料来源：Ann. M. Kring et al.，*Abnormal Psychology*，10th ed.，2009）

2. 家庭治疗

家庭治疗在药物依赖的治疗中也起着重要作用，其理论基础是系统论，即将家庭视为一个有机运行的系统，家庭成员之间互相影响、互相制约。某一家庭成员的问题同时也是家庭这一系统运行障碍的表现。因此，治疗应着眼于整个家庭，将整个家庭视为治疗对象。

临床上发现，许多酒精依赖者的家庭存在这样或那样的问题，尤其表现在家庭人际关系上。如互相指责、互相埋怨，或遇事采取互相推诿等。家庭治疗的中心就是要找出存在的问题，并设法使之发生改变。

家庭治疗的思想对其他治疗体系也有影响。如国外的各种治疗均强调家庭的介入，视家庭的介入与否是治疗成败的关键因素之一。

第十三章　儿童与青少年期的心理障碍

儿童在生长发育过程中，由于受生物、心理及社会诸多因素的影响，可能导致发育障碍、心理及行为障碍。由于儿童期年龄因素的影响，各类心理障碍的临床表现多不典型，因而极易被人们忽视，如果观察不细致，极易误诊而影响治疗及预后。因此，需要提高对儿童与青少年期心理障碍的认识，做到早发现、早诊断、早治疗。患有心理障碍的儿童能否得到专家的帮助，通常取决于身边的成人，即他们的父母、老师和学校的心理健康工作者。

第一节　儿童与青少年期心理障碍的诊断

儿童与青少年期的行为与情绪问题非常普遍，也得到了父母与学校的普遍关注，但就整个社会层面而言，还缺乏对该问题全面、深入的认识。究其原因，有专业人士偏见的影响，如医生往往高估药物的作用，心理治疗师却经常痴迷于具体实践，从而使临床工作偏离有效轨道；还存在诊断与评估标准不统一等问题，致使分类与诊断出现偏差。因此，有必要首先对心理病理学的鉴定与诊断问题加以探讨，因为这是辅导与治疗的必要前提。

一、儿童与青少年期心理障碍的诊断

儿童与青少年的心理障碍不同于成人的心理障碍，因此，对儿童与青少年的心理评估也不同于对成人的评估。其区别在于：①判定标准不同。儿童与青少年正处在成长发育期，心理障碍的发生很多与发展的不成熟相关，因此在诊断上必须考虑这种因素以确定其程度与类型。②就诊条件不同。儿童与青少年就诊时对症状的主诉大多由其父母代为陈述，因而其父母对障碍的主观态度也会影响对障碍客观程度的判断。③背景原因不同。儿童、青少年心理障碍的发生常常与家庭背景有关，家庭的心理氛围、父母的教养态度与方式、家庭成员的身教榜样等对其心理的发展都有明显的影响。确定评估标准的意义在于，找出障碍生成的原因及相关因素，确定障碍的性质并制订治疗和干预计划。根据 Goodemen 在《儿童精神医学》中的意见，对儿童与青少年心理障碍的诊断主要集中在以下五个方面：①症状。即有何表现？属于什么类型的问题？②影响。该问题给个体带来什么样的影响？③危险因素。什么因素诱发了症状？什么因素维持了症状？④强度。症状对个体的影响程度与范围如何？⑤解释模式。家庭对症状如何理解？有什么样的期望？上述模式简称为“SIRSE”诊断。

二、儿童与青少年期心理障碍的诊断手段

儿童与青少年心理障碍的诊断与评估首先要进行临床资料搜集，临床资料的搜集是对儿童与青少年进行障碍诊断的重要手段，主要从以下三方面入手：

（1）疾病演变过程。主要看起病形式是急性、亚急性，还是慢性；起病有无具体时间、规律；有无诱发因素；疾病主要症状的发生和发展趋势；是否接受过诊断和治疗；用过什么治疗方法等。

（2）生活背景。包括从个体出生开始所接受的各种因素的影响，包括生物学因素，如外伤、疾病、各种感染等；家庭因素，如家庭气氛、父母关系、同胞出生、父母再婚等；社会因素，如住所搬迁、入托入幼入学、升学转学、学习成绩、伙伴关系等。

（3）临床会谈。即根据儿童发展特征与症状诊断标准进行的精神检查：第一步，以和蔼、认真、仔细的态度体贴和接纳患者，建立良好的医患关系；第二步，倾听家长与患者的叙述，并给予支持性鼓励；第三步，用儿童听得懂、感兴趣的语言进行灵活、开放式的询问，并可以采用游戏、绘画、讲故事等方法。诊断的方式包括结构式问卷、半结构式问卷和非结构式问卷等。

三、儿童与青少年期心理障碍的发生机制及长期后果

（一）儿童与青少年心理障碍的发生机制

1．生理机制

儿童青少年由于正处在生长发育中，因此，更容易受到生物学因素（如遗传因素、脑损伤等）的影响，从而产生发育、情绪、行为等心理障碍。其生理机制主要包括：①遗传因素。儿童与青少年的心理障碍特别是严重的心理疾病常常与遗传有关，通过家系研究、双生子研究、分子遗传学研究可得到验证。②脑神经变异。包括脑器质性发育不全或损伤，脑神经递质分泌异常等。

2．环境诱导

即家庭、学校及社会文化等因素对儿童与青少年的诱导。正是由于儿童与青少年正处在成长发育过程中，在心理表现特征上具有很强的模仿性、从众性，因此，环境因素的变异容易对其产生影响，如家庭氛围不良、伙伴关系紧张、社会变异带来的压力等都会造成其心理发育问题，甚至形成障碍。具体因素包括以下方面：①家庭因素。包括家庭心理氛围、家庭文化氛围、家长教养模式、家长自身榜样等。②学校因素。包括学校校风、学校中的伙伴关系、师生关系、教师的教育理念与方法等。③社会文化因素。包括因社会变迁带来的精神理念（如价值观、人生观等）的撞击和物质文化（如各种流行文化）的冲击。

（二）儿童与青少年期心理障碍的长期后果

1．儿童与青少年期心理障碍的特点

（1）成因复杂。由于儿童与青少年正处在生长发育期，因此，其受到的影响也是多方面的、复杂的。心理障碍的成因与成人相比就显得更为复杂，既有生物因素也有环境因

素，既有个体因素也有群体因素，既有主观因素也有客观因素。

（2）临床表现不明显。由于受年龄因素的影响，一方面其心理障碍的表现往往隐藏在年龄特征的外衣之下；另一方面其障碍表现程度不够剧烈，表现形式不够典型，因此很容易被忽视。

2. 儿童与青少年期心理障碍的长期后果

儿童与青少年的心理障碍虽然发生在童年或少年期，但其影响却是长期的。由于这种心理障碍常常延续到成年，对患儿的社会功能及成年后的文化水平、职业状况、社会功能、生活质量都会产生消极影响。例如，发育障碍不仅使患儿在儿童期学习困难，严重者还会导致其成年后无法独立生活，需要终生监护与照顾。情绪与人格障碍，不仅在儿童期会造成儿童与青少年反复、持续出现与其年龄特征相悖的情绪反应和攻击性、反社会性行为，影响儿童与青少年当前的学习与社会交往，还会发展成为终生的人格障碍。因此，加强正确的心理健康宣传教育，使公众了解儿童与青少年期的心理障碍是医学界与教育界迫在眉睫的任务，它不仅有利于预防疾病的发生，而且在目前的独生子女政策下也有利于家长营造良好的家庭环境，采取正确的教育方式，预防某些心理—行为问题的发生，并对可能发生的心理障碍早发现、早诊断、早干预，从而保障和提高儿童与青少年的心理健康水平，促使儿童与青少年健康成长。

第二节　破坏性行为障碍

一、注意缺失多动性障碍

（一）注意缺失多动性障碍的定义

儿童注意力缺陷多动性障碍或多动症（attention deficit/hyperactivity disorder，ADHD）是一种在儿童和青少年期颇为常见的行为障碍，初发期一般在五岁以前，主要表现为与年龄不相称的注意力长时间、持续地不集中以及不分场合地过度活动，情绪冲动、任性，并常伴有认知障碍和学习困难。该症起病早、过程慢，不仅影响儿童的学校、家庭和校外生活，而且容易导致儿童持久的学习困难、行为问题和过低的自尊心。

（二）注意缺失多动性障碍的特征

儿童 ADHD 具有如下特征：在需要安静不动的情境中，诸如教室，或吃饭时，患儿似乎特别无法控制他们的行为。即使要求他们安静，他们仍然不能停止移动或说话；他们的行为常常表现为混乱、乖张、笨拙、顽固、专横，且无章可循；他们可能比正常的儿童更快地将衣服和鞋子穿破，毁坏玩具，使家人和教师感到无可奈何。

很多 ADHD 儿童特别难以与同伴相处，难以与他人建立友谊，因为他们的行为经常干扰他人且具有侵犯性，令人生厌。这些儿童通常很健谈，但是他们经常忽略细微的社交暗示。例如，他们觉察不到玩伴已经厌倦他们抖来抖去的动作。他们也经常错误地理解同伴的意愿和想法，并且犯下并非有意的社交错误。例如，他们把同伴的中立行为看做挑衅，并且用攻击性的方式加以回应。

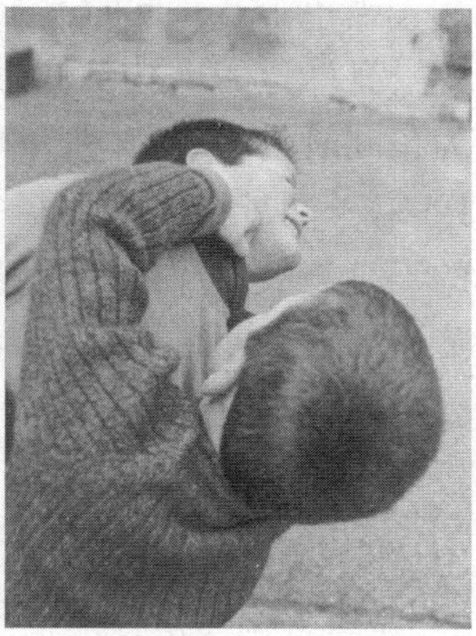

攻击性是注意缺失多动症男孩常见的症状，会使他们遭到同伴的排斥。

由 Melnick 和 Hinshaw（1996）所做的一项对儿童玩台球的相关研究表明，ADHD 儿童，特别是同时具有侵犯性的那些儿童，与其他儿童有着不同的社会目标。具有侵犯性的 ADHD 儿童带着感觉探索的目标来比赛，譬如制造麻烦、取得支配权及向他人炫耀等；而其他儿童可能只是希望公平竞赛而已。

在假想情境中，尽管患 ADHD 障碍的儿童知道什么是适宜的社交举动，但是他们不能将这种认知转换成在真实的社交互动中的恰当行为。他们经常很快地遭到同伴的排斥、拒绝或忽视。例如，在一项彼此不认识的男孩夏令营研究中，许多有明显侵犯性和不顺从等外显行为的患该障碍的男孩在露营的第一天，就被同伴给予十分消极的评价，而且这种消极印象在以后的六个星期的夏令营生活中都未能改变（Erbardt et al.，1994；Hinshaw et al.，1997）。

研究表明，约有 15%～30% 的患儿在数学、阅读或者拼字上有学习困扰，约一半患儿因为有适应一般教室环境的困难而接受特殊教育计划。

由于 ADHD 的症状不同，因而 DSM-Ⅳ-TR 将此患儿分为三个亚分类：①主要为注意力缺失型。儿童主要的问题是注意力不佳。②主要为多动—易冲动型。儿童主要的问题是多动—易冲动行为。③复合型。上述两种问题都存在的儿童。多数患儿属于复合型，这些儿童更有可能发展出品行问题和叛逆行为。

必须强调的是，在对 ADHD 做出诊断时，要注意它与品行障碍之间的鉴别。由于两者都属于严重破坏社会规范的障碍，加之，这两种类型的障碍之间有 30%～90% 的重叠，因而往往容易被人们混淆。品行障碍的儿童常常在学校中违规，更具有侵犯性，父母有反社会倾向。他们的家庭生活特点是，家庭成员常处于敌对状态，且社会经济地位也较低。进入青春期后，他们更可能处于违法行为和物质滥用成瘾的危机中。

个案研究——儿童多动症

患儿，男，六岁，小学一年级。平素性格外向，活泼任性、胆大好动。五岁上学前班时，老师对他意见颇多。家长经常被老师请到学校，学校甚至要求家长到校陪读。该患儿上课小动作多，手里总是不停地玩铅笔或尺子、橡皮等；把书本撕成一条一条，坐在椅子上来回扭动。上课注意力不集中，常被老师提醒才能认真听一会儿课；上课嘴里常发出怪声，弄得同学哈哈大笑，扰乱课堂秩序；做事情丢三落四，经常忘记布置的作业，需在家长的监督下完成作业；爱与同学打闹，摸人一下或碰掉同学的铅笔盒。做事情不能持久，不喜欢看书，常要求父母买书讲给他听，但是坐不了一会儿就跑掉了；考试经常七八十分，交卷子最快，从不检查，有时被老师叫到讲台上才能完成试卷，而且所丢的分都是粗心大意造成的；情绪不稳，爱发脾气，不称心如意就生气丢东西；特别高兴时喜欢高声叫喊。经检查，诊断为儿童多动症。

（资料来源：翁永振．精神障碍典型病例分析．北京：科学技术文献出版社，2003）

当一个儿童同时具有这两种障碍时，每种障碍中最消极的品质便会表现出来。这种儿童具有严重的反社会行为，也最有可能遭到同伴的拒绝，成绩落后，且预后不佳。有人认为，同时具有这两种障碍的儿童极有可能发展为成人反社会人格障碍（Frick et al.，1999）。可能的发展路径是这样的：最初是 ADHD，然后患儿的恶劣行为导致同伴与成人的不满与敌对反应；随着不断加剧的攻击和反击，患儿的情况越来越糟糕，最后导致品行障碍，特别是攻击性行为。

表 13－1 DSM-Ⅳ-TR 对注意缺失多动性障碍的诊断标准

1. 出现下面两组中的任何一组：
(1) 注意缺失的症状至少持续六个月，已达到适应不良并与其发展水平不相称的程度，例如，经常粗心犯错，不能依照指示完成任务，容易分心，在日常活动中经常遗忘事物等。
(2) 多动性的症状至少持续六个月，已达到适应不良并与其发展水平不相称的程度，例如，经常离开座位、在不适当的场合四处奔跑，或像“被马达推动”般地四处活动，说话过多。
2. 有些症状在七岁以前出现。
3. 这些症状发生在两种或两种以上的场合，如学校、家或工作中。
4. 严重损害社交、学习或职业能力。
5. 不是由精神分裂症、焦虑障碍、心境障碍等引起的。

（三）注意缺失多动性障碍的流行病学

由于 ADHD 的定义随时间推移而发生变化，再加上取样对象不同，统计标准和流行率的统计也有一定的差异，而且特征表现及严重程度波动较大。ADHD 的流行率在美国、新西兰和德国有 2%～7%之间的变化，在印度和中国患病率则较高。一般认为，目前全世界约有 3%～7%的学龄儿童患有 ADHD（DSM-Ⅳ-TR，2000）。患 ADHD 的儿童特征表现的波动，有时与所处场合不同或从事的活动不同有关。一般来讲，在有吸引力的、新奇的，或不熟悉的情境下特征表现可能会减轻，而在从事重复性或需较大努力的活动时注意力的维持最困难；在连续而直接的强化程序下比在局部的延迟的强化程序中，注意力维持情况明显较好。

很多证据表明，男性患 ADHD 的比例明显高于女性，男女比例约为 2∶1～9∶1（APA，2000）。但是必须指出，这一调查结果的样本可能主要来自门诊，而非一般人口，因此其准确性有待进一步研究确认。男孩子可能因为更多地表现出了攻击性或反社会行为而被带到门诊就医。此外，Biederman 等人（2004）和 Hinshaw（2002）各自的研究小组所做的研究指出：①收养的女孩比其他女孩更可能患 ADHD。②与男性样本结果相似，复合型女孩比注意缺失型女孩有更多的破坏性行为。③复合型女孩比没有患这一障碍的女孩更可能合并出现品行障碍或表现出叛逆特征。④患 ADHD 的女孩比其他女孩更可能感到焦虑和抑郁。⑤复合型女孩比注意缺失型和未患此症的女孩更容易得到同伴消极的评价；注意缺失型女孩也比未患此症的女孩有更多的消极评价。⑥和其他研究结果一致，与未患此症的女孩相比，患 ADHD 的女孩表现出许多神经心理方面的缺损，特别是决策功能（如计划能力、问题解决能力等）的缺损。

就年龄而言，过去人们认为 ADHD 会在进入青春期时消失。但是，许多研究者对此提出了质疑。虽然一些儿童到了青春期时症状严重程度会降低，但是，仍有 65% ~80% 的患儿在进入青春期后依然符合诊断标准。表 13 -2 提供了一份 ADHD 青少年常见的行为。此外，与同伴相比，患有 ADHD 的青少年更有可能辍学，并出现反社会行为。到了成年，大多数患者会找到工作且能经济独立；但是一些研究发现，和一般人相比，这些人通常处于较低的社会经济地位并且更为频繁地更换工作。

表 13 -2　患/未患注意缺失多动障碍的青少年所出现的行为

行为	出现行为青少年的百分比	
	患有注意缺失多动障碍	未患注意缺失多动障碍
脱口说出答案	65.0	10.6
易分心	82.1	15.2
在开始做完一件事情之前无法完成手头的工作	77.2	16.7
无法持续专心	79.7	16.7
不守规矩	83.7	12.1
不听话	80.5	15.2
动手动脚	37.4	3.0
坐立不安	73.2	10.6
无法安静地玩耍	39.8	7.6
常离开座位	60.2	3.0
干扰他人	65.9	10.6
弄丢所需要的东西	62.6	12.1
话多	43.9	6.1

（四）注意缺失多动性障碍的病因学

1. 生物学原因

（1）遗传因素。研究显示，ADHD 可能有遗传倾向。如果父母曾患过 ADHD，他们中有半数的孩子就很可能患此病（Biederman et al.，1995）。根据家庭调查研究、领养关系研究、双生子研究的结果来看，ADHD 与遗传有较为直接的关系。Barkley（1998）的研究表明，有 10% ~35% 患儿的近亲也患有同样的障碍，其中兄弟姐妹患此障碍的风险为 32%；而父母患有此种障碍，其子女患有同样障碍的风险高达 57%。Barkley 等人（1998）的大型调查显示，ADHD 患者有 80% 是由遗传性造成的，遗传对活动过度造成的影响远比环境更为明显。

目前有关该障碍的基因分子遗传学的研究正在进行中。一些更具前景的发现包括了与神经递质多巴胺相关的基因。确切地说，有两种不同的多巴胺基因与该障碍有关。它们分别是 DRD4 多巴胺接受器基因和 DAT1 多巴胺传送基因。当然，即使有了这些发现，多数研究者仍然认为，并非单一基因导致了这一障碍。相反，与环境因素相互作用的几种基因，更可能详细地说明其致病因素。

（2）神经生理因素。可以说，确切的遗传因素仍然是一个未知因素，但是最近的研究表明，患有 ADHD 与没有患 ADHD 的儿童的大脑功能和结构不同。有研究指出，患儿的前额叶对刺激没有反应，大脑血流是减缓的（Rubia et al.，1999；Sieg et al.，1995）。患 ADHD 的儿童的大脑（前叶、尾核、苍白体）部分比正常儿童的小（Castellanos et al.，1996）。其他研究证据显示，ADHD 儿童的前额叶功能的神经心理测验表现很差（例如抑制行为反应）。

其他神经生物学方面的风险因素包括许多出生前后与产前的并发症。例如，出生体重较轻是患 ADHD 的一个特定预测因子。因围产期感染、铅中毒、外伤等引起的轻微脑损伤等也是该障碍的预测因子。

2．环境因素

早期的一些理论认为，多动与环境中的有毒物质有关。一些研究者认为，食品添加剂对多动儿童的中枢神经系统产生了干扰，但相关的研究并未证明这种观点。

另有观点认为，铅中毒可能与多动症状和注意力问题有一定相关，但大多数铅中毒儿童也并未因此而患上该障碍，且在大多数患 ADHD 的儿童中，并未发现其血液中铅含量的增加。

目前有人把注意力集中于尼古丁的影响方面，即研究母亲吸烟与孩子患 ADHD 的关系。Milberger 等人（1996）的一项研究发现，怀孕期间每天吸一包烟的母亲，22% 的孩子有此障碍；8% 的孩子未患此障碍；而 Thapar（2003）的一项双生子研究发现，在控制基因影响和其他环境风险因素之后，母亲抽烟会导致这一障碍。针对母亲吸烟与 ADHD 之间关系的 24 份研究评论指出，暴露于尼古丁的子宫与 ADHD 症状有关（Linnet et al.，2003）。自 20 世纪 80 年代以来，数个动物研究认为，长期暴露于尼古丁会增加大脑多巴胺的释放并且引起多动症状（Vaglenova et al.，2004）。此外，尼古丁戒断会减少大脑内多巴胺释放，并因此造成易怒的结果。根据这类研究资料，研究者假设，母亲吸烟会影响胚胎多巴胺系统的发展，导致无法控制行为和产生 ADHD。

3．社会心理因素

ADHD 的产生也与家庭、社会环境等因素有关。有研究认为不良的社会环境、家庭背景、亲子关系、经济贫困、住房拥挤、父母离异、家庭功能紊乱等均可构成本症的诱因，增加发生的危险性。Williams 等人（1999）的研究指出，过于挑剔和缺乏管教子女的方法都与儿童活动过度活跃有密切的关系。

（五）治疗与预后

1．药物治疗

对 ADHD 患儿的药物治疗应慎重选用，首先要考虑病情的需要，对病情并不严重的轻度患儿不宜采用药物治疗，应重视心理治疗和饮食调整，如每天早晨和中午给患儿一定量的咖啡饮料，以调整患儿中枢神经系统的生理功能，使多动症状逐渐改善。另外，对症状较重的患儿，可采用一定的药物治疗，临床常用的药物有以下几种：

（1）中枢兴奋剂。刺激患儿中枢神经系统的药物，能减少孩子的冲动性行为和攻击性行为，并有助于提高患儿集中注意力的能力。

（2）抗抑郁性药物。对于不能服用刺激性药物的患儿可用一些抗抑郁性的药物，这些药物也能提高孩子的注意力、减少冲动，还可振奋患儿委靡的情绪。

（3）抗紧张性药物。如可了宁是一种用于治疗成人高血压的药，也被发现可用来治疗多动性障碍，它能减轻患儿的攻击性行为和突发性行为，但疗效没有刺激性药物明显。

（4）综合性药物。有些患儿同时服用几种药物效果会更好，但这只能在经验丰富、受过良好的理论与实践训练的医生的指导下才能服用。

2. 心理治疗

目前，儿童临床心理学家所使用的心理治疗包括：

（1）行为疗法。除了药物之外，最有前景的治疗方法包括父母亲训练及使用行为治疗的方式改变教室管理。这些计划被证实在改进患儿在社交和学业表现方面至少有短期成效。在这些治疗中，需要监控儿童的行为（在家和学校，叮咛他们要表现得体）。例如，在座位上坐好、认真写作业等。对多动性障碍儿童主要是通过行为矫正和行为控制的手段来改善或减少其过多的行为和不良行为，可通过家庭行为控制、课堂行为管理、放松训练达到矫正目的。例如，在家庭行为控制中可通过制造成功感，使遭遇到较多挫折的患儿在成功完成某些任务或表现出合作态度时，父母多加赞赏和给予鼓励，以增强他们的成功感，强化其对行为的控制。

课堂行为管理的目的是增加学生的适当行为，减少不适当行为。可用强化、付出代价、代币制等方法重塑学生行为。如根据学生的表现给予恰当奖励，例如，学生完成作业后可以玩游戏等。在幼儿园或学校，点数指标系统和星图是这类监控与辅导计划的典型特征。为了得到点数或星星，儿童就要有某种行为表现；得到一定点数或星星的孩子可用它换取奖品。

这类行为治疗的焦点放在了提升学业表现、完成家务、学习特定社交技能等方面，而非降低诸如到处乱跑、乱动等多动现象。

（2）认知疗法。包括自我监察、自我教导、自我奖励、自我谈话等。例如，运用自我教导法，使患儿向自己不断地提出忠告和指令，以便使具有冲动性和过度活跃的儿童和青少年能够进行理性的思考。再如，预想策略是一种自我控制技术，也是一种解决问题的方法，目的是减少冲动行为和增强解决疑难问题的能力；通过让学生认知事前预计即时反应所带来的负面后果，从而帮助他们重新计划活动过程和将要实现的目标。该方法强调的是学生的自我认知和自我目标分析，例如自己分析目标，自己假设将来的负面后果，自己进行行为替代，自我反省检讨等。

3. 联合治疗

在对 ADHD 的临床实验中，设计最好的应该就是名为 ADHD 的多种疗法联合治疗（MTA）的研究。这个实验是由六个研究小组参与，对 579 个 ADHD 患儿进行了为期 14 个月的研究。实验将被试随机分为四组。其中，三组治疗组分别是药物治疗组，药物加上强化性行为治疗组（联合治疗组）和强化性行为治疗组。一组对照组儿童仅仅接受常规的照顾。研究结果表明，联合治疗组与药物治疗组的疗效比强化性行为组和对照组好，至于那些 ADHD 特异症状，如社会技巧、学业、逆反性行为以及焦虑等，联合治疗组比其他三组略有优势。

二、品行障碍

（一）品行障碍的定义

品行障碍（conduct disorder）是指儿童与青少年期反复出现的反社会行为、攻击性行为及对抗性行为，违反与其年龄相应的社会道德规范，长期严重地妨碍他人日常家庭或学校生活，如反复出现盗窃、伤人、械斗、性攻击、毁坏公物等不良行为甚至是犯罪行为。

品行障碍与青少年犯罪有不少相似之处。很多犯罪行为的特征表现也是品行障碍的特征表现。Fergusson 与 Horwood（1995）研究发现，90% 的有三个或更多品行障碍的 15 岁青少年，一年后便成为罪犯，而对照组（正常群体）的犯案率只有 17%。可见，品行障碍与青少年犯罪有紧密联系。然而，Burke 等人（2002）的研究指出，品行障碍与犯罪行为并非同义词，在 177 名接受诊断的儿童中，只有 28 位同时兼有品行障碍和犯罪行为，41 位只有品行障碍没有犯罪行为，8 位有犯罪行为却没有品行障碍。因此，品行障碍与青少年犯罪是既重叠又独立的两个概念，品行障碍青少年与犯罪青少年是两组有不少共通点但并不同质的群体。

在 DSM-Ⅳ-TR 中有一个与品行障碍相关但又不太好理解的外显障碍——对立违抗障碍（oppositional defiant disorder，ODD）。关于对立违抗障碍与品行障碍是否能够加以区分，或者说，对立违抗障碍是否为品行障碍的前兆，或是其较为初期且缓和的表征，至今仍存在不同看法。如果儿童的行为表现不符合品行障碍的诊断标准，同时一再地表现出极端的敌意或违抗，那么他们就会被诊断为对立违抗障碍。有对立违抗障碍的儿童，会一再地和成人争论、发脾气，而且会非常愤怒与怨恨。DSM 也提及，他们经常不理会成人的规定或要求，故意惹恼他人，而且为自己的错误和问题而指责别人，并为他们的违拗行为寻找理由。在青春期之前，这种障碍在男孩中比在女孩中更加普遍，但是在青春期之后，两种性别的比率相等。大约 2% ~16% 的儿童会表现出这种模式（APA，2000）。

表 13－3　DSM-Ⅳ-TR 对品行障碍的诊断标准

1. 一种侵犯他人的基本权利或违反与其年龄相称的主要社会规范的反复而持续的行为模式，在过去的一年中表现出下列标准中的三项以上，其中至少一项发生在过去的半年之内：
   （1）对他人或动物进行攻击，例如，引发打斗；残忍地对待他人与动物；曾胁迫对方进行性行为等。
   （2）破坏公物，如消防设施等。
   （3）欺骗或盗窃，例如，闯入他人的住宅或汽车里窃取贵重物品。
   （4）严重偏离规则，例如，13 岁之前不顾父母的禁止，在外过夜、逃学等。
2. 严重损害社交、学习或职业能力。
3. 行为发生在 18 岁以前。

患有品行障碍的儿童和青少年，同时患有其他精神失常是一个较为普遍的现象，有 84% ~96% 的品行障碍青少年同时患有“对立违抗障碍”（oppositional-defiant disorder）（即对权威人士抱有持续负面、违抗、不服从和含有敌意的行为、态度)；45% ~70% 则有注意缺失多动性障碍；约 70% 同时患有身心失调症状，如医学上不能解释的头痛、肚痛等；滥用药物也与品行障碍密切相关。因此，品行障碍将使儿童青少年的大部分生活领域都受到消极影响，并可能发展为成人期反社会人格失常。

许多患品行障碍的儿童同时有其他问题。焦虑症、抑郁症在品行障碍的儿童中很常见，共病率估计在 15% ~45%。与患品行障碍的男童相比，患品行障碍的女童可能具有同时并发焦虑症、抑郁症、物质滥用及 ADHD 的风险高。在美国，由 Loeber 和 Keenan（1994）所做的一项流行病学研究指出，品行障碍非常普遍，男童比率为 4 ~16%，女童比率为 1.2% ~9%。如图 13 -1 所示，严重违法行为的发生率和流行率在 17 岁左右达到高峰，并在成年期急剧下降（Moffitt，1993）。虽然在图 13 -1 中呈现的所有犯罪行为并非都是品行障碍所常见的凶暴和冷酷，但它也说明了儿童和青少年的反社会行为问题。

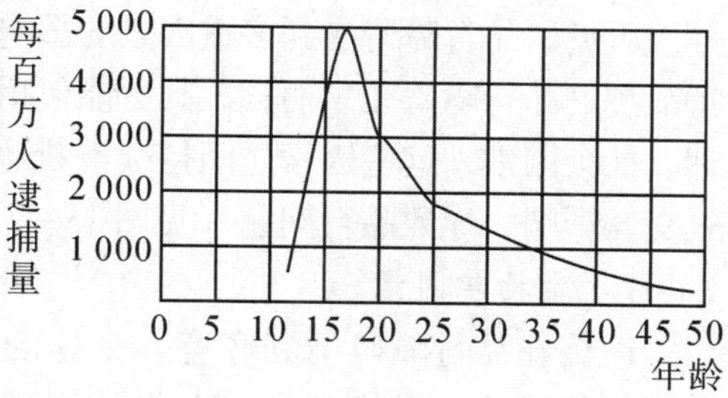

图 13 -1　因谋杀、强奸、抢劫、严重伤害、盗窃汽车等犯罪行为而遭警方逮捕的比率

（资料来源：*Disorders of Childhood*. 2000）

个案研究——儿童品行障碍

患儿陈某，男性，13 岁，初中二年级学生。因说谎、逃学一年有余，加重三个月，常夜不归宿而住院治疗。患儿自幼好动，以自我为中心，学习时好时坏。父望子成龙，采用“棍棒”教育；母爱子心切，常帮孩子蒙骗父亲。小学期间“棍棒”教育尚有效，“严管”之下考入某区重点中学。升入中学后，学习压力大，学习成绩下降。怕挨打，开始说谎蒙骗父亲，以逃学躲避老师。常背书包游荡，有时在电子游戏厅消磨时光。

半年前，患儿开始与坏孩子为伍，偷母亲的钱，抢小同学的东西。曾跑到原小学，往老师茶杯中放粉笔灰。在校园中将干枝点燃，然后大喊救火。趁老师跑出去救火之机，翻老师的衣服偷钱。事发后怕上学受老师盘问和学校处分，怕回家受父亲责罚，漫步街头，来到了火车站，跑到姥姥家“避难”。自此，每当受父母处罚或不能满足其愿望时，就到火车站混入列车到处游玩，夜不归宿。每次都以撒谎、编故事获得生活必需品，在城市游逛时，则夜宿过街地道或车站。父母打骂或学校处分均无济于事。经心理医生检查，被诊断为品行障碍。

（资料来源：翁永振. 精神障碍典型病例分析. 北京：科学技术文献出版社，2003）

莫非特（Moffitt，1993）推测，存在两种品行障碍。有些人倾向于终身持续的反社会行为模式，在三岁开始出现品行问题，且继续犯下严重的违法行为至成年期。另一些人则为“仅限于青春期”——他们在童年、青春期有典型、高度的反社会行为，而在成年期回归正常生活模式。莫非特提出，青春期限定形式的反社会行为是源自青少年的身体成熟和本身能否揣测成年人应有责任之间的成熟度的落差，通常用这样的行为作为调节以获得反应。

（二）品行障碍的病因学

品行障碍的风险因素包括神经生物学、行为、认知及社会文化等因素。许多研究强调，应重视对品行障碍或反社会行为与攻击行为风险的具体因素的研究，包括父母的精神病理学、育儿习惯及同伴的影响等。可见，品行障碍受到多重因素的影响，对于终身持久型的品行障碍儿童而言，其可能包括遗传学、心理、社会因素，这些因素之间持续不断地以复杂的方式交互影响，导致品行问题（见图 13－2）。

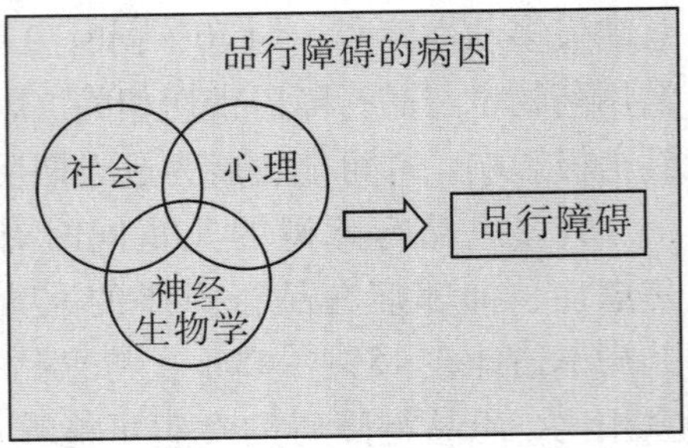

图 13－2　神经生物、心理和社会因素都与品行障碍有关

1．生物学因素

遗传在品行障碍中到底有什么样的作用，目前还不是很明确。虽然遗传可能在品行障碍中具有一定作用，但是它对品行障碍的影响结果很复杂，所得到的研究结论也往往不一致。例如，一项对 3 000 多对双生子的研究指出，遗传对童年期反社会行为的影响有限；而家庭—环境的影响更重要（Lyons et al.，1995）。然而，在澳大利亚进行的一项对 2 600 对双生子的研究却表明，遗传对童年期品行障碍的确有影响，且几乎与家庭—环境无关（Slutske et al.，1997）。截至 2000 年左右，美国、瑞典和丹麦进行了三次较大规模的寄养子研究，这些研究指出遗传和环境因素与犯罪和侵犯性行为有关。有趣的是，尽管男孩和女孩的流行率不同，但证据支持遗传和环境因素对品行障碍和反社会行为的影响在男孩和女孩之间并没有不同。

区分品行障碍的问题类型可能对验证其遗传性有帮助。双生子的研究证据指出，攻击性行为（如虐待动物、打架、破坏财物等）很明显具有遗传性，其他攻击性行为（例如，偷窃、离家出走、逃学旷课等）则并非如此。其他研究证据暗示，反社会和攻击性行为问题的发生时间与遗传相关，例如，从童年期开始的攻击性行为和反社会行为，诸如 Moffitt 的终身持久型，比从青春期开始的相似行为更具有遗传性。

Caspi 等人（2002）进行了一项遗传与环境交互作用的研究，以预测成年期的反社会行为。研究检测了单胺氧化酶 A（MAOA）基因，这个位于 X 染色体并释放一种单胺氧化酶酵素的基因，可以促进许多神经传导物质的代谢，包括多巴胺、血清素和皮质肾上腺素。这个基因的活性因人而异，有些人的单胺氧化酶 A 活性高，而另一些人则较低。有人采用来自新西兰达尼丁约 1 000 名儿童的大规模取样（采用 Moffitt 所描述的终身持久型和青春期限定型的品行障碍样本），测量了单胺氧化酶 A 的活性，以推测孩子误诊的程度。儿童被误诊并不足以预测其后来是否发展为品行障碍，而低单胺氧化酶 A 活性也一样。相反，那些被误诊且具备了低单胺氧化酶 A 活性的儿童，比具有高单胺氧化酶 A 活性的儿童，或没有被误诊但有低单胺氧化酶 A 活性的儿童，更有可能发展成品行障碍。因此，环境因素和基因同样重要。

2．心理因素

正常儿童发展的一个重要组成部分是道德意识的发展。大部分人不去伤害别人，不仅是因为这样做不合法，也因为这会让他们有犯罪感。但患品行障碍的儿童似乎缺乏这种道德意识，对他们做出的错事缺乏悔恨感，认为他们的行为是合情合理的（Ryall，1974）。

学习理论认为模仿和操作条件作用能给品行问题的形成和保持提供很好的解释。班杜拉和沃尔特首先发现儿童可以通过观看父母的攻击性行为习得攻击性。事实上，受到父母虐待的儿童长大后更有可能具有攻击性（Coie & Dodge，1994）。儿童也可以通过其他途径如从电视上获得攻击性（Huesmann & Miller，1994）。

此外，父母的养育方式如苛刻、不坚持原则和缺少对儿童的监控也和儿童的反社会行为有关。儿童在早期做了错事而又没有受到惩罚，将可能使他形成更严重的品行问题（Coie & Dodge，1998）。

心理学家道奇（Kenneth Dodge）以社会认知的观点考查攻击性行为。在一项早期研究中，道奇（1982）发现，具有攻击性行为的儿童的认知过程有某种特别的偏见。这些儿童往往把暧昧含糊行为（如在队伍里相互碰撞）解释为他人的恶意。这种认知会使这些儿童做出报复行为，并造成一种恶性循环：同伴也会记住这些攻击性行为，并可能变得具有攻击性，从而更经常性地与他们对抗，更进一步地激怒了那些已具有攻击性行为的儿童（见图 13－3）。道奇因此建构了一个儿童行为的社会信息处理理论。该理论的焦点在于，儿童对环境中信息的处理与认知方式，显著影响着他们的行为方式。

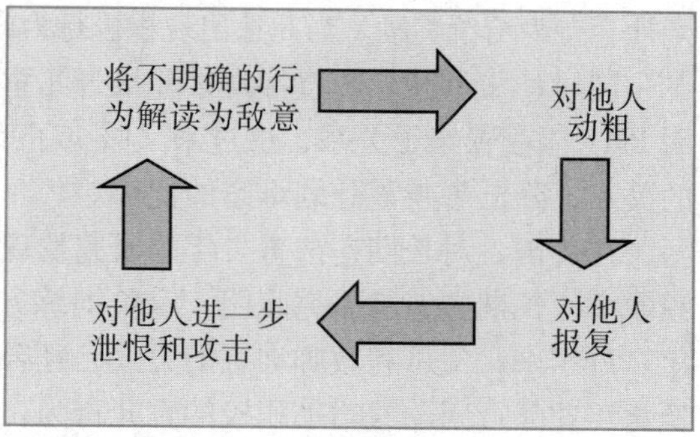

图 13－3 道奇的攻击认知理论

将不明确行为解读为敌意，是对他人动粗和暴力恶性循环的一部分。

3. 同伴影响

心理学家认为，同伴对品行障碍的形成有一定影响，而且目前就攻击性行为和反社会行为儿童的调查而言，主要关注两大方面的问题：①被同伴接受或拒绝；②和不良同伴的联系。被同伴拒绝的人会表现出攻击性行为；和不良同伴一起会增加犯罪行为的可能性。

4. 社会文化因素

贫困和都市生活与较高的违法行为有关。失业、缺乏教育设施、混乱的家庭生活以及认为违法行为是可以接受的亚文化环境都可能导致品行障碍的发生。儿童早期的反社会行为与不利的家庭社会经济条件相结合，也是儿童和青少年违法犯罪的原因之一。Peeples 和 Loeber（1994）针对非洲裔美国人及白人青少年的研究指出，非洲裔美国人较为严重的违法行为似乎与其居住在较贫穷的地区有关，而不是与其种族有关。研究人员根据家庭贫困、家中无人就业、男性失业和非婚生子女等因素选定了“低阶层”地区或“非低阶层”地区。在忽略社会经济地位差异的总样本中，非洲裔美国青少年比白人青少年更有可能出现严重违法行为（诸如偷车、非法入侵、严重攻击等）。但是，在严重违法行为中，未居住在低阶层地区的非洲裔美国青少年与白人青少年之间并没有差异。可见，社会文化因素十分重要。

（三）品行障碍的治疗

品行障碍的治疗是一项艰巨的工作，具有极大的挑战性。社会学家、政治家认为，贫困的经济状况导致了大多数的品行问题，因而他们提出要缩小贫富差距，扩大就业机会，降低对低阶层者的物质剥夺。心理学家在认同上述看法的同时，则更着重于针对特定个人和家庭的心理辅导与治疗。

1．家庭治疗

由于儿童的品行障碍和家庭、父母有密切的关系，因此治疗品行障碍的最有效的方法之一就是家庭干预技术（family intervention），即父母或家庭成员的参与。Patterson 及其同事花了四十年发展和测试了父母管理训练（parental management training，PMT）的一套行为计划。在这套计划中，他们培训父母对儿童的亲社会行为和反社会行为给予不同的反应，并对亲社会行为给予奖励。当儿童出现积极行为或攻击性行为时，父母则给予正强化。

同时，父母和老师直接观察并报告儿童在家庭、学校的行为可提高该计划的效率，表明 PMT 能改善亲子关系，反过来又减少了反社会和攻击性行为。PMT 也能改善兄弟姐妹的关系，降低参与该计划母亲的忧郁。

在美国，对长期违法青少年的研究发现，家长训练和法庭规定的家庭治疗都可以降低犯罪率。长期的追踪研究表明，家长训练方式、父母管理训练的积极效果可以持续 1～3 年。近年来，父母和教师训练的方式已经合并到较大的社区计划中，而且已经证实可以降低童年期品行问题并增加积极的育儿行为。

2．多重系统治疗

在美国，由海格勒（Henggeler）所提倡的一种针对严重违法犯罪青少年的治疗计划正在实施中，该计划被称为多重系统治疗（multisystemic treatment，MST）。由于品行障碍同时受到家庭以及其他社会因素的影响，因此，多重系统治疗显得格外有意义。这个多系统治疗的范围包括学校、家庭、社区、同伴以及青少年自己。在 MST 治疗中，治疗师使用的策略是多元的，综合了行为、认知、家庭系统和个案管理的技术来帮助儿童摆脱品行障碍。这种疗法的独特性在于强调个体和家庭的力量，辨别品行问题的内容，以现在为中心、行为导向为干预，要求家庭成员每天或每周进行努力。治疗以“以生态基础”为环境，例如在家庭、学校或地方娱乐中心，将进步的成果带入儿童及家庭的日常生活中。

与接受相同次数会谈（大约 25 次）的传统办公室中个别治疗的青少年相比，接受多重系统治疗的青少年在后续四年的追踪观察中表现出行为问题及遭逮捕的次数减少。例如，当超过 70% 的接受传统治疗的青少年在治疗后的四年里因违法而遭逮捕时，只有 22% 的完成多重系统治疗的青少年因违法而被逮捕。另外，对其他家庭成员的评估也指出，参与多重系统治疗的父母显示出较少的精神疾病症状。家庭互动的录像资料表明，家庭成员之间更能相互扶持，对彼此的敌意和冲突都有所减少。

3．认知疗法

认知疗法把焦点集中在以改变品行障碍者的认知来达到消除攻击或反社会行为的目的，通过给儿童提供一些认知技能，教导他们在能引起怒气的情况下进行自我控制。通过认知技能控制他们的怒气确实能够帮助他们减少攻击性行为。

另一种认知疗法的策略是注重道德认知能力的提高。在学校对品行障碍的儿童进行道德推理技巧的训练已经取得了一些成果。例如，鼓励患儿对两难事件各种观点的价值问题以及人民和社会的权利与责任问题进行辩论，参加训练的青少年的道德推理能力有了明显的提高；同时，其行为问题也有了显著的降低。

第三节　情绪障碍

情绪障碍（emotional disorder）是指起病于儿童或青少年期，以焦虑、抑郁、强迫等为主要临床表现的一组疾病。和成人一样，儿童焦虑症与抑郁症通常会伴随发生；同时，近年来的研究指出，儿童抑郁症与焦虑症的区分方式与成人大致相同，即抑郁症儿童会表现出低积极情感及高消极情感；焦虑症儿童会表现出高消极情感，却不会表现出低积极情感。

一、儿童与青少年的焦虑障碍

一个有分离性焦虑障碍的孩子一直在担心：和一个重要的人分开对他和他所爱的人都是非常危险的。

几乎所有儿童都经历过恐惧和担忧，这是正常发展的必经过程。常见的恐惧大多会随年龄的增长而消失，包括怕黑、怕想象中的怪物（五岁以下儿童）以及惧怕与父母分离（十岁以下的儿童）。通常在成年人身上，女性表现出感到恐惧的情形多于男性，这种性别差异至少可部分地归因于男性所承受的社会压力使他们不愿意承认他们害怕某些事物。DSM-Ⅳ-TR 诊断标准中指出，欲将恐惧和其他担心均归类为障碍，必须视儿童功能是否出现损害的情形而定。尽管如此，儿童则不必认识到他们的恐惧或担心是过度的，或者是不合理的，因为儿童有时无法做出判断。基于这些标准，约有 12% ~ 20% 的儿童和青少年被诊断为患有焦虑障碍，这是儿童期最普遍的障碍。

（一）分离焦虑障碍

1. 儿童分离焦虑障碍及其临床描述

儿童分离焦虑障碍（separation anxiety disorder）是指儿童与亲人分离而引起的严重的、过度的焦虑反应。幼儿或学龄前儿童与他们的亲人离别时出现某种程度的焦虑情绪是正常现象。只有当焦虑发生在儿童早期，并且对与亲人离别的恐惧构成焦虑情绪的中心内容时，才成为儿童期分离焦虑障碍。据估计，约有 4% 的儿童和少年患有分离焦虑障碍，女孩要比男孩稍多一些（APA，2000）。

该障碍多发生在学龄前期，即六岁以前，主要表现为离家到别的地方会遭受很大的困难；不能单独待在房间里，害怕独处；不敢独自睡觉，要求父母陪他睡，入睡后经常做噩梦；拒绝到朋友家里做客、替父母到外面跑腿，或拒绝上幼儿园、学校；缺少自信心，对新环境很敏感。有些儿童会大发脾气、哭闹，或要求父母不要离开，还有部分儿童会出现头痛、胃疼、恶心、呕吐等躯体症状。

个案研究——分离焦虑障碍

约翰尼，八岁，在学校开学六周后都没在学校完整地待上一天。每天早上，她恳求母亲让她待在家里，有时她说胃疼，其他时候说感到很虚弱，需要在家休息。她父母对她的行为感到很困惑，因为她的学习成绩很好，并有一帮朋友。她回校后，坚持让学校的护士打电话告诉父母她在学校的情况。在家的时候，她总是黏着母亲。睡觉的时候噩梦不断，经常半夜跑到父母的卧室，抱怨说梦见父母被杀了。诊断为分离焦虑障碍。

（资料来源：Lauren B. Alloy et al., *Abnormal Psychology*, 7th ed., 1996）

2. *儿童分离焦虑障碍的病因学及其治疗*

儿童分离焦虑障碍的影响因素包括：

（1）心理因素。儿童期经历的各种应激事件对儿童分离焦虑障碍的发生具有一定的作用。比如，父母死亡、改变住处或患严重疾病、转学等都可能引起儿童强烈的情绪体验，导致分离焦虑障碍。经历各种创伤事件，如被绑架、受到暴力侵害也有可能引起儿童情绪的波动，进而引发分离焦虑障碍。

（2）遗传因素。儿童分离焦虑障碍与遗传因素的确切关系尚无定论，但有研究发现焦虑障碍患儿的父母和同胞中约15%也有焦虑表现，同卵双生子的患病率可达50%。

（3）家庭因素。在儿童生长发育过程中，家庭因素对儿童的心理发展起着重要作用。由于儿童躯体发育及心理发展尚未成熟，因此，儿童会非常依赖他们的父母，父母提供给他们的不仅是一种物质的支持，更是其情绪的支持和指导，他们受到父母极大的影响。如果父母对某些事件做出过度的反应，或对儿童过度地保护，那么这个孩子将有可能发展出焦虑问题。同样，亲子关系不良，父母一再地排斥孩子，或虐待孩子，也容易引起儿童的情绪障碍。

对儿童分离焦虑障碍的治疗以支持性心理治疗与家庭治疗为主。支持性心理治疗通过详细了解儿童的成长过程、发病原因以及病情的发展过程，对儿童焦虑时表现出的担心和痛苦表示理解和同情，消除儿童的顾虑，并用儿童可以理解的言语给予必要的解释，树立儿童战胜疾病的信心。家庭治疗则通过协助父母认识到其对儿童潜移默化的影响，从而增加家庭成员之间的情感沟通，改变不适当的教育方法，增加儿童的安全感；营造民主和谐的家庭气氛，以民主的方式教育和对待儿童，既要让儿童感到家长的温暖，又要使儿童自己独立。

（二）儿童社交恐惧症

儿童社交恐惧症是指儿童对新环境或陌生人产生的恐惧、焦虑和回避行为，并达到异常的程度。这种障碍影响了大约1.5%的儿童和青少年。该症多发生于六岁以前的儿童，主要表现为在新环境中，或与陌生人交往时，反复出现过分敏感、退缩、害怕、紧张、害羞等症状；在与陌生人交往时，儿童对自己的行为有过多的关注，特别在乎别人对自己的看法，行为表现出尴尬或过分关注；有些儿童甚至在交往过程中哭泣或大发脾气。

社交恐惧症儿童在家里能和父母相处得很好，但在学校里他们表现得非常退缩。这样就经常干扰了他们的学业成绩，当然也阻止了他们交朋友。由于儿童不能回避令他们感到恐惧的情境，因此他们可能比成人更加痛苦。此外，他们也不知道他们为什么感到焦虑。

对儿童社交恐惧症的治疗以心理治疗为主，具体措施如下：

（1）行为塑造法。行为塑造法对该症儿童的回避行为具有良好的治疗作用。即当儿童出现某种良好的行为时，立即给予正强化；出现回避、退缩等不良行为时，则不给予强化或给予厌恶刺激，以逐渐消除儿童过分敏感、紧张、害怕和害羞的不良情绪，培养良好的社会化行为。

（2）家庭心理治疗。了解儿童的家庭环境、家庭成员的心理健康状况、父母的行为方式等可能对患儿产生的影响，对家庭环境及家庭功能系统中存在的问题分别给予心理行为指导。

（3）自信心训练。适用于在人际交往中缺乏自信和自我表达能力的儿童。通过对儿童进行示范训练、社会性奖励和角色扮演，让儿童逐渐学会自由表达思想和情感，克服过分敏感、紧张、恐惧和自卑的心理，增强自信心，逐渐消除儿童在社交过程中出现回避和害怕的程度。

（三）广泛性焦虑障碍

儿童和青少年广泛性焦虑障碍是指发生在儿童和青少年期的一组以恐惧和不安为主的情绪障碍。它没有具体的指向性，仅仅是对未来和不明确的危险或者对并不存在的足以引起焦虑的情况的焦虑。焦虑的程度与持续时间、刺激程度极不相称。

在儿童和青少年中，该障碍通常以对表演情境的预期焦虑的形式存在，其担忧可能是间断或连续的。广泛性焦虑障碍儿童的焦虑是广泛、全面的，指向多种日常生活事件，他们经常不能缓解焦虑，并常伴有肌肉紧张、头疼或恶心等躯体症状。主要表现为担心学业和交友失败；过分及不切实际地担心，烦躁不安，紧张，无法放松；易激怒，常发脾气，好哭闹；难以集中注意力，自觉脑子里一片空白；易疲劳，感到心力交瘁，精疲力竭；肌肉有紧张感；食欲不振，恶心或其他躯体部位不适；睡眠障碍（如失眠、易醒、想睡又睡不深等）；自知焦虑不好，但无法控制。

就儿童广泛性焦虑障碍发生的病因而言，父母教养不当可能是原因之一。有证据表明有广泛性焦虑障碍的儿童主要来自这样的家庭——只有“好”的行为才能得到父母的爱。治疗仍然以心理治疗为主，具体措施如下：①家庭治疗。降低家长对儿童的过高要求和期望，调整家庭关系，改变那种只有孩子出现“好”行为时才能得到爱的观念，营造良好的家庭气氛和家庭环境。②生物反馈治疗。降低儿童的焦虑程度，学会放松自己。③药物治疗。在心理治疗的同时可以应用小剂量的抗抑郁药。

二、儿童与青少年的抑郁症

（一）儿童与青少年抑郁症的临床描述

儿童也和成人一样，也可能出现抑郁症。儿童抑郁症的症状主要包括过度悲伤，在没有明显理由的情况下痛哭；对身边的许多事物，特别是以前很喜欢的东西，如玩具等失去兴趣，而一旦对某事物有兴趣，兴趣的持续时间很短；学龄期儿童在学校里不能集中注意力；几乎没有朋友，在社交过程中表现出社会退缩；有部分儿童甚至有自杀念头或自杀行为，出现睡眠障碍；没耐心，易怒；部分儿童出现如腹痛或头痛等生理症状。

就儿童抑郁症的流行率而言，Kazdin（1994）指出，大约有2%的17岁以下的儿童经历了严重的抑郁症。此外，Hankin等人（1999，1992）指出抑郁症的比率在11岁以前的男孩和女孩之间没有差异，但到16岁以后，女孩的发病率是男孩的两倍。

（二）儿童与青少年抑郁症的病因

是什么原因使一个儿童或青少年变得抑郁寡欢？如同成人那样，研究证据显示，遗传因素起着重要作用，而成人遗传学研究的结果也适用于儿童和青少年。另外，儿童抑郁症研究也把焦点放在了家庭和其他关系上，并视其为可能与生物因素相互影响的压力来源。父母中有一位患有抑郁症，便会增加儿童或青少年患抑郁症的几率。配偶双方或任一方的抑郁症经常与婚姻冲突有关，因此可以预想，抑郁症会对这些家庭的儿童造成消极影响。

就心理社会因素而言，亲子关系疏远，儿童被排斥或一再地受虐待，容易导致儿童出现抑郁症；负面的生活事件、重大的变化，如父母早逝、突然失去亲人是儿童抑郁症的诱发因素；一些负面的认知也可能是抑郁症的原因。此外，重性抑郁症儿童和青少年的社交技巧不良，兄弟姐妹、同伴及朋友之间的关系不良等因素都有可能成为抑郁症的起因和结果。抑郁症儿童与同伴的互动较少，同伴拒绝他们是因为他们会使周围的人不愉快。消极的互动方式可能增加抑郁症儿童本来就具有的消极的自我概念与自我价值。父母频繁的批评也可能对孩子的自我能力和自我价值造成严重的损害。

就生物学因素而言，研究表明生物化学方面的异常存在某种影响，如血清素或肾上腺素功能低下，也可能是导致抑郁症的原因之一。

（三）儿童与青少年抑郁症的治疗

和对成人抑郁症的治疗一样，儿童抑郁症的治疗也有多种方法。

（1）药物治疗。给儿童青少年服用抗抑郁药。研究发现，对儿童病例，药物治疗并未收到一致的成效，但是这些药物似乎能够对患抑郁症的青少年起到一定的作用。

（2）心理治疗。认知心理治疗是治疗抑郁症的主要和有效治疗方法之一。其中一个比较重要的认知疗法就是归因训练，即教儿童学会外部归因（如“这不是我的错”）、不稳定归因（如“这不会经常这样的”）和不全面的归因（如“并非所有的事都很糟”）。认知治疗者也辅导抑郁症儿童和他们的家长如何增加活动水平、如何有效地解决问题和如何改善他们的情感交流，换句话说，就是如何分享各方面的情绪。根据儿童的年龄，对抑郁症儿童采用不同的技术进行社交技能训练，但标准的认知治疗适用于7~8岁以上的儿童。

（3）家庭治疗也是重要的方面。父母要了解儿童抑郁症的性质，给儿童创造一个良好的家庭环境和家庭氛围，重视亲子沟通，使儿童感受到家庭的温暖、关心和爱护，对有自杀念头或行为的儿童要密切监护，防止各种意外事件的发生。

第四节 儿童智能障碍与学习障碍

一、智能障碍

（一）智能障碍的诊断与评估

1. DSM-Ⅳ-TR 中的智能障碍

DSM-Ⅳ-TR 对智能障碍的诊断标准为一种第二轴向的障碍，包括：①明显低于平均的智力水平；②适应性行为缺失；③18 岁以前发生。

DSM-Ⅳ-TR 诊断智能障碍的首要条件是判定个体的智商。约 2/3 的人口的智商测验成绩介于 85 ~ 115 之间。成绩低于 70 ~ 75，即低于人口平均值的两个标准差，便符合“智商功能显著低下”，在总人口中约有 3% 的人属于这一范畴。

2. 适应功能

适应功能是指儿童期应学会的技巧，包括自己大小便、换衣服、有时间与金钱概念、会使用工具、购物、使用大众运输系统及进行社交互动等。许多测验能够对适应行为做出评估，最为人所知的是适应行为量表（adaptive behavior scale，ABS）及文兰适应行为量表（the vineland adaptive behavior scales，参见表 13 - 4）。虽然适应功能缺失长久以来涵盖于智能障碍的定义中，但直到最近它才建立起测验的标准常模。在很多适应行为评估中，常见的一个问题就是考虑当事人所处的环境。居住在家家户户彼此熟识的小农庄里的人，可能不需要具备居住在北京、上海这种大都市中所需要的复杂技能。能够胜任农村杂务、走路上学、在地方杂货店购物的小孩，在搬到大城市后，可能会被视为适应能力缺失，因为他们不会搭乘地铁上学，也不会使用信用卡购物。同样，城市中的孩子，在乡村生活的某些方面也可能会觉得不知所措。因此，一个具有信效度的适应行为评估必须考虑到儿童和所处环境之间的关系。

表 13 - 4 选自文兰适应行为量表的样本项目

年龄（岁）	适应能力
2	说出至少 50 个可以辨认出来的字。在没有协助下脱掉由前方打开的大衣、毛衣、或衬衫。
5	说出大家耳熟能详的故事、童话、较长的笑话或电视节目中的情节。在没有协助下系紧鞋带。
8	保守秘密或承诺超过一天。在餐厅点自己的餐点。
11	在没有协助下使用电话机拨打各式电话。看电视或听收音机以获得和某方面兴趣有关的信息。
16	照顾自己的健康。在对话中对暗示或间接的线索有所回应。

（资料来源：From Sparrow et al.，1984）

3．初发年龄

DSM-Ⅳ-TR 对智能障碍的第三个诊断标准是，初次发作必须在 18 岁以前，这是为了排除后来因意外伤害或疾病所导致的智力及适应行为的缺失造成的智能障碍。严重的智能障碍经常在婴儿期就可以诊断出来，但是大部分的儿童在进入小学后才诊断出来。这些孩子没有显著的心理、神经或身体问题，一直到在学校跟不上同龄孩子的发展水平时，问题才显现出来。

4．智能障碍的等级

根据 DSM-Ⅳ-TR，表 13－5 将智能障碍分成四个等级，每一个等级代表某一个范围的智商。因为智商并非唯一的诊断标准，有些智商落于轻微智能障碍的范围内，但没有适应性行为缺损的儿童，不能被归为智能障碍。以实际应用情形来说，这种智商评价标准在辨别有适应性行为缺损的儿童时方可使用。

表 13－5　DSM-Ⅳ-TR 的智能障碍分类

轻微智能障碍（智商 50～55 至 70）。智商低于 70 的个案被归为轻微智能障碍，约占总体的 85%。
中度智能障碍（智商 35～40 至 50～55）。智商低于 55 的个案被归为中度智能障碍，约占总体的 10%。
重度智能障碍（智商 20～25 至 35～40）。智商低于 40 的个案被归为重度智能障碍，约占总体的 3%～4%。
极重度智能障碍（智商低于 20～25）。智商低于 25 的个案被归为极重度智能障碍，约占总体的 1%～2%。

（资料来源：DSM-Ⅳ-TR，2000）

（二）智能障碍的病因

造成中度、重度以及极重度智能障碍的主要原因通常来自神经生物学，但其也往往受到家庭和社会环境的影响。有时，遗传因素是这些生物问题的根源，由染色体的形态或新陈代谢异常造成。事实上，研究人员已经确认了一千多个造成智能障碍的遗传因素，只是人们对这些因素的研究与认识很少。

相关链接 13－1 美国智能障碍协会的态度

美国智能障碍协会（AAMR）是一个“为智能障碍者推动进步的政策、健全的研究、有效率实践及一般人权”的组织（官方网站：www. aamr. org）。美国智能障碍协会成立于1876年，定期发布智能障碍分类与定义的指导方针。该协会不专注于辨别智能障碍的严重程度，而是关注哪些步骤在促进较高层次的功能方面是必要的。第十版美国智能障碍协会解释智能障碍的指导意见于2002年出版。该指导意见呈现于下表。遵守该准则的专业人士比遵守DSM-Ⅳ-TR准则的人多。

美国智能障碍协会对智能障碍的定义

智能障碍是一种以智力功能与适应性行为显著受限为其特点的障碍。表现在认知、社交和实际的适应技巧上；初发年龄在18岁以前。适用于此定义的基本假设：

1. 所呈现的功能缺陷必须将一般个人的年龄、同伴和文化等社区环境因素考虑进去。
2. 有效评估必须考虑到文化和语言的多样性以及沟通、感觉、运动与行为因素的差异。
3. 在个体中，缺陷通常与强项并存。
4. 描述缺陷的一个重要目的是提供所需的资源。
5. 在一段时期恰当的个别化支持后，智能障碍个体的生活功能通常会得到改善。

（资料来源：American Association on Mental Retardation，2002）

美国智能障碍协会比DSM-Ⅳ-TR更鼓励个别化的评估方式，着重于个别的技巧和需要。例如，针对两百多名严重智能障碍个体（智能介于20～40之间）所做的调查发现，这些个体的沟通技巧大不相同。有些仅能以非语言的信号表达，使照顾者和其他人无法解读其信息；有些能够结合符号（诸如透过口说、手势或沟通板），以表达他们的需要。

评估适应行为时，也应考虑环境因素。居住在山区乡村的孩子，可能不具备大城市的孩子所具备的技能，反之亦然。

以美国智能障碍协会分类法为例。试想，罗杰现年24岁，智商仅有45分，从诊断来看，我们预期罗杰无法独立生活、自己到外面走动，甚至他的成绩也不会达到二年级的水平。不过，美国智能障碍协会分类系统则会强调如何强化罗杰的日常功能。因此，临床医师可能会发现，若采用罗杰熟悉的路线，那他可以自己搭乘巴士，这样罗杰就可以自己去看电影。尽管罗杰无法准备复杂的餐点，不过他可能可以学着将冷冻食品放到微波炉里加热。这个假设专注在罗杰所能做到的部分，而且强化这个部分，罗杰还可以有更多进步的空间。

在学校，个人化的安置也依个人的优缺点及所需指示的多寡而定。因为智力功能缺损，需要接受大量一对一指导的学生可以和因为情绪问题或肢体障碍而需要密集教学的学生安排在同一间教室里。依照学生所需来分配教室环境，这种方法可减轻智能障碍的烙印，如此一来，也可以鼓励我们专注于如何提升学生的学习能力，而非致力于为他们贴上标签。

（资料来源：Ann. M. Kring, *Abnormal Psychology*, 10th ed., 2009）

1. 基因或染色体异常

在所有怀孕妇女中，仅有5%的人出现染色体异常现象，这些怀孕过程多数以流产结束。从整体上讲，只有5‰的新生儿会出现染色体异常，但这些婴儿绝大多数在出生后死亡。在存活下来的婴儿中，大部分患有唐氏综合征（down syndrome）。

唐氏综合征是以于1866年第一个描述其临床征兆的英国医生唐恩（Langdon Down）的名字命名的。直到五十多年前，人们才第一次正确识别人体细胞染色体的数量为46条，从父母身上各继承23条。几乎所有的唐氏综合征患者都有47条染色体，而非46条，即个体第21对染色体出现了三条独立的染色体，而非两条。专家们称其为三染色体21。

唐氏综合征患者可能有较小的头、扁平的脸、向上分倾斜的眼睛、眼睛内侧上方过长的眼睑皱褶、稀少且细直的毛发、宽而扁平的鼻梁、方形的耳朵、大且有裂痕的舌头；因为口腔小，其顶部又低，导致舌部突出；此外还有高颧骨以及短而宽的手部与又短又粗的手指。

唐氏综合征儿童

新生儿唐氏综合征的发生率与母亲生育的年龄相关。随着母亲年龄的增长，她们的孩子患有这种障碍的可能性也会增加。一个20岁的母亲，其孩子患唐氏综合征的可能性是1/2 000；而其到了35岁，这种风险增加到1/500。如果母亲年龄为45岁，那么每18个孩子就会出现一个唐氏综合征新生儿。

另一种会导致智能障碍的染色体异常叫做脆X综合征（fragile X syndrome）。这种异常发生于X染色体的变异，造成了X染色体的形态像悬挂在一条线上，导致易碎性。与X染色体易碎性有关的身体征兆包括面部的特征，诸如大而发育不全的耳朵、瘦长的脸及宽大的鼻根。男性可能出现增大的睾丸。这类个体中许多表现出智能障碍和行为问题，而有些个体虽有正常的智商，却表现出诸如学习障碍、完成额叶与大脑右半球的任务具有困难、情绪不稳定等问题。

2. 隐性基因疾病

目前，人们已经对数百种隐性基因疾病有所认识，其中有一些会导致智能障碍。最常见的是苯丙酮尿症（phenylketonuria，PKU）。患苯丙酮尿症的婴儿，在出生时没有明显的障碍征兆，但不久便开始出现缺少苯丙氨酸羟化酵素（一种肝脏酵素）现象。这是一种将苯丙氨酸（一种储存在蛋白质中的氨基酸）转换成酪氨酸（一种制造肾上腺素荷尔蒙不可或缺的氨基酸）所必需的酵素。因为缺少这种酵素，苯丙氨酸及其衍生物苯酮酸无法分解，其在体内累积，使大脑受到不可逆的损伤。未代谢的氨基酸干扰了髓鞘化过程（神经轴的保护层），而这恰恰是快速传送神经冲动及信息所必要的过程。许多控制重要心智功能的区域，如理性决策的神经元也受到影响，造成严重的智能障碍。

3. 产前与生产时的相关原因

当胎儿在发育过程中，怀孕的母亲如果有严重的生理问题，可能会威胁孩子将来的正常生活。例如，一个怀孕的母亲，在她的饮食中过于缺乏碘，她的孩子可能发展为矮呆症（cretinism），其特征是甲状腺异常、发育迟缓、智能障碍以及外貌类似侏儒。孩子的母亲在怀孕期间过量饮酒，可能导致胎儿酒精综合征，包括较低的智力功能。

母亲感染疾病，会增加出生前胎儿智能障碍的风险。疾病造成的后果在怀孕三个月时最为严重，因为此时胎儿没有可以觉察的免疫反应，也就是其免疫系统尚未发展完备到足以避开感染。细胞巨大型的病毒、风疹及梅毒等都会造成胎儿出生后身体畸形与智能障碍的母性感染。受感染的母体可能有轻微症状或没有出现症状，但对胎儿发育可能造成毁灭性影响。HIV 感染也可能造成智能障碍。在怀孕及分娩时未接受治疗，那么 HIV 阳性的女性就更有可能将病毒传染给成长中的胎儿，而且约半数受感染的婴儿会有智能障碍。有些婴儿在开始时正常成长，但是随后因为他们的 HIV 状态变差，从而造成认知和动作功能下降。此外，生产并发症也会导致智能障碍。在生产中或生产后，若长时间缺氧，可能造成婴儿大脑的损伤及智障。

4. 儿童时期的问题

儿童在出生后，尤其是在 6 岁以前，某种伤害或是意外事件，可能会影响其智力功能，且在某些个体中导致智能障碍。中毒、X 光射线、过度使用某种药物都是风险因素。例如，严重的铅中毒来自吃了含铅的油漆或吸入过量的汽车废气，或者儿童吃到不合格玩具上含铅的涂料等，都可能造成儿童的智障。水银、亚硝酸盐以及杀虫剂毒物，也会导致同样的情况。此外，某些传染病如脑膜炎和脑炎，如果没有即时诊断和治疗，也会导致智能障碍。

（三）智能障碍的干预

智能障碍者的生活品质的获得主要依靠社会文化因素，即他们住在哪里，和谁住在一起；他们如何接受教育，在家庭和社区当中的成长机会多大等。对这类人的干预方案，主要努力的方向在于为其提供舒服及具有刺激意义的住所、社交和经济上的条件与机会以及适当的教育。一旦这些基本需求得到满足，心理以及生物治疗对某些个体就可以产生积极意义。

1. 适当的居住环境

什么是适当的居住环境？迄今为止，很多智能障碍儿童的父母都会尽快把孩子送到公共教育教养机构，如儿童福利院、特殊教育机构等。这些拥挤的教养机构虽然提供了基本的教养照料，但是住在里面的人往往被忽略甚至被虐待，并与社会隔绝。20 世纪 60 年代，欧美各国的公众越来越多地了解到这些恶劣的情况，加之广泛的去机构化运动的影响，他们要求将智能障碍者从公共教养机构中释放出来，以使其中的大部分人能够学得社区有效生活所需要的能力。在美国，自 20 世纪 70 年代起，智能障碍者受到法律保护，他们有权利在最不受限制的环境中接受适当的治疗。按理想的设计，智能障碍的成人可以居住整合于社区内的住所，这里提供医护照料与训练，有管理人员与看护者提供全天候的服务，以满足其特殊需求。居住者被鼓励尽量参与家庭常规活动，获得正常的发展经验，包括自我决定的机会、性的满足以及经济的自由。许多智能障碍成人有工作并且能够独立住在自己的公寓中。

2. 行为治疗

使用行为治疗的早期干预计划，具有增加智能障碍个体功能的作用。一些前导性计划把目标置于婴儿期与童年早期的唐氏综合征儿童，通常包括系统住家（systematic home）及治疗中心——将教学的中心定位于语言技巧、精细动作与身体动作技巧、自我照顾和社交发展上，定义特定的行为目标，而且用小而渐进的步骤对儿童进行技巧训练。

较为严重的智能障碍儿童通常需要密集的训练才会进食、如厕及整理自己的仪容。为教导儿童某项特别的日常工作，一开始，治疗师通常将目标行为分解，例如，把进食分成小一点儿的步骤：把汤匙拿起来，从碗里舀取食物至汤匙，将汤匙送到口中，以唇就物，咀嚼和吞下食物。然后，应用操作性制约原理进一步训练儿童如何使用这些进食的步骤。例如，在儿童能够自己拿起汤匙之前，以采取渐进的方式帮助他们拿起汤匙。这种操作方式有时被称为应用行为分析，它也被用于减少不恰当与自我伤害的行为。这类计划的相关研究指出，采用这种治疗后，智能障碍儿童在精细动作技巧、被他人接受及自助技巧方面有了持续的进步。

3．认知治疗

许多智能障碍儿童无法使用策略来解决问题，而且当他们使用某种策略时，通常又没有效率。自我指导训练可以帮助这些儿童通过口语来引导他们为解决问题所做的努力。例如，一些研究人员训练智商低于40的高中生做自己的奶油吐司，并且在事后进行清理。老师会做出示范，并把解决问题所包含的步骤口述出来，如当烤面包机倒置或者没有接通电源时该如何解决。这些高中生学习使用简单的口语或符号指示，在每一个步骤中对自己说话。例如，当烤面包机倒置时，教导这个学生先把问题陈述出来（“放不进去”），然后说明回应方式（“把它转过来”），自我评估（“纠正它”）及自我肯定（“很好”）。当他们正确地将问题陈述并解决后，便给予赞扬与鼓掌以示鼓励。一些研究证实，即使严重的智能障碍患者也能学会用自我指导的方式解决问题并把这种策略归纳到新任务中，包括在自助餐厅里取得午餐订单以及承担大楼管理员的职责等。

二、学习障碍

（一）临床表现

学习障碍（learning disabilities）意味着儿童在学业、语言或运动技能等特定领域（special area）发展不充分。这不是精神发育迟滞、孤独症，或者明显的生理紊乱或教育机会的缺失所造成的。学习障碍儿童的智力一般都达中等或以上水平，但在某些特殊技能的学习方面有困难（如算术和阅读）。因此他们学业不佳，学习努力收效甚微。

表13－6　DSM-Ⅳ-TR对学习障碍的诊断标准

1. 学习障碍者的阅读、数学、写作表达的程度低于一般同龄儿童的表现。
2. 显著影响学业表现或日常生活活动。

学习障碍实际包含着DSM诊断中列出的三个障碍，即学习障碍、沟通障碍和运动技能障碍。这适用于解释学业、语言或运动技能发展困难又没有明显智力障碍的孩子的行为。通常，学习障碍是在学校教育系统中而不是在精神临床领域中鉴别和治疗的。相较而言，一般认为男性患者多于女性，但人口学研究的证据表明男性只略高一点。尽管学习障碍患者通常也能够找到解决问题的办法，他们的学业和社会性发展最终不会受到影响，但在一些个案中，其影响却是十分严重的。

1．学习障碍

DSM-IV-TR列出了学习障碍（learning disorders）的三种主要类型：阅读障碍、书面表达障碍和数学障碍，但视、听觉等感官的先天缺损不适用上述障碍的病因解释。

（1）阅读障碍。儿童在字词确认、阅读理解及拼写方面有明显的困难。当大声诵读时，他们往往表现得与其年龄水平不相符，常省略、增加一些字、词或发错音。阅读障碍在中小学生的患病率为5% ~10%，但这并不会阻止他日后的巨大成就。例如，著名影星Tom Cruise 就患有阅读障碍。

（2）书面表达障碍。涉及文字组织的缺损，包括拼写错误、语法或标点符号错误，或者字迹潦草难认等，影响到了学业成就或需要书面表达技能的一些日常生活活动。目前，关于书面表达障碍的统计数据还没有得到系统的搜集。

（3）数学障碍。存在数学障碍的儿童，可能难以快速、精确地回忆数字，不能正确、快速地计算客体或对准直式排列栏中各数字的位置。

2. 沟通障碍

沟通障碍（commcunication disorder）主要有以下三种表现形式：

（1）语言表达障碍。儿童患者在言语上难以表达自己的意思，他们可能急于与人交流却找不到恰当的字词。例如，指着路边飞驰而过的小轿车，他（她）可能说不出“小轿车”这个词；四岁时还只会说字数很少的短句，新词刚学会，原来学会的词又忘了，而且语法结构的运用水平明显低于同龄人。

（2）拼音失读症。这种障碍的儿童患者与提取恰当字词有困难的儿童不同，他们在词汇理解和运用上没有问题，但其发音不清晰。例如，将 blue 读成 bu，rabbit 听起来像wabbit。他们在拼音清晰度上把握不准，如 r、sh、th、z、l 和 ch 等的发音难以掌握。通过言语疗法，几乎所有的患者都恢复常态，程度轻微的患者在八岁时自然恢复。

（3）口吃。口吃（stuttering）是一类与个体年龄不相称的有关言语流畅性和节奏的障碍，多发生于2 ~7 岁（高峰期为5 岁）。其发病潜隐，开始表现为言语不太流利，经数月后症状变得明显且为慢性；以对元音、短语或句子的前几个字的重复为开始，此后说话逐渐失去正常的流利性和节奏。其特征是频繁地延长声音或音节，也可出现突然插入词、断词、停顿、迂回累赘的陈述（用词代替以避开有问题的词或字，以过分的躯体动作帮助说出某些字词，以重复单音节词，如“我——我——我……”）。但患儿在口头阅读、唱歌、谈论无生命的物体或宠物时经常不会口吃。心理因素或焦虑可加重患儿口吃，而且因口吃而引起的焦虑、挫折和低自信可损害其社交功能。

3. 运动技能障碍

运动技能障碍（motor skill disorder）指发展性动作协调障碍。儿童患者明显表现出动作协调性发展缺损，原因不是精神发育迟滞或生理性障碍。患者可能不会自己系鞋带、扣衬衫的纽扣，年龄稍大时也不会打球、打字或写字。诊断凭据是行为标准，即动作协调受损问题是否影响其学业成就或日常生活。

（二）学习障碍的病因学

1. 阅读障碍的病因学

以往的心理学理论将阅读障碍主要归因于知觉缺损（perceptual deficits）。曾有理论假设认为阅读障碍儿童总是把字母颠倒过来看，从而导致错认，如把 b 当成 d。然而，当前越来越多的发现并不支持这种假设。在刚学习阅读时，多数儿童都会颠倒字母，但九岁以后，甚至阅读障碍患者也几乎不会犯此类错误。在五六岁时搞混字母和日后阅读能力之间存在相关联系的证据还没被发现。

Eden 等人（1995）的一项调查数据清楚地表明，阅读障碍的核心问题涉及听觉、视觉和语言发展等方面。心理学、神经心理学和神经影像学等研究都支持这个看法。阅读障碍儿童患者和正常儿童都不能完成速记视觉任务，如确定屏幕上快速呈现的系列的点数。另外，Mann 和 Brady（1988）的研究指出，导致阅读障碍可能是在语言发展的早期阶段存在着的一个或多个问题所致，包括言语知觉、口头语言语音分析以及两者与书面语的联系等问题。确实，一系列语言学研究认为某些早期发展阶段的语言问题能预测到后来的阅读障碍。像有以下表现的孩子就很可能会成为阅读障碍患者：四岁还很难把握语言节奏和音律的儿童，两岁半时还学不会符号规则的儿童。语言任务中的脑成像技术听觉研究揭示阅读障碍患者与正常人的脑部活动区域大不相同。如 Ramsey 等人（1992，1994，1999）所做的一系列 PET 扫描研究显示，在儿童鉴别节奏的试验中，正常儿童的左半球顶颞叶皮质被激活，而阅读障碍儿童却没有。这一发现是相当重要的，因为该皮质与被称为语言唤醒的语言加工过程的一个方面相联系。据了解，该过程是阅读技能发展的关键。Temple 等（2001）通过 fMRI 研究也发现，与正常儿童相比，阅读障碍儿童在语言加工任务中无法激活顶颞叶区域，成人患者也出现类似现象。

另有证据认为，可能是遗传造成的大脑结构异常导致阅读障碍。例如，对一个少年时期患有阅读障碍的右利手个体的脑部解剖，揭示了其在空间定位、计数和组织上的神经结构发生了细微病变，该神经称为大脑皮质的延迟语言区。家庭和双生子研究也证实了阅读障碍有遗传因素，有可能是由第六条染色体所控制。

2. *数学障碍的病因学*

目前，该障碍主要划分为三种类型。第一种涉及语义、词汇记忆（即词义的记忆）受损，甚至在反复练习下，仍会发生算术的记忆和提取困难。此障碍显然与大脑左半球某些机能缺损相联系，并往往与阅读障碍相伴随。

第二种类型涉及算术运算时运用幼稚可笑的解题策略，而且在做简单的算术运算时都会经常出错，如患有该障碍的一年级儿童在做 3 和 4 相加的算术运算时，都得掐着手指来数，先数 3，再数出 4，最后得出结果。相应地，该年龄段具有典型的数学能力的儿童是先伸出四个指头（不是数），而后再加 3，得出结果。现在还没有证据表明该类型的病因是发展延迟性问题，因为该障碍随着年龄增长并不会有所改善。

第三种类型的障碍也是最少见的一种数学障碍。病因明显是视空间技能缺损，儿童患者的数字位置感有缺陷，如常常把千位数错当成百位数，或标错小数点的位置，该障碍更多地与语文记忆障碍相联系。

目前，尽管关于数学障碍的研究还没有涉及遗传因素，但已有证据揭示数学技能的个体变量含有基因因素。尤其是语义记忆受损型数学障碍，在很大程度上可以归因于遗传。

（三）学习障碍的治疗

不容忽视的是，与同龄人相比，阅读能力明显滞后或口头表达能力与其基本年龄不相符的儿童家长的焦虑心情。目前，专业治疗热衷于从语义、教育和心理等方面入手——从运用外界刺激，注射镇静剂到对那些小时候动作（如爬行）没有充分发展的儿童进行训练。动作训练旨在重组大脑的神经联系。在美国，多数学习障碍的治疗方法被公立学校的特殊教育计划所采用。教育方法包括通过缺陷阻遏法、研究技能和组织策略法、言语自我建构策略来鉴别和提高儿童的认知力。尽管教育干预已相当盛行，但对其有效性的评估尚未展开。鉴于国内在该领域的研究不多，故以下所述基本上是西方国家的研究及其成果，仅供参考。

目前，学校计划和私人教育，采取了几种策略来治疗学习障碍。传统的方法是在逻辑、序列和多种感官等方面针对听、说、读和写的技能进行严格训练，如在严密监督下，大声地朗读。儿童在小时候阅读结构较复杂的文章时，有必要对他们进行诸如字形区别、语言分析和学习形音相连的准备性事前训练。美国 National Reading Panel 关于儿童阅读教学的研究发现，基础语言教学对阅读困难的儿童是有积极意义的。此法还涉及将字音转为字义的过程。通过正确的教育训练，有阅读障碍的个体常常能够在大学阶段取得如演讲、教学、编辑、考试等方面的成功。现在，对大学和公立中学，法律方面有规定，要求其必须为有学习障碍的学生提供特殊的教育服务。

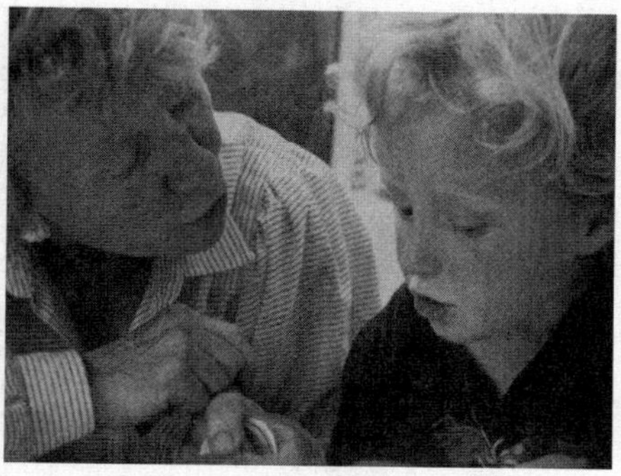

语言治疗师辅导患有音韵障碍的儿童反复练习不太好发的音。

近年来，对沟通障碍的治疗有了长足的进步。先前有理论认为，沟通障碍儿童患者对某些音难以区分。据此，研究者开发了语速缓慢的特殊计算机游戏和听力磁带。经过一个月的训练，患有严重语言障碍的儿童的语言技能提高到近两年的水平段。从该意义上说，材料起了很大的作用。而采用普通语言刺激材料的类似训练后，儿童语言水平提高的幅度则微不足道。

在此基础上，有研究者拓展了一种称为 Fast For Word 的治疗技术。约有 500 名加拿大和美国儿童参与了该项训练，他们在 6 ~ 7 周里每天都受到严格的训练。结果再次表明干预的效果是十分明显的，儿童患者在语言和听力加工技能上至少提高了约 1 ~ 1.5 年的水平（Tallal et al.，1998）。研究者预期这种训练方法对预防阅读障碍是有帮助的，因为不少儿童阅读障碍的病因就是小时候在语言的理解上产生了困难。

大多数患学习障碍的儿童可能都经历过大量的挫折和失败，这大大消磨了他们的学习动机和自信心，所以，不管治疗程序怎样设计，最重要的是要让儿童有机会感受到掌控力和自我成就的体验。每一个小的进步都给予奖励，对于儿童动机的提高、学习任务注意力的集中和因挫折引起的行为问题的减少是有益无害的。除以学业技能为目标的治疗方法外，儿童患者的治疗方法还应包括社会化和情感纠正等策略。

第五节　广泛性发展障碍

DSM-Ⅲ正式介绍了广泛性发展障碍（pervasive developmental disorders）这一概念，DSM-Ⅲ-R 和 DSM-Ⅳ及 DSM-Ⅳ-TR 都保留了这一概念与分类。在 DSM-Ⅳ-TR 中，孤独症属于广泛性发展障碍之一，其他障碍还有雷特氏症、儿童期瓦解性障碍和亚斯伯格综合征。

一、儿童孤独症

（一）儿童孤独症概述

多数儿童期的问题甚至障碍，在年龄增长到一定时期便会改变或消失。然而，有两种在儿童期出现的障碍，很可能终其一生都不会改变，这两种障碍就是孤独症和智能障碍。儿童孤独症（childhood autism）亦称自闭症，是发病于婴幼儿时期的心理发育障碍，指人际交往、情感交流、刻板重复动作、兴趣狭隘以及认知等方面的异常，多数患儿伴有不同程度的智力障碍。

法国学者凯纳（Leo Kanner）于1943年在“孤独性情感交往障碍”一文中首先提出了“早期婴儿孤独症”的概念。20世纪70年代初，美国成立了国立孤独症儿童和成人协会，认为孤独症虽然发生于儿童，但会影响至成年。1980年，DSM-Ⅲ出版之际，将它正式命名。1987年，美国学术界统一使用“孤独性障碍”这一名称，使孤独症的概念更为广泛。

孤独症于童年早期发病，在出生后几个月就会有明显的症状。孤独症并不少见，患病率为0.02%～0.13%。日本有调查显示，每万名儿童中就有十个孤独症患者。我国有3.8亿14岁以下的儿童，但目前尚无孤独症患病率的调查。根据日本的患病率推算，我国应有30多万孤独症儿童（翁永振，2003）。此外，研究显示，男孩患孤独症的几率是女孩的四倍。

表13－7　DSM-Ⅳ-TR对孤独症的诊断标准

1. 症状包括下述（1）、（2）、（3）中的六项以上，其中至少有两项是（1）中的，（2）、（3）中至少各一项：

   （1）社会交往有质的缺损，表现出至少下列两项：①非言语性交流行为的运用有显著障碍，如眼神交流、面部表情、肢体语言等；②不能建立与其发展年龄相适应的同伴关系；③不能与他人一起自发追求享乐、兴趣或者成就；④缺乏社会或者情感的互动性。

   （2）语言交流有质的缺损，表现出至少下列一项：①口语发育延迟或缺损，并不伴有以其他交流方式来代替或补偿的企图，如手势或姿态；②虽有足够的言语能力，但不能与他人开始或维持一段交谈；③语言使用是刻板的、重复的或者完全只有自己能够听懂；④缺乏与发展年龄相适应的各种自发的假扮游戏或社交性游戏活动。

   （3）重复刻板的行为模式或兴趣，至少表现出下列一项：①异乎寻常地完全沉浸在一种或者几种刻板的、局限的行为模式中；②固执于仪式或动作；③有刻板重复的装相行为，如手指扑动或扭转、复杂的全身动作等；④持久地沉湎于物体的各个部分。

2. 功能异常或延迟，表现在至少下列一项，而且出现在三岁之前：

   （1）社会交往；

   （2）社交语言的应用；

   （3）象征性或想象性游戏。

3. 不能更好地用雷特氏综合征或儿童期瓦解性精神障碍来解释这些异常行为。

（二）儿童孤独症的临床表现

该症多数患儿于出生后不久即可出现孤独症症状，少数于1～2岁发育正常，之后逐渐出现症状。DSM-Ⅳ-TR中列出了孤独症的三项主要特征：社会交往功能受损、交流功能受损以及行为、兴趣、活动受限。

1．社会交往功能受损

自闭性孤独是孤独症的核心部分。患儿并非由社会中退出，而是他们在一开始就不曾融入社会。患儿在婴儿期就表现出极度孤独，不与他人目光接触，也缺乏相应的面部表情；当亲人拥抱时，不会像正常儿童那样伸出双手表现期待亲人抱起的姿势；回避交往，与家庭成员及周围环境缺乏情感联系，对亲人的拥抱和父母的离去无所谓，到六七个月时，甚至还分不清亲人与陌生人，什么人抱感觉都一样；当他们感到痛苦或受到伤害时，也不会寻求亲人的安慰，有时父母叫他们的名字，也毫无反应，不予理睬；即使家长和亲人站在身边，也不与之交往，表现得无动于衷；在游戏中往往充当被动角色，不能与其他小朋友建立伙伴关系。

孤独症儿童通常不和其他儿童玩耍，也缺乏社会互动。

2．感知觉异常

孤独症儿童不会关注他人的面容或企图引起他们的注意。Pierce等人（2004）采用fMRI研究显示，孤独症个体在完成面部认知和辨别任务时，其大脑与辨别面部最有关系的梭状回并未出现激活现象。相对地，大脑其他部位在进行这些任务时却出现了激活的迹象。这说明患儿存在面部辨认系统活动效能较差的可能。另一项fMRI研究中，研究者检验患者在处理面部情绪表情时大脑中的血流变化情况。结果发现，在任务进行中，孤独症个体大脑与面部处理（颞叶）和情绪（杏仁核）有关的区域并未被激活（Critchley et al.，2001）。

孤独症儿童对刺激反应迟钝或极为敏感，如有的患儿四肢撞破了不叫痛，对注射或自伤行为反应迟钝或毫无反应；有的则对关门声、汽笛声、犬叫声以及光线的强弱过分敏感，表现出回避、捂上耳朵、烦躁不安等反应。

3．反复的仪式性行为

生活常规与周围环境的变化可能会使孤独症儿童极为不悦。用不同的杯子装水或重新摆设家具，都可能让他们哭泣或瞬间发怒。强迫性的特质也以其他的方式普遍存在于孤独症儿童的行为中。患儿兴趣范围狭窄，甚至有怪癖，他们常常对玩具、动画片不感兴趣，却迷恋于看广告、看天气预报、看转动的物品或反复排列物品等。患儿还常要求日常生活常规，如饮食、物品摆放位置、行走路线等一成不变，并常会出现刻板重复的动作和奇特的行为，如重复蹦跳、将手放在眼前凝视、扑动或用脚尖走路等。对于物体的一些非主要特征，患儿可能非常感兴趣，因此会去闻不该闻的东西，或反复摸光滑的表面等。

4．智能障碍

有报道认为，孤独症患儿约75%存在智能障碍，生活自理能力及社会适应能力减弱，

因此有时很难区分孤独症和智能障碍。一般而言，孤独症儿童在需要思考、象征或顺序推理的任务中的表现比智能障碍儿童差，这可能与他们语言功能缺损有关。不论患儿智能如何，其基本症状是相似的，智能严重低下的患儿在社会交往方面的障碍较为突出，且行为怪异及自残行为较多。个别患儿在智力低下的背景下出现某种特殊能力，如极强的计算、背诵和机械记忆能力等，即所谓的“白痴学者”。

5. 言语功能障碍

一部分孤独症患儿从来不说话，终生默默不语；多数患儿开始讲话的时间比别人晚；说话如鹦鹉学舌，对别人所讲的内容或部分内容进行重复；不能主动与人交谈，不会以提出问题的形式维持和别人的交谈。他们不会使用代词或代词颠倒使用，常用错“你”、“我”、“他”；言语缺乏音调，缺乏抑扬顿挫，从话中听不出喜恶爱恨，偶尔在高兴、满足、烦恼、不满时会尖叫或喊叫；不会使用手势、点头、摇头、面部表情等来表达自己的需要和喜怒哀乐。

孤独症儿童在言语功能障碍方面的一个特征是回音症（echolalia），即儿童通常能极为准确无误地模仿从另一个人身上所听到的话。老师可能问一个孤独症儿童：“你想吃饼干吗?”这个孩子的回答可能是：“你想吃饼干吗?”这种情况属于即时性回音症。在延迟性回音症的情况下，儿童可能在开着电视的房间里，显得对电视完全没有兴趣，但数小时后，甚至隔了一天后，这个孩子可能说出电视节目里的字或词句。原本不讲话的孤独症者在经历训练学习一些功能性会话前，通常会先经历模仿说话的阶段。

个案研究

患儿杨某，男，五岁。因孤僻、少语、行为怪异三年多，被送往医院就医。患儿周岁时已会叫爸爸、妈妈，会说出几个单词。然而一岁后，患儿言语能力发展极为缓慢，更让人担心的是，叫他的名字时患儿不作反应，对大人的吩咐不理睬，且行为也越来越古怪。他不像别的小孩那样会伸出手做被抱的准备姿势，也不喜欢父母或其他小孩接近，一个人独处反而自在。喜欢在眼前反复扭动手指或拨动玩具汽车的轮子，对圆的瓶盖、电视广告、天气预报特别有兴趣。三岁上幼儿园，小朋友做游戏时，他则躲在墙角玩一块绒布。至今仍要大人喂饭，由大人照料他的大小便和日常生活……进一步观察还发现，他玩积木时只将其排成一行，不会搭桥、搭汽车，并且顽固地坚持生活环境和方式保持原样不变，如有变动就烦躁和尖叫、撞头。最近他常独自玩木棍，睡觉也抱着木棍……

（资料来源：翁永振．精神障碍典型病例分析．北京：科学技术文献出版社，2003）

二、儿童孤独症的病因学

对孤独症的病因有各种不同的解释与观点。近年来，随着心理学和生物学领域的深入研究，临床工作者们更为相信，认知的缺陷、大脑的异常可能是孤独症的主要原因。

（一）社会文化因素

最初一些研究者认为，家庭功能的失调以及社会压力是孤独症的主要原因。例如，凯纳（1954，1943）首次发现孤独症时，就曾认为双亲特殊的人格特质产生对儿童发展不恰当的气氛，从而造成了儿童孤独症。他发现，这些父母都非常聪明，但是非常冷淡。他将之称为“冰箱父母”。这种说法对大众及父母本身的形象造成了巨大的影响。但是，后来的研究结果并不支持所谓的刻板、冷淡、排斥或情绪障碍的父母导致儿童孤独症的说法。

（二）心理因素

根据一些理论家的说法，孤独症患者有主要的知觉或认知方面的障碍，从而使得他们的正常沟通与互动产生了困难。另一个有影响力的观点认为，患有这一障碍的儿童无法形成所谓的“心智理论”，即要根据别人的信念、意图以及其他心理状态，而非根据不知道的信息去了解他们的行为（Frith，2000；Happé，1997）。在3～5岁之间的儿童，大多数能够考虑他人的观点，而且用它来预测别人会做什么。在某种程度上，他们学会了对他人心思的觉察，但一个患有孤独症的人却不会这样。

研究一再表明，孤独症患者具有这种“心灵盲目”（mindlindness）的现象。因此，他们在参加假扮游戏、使用语言包括别人的观点、形成人际关系，或加入人与人的互动等方面都会遇到极大的困难。为什么孤独症患者会有这种认知缺陷呢？有些理论家相信，他们早年存在生物学上的问题，这些问题可能阻止他们形成“心智理论”。

（三）遗传因素

研究证据强烈支持孤独症具有遗传因素。例如，孤独症患者的兄弟姐妹患孤独症的风险是非孤独症患者兄弟姐妹的75倍（McBride et al.，1996）。更为可信的证据来自孤独症双生子研究。研究发现，同卵双生子有60%～91%的同病儿率，而异卵双生子则仅有0～20%的同病儿率。一系列追踪双生子及孤独症家庭的研究指出，从遗传学角度看，孤独症在沟通与社交互动上有较广泛的缺损范围。例如，几乎所有孤独症成人的非孤独症同卵双生子同胞无法独立生存或保持亲近且信任的关系，并且大部分也被证实具有沟通上的困难，例如，语言能力发展迟缓或阅读损害及严重的社交缺陷，包括不与家庭以外的成员有社交性接触、缺乏社交暗示或常规应答，而且对照顾者表现出极少或没有自发性感情等。相反，孤独症患者的非孤独症异卵双生子同胞在社会和语言发展上通常几乎是正常的。

（四）脑神经学因素

目前，越来越多的研究将孤独症患者的语言、社交和情感缺失与其大脑及神经学因素联系了起来。使用fMRI研究发现，孤独症成人及儿童的大脑比非孤独症成人和儿童的大脑更大，这一发现得到了通过测量大脑周长作为大脑大小指标的研究的支持。使这些发现更为有趣且令人困惑的是，大部分孤独症儿童出生时的大脑的大小相对而言是正常尺寸。但是，在2～4岁之间，这些儿童的大脑的尺寸明显变得更大（Courchesne，2004）。拥有比正常尺寸更大的大脑并不意味着是一件好事，因为它可能表示神经元没有得到正确的修整，而神经元的修整是大脑成熟的重要阶段。年龄较大的儿童与婴儿相比较，神经元的连接更少。令人更为困惑的是，在儿童期的后期，孤独症患者的大脑有不正常的成长趋缓的现象。研究人员认为，对这种大脑成长模式与孤独症症状的关联性的了解对研究者而言是十分重要的。值得注意的是，孤独症患者的大脑“生长过快”的区域包括额叶、颞叶及小脑，这些地方恰恰与语言、社交、情绪功能相关。例如，小脑是用来协调身体活动的，但是科学家怀疑，小脑也具有帮助个人控制迅速转移注意力的能力。因此，小脑发展异常的人，在调整其注意力、领会语言以及面部表情的暗示及了解社会信息方面，可能有极大困难，而这些都是孤独症的主要特征。

（五）其他因素

首先，有研究认为孤独症患儿与出生前、出生时、出生后的不良因素有关，即母孕期和围产期因多种原因引起脑损害是婴儿出生后不久出现孤独症的原因，而出生后的颅脑损伤或感染与孤独症的发生也有一定的关系。其次，神经生化因素有一定的影响。目前研究发现约 1/3 的孤独症患儿血 5 - HT 增高，但这种现象也存在于患儿的亲戚中，故其重要性和具体意义尚不清楚。还有研究提示，该症的重复行为与 5 - HT1d 受体的敏感度呈正相关，5 - HT 代谢产物 5 - HIAA 的增高和该症的严重程度有关，脑脊液中 DA 代谢产物 HVA 水平的增高与该症的刻板行为有关。研究表明，免疫学因素也是影响因素之一。部分孤独症患儿的 T 淋巴细胞、辅助 T 细胞和 B 淋巴细胞数量减少，抑制—诱导 T 细胞缺乏，自然杀伤细胞活性降低，由此可能使患儿在婴儿期或新生儿期易受病毒感染，导致中枢神经系统受损，从而发生孤独症。

三、儿童孤独症的治疗

虽然迄今为止，最早期对孤独症进行干预的心理治疗尚未能完全改变孤独症患者的行为模式，但能给患者以很大的帮助，使他们对环境有更好的适应力。目前，特别有帮助的治疗方法包括行为治疗、沟通训练、父母亲训练以及社区的整合。此外，使用治疗精神病的一些药物及某些维他命，同时结合其他方法，也可以帮助孤独症患者。

（一）行为治疗

使用行为治疗技术，让患儿学到包括语言、社会技能以及自理技能，同时减少其消极的、功能失常的行为。在各种方法中，治疗师最常使用的是示范法以及操作性条件制约。

在示范法当中，治疗师展示一种适当的行为，引导孤独症患者去模仿它。在操作性条件制约当中，通过强化让患者学习适当行为。首先，通过塑造，即把一个活动分解为数个小步骤，使患者能够逐步地学习，然后在每个步骤的学习中明显且持续地给予奖励。经过仔细地计划和执行，这些程序经常会产生新的、更有功能的行为。

美国洛杉矶大学著名临床研究者罗法斯（Ivar Lovaas）针对四岁以下的孤独症儿童进行了密集的、操作性条件学习的行为治疗。治疗的内容包括儿童生活的全部；治疗时间一周超过 40 个小时，为期两年以上；同时对父母进行全面训练，因而治疗得以延续到几乎儿童醒着的所有时刻。接受这种密集性治疗的有 19 名儿童，与接受每周 10 小时类似治疗的 40 名儿童相比，两组儿童都表现出较少的冲动性行为，比较顺从，而且社交方面也比较恰当，例如，和其他儿童说话及玩耍。这个计划的目标是将儿童引向主流，它的假设是，当孤独症儿童进步时，其在与正常发展的同伴的相处中更能够从中获益。相反，如果让他们自己独处，或者和其他严重不安的儿童在一起，则会产生更加不良的后果。

罗法斯的研究结果非常戏剧化且鼓舞人心。在第一阶段测量密集治疗组的智商平均分数为 83（大约在密集治疗两年后），19 人中有 12 人达到正常水平，而另一组则为 55 分，44 人中仅有两人达到正常水平；19 名儿童中，有 9 名在第二阶段治疗中进入正常的公立学校学习，而另一组中仅有一人达到了这个水平。四年后对这些儿童的追踪进一步指出，密集治疗组维持了他们在智商上的进步、适应性行为并借此帮助其在学校顺利升级。这项研究计划证明，在面对孤独症挑战时，包括大量专家、父母与教师的密集治疗对患者确实有很大的帮助。

对孤独症的治疗，特别是行为治疗，对学校中年龄尚幼的儿童而言，是一个理想的途径。儿童进入特殊班级，往往是在特殊学校，教育和治疗能够结合进行。经过特殊训练的老师可以协助儿童增进他们的技能、行为及与外界的互动。

（二）沟通训练

孤独症患儿在语言、认知、交往、交流、生活自立等方面存在很多缺陷，因此，必须加强教育训练以促进患儿上述能力的发展。即使经过密集的行为治疗，有半数的患儿还是不能说话，因而许多治疗师还要辅以其他的沟通方式，包括手语及同步沟通。这是一种结合手语和口语的方法。他们也可能求助于扩大的沟通系统，如“沟通板”，即用图片、符号或用书写文字来代表一些物品，或者采用电脑辅助训练。由于不同患儿的缺陷程度不同，因此必须强调个别化教育训练，即根据患儿的具体情况进行训练。为此，训练前必须对患儿进行全面的评定，然后根据评定结果制订训练计划，之后按照计划进行训练。

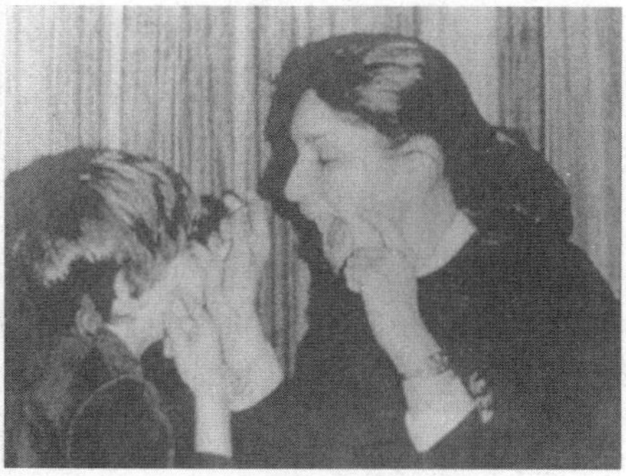

学讲话行为学家已成功地教会很多孤独症孩子说话。治疗师系统地示范如何开合嘴部来发出适当的声音，并且奖励孩子正确地模仿。

（三）双亲训练

目前有关孤独症儿童的治疗方案，在许多方面都需要父母的参与。因此要对患儿父母进行咨询和指导，从而使家长了解该障碍，了解孩子发育的特点，并掌握照管、教育训练患儿及矫正患儿不适当行为的基本方法。例如，行为方案经常要训练父母，使他们能够在家里应用行为技术。Koegel 等人（1996）的一项研究指出，双亲接受 25 ~ 30 小时的训练，与自闭症儿童直接接受 200 小时提升行为的训练一样有效。研究还发现，与将重心放在以持续性的方式教导小孩改变目标问题行为相比较，训练父母亲将着重点放在教导小孩提升一般性的动机和回应效果上更好。例如，容许儿童选择教材、提供自然的强化物（如游戏和社会赞赏）等优于食品之类的强化物，也有助于提升家庭互动、父母亲与患儿之间的积极适应。这种治疗方法被称为核心反应治疗（pivotal response treatment，PRT），其含义为介入一个关键或重要的方面，可能会改变其他方面。

此外，提供给父母的指导手册以及教师和其他专业人员的家庭访问，也要包含对家长的指导与训练。此外，个别治疗法及支持团体也应当帮助父母处理本身的情绪和需要。

（四）药物治疗

目前尚无特效药可以治愈孤独症，但某些药物能改善患儿的部分症状，最常见的药物是 Haldol。它是常被用来治疗精神分裂症的抗精神病药物。一些实验对照研究显示，这种药物能降低社交退缩、刻板的动作行为及诸如自我刺激和攻击性等适应不良行为。其他药物具体包括：抗精神病药，如氟哌啶醇、舒必利和甲硫哒嗪等；抗抑郁药，维生素类和镁剂和叶酸等。

四、其他广泛性发展障碍

如前所述，广泛性发展障碍除了孤独症之外，还有雷特氏症、儿童期瓦解性障碍和亚斯伯格综合征。

雷特氏症（Rett's disorder）。这种障碍极为罕见，而且仅在女孩身上发现。出生后一到两年间的发展完全正常，而后，儿童头部的发育速度日趋减缓。女童无法使用手做出有目的的动作，取而代之的是像扭绞或洗手的刻板动作；用不协调的方式走路；说话与理解能力受损且发展严重迟缓。

儿童期瓦解性障碍（childhood disintegrative disorder）。在出生后前两年有正常的发展，但随后儿童出现显著的丧失社交、游戏、语言和动作技巧等现象，有类似于孤独症的不正常的社会互动和沟通及刻板性行为。目前，对于是否存在儿童期瓦解障碍及该障碍能否与孤独症进行区分，一直存在很大的争论。

亚斯伯格综合征（Asperger's disorder）。这种障碍经常被视为较轻微的孤独症。特征为不良的社交关系和密集且僵硬的刻板性行为，但是患者的语言功能和智力未受影响。至于该障碍是否与孤独症有质的差异或只是严重程度不同，人们还不清楚。

第十四章　与心理健康相关的法律、伦理问题

一般而言，变态心理学的焦点集中在个体的疾病性质、疾病原因以及治疗上。然而，变态行为常常不是孤立存在的，往往受到社会因素和社会压力的影响，进而不可避免地影响周围的亲属、朋友和其他人。因此，我们有必要将视角进行转移，关注由变态行为引起的有关法律、伦理等社会问题。

第一节　精神疾病患者的法定能力评定

一、法律问题概述

法律与心理疾病间的相互关系，历来是社会关注的中心问题。早在古罗马时代，人们就开始认识到，在对待和处理犯罪问题上不应该仅考虑犯罪行为本身，还必须考虑犯罪者的心理状态，即后来刑法上所谓的犯罪意图。古罗马人把丧失民事能力的人称为“精神不健全者”。

现在，有学者在法律层面上对精神疾病（指具有精神病症状的心理障碍，下同）进行了专门的研究，并形成一门学科，即司法精神病学。最早涉及司法精神病学的是17世纪罗马法律顾问 Paulus Zauchias 所著的《法医学诸问题》，其本人也被视为司法精神病学的创始人之一。

司法精神病学是临床精神病学的一个分支学科，包括一个中心和两个基础。前者指司法精神病学鉴定，后者包括临床精神病学基础和法学基础。它关注与刑法、民法、刑事和民事诉讼密切相关的各种精神疾病问题，并对这些疾病的临床特点、诊断、治疗等进行了探讨。此外，它还要对各种精神疾病的司法鉴定的一般原则，以及个别精神疾病的责任、行为能力、受审能力的具体判定问题进行研究。

司法鉴定是我国研究的重要课题之一。鉴定的任务主要是对怀疑有精神异常的刑事被告人、犯罪嫌疑人，确定其行为当时的责任能力，也对犯罪以后产生精神疾病或服刑关押进行鉴定，提出适宜的医疗方法和如何运用刑罚的意见。即对怀疑精神异常的民事当事人判定有无行为能力，或对怀疑精神异常的诉讼参与人进行精神状况检查，以便核定其陈述是否可靠等。

鉴定的目的是以技术来判断事实，为审判提供依据，协助司法机关查明案情。其鉴定结论是证据之一，也是定罪量刑的一个重要依据。

由于科学的发展和现代司法精神病学任务的扩大，司法精神病学进一步加强了与邻近学科如法学、社会学、教育学、心理学等的横向联系和合作，对许多课题开展了深入的探

讨，如对青少年犯罪问题、病态人格和精神发育迟滞者的犯罪、医疗教育问题等方面的研究。

二、刑事责任能力

（一）刑事责任能力概念

责任能力，又称刑事责任能力，是刑法学概念，它指的是行为人负担刑事责任的主体资格。具体地说，是指行为人能够正确辨认自己的行为性质、意义、作用和后果，并能依据这种认识而自觉地选择和控制自己的行为，从而对自己所实施的、刑法所禁止的危害社会的行为承担刑事责任的能力。

法律明文规定，只有具备责任能力的人才适用刑罚。也就是说，具有责任能力的人做了危害社会的行为才能被认为犯罪，并应负刑事责任。判定犯罪的先决条件是被告人具有责任能力。对于精神病患者，其辨认和控制能力是不完全的，所以他们做出的危害社会的行为与一般的犯罪是不同的。

无责任能力就是对责任能力的否定，指的是丧失了刑事责任能力。处于完全或有责任能力与无责任能力中间的那种责任能力的不完全状态，称之为限定责任能力，也称为部分责任能力。世界上多数国家都对责任能力采用“三分法”，规定的限定责任能力，通常指轻度或中度精神发育迟滞，患者的辨认和控制能力往往是不完全的，故在判定责任能力上应专门列出来，但我国刑法条款目前暂无这种规定。

（二）责任能力的评定标准

关于精神病人的责任能力，最重要的就是解决判断标准问题。

现代西方国家对标准所作的界定，可追溯到1843年英国的M’Naghten案件，“谋杀者”M’Naghten被判精神失常而无罪释放。这个案件的审理结果曾轰动整个不列颠。为此，英国法院颁布了著名的M’Naghten条例（又称正误测试/检验），从而在法律上对精神失常进行了清晰的界定：要确立精神失常的辩护，就必须证明被告在犯下罪行时，因心理疾病造成理智的缺陷，不了解所作所为的性质，或是他虽然了解，但并不知道他所做的事情是错误的。从案例的基本内容可以看出，判断责任能力的标准是“混合的标准”，即由精神的疾患这种生物学的标准与认识行为的性质这种心理学的标准混合构成；且在心理学标准里，只强调了认识的元素——辨别能力，而没有从正面提出控制能力的问题。后一点是以后其遭受广泛的批评的根本原因。尽管如此，世界大多数国家纷纷以此条例为蓝本，在本国刑法中加以引用。

为弥补正误检验的不完善性，美国采用了“不可抗拒的冲动测试”。所谓不可抗拒的冲动，通常指对实施某种行为的异常冲动加以抵抗的意志力被剥夺了。换言之，就是指突然产生、持续时间较短的冲动的控制障碍，如纵火狂、偷窃狂以及性变态的暴露癖等，患者体验到一种极端强有力的冲动，难以控制。通常，这个测试作为正误检验的附加成分加以运用。根据这一规则，行为也是无责任的。显然，不可抗拒的冲动规则不仅把辨认能力而且把控制能力也纳入责任能力的内容之中，认为行为没有辨别能力时没有责任能力；同样，即使有辨别能力，但没有控制能力也属于不可抗拒的冲动，因此仍然没有责任能力。

然而，是否真正完全不可控制还是一个问题。实际上，临床实践中很少见到不可抗拒的冲动的病例。如果不存在外部压力，则冲动即可付诸行为。当环境威胁强于内部力量时，对这种冲动的控制是有可能的。如当警察作为一个威慑力量出现时，个体就可能控制自己。

为在法庭裁定中提供更多的弹性，美国采用了杜汉条例（Durham test）。条例认定，如果一个人的犯罪行为是其精神的疾病或缺陷的结果，那么此被告人不负刑事责任。显然，杜汉条例用“生物学方法”来构筑责任能力的标准，仅仅关注精神障碍这种生物学的元素。但从法律标准来说，重要的是对被告人所产生的效果，即给被告人的能力所造成的损伤，而不是疾病、缺陷这种征兆。杜汉条例恰恰没有考虑到这一点。如果仅仅依据存在精神疾病或缺陷就断定行为人无责任能力，那么，药物依赖者、情绪不稳定者，甚至酗酒者都会被视为无责任能力者，从而会造成无罪辩护的滥用现象。

目前，美国法律协会结合 M'Naghten 条例、不可抗拒冲动规则以及杜汉规则的观点，形成了 ALI 条例，即美国法律协会关于刑事责任能力的检验。条例有如下两条规定：①任何人于犯罪行为之时，精神疾病或缺陷的结果是，缺乏识别自己行为的犯罪性或缺乏使自己的行为服从法律要求的实质性能力时，对其行为不负责。②“精神疾病或缺陷”一词不包括只表现为重复犯罪及其反社会行为的变态行为。

从上述规定中可以看出，其对精神失常的界定更为清晰：①心理标准既规定了辨别能力，又规定了控制能力。②无责任能力人，只要求达到“实质性”缺乏程度即可，而不要求达到完全丧失识别能力或控制能力的程度。现在 ALI 条例已被美国大多数州所采用，今后有可能成为全国通用的法律检验。

三、中国的刑法标准

中国刑法（1997 年）第二章第十八条规定：“精神病人在不能辨认或者不能控制自己行为的时候造成危害结果，经法定程序鉴定确认的，不负刑事责任。”“间歇性精神病人在精神正常时的犯罪，应当负刑事责任。”也就是说，确定刑法的责任能力的有与无，必须以行为人当时的责任能力的有无为标准。行为人在行为前或后对其违法的认识能力，虽与量刑有关，但对犯罪成立与否不起作用。

在刑法规定原则上，可以概括我国目前判定无责任能力的标准：①医学标准。a. 确定是否存在精神障碍症状。b. 确定是否存在不可谴责的原因。在行为人主动地使自己出现精神障碍症状（如通过自我暗示，醉酒等）时，我们就应当对他进行谴责。②心理学标准。具备以上医学标准的行为人在发生危害行为时丧失或部分丧失辨认能力或控制能力。在判定无责任能力时，这两条标准缺一不可，共同起作用，任何一个单一标准都不能构成无责任能力。

无论是国外的标准还是中国的标准（除杜汉规则外），都包括了认知能力，并以“不能辨认”、“不知道”、“不理解”等文字加以表述。然后，对“辨认”的理解不能仅指认知、理解、知道，还要包括辨别是非、好处等意义。因此，司法精神病学鉴定不仅要对鉴定对象的认知过程作分析，还应考虑情感过程，将两者结合起来，这样，才能准确地理解各法则中关于“不能辨认”的法律意义。

综上所述，对于各种精神疾病都应根据无责任能力标准加以具体的分析和判定。根据中外实践经验，评定的一般原则是，重性精神病，如精神分裂症、情感性精神障碍、老年性精神病等以及各种严重的意识丧失患者，一般都丧失辨认或控制行为的能力，故一般都排除责任能力，即无责任能力；而精神发育不良、脑动脉硬化的患者，大多都保留了对本人和周围环境的判断能力；病态人格、神经症患者一般都具有责任能力。

相关链接 14－1　北京大兴杀妻儿凶手因患精神病免刑责

嫌疑人张武立正在接受警方讯问

北京市大兴县灭门案件的制造者张武立因患病免予追究刑责。张武立已经被鉴定为精神分裂症，作案时正处于病发，丧失控制能力，目前已经被送往安康医院接受强制性治疗。

2009 年 12 月 27 日早上 6 点，大兴清澄名苑小区内，张武立用刀将自己的孩子和妻子砍死，随后自己选择了报警自首。在接受民警讯问时，张武立表示自己在杀人时根本不受自己的控制，被恶魔缠身。“杀人的不是我。”张武立称，当时他的妻子和儿子都曾向他请求不要伤害他们，但他仍然挥起菜刀将妻儿杀害，并在墙上，用妻儿的鲜血留下了“我为人民”四个大大的血字。之后他本想自杀了断，但是没能下手。

在接受审讯时，张武立称自己有精神病史，并在大兴一家医院内长期接受治疗。随后，警方到该医院进行调查，确认张武立所说属实。随即，司法部门对张武立是否存在精神类疾病进行了精神鉴定，诊断结果为精神分裂症。经鉴定，在张武立行凶时，正处于病发，受到精神疾病的影响，完全丧失了实质性的辨认和控制能力，案发时属于无行为能力人。

张武立已经被送往安康医院接受强制性治疗。记者采访一检察官得知，该案依据法律规定，公安机关将不会对张武立进行提请批捕。

（资料来源：京华时报，2010－01－30）

四、行为能力

作为民法学的概念，行为能力是指公民处理日常事务的能力，涉及相应阶段公民个人的权利和义务，如结婚、离婚、抚养子女、遗嘱、合同以及诉讼能力等。行为能力是公民直接参与民事活动及进行法律行为的前提。确定有无行为能力，首先考虑的条件是年龄，但当成年人由于患有精神病而不能辨认自己的行为时，为保护他们的正当权益，根据患者的配偶或其父母的申请，经法院查明属实，可依法宣告患者为无行为能力者，并设监护人代行患者的权利和履行其义务。

行为能力的评定标准，在原则和方法上与判断责任能力是相似的。但是，这两个概念还是有区别的。首先，二者涉及的法律性质不同，责任能力主要判断作案时的辨认和控制能力，属于刑事范畴。而行为能力是判定当事人在整个病程或某一时段的权利、义务的能力，属于民事范畴。其次，二者在年龄、时限及鉴定程序上也存在差异。

第二节　刑事安置

对于那些有严重心理障碍的犯罪被告，法庭若采用通常的办法去处罚，就会涉及公正和合适的问题，甚至有可能损害被告的合法权益，因此，法律必须考虑到有组织、有系统地保护那些有异常行为和反社会行为的个体。这种保护制度在西方国家已有很长的历史，并已形成相当成熟的系统；我国至今还没有出台系统的精神卫生法，只散见在有关的法律条款上。为此，这一节以及下一节主要介绍西方国家的基本情况。

一、刑事安置与精神失常的辩护

（一）刑事安置

当人们被指控犯罪，而且被判定为精神不稳定时，他们通常被送到精神治疗机构接受治疗，这种程序称为“刑事安置”（criminal commitment）。目前，主要有两种安置形式：一种是犯罪时精神失常者的刑事安置，另一种是无能力受审者的刑事安置。对这两种刑事安置，法庭判决时必须以心理健康专业人员所提供的意见作为导引。

（二）精神失常的辩护

1981 年，一个来自科罗拉多州的年轻人约翰·辛克利（John Hinckley）开枪刺杀里根总统，15 个月后，一个法庭陪审团却宣布其无罪，理由是他精神失常。类似的案例，还包括 1835 年，一名油漆工射杀 Andrew Jackson；1921 年，John Schrank——一名酒店主人射杀前总统 Teddy Roosevelt。这些人都是刺客，但是他们都没有被判罪，因为他们有精神失常的理由。以上案例都在全美国引起一片哗然，轰动一时。

约翰·辛克利（右），企图暗杀里根总统。他写了这封信给女演员茱蒂·福斯特，表示他梦想与她结婚，并且变成总统。

虽然大部分美国人对辛克利案件的判决感到震惊，但是那些熟悉以精神失常辩护的人并没有感到惊讶。本案与其他联邦法庭判决的案件一样，检察官有责任证明这个被告的心智超越合理的怀疑范围。要清楚明确地证明精神失常可能存在困难，尤其是当这个被告在生活中的其他领域显示出古怪的行为。事实上，几年之后美国国会便通过了一项法案，在联邦的诉讼案中，被告应该证明他们的精神失常，而不是由检察官来证明他们精神失常。

显然，我们应该理解这里所谓的“精神失常”（insanity）是一个法律名词，即精神失常使用在犯罪案例中，是由立法者界定的，而不是由临床工作人员界定的。被告可能有心理疾患，但不一定符合法律对精神疾患的定义。现代西方国家所做的界定，可追溯到1843年英国Daniel M'Naghten的谋杀案件。M'Naghten射杀了时任英国首相Robert Peel的秘书Edward Drummond。事实上他射杀的对象应该是Peel。因为M'Naghten有明显的被迫害妄想，所以陪审团基于精神失常的理由裁决他无罪。公众对这个裁决感到非常震惊，他们的愤怒迫使英国的法律对精神失常的辩护做出了更清楚的界定。这就是著名的麦诺顿法规（M'Naghten rule）的法律界定：

要确立精神失常的辩护，就必须证明被告在犯下罪行时，因心理疾病造成理智的缺陷，不了解所作所为的性质，或是他了解，但并不知道他所做的事是错误的。

精神失常辩护是在法律上争辩，被告不应该为其违法行为负责——如果该行为受精神疾病干扰或是精神疾病所造成的其他可能情境，如无法分辨对错。

一般而论，精神失常辩护需要在特定生活情境下应用抽象的原则。在法律的所有范畴内，专有名词在那些被告、辩护律师、检察官、法官和陪审员之间有着许多不同定义，证词以各种不同形式呈现，取决于讯问者的技巧和证人所提供的信息。此外，由于以精神失常辩护是基于回溯被告犯罪时的精神状态，这种情形常常需要律师、法官、陪审员和精神科医师以推测的方式来判断；并且在辩方与控方的精神科医师和心理医师之间的争辩已是惯例。

那么，应该根据什么标准来确定以精神失常为由的辩护有效呢？这直接关系到对什么进行非难，将什么作为犯罪者，使什么人承受惩罚的问题。追溯历史，关于精神失常的辩护有四种观点：M'Naughten法则、杜汉测试、ALI测试和精神病辩护改革法案。这些内容在本章开始时已介绍过。下表所示是各法则所涉及的重要基本原则。

表14-1 在精神病的辩护演变过程中的重要准则

M'Naghten准则	1843年	必须明确证明在犯罪行为实施时，被指控者由于精神疾病不知道自己正在做什么，也不知道自己行为的性质；或者他知道在做什么，但不知道自己正在做错误的事情。
杜汉准则	1954年	如果其不合法行为由精神疾病或精神失常所致，那么，被指控者对犯罪不负责任。
美国法律协会准则	1962年	1. 如果行为由精神疾病或精神缺陷所致，个体缺乏实际能力意识到其行为有罪（错误性）或使其行为遵从法律要求，那么，判定其不负责任。 2. “精神疾病或缺陷”不包括重复犯罪或反社会行为单独出现时的异常状态。
精神病辩护改革法案	1984年	被指控者如果在犯罪时未意识到自己行为的错误，并且这种无意识被证明源于由精神疾病或者精神迟滞引起的精神病，则不负法律责任。

尽管精神失常的测试标准一再地被修订，但对精神失常辩护的批评一直持续不断。最常听到的是，它允许危险的罪犯逃脱应有的惩罚。确实，有些人成功地以精神失常来辩护，只几个月就从治疗机构解放出来。但有调查显示，这种案例的成功几率不到1%。此外，只有少数人假装或夸大他们的心理症状，而且以精神失常为由来辩护，被判无罪的只占四分之一。在美国大部分历史中，一个人被判定精神失常，事实上跟一个人被判长期入狱的结果差不多。判决进入精神病院进行治疗，往往时间长过被判有罪而入狱服刑。

现在，美国又出现了两种新辩护可供选择，即有罪但有精神疾病（guilty but mentally ill，GBMI）和因精神失常，请求无罪（not guilty by reason of insanity，NGRI）。GBMI是指被告因其犯罪行为被判有罪而判刑，因此被监禁的机会最大，但允许以精神病理学上的判断处理其精神疾病。1992年2月15日，美国威斯康星州尔瓦基市的丹默（Jeffery Dahmer）被控并承认屠杀、食人肉及奸尸15名男孩及年轻男子。威斯康星州容许被告以精神失常进行抗辩，丹默即以“有罪，但有精神疾病”受审。他的精神状态是此类罕见案件唯一的焦点。陪审团聆听了精神健康专家对被告在连续杀人时的精神状态的充满矛盾的辩驳，必须决定被告是否因精神疾病导致他无法判断是非或无法控制行为。尽管他们并不同意丹默有精神疾病，但丹默被诊断为某种性倒错，他被视为神智正常并应对这些可怕的谋杀负责。法官判决他终身监禁，之后在狱中被另一名囚犯杀死。

丹默承认屠杀、食人肉及奸尸，他被判有罪但有精神疾病。

因此，即使严重患病的人也能对其犯罪行为负道德与法律上的责任。不过，理论上他应该在一所监狱医院或其他适合的机构内接受精神疾病治疗，而不是在一般的监狱内接受惩罚。精神上有疾病，但需要入狱服刑，如果有必要，患者也要接受治疗。法庭应考虑被告的具体情况，并以此（精神失常）来判决他所犯的确切罪行，如一般杀人罪（无意的非法杀人）而非一级谋杀罪（预谋杀人）。但是，这同样引发激烈的争议。NGRI则是指个体因为精神疾病无法对其所犯罪行负责。然而，因精神失常而宣判无罪的个体将必须无限期待在法庭医院（他们将不会被预先承诺要待在那里多久）。如果法庭医院认为他们不再具有危险性或不再有精神疾病，他们将从法庭医院中释放出来。表14-2比较了这两种精神失常的辩护。

表14-2 对“因精神失常，请求无罪”和“有罪，但有精神疾病”的比较

	因精神失常，请求无罪	有罪，但有精神疾病
对犯罪的责任	无责任	有责任
何处拘禁	法庭医院	监狱
是否宣告判决	否	是
何时释放	不再具有危险性或无精神疾病时	判决后，但若有危险性或精神疾病，之后可能拘禁
是否给予治疗	是	可能

二、刑事安置与无能力接受审判

与精神健康领域有关的最主要的法庭辩论问题除涉及精神失常辩护外，还有接受审判的能力。所谓受审能力（或称诉讼能力）是指一个人有效地承受诉讼的能力，即接受审判的能力，包括正确诉讼的性质、意义、目的以及诉讼参与人的权利和应遵守的义务等。

目前，对于责任能力与受审能力的区别，有些精神科医师、律师、法官缺乏了解，往往搞错。刑事责任能力需要判定实施犯罪行为当时的精神状态与犯罪的直接关系，而受审能力的检验，则包括对被告人在进行诉讼时的精神状态做出估计或判定。在判定时两者所依据的时间、条件均不同。

美国有两个针对出庭资格的专门心理测验：①出庭受审能力初试（CST）；②出庭受审能力测试法（CAI）。前者是由 22 个未完成的句子组成的言语投射测试；后者试图寻找关于裁定受检查者出庭能力的法律基础，由 13 个行为功能和自我功能问题组成。这 13 个问题根据受检者到法庭上能否理解和遵从法律程序而行使。对 13 个问题中的每一个均按 5 分制给予记分。得 5 分者完全具备受审能力，得 1 分者完全不具备受审能力。CAI 没有确定的及格标准，由检查者自行决定受检查者出庭受审能力的分数底数。

对于受审能力的检验标准，《美国刑法精神健康标准》有明确规定：是否具备与自己的辩护律师交换想法的能力；理解和配合律师在辩护中对自己帮助的能力；在理性和事实上理解诉讼程序的能力。否则，就说明其丧失受审能力。

相比较而言，我国目前还没有明确的受审能力的评定标准出台。

可见，精神失常的辩护关注的是被告在犯案当时的心理状况。在决定采取哪种辩护时，要考虑的一个重点是被告是否有受审能力，即在决定一个被告是否有罪之前，必须先决定此人是否有受审能力。但一个被认为有受审能力的人，也有可能凭借着精神丧失而获无罪宣判。不管在犯罪的时候他们的心理状态如何，有些被告可能被判定为心智上无能力出庭接受审判。对于能力的最低标准已在前述受审能力有过介绍。如果法庭判决被告没有能力，这个人就要被安置在心理健康机构中接受治疗，直到他有能力接受审判。

根据已经实行数百年之久的英国一般法，受审能力的评估是不希望被告在法庭上缺席。这里的缺席是指被告的心理状况，而非只是身体上的出席。如果被告被评估为在心理上没有受审能力，依惯例会延后审讯的时间与程序，被告也会监禁到心理状态恢复到合适状态。如果有证据显示可以合理怀疑被告的受审能力，或者是其符合法律上无行为能力的标准，法庭就必须举行听证会，否则就违反程序。一旦受审能力受到质疑，必定有许多证据可以证明被告的状况。评估的标准在于被告是否有能力向律师提出咨询以及是否能够了解整个审讯的程序。法庭必须将被告的非理性行为及过去的医疗记录或是精神状况纳入考虑之中。然而，就如同“因精神失常，请求无罪”的那些案例一样，被认为精神异常并不一定就表示没有受审能力。例如，一位患有精神分裂症的患者，依然可能有能力了解整个法律审讯的程序，同时也可以帮助他的律师进行辩护。

被判定为无受审能力，对一个人会造成严重的后果。首先，他即刻失去保释的机会，且在受审前都必须待在医疗机构里。在这段时间内，被告必须接受治疗以便恢复受审能力。同时，他可能失去工作，忍受与亲朋好友分离的痛苦，必须离开熟悉的环境数月甚至数年之久。这些都可能使其病情加剧，也会增加恢复受审能力的困难度。

有很多的案例被判定刑事安置，是因为他们在心智上被判定为无能力，而不是因为精神失常而判定无罪。因此，很多患有严重心理障碍的个体从未被判刑。他们可以等到能够接受审判时再被审判。但同时法庭也规定，过一段时间后，个体或有能力接受审判，或释放，或根据民法安置的程序，转换到一个心理健康治疗机构。不过，法律的“一段时间”总是不精确的，让人有空子可钻。

三、精神错乱、智能障碍与死刑

如同上文提到的那样，在决定被告是否有受审能力，或者决定被告是否该为所犯之罪负刑事责任时，应将被告的心理状况列入考虑之列。但在少数情况下，被告的心理状况在被判刑确定之后，依旧受到关注。问题在于，当一个人已被判死刑，他在行刑的时候是否也该符合法律定义上的精神正常呢？如果被告有智能障碍，又如何能了解自己将有何遭遇呢？

精神异常与死刑的问题于 1998 年 4 月提出。当时住在美国加州的 39 岁的哈里斯（Horace Kelly）因在 1984 年奸杀了两名妇女，并残杀了一名 11 岁男孩而被判有罪。在整个审讯过程中，并没有出现有关受审能力的疑虑。哈里斯没有提出“因精神失常，请求无罪”的要求。但是，他的律师却于十二年后，哈里斯即将面临行刑的前几天，提出哈里斯的精神状况在拘禁期间日益恶化。根据美国最高法院 1986 年的判例认为，对一个精神错乱的人行刑，即使他在被宣判死刑的当时心智是正常的，也违反了第八修正案（该修正案禁止残忍并异乎寻常的处罚）。律师提交了哈里斯精神异常的证据，包括精神科医师对他所做的妄想症、幻觉等异常行为的报告，他的狱友及狱警也都表示哈里斯曾把自己的粪便收集起来并涂在牢房的墙上。1995 年，就在哈里斯在死囚牢房里度过了十年之后，一位由法庭指定的精神科医师认定他符合法律所定义的精神失常。

律师在为哈里斯辩护时提到，待在死囚牢房里的人压力太大，足以让一些重型犯发疯。而哈里斯被他们描述得更加脆弱，因为他有一段悲惨的童年。他的父母、兄弟姐妹甚至陌生人，都曾对他性骚扰或暴力相向。从他两岁开始直到青春期，他的母亲说他几乎都是处于精神恍惚的状态。1998 年 6 月联邦法官，1999 年 4 月最高法院都同意暂缓行刑。律师则强调，由于哈里斯精神失常，不应该接受死刑。在这些争议之后，哈里斯的死刑被无限期延后执行。

第三节　民事安置

我们已经看到，临床科学对法律系统产生了影响，但同时法律系统也对临床工作产生了影响。这是因为，第一，许多国家的法庭和立法机构已经建构了民事安置（civil commitment laws）程序，这种程序允许某些人被迫接受心理健康治疗。第二，司法系统在治疗中负起了保护病人权益的责任。这种保护不只针对那些被迫参与治疗的人，也针对那些自愿寻求治疗的人。

一、民事安置的缘由

由于政府有保护民众免于受到伤害的责任，因而，政府也就有权利与义务以保护的名义对民众的自由加以限制。它必须保护个体免受他人的伤害，同时也免受自己的伤害。民事安置就是这种力量的体现。一般而言，司法系统允许把一个被认为有需要接受治疗及对自己或对别人具有危险性的人，非自愿地安置在心理治疗机构中。假如有些人会自杀或行动不顾后果（例如，饮用有毒的清洁剂来证明他们对这种物质具有免疫力），他们可能被判定为对自己有危险性；假如他们要去伤害别人，或者他们无意中让别人处于某种危险中，他们也可能对别人有危险性。政府安置心理障碍患者，是基于它必须保护个人利益以及社会安全的职责。

美国民事安置法开始于 19 世纪末。在这之前，几乎所有的重度精神病人都是由家人、社区或他们自己进行照顾的。但这项法律颁布后，长久以来一直引发争议。后来 Packard 女士发起了民事安置法的修订运动（Weiner et al.，1993）。

虽然很多有心理障碍迹象的人自愿寻求治疗，但绝大多数人并不了解他们自身的问题，或对接受治疗没有兴趣。那么，临床工作人员对这些人应该怎么办呢？能不能强迫这些人接受治疗呢？

在美国，目前对心理障碍者的安置原则有两种：国家亲权主义（parent patriae）原则和警方权力法则（Wettstain，1988）。根据这两项原则，政府有权保护公众的健康、安全、安宁，并提供自我伤害的保护。因此，当严重的心理障碍者被认为有可能伤害他人或自身时，其就会被送入精神卫生机构（Brake，et al.，1985）。

一般而言，美国司法系统允许把一个被认为有需要接受治疗及对自己或他人具有危险性的人，非自愿性地安置在心理治疗机构里。以往，个体符合下列标准就可以受到强制性入院治疗：①患有严重心理障碍并需要治疗；②对他人或自己产生危害，即他没有能力照顾自己基本的衣食住行的需求，或是对他人具有危险性；③拒绝自愿住院或表示不能住院。近年来，民事安置的条件一直发生着变化，而且争议不断。

安置的程序通常有两种：正式安置与非正式安置。正式安置由法院裁定，这种安置需求可以由任何具有行为能力者提出，通常由警察、亲戚或朋友提出要求。如果法官认为有安置的必要，就必须要求先对被认为需要安置的人进行精神状况评估。但是，个人有权利拒绝这种对他的精神是否正常的测试，同时可以召开听证会，提供证据反驳安置的必要性。

有时，在某些情况下，临床工作人员被授权可以在非正式程序下采取紧急安置制度。即对精神疾病患者的非正式、紧急安置可以不通过法庭执行。例如，当医院认定一位要求出院的患者仍然具有危险性时，即可通过暂时、非正式的安置要求加以安置。一个失去控制能力且行为具有危险性的人，有可能会被警察立即带到精神病院。最常见的非正式安置的方式是通过 2PC 认定（2 physician's certificate：两位医师的认定）。

二、民事安置的程序

民事安置的法律，美国各州都不完全相同，但程序上基本相似。

通常由家庭成员开始安置的程序。例如，儿子有精神病的行为，并对他人一再攻击，他的父母会尝试劝其入院治疗。若遭拒绝，父母就可以到法庭上寻求强制安置命令。对于未成年者，程序很简单。美国最高法院规定只要有专家对这种安置的必要性进行认定即可。但对于已成年者，这种程序就比较复杂。法庭通常会指定其做一个心智检查。而且患者也应表达自己的意见，通常有法律代表参与（Holstein，1993）。如法庭认为证据不足，不完全符合安置的条件，则应立即恢复患者的人身自由。

美国最高法院已经提供了一些指导方针来引导民事安置的特殊过程。法庭规定在安置一个人之前，必须清楚而有说服力地证明他有心理疾病，而且符合政府的强制安置标准。临床工作者必须提供清楚而且具有说服性的证明，以说明该患者符合哪些标准。在美国，什么是清楚而且具有说服力的证明呢？根据法庭的规定，那就是有75%符合安置标准。

三、危险性

评估一个人对于自己或他人是不是具有危险性，是进行民事安置的决定性因素。“危险性”对于精神疾病领域来说，是一个普遍存在争议的概念。人们通常会认为那些有精神疾病的个体比没有精神疾病的个体更危险。虽然我们不同意这种观点，但它还是具有一定的普遍性的。这也许与大量的相关报道有关。如果人们对危险性的判断存在偏见，并不公平地将它与精神疾病相联系，那么会对民事安置产生很大的影响。

虽然大约有90%的心理疾病患者根本不具有暴力倾向或危险性，但研究显示，至少严重的心理疾病与暴力行为之间存在某些相关性。法律及心理学教授 John Monahan（1993）下结论说，在有严重心理疾病（特别是精神病）的人中，产生暴力行为的比率比没有这种疾病的人高。Monahan 指出：①大约15%住在精神病院的患者，在没有住院之前，有攻击他人的情况；②大约25%住在精神病院的患者，在住院期间攻击他人；③大约12%的精神分裂症、重性抑郁症患者或双相障碍患者攻击过别人，有物质相关障碍的患者中也有25%～35%的人有攻击他人的情形；④约4%的精神分裂症患者，报告在过去的一年中有暴力行为，而只有1%的精神分裂症患者属于非暴力者。Monahan 谨慎地说，这种发现并不是指有心理疾病的人通常是危险的，或因这些发现就认为有精神异常的人应该被监禁起来，不过这种误会往往被大众媒体所渲染。

关于危险性和精神疾病关系的研究，结果多种多样。一些研究发现，精神疾病与暴力行为之间不存在特殊的联系；而另一些研究发现有精神疾病的个体更有可能出现暴力行为。不幸的是，“有精神疾病的个体更加危险”这种广泛存在的、错误的认知可能会对少数民族和女性产生影响。就女性而言，人们通常认为女性与男性做出相同的侵犯性行为时，女性比男性更加危险（Coughlin，1994）。无家可归的女性更可能被强制安置，因为人们认为女性比男性更缺乏照顾自己的能力，她们也面临着更多的被侵犯的危险

(Stefan, 1996)。即使从来没有表现出暴力行为，黑人也通常被认为是危险的，在被强制安置的人中，黑人占了多数。

一个更实质的问题是：如何判定一个人对他人是不是有危险性？精神卫生专业人员在预测某人是否会做出暴力行为时的准确率有多高？这些答案与民事收容以及社会保障制度直接相关。如果不能够准确地预测危险，又怎么能够证明进行的强制安置是正当的呢？不幸的是，目前，我们对个体是否会出现暴力行为还不能做出肯定、明确的预测。

可见，民事收容过程中存在很明显的问题。尤其是当确定一个人是否有精神疾病或是否有危险的时候，可能需要相当多的主观判断。由于各种不同的法律观点和立场，即便是同一个人，他在不同地区的判定结果也会有所不同。

1957 年，Kenneth Donaldson 的父母将他送到佛罗里达州医院接受妄想型精神分裂症的治疗。尽管 Donaldson 被判定是没有危险的，但医院的院长 Dr. O'conner 却不顾有关单位和病人家属的反对，拒绝释放 Donaldson 长达 15 年之久。在此期间，Donaldson 事实上没有得到任何治疗。后来，Donaldson 以伤害罪成功地起诉了 Dr. O'conner，并获得了 48 000美元的赔偿金。在判决此案的过程中，最高法庭认为其“不能够按照宪法将一个不具危险性、有能力在自由状态下依靠自己或是家人和朋友的帮助安全生活的个体实行监禁”。

这件事和后来的一些类似事件使得最高法庭认为，仅仅为了提高生活质量而对个体进行强制安置是不正确的。如果无危险性的个体可以在他人的帮助下生存，那么，他就不该被强制安置；而患有精神疾病且需要治疗，或是有严重残疾的个体也并不一定要被强制安置。这一决议的出台限制了美国政府进行民事收容的权力。

四、民事安置的问题与趋势

（一）民事安置的问题

民事安置在一些方面还存在问题并受到人们的批评。首先，最重要的问题在于对一个人的危险性的评估十分困难。如果危险性的判断经常有误，我们如何能够以此作为剥夺个人自由的正当理由呢？其次，“心理疾病”和“危险性”的法律界定也非常模糊。这个概念的界定可能过于广泛，以至于可以用在每个人身上，评定者只要认为他们是不受欢迎的人，就有可能给他们冠以这类名称。这种情况不是经常发生在日常生活中吗？给一些违背传统、不循规蹈矩、与自己的意见相左或政治观点不同的人，戴上一项“精神失常”的帽子，通过强制安置，就可以合法地控制某些人。再次，此问题涉及民事安置所提供的治疗是否有价值。研究显示，很多人被强迫接受治疗，他们对治疗的反应并不良好。鉴于这些批评以及其他争论，有些临床工作者建议，应该废除这种强迫性的安置。不过，有些人则主张在决定对一个人做出安置时，应该运用更加系统的方法来评估危险性。

（二）民事安置的趋势

强制安置法的弹性大概在 1962 年到达最高峰。在这一年 Robinson v. California 的案例中，最高法院裁决，把药物上瘾者关入监狱可能违背宪法的禁止使用残忍及不寻常处罚条款，因此建议强制民事安置到精神病院，是比较合理的行动。这个规定鼓励民事安置很多

种类的“社会行为异常的人”。在接下来的几年，民事安置程序比刑事法庭给予被告较少的权利（Holstein，1993）。此外，强制性安置的患者被发现，他们不容易获得释放。

在20世纪60年代晚期和70年代中期，记者、小说家、民权自由派人士以及其他人出言反对轻易地将许多人没有经过公正的审判，就安置在精神病院。当大众更注意这些实际问题的时候，一些州议会对强制安置通过了比较严格的标准（Arben，1999；Holstein，1993）。例如，有些州规定，特殊的行为必须加以观察记录，然后才可以做出危险性的评估。结果是强制性安置率下降，而释放率增加。

今天，透过民事安置程序而进入精神病院的案例，已经比过去减少。安置率的降低，并没有导致更多犯罪行为或逮捕更多的人。如果根据更有弹性的标准，他们可能就会被安置在精神病院。不过，有些州表示，现在的安置标准过分严格，他们提议把标准再放宽。到目前为止，还不清楚到底这种放宽是否会回到过去模糊不清的安置程序。

第四节　患者的权利

近二十年来，美国法庭及美国州政府、联邦政府对精神病患者的权利法做了重大的扩充，特别是接受治疗的权利和拒绝治疗的权利。过去，患者打电话、会客等都要由临床工作人员来决定，他们的权利是极其有限的。

一、接受治疗的权利

二十年前，由于设施的原因，患者被安置在精神病院却得不到治疗，这如同未定罪的入狱服刑。因而争取个人利益的控诉不断增多，其中1972年的Wyatt v. Stickley案例具有里程碑意义。联邦法院判决州政府履行宪法赋予的责任，提供“适当的治疗”给所有强制安置的患者，并首次确定了医院设施的最低标准，包括更多的治疗师、更好的居住、更多的隐私权、更多的社会互动以及更多的运动机会等，而且在生理上的限制和药物的使用要符合伦理标准。这就是所谓的“最少限制”的概念。

1982年，在Youngherg v. Romeo案例中，美国最高法院进一步裁决，被强制安置者有权利获得“合理的无限制的监禁情况”以及“合理的照顾和安全”。也就是说，患者享有充分治疗的权利。

美国国会在1986年又通过了一部保护心理障碍患者和为其代言的法案，进一步提出了一系列保护患者权利的措施，并在每个州都设置了官方机构——公共代言人来处理对患者的虐待和轻视问题。

二、拒绝治疗的权利

接受治疗权利扩大的同时，法庭也赋予患者，特别是精神病院的患者拒绝治疗的权利（Wysoker，1999）。不过，由于治疗种类繁多，法庭只做了一般性的规定。

如今，大部分的规定集中在拒绝生物治疗上（Wettsteine，1999）。因这些疗法可以不需患者配合就能实施，而且常常具有危险性。其中精神外科（psychosurgery）是最有危险性的。

尽管电击疗法对很多严重患者相当有效，但它可能引起情感的创伤，也有可能被误用。因此，有些州也赋予患者拒绝的权利，尤其是自愿接受治疗的患者。只有取得他们的书面同意，方可实施此种疗法。

当今，争议最多的是精神治疗药物的使用。过去，政府认为药物是一种温和的治疗，经常有帮助，且很少造成伤害。现在，我们越来越多地发现某些药物会产生恶性和有危害的副作用，如迟发性自主运动异常。因此，越来越多的法庭给予患者拒绝药物的权利。最高法院规定，不能强迫患者服用某些药物，这反映了法院尊重个人选择的立场。

此外，患者还被赋予了其他的权利。在1974年的Stoner v. Miller案例中，法庭裁决患者从公立的精神病院释放出来后，有权获得事后的照顾，而且能够获得适当的社区住宅。1999年最高法院在Olmstead v. C. et al. 案例中，又再次强调了患者有权得到社区的治疗。同时，患者还有参与研究的权利。

第五节　伦理问题

你可能从本书以上章节的阅读中得出结论：心理治疗通常是一个人欣然以直接的方式寻求帮助和治疗的自愿过程。现在我们将把注意力集中在一些复杂的问题上。这些复杂的问题除涉及本章开始部分已介绍的与治疗过程中患者的权利相关的法律问题外，还包括提供精神卫生保健时的伦理问题。这些问题已经出现在心理健康系统广泛的社会和历史演变背景当中，如去制度化、对心理治疗过程中潜在弊端的关注越来越多、对治疗失当的公开报道的加强等。相较而言，我国对此的研究还相当滞后，下面介绍一些西方的有关研究，以供参考。

一、心理医生的角色

我们已经了解了许多心理障碍病例以及心理治疗师的工作。现在我们已经能够对这项工作的要求和难度做出评价，而诊断和治疗则增加了这项工作的挑战性。因而，心理治疗师还要面对与专业工作和伦理问题相关的许多难题。这里我们要对心理健康专家在努力保持最高标准的实践过程中应关注的某些问题进行一些分析。

除了心理治疗的工作之外，临床治疗师还承担着特殊的角色。心理医生有时还被指派特殊的任务，这两者都有自己的伦理挑战。这些特殊的任务包括在法庭上作为专家证人、涉及儿童监护权案件或对痴呆者做出评价等。

专家证人的角色有诸多挑战，心理医生被指派提供不为心理卫生职业领域之外的人所知的专门信息。例如，心理专家可能被要求对被告做一个专门的测试，或批判性地讨论另一位专家做出的评估结论。在这些情况下，人们期待心理专家不带有偏见，能够帮助法庭理解与庭审有关的技术性信息。然而这一过程在伦理上面临着挑战，因为涉及法律程序的一方要负担心理专家的服务和意见的费用。在这样的背景下，有职业道德的医生尽量让自己深思熟虑、不受威胁、科学严谨（Koocher & Keith - Spiegel，1998）。

比专家证人角色更为复杂的任务是在儿童保护案件中做出评价。在涉及儿童幸福的情况下，这些评价被视为是必要的。例如，若有涉及虐待的证据或指控，心理卫生专家可能被指派介绍有关儿童抚养方面的情况。心理医生可能被任命为法庭的代理或儿童保护的代理，或被一方雇用。心理医生有时会被任命为诉讼指定的监护人，即如果法律认定某人（如未成年人或被剥夺资格的成年人）在民事诉讼过程中无权做出决定，法庭任命心理医生代表他做出决定。

作为儿童保护案件中的评价者，心理医生可能会被要求对儿童的幸福受到多大程度的影响、被批准的治疗性干涉的类型、儿童被交付给双亲或其中一人时造成的心理影响、儿童如果与双亲分离可能造成的心理影响等问题做出评论。如我们所见，心理医生愿意承担这样的责任，知道他们在哪些地方必须应对各种各样的压力，因为他们的职业努力对当事人的生活具有极大的影响，他们知道自己必须尽最大努力保持谨慎和勤奋。

心理医生还可能被指派对正在承受认知衰退而带来各种症状的人做出评价。这种评价多由心理医生完成，因为在心理卫生专家中，他们受过特别训练并且有经验，能够进行评价记忆和认知功能的中性心理测试，目的是区分正常的变化和严重的紊乱症状。在涉及儿童保护案的评价时，人们制定了指导原则来警示那些涉及认知衰退评价的特殊案例的心理医生。

二、治疗专家的能力

认为拥有临床心理学博士头衔或一个医学学位就能保证一个专家有能力治疗每一位寻求服务的患者，这种想法是幼稚的。心理健康专家受到一些标准的约束，这些标准规定他们必须有能力治疗前来寻求专业服务的患者。换言之，他们必须具备能力来评价、形成概念以及治疗他们的患者。此外，在情绪上他们还要有处理治疗过程中出现的临床问题的能力。

可以想象，如果一个临床医生丝毫不具备治疗进食障碍患者的训练和经验，却登广告说要开一家专业门诊治疗患有厌食症的妇女，这是何等的不恰当。显而易见，如果他缺乏治疗有特殊治疗需求的患者的能力，却要在这样的领域开展工作，他的行为就是缺乏职业道德，而且是荒唐的。在某些情况下，有的心理医生尽管接受过处理特定病例的训练且有这方面的经验，但不具备情感能力。例如，一位心理医生的情绪极度低落，接受他治疗的患者也患有严重的情绪紊乱。就算这位医生受过充分的训练，其自身的心理紊乱也会妨碍他/她的能力，以致不能担当一个有同样症状的患者生命中一个明智的、有帮助的顾问。

我们期待心理治疗师能定期进行自我审查，尽量客观地评价自己完成工作的能力。如果前来就诊的患者的需要超出了自知的能力范围，应当推荐他去找其他医生，或者该医生要得到适当的监督。对情绪能力做出自我评价要略为困难一些，因为一个人很难评估自己存在的问题的深度和广度。机敏的医生会定期地寻求前辈或纯粹的顾问来帮助他们做出上述评价。

三、知情同意

假定心理医生具有治疗患者的智力和情感能力，接下来就是与治疗相关的责任问题。

尽管为治疗签署一份有法律效力的合同并不常见，但我们认为仍然有必要签署一份某种形式的治疗协议。换言之，心理医生应当向患者提供有关做出治疗决定的相关信息。Koocher和 Keith-Spiegel（1998）认为，有效的医疗合同含有几个关键要素：治疗伊始，医生应与患者讨论治疗目标、治疗过程、患者的权利、医生的责任、医疗风险、将要用到的治疗技术、费用问题和保密限制等问题。讨论过这些问题之后，患者表示知情同意（informed consent），简要地表明他/她已经参与了治疗目标的制定，理解并同意治疗方案，了解了医生的可靠性等。通常还必须要求患者出具一份包含这些内容的书面声明。在治疗过程存在风险的情况下，如建议采用药物治疗或电休克疗法时，患者有权利了解可能由此带来的短期和长期副作用。医生有责任确保患者知道这些情况，并给出这些问题的答案，给患者拒绝治疗的机会。

这一过程有一些复杂的情况。心理治疗是一个不精确的过程，并不总是可能预测到它的过程、风险或益处。然而医生的工作就是在治疗伊始就给出最佳预期，并在治疗过程中提供更多的信息。大多数人能够与医生讨论这些问题并做出知情选择。不过，要是未来的患者没有能力跟医生讨论这些问题并给出知情同意呢？此类人包括缺乏与现实接触的人、智力迟钝的人和儿童。此时，医生必须与患者的家人或其他法定监护人讨论这些问题，医生必须尽最大努力确保患者的权利得到保护。

四、保密原则

知情同意的过程也包括让患者知道治疗过程中发生的事情哪些是不能公开的。保密长期以来被认为是医患关系的神圣组成部分，是指医生必须遵守保证治疗过程中暴露出来的问题不被公开的原则。为什么保密很重要呢？患者为了在透露私密的细节时感到安心，他们就需要有医生对保护这些信息的承诺。例如，如果某人告诉他的临床医生说他有一段婚外情，那么只有在他明确了医生不会将这一信息透露给他人的前提下才会这么做。事实上，美国的大多数州都有保护私密信息不被泄露的法律条文。

治疗内容在法律上被认为是法定保密信息的沟通（privileged communication）。换言之，没有患者明确地许可，医生不可在法庭上透露有关患者的任何信息。这种事情可能发生在庭审过程中。例如，临床医生可能被传唤出现在一桩离婚案中，并被要求透露治疗过程中讨论过的有关患者性功能障碍方面的信息。因为治疗的内容是“私下交流”，医生在讨论治疗中出现的任何问题之前必须得到患者的同意。在庭审过程中，私下交流与公众有权知道与某个案子有关的证据这一通常的概念不同。然而，在某些特定的案子中，法庭有权知道与治疗内容有关的信息。例如，在特定的儿童监护权的案子中，法官可能认为治疗内容对于保护儿童的幸福非常关键。有关特权的其他例外还包括在刑事审判中，被告以心智残废（mental disability）作为辩护词。在这种案子中，法庭很可能判定被告已经放弃了心理专家为患者保密特权，由于这涉及在据称的犯罪行为发生时被告的精神状态。根据同样的道理，特权的例外也适于法庭任命一位心理专家来判定被告是否有能力接受审判。显然，法庭希望知道这一评估的结果。然而，心理专家并不是非要明确地许可才能透露评估过程中的所有信息。除非当事人明确同意，否则心理专家就不能触犯法律去透露被告的任何言论。

如我们所见，在涉及法律的案例中，精神卫生专家的工作含有诸多挑战。在极大的程度上，法律系统负责保护精神卫生专家与前来求助的患者之间私人交流权利的神圣不可侵犯性。不过在某些情况下，为了社会的利益和其他可能受到伤害的人（如儿童）的幸福，必须把患者的权利放到次要地位。

保密原则有一些重要的例外情况，如涉及虐待的案例。对于涉及虐待或忽视儿童的案件，如果心理专家掌握了第一手资料，每个州都有权要求他们给出某种形式的授权报告。虐待（身体的或性的）被定义为由照料者引起的、一种造成严重身体或情感伤害的行为。忽视，是指故意不给予食物、衣服、住所或医疗保健（Brant，1998）。近年来美国许多州都将授权报告的法令予以扩充，使之包括更大范围的弱势群体，如身心发育受阻者、残疾人以及受到伤害且不能保护自己的老年人等。

法律要求临床医生、教师和其他健康专家注意在那些弱势群体受虐待或被忽视的案件中的适当权力。授权报告的目的是保护受害者不再受到虐待和忽视，采取行动对受到虐待的人进行医疗干预，阻止和惩罚施虐者并使之恢复正常生活。

保密原则的另一个例外情况涉及医生知道患者计划伤害他人。在这种情况下，医生需要具备预警责任。这是指要求医生将患者的伤害计划告知预期的受害者。当谈到心理医生的警告责任时，我们认为这是一种值得采取的合理的预防措施。毕竟，假如他人的生命有危险，我们就会认为心理医生当然应采取一切办法让那个人知道这种危险。不过，这种情况比想象的要复杂得多。事实上在处理具有潜在危险的患者时，心理医生应更倾向于启动授权程序来保护可能的受害者。这意味着某些人将被送进专门机构，而他们可能不会带来实际的威胁。预警责任的另一个缺陷是医生会绕开有关可能伤害他人这一复杂的话题。为了不让自己知道患者的伤害意图，心理医生或许会使自己避免问及患者有关潜在的危险行为的问题，因为他们不想承担采取行动的法律责任。

五、医患关系

医患关系应该是热情而亲密的。由于这种关系原本就是充满感情的，因此，心理医生知道自己在与患者的互动过程中必须最大限度地保持警觉。为了让患者觉得安全和值得信赖，也为了让医生保持客观性和有效性，清楚各自的角色和界限是极为必要的。如果治疗关系中的界限被侵犯，对于患者而言，结果将会是灾难性的。

违反治疗关系的最极端形式是与患者发生不恰当的性行为，这在心理卫生职业的伦理法则中是被明确禁止的。当医生被要求在治疗患者的过程中与患者保持中立和距离的时候，这些努力有时很复杂，尤其是对于在小城镇工作的心理医生而言。如果未来的新患者是她儿子的六年级老师或乒乓球教练，镇上唯一的心理医生会怎么做呢？如果可能的话，心理卫生职业中的伦理法则要求心理医生避免发展这种双重关系并另求他策，因为与患者保持特定关系一直被认为是不合适的。除了性关系或浪漫关系之外，心理医生与患者之间有商务关系也是不合适的，因为这样会使界限和医生的客观性变得不明确。

参考文献

1. Barlow, D. H., Durand, V. M. 异常心理学（第4版）. 杨霞等译. 北京：中国轻工业出版社，2006
2. Alloy, L. B. 变态心理学（第9版）. 汤震宇等译. 上海：上海社会科学院出版社，2005
3. Jeffrey, S. 变态心理学：变化世界中的视角（第6版）. 吉峰等译. 上海：华东师范大学出版社，2009
4. 钱铭怡. 变态心理学. 北京：北京大学出版社，2006
5. 王建平，张宁. 变态心理学. 北京：中国人民大学出版社，2009
6. 黄明生，刘协和. 精神疾病诊疗手册. 北京：人民卫生出版社，2000
7. 世界卫生组织. ICD-10 精神与行为障碍分类. 北京：人民卫生出版社，1994
8. 中华医学会精神科分会. CCMD-3 中国精神障碍分类与诊断标准（第3版）. 济南：山东科学技术出版社，2001
9. 保罗 · 贝内特. 异常与临床心理学. 陈传锋等译. 北京：人民邮电出版社，2005
10. 马克 · 杜兰德，戴维 · 巴洛. 变态心理学纲要（第4版）. 王建平，张宁等译. 北京：中国人民大学出版社，2009
11. 张亚林. 神经症的理论与实践. 北京：人民卫生出版社，2005
12. 苏中华. 强迫性神经症. 北京：人民卫生出版社，2009
13. 王登峰. 变态心理学. 北京：北京大学出版社，1993
14. 张伯源，陈仲庚. 变态心理学. 北京：北京科学技术出版社，1986
15. 陈仲庚. 变态心理学. 北京：人民卫生出版社，1985
16. 罗伯特 · G. 迈耶，保罗 · 萨门. 变态心理学. 丁煌译. 沈阳：辽宁人民出版社，1988
17. 刘新民，李建明. 变态心理学. 合肥：安徽大学出版社，2003
18. 郑雪. 人格心理学. 广州：暨南大学出版社，2001
19. 陈仲庚，张雨新. 人格心理学. 沈阳：辽宁人民出版社，1986
20. 杨权. 心理障碍诊治指南. 成都：四川科学技术出版社，2002
21. 梁宝勇. 心理卫生与心理咨询百科全书. 天津：南开大学出版社，2002
22. 王长虹，丛中. 临床心理治疗学. 北京：人民军医出版社，2001
23. 陈仲庚. 实验临床心理学. 北京：北京大学出版社，1992
24. 罗伯特 · 斯彼德. 美国精神障碍案例集. 北京：中国社会科学出版社，2000
25. 江光荣. 心理咨询与治疗. 合肥：安徽教育出版社，1994
26. 杨洪训. 性心理. 石家庄：河北人民出版社，1988

27. M. 艾森克. 心理学——一条整合的途径. 阎巩固译. 上海：华东师范大学出版社，2000
28. 格里格·C.，津巴多·P. 心理学与生活（第16版）. 王垒等译. 北京：人民邮电出版社，2003
29. Elliot Aronson 等. 社会心理学. 侯玉波等译. 北京：中国轻工业出版社，2005
30. David Myers. 社会心理学. 侯玉波等译. 北京：人民邮电出版社，2006
31. 王祖承. 精神病学. 北京：人民卫生出版社，2002
32. 郝伟. 精神病学（第4版）. 北京：人民卫生出版社，2002
33. 沈渔邨. 精神病学. 北京：北京医科大学出版社，2002
34. 季建林. 精神医学. 上海：复旦大学出版社，2003
35. 姜佐宁. 现代精神病学（第2版）. 北京：科学出版社，2001
36. 龚绍麟. 抑郁症. 北京：人民卫生出版社，2003
37. 许天红. 抑郁障碍. 北京：中国医药科技出版社，2004
38. 单怀海. 社会精神病学实践. 上海：上海科学技术出版社，2001
39. 马文元. 全科医生心理治疗手册. 北京：人民卫生出版社，2002
40. 西隐. 异常人格分析与自诊. 北京：大众文艺出版社，2001
41. 乔纳森·布朗. 自我. 陈浩莺译. 北京：人民邮电出版社，2004
42. 米歇尔·福柯. 疯癫与文明（第2版）. 刘北成等译. 北京：生活·读书·新知三联书店，2003
43. 森田正马. 神经衰弱和强迫观念的根治法. 北京：人民卫生出版社，2003
44. Danuta Wasserman. 自杀：一种不必要的死亡. 北京：中国轻工业出版社，2003
45. 李从培. 司法精神病学鉴定的实践与理论. 北京：北京医科大学出版社，2000
46. 谢永龄. 青少年心理问题. 香港：香港中文大学出版社，2003
47. Clarie A. Etaugh 等. 女性心理学. 北京：北京大学出版社，2003
48. Sarah Grogan. 身体意象. 香港：弘智文化事业有限公司，2001
49. Burger. 人格心理学. 陈会昌等译. 北京：中国轻工业出版社，2000
50. 时蓉华，刘毅. 中国民族心理学概论. 兰州：甘肃民族出版社，1993
51. Edward P. Sarafino. 健康心理学. 胡佩诚等译. 北京：中国轻工业出版社，2006
52. 杨世昌，冯砚国. 精神疾病案例诊疗思路. 北京：人民卫生出版社，2008
53. Christopher A. Kearney. 儿童行为障碍个案集. 孟宪璋等译. 广州：暨南大学出版社，2004
54. 艾里克·J. 马施，大卫·A. 沃尔夫. 儿童异常心理学（第2版）. 孟宪璋等译. 广州：暨南大学出版社，2004
55. 翁永振. 精神障碍典型病例分析. 北京：科学技术文献出版社，2003
56. Allen E. Ivey, Mary Bradford Ivey. 心理咨询的技巧和策略（第5版）. 时志宏等译. 上海：上海社会科学院出版社，2005
57. 施红辉，李荣文，蔡燕强. 毒品成瘾矫治概论. 北京：科学出版社，2009
58. 爱德华·肖特. 精神病学史——从收容院到百忧解. 韩建平等译. 上海：上海科技教

育出版社，2008
59. 蔡焯基，汤宜朗. 精神分裂症：病因，诊断，治疗，康复. 北京：科学出版社，2000
60. 刘克俭，顾瑜琦. 行为医学. 北京：科学出版社，2003
61. 刘邦惠，黄希庭. 反社会人格障碍研究述评. 心理科学进展，2007，15（2）
62. 柴萌，于晶妮. 罪犯中的人格障碍. 神经疾病与精神卫生，2006，6（2）
63. 唐宏宇，李从培. 边缘性人格障碍：一个有待认识的概念. 国外医学精神病学分册，1996，23（2）
64. 赵冬梅，申荷永，刘志雅. 创伤性分离症状及其认知研究. 心理科学进展，2006，14（6）
65. 郑铮，张宁，何伦. 躯体变形障碍研究进展. 中国临床心理学杂志，2006，14（6）
66. 何家声，何伦，鲁龙光等. 体象障碍的流行病学调查. 临床精神医学杂志，2001，11（3）
67. 王铭，江光荣. 分离性身份识别障碍的心理病理机制和临床评估. 中国临床心理学杂志，2007，15（4）
68. 阎燕燕，孟宪璋. 童年创伤和虐待与成年精神障碍. 中国临床心理学杂志，2005，13（2）
69. 陈静，施琪嘉. 青年群体分离体验与儿童期创伤间的相关研究. 医学与社会，2006，19（5）
70. 于宏华，傅文青，曹文胜等. 大学生 B 群人格障碍患者童年期创伤性经历的研究. 中国临床心理学杂志，2006，14（6）
71. 吴艳茹，肖泽萍. 分离性身份识别障碍的相关临床问题. 上海精神医学，2004，16（4）
72. 朱晓红. 学龄儿童“多重、双重人格”形成原因初探. 内蒙古师范大学学报（教育科学版），2004，17（1）
73. 高安民. 季节性情感障碍. 中国心理卫生杂志，1999，13（6）
74. 张迎锋，杨镇涛. 人格解体神经症 1 例报告. 临床心身疾病杂志，2004，10（2）
75. 陈静，施琪嘉. 分离和分离性障碍的临床相关问题. 上海精神医学，2006，18（4）
76. 林长跃. 分离性障碍及其检测方法. 上海精神医学，1996，8（2）
77. 付翠. 元认知模型：广泛性焦虑障碍研究中的新理念. 医学与哲学，2001，22（12）
78. 袁国桢，李香. 社交焦虑障碍研究新进展. 国外医学精神病学分册，2000，27（4）
79. 彭纯子，龚耀先. 社交恐怖症认知偏差的研究. 国外医学精神病学分册，2004，31（2）
80. 邹韶红，张亚林. 儿童期创伤与成人社交焦虑障碍. 医学与社会，2006，19（12）
81. 张本，王学义等. 唐山大地震心理创伤后应激障碍的抽样调查研究. 中华神经精神科杂志，1999，32（2）
82. 万文鹏. 基诺族人的心理卫生考察. 心理学报，1981（4）
83. 向孟泽. 具有氏族社会特征的四川德昌傈僳族的精神卫生的调查. 中华神经精神科杂志，1987（4）

84. 蒲金炎. 不同文化背景和宗教观念在形成精神分裂症妄想症状上的作用. 中华神经精神科杂志, 1987 (3)
85. 万文鹏. 基诺族的精神病、精神发育不全和癫痫. 中华神经精神科杂志, 1982 (2)
86. 夏镇夷. 民族社会文化和畲族的精神病. 中华神经精神科杂志, 1985 (2)
87. 朱国钦. 海南黎苗族自治州的汉、黎住院精神分裂症病人的比较研究. 中华神经精神科杂志, 1982 (2)
88. 万文鹏. 安登村白族农民的心理卫生问题. 中国心理卫生杂志, 1987 (1)
89. 路红, 祁禄. 性别、抑郁自尊与体像评价：关于大学生体像的调查研究. 西北师范大学学报（社会科学版）, 2004, 41 (5)
90. 钱铭怡, 刘鑫. 北京女大学生节食状况及进食障碍状况的初步调查. 中国心理卫生杂志, 2002, 6 (11)
91. 唐莉, 张进辅. 新视角——进食障碍的病因学研究进展. 中国全科医学, 2004, 7 (7)
92. 肖广兰, Gail, H., 钱铭怡. 节食及其相关态度的社会影响因素研究. 中国心理卫生杂志, 2001, 15 (5)
93. 徐华春, 郑勇. 国外人格障碍五因素模型研究述评. 心理科学进展, 2006, 14 (1)
94. 曾丽萍. 癔症性精神障碍神游症 1 例. 临床荟萃, 2001, 16 (16)
95. 刘毅. 临床心理评估中的文化偏向与行为一致性问题. 广州大学学报（社会科学版）, 2008 (8)
96. 沈渔邨, 张维熙等. 中国七个地区精神疾病流行病学调查. 中华精神科杂志, 1993, 31 (2)
97. 杜学东, 董成惠. 古代中医的医学心理思想与心理治疗. 中国心理学会医学心理学专业委员会, 河南省心理学会医学心理学专业委员会编. 心理治疗参考资料, 1983 (1)
98. 柳田知司, 郑继旺. 药物依赖研究进展. 中国药物依赖性通报, 1995, 4 (4)
99. 刘玉德, 宋书元. 酒精滥用和依赖性问题发展概况. 中国药物依赖性通报, 1992, 1 (2)
100. 刘铁榜等. 伴贪食诱吐的神经性厌食症. 中华神经精神科杂志, 1992, 25 (1)
101. 钱铭怡. 国内外重大灾难心理干预之比较. 心理与健康, 2005 (4)
102. 孟宪璋. 躯体化障碍与童年期的创伤. 中国临床心理卫生杂志, 2002, 10 (3)
103. 潘桂花, 陆峥. 生活事件对情感障碍发病的影响. 上海精神医学, 1999, 11 (1)
104. 王年生, 陆继德. 惊恐障碍研究新进展. 国外医学精神病学分册, 1993, 20 (1)
105. 王汝南. 癔症病人心理暗示治疗. 中国校医, 2004, 18 (4)
106. 左衍涛. 神经性贪食症的发生率、危险因素及心理治疗. 中国心理卫生杂志, 1994, 8 (3)
107. 左衍涛. 神经性贪食症的心理病理学研究现状. 中国临床心理学杂志, 1995, 3 (2)
108. 费立鹏. 中国的自杀现状及未来的工作方向. 中华流行病学杂志, 2004, 25 (4)
109. 孙凌, 苏林雁, 刘永忠. 对立违抗性障碍. 国外医学精神病学分册, 2000, 27 (4)
110. Ann. M. Kring et al. (2009) *Abnormal Psychology* (10th ed.), John Wiley & Sons, Inc.

111. Jemes, N. & Butcher Susan Mineka (2007) *Abnormal Psychology* (13th ed.), Pearson Education Inc.

112. Christopher Peterson (1996) *Abnormal Psychology*, Harcourt College Published.

113. Butcher, J. N. et al. (2004) *Abnormal Psychology* (12th ed.), Pearson Education Asia Limited and Peking University Press.

114. Barason, I. G. & Barbara, R. S. et al. (1993) *Abnormal Psychology: The Problem of Maladaption Behavior* (7th ed.), Prentite Hall, Englewood Cliffs, New Jersey.

115. BooTzin, R. R. & Acocella, J. R. et al. (1993) *Abnormal Psychology* (6th ed.), McGraw-Hill, Inc.

116. Carson, R. C. et al. (1988) *Abnormal Psychology and Modern Life* (8th ed.), Scott, Foresman and Company.

117. Comer, R. J. (2001) *Abnormal Psychology* (4th ed.), Worth Publishers and W. H. Freeman and Company.

118. David, S. Holmes (1994) *Abnormal Psychology*, R. R. Donnelly & Sons Company.

119. Davison, G. C. et al. (2004) *Abnormal Psychology* (9th ed.), John Wiley & Sons, Inc.

120. Frank, C. & Juris, G. D. (1989) *Abnormal Psychology: Patterns, Issues, Interventions*, John Wiley & Sons.

121. Halgin, R. P. & Whitbourne, S. K. (2000) *Abnormal Psychology: Clinical Perspectives on Psychological Disorders* (3rd ed.), Halgin Whitbourne.

122. Halgin, R. P. & Whitbourne, S. K. (1993) *Abnormal Psychology: The Human Experience of Psychological Disorders*, Hcrcourt Brace Collgee Publishers.

123. Wilson, G. T., O'Leary K. D. & Nathan, P. (1994) *Abnormal Psychology*, Prentite Hall, Englewood Cliffs, New Jersey.

124. Blaxer, D. G., Kessler, R. C. & McGonagle, K. A. (1994) The prevalence and distribution of major depression in a national community sample: The National Comorbidity Survey, *American Journal of Psychiatry*, 151.

125. Brodaty, H. et al. (1991) Age and depression, *Journal of Affective Disorders*, 23.

126. Brown, G. W. Harris, T. O. & Hepworth, C. (1994). Life events and endogenous depression: A puzzle reexamined, *Archives of Internal Medicine*, 141.

127. Burke, K. C. et al. (1990) Age at onset of selected mental disorders in five community populations, *Archives of General Psychiatry*, 47.

128. Coyne, J. C. (1994) Self-reported distress: Analog or ersatz depression? *Psychological Bulletin*, 116.

129. Conceicao do Rosario-Campos, M., Leckman J. E. & Mercadante, M. T. et al. (2001) Adults with early-onset obsessive-compulsive disorder, *American Journal of Psychiatry*, 158.

130. Frank, E., Anderson, B. & Reynolds, C. F. et al. (1994) Life events and the research diagnostic criteria endogenous subtype, *Archives of General Psychiatry*, 51.

131. Goodwin, C. J. (1995) *Research in Psychology: Methods and Design*, New York: Wiley.

132. Goodwin, F. K. & Jamison, K. R. (1990) *Manic-depressive Illness*, New York: Oxford University Press.

133. Goodyer, I. M. (1992) Depression in childhood and adolescence, In Paykel, E. S. (ed.), *Handbook of Affective Disorders* (2nd ed.), New York: Guilford Press.

134. Gurvits, I. G., Koenigsberg, H. W. & Siever, L. J. (2000) Neurotransitter dysfunction in patients with borderline personality disorder, *Psychiatric Clinics of North America*, 23 (1).

135. Harrington, R. (1993) Similarities and dissimilarties between child and adult disorders: The case of depression, In C. G. Costello (ed.), *Basic Issues in Psychopathology*, New York: Guilford Press.

136. Hollon, S. D., Thase, M. E. & Markowitz, J. C. (2002) Treatment and prevention of depression, *Psychological Science in the Public Interest*, 3 (2, suppl.).

137. Hollon, S. D., Haman, K. L. & Brown, L. L. (2002) Cognitve-behavioral treatment of depression, In I. H. Gotlib & C. L. Hammen (eds.), *Handbood of Depression*, New York: Guilford.

138. Joiner, T. E. (1997) Shyness and low social support as interactive diatheses, with loneliness as mediator: Testing an interpersonal-personality view of vulnerability to depressive symptoms, *Journal Abnormal Psychology*, 106 (3).

139. Joier, T. E. (2002) Depression in its interpersonal context, In I. H. Gotlib & C. L. Hammen (eds.), *Handbook of Depression*, New York: Guilford.

140. Ingram, R. E., Scott, W. & Siegle, G. (1999) Depression: Social and cognitive aspects. In Millon, T., Blaney, H. P. et al. (eds.), *Oxford Textbook of Psychpathology*, New York: Oxford University Press.

141. Kernberg, O. F. (1975) *Borderline Conditions and Pathological Narchissism*, New York: Aronson.

142. Kessler, R. C., McGonagle, K. A. & Zhao, S. et al. (1994) Lifetime and 12-month prevalence of DSM-Ⅲ-R psychiatric disorders in the United States: Results from the National Comorbidity Study, *Archives of General Psychiatry*, 51.

143. Killen, J. D., Robinson, T. N. & Haydel, K., E. et al. (1997) Prospective study of risk factors for the initiation of cigarette smoking, *Journal of Consulting and Clinical Psychology*, 65.

144. Marlatt, G. A., Kosturn, C. F. & lang, A. R. (1975) Provocation to anger and opportunity for retaliation as determinants of alcohol consumption in social drinkers, *Journal Abnormal Psychology*, 84 (6).

145. Neugebauer, R. & Meugebauer, R. (1979) Mediaeval and early modern theories of mental illness, *Archives of General Psychiatry*, 36.

146. Pennebaker, J. W., Kiecolt-Claser, J. & Glaser, R. (1988) Disclosure of traumas and

immune function: Health implications for psychotherapy, *Journal of Consulting and Clinical Psychology*, 56.

147. Phillips, K. A. & McElroy, S. L. (2000) Personality disorders and traits in pstients with body dysmorphic disorder, *Comprehensive Psychiatry*, 41.
148. Rush, A. J. & Weissenburger, J. E. (1994) Melancholic symptom features and DSM-Ⅳ, *American Journal of Psychiatry*, 151.
149. Segal, Z. V. M. & Uran, J. C. (1993) A cognitive perspective on self-representation in depression. In Segal, Z. V. & Blatt, S. J. (eds.), *The Self in Emotional Distress: Cognitive and Psychodynamic Perspectives*, New York: Guillford Press.
150. Vrendenberg, K., Flett, G. L. & Krames, L. (1993) Analog versus clinical depression: A clinical reappraisal, *Psychological Bulletin*, 113.
151. Winokur, Coryell & Endicott et al. (1993) Further distinctions between manic-depressive illness (bipolar disorder) and primary depressive disorder (unipolar depression), *American Journal of Psychiatry*, 150.
152. Weissman, M. M., Bland, R. C., Canino, G. J., Faravelli, C. G. & Reenwald, S. et al. (1997) The Cross-national epidemiology of panic disorder, *Archives of General Psychiatry*, 54.
153. Wittchen, H. U. & Hoyer, J. (2001) Generalized anxiety disorder: Nature and course, *Journal of Clinical Psychiatry*, 62.
154. Wettsteine, R. M. (1999) The right to refuse psychiatric treatment, *Psychiatric Clinics of North America*, 22 (1).
155. Poythress, N. G., Skeem, J. L. & Lilienfeld, S. O. (2006) Associations among early abuse, dssociation, and psychopathy in an offender sample, *Journal of Abnormal Psychology*, 115 (2).
156. Saulsman, L. M. & Page, A. C. (2004) The five-factor model and personality disorder empirical literature: A meta-analytic review, *Clinical Psychology Review*, 23 (8).
157. Haigler, E. D. & Widiger, T. A. (2001) Experimental manipulation of NEO PIR items, *Journal of Personality Assessment*, 77 (2).
158. Morey, L. C., Gunderson, J. G. & Quigley B. D. et al. (2002) The representation of borderline, avoidant, obsessive-compulsive and schizotypal personality disorder by the five-factor model, *Journal of Personality Disorders*, 16 (3).
159. Coker, L. A., Samuel, D. B. & Widiger, T. A. (2002) Maladaptive personality functioning within the big five and the five-factor model, *Journal of Personality Disorders*, 16 (5).
160. DeClercq, B. & DeFruyt, F. (2003) Personality disorder symptoms in adolescence: A five-factor model perspective, *Journal of Personality Disorders*, 17 (4).
161. DeClercq, B., DeFruyt, F. Van L. & Leeuwen, K. A. (2004) "Little Five" lexically based perspective on personality disorder symptons in adolescence, *Journal of Personality Disorders*, 18 (5).

162. Haslam, N. (2003) The dimensional view of personality disorders: a review of the taxometric evidence, *Clinical Psychology Review*, 23 (1).

163. Costa, P. T. & McCrae, R. R. (1995) Domains and facets: hierarchical personality assessment using the revised NEO personalityinventory, *Journal of Personal Assessment*, 64.

164. Ullrich, S., Borkenau, P. & Marneros, A. (2001) Personality disorders in offenders: categorical versus dimensional approaches, *Journal of Personality Disorders*, 15.

165. Kluft, R. P. (1999) An overview of the psychotherapy of dissociative identity disorder, *American Journal of Psychotherapy*, 53 (3).

166. Bock, G. R. & Goode, J. A. (eds.) (1996) *Geneties of Criminal and Antisocial Behaviour*, Chichester, England: Wiley, 194.

167. Kluft, R. P. (1984) Treatment of multiple personality disorder: A study of 33 cases, *Psychiatric Clinics of North America*, 7 (1).

168. Cuijpers, P., Van Straten A. & Donker, M. (2005) Personality traits of patients with mood and anxiety disorders, *Psychiatry-Rs*, 133 (2—3).